南京城墙史料彙編

民國卷（第一輯）

南京城墙保護管理中心　編

鳳凰出版社

圖書在版編目（ＣＩＰ）數據

南京城墙史料彙編. 民國卷. 第一輯 / 南京城墙保
護管理中心編. -- 南京：鳳凰出版社，2024.11
ISBN 978-7-5506-4211-9

Ⅰ. ①南… Ⅱ. ①南… Ⅲ. ①城墙－史料－彙編－南
京－民國 Ⅳ. ①K928.77

中國國家版本館CIP數據核字(2024)第110268號

書　　　　名	南京城墙史料彙編·民國卷(第一輯)
編　　　者	南京城墙保護管理中心
責 任 編 輯	吳　瓊
裝 幀 設 計	陳貴子
責 任 監 製	程明嬌
出 版 發 行	鳳凰出版社(原江蘇古籍出版社)
	發行部電話 025-83223462
出版社地址	江蘇省南京市中央路165號,郵編:210009
製　　　版	南京凱建文化發展有限公司
印　　　刷	江蘇鳳凰新華印務集團有限公司
	中國江蘇南京經濟技術開發區堯新大道399號,郵編:210038
開　　　本	787毫米×1092毫米　1/16
印　　　張	45.75
版　　　次	2024年11月第1版
印　　　次	2024年11月第1次印刷
標 準 書 號	ISBN 978-7-5506-4211-9
定　　　價	298.00圓
	(本書凡印裝錯誤可向承印廠調換,電話:025-68037411)

前　言

　　南京，是中國著名的歷史文化名城。自春秋戰國以來，南京憑藉獨特的區位條件和地形地貌，在特定的歷史背景下，一再成爲世人注目的焦點。千百年來，多少風雲人物在此龍爭虎鬥，成就帝王霸業。自東吳起，先後有十個政權在此建都。南京城墙作爲古代城市和都城的重要防禦體系和象徵，歷朝歷代的統治者都將其營建、擴建、修繕等作爲當時城市建設的重點項目，留下了諸多的歷史信息，是研究南京乃至中國城市發展史的重要窗口。

　　習近平總書記曾指出：“我國古代史、近代史、現代史構成了中華民族的豐富歷史畫卷，要重視研究、繼承和弘揚中華優秀傳統文化。”他在中國共產黨第二十次全國代表大會的報告中也指出，“中華優秀傳統文化源遠流長、博大精深，是中華文明的智慧結晶”，在推進文化自信自强，鑄就社會主義文化新輝煌的過程中，我們要“堅守中華文化立場，提煉展示中華文明的精神標識和文化精髓，加快構建中國話語和中國叙事體系，講好中國故事、傳播好中國聲音，展現可信、可愛、可敬的中國形象”。

　　南京城墙保護管理中心自 2014 年成立以來，一直十分重視南京城墙歷史文化方面的基礎研究工作。2020 年初，爲進一步加强南京城墙史料的搜集和整理工作，深度挖掘南京城墙的文化遺産內涵，夯實南京城墙研究的基礎，城墙中心組織開展“南京城墙史料彙編”課題，携手金陵科技學院人文學院，歷時一年，搜集和整理了涉及史書、類書、傳記、奏議、檔案、報紙、著作、詩文、地方志、筆記小説、域外文獻等各類史料，形成了古代卷、民國卷、當代卷三部文稿，共計 225 萬字。課題成果豐碩，在原有史料的基礎上取得較大突破，爲南京城墙的研究、保護、展示等工作奠定了堅實的基礎，進一步彰顯了南京城墙的文化內涵與遺産價值，對南京城墙的申遺工作具有重要意義。

　　2021 年底，爲將“南京城墙史料彙編”課題成果落地展示，惠及南京城墙的研究者和愛好者，城墙中心啓動了《南京城墙史料彙編·民國卷》的出版工作。在長達三年的整理、編纂過程中，編纂組成員繼續發掘、增添了許多新的史料，進一步豐富完善了書籍內容。

　　民國時期的南京城牆史料類型多樣、內容多元、來源廣泛。從史料類型來看，有檔案文書類，如政府公文、信函、合同、報表，以及地圖、工程施工圖紙等；新聞報刊類，如新聞報導、特寫、評論等；著述類，如方志、筆記、自傳或回憶録、日記、旅行指南等，此外，還有域外文獻類等其他類型的史料。從史料內容來看，有的與城牆管理、規劃、損毀、修繕、保護以及軍事防禦等相關，有的與城牆附屬設施或建築材料相關，如城門、護城河、水關涵閘、橋梁（道）、城磚等，以及反映城牆與人、城市、歷史關係的史料等。從史料來源來看，本書的文獻資料搜集渠道，主要爲南京市檔案館、中國第二歷史檔案館，以及中國近代數字文獻資源全庫、瀚堂近代報刊數據庫等文獻數據庫。此外，南京市檔案館於 2020 年編纂出版的四冊《南京城牆檔案》，選輯并全文影印了館藏相當數量的民國時期南京城牆檔案原件，爲本書的編纂、出版提供了重要參考。《南京城牆志》《抗日戰爭檔案彙編》《南京大屠殺史料集》《侵華日軍南京大屠殺檔案》等專著、叢書，也爲相關文獻史料的搜集提供了重要的綫索。

　　本書爲《南京城牆史料彙編·民國卷》第一輯，共收録了各種文體的檔案公文 909 則，包含合同、圖表等約 290 份，其中最早一份檔案是 1912 年 3 月 19 日內務部爲取締拆用內城磚瓦給江寧巡警總監的令文；最晚一份檔案，則是 1949 年 4 月 20 日南京市第一區區公所關於出入城門應携帶身份證的布告。這兩份檔案，以及其他一些檔案，都是之前的研究者未能注意到的重要文獻，彌補了研究資料的空白，有助於較爲全面地反映民國時期南京城牆的發展與演變情況。

　　在本書的編纂形式上，我們不僅對收録的檔案史料進行了文字轉録與點校，以便於讀者查閱，還發現并糾正了前人在歸檔、整理中的一些錯誤。在檔案編排過程中，則嚴格依據民國檔案整理的基本規範與要求，力爭呈現民國檔案的原有面貌。本書收録的檔案，標題爲編者所擬，基本格式爲“責任者＋事由＋收文者＋文種”。標題中的機構名稱一般爲機構全稱，或者規範簡稱，人名使用通用名，歷史地名沿用當時地名。標題下以西元紀年方式注明成文日期，原檔所載日期不完整或不準確的，作了補充或訂正。此外，爲有助於讀者的理解，本書還酌收了部分檔案辦理過程中的事由、批示、擬辦等內容，并對原檔順序略作調整。

　　在本書的編纂體系上，我們在保證全書基本結構完善、合理的基礎上，努力實現研究視角的創新。經反復討論和專家論證，我們將本書按照“城墻的保護與管理”“城墻的修繕”“城門的更新”“城墻與市民生活”四類主題分章編纂，其下再根據不同專題細化，分節、目排列，并以檔案形成時間先後爲序。其中，“城墻的保護與管理”部分（第一章），視角相對宏觀，較爲全面地反映了民國時期南京城墻保護中的重要事件與問題，如城垣存廢之爭、城磚的保護與管理、城門的出入與通行等；“城墻的修繕”部分因內容較多，拆分爲兩章（第二、三章），編纂組根據掌握的史料，從空間維度對之進行梳理，首先從宮城（西華門）開始，隨後以京城城墻臺城段爲起點向東，沿順時針方向繞城墻一周，分段呈現民國時期修繕南京城墻的史料，在不同時間、出於不同目的修繕城墻，以及城墻修繕質量的優劣差異，得以較爲完整、直觀地呈現出來；“城門的更新”部分亦分爲兩章（第四、五章），從時間維度出發，梳理了“城門之重新命名”“開闢城門”“修建城門與城樓”“拆除城門及城樓”等專題下的史料，全面地呈現了南京城門在民國時期的發展與變遷；此外，本書單列“城墻與市民生活”這一主題（第六章），爲南京城墻研究補充了新的視角，讀者藉此可以瞭解到，民國時期諸如糧食、荷類、棉麻、豬鬃等貨物進入城市的查驗與放行，城市道路的修築，以及平民住宅的建設等與南京城墻息息相關的情況。

　　總體來説，本書在編纂上基本做到了宏觀與微觀、集中與分散相結合，具有較强的客觀性和學術性，不僅有助於讀者全面認識這一時期南京城墻發展與演變的真實情況，對於城市管理者處理好文化遺産保護和城市協調發展之間的關係，也具有一定的參考價值。

　　在成書過程中，我們愈發認識到民國時期的南京城墻史料是一個有待不斷深入挖掘的寶庫，其史料搜集、整理、編纂和出版也是一項長期性、持續性的學術工程。目前本書主要以檔案文書類史料爲基礎，今後，我們將繼續挖掘其他類型的史料，并計畫分批陸續出版，以便能够爲研究者、管理者和讀者提供内容更爲豐富、全面的歷史資料，全面彰顯南京城墻深厚的文化遺産價值和内涵。

本書編委會

2024 年 10 月

編例與説明

一、在編排上，本彙編第一輯主要選入民國時期的南京城墻檔案公文類史料，分別按"城墻的保護與管理""城墻的修繕""城門的更新""城墻與市民生活"四種主題歸類，其下再依據不同事件或專題進行分類，并以時間爲序排列。

二、本輯中所選檔案公文類史料，一律以規範繁體字整理出版，部分人名、地名中異體字保留。遇有缺漏殘損、字迹不清且無法確定字數者，以（原件缺）（原件殘損）（原件字迹不清）等表示并説明；字迹不清或識別不出但可以確定字數者，以相應數量的□代之。[　]表示改正錯別字，〔　〕表示去衍字，〈　〉表示補脱字，（？）表示存疑待考。

三、本輯中收録的檔案公文類史料，均儘可能保持原有面貌。爲了有助於讀者的理解，酌收部分檔案文件辦理過程中的事由、批示、擬辦等内容，并對原檔順序略作調整。

四、所擬檔案文件的題名包括責任者、事由、收文者和文種四個要素。部分原檔中的文號、落款等，按照今天的公文行文習慣，在位置與順序上進行了適當調整與處理。

五、題名下以公元紀年方式注明成文日期；選自各類政府公報、市政公報的消息如市政消息、工務消息等，如原文無日期的，則在題名下注明該公報的出版日期，不另説明。正文及落款中的日期則依原檔記録。

六、對於原檔中的標點符號，編者按照自己的理解進行了一定程度的修正；對於缺少標點符號的文檔，則加注了標點符號。

七、原檔公文中的漢字數字、計量單位及整數、分數、小數的寫法，存在大、小寫混寫的現象，如"五""伍"、"六""陸"、"百""佰"、"千""仟"等，收入本輯時均照録不變；原檔中有以蘇州碼子記數的，則調整爲今天通行的記數方法，在書中加注説明，并適當附圖，以呈現檔案原貌；原檔表格中的數字，以漢字數字寫法記録的，爲了排版與閲讀的方便，則適當調整爲阿拉伯數字。

八、原檔公文文書中擬辦、批示等處經辦人所鈐名章印，以 ×××（印）表示；落款處機關單位的圖章及簽名章，一律轉爲文字，不另説明。

九、酌收影印圖片如預算表、工程圖或檔案原檔等；圖片隨正文，不另加圖注。

十、本輯所選資料，排印格式一律采用横排，凡竪排原檔中有"如左""如右"者，横排後實爲如下、如上，例如"命令如左（下）"、"右（上）令"等，文中不再一一注明。

十一、本輯中所選檔案公文類史料的來源，於每則文件後注明之。

十二、原檔中存在與真實歷史不相符合的表述或觀點，爲保持檔案的原貌，均未加改動，不一一説明；另，各章扉頁所放之《南京市整修城門城墙位置要圖》（1948 年 6 月 3 日）[①]，以及本書酌收不同時期的施工略圖、草圖等，與現今的標準地圖有異，亦不另作説明。以上均請讀者注意加以甄别。

---

① 載《南京市城墙檔案·城墙的修繕與堵塞（下）》，南京出版社 2021 年版，第 428 頁。

目
録

第一章 城墙的保護與管理

第一章　城墻的保護與管理

第一節　南京城垣之存廢

一、拆除舊王府城墻

南京特別市工務局爲舊王府城圈有礙交通擬查明依次拆除致南京特別市市政府的呈文

（1927 年 7 月）[①]

呈爲呈復事。竊奉鈞府第三百十七號令開，"案准財政部令據全省官產處呈據清理江丹句六[②]官產駐辦員杜熊文呈稱，'案查接管卷内據李得山呈稱，"舊王府城圈[③]交過［通］繁雜，地方窄小，不獨交通不便，遇有火警，消防阻礙，後患尤多。請連破碎磚瓦基地承買"等情。馬前駐辦員謂係古迹，未予核准。駐辦員復加查核，認謂［爲］此項舊王府城圈基地，實有急切拆售之必要。理由凡三：（一）國民政府建都南京，亟應力求平民政治之實現，舊王府係屬帝王時代之陳迹，聽其存留，足爲新都之污點，甚至引起一般人階級思想，急宜催［摧］毁而消滅之，以清除腐敗現狀；（二）舊王府一帶街道本狹，再加城圈一道，非但妨害交通，一旦附近發生火警，

---

① 原文未錄發文日期，此處年月，係據《南京特別市工務局年刊·大事記》中十六年七月六日"拆除本市舊王府城圈"一條及下文相關表述等所做的推測。

② 江丹句六：江寧、丹徒、句容、六合的簡稱。

③ 舊王府城圈：也即下文舊王府城墻。大致位於今內橋東南王府園小區一帶，是朱元璋在至正二十七年（1367）改元稱吳元年後所修築的吳國公府的宮墻。清軍入關後，舊王府一帶沒爲旗產。據薛冰《南京城市史》（江蘇鳳凰文藝出版社 2022 年版，第 225 頁）："朱元璋在南京的吳國公府和吳王府，最初都是利用了元朝御史臺舊署，'在古御街東，青溪之右'……當時建有宮殿和圍墻。嘉慶《重刊江寧府志》卷九載：'吳王府，建白虎殿，東西兩宮，左渠爲金水河（今舊王府內有水是）。正南爲闕門（在今承恩寺左），東爲東華門（在針巷，猶有墻垣），西爲西華門（在府治前，初猶可見，今爲居民屋所蔽），旁列中書省，分六部堂（今皆無迹可考）。'"朱元璋移居新宮後，這一片建築稱爲"舊內"，終明之世，空關不准使用。

尤於消防救濟大有障礙，值此改良市政之時，斷無再行保留之理；（三）查舊王府牆圈破敗剝落，從未修理，時有傾倒之慮，旁附小屋數間，亦皆殘破，日久弃置倒卸，亦爲可虞。具以上三種理由，擬請迅賜核准，將舊王府牆圈房基按時值估價折賣，以利交通而裕收入。是否有當，理合備文，呈請鑒核，指令祇遵'等情。據此，查舊王府城圈地基，當承恩寺與奇望兩街之中衢，地居繁盛，街尤窄狹，平時車馬塞途，交通每感不便，且城圈磚石年久失修，時有倒塌之虞；現值國都新建，拆除障礙道路之建築物，以壯觀瞻，尤爲不可緩之建設。處長核閱該駐辦員所陳各節，復考察該處街道情形，知該城圈房基，實爲妨礙交通之點，亟宜拆除召變，以便將來之建設。除將馬路應估基地劃出外，其餘基地，以及磚瓦等項，均召商變賣，以裕收入。惟查該城圈歷年久遠，一旦拆變，誠恐該處居民藉存留古迹之名，以事阻撓而遂其侵占之計，殊於官產進行前途，大有妨礙。此不得不先陳明鈞部之前也。所有該城圈房基，應行拆變之緣由，理合備文，呈請鈞部俯賜鑒核，指令祇遵等情。據此，查來呈所稱理由，尚無不合，惟事關南京交通行政，應由該市長核議具復等由。准此，查拆除城圈、開闢馬路，事屬本府權衡，除函復外，合行令仰局長即便妥議，具復核辦。此令"等因。奉此，查南京市地大物博，商務繁盛，首在便利交通；況國都新建，一切道路上之障礙物，尤宜拆除淨盡，方足以壯觀瞻。舊王府城圈在此改良路政之際，確係有礙交通，職局早已議及將此城圈拆除，以利交通，理合備文呈復，仰祈鑒核示遵。謹呈

南京市市長劉

南京特別市市政府工務局局長　陳揚傑

（《南京特別市工務局年刊》，南京印書館 1927 年版，第 349—350 頁）

南京特別市工務局關於拆除舊王府城牆請附近居民暫遷他處的布告

（1927 年 11 月 3 日）

布告　第二九號

爲布告事。案查舊王府城牆年久失修，倒塌堪虞，且屬有礙交通，車馬行人俱感不便。茲訂於本月七日起，飭工前往拆除。仰該附近城牆居民人等，務須事先暫遷他處，免致興工時發生倒毀之危險。其各凜遵，毋違。切切！此布。

局長　陳揚傑

中華民國十六年十一月三日

（《南京特別市市政公報·公牘 布告》，1927 年第 4 期，第 6—7 頁）

南京特別市市政府爲迅將舊王府城圈拆售辦法據實聲復給南京特別市工務局的令

（1927 年 11 月 9 日）

南京特別市市政府令　第五八八號

　　令工務局局長陳揚傑：

　　爲令行事。案准江蘇全省官産處函開，"據敝處調查員呈稱'路經舊王府，見工務局張貼布告，於本月七日起，將該處城圈拆卸'等情前來。查此案前據〈江丹〉句六事務所駐辦員杜熊文呈稱'民人季 [李] 得山呈請拆變'等情，由敝處轉呈財政部核示，旋奉部令，交由貴府核議。嗣又准貴府函稱'此案轉令工務局查勘具復'等因。事已數月，迄未准貴府將工務局核議情形函復敝處，因懸案待決，正呈〈請〉財政部決定辦法，以便執行。不意工務局忽有此項拆卸布告，殊使敝處應行候示執行之案受此影響，無法着手。於官産進行前途，妨礙匪淺。特此函請貴政府轉令工務局'對於此項城圈，未經財政部決定辦法以前，從緩拆卸，以明權責，而維信用。實紉公誼'"等由。准此，查此案前准財政部來咨，當以拆售市內官産，係屬本政府權限，該舊王府城圈一帶應如何規劃之處，業經轉令該局查勘具復，并批令"准拆，另行籌議辦法，具復候奪"各在案。迄今三月，未據 [具] 呈復。茲據前由，除先行查案函復外，合亟令催，即仰該局長迅將該處城圈拆售辦法據實聲復，以憑核轉。切切。此令。

市長　何民魂

中華民國十六年十一月九日

（《南京特別市市政公報·公牘令文》，1927 年第 4 期，第 37—38 頁）

南京特別市市政府爲已令工務局迅將舊王府城圈拆售辦法據實聲復致江蘇全省官産處的公函

（1927 年 11 月 9 日）

南京特別市市政府公函　第三二九號

　　徑復者。頃准函開，以"拆卸舊王府城圈一案，在未經財政決定辦法以前，囑轉令工務局從緩辦理"等由。准此，查此案前准貴處暨財政部先後來函，當將以拆售市內官産、開闢馬路，係屬敝政府權限。該舊王府城圈一帶應如何規劃之處，即經飭令工務局查勘具復。旋據復稱"該處確係妨礙交通，應予拆除"等情。當即批令准拆，另行籌議具體辦法候奪，并分別函復各在案。准函前由，除再令催迅將該處城圈拆售辦法據實聲復以憑核轉外，相應先行函復，即希查照爲荷。此致

江蘇全省官産處

市長　何民魂

十一月九日

（《南京特別市市政公報·公牘 公函》，1927 年第 4 期，第 19—20 頁）

南京特別市市政府爲呈復拆售舊王府城圈辦法已據情轉函財政部暨江蘇全省官産處給南京特別市工務局的指令

（1927 年 11 月 19 日）

南京特別市市政府指令　第七二四號

　　令工務局局長陳揚傑：

　　呈一件。爲呈復拆售舊王府城圈辦法請核轉由。呈單均悉。已據情轉函財政部暨江蘇全省官産處查照矣。即知照。單存。此令。

中華民國十六年十一月十九日

　　附原呈

　　呈爲呈復事。案奉鈞府第五八八號令開，"案准江蘇全省官産處調查員呈稱'路經舊王府，見工務局張貼布告，於本月七日起，將該處城圈拆卸'等情前來。查此案前據江丹句六事務所駐辦員杜熊文呈據［稱］'民人李得山呈請拆變'等情，由敝處轉呈財政部核示。旋奉部令，交由貴府核議。嗣又准貴府函稱'此案轉令工務局查勘具覆'等因。事已數月，迄未准貴府將工務局核議情形函覆敝處，因懸案待決，正呈請財政部決定辦法，以便執行。不意工務局忽有此項拆卸布告，殊使敝處應行候示執行之案受此影響，無法着手。於官産進行前途，妨礙匪淺。特此函請貴政府轉令工務局'對於此項城圈，未經財政部決定辦法以前，從緩拆卸，以明權責，而維信用。實紉公誼'等因。准此，查此案前准財政部來咨，當以拆售市內官産，係屬本政府權限，該舊王府城圈一帶應如何規劃之處，業經轉令該局查勘具復，并批令'准拆，另行籌議辦法候奪'各在案。迄今三月，未具呈復。茲據前由，除先行查案函復外，合亟令催，即仰該局長迅將該處城圈拆售辦法，據實聲復，以憑核轉。切切。此令"等因。奉此，查舊王府城圈急應拆除，職局前奉鈞府批准拆除在案。嗣以孫逆南犯，人心未定，不便興工。茲已時局大定，業由職局劃定拆卸辦法兩條：一、先期通知附近居民，令其遷讓，附在該牆上房屋，令其各自重行砌牆，以免拆卸時受倒毀之損失；二、如因拆工不慎，致附近居民受其損失，則由包工負責，并已與何誠記訂立合同，包工拆除。茲奉前因，理合將拆除辦法，并抄同與何誠記訂立合同及估賬清單各一份，一并備文，呈請鈞長核轉。謹呈

南京特别市市长 何

南京特别市工务局局长　陈扬杰

十一月十五日

（《南京特别市市政公报·公牍汇要》，1927年第5期，第31—32页）

南京特别市市政府为抄送工务局拆售旧王府城圈办法致国民政府财政部的公函

（1927年11月19日）

南京特别市市政府公函　第三六〇号

　　径启者。案据工务局局长陈扬杰呈称，"查旧王府城圈急应拆除。职局前奉钧府批准拆除在案。嗣以孙逆南犯，人心未定，不便兴工。兹已时局大定，业为职局画［划］定拆卸办法两条：一、先期通知附近居民，令其迁让，附在该墙上房屋，令其各自重行砌墙，以免拆卸时受倒毁之损失；二、如因拆工不慎，致附近居民受其损失，则由包工负责，并已与何诚记立订合同，包工拆除。兹奉前因，理合将拆除办法，并抄同与何诚记订立合同及估赈清单各一份，一并备文，呈请核转"等情，并附呈工程合同、估赈清单各一纸到府。据此，查此案前准贵部暨江苏全省官产处先后来函，当以拆售市内官产、开辟马路，系属敝政府权限。迭经分别函复，并令该局迅将该旧王府城圈拆售办法据实声复，以凭核转各在案。据复前情，除分函外，相应抄送附件函达贵部，至希查照为荷。此致

国民政府财政部

市长　何民魂

十一月十九日

（《南京特别市市政公报·公牍汇要》，1927年第5期，第64—65页）

南京特别市市政府为抄送工务局拆售旧王府城圈办法致江苏全省官产处的公函

（1927年11月19日）

南京特别市市政府公函　第三六一号

　　径启者。案据工务局局长陈扬杰呈称，"查旧王府城圈急应拆除。职局前奉钧府批准拆除在案。嗣以孙逆南犯，人心未定，不便兴工。兹已时局大定，业由职局兼［划］定拆卸办法两条：一、先期通知附近居民，令其迁让，附在该墙上房屋，令其各自重行砌墙，以免拆卸时受倒毁之损失；二、如因拆工不慎，致附近居民受其损失，则由包工负责，并已与何诚记立订合同，包工拆除。兹奉前因，理合将拆除办法，并抄同与何诚记订立合同及估赈清单各一份，一并备文，呈请核转"等情，并附呈工程合同、估赈清单各一纸到府。据此，查此案前准贵处暨财政部先后来

函，當以拆售市内官産、開闢馬路，係屬敝政府權限。迭經分別函復，并令該局迅將該舊王府城圈拆售辦法據實聲明［復］，以憑核轉各在案。據復前情，除分函外，相應抄送附件，函達貴處，即希查照爲荷。此致

江蘇全省官産處

市長 何民魂

十一月十九日

（《南京特别市市政公報·公牘彙要》，1927 年第 5 期，第 65 頁）

二、拆除神策門至太平門城墙

南京特别市市政府爲拆除神策門至太平門城墙致首都衛戍司令部函

（1928 年 11 月 27 日）

公函　第六二〇號

徑啓者。案奉國民政府第六三號訓令内開"爲令知事。本府第六次國務會議議決拆除神策門至太平門城墙，但臺城一段仍保留一案，合行令仰該市政府知照。此令"等因。奉此，除飭將該處城墙即日動工拆除外，相應函達，即希查照，轉飭駐守各該城門軍隊一體知照。此致

首都衛戍司令部

南京特别市市長 劉紀文

十七年十一月二十七日

（《首都市政公報·公牘》，1928 年第 25 期，第 41 頁）

南京特别市市政府爲拆除神策門至太平門城墙給南京特别市工務局的訓令

（1928 年 11 月 29 日）

訓令　第一七六五號

案奉國民政府第六三號訓令内開"本府第六次國務會議議決拆除神策門至太平門城墙，但臺城一段仍保留一案，合行令仰該市政府知照"等因。奉此，合行令仰該局長即便遵照辦理。此令。

市長 劉紀文

十七年十一月二十九日

（《首都市政公報·公牘》，1928 年第 25 期，第 41 頁）

南京特別市工務局關於奉令拆除神策門至太平門城墻的布告

（1928 年 12 月 7 日）

布告　第九五號

　　爲布告事。案奉市政府訓令第一七六五號內開，"案奉國民政府第六三號訓令內開'本府第六次國務會議議決拆除神策門至太平門城墻，但臺城一段仍保留一案，合行令仰該市政府知照'等因。奉此，合行令仰該局長即便遵照辦理。此令"等因。奉此，除遵令飭工照拆外，合行布告，仰閤市民衆一體知悉。此布。

局長　陳揚傑

中華民國十七年十二月七日

（《首都市政公報・公牘》，1928 年第 26 期，第 62 頁）

南京特別市市政府爲太平門段城墻不能拆毀之處應釘立木牌給南京特別市工務局的訓令

（1928 年 12 月 29 日）

訓令　第二二一四號

　　爲令遵事。現奉總座諭"太平門城墻墻門之上，自太平門起往西約二三百咪達[①]處、城上之小墻門爲止，不能撤［拆］毀，此事前已有緘奉達。今見城門上之墻甎已撤動，知必有誤，希即注意"等因。自應遵照辦理。合行令仰該局長迅即遵照派員查明，將不能拆毀之處釘立木牌，并飭監工人等隨時注意保護，是爲至要。仍將遵辦情形具報察核。此令。

市長　劉紀文

十七年十二月二十九日

（《首都市政公報・公牘》，1929 年第 27 期，第 34 頁）

三、停止拆城工作

工務消息・保留臺城

（1929 年 2 月 15 日）

　　工務局會奉令拆除城垣，業已着手進行，旋據北平古物保管委員會來函，以臺城爲六朝遺迹，於歷史名勝均甚重要，應妥爲保護，以重名勝。聞該局據函後，已擬有相當辦法，以資保護。

（《首都市政公報・紀事》，1929 年第 30 期，第 3 頁）

---

① 咪達：度量單位，民國時多寫爲米達，或米突，即米。英語 meter 的音譯。今已不用。

國民政府爲南京停止拆城工作給鐵道部長孫科的指令

（1929 年 3 月 7 日）

國民政府指令　第四七一號

　　　令本府委員鐵道部長孫科：

　　呈請飭令南京市政府停止拆城工作由。呈悉。所請應予照辦。仰候令行該市政府遵照可也。此令。

中華民國國民政府

中華民國十八年三月七日

（《國民政府公報·指令》，1929 年第 113 號，第 4—5 頁）

國民政府爲停止拆城工作給南京特別市市政府的訓令

（1929 年 3 月 7 日）

國民政府訓令　第一九四號

　　爲令飭事。案據本府委員鐵道部長孫科呈稱，"爲呈請事。竊查國都設計評議會於三月一日開第二次會討論，當由茂菲顧問發表關於南京城垣存廢意見，以爲南京城垣尚非無可利用之處，在計劃未決定以前，應暫予保留，以便設計。惟查現在該城垣，有一部分方在拆卸之中，似應即行制止，免與將來計劃或有衝突。當經一致贊同在案。理合備文，呈請鑒核。伏乞迅予飭令南京特別市市政府，即行停止拆城工作，以便設計。實叨公便"等情。據此，除指令"呈悉，所請應予照辦，仰候令行該市政府遵照可也。此令"印發外，合行令仰該市政府遵照辦理。此令。

中華民國國民政府

中華民國十八年三月七日

（《國民政府公報·訓令》，1929 年第 112 號，第 2—3 頁）

南京特別市市政府爲停止拆城工作情形致國民政府呈

（1929 年 3 月 21 日）

呈　第六四號

　　爲呈復事。竊奉鈞府第一九四號訓令內開，"案據本府委員鐵道部長孫科呈稱，'爲呈請事。竊查國都設計評議會於三月一日開第二次會討論，當由茂菲顧問發表關於南京城垣存廢意見，以爲南京城垣尚非無可利用之處，在計劃未決定以前，應暫予保留，以便設計。惟查現在該城垣，有一部分方在拆卸之中，似應即行制止，免與將來計劃或有衝突。當經一致贊同在案。理合備文，呈請鑒核。伏乞迅予飭令南京特別市市政府，即行停止拆城工作，以便設計。實叨公便'等情。據此，除指令'呈悉，所請應予照辦，仰候令行該市政府遵照可也。此令'印發外，合行令仰該市政府遵照辦理。此令"等因。奉此，遵經令飭職府工務局遵照辦理去後，茲據復稱"查前次中央陸軍軍官學校因建築房屋，需用城磚，曾與職局會同派員商訂辦法，由軍官學校在太平門復〔覆〕舟山後自行拆運在案，現既奉令停止拆卸，遵即函致該校，即速飭工停止拆卸。此外并無其他拆城工作"等情。據此，理合具文呈復，仰祈鈞府鑒核。謹呈

國民政府

南京特別市市長　劉紀文

十八年三月二十一日

（《首都市政公報·公牘》，1929 年第 33 期，第 74—75 頁）

四、抄發《保存城垣辦法》

國民政府行政院爲抄發《保存城垣辦法》給各省市公署的訓令

（1931 年 4 月 25 日）

訓令　第一九三七號

　　令各省市公署：

　　爲令行事。前奉國民政府交辦寧鎮澄淞四路要塞司令楊杰呈述國防見地，懇將中國現有城垣，交表〔付〕國防會議，或交負責機關審議，以便通籌定案，并飭各省遵行一案，到院。當交軍政、內政兩部核議去後，旋據該兩部會同復稱，"奉令後，以此案關係國防及治安，至爲重大，亟應召集有關係各機關，公同審議，乃於本月二十六日下午二時，在軍政部會議廳，召集內政部、參謀本部、訓練總監部、國府參軍處、總部參謀處各代表開會，縝密討論。僉以'楊司令呈述各節，深合我國現今情勢，自屬可行'。經議決《城垣保存辦法》五項，理合錄案呈復鑒核"等情。據此，經提出本院第二十一次國務會議決議："照辦。"除函達國民政府文官處查照、轉陳，并分令外，合行抄發全案，令仰該省政府即便轉飭所屬一體知照。此令。

二十年四月二十五日

（《行政院公報·訓令》，1931 年第 249 號，第 16—17 頁）

國民政府爲抄發《保存城垣辦法》給參謀本部的訓令

（1931 年 4 月 30 日）

國民政府訓令　第二三四號

　　令參謀本部：

　　爲令遵事。案據本府文官處簽呈稱，"准行政院函開，'前奉交辦寧鎮澄淞四路要塞司令楊杰呈述國防見地，懇將中國現有城垣，交付〔表〕國防會議，或交負責機關審議，以便通籌定案，并飭各省遵行一案，到院。當交軍政、内政兩部核議去後，旋據該兩部會同復稱，"奉令後，以此案關係國防及治安，至爲重大，亟應召集有關係各機關，公同審議，乃於本月二十六日下午二時，在軍政部會議廳，召集内政部、參謀本部、訓練總監部、國府參軍處、總部參謀處各代表開會，縝密討論。僉以'楊司令呈述各節深合我國現今情勢，自屬可行'。經議決《城垣保存辦法》五項，理合錄案呈復鑒核"等情。據此，經提出本院第二十一次國務會議決議："照辦。"除照案通令各省市政府，飭屬一體遵照外，相應抄同原案函達貴處查照，轉陳令行參謀本部知照'等由，并抄送原議案一件過處。准此，理合簽呈鑒核"等情。據此，除飭處函知楊司令外，合行抄發原議案，令仰知照。此令。

　　計抄發原議案一件。

主席　蔣中正

二十年四月卅日

《保存城垣辦法》五條

一、全國各地方現有城垣、城壕及邊界關塞一律保存。

二、本案決定以前已經拆除或填平者不在此例。

三、此後各地方如因市政發展或重要建設，城垣、城壕實有妨礙或已失其效用者，得由地方政府呈請行政院發交軍政部、内政部，會同參謀本部審核後，准許拆除或填平其一部或全部。

四、各地方如因交通關係，得於城垣、城壕多闢門洞、多架橋梁。

五、各地方所有城垣、城壕如有破壞，責成地方政府隨時修理。

（中國第二歷史檔案館藏，檔案編號：787-2207；

另見《國民政府公報·訓令》，1931 年第 761 號，第 3—4 頁）

江蘇省政府委員會第三九五次會議記録（節選）

(1931 年 4 月 30 日)

本府委員會第三九五次會議記録

時間：二十年四月三十日

地點：委員會議室

出席委員：陳和銑、孫鴻哲、羅良鑒、李明揚、胡樸安

列席者：秘書長金體乾、財政廳科長程鵬

主席：胡樸安

記録：丘譽

上午八時開會，主席恭讀《總理遺囑》。

報告事項：

一、行政院令："據内政、軍政兩部，會同議復楊司令杰呈述國防見地一案，議決《城垣保存辦法》五項，經提出國務會議議決照辦；抄發全案，仰即轉飭一體遵照！"

（中略）

九時一刻散會。

（《江蘇省政府公報》，1931 年第七三一期，第 17—18 頁）

江蘇省政府奉行政院令頒發《保存城垣辦法》

(1931 年 5 月 1 日)

本府奉行政院令發《保存城垣辦法》五條，經於四月三十日報告第三九五次本府委員會議，并轉行遵照矣。兹録院令原文如次：

爲令行事。前奉國民政府交辦寧鎮澄淞四路要塞司令楊杰呈述國防見地，懇將中國現有城垣，交表國防會議，或交負責機關審議，以便通籌定案，并飭各省遵行一案，到院。當交軍政、內政兩部核議去後，旋據兩部會同復稱"奉令後，以此案關係國防及治安，至爲重大，亟應召集有關係各機關公同審議，乃於本月二十六日下午二時，在軍政部會議廳，召集内政部、參謀本部、訓練總監部、國府參軍處、總部參謀處各代表開會，縝密討論。僉以'楊司令呈述各節，深合我國現今情形〔勢〕，自屬可行'，經議決《城垣保存辦法》五項，理合録案呈復鑒核"等情。據此，經提出本院第二十一次國務會議決議："照辦。"除函達國民政府文官處查照、轉陳，并分令外，合行抄發全案，令仰該省政府即便轉飭所屬一體知照。此令。

附《保存城垣辦法》（如前，略）

附楊司令原呈

呈為呈述國防見地，擬懇將中國現有城垣，交付國防會議，或交負責機關審議，以便通盤籌劃，規定方案，而固國防，并通飭各省遵行，仰祈鑒核事。

竊以歐戰告終，世界列強，雖鑒於往者創痕其鉅，深懼來茲之戰機復作。一則曰："縮減軍備，僅以自衛為度。"再則曰："非戰公約，維持永久和平。"然究其內幕，或因雄長互爭，利害時虞衝突，或因城下受盟，私恨終謀昭雪，在在均有暴發之可能。故於國防之整理更新，靡不殫精竭力，各思所以金湯吾圉，蓋勢使然也。

——我國自甲午、庚子兩役以還，不特不平等條約束縛無遺，肘腋之間，堂奧之內，已苦隱憂四伏；而人材寥落，杼柚［軸］其空，亦非十年教訓、十年生聚不為功。環境如彼，國情如此。設再於國防上固有可用之點而利益復最大者，不予深刻辨別，力為保存，而貿然毀去之，一朝告警，其有緩不濟急之痛，自無待龜策矣。

——今請以要塞立論：夫要塞為國防之一部。以積極方面言之：或制限敵軍之運動，或掩護國軍之集中；或集結優勢兵力，猛取攻勢，侵入敵國，擊破敵軍；而以要塞支撐某方面，節約兵力用於決戰方面，以達作戰之目的；海國則於海岸上戰略要點，建築堅固要塞，以便野戰軍及艦隊之作戰，有利進展。以消極方面言之：或防禦敵軍之侵入，或牽掣敵之運動，或掩護重要資源，或分散敵之兵力。其為利益，指不勝屈。

——我國以自衛為國策，以保境為國防方針，姑無論策取攻勢，非所企圖。然而野戰軍隊，遠不如人，其不能不恃要塞為國防上必需之要素，自毋待論。更觀往昔要塞設備不完善之國家，而今莫不耗費鉅萬，爭相建築。其為何事？不待智者而後明矣。吾人若回憶德軍之不能由法國東部進攻，及凡爾登要塞之前後牽制德軍四十四師之眾并傷德軍五十五萬之多，終於支撐西方戰場，有利全局；與夫土耳其之達爾達乃爾要塞之與英法海軍頑強抵抗，終使聯軍老師糜餉，深宵潰遁；以及一八六六年澳軍以國境四角要塞，掩護集中，卜魯俾爾特將軍利用孫甘帕克挪要塞為運動軸，率七萬之卒，破意軍二十萬之眾之奇勛偉績，當能想見要塞於國防上之價值，而確認永久築城之為物，可以衛國，可以遂行國策，可以達到戰略目的，可以為戰略戰術上之支撐點與運動軸矣。

——茲就戰史所予吾人之教訓而言之：單一要塞，易於傾陷；集團要塞，不易攻破。若再連接集團，劃分數綫，則強韌堅固，更越尋常。法之梅資要塞，保持七十二日，比之李之要塞，守護兩周間，法之巴魯堡要塞一二一日喪失，奧匈之卜魯塞密司魯要塞一四八日開城，旅順要塞一九〇日失陷，青島要塞三十八日淪落。凡此皆單一要塞，缺乏連繫，一朝圍困，莫不淪亡。至若集團要塞，地域廣闊，配置鱗比，互助互援，以故凡爾登都爾始終未下，哀皮挪爾卑爾法得久戰不摧。若夫歐戰前之法國要塞，分三綫配備，尤為鞏固。其第一綫即國境防禦綫，北自英國海峽之加拉斯，南至地中海岸之奈斯，西自大西洋之皮喲奈，東至皮爾加德境，繞比、德、瑞、意、西班牙五國國境，包含五十有三名城；第二綫即國內防禦綫，對比、德、瑞、意四國方向設置，亦包含七大要塞；第三綫即總複廓，設於首都巴黎。此外在大西洋及地中海沿岸，亦築二十一個要塞之多，其設備之完善，配布之周詳，實所罕覯。故歐戰中霞飛將軍實行大規模之戰略退却，防綫整然。德雖窮追，究爲所阻。終於以巴黎要塞爲進展基地，而轉移攻勢。其爲貢獻亦偉大矣。

——歐戰而後永久築城之學術，尤爲精進。或利用地形地物，或疏開戰鬥機關，或趨重要塞集團，或編成築城地域，或使若干防禦地帶并列，或使鱗次配置，或使成縱深極大之數綫防禦地帶，而於要隘施以永久築城。各處要塞，相互策應，中間地區，火力閉塞，層層障礙，節節連鎖，持久戰爭，堅强不拔。

——我國若采纳欧戰教訓，似宜於海陸邊境及沿江各省區之城垣，悉數保留，則縱橫連貫，運用自如，隨地隨時，均可以構成防禦地帶，固我疆圉。

——乃拆城之議，甚囂塵上。或謂我國城垣，接近市街，一有戰争，市街立受波及，不合要塞圍廓原則，不適於炮戰。不思國際戰争，慘酷難名。戰争開始之前，例應將所在住民後送內地，市街縱相接近，爲損無幾。且一九一八年，德以十五萬米射程之加農，射擊巴黎，命中一八三發。其射程之長，幾合吾國二百八十里，實推倒一般"野戰軍與要塞相距三十餘里"之原則。當時法國上下震驚，群議遷都，避免傷害。然而戰事底定，初未聞巴黎複廓因而拆毁。此中理由，不言而喻。

——或謂城垣過於暴露，目標太顯，不合築城原則，不適於空中戰争。不思全國城垣，未嘗盡露，居庸山海，隱然以深。苟采長去短，修改得宜，必能吻合地形，目標隱晦。且空中戰鬥，兵器攸關。若防空兵器不亞於人，敵國空軍，又何足懼？

——或謂中國之城垣，連續成一圜圈，無側防設備，一部陷落，則敵人一衝而入，全綫失其防禦力；除少數城門有簡單之炮座設備外，全城多付缺如，不適於炮戰。不思城垣原非死物，壁壘儘可改修。若添設戰鬥機關，必可增加强度。且歷考國際戰争，自開始談判，乃至實行交戰，爲期率須半載，趁此期間補構，當無不及之虞。故鄰接國過多之國，平時戰時以要塞爲唯一支撐點者，平時均不全部構成，僅於重要部分，完成其永久築城之工作，其他各部則儲備材料，隨時精研各種方式。一旦國交有衝突，將至破裂之時，則亟亟着手完成其全部要塞之工程。以此證之，我國各城垣實不啻千百年來預設之大工事據點也。若吾國之於假想敵國業有成算，更何妨未雨綢繆，補修增設。想見一經改造，其防禦力之增加，自可預卜。凡爾登要塞於戰鬥間，猶力加修補，終於不拔，可爲明證。

——或謂城垣若不拆毁，適使梟雄有所憑藉，暴徒有所據依，不啻誨盜慢藏，自招禍患。不知任何國家，如果政治不良，積成亂象，即無城垣根據，亦將盜弄潢池；若使政教修明，人心安定，必且勇於公戰，耻於私鬥，決不操戈同室，煮豆燃箕。況城垣爲要塞之根基，原非廢物可比，不保留之以資國防之用，乃以爲召禍而拆之，無異因噎廢食，可懼孰甚！？

——或謂城垣阻礙交通，妨害市政計劃，儘可多闢城門；如須擴充建築，亦可移於城外。況城垣關係要塞，要塞關係國防，區區局部交通，誠不足以同日語。此真見秋毫不見輿薪之論也。

——或謂城磚之售價，可供教育經費及社會事業之用，留之不啻閉置寶藏，不合經濟原則。須知一城之構築，大者平均六十里，約費一萬萬，中者平均三十里，約費六千萬，小者平均十里，約費二千萬。我國全國約有二千餘城，若以大城百座，中城三百座，小城千六百座計算，爲費當在六百萬萬左右；而拆磚賣價，最多不值構築費之半；除去拆運各費及其他中飽外，所餘能得二百萬萬元之概數，已爲幸事。然無形中已虛擲四百萬萬矣。且要塞必有築設之日，國防終無完成之時，如果舊有之城垣既拆，新式要塞之築設卒難藏事[①]，一旦國防緊急，發生不幸，彼時如有城垣勉事支撐，當勝於無城萬倍。其爲利益，又豈城磚售價之可能比擬？破壞易，建設難，貪小利，亂大謀，當爲識者所不取。

——再，查吾國城池大率依山傍水，形勢天成，外而雄踞邊疆，內而控制要地，星羅棋布，脉絡相通，與歐美之新式永久築城原則，隱相符合。此城垣之不爲過去廢物，可以保留者一也。

——各城建築雄壯，城周大幾百里，中數十里，小亦不及十里，高三丈，最低亦有一丈五尺，原在六丈以下，一丈五尺以上，其材料或係岩石，或係燒磚，其強度雖不及鐵筋依頓，然戰時因陋就簡，補築添修，強度增進，可以斷言。此城垣之質地堅良，易於改善，可以保留者二也。

——且城垣，已具要塞大體，并備堡壘雛形，若詳審敵情，相度地勢，擇其可以爲集團要塞地域者，將各城垣略加修改，用爲集團要塞之圍廓，必可功倍事半，節費省時。此城垣之業有要塞形勢，可以保留者三也。

——我國四境，強鄰環伺，陸海正面，處處堪虞！若以國防之見地，處處築設新式要塞，既爲財力所不許，亦爲事勢所難能，則舊有之城垣儘可因時利用。彼歐洲大戰亘四年有餘，爾時雖一事一物之微，亦勉期爲戰爭之用。而此後之戰爭，因關係民族之興亡，爲期必漸延長，則堅苦撐持，冀收最後之勝利，更必有賴於偉大之築城。此城垣之爲改設要塞，可以保留者四也。

——中國交通梗阻，集中困難，若國境防禦綫而有城垣以爲軍事據點，可以掩護野戰軍之集中，可以使野戰軍動作容易，可以防遏敵之侵入。若國內防禦綫而有城垣以爲軍事之發進基地，則可爲野戰軍之運動軸，或支撐點，容易本軍之行動，阻礙敵軍之行進。若第三綫乃至第數綫而有城垣支撐，則可利用爲最後防禦。前歲豫西戰役，各村落均如城垣構成，五百米一座，千米一座，二三千米四五千米一座，大有設堡陣之勢，中央軍攻之，耗損極大。去年閻、馮隴海戰綫，綿亘數百里，其陣地撐點全賴村寨土壘與各處既設城垣，構築既不需要多時，陣地又層出不盡，以故中央軍雖節節勝利，爲期亦累月經年。再我國本有城垣，前已略計不下二千餘座矣。若即以大城爲大要塞，小城爲小要塞，圍塞爲阻止堡，復將關於國防及戰略要地城池，編爲要塞地帶，於各城之間構築相當工事及堡壘，采用最新器材，即成爲良好堅固之陣地。其強紉力若準半永久築城之興登堡綫計算，何止支持萬年之久？由此觀之，中國之城垣，實不啻國防上重要之無

---

① 藏事：事情辦理完成。

數軍事據點，彼擊此援，互相呼應，無論斜編倒置，均可連爲據點式之無數防禦綫。此城垣之爲軍事上之據點，可以保留者五也。

——夫成立國防，非朝夕事；構築堅寨，需費孔多；年來國庫空虛，凡有待舉陸海江防各要塞，勢難儘先設備。萬一邊疆告警，舍依據城池與現有要塞相互策應，別無禦敵善法。此應時勢之推移，城垣之可以保留者六也。

——猶有進者：現在大患雖除，小醜未盡。而國家幅員遼闊，一地有警，軍隊倉卒不能馳應，當地人民，捨嬰城固守、堅待援軍外，別無他法。倘長沙城垣不拆，湘民自可憑藉抵抗，以待救援，何至遭此浩劫，兼旬流血？此其爲咎，自在拆城。邇者南昌，迫於□□，又在舊城地址建築新圍，勞民傷財，莫可勝計。如謂從前之拆毀爲是，則現今之修築爲非，出爾反爾，可慨孰甚！——復考吾國近年內戰，城居之民，受害尚淺；鄉居之民，受害實深。涿州、西安、武昌三城之民固不幸，其餘城居之民，能安居樂業者，實居多數。此又不得不謂爲係受城垣之賜。由此可見現有城垣，縱不從事修改，其於對內防禦，仍有相當效力。此國家初定，城垣之可以保留者七也。

總之：城垣爲要塞之基礎，要塞爲國防之一部。欲求鞏固國防，決不能離開要塞；而保持要塞之強韌，必有待於堅城。因果相生，唇齒相依，任缺其一，不可幸存。

——然則要塞究應如何配置乎？各國要塞之配置，雖因種種關係，無一定之方程，而可以設置要塞之地點，總不外乎五個原則：

一、設於國境附近，關係戰略要點，以容易我軍之作戰，或制限敵軍之運動。如凡爾登、梅資之類是。

二、設於河岸要點即軍港及重要之商港，使艦隊作戰有利，同時掩護重要資源，或防遏敵之侵入。如我國之吳淞，日本之長崎、東京灣之類是。

三、設於大河之渡口及海峽山地之道路，以確實保有隘路，使本軍之運動自由，或阻礙敵軍之侵入。如中國之鎮江、德之萊因河畔、日本之下關等是。

四、設於一國之中心首府或大市鎮，以始終保有中樞機能，或掩護重要國資。如吾國之江寧、法國之巴黎是。

五、設於島嶼及遠隔之領地，以確保其領有權。如日本之澎湖島[1]、美之馬尼拉、英之新加坡之類是。

——我國居亞洲之中心，陸地則西北與赤俄之西伯利亞及中亞西亞毗連，西南與英屬印度、緬甸、法屬安南毗連，東與日本、朝鮮毗連，其地帶長凡十數萬里；海岸則自遼寧安東之大東溝，至廣州欽州之中興，綿亘一萬二千里。武事不備，國防廢弛，藩籬盡撤，門户洞開，以積弱

---

[1] 澎湖自宋代正式列入中國版圖，隸屬福建省泉州府，其開發時間比臺灣本島早 380 餘年；元代時期，隨着移民日益增多，設置了巡檢司；明代曾兩度淪入荷蘭人之手，1661 年鄭成功收復臺灣之後，在澎湖設置了安撫司；清代先後設置了巡檢司、通判；日本占領時期設澎湖島廳，1897 年改稱澎湖廳；臺灣光復後，就原轄地區設立了澎湖縣，并將縣治設於馬公鎮，1981 年馬公鎮改制爲縣轄市。澎湖縣隸屬於臺灣省。此處說法不確。

多難之國，處虎狼環視［伺］之中，應如何急起直追，修我邊疆？乃拆城議起，一唱百和，瞻望前途，憂懼不勝！職職司要塞，難安緘默，良以爲吾國邊疆，如粤、桂、滇、黔、康、藏、青海、新疆、東三省、內外蒙古，及沿海沿江各省區之城垣，關於海陸江防適當戰略要點者，均宜一律保留，以形成犄角之勢，而杜孤立之虞。尤以長江爲敵所覬覦之要道，首都爲政治中心，其附近數百里內之城垣，更宜悉數保留，并於平時精密規劃編配築城地域，以爲鞏固國防之基礎。擬請將中國現有城垣，交付國防會議，或交負責機關審議，以定保留，而固國防！并請明令各省遵照奉行！是否有當？伏乞鈞裁！謹呈

國民政府主席蔣

寧鎮澄淞四路要塞司令 楊杰 謹呈

二十，二‧二十

（《江蘇省政府公報》，1931 年第七三一期，第 3—9 頁；

另據上海《公安旬刊》，1931 年第 2 卷第 31 期，第 18—23 頁；

以及《青島市政府市政公報‧訓令》，1931 年第 22 期，第 7—11 頁，參照修訂）

南京市政府爲抄發《保存城垣辦法》等給南京市社會局、工務局的訓令

（1931 年 5 月 9 日）

訓令　府字第五一九二號

　　爲令行事。案奉行政院第一九三七號訓令內開，"前奉國民政府交辦寧鎮澄淞四路要塞司令楊杰呈述國防見地，懇將中國現有城垣，交付［表］國防會議，或交負責機關審議，以便通籌定案，并飭各省遵行一案，到院。當交軍政、內政兩部核議去後，旋據該兩部會同復稱，'奉令後，以此案關係國防及治安，至爲重大，亟應召集有關係各機關，公同審議，乃於本月二十六日下午二時，在軍政部會議廳，召集內政部、參謀本部、訓練總監部、國府參軍處、總部參謀處各代表開會，縝密討論。僉以"楊司令呈述各節，深合我國現今情勢，自屬可行"。經議決《城垣保存辦法》五項，理合錄案呈復鑒核'等情。據此，經提出本院第二十一次國務會議決議：'照辦。'除函達國民政府文官處查照、轉陳并分令外，合行抄發全案，令仰該市政府即便轉飭所屬一體遵照"等因，計抄發楊司令原呈一件，內政、軍政兩部議決《保存城垣辦法》五條。奉此，除分令工務〈局〉、社會局外，合行抄發全案，令仰該局即便遵照。此令。

　　計抄發楊司令原呈一件，內政、軍政兩部議決《保存城垣辦法》五條

市長　魏道明

二十年五月九日

附《保存城垣辦法》五條（如前，略）

（《首都市政公報‧公牘》，1931 年第 83 期，第 20—21 頁）

五、嚴令不得毀傷本京城垣

南京市政府爲切實保護本京城垣給南京市社會局、工務局的訓令

（1931 年 5 月 6 日）

訓令　府字第五一三〇號

　　爲令遵事。案准内政部禮字第五二號咨開，"案准行政院秘書處函，奉發中央秘書處函，以'南京市執委會呈請"嚴令人民不得毀傷本京城垣，并飭負責機關保護"一案，諭交内政部查照辦理，抄件函達查照'等由到部。查本京城垣建築規模偉大，其有悠久之歷史，於首都安全尤關重要，自應切實保護。除函復并令行首都警察廳切實保護外，相應抄同原件，咨請查照辦理"等由，計抄送原呈一件。准此，除分令社會〈局〉、工務局外，合行抄發附件，令仰該局長即便遵照辦理。此令。

　　計抄發原呈一件

市長　魏道明
二十年五月六日

（《首都市政公報 · 公牘》，1931 年第 83 期，第 19—20 頁）

南京市社會局、工務局關於切實保護本京城垣的布告

（1931 年 5 月 15 日）

南京市工務 / 社會局布告　第五〇號

　　爲布告事。案奉市政府府字第五一三零號令開，"案准内政部禮字第五二號咨開，'案准行政院秘書處，函奉發中央秘書處函，以"南京市執委會呈請'嚴令人民不得毀傷本京城垣，并飭負責機關保護'一案，諭交内政部查照辦理，抄件函達查照"等由到部。查本京城垣建築規模偉大，具有悠久之歷史，於首都安全尤關重要，自應切實保護。除函復并令行首都警察廳切實保護外，相應抄同原件，咨請查照辦理'等由，計抄送原呈一件。准此，除分令工務局外，合行抄發附件，令仰該局長即便遵照辦理。此令"等因，計發原呈一件。奉此，合亟布告市民一體遵照，切實保護，勿得任意損壞，致干查究。切切。此布。

工務局局長　趙志游
社會局局長　黄曾樾
中華民國二十年五月十五日

（《首都市政公報 · 布告》，1931 年第 83 期，第 7—8 頁）

第二節　城門出入與檢查

一、城門出入與通行

1. 換發城門出入證

首都衛戍司令部爲換發城門出入證致工商部函 [1]

（1928 年 12 月 19 日）

　　徑啓者。敝部所發藍色城門出入證，現已另製紅色布面者換發。自本月二十二日起，即可通過各城門，舊證則截本月三十日止，一律作廢。即希貴部迅將舊證來敝部副官處斟換，幸毋遲誤爲荷！此致

工商部

首都衛戍司令部　啓

十二・十九

（中國第二歷史檔案館藏，檔案編號：422-1002）

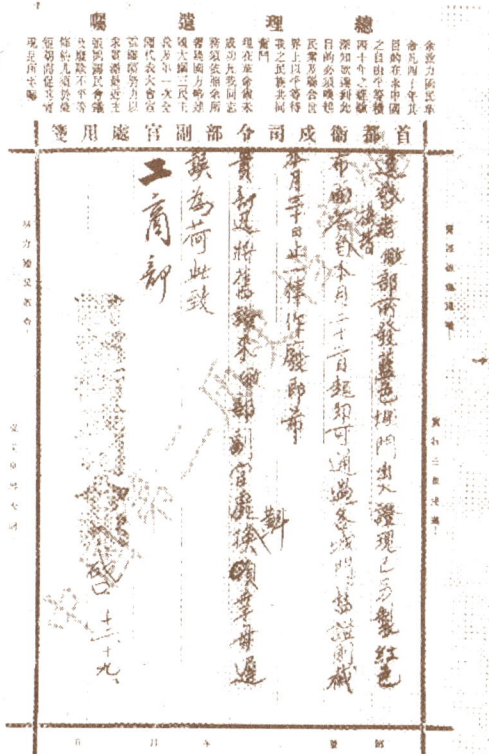

---

① 此函應係以"首都衛戍司令部副官處用箋"印製或複寫數張，以便填發給各相關部門，通知其換發出入證使用。如影印件所示，此件是相關負責人在相應位置填寫"工商部"，再加蓋"首都衛戍司令部"章之後，發給工商部的。

2. 中山路運輸石子火車到金川門時隨時開放

南京特別市市政府爲中山路運輸石子火車到金川門時隨時開放毋得阻礙給南京特別市公安局的指令

（1929 年 1 月 19 日）

令　第二九三號

　　爲令遵事。查本市中山路即迎櫬大道亟待完成，現在業已飭令火車連夜趕運石子，以便興築。合行令仰該局長遵照，自本日起，凡中山路運輸石子火車到金川門時，立即隨時開放，毋得阻礙。是爲至要。切切。此令。

市長　劉紀文

十八年一月十九日

（《首都市政公報·公牘》，1929 年第 29 期，第 71 頁）

3. 擬准旅客馬車於下午十二時後自挹江門入城

南京市政府爲擬准旅客馬車於下午十二時後自挹江門入城給南京市工務局的指令

（1932 年 11 月 24 日）

▲指令工務局：爲據呈復：擬准旅客馬車，於下午十二時後，自挹江門入城等情，已轉函查照，仰知照由。

指令　第六二〇六號

　　呈一件。爲呈復擬准旅客馬車，於下午十二時後，自挹江門入城，祈核轉由。呈悉。已據情轉函查照矣，仰即知照。繳件存。此令。

市長　石瑛

二十一年十一月二十四日

原呈見公函第六二〇六號

（《南京市政府公報·公牘》，1932 年第 120 期，第 72 頁）

南京市政府爲擬准旅客馬車夜間自挹江門入城致首都警察廳的公函

（1932 年 11 月 24 日）

▲公函首都警察廳：爲准函，擬准旅客馬車，於下午十二時後，自挹江門入城，經飭據查復意

見，復請查照飭知由。

公函　第六二零六號

　　徑復者。案准貴廳安字第三七九號函，以"據第七警察局呈，爲旅客馬車，夜間不得進城，行旅不便，擬准每夜十二時與汽車一律待遇，均由挹江門入城，函囑查核有無意見，并見復"等由。經飭據本府工務局呈稱"查原函所述各節，尚屬實在情形，自應准予與汽車一律待遇，惟此項旅客馬車，須在夜深十二時後，方可由挹江門入城，以期防務、交通，雙方兼顧，請轉函查照，轉行馬車公會知照"等情。本府查無不合，相應函復查照爲荷。此致

首都警察廳

市長　石瑛

二十一年十一月二十四日

（《南京市政府公報·公牘》，1932 年第 120 期，第 73 頁）

4. 南京市工務局請發給城門出入證

南京市工務局爲請發城門出入證以利環湖路工程人員通行
致南京警備司令部的公函

（1936 年 1 月 15 日）

公函　字第 6399 號

　　案奉委員長蔣令飭"建築環湖路及通濟門外馬路"等因。奉經遵照，由局督促，積極進行，現正日夜趕築，以期依限完成。惟查各該路工場均遠在城外，值茲戒嚴時期，夜間派員前往查工，以及運送急需各項材料，若遇城門關閉之後，出入即感不便。爲免延誤要公起見，擬請貴部發給城門出入證二紙，俾便通行，而利工作，并盼見復爲荷。

　　此致

南京警備司令部

局長　宋〇〇

中華民國二五年一月十五日

（南京市檔案館編，《南京城墻檔案·城墻的保護與管理》，南京出版社 2020 年版，第 471—473 頁）

南京市工務局爲太平門外各工程工人由各承包商自備符號佩戴
以便進出城門致南京警備司令部的箋函

（1936 年 4 月 25 日）

箋函　字第 8632 號

　　查本局奉令建造太平門外刺鉛絲圍籬工程，經交由建興五金號承辦，又鐵門工程由銳聲營造廠承辦，木柵門及崗亭等工程由張卿記承辦，現已一并開工。所有工人、材料出入城門及禁游區域之施工地點，除由該商等自備符號發給佩帶〔戴〕外，相應函達，請煩查照，飭屬驗明放行，以便出入而利工程爲荷。此致
南京警備司令部

局銜　啓

中華民國廿五年四月廿五日

呂兄：

　　太平門外刺鉛絲圍籬由建興五金號承辦，鐵門工程由銳聲營造廠承辦，木柵門及崗亭由張卿記承辦，由各該商號自備符號，函請警備司令部飭屬查明放行，并予以工作上之便利。

沈榮伯（印）

四·廿四

（《南京城墻檔案·城墻的保護與管理》，第 475—478 頁）

5. 汽車辦理城門出入證

南京市政府爲該府自治事務處主任王人麟與市難民救濟委員會下關辦事處主任
任西萍自用汽車辦理城門出入證致警備司令部的公函

（1937 年 11 月 19 日）

公函　字第 1466 號

　　徑啓者。查本府自治事務處主任王人麟暨本市難民救濟委員會下關辦事處主任任西萍，因須常至各區鄉鎮指揮緊要工作，備有自用汽車各一輛，號碼爲五四五、一五〇六。祇以城鄉間隔，誠恐夜間因公出入城門不便，爲便於通行起見，擬請貴部填發城門出入證各一紙。茲特隨函檢同該主任等履歷表各一份，暨二寸半身相片各二張，即希查照核發見復，至紉公誼。此致
警備司令部
　　附履歷表二份、相片四張

中華民國廿六年十一月拾九日

姓名	年齡	籍貫	職務	住址	備考
王人麟	三十八歲	山西榆次	南京市政府自治事務處主任	華僑路三十九號	汽車號碼五四五
任西萍	三十五歲	江蘇宜興	非常時期難民救濟委員會南京市分會下關辦事處主任	西華門四條巷仁孝里破瓦巷二十五號	汽車號碼一五〇六

一五〇六——難民救濟會用車，夜間出入城門不便，請發城門出入證；

五四五——本府自治事務處用車，常至鄉鎮指揮工作，出入城門不便，請發城門出入證。

用府函。

西萍

十一·十八

（《南京城墻檔案·城墻的保護與管理》，第 496—500 頁）

6. 總理陵園管理委員會領用城門出入證

總理陵園管理委員會為送舊城門出入證一枚請另發新證致憲兵司令部函

（1935 年 1 月 8 日）

徑啓者。頃閱報章，藉悉貴部對於城門出入證，自本月十日起，廢舊用新。本處前領用貴部製發南京城門出入證貳枚，除遺失一枚外，特將舊證一枚，函送貴部，即請查收，并請另行檢發新證貳枚，以利晚間因公出入城門之用為荷。此致

憲兵司令部

計送城門出入證舊證一枚

全銜 石章 啓

24 年 1 月 8 日

（《南京城墻檔案·城墻的保護與管理》，

第 467—469 頁）

憲兵司令部警務處為送首都城門出入證一枚致總理陵園管理委員會警衛處的公函

（1937 年 4 月 14 日）

警字第一六八〇號

徑啓者。茲送上首都城門出入證警字第叄肆壹號一枚，請即查收，見復為荷。此致

總理陵園管理委員會警衛處

　　附城門出入證一枚

憲兵司令部警務處 啓

四月十三日

《南京城墻檔案‧城墻的保護與管理》，第 487—488 頁）

總理陵園管理委員會爲送來城門出入證已轉發應用致憲兵司令部警務處的復函

（1937 年 4 月 14 日）

　　徑復者。送來警字第三四一號城門出入證乙枚，經轉發應用，相應函復，即祈查照爲荷。此致

憲兵司令部警務處

全銜 石印章 啓

26 年 4 月 14 日

《南京城墻檔案‧城墻的保護與管理》，第 491—492 頁）

7. 國父陵園管理委員會請發給進出城門長期通行證

國父陵園管理委員會爲發給冬防期間進出城門長期通行證
致首都衛戍司令部的公函

（1946 年 12 月 10 日）

陵秘字第 0264 號

　　茲閱報載，貴部以冬防期間規定城門啓閉關開辦法，訂有城門通行證一種，發給各機關應用。本會辦公地址在中山門外陵園，用特函請查照，惠予發給上項長期通行證四張，以便通行爲荷。〈此致〉

首都衛戍司令部

國父陵園管理委員會

中華民國卅五年十二月十日

《南京城墻檔案‧城墻的保護與管理》，第 554—555 頁）

首都衛戍司令部爲送城門通行證貳張致國父陵園管理委員會的代電

（1946 年 12 月 17 日）

首都衛戍司令部代電　副庶字第 0682 號

　　國父陵園管理委員會公鑒：陵秘字第 0264 號公函敬悉。茲隨電檢送城門通行證貳張至，希查照爲荷。首都衛戍司令部。亥篠[①]。信和。印。附通行證兩張。

首都衛戍司令部

中華民國三十五年十二月十七日

　　送一張拱衛處，餘一張存事務科備用。

林元坤（印）

十二·十八

（《南京城墻檔案·城墻的保護與管理》，第 556—557 頁）

國父陵園管理委員會拱衛處爲請換發城門通行證致首都衛戍司令部的公函

（1947 年 2 月 26 日）

（全銜）公函　衛字第 254 號

　　查本會於卅五年十二月拾陸日起領用之城門通行證，使用時間已屆期滿，相應檢同該證，隨函送請查照換發，以應公用爲荷。此致
首都衛戍司令部

　　附滿期城門通行證、副總字第柒貳號一紙

處長　馬○

中華民國卅六年二月廿六日　發

（《南京城墻檔案·城墻的保護與管理》，第 556—557 頁）

首都衛戍司令部爲隨電檢附城門通行證希查收見復致國父陵園管理委員會的代電

（1947 年 3 月 2 日）

首都衛戍司令部代電　副庶字第 0133 號

　　國父陵園管理委員會拱衛處公鑒：二月二十六日衛字第 954［254］號公函敬悉。茲隨電檢

---

① 亥篠：十二月十七日。

附城門通行證壹張，希查收并復爲荷。首都衛戍司令部。寅（冬）①。信和華。印。附城門通行證
壹張。

首都衛戍司令部

中華民國三十六年三月二日

（《南京城墻檔案·城墻的保護與管理》，第 561—562 頁）

國父陵園管理委員會爲城門通行證已妥收致首都衛戍司令部的復函

（1947 年 3 月 3 日）

（全銜）公函　衛字第 268 號

案准貴部副庶字第零壹叁叁號寅冬代電，并附城門通行證壹張，已妥收。相應函復，查照
爲荷。此致
首都衛戍司令部

處長　馬○

中華民國三十六年三月三日　發

（《南京城墻檔案·城墻的保護與管理》，第 564—565 頁）

國父陵園管理委員會爲換領城門通行證致首都衛戍司令部的公函

（1947 年 3 月 19 日）

陵秘字第 0548 號

查本會前領之城門通行證二張，使用時間已於本年二月十六日屆滿。本會辦公地點係在中
山門外陵園，且拱衛大隊負有協助維持治安之責。現召公務吉普車三輛，需要通行證應用。除拱
衛處已將舊證徑換新證外，相應檢同舊證一張，隨函送請查收。惠予另發長期新證二張，以便通
行爲荷。此致
首都衛戍司令部
　　附繳還舊證乙紙

（會銜）　啓

中華民國三十六年三月十九日

（《南京城墻檔案·城墻的保護與管理》，第 566—567 頁）

---

① 寅冬：三月二日。

首都衛戍司令部爲檢送城門通行證貳張致國父陵園管理委員會的代電

（1947 年 3 月 21 日）

首都衛戍司令部代電　副發字第〇一五號

國父陵園管理委員會公鑒：卅六年三月十九日陵秘字第零五四八號公函及附件均悉。茲隨電檢送城門通行證貳張至，希查收爲荷。首都衛戍司令部。寅馬[①]。副。印。附通行證貳張。

中華民國卅六年三月廿一日

通行證一張送陵園處備用，一張存事務科。

林元坤（印）

三·廿二

通行證照收。

沈鵬飛（印）

三·廿二

（《南京城墻檔案·城墻的保護與管理》，第 571—572 頁）

首都衛戍司令部爲換發城門通行證致國父陵園管理委員會拱衛處的代電

（1947 年 5 月 15 日）

首都衛戍司令部代電　副字第 109 號

國父陵園管理委員會拱衛處公鑒：案准貴處本（36）年五月未列日衛字第三八〇號函，附逾期通行證壹紙，囑予換發，自應照辦。茲隨電檢附新證壹紙，即希查收，見復爲荷。首都衛戍司令部。辰（删）[②]。副。交魯。印。

中華民國卅六年五月十五日

交司機持用并注意保存。

范良（印）

五·一六

---

① 寅馬：三月二十一日。
② 辰删：五月十五日。

交馬科員祥麟負責保存，并復該部。

馬湘（印）

五·十六

（《南京城墻檔案·城墻的保護與管理》，第 575—576 頁）

國父陵園管理委員會拱衛處爲城門通行證已妥收致首都衛戍司令部的復電

（1947 年 5 月 16 日）

（全銜）代電　衛字第四二〇號

　　首都衛戍司令部公鑒：案准貴部副字第一〇九號代電，并附新發城門通行證乙張，已妥收。特復。國父陵園管理委員會拱衛處。辰銑[1]。印。

民國卅六年五月十六日發

（《南京城墻檔案·城墻的保護與管理》，第 578—579 頁）

國父陵園管理委員會拱衛處爲請換發城門通行證致首都衛戍司令部的公函

（1947 年 7 月 16 日）

（全銜）公函　衛字第五八二號

　　查本處於卅六年五月十五日起領用之城門通行證，使用時間已屆期滿，相應檢同該證隨函送請查照換發，以應公用爲荷。此致
首都衛戍司令部
　　附滿期城門通行證一紙（副總字第叁玖零號）

處長 馬〇

民國卅六年七月十六日發

（《南京城墻檔案·城墻的保護與管理》，第 580—581 頁）

國父陵園管理委員會拱衛處爲將使用滿期之城門通行證迅予換發新證
致首都衛戍司令部的公函

（1947 年 10 月 4 日）

（全銜）公函　衛字第一〇七二號

　　案查本年七月十六日曾以衛字第五八二號公函，檢附使用滿期之副總字第叁玖零號城門通

---

[1] 辰銑：五月十六日。

行證壹張，送請貴部換發新證在案。惟迄今已久，當未蒙發下，用特函請查照，迅予填發新證，以資應用是荷。此致

首都衞戌司令部

處長　馬○

民國卅六年十月四日　發

（《南京城墻檔案·城墻的保護與管理》，第 582—583 頁）

國父陵園管理委員會拱衞處爲換發城門通行證致首都衞戌司令部的公函

（1948 年 1 月 31 日）

（全衞）公函　衞字第一〇一號

　　查本處卅六年十月八日起領用之城門通行證，使用時間已屆期滿，相應檢同該證，隨函送請查照換發，以資公用爲荷。此致

首都衞戌司令部

　　附使用滿期城門通行證（副總字第柒壹叁號）乙紙

處長　馬○

民國卅七年元月卅一日　發

（《南京城墻檔案·城墻的保護與管理》，第 584—585 頁）

首都衞戌司令部爲換發城門通行證壹張致國父陵園管理委員會拱衞處的代電

（1948 年 2 月 18 日）

首都衞戌司令部代電　戌庶字第 78 號

　　陵園管理委員會拱衞處公鑒：本（卅七）年元月三十一日衞字第一〇一號公函暨附件均悉。兹特如請，隨電檢附城門通行證乙張，希即查收備用。首都衞戌總司令部。戌庶。丑（巧）。湘。附城門通行證壹張。

中華民國三十七年二月十八日

交司機劉桂森携用。

范良（印）

二·十九

（《南京城墻檔案·城墻的保護與管理》，第 586—587 頁）

國父陵園管理委員會園林處關於換發城門通行證新證的公函

(1948 年 4 月 8 日)

林發字第 1685 號

　　茲以衛戍司令部所發之城門通行證，早經逾期，似不適用。特將原證奉上，即希由會函送該部核收，另行製發，以利通行。相應函達，查照辦理。再本處同仁居在城外較多，希即請發通行證兩枚，交處備用爲荷。此致

秘書室

　　附一八五號城門通行證乙枚

園林處　啓

中華民國卅七年四月八日

　　一、請事務科檢其他單位通行證并案函換。

　　二、查案辦。

蔣蔚南（印）

四 · 九

　　請克震兄將以前所發通行證收回。

林元坤（印）

四 · 九

（《南京城墙檔案 · 城墙的保護與管理》，第 568—570 頁）

國父陵園管理委員會爲繳還城門通行證舊證請換發新證二張
致首都衛戍司令部的公函

(1948 年 4 月 13 日)

陵秘（卅七）發文第 1647 號

　　查本會前領城門通行證第一八五及一八七號兩張，使用時間已過規定期限，相應檢同舊證，隨函送請查照，惠予掉換新證二張，以便使用爲荷。此致

首都衛戍司令部

　　附繳還舊證一八五及一八七號共二張

中華民國卅七年四月拾三日

（《南京城墙檔案 · 城墙的保護與管理》，第 588—589 頁）

首都衛戍司令部爲准予換發城門通行證二張致國父陵園管理委員會的公函

(1948 年 4 月 17 日)

首都衛戍司令部公函　戍庶字第二二一號

　　一、貴會卅七年四月十三日陵秘字第一六四七號函悉。

　　二、准予換發城門通行證二張，請即派員持據來部洽領。

總司令　孫連仲

中華民國卅七年四月十七日

(《南京城墻檔案·城墻的保護與管理》，第 590 頁)

國父陵園管理委員會拱衛處爲換發城門通行證乙張致首都衛戍司令部的公函

(1948 年 6 月 23 日)

(全銜)公函　衛字第 610 號

　　查本處於本年二月起領用之城門通行證已屆期滿，相應檢同該證，隨函送請查照，祈換發新證，以應公用是荷。此致

首都衛戍司令部

　　附逾期城門通行證(玖四捌號)乙張

處長　馬○

民國卅七年六月廿三日　發

(《南京城墻檔案·城墻的保護與管理》，第 591—592 頁)

國父陵園管理委員會拱衛處爲頒發臨時戒嚴時期城門通行證致首都衛戍司令部的公函

(1948 年 11 月 19 日)

國父陵園管理委員會拱衛處公函　衛字第一〇九八號

　　案查本處於本年六月廿三日曾以衛字第六一〇號公函，檢同使用逾期之第玖肆捌號城門通行證，函請貴部換發新證在案。惟迄今未蒙發下，近查本京已施行臨時戒嚴令，并責貴部另頒發戒嚴時期通行證乙種，即希查案，惠予頒發戒嚴時期城門通行證，以利公務是荷。此致

首都衛戍司令部

處長　馬湘

民國卅七年十一月十九日　發

(《南京城墻檔案·城墻的保護與管理》，第 593—594 頁)

8. 南京市自來水管理處請領城門出入證

南京市自來水管理處爲發給職員李郁華等人城門出入證致南京市政府呈

（1937 年 8 月 19 日）

呈　自字第四八一九號

　　查時局日趨嚴重，所有各城門，夜間非有城門出入證，絕對不得通過。而本處職司全市供水，設遇市内外水管損壞，應即隨時派員前往修理，又本處在中山門外、通濟門外、光華門外、水西門外、五洲公園等處設置之抽水機，該司機員因任務關係必須往來，如無城門出入證，則無法執行職務，影響民飲及消防，關係極鉅。所有本處計劃股長李郁華，材料股長李錫超及城外抽水機司機員許卓、黃蔭生、凌築賢等五員，請准予各發給城門出入證各一枚，以利非常時期工作。茲謹檢同該員等像片各二張，備文呈請鈞府鑒核，俯賜轉函南京警備司令部查照，分別發給，實爲公便。謹呈

市長馬

　　　計呈送李郁華等五員像片共十張

全銜

中華民國廿六年八月拾九日

（《南京城墻檔案·城墻的保護與管理》，第 492—495 頁）

南京市自來水管理處爲請領城門出入證五紙致首都警察廳督察處的公函

（1946 年 7 月 18 日）

公函　字第 454 號

　　案奉市政府本年七月九日府總秘二（卅五）字第七五五三號訓令内開"爲准首都警備司令部三十五年六月二十九日參正字第六五九號巳艷參正代電開（云云至）此令"等因，附發京市各城門開關時間表乙份。奉此，查本處職司供水，爲便利夜間搶修工事暨水廠職工趕工進出起見，擬請領城門出入證五紙，相應函達，即煩查照，惠賜填發，俾利業務，實紉公誼。此致

首都警察廳督察處

處長　方○○

中華民國三十五年七月十八日

（《南京城墻檔案·城墻的保護與管理》，第 549—550 頁）

首都警察廳督察處爲派員持據領取城門出入證致南京市自來水管理處的復函

（1946 年 7 月 24 日）

案准貴處本月十八日總（卅五）字第四五四號公函內開，"案奉市政府本年七月九日府總秘二（卅五）字第七五五三號訓令內開，'案准首都警備司令部三十五年六月二十九日參正字第六五九號巳艷參正代電開"茲自七月五日起，將京市各城門開關時間改定如附表，敬希轉飭所屬知照"等由，附京市各城門開關時間表一份。准此，除分行外，合行抄發原表，令仰知照。此令'等因，附發京市各城門開關時間表一份。奉此，查本處職司供水，爲便利夜間搶修工事暨水廠職工趕工進出起見，擬請領城門出入證五紙。相應函達，即煩查照，惠賜填發，俾利業務，實紉公誼"等由。准此，相應函復，即希查照，派員持據領取爲荷。此致
南京市自來水管理處

首都警察廳督察處 啓

七月二十四日

（《南京城墻檔案‧城墻的保護與管理》，第 552—553 頁）

南京市自來水管理處爲換發城門通行證貳張致首都衛戍司令部的代電

（1947 年 2 月 13 日）

代電　總發字第 174 號

首都衛戍司令部公鑒：前准電發副總字第 12、13 號城門通行證貳張，現已使用期滿，特檢同原證，電請查照（原件不全）。

中華民國三十六年二月十三日

（《南京城墻檔案‧城墻的保護與管理》，第 595 頁）

首都衛戍司令部爲換發長期城門通行證兩張致南京市自來水管理處的代電

（1947 年 2 月 18 日）

首都衛戍司令部代電　副字第 0109 號

南京市自來水管理處公鑒：總發（卅六）字第一七四號代電敬悉。茲隨電換發長期城門通行證兩張，希查照爲荷。首都衛戍司令部。丑（巧）。副信。印。附城門通行證兩張。

首都衛戍司令部

中華民國三十六年二月十八日

擬移净水课使用。

周□□（印）

二·廿

交許課長領用。

□□□（印）

二·廿

（《南京城墙檔案·城墙的保護與管理》，第 596 頁）

南京市自來水管理處爲換發城門通行證貳張致首都衛戍司令部的代電

（1947 年 4 月 24 日）

代電　勉總字第三三〇號

首都衛戍司令部公鑒：前准電發副總字第 139、140 號城門通行證貳張，現已使用期滿。特檢同原證，電請換發，俾利通行。南京市自來水管理處。卯（迴）[1]。印。附繳通行證兩張。

中華民國三十六年四月廿四日

（《南京城墙檔案·城墙的保護與管理》，第 599 頁）

首都衛戍司令部爲檢發城門通行證貳紙致南京市自來水管理處的代電

（1947 年 4 月 30 日）

首都衛戍司令部代電　副字第 083 號

南京自來水管理處公鑒：夘迴［卯迴］發文勉總字第三三〇號代電及舊證貳紙均悉。舊證限期已滿，應予換發；兹隨電檢附新證貳紙，即希查收，見復爲荷。首都衛戍司令部。夘［卯］（陷）[2]。副交魯。印。

首都衛戍司令部

中華民國卅六年四月卅日

（《南京城墙檔案·城墙的保護與管理》，第 601 頁）

南京市自來水管理處爲換發城門通行證貳張致首都衛戍司令部的代電

（1947 年 8 月 19 日）

代電　勉總字第 1547 號

首都衛戍司令部公鑒：前准電發副總字第 352、353 號城門通行證貳張，現已使用期滿。特

---

① 卯迴：四月二十四日。原檔無"迴"字，此處根據此代電簽發日期及下文内容推測。

② 卯陷：四月三十日。

檢同原證，電請換發俾利通行。南京市自來水管理處。未皓[1]。印。附繳通行證貳張。

中華民國三十六年八月十九日

（《南京城墙檔案·城墙的保護與管理》，第 602—603 頁）

南京市自來水管理處爲換發城門通行證貳張致首都衛戍司令部的代電

（1948 年 1 月 16 日）

代電　（卅七）總字第 0114 號

　　首都衛戍司令部公鑒：前准頒發副總字第 746、747 號城門通行證貳張，現已使用期滿。用特檢同原證，電請換發，俾利通行。南京市自來水管理處。（子）（銑）[2]。印。附繳通行證貳張。

中華民國三十七年元月十七［六］日

（《南京城墙檔案·城墙的保護與管理》，第 606—607 頁）

南京市自來水管理處爲換發城門通行證貳張致首都衛戍司令部的代電

（1948 年 3 月 20 日）

代電　（卅七）總字第 0682 號

　　首都衛戍司令部公鑒：前准頒發副總字第 936、937 號城門通行證貳張，現已使用期滿。用特檢同原證，電請換發，俾利通行爲荷。南京市自來水管理處。（寅）（哿）[3]。印。附繳通行證貳張。

中華民國三十七年三月廿日

（《南京城墙檔案·城墙的保護與管理》，第 609—610 頁）

首都衛戍司令部爲准予換發城門通行證貳張致南京市自來水管理處的代電

（1948 年 3 月 25 日）

首都衛戍司令部代電　戍庶字第 173 號

　　一、貴處（卅七）總字第〇六八二號代電悉。

---

① 未皓：八月十九日。

② 子銑：一月十六日。

③ 寅哿：三月二十日。

二、准予換發城門通行證貳張，希即派員執據來部洽領。

總司令 孫連仲

三十七年三月廿五日

（《南京城墙檔案·城墙的保護與管理》，第 612 頁）

南京市自來水管理處爲換發城門通行證貳張致首都衛戍司令部的代電

（1948 年 5 月 31 日）

代電 （卅七）總字第 1239 號

首都衛戍司令部公鑒：前准頒發副總字第 810、811 號城門通行證貳張，現已使用期滿。用特檢同原證，電請換發，俾利通行爲荷。南京市自來水管理處。（辰）（世）① 。印。附繳通行證貳張。

中華民國三十七年五月卅一日

---

① 辰世：五月三十一日。

（《南京城墙檔案·城墙的保護與管理》，第 613—614 頁）

南京市自來水管理處爲換發城門通行證貳張致首都衛戍司令部的代電

(1948 年 8 月 30 日)

代電 （卅七）總字第 2011 號

　　首都衛戍司令部公鑒：前准頒發副總字第一○四九、一○五○號城門通行證貳張，現已使用期滿。用特檢同原證，電請換發，俾利通行爲荷。南京市自來水管理處。（未）（陷）[①]。印。附繳通行證貳張。

領　據

　　今領到首都衛戍司令部頒發　字第　號城門通行證貳張，所具印領是實。

具領人：（全銜）吳○○

中華民國三十七年　月　日

（《南京城墻檔案·城墻的保護與管理》，第 616—618 頁）

首都衛戍總司令部爲准予換發城門通行證貳張致南京市自來水管理處的代電

(1948 年 9 月 4 日)

首都衛戍總司令部代電　戍庶字第 539 號

　　一、（卅七）年總字第二○一一號電悉。

　　二、准予換發城門通行證貳張，希派員來部洽領。

總司令 孫連仲

三十七年九月四日

（《南京城墻檔案·城墻的保護與管理》，第 619—620 頁）

南京市自來水管理處爲換發城門通行證貳張致首都衛戍總司令部的代電

(1948 年 11 月 11 日)

代電 （卅七）總字第 2563 號

　　首都衛戍總司令部公鑒：前准頒發副總字第二七一、二七二號城門通行證貳張，現已使用期滿。用特檢同原證，電請換發，俾利通行爲荷。南京市自來水管理處。戍真[②]。印。附繳通行證貳張。

中華民國三十七年十一月十一日

---

① 未陷：八月三十日。原檔此二字皆無，此處根據此代電簽發日期推測。
② 戍真：十一月十一日。

領　據

今領到首都衛戍總司令部頒發　字第　號城門通行證貳張，所具印領是實。

具領人：（全銜）吳○○

中華民國　年　月　日

　　報載，從今日起宣布戒嚴，以後夜間修理殊屬不便。擬函該部頒發通行證，以防萬一而利工作。

職　傅思□（印）　謹呈

十一·十一

（《南京城墻檔案·城墻的保護與管理》，第 621—624 頁）

首都衛戍總司令部爲城門通行證已奉令停發致南京市自來水管理處的代電

（1949 年 2 月 11 日）

首都衛戍總司令部代電　成團三字第 1452 號

　　一、貴處（卅八）新總字第 65 號換發城門通行證一案敬悉。

　　二、查本京現值戒嚴期間，各城門關閉與戒嚴時間相同，該項通行證已不適應用，奉令一律停發。

　　三、復請查照。

首都衛戍總司令部

民國三十八年二月十一日

（《南京城墻檔案·城墻的保護與管理》，第 625—626 頁）

9. 金陵關稅務司公署請核發城門通行證

金陵關稅務司公署爲關員夜間出城工作請核發城門通行證四張
致首都衛戍司令部的公函

（1947 年 2 月 21 日）

金陵關稅務司公署公函　第三八〇號

　　查本關設在下關湖北街五號，而職員宿舍則設在城內雙門樓五十七至六十一號及鹽倉橋二十四號。抗戰以前，關員夜間出入城門執行公務，歷經領有城門通行證，以憑執用在案。茲因近來常有公務必須派由關員於夜間出城工作，爲備緊急便利出入起見，用特援案，懇請貴部核發城門通行證四張，以便分發應用，至紉公誼。此致

首都衛戍司令部

税務司 陳滋樂

中華民國三十六年二月二十一日

（《南京城墙檔案·城墙的保護與管理》，第 627—629 頁）

金陵關稅務司公署爲請換發城門通行證四張致首都衛戍司令部的代電

（1947 年 4 月 29 日）

金陵關代電　第四三三號

　　首都衛戍司令部公鑒：案准貴部本年二月廿七日副庶字第○一二九號代電，附發城門通行證四張到關，當經電復致謝，并轉發應用在案。茲查該項通行證使用時間規定：自三十六年二月廿七日起，至三十六年四月廿七日止，相應檢同原證四紙，電請查照，惠予換發新證四紙，交由來員帶下，以便繼續使用，至紉公誼。金陵關稅務司陳滋樂。印。艷[1]。附件。

民國三十六年四月廿九日　發

（《南京城墙檔案·城墙的保護與管理》，第 630 頁）

金陵關稅務司公署爲請換發城門通行證四紙致首都衛戍司令部的代電

（1948 年 9 月 21 日）

金陵關代電　字第七九六號

　　首都衛戍總司令部公鑒：查本關前蒙換發之城門通行證四紙，其使用時期業已屆滿。相應將舊證隨電派員送請換發新證，并請將新證發交來員領回使用爲荷。稅務司陳滋樂。申馬[2]。印。附還舊證四紙。

民國三十七年九月廿一日　發

（《南京城墙檔案·城墙的保護與管理》，第 631 頁）

首都衛戍總司令部爲准予換發城門出入證四張致金陵關稅務司的代電

（1948 年 9 月 30 日）

首都衛戍總司令部代電　戍理三鋸字第 566 號

　　一、卅七年九月廿一日第七九六號代電悉。

---

① 艷：二十九日。
② 申馬：九月二十一日。

二、准予換發城門出入證四張，希派員持據來部洽領。

總司令 孫連仲

三十七年九月三十日

（《南京城墻檔案·城墻的保護與管理》，第 632 頁）

10. 南京市園林管理處請發城門通行證

首都衞戍司令部副官處爲檢發長期通行證壹紙致南京市園林管理處的公函

（1947 年 4 月 15 日）

副字第 053 號

　　徑啓者。案准貴處處總 261 號箋函囑"發城門通行證壹紙，以利公務"等由。自應照辦。茲特檢發長期通行證壹紙，一并函復，希查收，見復爲荷。此致

南京市園林管理處

　　附長期通行證乙紙

首都衞戍司令部副官處

四月十五日

備考：260 號通行證乙紙

決定辦法：此證交汪主任保管并復謝。

〈梅成〉章

四·十七

（《南京城墻檔案·城墻的保護與管理》，第 634—635 頁）

南京市園林管理處爲檢送汽車城門通行證致首都衞戍司令部的復函

（1947 年 4 月 19 日）

處總字第三二七號

　　接准貴部副字第○五三號函，并檢發城門長期通行證乙紙，囑"查收見復"等由。准此，查第二六○號通行證乙紙業已收到。除存留備用外，相應函復并申謝忱。敬希察［查］照爲荷。此致

首都衞戍司令部

（處戳） 啓

（《南京城墻檔案·城墻的保護與管理》，第 636—637 頁）

11. 玄武門外填鋪煤渣卡車出入城門

南京市工務局劉用臧爲玄武門外路南建築停車場一節致南京市園林管理處的箋函

(1947 年 5 月 26 日)

企人秘書吾兄賜鑒：

　　玄武門外路南建築停車場一節，張局長允鋪煤渣十五公分。兹請敝處張工程師前來面洽：（一）停車場及轉車圓頭有礙樹木，即請貴處派工遷去；（二）圓頭路形，請洽同劃定；（三）運送材料之卡車，請貴處商明城門口憲警准許通行爲荷。此請

大安！

弟 劉制，用臧

五·廿六

文書股辦稿，教張隊長前往洽辦。

汪晉洪（印）

五·廿九

第三項請總務組洽知放行。

張光東（？）（印）

五·廿九

（《南京城墻檔案·城墻的保護與管理》，第 415 頁）

南京市園林管理處爲工務局運送材料之卡車出入玄武門致玄武門警察所、憲兵隊的箋函

(1947 年 6 月 6 日)

箋函　處總字第五九五號

　　查本處玄武〈湖〉公園翠虹堤路面及轉車場，兹准工務局即日派工修築，所有該局運送材料之卡車，每日出入玄武門，敬希查照，准予放行，以利工務爲荷。此致

玄武門警察所、玄武門憲兵隊

處戳 啓

中華民國卅六年六月六日

（《南京城墻檔案·城墻的保護與管理》，第 416—417 頁）

12. 機車進出金川門城門

金川門憲兵分隊爲早、晚出入金川門機車須鳴笛報信等
致南京市鐵路三牌樓車站的箋函

(1947 年 3 月 24 日)

徑啓者。邇來奸匪每於夜間遷入市區擾亂治安，爲維護安寧起見，上峰特定關閉城門之時間——午夜十一時關城，至晨五時開城。本隊負有城防之責，故特函請貴站通知機司：由明（廿五）日起，夜間十一時出城之單機及晨五時入城之單機，均於距城門五十公尺處鳴笛停車，并請機司幫助本隊憲兵將拒馬撤開後，又再開駛，以保安全；并城門附近道旁之路燈已壞，亦請貴站安置數罩電燈，以便隨時查看，勿使奸匪破壞。所請兩節，希於明日協辦是荷。此致
京市鐵路三牌樓車站

金川門憲兵分隊 啓

民國卅六年三月廿四日

每日早、晚單機駛距金川門五十公尺處鳴笛停車，派司爐下車協助憲兵搬移鐵絲閘。涂機務員知照，各司機遵辦。簽章送回。

戴宗燮（印）

三·廿五

(《南京城墙檔案·城墙的保護與管理》，第 444—445 頁)

南京市鐵路管理處爲已轉飭早、晚出入金川門機車司機鳴笛停車等
致金川門憲兵分隊的箋函

(1947 年 3 月 26 日)

箋函　總字第 1297 號

案據三牌樓站呈送貴分隊致該站箋函壹件來處。關於本路每日早、晚進出金川門機車，經如囑轉飭各司機人於駛距城門五十公尺處鳴笛停車，并派司爐下車協助搬移鐵絲閘。至已壞路燈，亦已轉飭電匠注意隨時修理矣。相應函覆，即請查照爲荷。此致
金川門憲兵分隊

處長 黃○○

中華民國卅六年三月廿六日

(《南京城墙檔案·城墙的保護與管理》，第 446—447 頁)

金川門憲兵分隊爲金川門即日起城門按時開關致金川門鐵路分道處的箋函

（1948 年 8 月 20 日）

爲通知事。茲奉命：金川門即日起城門按時（十二時關閉、五時開啓）關閉，每次日晨按時開啓。希即通知下關京市鐵路管理處，凡於深夜不得隨便啓開；如不按時開出行車，其城門損壞，應由管理處負責。特此通知，轉達管理處爲荷。此致
金川門鐵路分道處

金川門憲兵分隊
八月二十日

（《南京城墻檔案·城墻的保護與管理》，第 455 頁）

南京市鐵路管理處便條

（1948 年 8 月 21 日）①

電衛戍司令部，本路常有軍車於深夜進出城關，應隨時開啓，不能延誤；

抄致金川門憲兵隊查照；

通知三牌樓站長，注意與金川門分道夫密切聯絡；

機務股轉飭司機，深夜駛近城門時，注意停車，得憲兵開城信號後，再行開車。

（《南京城墻檔案·城墻的保護與管理》，第 456 頁）

南京市鐵路管理處爲軍運列車夜間進出金川門請開放城門通行
致金川門憲兵分隊的箋函

（1948 年 8 月 21 日）

市鐵字第 717 號

茲據本路金川門分道夫呈示，貴隊通知"自即日起，每晚十二時關閉城門，至翌日晨五時開放，深夜不得隨便開啓"等由。查本路每有軍運車輛於子夜以後進出金川門，除電請衛戍司令部查照外，應請貴隊隨時與本路三牌樓站聯絡，開啓城門，以利通行爲荷。

此致
金川門憲兵分隊

中華民國卅七年八月廿一日

（《南京城墻檔案·城墻的保護與管理》，第 453—454 頁）

---

① 此則便條内容，近於備忘録。原文無日期，此處日期係據相關文檔所作的推測。

南京市鐵路管理處爲電請轉飭金川門城防憲兵隨時與三牌樓站聯絡開放城門 以利夜間軍事運輸致首都戍衛司令部的代電

（1948 年 8 月 21 日）

代電　市鐵字 718 號

　　首都衛戍司令部公鑒：茲據本路金川門站分道夫呈送金川門憲兵分隊通知"自即日起，每晚十二時關閉城門，至翌日晨五時開放。在深夜不得隨便開啓"等由。查本路常有軍事運輸於子夜後進出金川門。應請貴部轉飭該處憲兵隊，隨時與本路三牌樓站聯絡，准予開放通行，以利軍運爲荷。京市鐵路管理處處長齊〇〇叩。末馬。印。

　　抄示

三牌樓站長張寶霖

機務員涂漢卿

　　仰轉飭各司機：深夜進出城關，應行注意，以策安全。

　　抄送

運輸指揮部鐵運組

中華民國卅七年八月廿一日

（《南京城墻檔案·城墻的保護與管理》，第 457—458 頁）

首都衛戍總司令部爲本路火車在夜間經金川門准予隨時開放城門通行 致南京市鐵路管理處的代電

（1948 年 8 月 23 日）

首都衛戍司令部代電　戍利志字第 2316 號

　　一、准南京市鐵路管理處卅七年八月廿一日市鐵字第七一八號代電開："茲據本路金川門站分道夫呈送金川門憲兵分隊通知'自即日起，每晚十二時關閉城門，至翌日晨五時開放。在深夜不得隨便開啓'等由。查本路常有軍事運輸於子夜後進出金川門。應請貴部轉飭該處憲兵隊，隨時與本三牌樓站聯絡，准予開放通行，以利軍運。"

　　二、請南京市鐵路管理處轉飭三牌樓車站負責人員，如火車在夜間有軍事運輸行駛情事，應事先通知金川門服務憲警，得隨時開放城門，准許通行外，妥爲警戒。

　　三、希查照外，飭屬遵照爲盼。

　　四、本件以副本分送首都警察廳、南京市鐵路管理處、憲兵廿三團。

總司令　孫連仲

民國卅七年八月廿三日

（《南京城墻檔案·城墻的保護與管理》，第 459—461 頁）

南京市鐵路管理處爲請延長金川門啓閉時間以便行車致首都衛戍司令部的代電

（1948 年 11 月 6 日）

市鐵字第 1170 號

　　首都衛戍司令部公鑒：查本路每日早、晚班單機車輛進出金川門城門時間爲上午五時至下午二十四時。兹以貴部本年十一月一日戍利字第三一○九號布告規定：自本年十一月一日起，該城門於每晨五時三十分開放，晚十一時關閉。對於本路行車進出該城門時間，似未予顧及，致本路行車勢將被阻。相應電請察照，准予延長該城門啓閉時間：上午四時半開啓，晚間須俟單機駛過後，方可關閉，以利本路行車，并請轉飭金川門防守憲警查照爲禱。京市鐵路管理處處長齊○○。（戍魚）[1]。印。

中華民國卅七年十一月六日

（《南京城墻檔案·城墻的保護與管理》，第 463—464 頁）

13. 城門開放與關閉時間

南京市工務局爲舉行汽車隊演習請將挹江門等城門提前開啓放行致南京警備司令部的密函

（1937 年 5 月 9 日）[2]

工務局汽車總隊密函　第 293 號

　　查本局、隊奉軍事委員會令，飭於本月十日舉行汽車隊演習。業經通飭各車主務必將參加演習之車輛，於十日上午五時以前至公園路公共體育場集合，候令出發在案。兹據挹江、中央、中華、中山等門外各車主聲稱，以“各該城門照規定，須在上午五時始行啓門，恐不及按時趕到集合”等情。據此，爲特緊急函請貴部查照，賜予即刻通飭將上列各城門務提早於十日上午四時半以前開啓放行，俾免貽誤時刻。事關緊急要公，至乞協助，實紉公誼。此致
南京警備司令部

局長與總隊長　宋○○

副總隊長　梁　○

五月九日

（《南京城墻檔案·城墻的保護與管理》，第 421—424 頁）

---

[1] 戍魚：十一月六日。
[2] 原檔未注明年份，此處係根據宋希尚任南京市工務局局長的任期，以及軍事委員會令舉行演習等信息所作的推測。

首都警備司令部爲檢奉各城門開關時間表致南京市政府的代電

（1946 年 6 月 29 日）

首都警備司令部代電　參正字第 659 號

　　南京市政府公鑒：兹自七月五日起，將京市各城門開關時間改定如附表。敬希轉飭所屬知照爲禱。首都警備司令部。巳艷①。參正。

京市各城門開關時間表

名稱	開放時間	關閉時間	備考
通濟門	晨五時三十分	晚十二時	
光華門	晨五時三十分	晚十二時	
太平門	晨五時三十分	晚十時	
中山門	晨五時	晚十二時	
中華門	晨五時	晚十二時	
水西門	晨五時	晚十二時	
漢中門	晨五時	晚十二時	
玄武門	晨五時	晨一時	
凱旋門	晨五時	晨一時	
附記	一、本表自七月五日起實施。		
	二、在關閉城門時間内，出入城門須預先向首都警察廳督查處請領出入證。		

中華民國三十五年六月二十九日

（《南京城墻檔案・城墻的保護與管理》，第 440—441 頁）

南京市政府爲抄發京市各城門開閉時間表給所屬各單位的訓令

（1946 年 7 月 5 日）

訓令　府總秘二（卅五）字第七五五三號

　　令所屬各單位：

　　案准首都警備司令部三十五年六月廿九日參正字第六五九號（巳艷參正）代電開"兹自七月五日起，將京市各城門開關時間改定如附表。敬希轉飭所屬知照"等由，附京市各城門開關時間表一份。准此，除分行外，合行抄發原表。令仰知照。此令。

---

① 巳艷：六月二十九日。

附抄發京市各城門開關時間表一份

市長　馬〇〇

（《南京城墻檔案·城墻的保護與管理》，第 442—443 頁 ）

首都衛戍司令部爲實施冬防期間各城門開放及關閉時間表致南京市政府的代電

（1947 年 12 月 23 日）

首都衛戍司令部代電　戍仁幄志字第 1167 號

　　南京市政府公鑒：查本市各城門啓閉時間，業經本部於卅六年九月智字第 039 號布示，并分電有關軍警機關在案。兹值冬防時間，該項關閉各城門時間自不適用，特規定本市各城門，除交通要道之挹江門、光華門、中山門應漏夜開放以利通行外，其餘各城門規定晨五時開放，晚十二時關閉，自三十六年十二月廿三日起實施。除呈報國防部備查，并布告及分電有關軍警機關外，特電請查照，并轉飭所屬知照爲荷。首都衛戍司令部。亥元[①]。戍仁幄志。印。

　　附京市各城門啓閉時間表乙份

中華民國三十六年十二月廿三日

京市各城門冬令開關時間表

名稱	開放時間	關閉時間	備考
通濟門	晨五時	晚十二時	
光華門	漏夜開放		
太平門	晨五時	晚十二時	
中山門	漏夜開放		
中華門	晨五時	晚十二時	
水西門	晨五時	晚十二時	
漢中門	晨五時	晚十二時	
玄武門	晨五時	晚十二時	
挹江門	漏夜開放		
附記	一、本表自十二月廿三日起實施。 二、在關閉城門時，如有出入城門者，須先向首都衛戍司令部請領城門通行證。		

（《南京城墻檔案·城墻的保護與管理》，第 448—450 頁 ）

---

① 亥元：十二月十三日。

南京市民政局爲冬防期間特規定各城門開放及關閉時間請查照飭知給各區公所的訓令

（1947 年 12 月 29 日）

訓令 （36）民三字第四○○四號

　　　令各區公所：

　　案奉市政府交下首都衛戍司令部戍仁幄志字第一一六七號代電開"（叙原文）"等由，附京市城門冬令開關時間表。准此，除分令外，合行抄發原時間表。令仰知照。此令。

　　　附時間表乙件

局長　汪○○
中華民國卅六年十二月二十九日
（《南京城墙檔案·城墙的保護與管理》，第 451—452 頁）

首都衛戍總司令部關於施行本市各城門啓閉時間表的布告

（1948 年 11 月 1 日）

首都衛戍總司令部布告　戍利字第 3109 號

　　查本市各城門啓閉時間業經本部三十七年四月布示施行在案。兹以夏令時間届滿，原定該項各城門啓閉時間自不通用。特規定：自本年十一月一日起，本市各城門，除交通要道挹江門、光華門、中山門准予澈〔徹〕夜開放，以利通行；其於〔餘〕各城門，規定每晨五時三十分開放，晚十一時關閉。除呈報并分電各軍警機關查照外，合行布告通知。此告。

總司令　孫連仲
中華民國三十七年十一月一日

　　電衛戍司令部延長金川門啓閉時間，以便本路單機通行。

（《南京城墙檔案·城墙的保護與管理》，第 462 頁）

14. 出入城門應携帶身份證

南京市民政局關於出入城門者應携帶身份證的訓令

（1949 年 4 月 18 日）

南京市民政局訓令 （38）民二字第八二六號

　　　令第一區公所：

　　案准首都衛戍總司令部三十八年四月十三日衛力天字第五一三四號代電囑"通令區保甲，

市民出入城門，應携帶身分［份］證。如在四月二十五日後出入城門仍有不帶身分［份］證者，得視爲可疑份子，予以拘訊"等由。准此，除分行外，合行令仰遵照，轉飭保辦公處派員挨户通傳知照爲要。此令。

局長　韓世俊

中華民國三十八年四月十八日

（南京市檔案館藏，檔案編號：10040010054（00）0030）

南京市第四區公所爲派員挨户通傳出入城門應携帶身份證給第廿一保辦公處的訓令

（1949 年 4 月 19 日）

南京市第四區公所訓令　（38）煦民字第 25 號

令第廿一保辦公處：

案奉南京市民政局（38）民二字第八二六號訓令內開，"案准首都衛戍總司令部三十八年四月十三日衛力天字第五一三四號代電囑'通令區保甲，市民出入城門，應携帶身分［份］證。如在四月二十五日後出入城門仍有不帶身分［份］證者，得視爲可疑份子，予以拘訊'等由。准此，除分行外，合行令仰遵照，轉飭保辦公處，派員挨户通傳知照爲要"等因。奉此，除分行外，合行令仰遵照，派員挨户通傳知照爲要。此令。

區長　陳光煦

中華民國三十八年四月十九日

（南京市檔案館藏，檔案編號：10040010292（00）0052）

南京市第一區區公所關於出入城門應携帶身份證的布告

（1949 年 4 月 20 日）

南京市第一區區公所布告　區户字第一三六四號

案奉民政局（38）民二字第八二六號訓令內開，"案准首都衛戍總司令部三十八年四月十三日衛力天字第五一三四號代電囑'通令區保甲，市民出入城門，應携帶身份證。如在四月二十五日後出入城門仍有不帶身份證者，得視爲可疑份子，予以拘訊'等由。准此，除分行外，合行令仰遵照，轉飭保辦公處派員挨户通傳知照爲要"等因。奉此，除分行外，合亟公告周知，希各注意。此布。

區長　許○○

中華民國卅八年四月廿日

（南京市檔案館藏，檔案編號：10040010054（00）0030）

二、僞政權時期城門出入與管理

1. 城門啓閉與通行

僞南京特別市政府爲日軍特務機關通知本月五日起至九日止
各城門禁止通行時間給僞南京特別市政府秘書處的訓令

（1939 年 7 月 5 日）

南京特別市政府訓令　秘字第 273 號

　　　秘書處：

　　爲訓令事。頃准特務機關通知"本月五日起至九日止，每日下午十時至上午五時止，各城門禁止通行"等由。除分別函令外，合行令仰該處知照，并飭屬一體知照。此令。

市長　高冠吾

中華民國二十八年七月五日

（《南京城墙檔案·城墙的保護與管理》，第 437—439 頁）

僞首都警備司令部關於舊曆新年警戒事宜及四城門啓閉時間的命令

（1942 年 2 月 12 日）

命令　警字第二號

　　二月十二日上午九時於首都警備司令部

　　一、本部爲確保首都之治安，以防不良份子於舊曆新年中，逞不規［軌］之企圖，警備區內應嚴加警備。

　　二、關於警戒事宜，由友邦軍憲協力辦理。凡任警戒之部隊應與友軍取密切連絡。

　　三、關於巡察及檢查時，對於可疑之行人，施以必要之檢問、檢查。凡任警戒之部隊應切實執行，并由友邦軍憲協助之。

　　四、關於警戒之規定如左：

　　左記：

　　一、期間：十三日十九時起（舊曆十二月二十八日午後七時）至十七日上午十時止（正月初三日十時）

　　二、應派出警戒部隊之地區

　　1. 夫子廟日本憲兵駐在所附近

　　2. 新街口日本軍隊休息所

3. 下關熱河路、十字路

以上各地區應各派警戒部隊十名

4. 各城門、各交通要道、汽車站，應酌量派警戒巡查及檢問檢查哨

5. 國府重要人住宅之警戒，應注意之

6. 城門出入，娛樂場所，電影院，戲院，公共汽車上下人員之檢查，應注意之

三、在實施警戒期內，各城門之啓閉規定如左：

挹江門、中華門、水西門、中山門，以上四門每日在夜十二時起，翌朝六時止；其他之城門則於每日由下午十時起，翌朝六時止。在城門啓閉期間，凡中日軍憲警之公務人員，持有日本憲兵司令部及本司令部之證明文件者，得通行之。

四、警戒部隊對於職務均應切實施行，并須注〈意〉軍容及嚴守紀律爲要。

右令。

司令

副司令

（中國第二歷史檔案館藏，檔案編號：2003-748）

2. 人民通過城門情形

日軍南京特務機關爲通過城門不需安居證但須對站崗兵士行禮致僞南京市自治委員會的公函

（1938 年 2 月 23 日）

特務機關公函

爲通告人民通過城門不需安居證由。

徑啓者。今接南京警備副官通牒，內開"向來許可人民通過城門，以持有安居證者爲限。然自今以後，凡爲人民者，無論安居證之有無，均得自由通過城門，但過門時，須對站崗兵士行禮後，方可過門。如有舉動可疑者，站崗兵士得行查問"等因。准此，相應函達，并請由貴委員會出發布告，仰民一體知照。此致

自治委員會

松井集團軍南京特務機關

昭和十三年二月二十三日

（南京市檔案館編，《抗日戰爭檔案彙編·僞南京市自治委員會檔案彙編 2》，

中華書局 2022 年版，第 518 頁）

僞南京市自治委員會關於民衆從二月二十五日起進出城門均得自由通過的布告

（1938 年 2 月 24 日）

會總布告　第廿九號

　　查本會每月逢五、逢十協助辦理登記，發給安居證事宜，歷經照辦。現准特務機關轉接南京警備副官通牒：自本月二十五日起，凡爲人民者，無論安居證之有無，均得自由通過城門，但須對站崗兵士行禮，業經本會布告諸民，一體周知在案。茲定自本月二十五日起，關於登記給證事宜停止辦理，仰各知照！此示。

南京市自治委員會代理會長　孫叔○

中華民國二十七年二月二十四日

　　速繕一張發貼本會門首。明日登記期間，人民勢必來會登記，本件能於今日下午發貼最好。本會門首并各城門口均須張貼。

孫叔榮（印）

二・廿四

（《抗日戰爭檔案彙編・僞南京市自治委員會檔案彙編 2》，第 794 頁）

僞南京市警察廳長爲通濟門守城日兵調戲婦女調查事等致僞督辦南京市政公署的呈文

（1938 年 5 月 17 日）

　　案據駐高家酒館巡官王達報稱，“五月十六日奉鈞長面諭，調查通濟門守城日兵調戲婦女一案。遵即帶同長警吳本元、衛興三等前往通濟門附近一帶，調查得通濟門守城日軍日前換防，自本月十二日以來，對於進出城之中國人民檢查頗嚴。對於青年婦女，使之〈衣〉扣解開，褲帶解脫，彼見得赤身露體，均拍掌大笑。本月十四日上午，有通濟門外朱某之女（年十六七歲），當進城特［時］，守城日兵作上述方法之檢查，有一中國男子見此情狀不禁一笑，爲日兵見之，打其耳光，罰其跪下，如此類不勝其數。可是自十五日下午到今天上午已見稍好。又本月十四日下午五時許，有日兵二人，一持步槍帶刺刀在裘家灣及光華路一帶挨家入户檢查，居民不堪其苦。昨（十五日）晚九時許，亦有日兵二人携帶槍刀在琥珀巷十號内搜去王某票洋二元，并用刺刀刺戳馬某；又琥珀巷二十三號陳某亦搜去伍角。尚有多家民衆不敢言説，恐居民所受損失當不在少。除飭所屬長警隨時注意外，理合將調查經過情形報請鑒核”等由。理合備文呈請鑒核。謹呈南京市政督辦任

南京市警察廳長　王春生　謹呈

中華民國二十七年五月十七日

（郭必强、夏蓓等編，《南京大屠殺史料彙編 66・日僞時期市民呈文》，

江蘇人民出版社 2010 年版，第 389 頁）

3. 通知各城門定時發警鐘爲軍隊集合演習信號

僞南京市警察廳爲准僞南京警備司令部通知各城門定時發警鐘爲軍隊集合演習信號致僞督辦南京市政公署的公函

（1938 年 12 月 18 日）

南京市警察廳公函　政字第叁壹壹號

　　徑啓者。案准南京警備司令部通知"定於本月十九日午後六時起（中國時間），本京各城門同時發警鐘三次（約五分鐘），爲軍隊集合演習之信號。請轉知各機關知照，以免誤會"等由。自應照辦，除分別函令外，相應函請查照爲荷。此致
督辦公署秘書處

廳長　徐仲仁

中華民國二十七年十二月十八日

（《南京城墻檔案·城墻的保護與管理》，第 430—433 頁）

僞督辦南京市政公署秘書處爲通知各城門定時發警鐘爲軍隊集合演習信號致各僞有關機關的公函

（1938 年 12 月 19 日）

處函　秘字第 67 號

　　徑啓者。案准警察廳公函開"案准（云云）函請查照"等由。准此，除分函外，相應函達查照，并希轉飭所屬一體知照爲荷。此致
各局
各區公所
救濟院
圖書館

處　啓

十二月十九日

（《南京城墻檔案·城墻的保護與管理》，第 434—435 頁）

僞督辦南京市政公署爲本月十九日起本市各城門同時發警鐘三次爲軍隊集合演習信號致僞督辦南京市政公署社會局的公函

（1938 年 12 月 19 日）

　　徑啓者。案准警察廳公函開，"案准南京警備司令部通知'定於本月十九日午後六時起（中

國時間），本京各城門同時發警鐘三次（約五分鐘），爲軍隊集合演習之信號。請轉知各機關知照，以免誤會’等由。自應照辦，除分別函令外，相應函請查照”等由。准此，除分函外，相應函達查照，并希轉飭所屬一體知照爲荷。此致

社會局

督辦南京市政公署秘書處 啓

12 月 19 日

（《南京城墻檔案·城墻的保護與管理》，第 436 頁）

4. 接收各城門及水陸碼頭檢查事宜

僞行政院警政部爲接收各城門及水陸碼頭檢查事宜致僞行政院呈

（1940 年 10 月 29 日）

國民政府行政院警政部呈　呈保務參會字第二號

　　案據首都警察廳廳長申振綱呈稱，“查本廳接收各城門及水陸碼頭檢查事宜一案。前經擬訂《檢查各城門、水陸碼頭出入往來行旅辦法》及《檢查人員服務細則》各一份，并面陳在案。本月十日爲接收之期，先期通飭各關係警局妥爲準備，并於是日上午十時遴派本廳督察員、稽查員，分赴各城門水陸碼頭，一律會同接收，同時開始工作。下午復經廳長督率督察處長吳士俊，督察長陳芹侯、黃定遠，第四科科長蘇曉雲，秘書范光武等赴各城門及車站、輪埠等處視察一周，尚稱妥洽。除仍飭屬認真辦理外，理合將接收經過，連同《檢查辦法》暨《檢查人員服務細則》各一份，一并具文呈報，仰祈鑒核示遵，并分別轉報行政院、軍事委員會備查。再《檢查辦法》第一條所稱之《南京警備要領》，刻據友邦[①]南京警備司令部函送過廳，理宜抄錄原文，一并附陳”等情，并附《檢查各城門、水陸碼頭出入往來行旅辦法》《檢查人員服務細則》，抄《南京警備要領》原本各一份。據此，查此案前奉鈞院行字第二十九號密訓令到部，即經轉飭首都警察廳暨特工南京區會同遵辦在案。茲據前情，除轉咨蘇浙皖綏靖軍總司令部及令飭本部政治警察署轉知特工南京區并指令外，理合附抄原附各件，一并備文呈報，仰祈鑒核備查。謹呈
行政院院長汪

　　附繕呈《檢查各城門、水陸碼頭出入往來行旅辦法》一份、《檢查人員服務細則》一份、抄《南京警備要領》原本一份

兼警政部部長 周佛海

中華民國廿九年拾月廿九日

---

① 友邦：此處及以下 “友邦” 係指日本侵略者，讀者要注意甄別。

首都警察廳檢查各城門、水陸碼頭出入往來行旅辦法

一、本辦法所定事項，係參照《南京警備要領》規定。

二、本廳於本京各城門及水陸碼頭，對往來軍民商人旅客及其攜帶之貨物、行李等，由本廳派遣人員檢查之。

三、本京各城門及水陸碼頭中，得自由出入者如次：

挹江門、玄武門、太平門、中山門、光華門、通濟門、中華門、水西門、漢中門、海南（上海—南京）車站、京蕪（南京—蕪湖）車站、老江口輪埠、三汊河輪埠。

四、凡出入上列各城門及水陸碼頭之商民旅客，於指定場所提出攜帶之通行證或市民證、防疫證、其他身份證明書等，受該處檢查人員之檢查，同時說明有無攜帶貨物或行李，聽候檢查，不得隱匿、規避或喧鬧等事。

五、貨物或行李係交由運輸公司或車站輪埠代收，而非由旅客隨身攜帶者，取時應由該公司或車站、輪埠負責人負責交出受檢。但前項貨物或行李係日本軍民所有者除外。

六、在京國民政府所屬各機關之官吏，因公乘車出入各城門、水陸碼頭時，除特有本廳發行之通行證、免查證，或由廳直接通知者俱得免查放行外，概須受檢。

七、前條特別通行證、免查證，由本廳調查認為必要者發給之，呈部備案。其他機關不得直接發行之。特別通行證、免查證之樣式、發行手續、使用方法另定之。

八、凡未持有特別通行證、免查證之公務人員，因公出入往來城門及水陸各碼頭時，須將足以證明確係因公之證件（例如銜片、證章，或隨身所攜之公文，及如攜有行李者，則開明行李件數、種類，而蓋有機關章戳之證件），交由該處檢查人員驗閱、認可放行之。

九、外國僑民（除日本軍民）不論官商人等，出入往來城門及水陸各碼頭，雖有國籍、職業、其他確實證明身份之證件，亦應依本辦法第二條所定受檢。

十、檢查勤務，以首都警察廳長直接對警政部長負責執行，不再另設其他機關，但得由廳請，由警政部政治警察署及憲兵指揮部酌派人員協助檢查，遵照軍事委員會及警政部之命令，統歸首都警察廳長直接指揮、監督。

十一、依照前條所定，為便於處理審判事務起見，規定解辦案件手續辦法如次：

甲、凡於執行檢查勤務時，發覺違犯、違警性質之案件，由該處檢查人員解由該管警察局（隊）申解，本廳處理。

乙、發覺政治犯時，除通報所屬警察局（隊）外，得由該處檢查人員直（？）接解送本廳訊明，移送政治警察署南京區處理。

丙、發覺有違反軍事之案件時，除通報所屬警察局（隊）外，由□□□□人員□□□□本□由□訊明移送憲兵指揮部處理。其軍人軍屬違反案件亦同。

十二、凡與日本軍民結伴出入往來各城門及水陸碼頭之我國商民旅客，須依本辦法所定受

检，不得與日本軍民享同等待遇。與其他各國僑民同行者，亦同。

十三、檢查人員服務細則另定之。

十四、本辦法呈奉警政部核准施行，如有未盡事宜，得隨時呈請修正之。

《首都警察廳城門、水陸碼頭出入往來行旅檢查人員服務細則》

一、凡檢查人員，除應遵守各種法令外，對檢查辦法及本細則亦應遵守。

二、凡檢查人員於執行檢查勤務時，須受首都警察廳長之命令及勤務督察處長之指揮監督。

三、本廳勤務督察處應於各城門及水陸碼頭，選派受有相當訓練素質優秀之男女長警一班至三班，并□資績俱優之督察員或稽查員一名，任指揮監督之責。其數額應實際情形之□□□□之（□□□□□及系統表）。

四、各城門及水陸各碼頭，除本廳所派之官長警外，再需要協助檢查之政警工作人員若干，由廳擬定申請之事後，開具名簿呈報警政部。

五、檢查人員於執行檢查勤務時，應互相密切聯絡共同負責。

六、各城門及水陸各碼頭，每處得即稱某某檢查所（例如中華門檢查所、京蕪車站檢查所、老江口檢查所），以便稱呼，由廳製發衔牌懸挂之。

七、照本細則第四條之規定，各檢查所應由本廳派遣之督察或稽查人員負完全責任，其所定之各種木戳及簿冊用紙，統由勤務督察處就必要製定，由廳發給之（各自不得自行置備）。

八、勤務督察處應詳細規定各檢查所之各種簿冊、表類之記入方法及報告要領，定期收集考核之，彙呈本廳，轉報警政部。

九、勤務督察處長除應隨時密派其他督察稽查人員等視察各檢查所之勤務，以資考績外，并應不時自行前往視察之。

十、各檢查所所在地之該管警察局隊長，對所屬檢查長警有督勵、指示、服行、勤務之責，應不時巡察之，遇有解案應隨到隨即訊明，申解本廳，毋許稍延。

十一、凡檢查人員於服勤時，憲兵警察官、長警均應着用制服，政警工作人員於□□上□□□□□在□□□佩帶臂章，其樣式由廳規定發給之。

十二、凡女性旅客概由女警執行檢查。遇特殊情形時，應速報告駐在之督察或稽查員□其□□。

十三、旅客經過各城門、水陸碼頭，將貨物、行李等件依法受檢竣事，視情形得用下列二種方法證明，以便利其經第二檢查所時免受複［復］檢之苛擾：

甲、發貼“查訖”證，其樣式由廳規定并發給之。

乙、用有色粉筆簽字於行李上，其顏色由廳命令隨時變換之。

第二檢查所（指由車站、輪埠入城，或經城門抵車站、輪埠，或由車站轉至輪埠、由輪埠轉至車站）驗明有此項簽證，認爲無須再行重複啓檢者，得免檢放行之。

十四、檢查員警於執行勤務中，得不敬禮。

十五、檢查員警勤務中，得携帶武器。

十六、憲兵專司檢查軍人、軍屬，及軍人、軍屬之旅行者車輛、行李等事。

十七、凡檢查人員應嚴切注意下列各項：

甲、服裝務須整齊清潔。

乙、儀態務須莊嚴和平。

丙、言語務須簡單明朗。

丁、動作務須敏捷扼要。

十八、檢查人員對旅客、商民嚴禁徇私包庇，或需索縱容，或故意留難。事後如經發覺或告發時，嚴重處罰之。

十九、各檢查人員得由本廳在各檢查所互調服務或更換之。

二十、檢查員警於緊急時應固守城關，如有特殊命令禁止出入城門時，亦應切實奉行。

二一、本細則呈奉警政部核准施行。如有未盡事宜，得隨時呈請修正之。

（中國第二歷史檔案館藏，檔案編號：2003-760）

僞行政院爲准予接收各城門及水陸碼頭檢查事宜給僞行政院警政部的指令

（1940 年 11 月）[①]

指令　字第 1391 號

令警政部：

呈乙件。據首都警察廳呈報，接收各城門等處檢查經過，呈報鑒核由。呈件均悉。准予備查！此令。附件存。

院長　汪○○
（中國第二歷史檔案館藏，檔案編號：2003-760）

僞首都警察總監署爲擬訂《抽查城門及水陸碼頭行旅規則》《發給居住證及檢驗暫行辦法》致僞行政院的呈文

（1944 年 1 月 13 日）

案奉鈞院院字第三五九三號訓令内開，"案查車站、碼頭及城門等之檢查事宜，向由軍警實

[①] 原檔未注明具體日期，此處年月係根據前文所作的推測。

施。普通檢查對於一般旅客及人民殊感不便。茲爲改善檢查辦法起見，訂定實施要領及確保治安對策，對於以前之普遍檢查即予廢止。除分飭有關機關遵照外，合行抄發實施要綱及確保治安對策，令仰轉飭關係機關遵照辦理"等因。附抄發實施要領及確保治安對策一紙。奉此，遵即轉飭所屬一體遵辦，并擬訂《首都警察總監署抽查城門及水陸碼頭行旅規則》，暨《發給居住證及檢驗暫行辦法》，俾資遵循。一面呈請首都警備司令部在各抽查處所派官長一員，擔任指揮，聯絡事宜。并派警備兵協助抽查，以期周密。至關於居住證發給及檢驗之組織機能已經調整完備，除強化特高警察等另行辦理具報并分呈外，理合繕全《抽查城門及水陸碼頭行旅規則》，暨《發給居住證及檢驗暫行辦法》各一份。具文呈請，鑒核備查。謹呈

行政院院長汪

　　附呈《抽查城門及水陸碼頭行旅規則》暨《發給居住證及檢驗暫行辦法》各一份

首都警察總監 李謳一

中華民國三十三年一月十三日

首都警察總監署抽查城門及水陸碼頭行旅規則

第一條　本規則根據行政院廢止車站、碼頭及城門普通檢查實施要領第二項之規定訂定之。

第二條　本署抽查城門及水陸碼頭行旅遵照本規則行之。

第三條　行旅遇有下列情形時，須抽查之：

一、凡紀念期日及特別命令檢查期日。

二、執行檢查職務之員警認爲行蹤可疑者，或臨時發生事故時。

第四條　行旅出入城門或往來碼頭時，須持居住證或旅行證及防疫證件，靠左魚貫緩行。

第五條　施行抽查時，應注意左列各情事：

一、私帶軍火及一切違禁物品者；

二、夾帶反動書籍、傳單、標語者；

三、私帶軍事上、政治上秘密文書、圖畫者；

四、有反動份子及盜匪嫌疑者；

五、携帶迹近贓物者；

六、其他命令檢查之事項。

第六條　員警施行抽查時，須態度和平，舉動敏捷，不得無故留難。

第七條　員警施行抽查時，事實上有會同憲兵之必要者，得會同抽查之。

第八條　凡查獲違犯本規則第五條各款之一者，應將人證一并扣留，解署法辦。

　　前項情事，如發生於公共營業汽車或各機關公用汽車時，除將人證扣留、解究外，得填明車輛牌號及該車負責人姓名等項於報告單內，一面將該車輛放行。

第九條　本規則自公布日施行。如有未盡事宜，得隨時修正之。

（中國第二歷史檔案館藏，檔案編號：2003–844）

偽軍事委員會爲改善車站、碼頭及城門的檢查情況致偽行政院咨

（1944 年 1 月 20 日）

軍事委員會咨　會陸字第 177 號

　　案准貴院政字第七五三號咨略開，"案查車站、碼頭及城門等之檢查事宜，向由軍警實施，普遍檢查對於一般旅客及人民殊感不便。茲爲改善檢查辦法起見，訂定實施要領及確保治安對策，以前之普遍檢查即予廢止。除分令外，相應抄同實施要領及確保治安對策一份，請轉飭政治部遵照辦理"等由，附實施要領及確保治安對策一份。准此，自應照辦。除抄發該項實施要領及確保治安對策一份，轉令政治部遵照辦理外，相應咨復查照。此咨
行政院

委員長　汪兆銘

中華民國三十三年一月二十日

（中國第二歷史檔案館藏，檔案編號：2003–1023）

5. 偽公務人員及軍人軍屬出入城門等應接受檢查事宜

偽行政院警政部爲通令公務人員及軍人軍屬出入城門等應接受檢查事宜致偽行政院的呈文

（1941 年 5 月 27 日）

國民政府行政院警政部呈　呈保二字第三四五號

　　竊查當茲治安初復、和運進展之際，嘗有反動份子，意圖破壞，乘機擾亂，以致各地危害事件，迭次發生。自日軍將各地城門、車站、輪埠等檢查事宜交由我警察機關接收後，本部爲防患未然、維持公安起見，對於各該處所之檢查事宜，迭經令飭所屬認真執行，毋稍寬忽在案。各該擔任檢查員警，亦尚能克盡厥職。惟近據密報，時有機關人員及軍人軍屬等，或服裝不整，或身着便服、携帶武器，出入各該處所；常有不服檢查情事，於執行職務，殊感困難。復查檢查事宜，意在防杜奸宄、確保治安、維護公共安全爲目的，凡我公務人員及軍人軍屬，皆應共體斯旨，接受檢查。除分呈軍事委員會，并再通令所屬轉飭執行檢查員警，秉諸警察應有莊嚴之禮貌、溫和之態度，對於檢查事宜，仍須認真執行外，理合具文，呈請鈞院迅賜通令所屬各機關公務人員一體遵照，實爲公便。謹呈

■ 第一章　城墙的保護與管理　059

行政院院長汪

警政部部長 李士群

中華民國三十年五月廿七日

（中國第二歷史檔案館藏，檔案編號：2003-760）

僞行政院爲通令機關公務人員出入城門等應接受檢查事宜
給僞行政院警政部的指令

（1941 年 5 月）①

指令 字第 4137 號

  令警政部：

  保二字第三四五號密呈乙件。爲呈請通令所屬各機關公務人員出入各地城門、車站、輪埠等處所，應接受檢查由。呈悉。已據情分別咨函通飭各部會轉飭所屬一體遵照矣。仰即知照。此令。

院長 汪〇〇

（中國第二歷史檔案館藏，檔案編號：2003-760）

6. 僞督辦南京市政公署工務處請發給城門通行證

僞督辦南京市政公署工務處爲發城門通行證致日軍特務機關的公函

（1938 年 7 月 27 日）

  徑啓者。查本處技師周蔭芊、華竹筠等因公不時出入挹江門，頗感不便，擬請貴部准予發給城門通行證貳張，俾利出入，至紉公誼。此致
特務機關

督辦南京市政公署工務處 啓

七·廿七

  技師：周蔭芊，年三十歲，挹江門工作

     華竹筠，年三十五歲，仝

（《南京城墙檔案·城墙的保護與管理》，第 505 頁）

---

① 原檔未注明具體日期，此處年月係根據前文所作的推測。

7. 僞南京市屠宰税局請發放出入城門通行保護證

僞南京市屠宰税局爲因公出入城門祈轉函請發通行保護證致僞督辦南京市政公署財政處的呈文

（1938 年 6 月 29 日）

爲因公必須出入城門，仰祈轉函請發通行保護證四張，以資便利而裕税收事。案查職局自兼辦牲畜税以來，對於大勝關、上新河、下關老江口，以及孝陵衛、燕子磯等地，均經設有分所，中華等門城外亦須隨時稽查，以杜偷漏，關係税收頗鉅。職因須不時前往巡察，鄧稽徵員邦宷、楊檢驗員欣甫，職務所關，尤需隨時分別前赴各地。又下關分所督徵高保農，則逐日均須解款入城，深恐發生意外情事，理合開列名單，具文呈請，仰祈鈞長鑒核轉陳，俯賜函達特務機關請予查照，發給通行保護證各一張，以利公務而重税收，實爲公便。謹呈
督辦南京市〈政〉公署財政處處長邵

　　計附名單一紙

南京市屠宰税局專員兼屠宰廠廠長　達劍峰

中華民國二十七年六月二十九日

謹將請領護照人員開呈鑒核，計開：

職別	姓名	年齡	籍貫	備考
專員	達劍峰	四十七	南京	
稽徵員	鄧邦宷	五十五	南京	
檢驗員	楊欣甫	四十	南京	
下關稽徵主任	高保農	四十	南京	

（《南京城墻檔案·城墻的保護與管理》，第 501—504 頁）

8. 携新舊法幣請各城門軍警准予放行

僞南京特别市政府關於新舊法幣交流兑換處職員所携新舊法幣請各城門軍警准予放行證明書

（1942 年 7 月 9 日）

南京特别市政府證明書

事由：兹爲便利一般農民及小商負販起見，特由中央儲備銀行會同南京特别市政府及首都警

察總監署，在南京市區衝要地點設置新舊法幣交流兑換處，辦理新舊法幣兑換事宜。所有處中各職員，每日携帶準備兑換之新舊法幣出入各城門，務請值勤軍警准予放行，毋得阻擾。

兑換處地點	（一）中華門	（二）水西門
	（三）中山門	（四）通濟門
	（五）下關車站	（六）下關渡口
姓名		
年齡		
職務		
粘貼相片處		

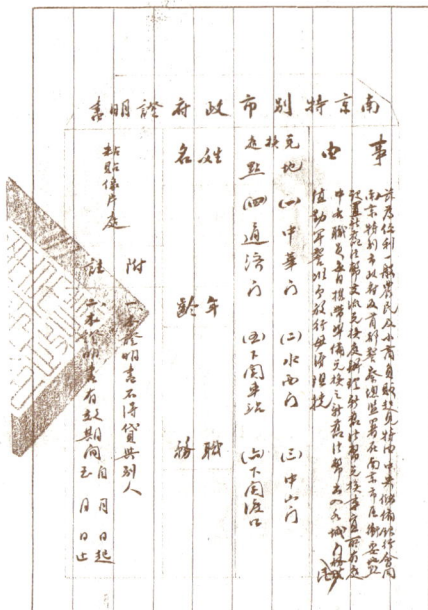

附注：一、本證明書不得貸與別人

二、本證明書有效期間 　　自　月　　日起至　月　　日　　止

（《南京城墻檔案·城墻的保護與管理》，第 692 頁）

9. 偽各機關換領城門汽車特別通行證

偽首都警察廳爲換領汽車特別通行證致偽南京特別市政府財政局、工務局、社會局的箋函[①]

（1941 年 3 月 24 日）

箋函　總第 444 號

　　徑啓者。查各機關汽車特別通行證，業經呈准，由本廳製發在案。兹准警備司令部囑托"所有各機關前領警備司令部之城門通行證，應一律作廢，由本廳代爲收回，彙送注銷"等由。准此，除分函外，相應函達，即希查照。於派員來廳領取新證時，隨將前領之舊證交下；如新證業已領去，仍希將舊證送交，以便轉送注銷爲荷。此致

財政局／工務局／社會局

首都警察廳　啓

三·廿四

---

① 此箋函內容係統一印製，以便分致不同機關單位。送達機關（受文單位）、日期等處手寫，加蓋"首都警察廳"章後分送。本書將三份箋函合爲一件，僅在最後分列三家不同受文單位。致工務局、社會局原檔無文號。

〈社會局〉特別通行證已經領用，但城門通行證以前未嘗領過。

盛見賢（印）①

（《南京城墻檔案·城墻的保護與管理》，第 506-507、520、534 頁）

僞南京特別市政府社會局爲幷未請領無從送交僞警備司令部之城門通行證致僞首都警察廳的箋函

（1941 年 3 月 27 日）

箋函　社二字第 159 號

徑復者。奉市長交下大函，以"各機關汽車特別通行證，業經呈准，由本廳製發在案。所有各機關前領警備司令部之城門通行證，應一律作廢，由廳收回注銷。囑查照於派員來廳領取新證時，隨將前領之舊證交下；如新證業已領去，仍希將舊證送交"等由。准此，查貴廳製發之特別通行證，本局已經領用；至警備司令部之城門通行證，以前幷未請領，無從送交。准函前由，相應復請查照。此致
首都警察廳

局戳 啓

三月二十七日

（《南京城墻檔案·城墻的保護與管理》，第 535—536 頁）

僞首都警察廳爲請繳回舊城門通行證以便彙送注銷致僞南京特別市政府財政局、工務局、社會局的箋函②

（1941 年 4 月 5 日）

箋函　總第 447 號

案查各機關前領警備司令部所發城門通行證，業經本廳於本年三月二十四日分別函請送廳，換領特別通行證在案。茲復准警備司令部一再催促收回前項舊證，彙送注銷。相應再爲函達，即請查照。務希於本月六日前，將警備司令部所發之城門通行證，徑送本廳督察處，以便彙轉注銷爲荷。此致

---

① 此則批復見於致僞南京特別市社會局箋函，盛見賢爲僞南京特別市政府社會局職員。
② 此箋函內容係統一印製，送達機關（受文單位）、日期等處手寫，加蓋"首都警察廳"章後分送。爲便於讀者閱讀，本書將三份箋函合爲一件，僅在最後分列三家不同受文單位。致工務局、社會局原檔無文號。特此說明。

財政局 / 工務局 / 社會局

首都警察廳　啓

四月五日

（《南京城墻檔案・城墻的保護與管理》，第 508、524、537 頁）

僞南京特別市政府工務局爲送交前領僞警備司令部城門通行證致僞首都警察廳的箋函

（1941 年 4 月 7 日）

工務局發文第 332 號

　　徑啓者。接准大札，囑托"領取貴廳製發汽車通行證時，隨將前領警備司令部城門通行證送交，彙轉注銷"等由。准此，除新證已由本局領用外，相應檢同舊證第 248 號及 249 號二張，函請查收，轉送注銷爲荷。此致

首都警察廳

　　附城門通行證兩張，又説明書二張

局　啓

中華民國 30 年 4 月 7 日

（《南京城墻檔案・城墻的保護與管理》，第 522 頁）

僞南京特別市政府財政局爲并未領用僞警備司令部之城門通行證
致僞首都警察廳的箋函

（1941 年 4 月 7 日）

箋函　財字第 1057 號

　　案准貴廳大函，以"原發各機關汽車特別通行證應予作廢，另發新證。囑即分別繳還領取"等由。准此，查本局并未領用警備司令部之城門通行證，所有貴廳製發之特別通行證亦未領取。相應函復查照爲荷。此致

首都警察廳

（局戳）　啓

中華民國卅年四月七日

（《南京城墻檔案・城墻的保護與管理》，第 509—510 頁）

僞南京特別市政府社會局爲并未領用僞警備司令部之城門通行證致僞首都警察廳的箋函

（1941 年 4 月 8 日）

箋函　社一字第 182 號

　　徑復者。奉市長交下大函，囑"於本月六日前，將警備司令部所發之城門通行證，徑送本

廳督察處，以便彙轉注銷”等由。准查此案，前准貴廳函同前由，當以警備司令部之城門通行證，本局並未領用，無從送交，業已函復在案。茲准前由，相應復請查照爲荷。此致
首都警察廳

（局戳） 啓

四月八日

（《南京城墙檔案·城墙的保護與管理》，第 538 頁）

僞首都警察廳爲將前領特別通行證收回重行加蓋印戳致僞南京特別市政府社會局的箋函

（1941 年 4 月 10 日）

徑啓者。查本廳所發各機關汽車特別通行證，正面蓋有廳印，因紙版過硬，致印文字迹模糊，不易辨認。茲爲防止流弊起見，應收回重行加蓋本廳鋼印及橡皮戳記，以資識別，而昭慎重。除分函外，相應函達，請煩查照。迅將前領第一六八號特別通行證，即日逕送本廳督察處加蓋印戳，隨即發還，幸勿稽延，至紉公誼。此致
社會局

首都警察廳 啓

四月十日

將通行證遵照送警廳，祈加蓋及交原本帶下爲荷。

社會局長 盛開偉

（《南京城墙檔案·城墙的保護與管理》，第 539 頁）

僞首都警察廳爲催收僞警備司令部原發城門通行證以便注銷致僞南京特別市政府財政局的箋函

（1941 年 4 月 16 日）

案查各機關汽車特別通行證，業經呈准由本廳製發，並送准警備司令部囑托“所有各機關前領警備司令部之城門通行證，應一律作廢，由本廳代爲收回，彙送注銷”等由。准經一再函達辦理各在案。茲查貴局原領警備司令部所發第一九五號城門通行證壹張，尚未准送過廳，相應備函奉催，即請查照，務希剋日將上項舊證，逕送本廳督察處，以便彙轉注銷，至紉公誼。此致
南京特別市政府財政局

首都警察廳 啓

四月十六日

請府庶務股查明彙復。

蹇先聽（印）

四·十九

關於警備司令部所發第 195 號城門通行證，係高前任內具領，移交卷內又無是項案件可稽，是以無法辦理。

南京特別市政府秘一科庶務股

四·廿一

（《南京城墻檔案·城墻的保護與管理》，第 512—515 頁）

僞首都警察廳爲催收僞警備司令部原發城門通行證
致僞南京特別市政府工務局的箋函

（1941 年 4 月 16 日）

案查各機關汽車特別通行證，業經呈准，由本廳製發，并送准警備司令部囑托"所有各機關前領警備司令部之城門通行證，應一律作廢，由本廳代爲收回，彙送注銷"等由；准經一再函達辦理各在案。茲查貴局原領警備司令部所發第一九七號城門通行證壹張，尚未准送過廳，相應備函奉催，即請查照，務希剋日將上項舊證，徑送本廳督察處，以便彙轉注銷，至紉公誼。此致
南京特別市政府工務局

首都警察廳 啓

四月十六日

查警備司令部所發第一九七號城門通行證，係趙前局長領用，未准專案移交。擬函趙前局長請徑向警廳繳銷，并復警廳查照。

許之鳳（印）

朱章榮（印）

四·十七

如擬辦理。

謝學瀛（印）

四·十七

（《南京城墻檔案·城墻的保護與管理》，第 526—528 頁）

偽南京特別市政府工務局爲前發城門通行證係由趙前局長領用迄未移交已函請繳銷致偽首都警察廳的復函

（1941 年 4 月 19 日）

工務局發文第 284 號

案准貴廳四月十六日來函，以"各機關汽車特別通行證，業經呈准，由本廳製發，囑將原領警備司令部所發第一九七號城門通行證乙紙，剋日送廳，以便彙轉注銷"等由。准此，查前項第一九七號城門通行證，係由本局趙前局長領用，迄今未准移交。除函請趙前局長徑向貴廳繳銷外，相應復請查照爲荷。此致

首都警察廳

局戳 啓

中華民國 30 年 4 月 19 日

（《南京城墙檔案·城墙的保護與管理》，第 529 頁）

偽南京特別市政府工務局爲前發城門通行證迄未移交請徑函繳銷致前任偽局長的箋函

（1941 年 4 月 19 日）

工務局發文第 285 號

徑啓者。案准首都警察廳來函，以"各機關汽車特別通行證，業經呈准，由本廳製發（云云照叙），以便彙轉注銷"等由。准此，查警備司令部所發第一九七號城門通行證，係由貴前局長領用，迄今未准移交。除函復外，相應函請查照，徑向警廳繳銷爲荷。此致

前任工務局局長趙

局戳 啓

中華民國 30 年 4 月 19 日

（《南京城墙檔案·城墙的保護與管理》，第 531 頁）

偽南京特別市政府財政局爲偽警備司令部城門通行證諒係郡前局長領用請徑函收取致偽首都警察廳的箋函

（1941 年 4 月 23 日）

箋函 財字第 1271 號

茲准貴廳四月十六日大函，囑將敝局原領警備司令部所發第一九五號城門通行證送上等由。

准此，查敝局長莅事以來，并未備有汽車；敝局原領警備司令部第一九五號城門通行證，當係邵前局長鴻鑄所領用，接替時未經移交。現邵前局長寓本京天目路三十號，請貴廳徑函收取。相應函復，即希查照爲荷。此致

首都警察廳

局戳　啓

中華民國三十年四月二十三日

（《南京城墙檔案·城墙的保護與管理》，第516—518頁）

僞首都警察廳爲函知聯絡專員關於特別通行證事意見致僞南京特別市政府社會局的箋函

（1941年5月28日）

　　案據本廳竹本聯絡專員聲稱"本月十九日，在警備司令部會報席上談話，第二項關於特別通行證事，中國政府各機關有希望自行發行城門通行證者，警備司令部認爲殊難同意。加之前已決定全由警察廳發行，深盼警察廳再度通牒各機關，以求澈〔徹〕底"等語。查本廳發行特別通行證，即爲通過城門之用。關於竹本聯絡專員所稱各節，自應分別函知。除分函外，相應函達，即希查照是荷。此致

社會局

首都警察廳　啓

五月二十八日

（《南京城墙檔案·城墙的保護與管理》，第540頁）

僞南京特別市政府爲請發汽車城門通行證致僞首都警察總監署的箋函

（1942年9月18日）

處箋函　秘字第472號

　　徑啓者。本府現在裝置大型轎式木炭瓦斯汽車一輛，以備本府職員因公乘用。茲擬請貴署核發本京城門通行證一張，以資便利。相應開具汽車號碼暨司機姓名單，隨函送達，即希查照核辦，見復爲荷。此致

首都警察總監署

　　附號碼、姓名單一紙

處（戳）　啓

請發城門通行證汽車號碼、司機姓名單

領用機關：南京特別市政府

汽車號碼：第五○○九號

司機姓名：柳正興

（《南京城牆檔案·城牆的保護與管理》，第 541—542 頁）

偽南京特別市政府爲陸秘書長辦公乘坐汽車核發本京城門特別通行證致偽首都警察總監署的公函

（1943 年 2 月 23 日）

處箋函　秘字第 79 號

　　徑啓者。茲以本府陸秘書長辦公乘坐之汽車，擬請貴署核發本京城門特別通行證乙張，以利公務。相應開具汽車號碼暨司機人姓名單，隨函送達，即希查照辦理，見復爲荷。此致

首都警察總監署

　　附號碼、姓名單乙紙

處（戳）啓

請發城門通行證汽車號碼、司機姓名單

領用機關：南京特別市政府陸秘書長善熾

汽車號碼：第二六三號

司機姓名：李慶坤

（《南京城牆檔案·城牆的保護與管理》，第 547—548 頁）

第三節　城門添撤機構與人員

一、新闢城門添募警兵及警所器具

1. 添募新闢城門警兵

南京特別市市政府爲添募新闢城門警兵增加預算給南京特別市財政局的令

（1928 年 10 月 13 日）

令　第一〇七六號

　　爲令遵事。案據公安局呈請添募新闢城門警兵一班，并賫到預算一份。據此，除指令准予先行招募，以資守望外，合行檢發預算，令仰該局長即便審核具復，以憑飭遵。此令。

計檢發預算書一份

市長　劉紀文

十七年十月十三日

（《首都市政公報·公牘》，1928 年第 22 期，第 10 頁）

南京特別市市政府爲添募新闢城門警兵增加預算給南京特別市公安局的指令

（1928 年 10 月 13 日）

指令　第一〇六〇號

　　呈一件。呈爲造具添募新闢城門警兵一班預算，請鑒核，并准早日招募由。

　　呈及預算均悉。准予先行招募，以備守望。除預算候令行財政局審核具復，再予飭遵外，仰即知照。此令。

十七年衣［十］月十三日

　　附原呈

　　呈爲造具增添長警一班預算，送請鑒核備案事。案奉鈞府第七七一號指令，職局呈爲擬請於新闢城門交通之處添設守望長警一班，以資防守一案。內開“呈悉。所請於新闢城門地方增添長警一班，以資守衛，應予照准，仰即造具預算，呈候核辦。此令”等因。奉此，遵即飭課造具預算，并一面飭令南區署長紀維甸查明“該城門何日方能闢就，何時招募警兵實行設崗守望”具復去後。茲據該署長復稱，“遵查職界內正覺寺旁開闢武定門，據工人面稱‘現已開闢過半，大約十月十五日前後可以闢就'等語。然就未闢之前，雖臨時將倉門口之崗移站此處，晚間六至九班，仍回原處守望，係一時權宜之計。現該城門不日闢就，交通方便，若不迅即募警、設立專崗，則城關重地，實不足以資防範"等情前來。查武定門，據該工人聲稱本月十五日前後可開闢告竣，此項警兵自應早爲招募訓練，以備支配。除指令外，理合具文，連同預請表一紙，送請鈞府鑒核備查。至此次長警，并懇准予早日招募，實爲公便。謹呈

南京特別市市政府市長劉

　　附呈預算表一紙

南京特別市市政府公安局局長　孫伯文

十月四日

（《首都市政公報·公牘》，1928 年第 22 期，第 10—11 頁）

南京特別市市政府爲審核添募新城門守望警預算表給南京特別市財政局的指令

（1928 年 11 月 3 日）

指令　第一二七九號

　　呈一件。爲遵核公安局添募新闢城門守望警預算表，仰祈鑒核由。

　　呈件均悉。准如所擬，仰候分別飭遵可也。此令。

十七年十一月三日

　　附原呈

　　呈爲遵核公安局添募新闢城門警兵一班預算事。竊奉鈞府第一零七六號令開"爲令遵事。案據公安局呈請添募新闢城門警兵一班，并賚到預算表一份。據此，除指令准予先行招募，以資守望外，合行檢發預算，令仰該局長即便審核具復，以憑飭遵，此令"等因，計檢發預算一份。奉此，查該局前項預算表月須爲百三十三元，尚無錯誤，惟須應請鈞府一方令飭審查預算委員會，將前項預算數加入該局經常門下彙案辦理，一方令飭該局編造月份支付預算時，亦須前項費用并入，以符手續，而歸統一。奉令前因，理合檢同原發預算表，備文呈請鑒核施行。實爲公便。謹呈

市長劉

　　附公安局添募新闢城門（武定門）警察預算表

財政局長　李基鴻

十月二十日

（《首都市政公報·公牘》，1928 年第 24 期，第 44 頁）

南京特別市市政府爲審核添募新闢城門守望警預算給審查預算委員會、南京特別市公安局的令

（1928 年 11 月 3 日）

令　第一三四七號

　　爲令遵事。案據財政局局長李基鴻呈稱，"竊奉鈞府第一零七六號令開'爲令遵事。案據公安局呈請添募新闢城門警兵一班，并齎到預算一份。據此，除指令准予先行招募，以資守望外，合行檢發預算，令仰該局長即便審核具復，以憑飭遵。此令'等因，計檢發預算一份。奉此，查該局前項預算表，月須百三十三元，尚無錯誤，惟須應請鈞府一方令飭審查預算委員會，將前項預算數加入該局經常門下彙案辦理，一方令飭該局編造月份支付預算時，亦須將前項費用并入，以符手續，而歸統一。奉令前因，理合檢同原發預算表，備文呈請鑒核施行"等情，并繳送原預算表前來。據此，查此案前據公安局 / 該局長呈請到府，當經指令并即令飭該局核復在案。茲據前情，除指令暨分行外，合行檢發原預算表，令仰該會 / 局長即便遵照辦理。此令。

　　計檢發原預算表一份（審查預算會）

市長　劉紀文

十七年十一月三日

（《首都市政公報·公牘》，1928 年第 24 期，第 44—45 頁）

2. 武定門新添警所購辦器具

南京特別市市政府爲武定門新添警所購辦器具經費給南京特別市財政局的訓令

（1929 年 1 月 11 日）

訓令　第一〇八號

　　爲令飭事。案據公安局局長姚琮呈稱，"案據南區署長紀維甸呈據'第三分署署員周仲筠呈稱"遵查武定門鄰近并無公產合用房屋，惟有石觀音廟字第十號門牌係觀音茶棚，有空屋三間，且與該城門相距不遠，堪以指用爲新添之派出所。至於新募警兵，現已募齊，請發軍裝器具等項，以資應用"等情前來。伏查該城門，係屬新闢，防務最關重要。擬就原有長警挑選一班以資熟手，所遺各額即以新募各警另令補充。奉令前因，理合將辦理情形，連同挑選長警姓名，并應需軍裝器具等項，分別造具表冊，具文呈報，伏乞鑒核，分別飭發'等情，并器具表一紙到局。據此，查該區新闢武定門派出所應需開辦購置費，至爲急要。業由職局按照表列數目發給置辦在案。茲據呈送單據前來，核計共用洋六十六元七角三分三厘。除已領，尚不敷洋一元六角一分三厘，自應准予補給。除由職局連同前發之款共銀六十六元七角三分三厘，一并在臨時費內動支，并將單

據存俟造報計算粘呈外，理合將器具表具文呈送，仰祈市長鑒核，令行財政局查照"等情，并送器具表一紙到府。據此，除指令外，合行檢同原表，令仰該局長即便遵照查核具報。此令。

計發器具表一紙

市長　劉紀文
十八年一月十一日

（《首都市政公報·公牘》，1929 年第 28 期，第 21—22 頁；
另見《南京特別市市政府財政月刊》，1929 年第一卷第 6 期，第 4—5 頁）

南京特別市市政府爲查核武定門新添警所購辦器具經費給南京特別市公安局的指令

（1929 年 1 月 11 日）

指令　第一〇九號

呈一件。爲呈送南區新闢武定門增設長警一班購辦器具數目表，祈鑒核令行財政局查照由。

呈及附件均悉。仰候令行財政局查核具報。此令。表一紙存轉。

十八年一月十一日

附原呈

呈爲南區新闢武定門增設長警一班所需器具，業經職局撥款購辦，仰祈鑒核備查事。案據南區署長紀維甸呈，"據第三分署署員周仲筠呈稱'遵查武定門鄰近并無公產合用房屋，惟有石觀音廟字第十號門牌係觀音茶棚，有空屋三間，且與該城門相距不遠，堪以指用爲新添之派出所。至於新募警兵，現已募齊，請發軍裝器具等項，以資應用'等情前來。查該城門係屬新闢，防務最關重要，擬就原有長警挑選一班以資熟手，所遺各額即以新募各警另文［令］補充。奉令前因，理合將辦理情形，連同挑選長警姓名，并應需軍器具等項，分別造具表册，具文呈報，伏乞鑒核，分別飭發"等情，并器具表一紙到局。據此，查該區新闢武定門派出所應需開辦購置費，至爲急要。業由職局按照表列數目發給置辦在案。兹據呈送單據前來，核計共洋六十六元七角三分三厘。除已領，尚不敷洋一元六角一分三厘，自應准予補給。除由職局連同前發之款共銀六十六元七角三分三厘，一并在臨時添設費內動支，并將單據存俟造報計算粘呈外，理合將器具表具文呈送，仰祈市長鑒核，令行財政局查照，實爲公便。謹呈

市長劉

計呈送器具表一紙

市公安局局長　姚琮
一月四日

（《首都市政公報·公牘》，1929 年第 28 期，第 22 頁）

3. 暫緩設置武定門平民房屋區崗警

首都警察廳爲擬暫緩設置武定門平民房屋區崗警給第五警察局的指令

（1931 年 2 月 3 日）

首都警察廳指令

　　　令第五警察局：

　　呈一件。爲呈報奉令籌設武定門平民房屋區崗警，擬暫緩設置由。

　　呈悉。該局境內武定門平民房屋，既無法移設崗位，應即仰轉飭巡邏警士不時逡巡，以資防護。仰即知照。此令。

廳長　吳思豫

中華民國二十年二月三日

（《首都警察廳月刊‧本廳指令》，1931 年第 10 期，第 1 頁）

二、設改臨時救濟與避難設施

1. 水西門、漢西門等處設立收容所

國民政府行政院爲首都水災急賑將次結束在下關、水西門、漢西門設立之收容所由辦賑機關接辦給內政部的指令

（1931 年 8 月 27 日）

指令　第三三二九號

　　　令內政部：

　　呈據首都水災急振會函報：辦理首都急賑將次結束，所有在下關、水西門、漢西門設立之收容所三處，急須由辦賑機關接辦，以惠災黎，轉請核示遵行由。

　　呈悉。查此案經提出本院第三十六次國務會議決議，首都水災急賑會准其結束。以後賑款交救濟水災委員會繼續籌撥；放賑及善後事宜，交賑務委員會會同南京市政府繼續辦理。已照案分別令行遵照，并呈報國民政府矣。仰即知照，并轉行首都水災急賑會知照。此令。

二十年八月二十七日

（《行政院公報》，1931 年第二百八十四號，第 35 頁）

國民政府爲首都水災急賑將次結束在下關、水西門、漢西門設立之收容所由辦賑機關接辦給行政院的指令

（1931 年 9 月 1 日）

國民政府指令　第二五九七號

令行政院：

呈據内政部呈據首都水災急賑會函報：辦理急賑將次結束，下關、水西門、漢西門所設收容所三處，急須由辦賑機關接辦，請核示一案。經提會決議，首都水災急賑會准其結束。以後賑款交救濟水災委員會繼續籌撥；放賑及善後事宜，交賑務委員會會同南京市政府繼續辦理。除指令并令行遵照外，呈報鑒核備案由。呈悉。准予備案。此令。

主席　蔣中正

行政院院長　蔣中正

二十年九月一日

（《國民政府公報》，1931 年第八六六號，第 4 頁）

國民政府政治總報告·救濟首都水災

（1931 年 11 月）

本年七月間，京市霪雨爲灾，窮苦居民深堪憫恤，經令行政院轉飭財政部撥發三萬元，爲辦理南京市水災急振之用，當交由内政部振務委員會、南京市政府會同行政院參事陳鋭、秘書李藩國組織首都水災急振會，調查全市灾民約有四萬人，其中以下關、水西門、漢西門三處爲最慘重。其下關一帶，原有地方人士設立下關各界救濟本埠水災臨時委員會，施放饅首。迨該首都水災急振會成立後，按日撥助該會振放，俾其繼續辦理。其水西門、漢西門兩處，并由該首都水災急振會先後分設收容所，按日施放饅首，以資救濟。一面按照首都警察廳所屬第一局至第十二局管轄地方分别發放振款，又撥給江寧縣政府一萬元，俾於未交南京市接管之市區地方一體施振。至於該首都水災急振會之振款，除由財政部籌撥三萬元，行政院捐助三千元外，并經該會勸募及游藝籌洋款項一萬餘元。所有急振事宜已堪敷用。繼因八月下旬江潮陡漲，灾民增多，所有下關、水西門、漢西門三處收容所，既未便立予撤銷，亦未便再由該會接續辦理。經内政部呈由行政院令飭該員結束，交振務委員會會同南京市政府接辦，并飭由救濟水災委員會充分撥款。九月一日，已由振務委員會、南京市政府實行接收，改組爲首都水災救濟會。現在京市灾民共有四萬五千餘人，每人每日給以饅首，其無住所者爲之搭蓋席棚，設所收容，計在水西門、龍池庵各設收容所一所，并於金川門内廣東山莊建一大規模收容所，計可收容六千人。他如下關、浦口、漢西門等地方，各設施振處共十二處。各灾民中年人少，兒童頗多，大都因灾失學，該救濟會爲暫

時補救計，擬設灾童收容所，就灾民挑選五十户組織新農村，約計本年十月間即可成立。

附　首都灾民新農村計畫［劃］綱要（略）

（《國民政府政治總報告　第一册》，1931 年 11 月，第 33—34 頁）

首都水灾救濟會工作述略（節選）

（1932 年 4 月）

一、本會之成立經過

去年入夏以來，京市陰雨連綿，迄四十餘日。江潮漲發，河水泛濫，城廂内外幾無一片乾土，貧民生計頓難支持。政府軫念民艱，當由行政院派參事陳鋭，會同内政部振務委員會、南京市政府組織首都水灾急振會，專司其事。嗣於八月，終因急振辦竣，呈請結束。奉行政院令，准所有首都水灾救濟善後事宜，由振務委員會、南京市政府會同接辦，振款由國府救濟水灾委員會籌撥，振務委員會及南京市政府奉令後，即派員會商接收辦法，設立首都水灾救濟會，於九月五日成立。由振務委員會、南京市政府派孫亞夫、李捷才等，前往籌辦。嗣復加派委員五人，并函請南京市黨部、首都衛戍司令部、首都警察廳各派委員一人組織之，并於下關、浦口、水漢西門設三辦事處，辦理一切施振事宜。

二、施振經過

本會自成後，即將首都水灾急振會理之施振處等接收，繼續辦法，設浦口、下關、水漢西門三辦事處。兹將三處辦理情形分述於後。

（子）下關辦事處（略）

（丑）水漢西門辦事處

水漢西門原有施振處二處，俱在城外之警察局内。自本會接收後，派振濟股張主任世恩主其事。以外來灾民過多，先後於水西門、漢西門城上增加收容所，復於漢西門城内八局四分所地方增設一施振處，每日每人亦分發饅首半斤，均以現金購買。十月四日起，改用國府救濟水灾委員會撥發之麵粉，掉［調］換饅首。嗣奉令將各收容所施振處結束，當於十月十二日將水西門城上灾民收容所灾民散放一次急振。十八日，將漢西門城上灾民收容所散放一次急振，每人均發給振款五角，共計發出二千三百二十四元五角。二十五日，水漢西門内外三施振處亦同時散放，計每五人發給麵粉五分之一袋，共發放麵粉二千八百二十五袋又二十三斤五兩。

（下略）

（賑務委員會總務科編，《振務月刊·工作報告》，

1932 年第 3 卷第 123 號，第 10—12 頁）

首都水灾救濟會爲辦理首都振務經過及呈送振款振品收支表請鑒核致國府救濟水灾委員會、南京市政府、振務委員會的呈文

（1932 年 12 月）^①

呈爲呈報事。竊查去年入夏以來，陰雨連綿，京市各地相繼告灾，當由行政院派參事陳銳，會同內政部振務委員會、南京市政府、首都警察廳等機關，組織首都水灾急振會，從事救濟。及八月終，急振辦竣，呈請結束。奉行政院令，所有首都水灾救濟善後事宜，統由振務委員會、南京市政府會同接辦，振款則由國府救濟水灾委員會籌撥。經由振務委員會、南京市政府會派李捷才、孫亞夫等前往接收，并請首都警察廳、首都衛戍司令部、南京市黨〔派〕部等機關代表參加，討論今後救濟方針，組織首都水灾救濟會。本會遂於九月五日正式成立，繼續辦理。此本會成立之經過也。

本會組織係采用委員制，設委員十五人，由振務委員會、南京市政府各派六人，并請南京市黨部、首都衛戍司令部、首都警察廳各派一人爲委員，就中奉令指定五人爲常務委員，處理本會日常事務。重要事宜由委員會議決定之。會內組織計分總務、振濟、調查、衛生、警衛、審核六股，每股設主任一人，由委員兼任。下設幹事，由各機關調充，概盡義務，不支津貼。惟以繕寫事繁，酌雇書記六七人，月給薪水二三十元。會外之施振機關，則灾情最重之處，設立辦事處，計設有下關、浦口、水漢西門三辦事處，每處設主任一人、副主任一人或二人。各主任亦係盡義務，惟月給車費五六十元，以資津貼。主任之下，視事務之繁簡，雇用事務員或書記辦理之。去年十月間，水勢漸退，所有灾民次第遣散，各辦事處亦先後結束。其老弱婦孺，確係赤貧無家可歸者，則設所收容之。經酌定三牌樓、廣東山莊爲所址，定名爲鴻泰崗灾民收容所，并於龍池庵地方設分所，總所內并設有灾童學校、醫院及消防隊、守望隊等組織。此本會會內會外之組織情形也。

本會雖於去年九月五日組織成立，但前急振會時期所辦之施振處，於九月一日即行接收繼續辦理。所有各處灾民，日以現金購買饅首，每人二枚，約合半斤。嗣奉國府救濟水灾委員會令改發本會麵粉，遂將麵粉每袋掉換饅首四十斤散放。

（一）水漢西門振務　該處先後於城內外成立三施振處、二收容所。每日領振人數，平均在一萬六千人左右。嗣以各地水勢較退，於十月十二日將水西門一帶灾民遣散，各發洋五角。漢西門一帶灾民，於十月十八日遣散，每人發麵粉五分之一袋。該處計自施振以來，支用麵粉六千七百二十二袋又二十一斤六兩六錢，購買饅首，費洋一萬八千五百〇九元〇分，住所用費洋一千八百五十三元〇三分，振品運費洋二百五十七元一角五分，灾民遣散費洋二千三百二十四元五角，經費洋一千六百二十三元三角，合支洋二萬四千五百六十七元〇六分，又藥品食品六件。

---

① 原刊公文中未記録呈文日期，此處係采用《首都水灾救濟會報告》一書編印出版的時間。

（二）下關振務　該地振務初由下關各界水災救濟會日向本會承領五百元購饅首散放，又遣散流動災民，亦交該會代辦，計先後領用洋六千七百三十三元八角一分。至九月十一日，改由本會直接設立辦事處辦理，并爲施振便利起見，於該處分設九施振處、一收容所，每日領振災民平均在二萬四千人左右，於十月十六日結束。將災民各給麵粉五分之一袋，分別遣散。計該處自成立以來，支用麵粉爲七千六百七十五袋，購買饅首費洋二萬一千一百三十一元七角九分，醫藥費洋二十三元，施振用費洋三百四十元六角四分，運費洋九百六十八元一角七分，流動災民遣散費洋七百〇五元一角，經費洋一千四百七十元二角六分，共用洋三萬一千二百七十二元七角七分，又藥品、餅乾十數件。

（三）浦口振務　浦口爲兩路之終點，災民麕集，途爲之塞，迭據請振。遂於九月十一日派員前往組織辦事處，從事調查，十八日開始散放饅首。受振者初祇六千餘人，後驟增加達二萬餘人，秩序甚難維持。時正值時局嚴重之際，遂於十月七日起散放一次急振，分別資遣回籍。該處自成立起，支用麵粉一千二百一十一袋，購買饅首費洋六千七百七十四元四角二分，運費洋十二元一角一分，災民遣散費洋七千八百四十元五角，經費洋三百十九元三角一分，共用洋一萬四千九百四十六元三角四分。

（四）其他振務　各辦事處結束後，關於城外之各洲圩，待振之處尚多，均分別交振濟股統辦，計散放洋四千四百七十三元，又振濟股與鴻泰崗災民收容所會同散放用洋二千七百七十一元，施振用費洋十一元三角，經費洋二千五百五十五元四角四分，散出棉衣八千三百三十六件，又散放玄武湖急振用麵粉二百三十二袋。

（五）鴻泰崗災民收容所　各辦事處結束之後，其老幼婦孺、無家可歸者，收容於該所。日給饅首四枚，約合一斤，每名發給棉衣一套，并酌量情形，發給棉被。所內搭建席棚約五百間，分爲二十院。每間可容納十人至十五人，初僅收容五千餘人，嗣則日見增加，達一萬五千餘人，但乞振者仍紛紛不已。遂於崗之附近，搭蓋席棚三百餘間，藉資收容爲數約三千餘人，綜計連同龍池庵分所五千餘人，共二萬三千餘人。附設災童學校，分四班相等小學之程度學生約三百人，并就災民中之少壯者，分別挑選訓練，編爲守望隊、消防隊、衛生隊。各隊士每月給津貼一元五角，每名并加發饅首四枚，并擇其老誠可靠者，分別擔任各院照料事宜。又設立臨時醫院，以爲災民之有疾病及懷孕者療養，遇有死亡給以棺木掩埋。該所於去年十月十六日開始收容，十一月一日始正式成立，本年四月半結束。支用麵粉共五萬一千七百十九袋，棉衣四萬四千九百八十二件，散放流動難民用棉衣五千〇三十八件，鞋帽襪一千九百十八件，振濟藥水、食品等數十件，購買麵粉洋二千六百三十五元，搭蓋住所用費洋八千八百九十五元七角四分，住所用費洋二千九百〇四元四角二分，醫藥衛生材料洋七百〇八元一角二分，施振用費洋六千五百七十元〇二分，運費洋三百八十四元六角四分，經費洋九千八百八十二元四角六分，流動災民遣散費洋八千九百四十七元四角，又住所災民遣散費洋三萬七千四百四十六元〇九分，共用洋七萬八千三百七十三元八角九分。

（六）本會書記勤務　八個月薪水工資支用洋一千八百○八元五角四分，代前急振會墊付經費洋八十元，振品搬運費洋五十九元七角三分，又社會局承領及本會經用施振，各費洋六百八十四元六角九分。

（七）補助水西門粥廠，費洋五百元。撥助吳江查放局、江寧義振會等處振衣三千三百件。

此本會施振經過及振款、振品支出概略也。

總計本會經收振款，連同振款利息及變賣什物費，共收洋十六萬四千八百三十三元四角一分。支出方面，連同變賣傢具時雇用勤務一名，薪水洋十五元，共支洋十六萬二千○七十八元七角六分，存餘洋二千七百五十四元六角五分。經收振品計：麵粉收入六萬七千五百六十袋，支出六萬七千五百五十九袋二十一斤六兩六錢，存餘十六斤九兩四錢；振衣收入六萬三千七百六十七件，支出六萬一千六百五十六件，存餘二千一百一十一件；鞋帽襪收入一千九百十八件，收支同；木器長條棹收入一千二百二十一張，捐出二百十三張，存餘一千○八張。他如所收之餅乾、麵包、救濟藥水等項，均悉數散放無存。再本會匆促結束，京市內外尚有數處振務待辦，除將振餘之款酌留六百元，作爲繕寫及印刷本會報告費用，俟結束完竣再行另文造報外，其剩餘之二千一百五十四元六角五分暨存餘振品，均經先後呈繳振務委員會、鈞會，并請派員繼續辦理附近各處未了振務。所有本會收支振款、振品冊報，除徑送鈞會、國府水災救濟委員會會計稽核組、南京稽核所查核轉呈鑒核外，理合將辦理首都振務經過情形縷晰陳明，并連同收支洋表各一份，具文恭呈，伏乞鈞鑒，准予備案。再什物變價一項，另文呈報，合并聲明。謹呈

國府救濟水災委員會

南京市政府

振務委員會

附呈振款收支表各一份，振品收支表一份，共三份

首都水災救濟會

（首都水災救濟會總務組編印，《首都水災救濟會報告·特載》，
1932 年 12 月版，第 1—6 頁）

2. 東關頭、中華門等處改作公共避難室

憲兵司令部警務處爲東關頭閘洞開通氣孔及中華門之五洞准由人民避難致南京市防護團的公函

（1937 年 10 月 20 日）

憲兵司令部警務處公函　發警軍字第 1863 號

奉交下貴團本年十月十六日函字第一二九號公函，以"東關頭閘洞，擬改作公共避難室，

并於各洞開鑿通氣孔道。又中華門西邊亦有五洞可資利用，亦擬如法改善。惟是否與城防有礙，希查照見復"等由。准此，奉批："在不妨礙城牆堅度範圍内，可開鑿通氣孔。至中華西門之五洞，准由人民避難。"相應復請查照爲荷！

　　此致
南京市防護團

中華民國二十六年十月二十日

　　關於改善東關城洞收容人類及通風法，經已擬定用□樓并通風筒，不再開鑿城牆，并已召商比賬，結果内朱炳記每個爲三一三．九〇元，王裕興每個需三七七．二〇元。應否即交朱炳記先行試改五六洞，藉占成效，俟切合實用時，再行整個加以改築之處呈核。

梅成章（印）
十·廿五

　　提請團務會議決定。

志浩（代）
十·廿八

（《南京城墙檔案·城墙的保護與管理》，第 425—429 頁）

三、派員駐守各城門稽查漏税

南京市財政局税捐徵收處爲派員駐守城門嚴密稽查而維税收
給南京市財政局第二科的函

（1945 年 11 月 21 日）

　　案查本處因屠宰税開徵以後，税收尚屬暢旺。惟近日忽告減少，查係由於四鄉偷運白肉入城所致，實足影響税收，亟應嚴密稽查，以杜偷漏而維税收。當以中華門、通濟門、水西門、挹江門均爲衝要之處，即經簽請局長，准予各派稽查員一人常川駐守各該城門，認真稽查，照章徵收在案。兹奉批"二科妥辦，以利徵收"等因。奉此，相應函請查照辦理。此致
第二科

税捐徵收處 啓
十一·廿一

本件擬請指派倪啓龍、朱繩銘、王家珪、袁漢舟分駐中華門、水西門、通濟門、挹江門四要衝常川稽查，當否？乞核奪！

劉師湯（印）

十一·廿一

查所列報四員，頗爲精幹，擬請照派。

十一·廿一

如簽照派，并飭認真努力辦理。

十一·廿二

袁漢舟：駐中華門

王家珪：駐水西門

朱繩銘：駐通濟門

倪啓龍：駐挹江門

辦訓令，發各該員遵照。

十一·廿二

（《南京城墻檔案·城墻的保護與管理》，第 403—406 頁）

南京市財政局爲派員駐守城門嚴密稽查而維稅收給袁漢舟等的訓令

（1945 年 11 月 24 日）

訓令　財二字第三二三號

　　　令袁漢舟、王家珪、朱繩銘、倪啓龍：

案據本局稅捐徵收處呈稱"屠宰稅開徵時，稅收尚旺。惟近日忽告減少，查係由於四鄉偷運白肉入城所致，請派稽查員分駐各城門，嚴密稽查以杜偷漏而維稅收"等情。據此，茲派該員常川駐守中華門、水西門、通濟門、挹江門城門，認真稽查，努力辦理，以重稅收。仍將辦理情形隨時具報，仰即遵照。

此令。

局長　石〇〇

中華民國三十四年十一月廿四日

（《南京城墻檔案·城墻的保護與管理》，第 407—408 頁）

南京市財政局爲派員駐守各城門稽查漏税并函請首都警察廳及憲兵司令部予以協助辦理致南京市政府呈

(1945 年 11 月 27 日)

南京市財政局呈　財二字第三三三號

　　案據本局税捐徵收處呈稱"屠宰税開徵時，税收尚旺。惟近日忽告減少，查係由於四鄉偷運白肉入城所致，請派稽查員分駐各城門，嚴密稽查以杜偷漏而維税收"等情。據此，經核尚屬可行，當即委派本局職員袁漢舟駐守中華門、王家珪駐守水西門、朱繩銘駐守通濟門、倪啓龍駐守挹江門，分別常川駐守各城門，認真稽查，努力辦理，以裕税收。除分函首都警察廳暨憲兵司令部請飭屬隨時協助外，理合將辦理情形呈請鈞長鑒核備查。實爲公便。

　　謹呈

市長馬

副市長馬

南京市財政局局長　石道伊

中華民國三十四年十一月二十七日

(《南京城墻檔案·城墻的保護與管理》，第 409—410 頁)

南京市財政局爲派員駐守各城門執行稽查請隨時協助致首都警察廳、憲兵司令部的公函

(1945 年 11 月 27 日)

公函　財二字第三三三號

　　案據本局税捐徵收處呈稱"屠宰税開徵時，税收尚旺。惟近日忽告減少，查係由於四鄉偷運白肉入城所致，請派稽查員分駐各城門，嚴密稽查以杜偷漏而維税收"等情。據此，應准照辦，當經委派袁漢舟駐守中華門、王家珪駐守水西門、朱繩銘駐守通濟門、倪啓龍駐守挹江門，分別常川執行稽查職務，認真努力辦理。除呈報市政府外，相應函請貴廳、部惠予轉飭所屬，一體隨時協助辦理，以裕税收。至紉公誼。

　　此致

首都警察廳

憲兵司令部

局長　石〇〇

中華民國三十四年十一月二十七日

(《南京城墻檔案·城墻的保護與管理》，第 411—412 頁)

南京市政府爲派員駐守各城門稽查漏税并請首都警察廳及憲兵司令部予以協助
給南京市財政局的指令

（1945 年 12 月 3 日）

南京市政府指令　府總秘字第二二八二號

　　　　令財政局局長石道伊：

　　三十四年十一月二十七日呈乙件。爲呈報派員駐守各城門，稽查漏税，并函請首都警察廳及憲兵司令部予以協助情形，請鑒核備查由。呈悉。准予備查！

　　此令。

市長　馬超俊

中華民國三十四年十二月三日

（《南京城墻檔案·城墻的保護與管理》，第 413—414 頁）

四、僞政權時期添撤城門人員與機構

1. 設置女檢查

僞南京警察廳爲在城門、車站等處設置女檢查致僞南京特別市政府的公函

（1939 年 3 月 20 日）

南京警察廳公函　總字第七一號

　　徑啓者。查本廳兹爲檢查城門、車站往來之婦女，設置女檢查，并經招考録取女檢查三十名，分別派往中華門六名，京滬車站、挹江門、中山門各五名，通濟門四名，專司上項檢查工作。兹訂定女檢查服務規則一份，以資遵守，除呈報并分別函令外，相應檢同該項規則函達，查照爲荷。此致
市政府

　　附送女檢查服務規則一份

廳長　徐仲仁

中華民國二十八年三月二十日

（《南京城墻檔案·城墻的保護與管理》，第 340—343 頁）

僞南京特別市政府關於在城門、車站等處設置女檢查的訓令

（1939 年 3 月 23 日）

僞南京特別市政府訓令　秘字第 32 號

　　令各屬：

　　爲令知事。案准南京警察廳總字第七一號公函開，以"檢查城門、車站往來婦女起見，設置女檢查三十名，分別派往中華、挹江、中山、通濟各門及京滬車站等處，專司檢查工作，函請查照"等由。准此，除分令外，合行令仰知照。此令。

市長　高○○
中華民國二十八年三月二十三日
（《南京城墻檔案·城墻的保護與管理》，第 337—339 頁）

僞南京警察廳爲在玄武門設置女檢查致僞南京特別市政府的公函

（1939 年 5 月 19 日）

南京警察廳公函　總字第一三○號

　　徑啓者。查本廳前爲檢查城門車站往來婦女，分別在中華門、京滬車站、挹江門、水西門、中山門、通濟門等處設置女檢查前往服務，業經函達查照在案。茲准第三區公所函略開，"玄武門乃敝坊市民入城買賣必由之路，婦女出入，無女警檢查，殊多不便。自中央門停止通行以來，燕子磯區鄉民多數由玄武門出入，其中良莠不齊，若不檢查，難保無奸人混入"等由。准經飭據該管第三警察局查核議復，據稱"玄武門確屬需要設置女檢查"等情。據此，當經遴派女檢查三名，前往玄武門服務，擔任檢查事宜。除令飭該管第三警察局知照及分函外，相應函達，即希查照爲荷。此致
市政府

廳長　徐仲仁
中華民國二十八年五月十九日
（《南京城墻檔案·城墻的保護與管理》，第 333—336 頁）

2. 各城門防疫人員安排

僞南京特別市政府衛生局爲本市各城門臨時擴大種痘給各診療所、臨時醫師等的訓令和公函

（1940 年 2 月 29 日）

訓令　字第三二三號

　　第一、二、三、五安德門診療所，臨時醫師漢中門田富有、中山門李甫、光華門游竹賢：

爲訓令事。查本市各城門臨時擴大種痘。本局定於三月二日止結束。除分令外，合行令仰該所、醫師遵照辦理，并將種痘材料、證書、木戳，即日繳局爲要。此令。

局長 衛〇〇

中華民國廿九年二月廿九日

公函 字第三二三號

　　徑啓者。查本市各城門臨時擴大種痘。本局定於三月二日止結束。前承貴區派赴城門協助書記，自三月三日起，勿庸再派。除分函外，相應函達，即希查照辦理爲荷。此致
第一、二、三、四、五區公所，安德門

局長 衛〇〇

中華民國廿九年二月廿九日

（《南京城墻檔案‧城墻的保護與管理》，第 648—651 頁）

僞南京特別市政府財政局爲第二次霍亂預防注射另加九城門注射人員擬照撥預算等致僞南京特別市政府的呈文

（1940 年 8 月 13 日）

財字第 424 號

　　案奉鈞座交下“衛生局爲經辦第二次霍亂預防注射，擬請另加九城門注射人員九班”原簽壹件；奉批示“交財政局核發，及擬添設九處，應將地點開明”等因。奉此，并預算表一份，旋准衛生局開具九城門地點表到局。查核所列預算，尚無不合。擬請准予如數照撥，以便速辦。是否有當，理合附呈原件暨九城門地點表，簽請鑒核示遵。謹呈
市長蔡

　　附呈原件暨九處地點表

財政局局長 蹇先驄 謹呈

中華民國廿九年八月十三日

二十九年度第二次霍亂預防注射九個城門，列左：

　　計開：光華門、通濟門、中山門、太平門、玄武門、漢西門、挹江門、中華門、水西門。以上九個城門注射。此致
財政局第一科

南京市政府衛生局

（《南京城墻檔案‧城墻的保護與管理》，第 686—688 頁）

僞南京特別市政府財政局爲第二次霍亂預防注射另加九城門注射人員
准予發款致僞南京特別市政府衛生局的箋函

（1940 年 8 月 14 日）

箋函　財字第 471 號

　　案奉市座交下貴局爲“經辦第二次霍亂預防注射，擬請另加九城門注射人員九班”原簽壹件，批示“財政局核撥，及擬添設九處，應將地點開明”等因，并預算表一份，旋准貴局開具地點表過局。查核所列預算尚無不合，擬請准予如數照發，以便速辦。簽奉市座批示“如擬”等因，相應送還原件，并附衛字第貳捌號發款通知壹紙。即希查照，繕據具領爲荷。此致
衛生局

　　附發款通知壹紙，并送還原件

局戳　啓

局長　甯先聰（印）

八月十四日

秘書：王世泰（印）　祝萬年（印）

科長：曹志範（印）

主任科員：李初□（印）

擬稿員：王□□（印）

八·十四

（《南京城墻檔案·城墻的保護與管理》，第 689—690 頁）

3. 撤銷各城門查驗所

僞南京特別市政府財政局稽查員濮昌期等關於奉令撤銷各城門查驗所、
呈繳戳記的呈文

（1940 年 8 月 24 日）

　　爲呈報事。奉令撤銷各城門查驗所，職等調往捐稅徵收所服務。遵即於是日到差。所有各查驗所租賃房屋租金均結，至八月終爲止租之日。前領鈞局頒發戳記，理合一并呈繳，即祈
科長華　轉呈
局長甯　鑒核
　　附呈
太平門驗訖戳：壹個　　光華門驗訖戳：壹個

通濟門驗訖戳：壹個　中山門驗訖戳：壹個

中華門驗訖戳：壹個　水西門驗訖戳：壹個

漢中門驗訖戳：壹個　挹江門驗訖戳：壹個

龍江橋驗訖戳：壹個

稽查員：濮昌期　曹鐘武

朱雨三　劉長齡

費繩武　鄧劭謙

中華民國二十九年八月二十四日　呈

（《南京城墻檔案·城墻的保護與管理》，第 352—353 頁）

僞南京特別市政府財政局稽查主任李捷三關於奉諭取銷各僞城門查驗所、停付房租的報告

（1940 年 8 月 26 日）

報告

　　竊奉鈞諭“各城門查驗所，應即取銷各城門查驗所，房租着發至本月底止。仰該稽查主任遵照辦理具報”等因。奉此，主任遵即持諭報告本局一、三科科長停付房租，并通知各稽查遵照結束在案。茲准挹江門兼龍江橋查驗所稽查朱雨三、漢中門查驗所稽查曹鐘武、光華門查驗所稽查濮昌期、水西門查驗所稽查劉長齡、通濟門兼太平門查驗所稽查鄧劭謙、中華門查驗所稽查費繩武，先後面稱“業經遵令到捐稅徵收所服務，所有各查驗所均已結束，并將用物開單報乞轉報”等因。准此，奉令前因，理合將各查驗所用物數目，分別開單具文呈報，仰祈鑒核，俯賜察收。謹呈

科長翁　轉呈

局長蹇

　　附呈一件、木戳九個

稽查主任　李捷三

八月二十六日

　　轉呈市長鑒察，戳記銷毀，備案。

蹇先聽（印）

八月廿八日

（《南京城墻檔案·城墻的保護與管理》，第 354—355 頁）

僞南京特別市政府財政局爲奉令撤銷各城門查驗所致僞南京特別市政府的呈文

（1940 年 9 月 2 日）

財字第 721 號

　　爲呈報事。查職局稽查朱雨三、曹鐘武、濮昌期、劉長齡、鄧劭謙、費繩武等六人，奉令調派捐税徵收所服務，各城門查驗所應即取消等因。業經轉飭遵照在案。兹據稽查主任李捷三報告"該稽查等已遵令前往捐税徵收所服務，所有各查驗所前領頒發戳記呈報繳銷"等情，并附木戳九枚。據此，除將戳記飭科銷毀外，理合報乞鑒核備案，實爲公便。謹呈
市長蔡

財政局局長　蹇先驄

中國民國二十九年九月二日

（《南京城墙檔案・城墙的保護與管理》，第 356—358 頁）

4. 添派税警駐守城門

僞捐税徵收所爲七處城門稽徵所各添派税警一名致僞南京特別市政府的呈文

（1941 年 2 月 27 日）

　　查本所所屬通濟、漢中、光華、中山、太平、中華、江東，各城門七處稽徵所，前因事務清簡，額設徵收員一人，而事實上各該徵收員，有私自托人臨時照顧情事，此中流弊甚多。除嚴行令飭革除外，惟各稽徵所額僅一人，既屬照顧難周，且每逢解款日期及抽調漏税等情，似難分身及此。若添派員司，經費有限，勢又不可。兹擬各該稽徵所添派税警一人，常駐看守，似覺稍爲妥善。所需税警七名津貼作正開支，列入預算。所擬是否有當？理合呈請鈞長鑒核示遵。謹呈
南京市市長蔡

代理捐税徵收所所長　李熙曾

中國民國三十年二月二十七日

（《南京城墙檔案・城墙的保護與管理》，第 359—361 頁）

僞南京特別市政府爲撥派税警駐守各城門稽徵所給僞捐税徵收所的指令

（1941 年 3 月 8 日）

府　指令　財字第 1954 號

　　　　令捐税徵收所：

　　呈一件。爲呈請所屬七處城門添派税警七名，所需津貼作正開支，祈核示由。

呈悉。察核所陳當係實情。業經令飭稅警隊派警七名，前往該所聽候分別派遣矣。至所需津貼，准予列入預算，呈核并仰知照。此令。

中華民國三十年三月八日

（《南京城墙檔案・城墙的保護與管理》，第 362—363 頁）

僞南京特別市政府爲撥派稅警駐守各城門稽徵所給僞稅警隊的諭令

（1941 年 3 月 8 日）

府諭　財字第 1955 號

案據捐稅徵收所呈，以"所屬各城門稽徵所七處，額設徵收員一人，平時既屬照顧難周，每逢解款日期及抽查漏稅等情事，尤難分身。擬請添派稅警七名，常駐看守各城門稽徵所"等情。據此，除指令照派外，合行諭仰該隊長剋日調派稅警七名，前往該所聽候分別派遣，并將派往日期，并各該警姓名具報備查爲要。此諭。

右諭知稅警隊隊長施叔賢。准此。

中華民國三十年三月八日

（《南京城墙檔案・城墙的保護與管理》，第 362—364 頁）

第四節　查禁竊挖城墙磚土

一、《城墙内壁附近積土保存辦法》

南京市政府爲南京警備司令部函送《城墙内壁附近積土保存辦法》給南京市工務局的訓令

（1934 年 5 月 2 日）

南京市政府訓令　字第 03538 號

令工務局：

案准南京警備司令部參字第八零四號公函，"案查南京城墙關係首都防務，至爲重要。近據守城憲警報稱'時有人民在城墙附近挖取沙土，事關城防，擬請禁止'等情，查貼着城墙内壁之土皁，不但平時可維護城墙之鞏固，且戰時復得增强爆彈之抵抗，於軍事上價值甚大，是以在原則上實有保留之必要。不論城墙厚度幾何，決不許民間任意掘取，以固城防。兹訂《城墙内壁積土保存辦法》，除呈報軍委會、軍政部備案并分令外，相應抄同《城墻内壁積土保存辦法》一份，即希查照"等由，并附辦法一份。准此，合行抄發原件，令仰該局即便飭屬遵照。此令。

附抄發原送《南京城墻内壁附近積土保存辦法》一份

南京市市長　石瑛

中華民國廿三年五月二日

南京城墻内壁附近積土保存辦法

一、貼近城墻内壁之土阜與積土與城防之價值甚大，平時可維護城墻永久之鞏固，戰時可增強敵大口徑大炮之抗力。不特此也，如此項土阜或積土有相當之高度與頂面幅及斜坡，則戰時可設施各種重兵器之陣地，增加城防戰鬥能力。故原則上不准取用。

二、如鄰近城墻内面之土阜或積土爲人民私有者，則距城墻内壁、面向裹之縱深、水平距離五十公尺以内之土方，任何公私機關與人民概不准動用。

三、此項貼近城墻内面之土阜或積土，如其縱深距離甚大，且此項土阜爲連續不斷向城内延長者，則在規定範圍（五十公尺）以外之土方准予取用（但曾經本部以前特別規定不准動用之土阜與積土不在此例），但取用後須保留該土阜或積土，在五十公尺外存有二分一之斜坡爲要。

（南京市檔案館藏，檔案編號：10010030255（00）0001）

二、新民門左側城墻沙土被挖

憲兵司令部爲新民門左側城墻沙土被挖致南京市工務局的公函

（1946 年 8 月 28 日）

憲兵司令部公函　警刑京字第 0919 號

案據本部憲兵第九團轉據"該團第四連報告稱，'查有互利運輸商行汽車五五五八及四二〇五號汽車二輛并工人十餘名，於本（八）月七日至新民門左側挖取墻垣沙土，運往下關。據駕駛李茂生、陸永輝等稱"乃南京市工務局科員黃金洪令其來挖，運往下關大馬路後勤司令部第二倉庫修理之用"等語云云。查該處沙土被挖，現時雖無多大妨礙，倘繼續挖運，則城基空虛，久必塌毀，應否禁止？理合報請鑒核'等情。理合轉報鑒核示遵"等情。據此，相應函達，即希查照核辦爲荷！此致

南京市工務局

中華民國卅五年八月廿八日

（《南京城墻檔案·城墻的保護與管理》，第 273—274 頁）

南京市工務局二科爲并無雇用商行挖運城墙泥土事致憲兵司令部的公函

（1946 年 9 月 10 日）

公函　京工二字第 4353 號

案准貴司令部警刑京字第九一九號公函内開 "案據本部憲兵第九團轉據該團第四連報告稱：查有互利運輸商行汽車五五五八及四二〇五號汽車二輛（照錄至）相應函達，即希查照核辦" 等由。准此，查本局并無黄金洪其人，亦無雇用互利運輸商行汽車運土情事，該駕駛人李茂生等膽敢冒稱本局科員令其挖運泥土，實屬不法已極，准函前由，相應函復，即請貴部派員查明，拘案法辦爲荷。此致
憲兵司令部

九月十日

（《南京城墙檔案·城墙的保護與管理》，第 275—277 頁）

三、制止在玄武門内城墙挖土

江寧要塞司令部爲請制止在玄武門城墙挖土致南京市工務局的代電

（1948 年 3 月 4 日）

純參字 4345 號

工務局原局長：

一、（卅七）京工二字第一二五二號公函敬悉。

二、查該段城墙上部爲城防工事所在地點，地形不能破壞。

三、敬煩查照，惠予協助制止爲荷。

司令　胡雄

中華民國卅七年叁月四日

（一）函警所；（二）通知城北區。

蔡繼昭（印）

三·六

（《南京城墙檔案·城墙的保護與管理》，第 278—279 頁）

南京市工務局爲制止在玄武門内城墻脚下挖土致首都警察廳的公函

（1948 年 3 月 10 日）

（卅七）京工二字第 1534 號

　　查本局前准《中央日報》編輯部函囑查禁挖掘玄武門北邊土城墻脚下泥土一案，當經派員查得，玄武門内崑崙路馬家街口土城墻脚下土地爲上海銀行所有。兹該業主擬建房屋，因嫌地面過高，雇人挖土扒平，是否有關城防，業已函准江寧要塞司令部復電，以"該處城墻上部爲城防工事所在地點，原有地形不能破壞，囑予協助制止"等由。准此，相應函達，即希查照，派員隨時注意制止爲荷。此致

首都警察廳

〈代理〉局長　原素欣

中華民國卅七年三月十日

（《南京城墻檔案・城墻的保護與管理》，第 280 頁）

南京市工務局爲制止在玄武門内城墻脚下挖土
給南京市工務局城北區工務管理處的訓令

（1948 年 3 月 10 日）

（卅七）京工二字第 1534 號

　　令城北區工務管理處：

　　查本局前准《中央日報》編輯部函囑查禁挖掘玄武門北邊土城墻脚下泥土一案，當經派員查得，玄武門内崑崙路馬家街口土城墻脚下土地爲上海銀行所有。兹該業主擬建房屋，因嫌地面過高，雇人挖土扒平，是否有關城防，業已函准江寧要塞司令部復電，以"該段城墻上部爲城防工事所有〔在〕地點，原有地形不能破壞，囑予協助制止"等由。准此，除函請首都警察廳飭屬隨時制止外，合行令仰該處派員隨時注意制止爲要。此令。

代理局長　原素欣

中華民國卅七年三月十日

　　張工程司告知馬家街二號之一挖土包工王學青，此後不准再挖。如抗不遵命，可報告聯勤總部工程署營建司營產管理處派兵制止。

劉用臧（印）

三・十三

往馬家街二號之一查詢，并無王學青。復到崑崙路挖土處，見已無人在挖運，又該處通路挖斷。如此判斷已停止挖運，并已通知本處外勤人員及路工隨時注意。

張之漢（印）

卅七，三·十六

（《南京城墙檔案·城墙的保護與管理》，第 282—284 頁）

南京市工務局爲制止在玄武門内城墙腳下挖土致上海銀行的箋函

（1948 年 3 月 10 日）

（卅七）京工二字第 1535 號

　　查貴行雇工在玄武門内崑崙路馬家街口土城墙腳下挖掘泥土，前准《中央日報》編輯部函請派員制止到局，當經函准江寧要塞司令部復電，以"該處城墙上部，爲城防工事所在地點，原有地形不能破壞，囑予協助制止"等由。相應函達，即希查照，即予停止挖掘爲荷。〈此致〉
上海銀行

局戳

中華民國卅七年三月十日

（《南京城墙檔案·城墙的保護與管理》，第 281 頁）

四、嚴禁竊挖九華山城墙磚土

國立中央研究院爲嚴禁竊挖九華山城墙磚土致南京市政府的公函

（1948 年 3 月 5 日）

國立中央研究院公函　37 總字 321〈號〉

　　查九華山一帶城墙磚土常現竊挖情事，鄰近本院物理研究所一段尤覺剝塌凌亂。既礙觀瞻，亦關城防，相應函達，務希查照勘察，揭示嚴禁，并請轉飭由該管警所及區保人員隨時查禁爲荷。此致
南京市政府

代理院長　朱家驊（印）

中華民國卅七年三月五日

（《南京城墙檔案·城墙的保護與管理》，第 285 頁）

南京市民政局爲奉市政府交下國立中央研究院函飭查禁竊挖城墻磚土給各區公所的訓令

（1948 年 3 月 13 日）

（37）民一字第四九五二號

  令各區公所（八區除外）：

  奉市政府交下國立中央研究院本年三月五日 37 總字第 321 號函一件，以"九華山一帶城墻磚土常發現竊挖情事，囑予揭示嚴禁，并飭警所及區保人員隨時查禁"等由。查本京城墻磚土時常被人竊挖偷運，不僅損毀古迹，抑且關係城防，自應嚴予查禁，以策治安。除經市府布告及分飭有關機關隨時查禁外，合行令仰遵照，轉飭所屬隨時嚴密查禁爲要！此令。

局長 汪祖華
中華民國三十七年三月十三日
（《南京城墻檔案·城墻的保護與管理》，第 289—290 頁）

南京市政府爲禁止竊挖九華山城墻磚土致國立中央研究院的公函

（1948 年 3 月 15 日）

（卅七）府總工字第 2495 號

  案准貴院（37）總字第三二一號公函，以"九華山一帶城墻磚土，常發現竊挖情事，囑予揭示嚴禁，并飭警所及區保人員隨時查禁"等由。准此，自應照辦，除布告暨電首都警察廳并令民政局飭屬查禁外，相應後請查照爲荷。此致

國立中央研究院

市長 沈〇
中華民國卅七年三月十五日

  會民政局，并請分令有關各區公所嚴加查禁。

（《南京城墻檔案·城墻的保護與管理》，第 286—287 頁）

南京市政府爲禁止竊挖九華山城墻磚土致首都警察廳的代電

（1948 年 3 月 15 日）

（卅七）府總工字第 2496 號

  首都警察廳黃廳長勛鑒：

  兹准中央研究院函，以"九華山一帶城墻磚土時常發現竊挖情事，囑予揭示嚴禁，并飭警

所及區保人員隨時查禁”等由。查本京城墙磚土常有被莠民竊挖偷運情事，影響城防至鉅，自應嚴予查禁，以策治安。除布告并令民政局分飭有關各區公所隨時查禁外，特電希飭屬嚴禁偷挖爲要。沈○。寅（删）。府總工。印。

（《南京城墙檔案·城墙的保護與管理》，第 286—287 頁）

南京市第一區區公所爲查禁竊挖九華山一帶城墙磚土致第卅一保辦公處的通知

（1948 年 3 月 20 日）

事由：爲奉令以九華山一帶城墙磚土常發現被人竊挖情事，飭隨時查禁一案通知遵照由。

南京市第一區區公所通知　區公字第一七二號

案奉南京市民政局（37）民一字第四九五二號訓令内開，“奉市政府交下國立中央研究院本年三月五日（37）總字第三二一號函一件云云，叙至令仰遵照，轉飭所屬隨時嚴密查禁爲要”等因。奉此，合行通知，仰隨時注意防範爲要。

　　右通知
第卅一保辦公處

區長　許○○

中華民國卅七年三月廿日

（南京市檔案館藏，檔案編號：10040010079（00）0019）

五、嚴禁竊挖偷運本京城墙磚土

南京市政府關於嚴禁竊挖偷運本京城墙磚土的布告

（1948 年 3 月 15 日）

南京市政府布告　（卅七）府布字第一一九號

查本京城墙磚土，常被人竊挖偷運，影響城防，至非淺鮮，亟應嚴予禁止。嗣後如再有竊挖城墙城磚或泥土者，一經查獲，定予依法嚴懲！除電首都警察廳，并飭民政局通飭所屬嚴禁偷挖外，合行布告周知。

　　此布！

中華民國三十七年三月十五日

（《南京市政府公報》，1948 年第 4 卷第 6 期，第 127 頁；
另見《南京城墙檔案·城墙的保護與管理》，第 287—288 頁）

南京市第四區區公所爲查禁竊挖城墻磚土給第一保辦公處等的訓令

（1948 年 3 月 18 日）

事由：爲奉令以本京城墻磚土時常被人竊挖偷運情事，令仰遵照隨時嚴密查禁由。

訓令　區保字第二八四八號

令第一、七、十一、二十、二十三、二十四、三十四、三十五、三十六保辦公處：

案奉南京市民政局（37）民一字第四九五二號訓令内開"（照録原文）"等因。奉此，除分令外，合行令仰遵照，隨時嚴密查禁，是爲至要。

此令。

區長 韓○○

中華民國三十七年三月十八日

（南京市檔案館藏，檔案編號：10040010220（00）0009）

首都警察廳爲查禁竊挖城墻磚土情形致南京市政府呈

（1948 年 3 月 20 日）

首都警察廳呈　珍政保 956 號

案奉鈞府本年三月十五日（卅七）府總工字第二四九六號代電，飭查禁竊挖城墻磚土一案。查竊挖城磚早經令禁，前准中央研究院以同一情形函囑取締。又據本廳東區警察局呈報：有軍人利用軍車竊運後宰門一帶城磚。復准市工務局以同一情形函囑查禁。均經分別呈報衛戍總司令部函憲兵司令部協助取締，令飭該管警察局及刑事警察隊嚴予查禁，并函復中央研究院。各在案。茲奉前因，理合呈復鑒核。謹呈

南京市市長沈

首都警察廳廳長 黄珍吾

中華民國卅七年三月廿日

（《南京城墻檔案·城墻的保護與管理》，第 291、293 頁）

六、制止軍人挖掘薩家灣道房後面城墻泥土

南京市工務局爲制止軍人挖掘薩家灣道房後面城墻泥土致江寧要塞司令部的公函

（1948 年 9 月 11 日）

公函 （卅七）京工二字第 5974 號[①]

案據本局下關區工務管理處報稱，"新民門內多倫路一帶城墻泥土，常有士兵挖掘并用軍車裝運，經報告附近憲警取締，均無效果，近日復有江寧要塞司令部軍人至本處薩家灣道房後面城墻上挖運泥土，經勸止無效，擬請飭函制止"等情。查挖掘城墻磚土，關係城防至鉅，相應函請貴部嚴予制止，以固城防爲荷。此致
江寧要塞司令部

局長 原○○

中華民國卅七年九月十一日

（《南京城墻檔案·城墻的保護與管理》，第 294 頁）

江寧要塞司令部爲本部副官孫恒貴挖運薩家灣城根砂土已嚴予懲處致南京市工務局的代電

（1948 年 9 月 15 日）

純法字 6647 號

南京市工務局：

一、貴局（卅七）京工二字第 5974 號代電敬悉。

二、經飭本部副官主任賀繼勝查復。據稱"奉令修運要塞炮位，需用少數砂土，曾飭副官孫恒貴到城外取運。詎料該員即於就近薩家灣城根挖運拾擔"等情。查該員取土雖係供國防建設之用，然故違法令，殊屬非是，業已嚴予懲處在案。

三、准電前由。用特復請查照爲荷！

司令 胡雄

中華民國卅七年九月十五日

（《南京城墻檔案·城墻的保護與管理》，第 296—297 頁）

---

① 該函原檔無文號，此處文號係根據下文推斷補足。

第五節　城磚的保護與管理

一、取締拆運内城磚瓦

内務部爲取締以公中工作名義拆用内城磚瓦給江寧巡警總監的令文

（1912 年 3 月 19 日）

　　據呈限制拆用内城磚瓦，所見甚是。嗣後如有以公中工作名義，需用此項磚瓦者，須向巡警總局報領旗幟，可由貴總監擬定辦法，出示通告，并令知區巡各官，於此項磚瓦運經各區時，切實稽驗，始准放行，以示限制，而杜托名。業經本部咨請陸軍部暨衛戍總督，通飭所屬，一律查照辦理。至所請咨會外交部照會教堂一節，呈内雖稱天主堂亦有搬運磚瓦情事，既未據切實指證，且外國人工作當然不能取中國公家之磚瓦，倘遽咨請照會，轉若准許其領旗搬用，實有未便。以後如有搬取此項磚瓦，驗無警局旗幟者，無論稱係何處取用，均着將所搬磚瓦一體扣留。一面先將所擬領旗辦法，并出示通告日期，報部備查。此令。

（《臨時政府公報》，1912 年第 42 號，第 8—9 頁；

另見《中華民國臨時政府新法令十册》，上海自由社 1912 年 4 月初版，第 35 頁）

江寧巡警總監吳忠信爲擬訂《取締運用内城磚瓦辦法》所發的告示

（1912 年 3 月 23 日）

　　前據東一區區長何劼英呈報，"内城西華門一帶近日搬運磚瓦者紛紛不絶，有插陸軍部旗幟者，有插總局路工處旗幟者，又有并無旗幟據稱係某軍隊者。迭經阻止，均置不理。呈請速定統一辦法"前來。當查内城磚瓦概係公家之物，有以公共名義往取，警局若概行禁止，實屬爲難。但其中或有不肖之徒，假托公共名義希圖漁利等事，若不加以限制，警局實難負保護之責。擬請以後無論何界，凡有工作需用此項磚瓦者，均須先由警局或清查旗產處發給旗幟或護照，俾於經過各區查驗放行，呈請内務部核示，并請咨明陸軍部轉行各軍隊，一律照辦在案。兹奉内務總長令開，"據呈限制拆用内城磚瓦，所見甚是。嗣後如有以公中工作名義，需用此項磚瓦者，須向巡警總局報領旗幟，可由貴總監擬定辦法，出示通告，并令知區巡各官，於此項磚瓦運經各區時，切實稽驗，始准放行，以示限制，而杜托名。業經本部咨請陸軍部暨衛戍總督，通飭所屬，一律查照辦理。……以後如有搬運此項磚瓦，驗無警局旗幟者，無論稱係何處取用，均着將所搬磚瓦一體扣留。一面先將所擬領旗辦法，并出示通告日期，報部備查。此令”等因。奉此，自應遵照辦理。茲特擬定《取締運用內城磚瓦辦法》六則，俾資遵守。除將取締章程并刊示通告日期，分別呈咨內務部暨清查旗產處查照，并令知附近各區隨時查驗外，合亟刊章出示通告，俾眾咸知。此示。

計開擬訂《〈取締〉運用內城磚瓦辦法》六則：

一　內城磚瓦係公家之物，不得私行運用。

一　內城磚瓦凡以公共工作名義運用者，必須由本局發給印旗，方可運行。

一　凡以公共工作名義需用此項印旗者，必須由該公署局所備文聲明建築何項工程，需磚瓦若干塊，一面咨請清查旗產處指定地點，一面備文并空白旗布咨送本總局蓋印、編列號數咨還備用，以憑查驗。

一　凡運取內城磚瓦者，須隨帶印旗給由附近各區崗警查驗放行。如無此項印旗，無論稱係何處取用，得由附近各區將磚瓦一律扣留，報告本總局核辦。

一　凡公共工作需用此項磚瓦者，一俟照數運齊後，即將印旗咨送本總局塗銷，以杜私運。

一　凡運磚瓦車輛，如有不服盤查、應行罰辦者，其磚瓦即暫存附近之區局，隨時電請運取磚瓦之公署另雇他車往運，不得藉口公共名義左袒車夫。

（《臨時政府公報》，1912 年第 46 號，第 4—6 頁）

江蘇省都督府、行政公署爲內城磚瓦拆運給江蘇省城警察廳、江寧縣知事、南京馬路工程處、旗產事務所的訓令

（1913 年 6 月 2 日）

江蘇省都督府、行政公署訓令　第二千三百六十六號

令江蘇省城警察廳、江寧縣知事、南京馬路工程處、旗產事務所：

案查江寧省城舊旗城內公私建築，光復時曾遭兵火，剩餘磚瓦，其屬公家者歸官廳管理；其屬私人者，准自由處置。嗣據前南京府知事兼總理清查江寧駐防旗產處呈據“旗民代表吉勇、金源等，請設內城磚瓦專運處，擬具章程八條，轉請核准立案”，并據該前知事呈明“軍隊因公建築需用城磚，應由巡警總局咨明用磚數目，并印發旗布，飭旗產處稽查員指以地點，核實撥交”各等情。當經指令照准，并令行駐寧各軍隊在案。查該處之設，原爲鄭重公私物產起見，不意日久玩生、盜賣私拆、夾帶偷運等種種弊竇，較前尤甚。名爲受各官廳監察，而考其事實，則各不相顧，以致政令紛歧，狡黠之徒，益得乘間嘗試。私人既蒙其害，公家亦受損失，殊非當日准設該處之本意。應即由江寧縣知事迅行令知該內城磚瓦專運處，旗民代表吉勇、金源等，將該處機關刻日遵令撤銷，并由省城警察廳令知崗警，自奉文之日起，遇有內城磚瓦外運，應即轉令呈驗本都督、民政長准運指令後，再予放行。無論各機關、各團體均須一律遵照辦理，倘查有私

運等事，應隨時查照現行律察酌辦理。其情節重者，并呈候核示。嗣後所有內城磚瓦，除原係建設城門處所應規定丈尺留作紀念、不准拆運外，其他磚瓦如係公家需用，應開具運磚數目及運用日期，呈候本都督、民政長會同核定臨時特派專員前往監運。如係私人變賣己產，亦應於起運之前，先期呈候派員驗放，手續務期簡單，而督察必從嚴密，期免流弊。所有以前由警察廳發給印旗、馬路工程處規定運費各項，一概無效。除令行駐寧各軍隊、省城各局所外，爲此令行該知事、廳、處、所即便遵照。此令。

江蘇都督　程德全

江蘇民政長　應德閎

中華民國二年六月二日

（《江蘇省公報》，1913 年第 154 期，第 1—2 頁）

江蘇省都督府、行政公署爲內城磚瓦拆運給駐寧各軍隊、省城各局所的訓令 [①]

（1913 年 6 月 2 日）

江蘇省都督府、行政公署訓令　第二千三百六十六號

　　令駐寧各軍隊、省城各局所：

　　案查江寧省城舊旗城內公私建築，光復時曾遭兵火，剩餘磚瓦，其屬公家者歸官廳管理；其屬私人者，准自由處置。嗣據前南京府知事兼總理清查江寧駐防旗產處呈據“旗民代表吉勇、金源等，請設內城磚瓦專運處，擬具章程八條，轉請核准立案”，并據該前知事呈明“軍隊因公建築需用城磚，應由巡警總局咨明用磚數目，并印發旗布，飭旗產處稽查員指以地點，核實撥交”各等情。當經指令照准，并令行駐寧各軍隊在案。查該處之設，原爲鄭重公私物產起見，不意日久玩生、盜賣私拆、夾帶偷運等種種弊竇，較前尤甚。名爲受各官廳監察，而考其事實，則各不相顧，以致政令紛歧，狡黠之徒，益得乘間嘗試。私人既蒙其害，公家亦受損失，殊非當日准設該處之本意。應即由江寧縣知事迅行令知該內城磚瓦專運處，旗民代表吉勇、金源等，將該處機關刻日遵令撤銷，并由省城警察廳令知崗警，自奉文之日起，遇有內城磚瓦外運，應即轉令呈驗本都督、民政長准運指令後，再予放行。無論各機關、各團體均須一律遵照辦理，倘查有私運等事，應隨時查照現行律察酌辦理。其情節重者，并呈候核示。嗣後所有內城磚瓦，除原係建設城門處所應規定丈尺留作紀念、不准拆運外，其他磚瓦如係公家需用，應開具運磚數目及運用日期，呈候本都督、民政長會同核定臨時特派專員前往監運。如係私人變賣己產，亦應於起運之前，先期呈候派員驗放，手續務期簡單，而督察必從嚴密，期免流弊。所有以前由警察廳發給印

---

① 此則訓令與前一則訓令，均收入 1913 年第 154 期《江蘇省公報》。兩則訓令文號一致、內容亦基本相同，但是訓令的行文對象及正文中的表述仍存在差異。爲方便讀者研究，兩則訓令均收入本書，并作以上簡要說明。

旗、馬路工程處規定運費各項，一概無效。除令行江蘇省城警察廳、清理江寧旗産事務所、南京馬路工程處、江寧縣知事外，爲此令行該軍隊、局所即便知照。此令。

江蘇都督　程德全

江蘇民政長　應德閎

中華民國二年六月二日

（《江蘇省公報》，1913 年第 154 期，第 3—4 頁）

二、取締買賣私運城磚

1. 不得擅自攜取城磚

南京特別市工務局關於奉市長面諭不得擅自攜取城磚的布告[①]

（1927 年 11 月 23 日）

南京特別市市政府工務局布告　第三十二號

　　爲布告事。案奉市長面諭"本城四周所有城磚及附近碎石、〈碎〉磚等，非經工務局許可，無〈論〉何人不得擅自攜取"等因。奉此，除函請公安局轉飭崗警加意防範外，合亟示仰市民人等一體遵照。倘敢故違，定予重辦不貸。切切。此布。

局長　陳揚傑

中華民國十六年十一月二十三日

（《南京特別市市政公報·公牘彙要》，1927 年第 5 期，第 71 頁）

2.《取締賣買城磚條例》

南京特別市市政府爲議決修正《取締賣買城磚條例》給南京特別市工務局的令

（1927 年 12 月 21 日）

南京特別市市政府令　第九六〇號

　　令工務局局長陳揚傑：

　　查本年十二月十五日第十六次市政會議，據該局長提議《取締賣買城磚條例》一案，當經

[①] 該則布告另見於《南京特別市工務局年刊·公文摘錄》(1928 年，第 427—428 頁)，發布年月爲 "十七年一月"(1928 年 1 月)。兩則布告文號相同，内容基本一致。本書收錄時，根據年刊上布告的内容，稍作添改，添加的文字用〈　〉表示。特此説明。

議决照修改案通過。修正之點如下：（一）第三條下半段改爲："自本條例公布日起，儘於半月内來局清報登記存查。如逾期不報，非有特别情形經工務局許可者，一經查出即以公物論。"（二）第七條取銷。（三）第九條下半段改爲"將拿獲私運城磚一律充公，另由工務局估值四成，充告發人或發現人之獎金"等語。合行令仰該局長即便遵照，并公布施行。此令。

市長 何民魂

中華民國十六年十二月二十一日

（《南京特别市市政公報·公牘彙要》，1927年第6—7期，第11頁）

南京特别市工務局關於《取締買賣城磚條例》的布告

（1928年1月18日）

南京特别市市政府工務局布告　第三八號

爲布告事。案查本市城磚原屬國有，向在軍閥盤據時代，無人經管，竟有公然掘取私買私賣，相沿日久，損失滋多。若不嚴加防止，殊非維護公物之道。本局用特擬訂《取締買賣城磚條例》十條，業經提交市政府第十六次會議修正通過在案，合行布告市民人等一體周知，遵照毋違。切切。此布。

計開《取締賣買［買賣］城磚條例》於後：

第一條　本條例只限於取締城磚，其他磚類不在此限。

第二條　本條例只限於取締堆存及待沽之城磚，其餘房屋墻壁、磚地等已成之建造物，如無拆下出售或轉運等情事，不在此例。

第三條　市内躉賣城磚店户，須將現存待沽之城磚數目（整塊以塊數計，碎城磚以方數計）及該項城磚之來源堆存地點，自本條例公布之日起，儘於半月内來局清報登記存查。逾期不報，非有特别情形，經工務局許可者，一經查出，即以公物論。

第四條　市内躉賣城磚店户，如遇將該項城磚批賣或零沽時，須來局報明賣出數目、買户地址及推運之起止地點，報明登記後，由局發給推運證以便稽查。

第五條　市内店户如遇原有之舊城磚、墻壁等建築物倒塌，或因其他原因將該項城磚變賣推運時，須隨時將拆下原因及城磚數目、收買人姓名、住址、推運地點來局報清，以便登記給證推運。

第六條　市内建築之家收買舊城磚砌造墻壁、磚地等，須將收用數目及承辦城磚人姓名、店號來局報明，以便查核，而免牽涉（并得用函件郵寄來局呈報，但須載明建築地點、收買城磚數目及承辦該磚之人名、店號、地址）。

策七條　凡推運城磚各店户所領運磚證，須於運畢一日内來局繳銷，逾期處以十元以下之罰金。

第八條　凡市内推運城磚車輛，如無城磚推運證，或推運城磚與推運證所載之數不符，由公安局、工務局及警區一體嚴拿，將拿獲私運城磚一律充公，另由工務局估值四成，充告發人或發現人之獎金。

第九條　本條例如有未盡事宜，由工務局長隨時呈請市長核准增修之。

第十條　本條例自公布之日實行。

局長　陳揚傑

中華民國十七年一月十八日

（《市政公報·公牘彙要》，1928 年第 9 期，第 25 頁；

《南京特別市工務局年刊·公文摘錄》，1928 年，第 428—429 頁）

市政消息·實行取締買賣城磚

（1928 年 1 月 18 日）

· 市政會議通過辦法

· 布告及條例之內容

市政府工務局以城磚原屬國有，自應由官廳妥爲保存。近查各處城磚大都私買私賣，長此以往，損失殊多，爰由陳局長揚傑擬定《取締買賣城磚條例》十條，向市政會議提出議案，請予討論。當經第十六次市政會議修正通過，陳局長已於十八日發出三十八號布告，茲錄布告及取締條例如下：「爲布告事。案查本市城磚原屬國有，向在軍閥盤據時代，無人經管，竟有公然掘取，私買私賣，相沿日久，損失滋多。若不嚴加防止，殊非維護公物之道。本局用特擬訂《取締買賣城磚條例》十條，業經提交市政府第十六次市政會議修正通過在案，合行布告市民人等一體周知。遵照毋違。切切，此布。」

計開《取締買賣城磚條例》於後。（同前，以下略）

局長　陳揚傑

中華民國十七年一月十八日

（《市政公報·市政消息》，1928 年第 9 期，第 7 頁）

南京特別市工務局爲協助取締買賣城磚致南京特別市公安局函

（1928 年 1 月 31 日）

徑啓者。查本市城磚原屬國有。前在軍閥時代，無人經管，竟有少數市民公然掘取，私買私賣，相沿日久，損失滋多。若不嚴行取締，殊非維護公物之道。敝局有見及此，特擬訂《取締買賣城磚條例》十條，業經提交市政府第十六次市政會議修正通過在案。除布告周知外，相應檢同該項條例卅份、城磚推運證樣卅紙，函送貴局查照，并希轉飭各區署，飭警隨時注意協助取

締，實紉公誼。此致

公安局

　　送上條例卅份、推運證樣張卅紙

十七年元月三十一日

（《南京特別市工務局年刊・公文摘録》，1928 年，第 411—412 頁）

南京特別市工務局關於市内蠆賣城磚店户來局登記展期十五日的布告

（1928 年 2 月）

南京特別市市政府工務局布告　第四十二號

　　爲布告事。案查本市城磚，原屬國有，曩以無人經管，私相買賣，損失滋多，殊非維護公物之道。前業由本局擬訂《取締買賣城磚條例》十條，布告周知在案。惟照該項條例，登記限期已滿，而市内蠆賣城磚店户來局登記者，殊屬寥寥，本應即行照章取締，惟恐此項布告，市民仍有未盡知者，爲此特別從寬，自布告之日起，展期十五日，仰市内各發賣城磚店户一體遵照，迅即來局登記，毋得自誤，致干查究。切切。此布。

十七年二月

（《南京特別市工務局年刊・公文摘録》，1928 年，第 430 頁）

市政消息・工務局繼續取締買賣城磚

（1928 年 2 月 29 日）

▲再展期半個月

▲粘貼布告周知

　　市工務局前經訂定《取締買賣城磚暫行條例》十條，提出市政會議議決實行，詳情已志本報。現該局以實行以來，各買賣城磚店户，業經來局呈報者爲數不多，爰特展緩十五日，更發出第四十二號布告，逾期即照章取締。茲録原文如下：

　　爲布告事。案查本市城磚，原屬國有，曩以無人經管，私相買賣，損失滋多，殊非維護公物之道。前業由本局擬訂《取締買賣城磚條例》十條，布告周知在案。惟照該項條例，登記限期已滿，而市内蠆賣城磚店户來局登記者，殊屬寥寥。本應即行照章取締，惟恐此項布告，市民仍有未盡知者，爲此特別從寬，自布告之日起，展期十五日，仰市内各發賣城磚店户一體遵照，迅即來局登記，毋得自誤，致干查究。切切。此布。

局長　陳揚傑

中華中［民］國十七年二月　日

（《市政公報・市政消息》，1928 年第 10 期，第 4—5 頁）

3.《取締私運城磚條例》

南京特別市市政府爲議決《預防私運城磚方法》給南京特別市工務局的令

（1928 年 3 月 11 日）

南京特別市市政府令　第五六九號

令工務局局長陳揚傑：

查本年三月八日第二十七次市政會議，據該局長提議《預防私運城磚方法》一案，當經議決如下：第一、二、三,三條照案通過；第四條改爲"關於各機關需用城磚，應一律給價"等語。合行令仰該局長即便遵照，公布施行。此令。

市長　何民魂

中華民國十七年三月十一日

（《市政公報·公牘彙要》，1928 年第 12 期，第 7—8 頁）

南京特別市工務局關於《取締私運城磚條例》的布告

（1928 年 3 月 20 日）

南京特別市市政府工務局布告　第四十四號

爲布告事。案查本局前以本市城磚市民往往私相售受，亟應嚴加防止，業經擬訂《取締賣買城磚條例》十條，布告周知在案。現城磚登記期限已過，前項條例業經市政府第二十七次市政會議重加修正通過在案，合行抄附修訂《取締私運城磚條例》於後，仰市民人等一體遵照毋違。切切。此布。

計開修訂《取締私運城磚條例》四條於後：

（一）凡未登記之城磚，依該取締條例，一律充公，不許推運發賣。

（二）其依章在限期內來局登記而未賣盡之城磚，全數由工務局給價收用，并由工務局自行推運，爲建造馬路之用。

（三）以後市內城磚房屋，如遇牆壁塌壞，該項磚石只能在原地建造應用，不再絡［給］證推運。如有特別情形，該項城磚由工務局給價收用之。

（四）關於各機關需用城磚，應一律給價。

局長　陳揚傑

中華民國十七年三月二十日

（《市政公報·批示》，1928 年第 13 期，第 31 頁）

南京特别市工務局關於市民不得私相售受城磚的布告

（1928 年 4 月 20 日）

南京特別市市政府工務局布告　第四九號

　　爲布告事。案查本市城磚原屬國有，市民自不得私相售受。業經本局擬訂《取締私運城磚條例》，布告周知在案。乃查近來仍有私運情事，殊屬有意玩忽。兹特議定，嗣後凡再有私運城磚者，一經查獲，除將搬運夫役嚴行究辦外，并將車輛船隻一律充公。特此布告，其各凛遵。切切，此布。

局長　陳揚傑

中華民國十七年四月二十日

（《市政公報·公牘彙要　布告》，1928 年第 14—15 期，第 98 頁）

市政消息·市工務局取締城磚

（1928 年 4 月 27 日）

　　▲登記期滿改訂條例

　　市工務局前因市民對於公有城磚，往往私相售受，爰訂取締辦法，并限期登記。刻因登記之期已滿，復經市政會議將條例修改，共計四條，於本月二十日由局發出布告，咸使周知。兹錄原文如下：

　　爲布告事。案查本局前以本市城磚市民往往私相售受，亟應嚴加防止，業經擬訂《取締賣買城磚條例》十條，布告周知在案。現城磚登記期限已過，前項條例業經市政府第二十七次市政會議重加修正通過在案，合行抄附修訂《取締私運城磚條例》於後，仰市民人等一體遵照毋違。切切。此布。

　　計開修訂《取締私運城磚條例》四條於後（同前市政府令四十四號文，此處略）。

局長　陳揚傑

中華民國十七年三月二十日

（《首都市政周刊》，1928 年 4 月 27 日，第 15 期）

4. 禁止盜取城磚

工務消息·函請保護城磚

（1932 年 4 月 15 日）

　　▲警廳已發通令

工務局近以附郭城磚，時有偷拆私運情事，殊屬不合古物保存之旨，而有礙將來京市建築之觀瞻。特函請警廳，飭屬保護。業經吳廳長通令各局所，轉飭崗警及巡邏警，隨時特別注意，嗣後拆運城磚，如無工務局執照，一律拘捕嚴懲，以儆將來，而維公物云。

（《首都市政公報·紀事》，1930 年第 57 期，第 3 頁）

南京市工務局關於禁止盜取城磚的布告

（1932 年 4 月 28 日）

南京市工務局布告　第三號

　　爲布告事。案查本京城磚，毋許私自運用，迭經布告在案。現又奉市政府交下南京警備司令部公函，以"本京城防工作，現將次竣工，掘出城磚，爲數極夥，應即保存，以備修補城垣頹壞處之需，切不可移作別用。倘有任意使用，或偷竊盜取者，本部定予嚴拿，以破壞防務論罪，爲時函達，即希查照辦理爲荷"等由；奉批"速交工務局辦理"等因。奉此，除派員查明各城門掘出整碎城磚之數量，分別開列估單，函致首都警察廳轉行所屬，切實保管，毋任偷運，并呈復外，合再布告，仰即一體遵照，不得盜取使用。毋違！此布。

暫代局長 余籍傳

中華民國二十一年四月二十八日

（《南京市政府公報·報告》，1932 年第 106 期，第 65 頁）

5. 獎勵告發竊盜城磚

南京市政府關於獎勵告發竊盜城磚的布告

（1932 年 5 月 9 日）

南京市政府布告　府急字第六七一號

　　爲布告事。照得城垣關係防務，至爲重要，偷運城磚，向干屬禁，本府工務局前經訂定管理城磚章程，不許私自運用，迭經布告有案。現准南京警備司令部來函，以"本京城防工作，將次竣工，掘出城磚，爲數極多，應即保存，以備修補城垣壞處之需。倘有任意使用，或偷竊盜取者，本部定予嚴拿，以破壞防務論罪，函囑查照辦理"第［等］由。准此，經飭據工務局派員查明各城門掘出整碎城磚數量，分別開列估單，函請首都警察廳飭屬保管，并布告在案。茲爲慎重保管起見，試［誠］恐各城門堆存城磚處所，距離較遠，耳目難周，仍不免有竊盜偷運情事，特定獎勵告發辦法。凡有察覺偷竊城磚事項，准向就近各警局，或本府工務局告密。經查明屬實，一面將竊盜人犯解送法辦，一面得就所告發情節之輕重，由工務局酌給獎金，以示鼓勵。除函警廳查照，并令工務局遵照外，合再布告，仰本市民衆，一體周知。此布。

市長　石瑛

中華民國二十一年五月九日

（《南京市政府公報·布告》，1932 年第 107 期，第 61—62 頁）

南京市政府爲獎勵人民告發竊盜城磚給南京市工務局的訓令

（1932 年 5 月 9 日）

訓令　府急字第六七二號

　　爲令遵事。案查前據該局呈復，"奉交南京警備司令部函，以本京城防工作，將次竣工，掘出城磚，不得盜用一案，謹將遵辦情形，復請核轉"等情。據經函轉，并指令在案。惟念各城門堆存城磚處所，距離較遠，城〔誠〕恐耳目難周，仍不免有竊盜偷運情事。兹爲慎重保管起見，應訂獎勵告發辦法。准由人民察覺偷竊城磚事項，向就近各警局或該局告密，一經查明屬實，一面將竊盜人犯解送法辦，一面得就所告發情節之輕重，由該局酌給獎金，以示鼓勵。除布告并函請警廳飭屬知照，遇有此項告密情事，與該局隨時互相通知查明辦理外，合行令仰該局長即便遵照，并隨時具報備查。此令。

市長　石瑛

二十一年五月九日

（《南京市政府公報·公牘》，1932 年第 107 期，第 37 頁）

南京市政府爲獎勵人民告發竊盜城磚致首都警察廳的公函

（1932 年 5 月 9 日）

公函　府急字第六七三號

　　逕啓者。案查前准南京警備司令部函，以"本京城防工作，將次竣工，掘出城磚，爲數極多，應即保存，以備修補城垣頹壞處之需。倘有任意使用或偷竊盜取者，本部定予嚴拿，以破壞防務論罪，函囑查明辦理"等由。准經飭據工務局呈復以"此案業經派員查明各城門掘出整碎城磚數量，分別開列估單，函請貴廳轉行所屬，切實保管，并布告在案，呈復鑒核"等情。據此，除以"查各城門堆存城磚處所，距離較遠，誠恐耳目難周，仍不免有竊盜偷運情事，兹爲慎重保管起見，應訂獎勵告發辦法。准由人民察覺偷竊城磚事項，向就近各警局或該局告密，一經查明屬實，一面將竊盜人犯解送法辦，一面得就所告發情節之輕重，由該局酌給獎金，以示鼓勵。除布告并函請警廳飭屬知照，遇有此項告密情事，與該局隨時互相通知查明辦理外，合行令仰該局長即便遵照，并具報備查"等語，令飭該局遵照并布告外，相應函請，隨時貴廳查照，飭屬知照

爲荷。此致

首都警察廳

市長　石瑛

二十一年五月九日

（《南京市政府公報·公牘》，1932 年第 107 期，第 37—38 頁）

6. 軍事建築不得拆用城磚

江蘇省政府關於軍事建築不得拆用城磚的訓令

（1932 年 5 月 14 日）

蔣委員長尤電[①]告，嗣後關於軍事建築，不得請求拆用城墻之城磚城石，作爲建築材料，仰查照飭知下府。經本府提報（五月十三日第四九五次）委員會在案，并於五月十四日，分別令行各縣政府，及建設廳、保安處，一體遵照如左：

1. 訓令各縣政府原文（第二七九○號）

爲令遵事。案奉軍事委員會蔣委員長尤電開 "各地原有城墻，亟宜加以愛護。嗣後關於軍事建築，不得請求拆用城墻之城磚、城石作爲建築材料，希即飭屬一體遵照" 等因。除分令外，合行令仰該縣長遵照！此令。

2. 訓令建設廳、保安處原文（第二七九○號）

爲令遵事。案奉軍事委員會蔣委員長尤電開（文見前略）等因。除令保安處、建設廳，并通飭各縣政府外，合行令仰該廳、處轉飭所屬一體遵照！此令。

（《江蘇省政府公報·特別要件》，1932 年第 1055 期，第 4—5 頁）

内政部爲軍事建築不得拆用城磚城石給各省民政廳的訓令

（1932 年 5 月 31 日）

訓令

　　令各省民政廳：

爲令遵事。案準軍政部務字第三三零六號公函内開，"案奉軍事委員會委員長蔣真陸代電[②]開 '各原有城墻，亟宜加以愛護。嗣後關於軍事建築，不得請求折［拆］用城墻之城磚、城石爲建築材料。特電遵照' 等因。奉此，除通飭各部隊一體遵照外，相應函請查照，通令各縣政府一

---

① 尤電：十一日電報。

② 真陸代電："陸" 疑爲衍文。真代電，十一日代電，即前文之 "尤電"。

體遵照"等因。准此，除分令外，合行令仰遵照，并轉飭各縣政府一體遵照爲要。此令。

内政部長 黄紹竑

中華民國二十一年五月三十一日

（《内政公報》，1932 年第 5 卷第 23 期，第 5 頁）

7. 修正《竊賣城磚罰則》

憲兵司令部爲奉軍委會指令修正《竊賣城磚罰則》四條致參謀本部城塞組函

（1936 年 3 月 10 日）

憲兵司令部公函　總計字第一四三號

　　查管理首都城磚，首都警察廳曾經擬訂辦法，於去（二十四）年六月奉准施行在案；兹奉軍事委員會本年二月二十五日執三字第七四二號指令修正《竊賣城磚罰則》四條，原文如左：

　　"一、竊取城磚者，以盜軍用品論罪。

　　"二、盜賣者，加重處分。

　　"三、明知其爲竊賣城磚而故買者，以收買贓物科罰。

　　"四、除修理城牆外，無論公私建築，概不得使用舊城磚。"等因。奉此，除分令憲警認真辦理查拿，又嗣後公私拆屋發見城磚，應責成警察報告、由公家收買外，相應函請查照協助辦理，至紉公誼。此致

參謀本部城塞組

中華民國二十五年三月十日

（中國第二歷史檔案館藏，檔案編號：767-1662）

南京市政府爲修正《竊賣城磚罰則》給南京市工務局的訓令

（1936 年 3 月 13 日）

訓令　第二四〇一號

　　案准南京警備司令部本年三月六日警副字第一五號公函開"查管理首都城磚，首都警察廳曾經擬訂辦法，於去（廿四）年六月奉准施行在案。兹奉軍事委員會本年二月廿五日執三字第七四二號指令，修正《竊賣城磚罰則》四條，原文如左 '一、竊取城磚者，以盜軍用品論罪。二、盜賣者，加重處分。三、明知其爲盜賣城磚而故買者，以收買贓物科罰。四、除修理城牆外，無論公私建築，概不得使用舊城磚'等因。奉此，除分令憲警認真辦理查拿外，又嗣後公私拆屋，發見城磚，應責成警察報告，由公家收買，相應函請查照，協助辦理"等由。准此，合行令仰該局遵照。

此令。

市長 馬超俊

中華民國二十五年三月十三日

（《南京市政府公報·公牘》，1936 年第 163 期，第 52—53 頁）

三、城磚保管及使用

1. 南京特別市市政府工務局管理城磚規則

南京特別市市政府工務局管理城磚規則

（1928 年 12 月 5 日）

南京特別市市政府工務局管理城磚規則

（十七年十二月五日第二十七次市政會議通過）

第一條　凡在本市區內所有城磚概歸本局管理，適用本章程之規定。其他磚類不在此限。

第二條　無論機關團體或私人所堆存之整碎城磚，未經向本局登記者，應一律充公作為市有公物。

第三條　凡本市區內房屋如有以城磚砌為牆壁者，遇塌壞或拆下時，該項城磚應聲請本局登記。經登記後得在原地建造應用。如推運別處，須得本局許可給予推運執照方准推運。如毋須使用該項城磚時，亦應聲明，由本局給價收買，其價格另定之。

第四條　無論機關團體或私人需用城磚時，須向本局聲請購買。經許可後方准繳價領運，但不得輾轉私相賣買。前項購買城磚之聲請書，應記明機關或團體名稱，或聲請人之姓名、年歲、籍貫、住址、職業及購買之原因與數量。

第五條　凡依前條之規定，經本局許可繳價領運者，由本局給予推運執照。

第六條　凡領得前項推運執照者，須於推運完畢後一日內繳銷。其逾期不繳銷者，處以十元以下之罰金。

第七條　如推運執照與所推運之城磚數目不符者，以私運城磚論。

第八條　如有違背本章程第三、第四、第七各條之規定，私賣私買及私運城磚者，一經查獲，除將運具及城磚一律由本局沒收充公外，并分別處以三十元以上五十元以下之罰金。

第九條　凡告發主使私賣私買及私運城磚者因而查獲處罰者，以罰金四成充賞之。

第十條　本章程如有未盡事宜，得呈准市政府修正之。

第十一條　本章程自呈奉市政府核准公布之日施行。

（《首都市政公報·例規》，1928 年第 26 期，第 2—3 頁）

南京特別市市政府爲拆除城磚不能任意取用給南京特別市工務局的訓令

（1928 年 12 月 6 日）

訓令　第一八八五號

　　案奉國民政府第二三二號指令，本府呈爲奉令拆除神策門至太平門城牆，自當遵辦。惟近來迭准各機關來文索用城磚，應如何處置，請鑒核令遵由。内開 "呈悉。查此案既經本府國務會議決議，令飭照辦。所有該項城磚，自應由該市政府妥爲保管，不能任意取用。仰即遵照辦理。此令" 等因。奉此，合行令仰該局長即便遵照，妥爲保管，是爲至要。此令。

市長　劉紀文
十七年十二月六日
（《首都市政公報·公牘》，1928 年第 26 期，第 63 頁）

南京市工務局關於本市城磚均須按章登記妥爲保管的布告

（1932 年 3 月 22 日）

南京市工務局布告　第三號

　　爲布告事。照得本局前經規定管理城磚章程，呈奉市政府核准公布，并迭經通告，無論機關團體，或私人所有之整碎城磚，均須按章登記各在案。惟查遵章登記者固多，而隱藏不報者，亦屬所在多有。現奉市政府轉下軍政部令 "將本市城磚妥爲保管，留備修城之用，即屬因公需要，亦須報部同意" 等因。自應一體遵辦。所有本市未經向本局登記之整碎城磚，應即按章充公，儲備公用。至已登記堆存，或以舊屋墻壁拆除者，如須推運時，亦應按照定章，呈經本局許可，發給推運執照，方准推運，否則即屬私運。除派員切實調查外，合再布告周知，其各遵照毋違。切切。此布。

局長　張劍鳴
中華民國二十一年三月二十二日
（《南京市政府公報·布告》，1932 年第 104 期，第 69—70 頁）

2. 查明本京各城門拆卸城磚數目

軍政部爲查明本京各城門拆卸城磚數目給首都警察廳的訓令

（1933 年 2 月 15 日）

軍政部訓令　裕（丁）字第一四五二號

　　　令首都警察廳：

　　爲令遵事。案查本京各城門拆卸之城磚，曾經令由該廳轉飭各局所負責保存在案。現各處

城磚餘存數目，尚有若干亟待清查。合行令仰該廳長即便轉飭所屬各局所，迅將保存城磚數目切
實查明，具報爲要。此令。

（《軍政公報·命令》，1933 年第 149 號，第 71 頁）

3. 廢止管理城磚章程

南京市政府關於一并廢止管理城磚章程及限制采運市區内山石辦法的令

（1935 年 3 月 5 日）

南京市政府令　廿四年三月五日

　　兹將十七年十一月本市頒行之南京特別市市政府工務局管理城磚章程，及南京特別市市政
府工務局限制采運市區内山石辦法，一并廢止之。此令。

市長　石瑛

（《南京市政府公報·公牘》，1935 年第 151 期，第 91 頁）

南京市政府爲廢止管理城磚章程及限制采運市區内山石辦法
給南京市工務局的指令

（1935 年 3 月 5 日）

指令　第二三一七號

　　呈一件。爲原頒之管理城磚章程，及限制采運市區内山石辦法，均不適用，擬請予以廢
止由。

　　呈悉。所請應予照准。惟管理城磚事務，既已由首都警察廳負責，應候轉函該廳查照。又
查限制采運山石辦法，廢止之後，市區内山石，難免不發生到處亂開之弊，懇由該局另采有效辦
法，嚴予監督，以資限制。除將該南京特別市市政府工務局限制采運市區内山石辦法，一并明令
廢止，并函警察廳外，仰即遵照辦理。此令。

　　原呈見公函第二三一八號

市長　石瑛
廿四年三月五日

（《南京市政府公報·公牘》，1935 年第 151 期，第 90—91 頁）

南京市政府爲廢止管理城磚章程致首都警察廳的公函

（1935 年 3 月 5 日）

公函　第二三一八號

　　案據本市工務局呈稱，"案查本局於十七年十一月間，爲限制移運防止偷盜起見，曾擬定管理城磚章程，呈奉鈞府核准公布施行在案。嗣於二十年一月間，軍政部咨飭將本市城磚，責由首都警察廳保管，即經照辦。所有公私建築需用整塊城磚，須經軍政部核准，令知本京軍警機關後，方能搬運，其碎塊城磚，由請運人呈經本局照章調查。果係私人所有，准予給證搬運，亦須函知軍警機關查照，方可放行。數年以來，前項章程原定條文，多不適用。既有軍政部明令警廳保管成案，似應將管理城磚事務，完全移請警廳辦理，以一事權，而專責成。前項章程，擬請予以廢止"等情。據此，除將該南京特別市市政府工務局管理城磚章程，明令廢止，并指令外，相應函請查照。此致

首都警察廳

市長　石瑛

廿四年三月五日

（《南京市政府公報・公牘》，1935 年第 151 期，第 91 頁）

4. 內政部頒發《南京市城磚保管及使用辦法》

內政部爲頒發《南京市城磚保管及使用辦法》給首都警察廳的指令

（1936 年 10 月 30 日）

　　二十五年十月二十四日呈一件：爲奉令發《南京市城磚保管及使用辦法》，除令飭所屬遵照辦理外，檢同原辦法呈祈鑒核由。

　　呈件均悉。此令。附件存。

中華民國二十五年十月三十日

　　附抄原呈

　　案奉南京警備司令部警參字第一四二一號訓令內開，"案查本部爲鞏固南京城防，勿使舊有城磚散失起見，曾擬具《收買及限制使用辦法》，呈請核示在案。茲奉軍事委員會本年十月八日執一字第三四九四號指令開'呈及附件均悉，經派員與各有關係機關研究後，擬定《南京市城磚保管及使用辦法》呈報前來，查尚可行，合將該辦法隨令頒發，仰即查照施行爲要，此令'等因，附抄《南京市城磚保管及使用辦法》一份。奉此，除分別函令外，合行抄同原辦法，令仰遵

照，并轉飭所屬切實遵行爲要。此令"等因。奉此，查管理本京城磚一案，本廳於二十四年五月間經訂定管理城磚規則，呈准鈞部備案施行，嗣於本年三月間奉南京警備司令部頒發補行擬訂《盜賣城磚罰則》，并經通飭遵照在案。茲奉前因，除將原訂規則即予廢止，并抄發《南京市城磚保管及使用辦法》，令飭所屬遵照辦理，一面呈復南京警備司令部，擬請將新訂辦法布告周知，俾資遵守暨分呈外，理合抄錄辦法一份，具文呈報，仰祈鈞部鑒核備查。謹呈

內政部部長蔣

　　附呈《南京市城磚保管及使用辦法》一份

首都警察廳廳長　王固磐

南京市城磚保管及使用辦法

二十五年十月　日公布

　　第一條　本辦法爲鞏固南京城防及保存舊有城磚（舊時建築南京城墻之磚）起見而訂定。

　　第二條　凡在本市區之機關或人民，如積有前項城磚者，應將數目、地點報由該管警察局，呈請警廳轉報南京警備司令部備案（其報告單式另定之）。

　　第三條　凡公私建築，前曾使用城磚者，如遇傾倒或拆卸重建時，不得自行挪用，應按第二條規定辦法辦理之。

　　第四條　已據報請登記之城磚，由南京警備司令部通知南京市政府估價收買（其辦法另定之）。

　　第五條　前項城磚，除儲作修繕城墻外，不得移作他項建築之用。

　　第六條　因修理城墻而搬運城磚時，由南京警備司令部發給准許搬運證，并經城磚所在地及沿途憲警查驗放行（搬運證另定之）。

　　第七條　積存城磚而不報請登記者，得按情節之輕重，處以一元以上千元以下之罰金。

　　前項罰金無力措繳時，易科監禁，以一元以上三元以下折算一日，但監禁期限不得逾六個月。

　　第八條　私自使用城磚，或私行買賣者，處六個月以上三年以下有期徒刑。

　　第九條　明知爲城磚，仍代他人用以建築或搬運及代窩藏者，以從犯論，按照前兩條減等治罪。

　　第十條　本辦法自呈准公布之日施行。

　　本辦法公布後，所有以前之《管理城磚規則》及《盜賣城磚罰則》等均廢止之。

（《內政公報·地政》，1936 年第 9 卷第 10 期，第 138—139 頁）

5. 偽政權頒布《南京特別市城磚保管辦法》

偽南京特別市政府工務局建築股關於重行頒布
《南京市城磚保管及使用辦法》的簽呈

（1941 年 5 月 26 日）

簽呈

　　查城磚爲城墻之主要材料，因防務關係，在舊禁例甚嚴。民國後逐漸有人移用。至二十五年冬，軍事委員會雖訂定辦法取締私用，此次事變，城墻破壞甚多，此項城磚零落滿地，今常見有城磚賣用，顯係由破壞處私自移取。若不及早取締，不特損壞城墻處之城磚，無法保存，且與將來修城時之材料有關。可否援照前訂辦法辦理之處。理合抄附辦法，簽請鑒核示遵。謹呈

科長周　轉呈

局長謝

建築股主任 李起化
卅年五月廿六日

　　計附呈辦法一份

　　擬辦府稿，呈請軍事委員會重行頒布此項辦法，以資遵守。

謝學瀛（印）
五·廿七

南京市城磚保管及使用辦法

二十五年十月二十四日由軍委會頒行

（以下內容同前，此處略）

（南京市檔案館藏，檔案編號：10020050049（00）0001）

偽國民政府軍事委員會爲頒布《南京特別市城磚保管辦法》
給偽南京特別市政府的指令

（1941 年 8 月 19 日）

國民政府軍事委員會指令　會公字第 3548 號

　　　令南京特別市市長蔡培：

　　三十年五月三十日呈一件。爲呈請重行頒布《南京市城磚保管及使用辦法》，以資遵守而關

城防，祈示遵由。

　　呈件均悉。當經飭交軍政部核辦具復去後。茲據呈送修正草案到會，核尚可行，除由會公布施行，并指定警衛師爲保管機關外，合行檢發《南京特別市城磚保管辦法》一份，令仰知照。此令。

　　附《城磚保管辦法》一份

委員長　汪兆銘

中華民國三十年八月十九日

南京特別市城磚保管辦法

　　第一條　本辦法爲鞏固南京城防及保存舊有城磚，訂定之。

　　前項城磚指舊時建築南京城墻用磚而言。

　　第二條　本市區內之機關或人民，如存有前項城磚者，應將數目、地點報由工務局呈報南京特別市政府，轉知"警衛師"備案。

　　前項報告單式另定之。

　　第三條　凡公私建築，前曾使用城磚者，如遇傾倒或拆卸重建時，不得自行挪用。應按第二條規定辦法辦理之。

　　第四條　已據報請登記之城磚，由南京特別市政府估價收買，并通知"警衛師"備案。

　　前項收買辦法另定之。

　　第五條　前項城磚，除儲作修繕城墻外，不得移作他項建築之用。

　　第六條　因修理城墻而搬運城磚時，應由南京特別市政府發給搬運證，注明用途，并通知"警衛師"備案。

　　前項搬運證另定之。

　　第七條　除有意圖破壞城防、應依其他法令處理外，凡積存城磚而不報請登記者，得按情節之輕重，處以一元以上一千元以下之罰金。

　　前項罰金無力繳納時，易科監禁，以一元以上三元以下折抵一日。但監禁期限，至多不得逾六個月。

　　第八條　私自使用城磚，或私行買賣者，處六個月以上三年以下有期徒刑。

　　第九條　明知爲城磚，仍代他人用以建築，或搬運、代窩藏者，以從犯論。

　　第十條　違反本辦法第七條、第八條及第九條者，應解送"警衛師"訊辦。

　　第十一條　本辦法自公布之日施行。

　　本辦法公布後，以前之《南京市城磚保管及使用辦法》廢止之。

（南京市檔案館藏，檔案編號：10020050049（00）0003）

僞國民政府軍事委員會爲頒布《南京特別市城磚保管辦法》
致僞清鄉委員會咨

（ 1941 年 8 月 19 日 ）

國民政府軍事委員會咨　會公字第 134 號

　　查本會爲鞏固南京城防及保存舊有城磚起見，特訂定《南京特別市城磚保管辦法》十一條。除公布并分別咨令外，相應檢同《南京特別市城磚保管辦法》，咨請查照轉行所屬一體知照爲荷！此咨

清鄉委員會

　　附《南京特別市城磚保管辦法》一份（同前，略）

委員長　汪兆銘

中華民國三十年八月十九日

（ 中國第二歷史檔案館藏，檔案編號：2004–511 ）

僞行政院爲頒布《南京特別市城磚保管辦法》給僞實業部的訓令

（ 1941 年 8 月 29 日 ）

行政院訓令　行字第 3136 號

　　　　令實業部：

　　現准軍事委員會會公字第一三四號咨開"查本會爲鞏固南京城防，及保存舊有城磚起見，特訂定《南京特別市城磚保管辦法》十一條。除公布并分別咨令外，相應檢同《南京特別市城磚保管辦法》，咨請查照，轉行所屬一體知照"等由，附《南京特別市城磚保管辦法》一份。准此，除分行外，合行抄發原附件，令仰該部飭屬一體查照。此令。

　　抄發《南京特別市城磚保管辦法》一份（略）

院長　汪兆銘

中華民國三十年八月廿九日

（ 中國第二歷史檔案館藏，檔案編號：2012–66 ）

僞行政院爲頒布《南京特別市城磚保管辦法》給僞內政部的訓令

（ 1941 年 8 月 29 日 ）

行政院訓令　行字第 3136 號

　　　　令內政部：

　　現准軍事委員會會公字第一三四號咨開"查本會爲鞏固南京城防，及保存舊有城磚起見，

特訂定《南京特别市城磚保管辦法》十一條。除公布并分別咨令外，相應檢同《南京特别市城磚保管辦法》，咨請查照，轉行所屬一體知照"等由，附《南京特别市城磚保管辦法》一份。准此，除分行外，合行抄發原附件，令仰該部飭屬一體查照。

此令。

抄發《南京特别市城磚保管辦法》一份（略）

院長 汪兆銘
中華民國三十年八月廿九日
（中國第二歷史檔案館藏，檔案編號：2010-3288）

僞内政部爲頒布《南京特别市城磚保管辦法》給所屬各僞機關的訓令

（1941 年 9 月 12 日）

内政部訓令　總字第 1314 號

令所屬各機關：

案奉行政院行字第三一三六號訓令開"現准軍事委員會會公字第一三四號咨開'查本會爲鞏固南京城防，及保存舊有城磚起見，特訂定《南京特别市城磚保管辦法》十一條云云'，令仰該部飭屬一體查照"等因，附抄發《南京特别市城磚保管辦法》一份。奉此，除分行外，合行抄發原附件，令仰該〇知照。

此令。

抄發《南京特别市城磚保管辦法》一份（略）

部長 陳群
中華民國三十年九月十二日
（中國第二歷史檔案館藏，檔案編號：2010-3288）

6. 修正《南京市城磚收集保存及使用辦法》

南京市政府爲報請備案修正《南京市城磚收集保存及使用辦法》致内政部的公函

（1948 年 11 月 3 日）

南京市政府公函　（卅七）府總工字第 9097 號

查關於《南京市城磚收集保存及使用辦法》，前經本府徵得首都衛戍總司令部同意，擬訂於本年八月十一日，以（卅七）府總工字第六八七七號暨六八七八號分函貴部暨國防部備案。各在案。兹准國防部本年九月二十七日（卅七）仁巧第二九一號代電略開"《城磚收集保存及使用辦法》允稱可行，惟辦法中第四、六、七各條，擬如另紙之意見，請煩研究卓裁修訂"等由，附意見一份。准此，查所附意見，本府極表同意。除照改、復請備案外，相應重繕修正辦法一份，函請貴部查照備案爲荷。此致

内政部

　　附送《南京市城磚收集保存及使用辦法》修正本一份

市長　沈怡

中華民國卅七年十一月三日

南京市城磚收集、保存及使用辦法（民國三十七年九月修正）

　　第一條　首都衛戍總司令部、南京市政府爲保存舊有城磚、儲備修建城墻，特訂定本辦法。

　　第二條　舊有城磚，除仍用於修建城墻外，不得移作他用。

　　第三條　凡在本市區之機關團體或人民存有城磚者，均應將保存數量與存放地點，報由該管警局，轉請首都衛戍總司令部、南京市政府分別登記（報告表式另訂之）。

　　第四條　公家建築使用城磚者，如遇傾倒或拆卸時，可用原磚修復該建築物。至如私人建築使用城磚者，如遇傾倒拆卸時，須將所有城磚繳送各該警察局登記保管，并轉請衛戍總司令部、南京市政府分別登記。

　　第五條　城磚塌卸及散落埋置地下之城磚，由當地警局調查數量及地點，轉請首都衛戍總司令部、南京市政府分別登記，并由該管警局負責保管。

　　第六條　本辦法第三條、第四條已登記之城磚，將由南京市政府會同首都衛戍總司令部估價收買。其屬第五條情形，得由南京市政府會同首都衛戍總部轉請國防部撥用。

　　第七條　自己或代他人使用、買賣、搬運城磚，挖掘收藏城磚者，除將查獲之城磚没收，交由南京市政府保管、由市府將没收數量通知首都衛戍總司令部外，得移送法院依法懲處之。

　　第八條　本辦法自公布日施行，并報請内政部、國防部備案。

（中國第二歷史檔案館藏，檔案編號：12（6）-18877）

第六節　城墙环境管理與修整

一、中山門城墙標語刷新與清除

1. 恢復中山門等處富有革命性之標語

南京市政府爲恢復中山門等處富有革命性之標語給南京市工務局的指令

（1930 年 6 月 4 日）

指令　第一八二號

　　簽復派員調查國府車站及中山門，均有革命性之標語，應否特予恢復。祈核示由。

　　呈悉。應准特予恢復，仰即剋日刷新，以廣宣傳。并已函復中央軍校特別黨部執委會查照矣。此令。

十九年六月四日

　　原呈見公函第一八三號

（《首都市政公報·公牘》，1930 年第 62 期，第 35—36 頁）

南京市政府爲恢復中山門等處富有革命性之標語致中央軍官學校特別黨部執行委員會的公函

（1930 年 6 月 4 日）

　　▲公函軍校黨部執委會，爲據工務局派員查明，國府車站及中山門等處均有富於革命性之標語，已准特予恢復刷新，復請查照由。

公函　第一八三號

　　徑復者。案准大函，以"國府車站及中山門等處各種富於革命性之墻壁標語，擬請重行恢復并刷新，以廣宣傳"等由。准經飭據工務局查核復稱，"當派公用科科員吳太初前往各處調查去後。茲據復稱，'查國府車站及中山門等處之標語，前因奉安時奉前任劉市長轉奉國府主席蔣諭：以"有礙觀瞻一律拆塗抹"在案。茲奉前因，謹將調查兩語開列於下：國府車站墻壁有"打倒帝國主義"標語，中山門有"打倒軍閥""打倒帝國主義""取消一切不平等條約"及"關稅自主"等標語，是否應由原刷標語機關重行恢復刷新，祈核示'等語報告前來。據查，京內各處刷置標語，原屬根據本黨政綱政策，以之喚起民眾。上列兩項標語，意旨均爲打倒帝國主義及取消不平等條約，實合於現在國人對外目標。惟案經奉蔣主席諭塗拆，應否特予恢復，自非職局所能擅專，理合簽請，鑒核施行"等情。據此，除令准將上項兩處標語特予恢復刷新，以廣宣傳外，相應函復，即希查照爲荷。此致

中央軍官學校特別黨部執行委員會

市長 魏道明

中華民國十九年六月四日

（《首都市政公報·公牘》，1930 年第 62 期，第 36 頁）

2. 刷去中山門城墙日僞標語[1]

南京市工務局第一科爲刷去中山門城墙上日僞標語致昌華營造廠的函

（1945 年 12 月 21 日）

中山門城墙上有日僞標語，亟應刷去，惟城墙頗高，普通工人不能辦理，請予派工隨帶長梯、石灰、刷子等必需物品，前往該處清除。其地點可與警局派駐所鄧巡官接洽。所需經費本局當負擔，盼接條後，立即辦理。此致

昌華營造廠

湯經理昌鎬

南京市工務局第一科 戴中潞（印）

十二·廿一

（《南京城墙檔案·城墙的保護與管理》，第 82 頁）

首都警察廳東郊警察局爲清除中山門城墙上日僞標語致南京市工務局的公函

（1945 年 12 月 27 日）

首都警察廳東郊警察局公函 衛警字第 419 號

案查本市遺留日僞標語廣告，迭奉層峰明令清除。日前發現中山門外城墙上北首遺有日僞標語兩處。因城墙既高，該項標語又係油漆繪製，本局無法清除。奉令請由貴局辦理。經電知并派員前赴貴局請予铲除在案。茲查爲時已久，尚未見铲除盡凈。爲此，特再函達，迅賜辦理見復，以肅觀瞻，敬希查照爲荷！此致

---

[1] 參見本書第二章第三節"五、修理中山門北端城墙缺口"目下相關內容。

南京市工務局

局長　程奎朗

副局長　杜家瑜

民國卅四年十二月廿七日

南京市工務局擬辦：

擬先函復：該項標語正由本局計劃清除中。

林蕭（？）（印）

十二·廿九

擬請第二科并入整理城墻缺口工程内，一并辦理。

戴中潞（印）

元·二

中山門外有：

（一）"普及教育、永列强邦"之標語，先設法塗去。

（二）靠南城墻有一大缺口，須亟即招工或派工補修。

元·式

已通知吳長□用水柏油塗去。

陳鴻鼎（印）

元·二

（《南京城墻檔案·城墻的保護與管理》，第 85—88 頁）

南京市工務局爲清除中山門城墻上日僞標語致首都警察廳東郊警察局的簽呈

（1946 年 1 月 3 日）

簽呈　卅五年簽字十號

　　奉派帶同瓦工至中山門外塗去"普及教育、永列强邦"等字之標語。遵即前往，業已用水柏油塗去。查中山門左側城墻缺口，長三·五公尺，寬六·〇〇公尺，高二·五公尺，該缺口中間裝有電話綫杆一根，兩頭電綫已斷一頭，如需修理城墻，必須先行通知電話局將未斷之電綫割去，始可修補缺口，理合簽請鑒核。謹呈

科長　陳　轉呈

局長　張

職　趙秉國　謹呈

三十五年一月三日

全部重砌數量爲 2.5 立公，需用經費頗大，擬製預算呈府請撥款後，再招商辦理。

陳鴻鼎（印）

元·三

請趙秉國先生丈量城墙缺口數量具報。

陳鴻鼎（印）

元·三

請但技士并案製預算。

陳鴻鼎（印）

元·四

（《南京城墻檔案·城墻的保護與管理》，第 86—91 頁）

南京市工務局關於修理中山門城墻缺口及塗漆標語的工程預算表等

（1946 年 1 月 5 日）

南京市工務局工程預算表

工程地點：<u>中山門左側</u>
工程名稱：<u>修理城墻及塗漆標語</u>　　　　　　　　35 年 1 月 5 日　第 1 頁

項目	工程種類	說明	單位	數量	單價	複價	備考
	修理城墻	利用舊城磚 1：2 石灰塗砌	立公方	52.5	7500	393750	城磚運力及搭脚手在內
	塗漆標語	漆相和色	平公方	400	200	80000	搭脚手在內
	總價			473750.00 元			

局長　　　科長 陳鴻鼎（印）　校對 鄭德民（印）　製表 但柏蓀（印）

中山門外鏟除"中日親善、中日提携"標語交保如油漆作承辦，總價拾萬元。

南京市工務局第一科

元·十四

（南京市檔案館編，《南京城墻檔案·城墻的修繕與堵塞（下）》，南京出版社 2021 年版，第 235 頁；

《南京城墻檔案·城墻的保護與管理》，第 83 頁）

南京市工務局爲铲除中山門城墙標語油漆工程與保如油漆作所簽的承攬

（1946 年 1 月 16 日）

南京市工務局铲除標語油漆工程承攬

承字第 19 號

立承攬人徐生龍，今攬到南京市工務局铲除標語油漆工程，計國幣壹拾萬元正。兹願按照左列之各條訂定承攬如下：

一、工款總額：國幣壹拾萬元正。

二、完竣日期：自訂定承攬之日起限拾個晴天完竣。

三、逾期罰款：每逾一天按總價百分之二罰款，計每天式仟元正。

四、領款辦法：分　期付給。

第一期　於訂立承攬對保後付工款伍萬元（百分之五十）。

第二期　於完工驗收後付清所餘工款。

五、承攬責任：本承攬自訂定之日起，如有貽誤及違背一切規章之處，均由保證人負賠償責任。

承攬商號：保如油漆作

經　理　人：徐生龍　　　住　　址：淮海路一四五號

保　證　人：昌華營造廠

經　　　理：湯昌鎬　　　住　　址：上海路 21 號

南京市工務局第二科

中華民國三十五年元月十六日

（《南京城墙檔案·城墙的修繕與堵塞（下）》，第 240 頁）

南京市工務局爲刮除中山門城墙上標語等致南京市政府的簽呈

（1947 年 3 月 31 日）

工務局簽呈　（卅六）京工四字第二〇一一號

　　查本局前准國民政府主席侍衛官錢漱石君來局面達主席諭，飭辦理下列兩事："一、新街口交通銀行左側房屋動工已久，尚未落成，應飭限於二個月內完成建築；二、中山門城墙上漆字標語应即刷除"等因。查新街口未落成之房屋係屬首都電廠所有，遵即轉知照辦，旋據復稱"因限於經費，祇得略將已有建築酌量修飾，而作表面上之整齊，以期無礙市容"等語。復經轉知該廠，先將二層部分設法依限建築完成，以肅觀瞻；至中山門城墙上漆字標語，遵經招工刮去，并用水泥漿將內外城墙塗刷。該項工事正在進行中，理合具文簽報，仰祈鑒核。謹呈

市長沈

副市長馬

職 張丹如（印） 謹簽

三十六年三月三十一日

批回：准予備查，仍將辦理情形徑由該局函復或以電話告知錢君可也。

市長 沈怡

中華民國卅六年四月三日

（《南京城墙檔案・城墙的保護與管理》，第 92—93 頁）

南京市工務局爲刮除中山門城墙上標語等致國民政府侍衛官錢漱石的便函

（1947 年 4 月 8 日）

便函 （四）字第 2183 號

　　徑啓者。前奉台端莅局，面達主席諭飭辦理下列兩事，"一、新街口交通銀行左側房屋動工已久，尚未落成，應飭限於二個月内完成建築；二、中山門城墙上漆字標語應即刷除"等因。自應遵辦。查新街口未落成之房屋係屬首都電廠所有，經即轉知該廠照辦，旋據復稱"因限於經費，祇得略將已有建築酌量修飾而作表面上之整齊，以期無礙市容"等語。復經轉知該廠先將二層部分設法依限建築完成，以肅觀瞻。至中山門城墙上漆字標語，遵經招工刮去，并用水泥漿將内外城墙塗刷，現已完工。相應函達，請煩查照轉陳爲荷。此致

錢侍衛官漱石

（局戳） 啓

中華民國卅六年四月八日

（《南京城墙檔案・城墙的保護與管理》，第 94—95 頁）

二、城墙環境修整

1. 整理挹江門靠城一帶市容

南京市政府爲整理挹江門靠城一帶市容給南京市工務局的指令

（1935 年 10 月 31 日）

指令 字第 6573 號

　　令工務局：

　　廿四年十月十四日第四八○八號呈一件。爲呈報遵諭整理挹江門内靠城一帶市容一案情形，

并檢同竪立廣告牌承攬等件，仰祈鑒核備案，飭撥工款由。

呈件均悉。察核所呈辦理情形，當無不合，應准備案。所需工款壹佰四十四元四角五分，已飭財政局如數撥發。仰即前往具領應用，事竣呈准驗收，遵章造報，附件分別存轉。此件。

中華民國卅四年拾月卅壹日

（《南京城墻檔案・城墻的保護與管理》，第 47—49 頁）

南京市政府爲整理挹江門靠城一帶市容給南京市財政局的訓令

（1935 年 10 月 31 日）

訓令　字第 6573 號

　　令財政局：

案據工務局呈略以 "遵諭整理挹江門内靠城一帶市容一案。業經切實辦理，除利用原有一部分廣告牌派工移竪外，當須接出廣告牌一塊，長約九公尺。經召中央廣告公司商定，照中山門廣告牌原定單價承包辦理，計需款壹佰四十四元四角五分。附呈預算，准核示飭撥" 等情。除指令照准外，合行檢發原預算二份，令仰該局分別存轉，并撥發具報。此令。

計檢發支付預算二份

中華民國卅四年拾月卅壹日

（《南京城墙檔案・城墻的保護與管理》，第 47、49—50 頁）

國民政府軍事委員會爲整理挹江門市容宥電報告已悉致南京市政府的代電

（1935 年 11 月 2 日）

國民政府軍事委員會快郵代電　公二（總）字第一四號

　　南京市政府馬市長鑒。宥代電[①]悉。軍委會中正。公二總。冬[②]。印。

中華民國廿四年十一月二日　發

（《南京城墙檔案・城墻的保護與管理》，第 51—53 頁）

---

① 宥代電：宥，即二十六日。此處應指十月二十六日所發代電。

② 冬：二日。

2. 南京環城墻種植樹苗

南京警備司令部爲在城垣栽樹請允撥千株廉價樹苗致總理陵園管理委員會的公函

（1937 年 3 月 16 日）

南京警備司令部公函　參二字第 344 號

　　奉委員長面諭 "南京環城墻上，應植美觀長綠樹苗，着飭屬實行" 等因。查護城堤上以及城垣頂面，已由本部植妥石楠、女貞等樹苗約十萬株，惟城門頂頭暨月城上尚缺長綠樹苗二千株，除一部由市府撥贈外，昨日特派本部參謀李登嶽業與貴會園林組傅主任面洽，已允撥售黃洋海桐暨其他樹苗一千株，相應函請查照，并希准予廉價出售，以便種植爲荷。此致
陵園管理委員會

中華民國廿六年三月十六日

（《南京城墻檔案·城墻的保護與管理》，第 64—65 頁）

3. 刈除城墻野草

僞首都警備司令部爲刈除本市城墻野草致僞南京特別市政府的公函

（1944 年 10 月 2 日）

首都警備司令部公函　參字第二〇三七號

　　案據首都警察總監署九月二十六日呈稱，"案據本署保安警察隊隊長劉忠、警士教練所所長王學愚會銜呈稱，'竊查本市城墻野草叢生，蔓延偏［遍］地，不無影響警備巡查人員視界，關係防務極重。現以冬防將屆，擬請由職隊所會同，自十月二日起將該項野草刈除，以利治安。刈除區域計：由挹江門起向東至通濟門，由職隊負責；由挹江門向西至通濟門止，由職所負責。并請由鈞署轉呈警備司令部，分別通知盟邦防衛司令部、憲兵隊暨有關機關查照，賜予便利。至割草人員，茲經職等規定，佩戴臂章一種，并分別加蓋關防，以憑登城工作，是否可行？理合檢同該臂章圖樣二件，備文呈送，仰祈鑒核示遵'等情，附呈臂章圖樣二件。據此，除指令准予備查外，理合抄同該臂章圖樣，備文呈報，仰祈鈞部賜予轉知各有關機關查照，俾利進行"等情。據此，除函令外，相應檢同該項臂章圖樣各乙份，函請查照爲荷。此致
南京特別市政府
　　　附臂章圖樣各乙份

司令　李謳一
中華民國三十三年十月二日

（《南京城墻檔案·城墻的保護與管理》，第 80—81 頁）

第二章 城墙的修繕（一）

第二章　城墙的修繕（一）

第一節　修理西華門、臺城至玄武門城墙

一、修理西華門城墙

南京市工務局關於修理西華門城墙工程的箋令及估價單

（1946年5月8日—5月17日）

南京市工務局用箋

（1）平土

（2）刈草

（3）黃埔路上工房

（4）修該處方城城垛（西華門首都電廠對面）——另案辦

今晚必須開夜工，奉主席諭限明晨前辦妥。

五·八

第四項請龍揚義先生即辦。

陳鴻鼎（印）

五·十四

南京市工務局

修理西華門城墻工程

估價單　　　　　　　　　　　　　35 年 5 月 15 日

工程種類	說明	單位	數量	單價	複價	備考
修砌城墻		立公	70.$\frac{00}{}$	13,500	945,000	

有效期間爲半個月　　　　　　　　　　　　共計國幣玖拾肆萬五仟元正

限　拾　晴天完工

投標廠商：南京周順興營造廠（章）

經理：周志章（印）

單價核減〈爲〉壹萬貳仟捌佰元，實付總價捌拾玖萬陸仟元，交由該商承辦。

梁夢華（印）

五·十七

南京市工務局

修理西華門城墻工程

估價單　　　　　　　　　　　　　35 年 5 月 16 日

工程種類	說明	單位	數量	單價	複價	備考
修砌城墻	拆下面城磚照樣还原	立公	70.$\frac{00}{}$	肆萬元	計貳佰捌〈拾〉萬元	灰泥工食

有效期間爲半個月

限貳拾晴天完工

投標廠商：顧長記營造廠

經理：顧良傑

梁夢華（印）

五·十七

南京市工務局

修理西華門城墙工程

估價單　　　　　　　　　　　35 年 5 月 15 日

工程種類	説明	单位	數量	單價	複價	備考
修砌城墙		立公	70.^{00}	22,000.^{00}	1540,000.^{00}	

有效期間爲半個月

限 14 晴天完工

投標廠商：裕康营造廠

經理：徐迺鈞

梁夢華（印）

五·十七

南京市工程局

修理西華門城墙工程

估價單　　　　　　　　　　　年　月　日

工程種類	説明	单位	數量	單價	複價	備考
修砌城墙		立公	70.^{00}	18000.^{00}	1,260,000.^{00}	磚不在内

有效期間爲半個月

限十五晴天完工

投標廠商：上海黃生記营造廠（章）

經理：黃進卿

梁夢華（印）

五·十七

（編者按：以上四份估價單均有"龍揚義"簽名。）

（《南京城墙檔案·城墙的修繕與堵塞（下）》，

第 257—261 頁）

南京周順興營造廠爲修理西華門城墙工程完工請派員驗收致南京市工務局的箋函

（1946 年 6 月 4 日）

敬呈者。竊敝廠承修貴局西華門城墙工程，於本月十八日簽訂承攬後，當即派工趕修，業已於本月二十四日按數修理完竣在案。茲具文呈報，請將該工程所存尾款計叁拾壹萬叁仟六百元即日發下，俾便開支。實爲德便之至。謹呈

技佐高　轉呈

科長陳　轉呈

局長張

周順與營造廠　呈

五月・廿七

查已完工，擬請審計室驗收後核發。

高朝麟（印）

五・卅

請製決算書。

陳鴻鼎（印）

六・一

送高朝麟先生。

陳鴻鼎（印）

六・一

查本局修理西華門城墙工程現已竣工，茲由經管人高朝麟製工事決算書完畢，擬派龐曾湸前往驗收，并函送審計室監驗，所擬當否，敬請鑒核。

謹呈

局長張

職　陳鴻鼎　謹簽

六月四日

（《南京城墙檔案・城墙的修繕與堵塞（下）》，第 262—263 頁）

南京市工務局第二科爲修理西華門城墙工程完竣所派員監驗致審計室的箋函

（1946 年 6 月 4 日）

查本局修理西華門城墙工程現已竣工，除派本局龐曾湸前往驗收外，相應檢附工事決算書。

即希派員監驗，以資結束爲荷。

　　此致

審計室

局戳

六月四日

《《南京城墻檔案・城墻的修繕與堵塞（下）》，第 264—265 頁）

二、僞政權修理鷄鳴寺與玄武門間城墻

僞南京特別市政府工務局徐樹關於加高鷄鳴寺及玄武門城墙的簽呈

（1942 年 9 月 2 日）

簽呈

　　爲簽呈事。竊職奉派會同首都警備司令部李參謀，首都警察總監署由葉督察協同調查行政院後鷄鳴寺及玄武門城墻事。職遵即馳往該地查勘。查鷄鳴寺城墻均事變之時，該段城墻直交接玄武門城墻稍低。爲防範計，該段用三角鐵絲門一道堵此孔洞。近來，日久損壞，所留孔洞已雇工砌墻半段，上留八英呎餘，寬十四英吋。又查玄武門城墻因前砌時墻角厚度突［凸］出六英吋餘，旁墻有繩索足迹印。應將城墻突出部分雇工錘平。城外有斜條小路直抵城根，鷄鳴寺城墻有小路一條等行迹。該段城上及鷄鳴寺路，有衛士隊衛兵巡視。倘游客登城，實已不易。查該斜條小路或者事變後秩序未定，無智愚民來往呼應、走私五洋貨物有之，擬將堵塞加高部分。理應將加高城墻，連同計算書及路綫圖一并簽呈鑒核。謹呈

主任陳　轉呈

科長查

局長朱

　　附呈計算書乙份、路由圖乙份

職　徐樹　謹呈

中華民國三十一年九月二日

　　擬交營造廠負責，限期完工，并簽呈市座核示。

九・二

　　突出部分敲〈至〉五尺高度，即不攀登。三角鐵絲門略加刺鉛絲，人不能入爲度。重繪做法及估價呈核。

朱浩之（印）

九・三

南京市政府工務局預 / 概算書

修理雞鳴寺及玄武門城墻

字第　　　號
第　　　頁

工料種類	説明	單位	數量	單價（元）	複價（元）	備註
三角刺鉛絲	4′×7+9′×3	英尺	55.00	0.30	16.50	
木料	3–3″Φ×4′	根	3.00	12.00	36.00	
木料	1–4″Φ×9′	根	1.00	20.00	20.00	所應用各料或向材料庫領取應用
洋釘		斤	1.50	20.00	30.00	
人工		個	8.00	12.00	96.00	
總計					198.50	

鑒定　　　　審核：查委平（印）　　　　校對：陳鐵誠（印）　　　　計算：徐樹（印）

中華民國 31 年 9 月 10 日

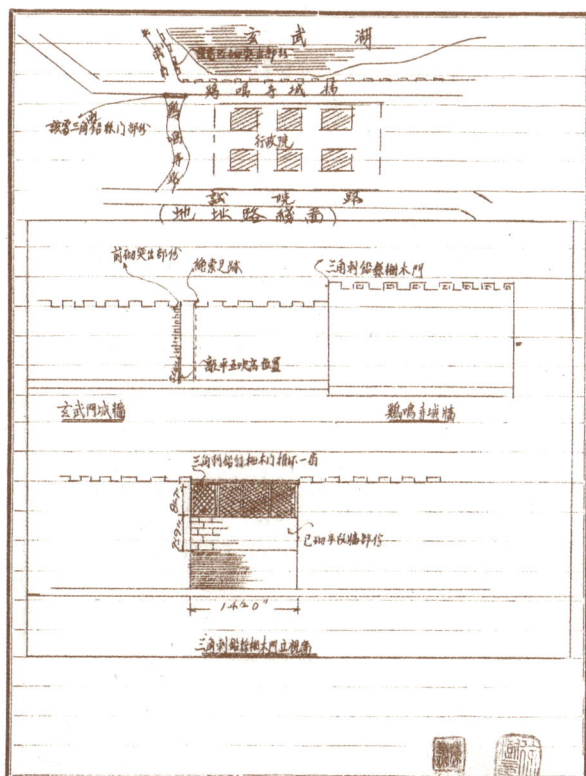

（南京市檔案館藏，檔案編號：10020051225（00）0001；

南京市檔案館編，《南京城墻檔案·城墻的修繕與堵塞（上）》，南京出版社 2020 年版，第 572—573 頁）

僞南京特別市政府工務局徐樹關於用三角刺鉛絲網釘修鷄鳴寺及玄武門城墙損壞孔洞的簽呈

（1942 年 9 月 10 日）

簽呈

　　竊職前次奉派會同首都警備司令部李參謀、首都警察總監署葉督察，同往調查鷄鳴寺及玄武門損壞城墙事，業經編列預算簽呈鑒核。旋奉批示"重行估計"。兹復查鷄鳴寺之城墙與玄武門銜接處之城墙，業已損壞；并已將該段用三角刺鉛網釘損壞之處，以資防範。現在損壞孔洞高約八呎，寬約十四呎。擬仍按照原有情形，仍用三角刺鉛絲網之釘完好。惟玄武門城墙因前砌時墙角厚度凸出約六吋，形如拾級，高度約二十四呎，可利用以此偷入。擬將該凸出部分雇工敲平至五呎高，便可避免扒登城墙。共需壹佰餘元。理合將重估預算，簽呈鑒核示遵。謹呈

主任陳

科長查

局長朱

　　附呈概算書一份、路由圖一份

職　徐樹　謹呈

中華民國三十一年九月十日

　　擬即簽呈市座，雇工辦理并先動工。

查委平（印）　王翼謀（印）

九·十七

僞南京特別市政府工務局爲送修理鷄鳴寺與玄武門間城墙工程估算書和圖樣致僞南京特別市政府的簽呈

（1942 年 10 月 6 日）

簽呈

　　竊查前准防衛司令部派員面請勘修鷄鳴寺及玄武門間之損壞城墙一事，當經派員會同首都警備司令部首都警察總監署前往調查，兹據報稱，"查鷄鳴寺與玄武門銜接處之城墙業已損壞，該段原以三角刺鉛絲網釘於損壞之處，籍資防範，現查該刺鉛網損壞孔洞高約八呎、寬約十四呎，擬仍照原來情形用三角刺鉛絲網補釘完好；又查玄武門城墙因前砌時墙角厚度凸出約六吋，形如拾級，高度約二十四呎，兹擬將該凸出部分敲平至五呎高，以免宵小攀登。估計共需

款壹佰玖拾捌元五角，檢具略圖暨估算書，報請鑒核"等情，查核所稱尚無不合，似可准予照辦。該款并請准在本局經常事業費內動支，是否有當，理合檢同估算書暨圖樣各一份，簽請鑒核示遵。謹呈

市長周

　　附呈估算書暨圖樣各一份（同前，略）

工務局長　朱浩元

十月六日

擬交二科施工，會計室向財局領款。

王翼謀（印）

十·九

（《南京城墻檔案·城墻的修繕與堵塞（上）》，第 570—571 頁）

僞南京特別市政府工務局爲修理鷄鳴寺與玄武門間城墻經費致僞南京特別市政府財政局的公函

（1942 年 10 月 14 日）

南京特別市政府工務局公函　工字第 1943 號

　　案准防衛司令部派員面請勘修鷄鳴寺與玄武門間之損壞城墻一案，當經派員會同首都警備司令部暨警察總監署前往調查，得鷄鳴寺與玄武門銜接處之城墻業已損壞，原以三角刺鉛絲網釘於損壞之處，籍資防範。茲該網損壞孔洞甚多，亟須補釘完好；又玄武門城墻角厚度凸出形如拾級，應即敲平。共計需費壹佰玖拾捌元五角，擬在本局經常事業費內動支。經簽奉市座批示"照辦"在案，相應檢附原簽，連同請款書等件，函請查照核撥，并希將原簽送還歸檔爲荷。此致

財政局

　　附原簽一件、請款書一紙、統計表一紙

工務局長　朱浩元

中華民國三十一年十月十四日

（《南京城墙档案·城墙的修缮与堵塞（上）》，第 574—579 页）

伪南京特别市政府财政局为签具修理鸡鸣寺与玄武门间城墙经费支付通知致伪南京特别市政府工务局的公函

（1942 年 10 月 26 日）

南京特别市政府财政局公函　财字 9562 号

　　案准贵局工字一九四三号函嘱"拨付修补鸡鸣寺与玄武门铅刺网及敲平墙角费壹佰玖拾捌元五角"等由，附原签等件过局。准此，除在建设事业费项下签具工字五七三号支付通知一纸，业由贵局派员领回，并将统计表抽存外，相应检还原签乙件，复请查收为荷。此致
工务局
　　附送还原签呈一件

局长　谭友仲

中华民国卅一年十月二十六日

（《南京城墙档案·城墙的修缮与堵塞（上）》，第 580—583 页）

三、僞政權修理臺城城墻損壞處

僞首都警察總監署爲請修理臺城墻角致僞南京特別市政府的公函

（1944 年 3 月 17 日）

　　據報稱，"本市一般宵小之徒，常利用雞鳴寺後國民政府西墻外臺城墻角處，每於黑夜扒越城墻出入。經前往詳察，城墻壁磚足〈迹〉明顯，頗係久經扒越之痕迹。此輩宵小扒越城墻，其作奸犯科無？理合報請鑒核"等情，并附略圖一份前來。相應檢附原圖，函請〈查〉照，迅予飭工修理爲荷。此致

南京特別市政府

　　附圖壹份

首都警察總監署 啓

三月十七日

擬交建築股派員查明核報。

韓春第（印）

卅·廿

（《南京城墻檔案·城墻的修繕與堵塞（下）》，第 185—188 頁）

偽南京特別市政府工務局技佐曹如琛關於查勘臺城墻角損壞情形
及修理概算的簽呈

（1944 年 3 月 22 日）

簽呈

　　爲簽復事。查職奉派查勘鷄鳴寺後臺城墻角損壞情形。經查，該處缺口外部舊係擱設木柱及刺鉛絲，現已被毀，内部有六尺高磚墻，上尚有四尺空檔，須加砌磚墻，即可阻斷行途。兹附略圖一份、概算一份，并請鑒核。謹呈

主任吳　轉呈

科長韓　轉呈

局長陳

技佐　曹如琛　謹呈
三月二十二日

　　附略圖一份、概算一份

　　經核，石灰由庫領，招商修理需一一〇〇．〇〇元。擬簽請市座准予在中山門工程餘款内支動［動支］，并函復總署。

韩春第（印）
三·廿二

南京市政府工務局概算書

工程名稱	修理城墻		施工地點		鷄鳴寺後	
起案原委						
施工範圍	加砌二尺厚、十尺長、四尺高城磚墻一道					
工程總價						
工料種類	説明	單位	數量	單價（元）	複價（元）	備注
城磚	運費	塊	400	1.00	400.00	
石灰		把	~~3~~	~~400.00~~	~~1200.00~~	庫料庫領
砂泥		方	~~0.30~~	~~800.00~~	~~240.00~~	就地取用
泥水工		工	2	130.00	260.00	
小工		工	4	110.00	440.00	
合計					1100.00	

鑒定　　　　審核　　　　　校對 吳顯揚（印）　　　　　計算 曹如琛（印）

中華民國　　年　　月　　日

（《南京城墻檔案·城墻的修繕與堵塞（下）》，第 189—191 頁）

僞南京特别市政府工務局爲修理臺城墻角工程費擬在中山門工程費內動支致僞南京特别市政府的簽呈

（1944 年 3 月 27 日）

簽呈　工字第一三四號

　　案奉鈞長交辦警察總監署函，請修理鷄鳴寺後臺城墻角一案。當經派員前往查勘具報去後，茲據報稱，"該處墻角損壞，其缺口外部原係攔設主柱，佐以刺鉛絲，現均被毁；并查內部高墻上有四尺空檔，必須加砌磚墻以杜宵小扒越。謹繪呈略圖，擬具概算，報請核示"等情。據此，查城墻損壞，自應速爲修理，以固城防。經核概算，除石灰由材料庫領用，及沙泥就地取挖，可不計外，尚需工料費壹千壹百元，擬在中山門工程餘款項內動支，是否可行？理合檢同草圖概算，簽請鑒核示遵。謹呈

市長周

　　附呈草圖及概算書各一份（同前，略）

　　　　　　　　　　　　　　　　　　　　　工務局局長 陳萬恭

　　　　　　　　　　　　　　　　　　　　　三月二十七日

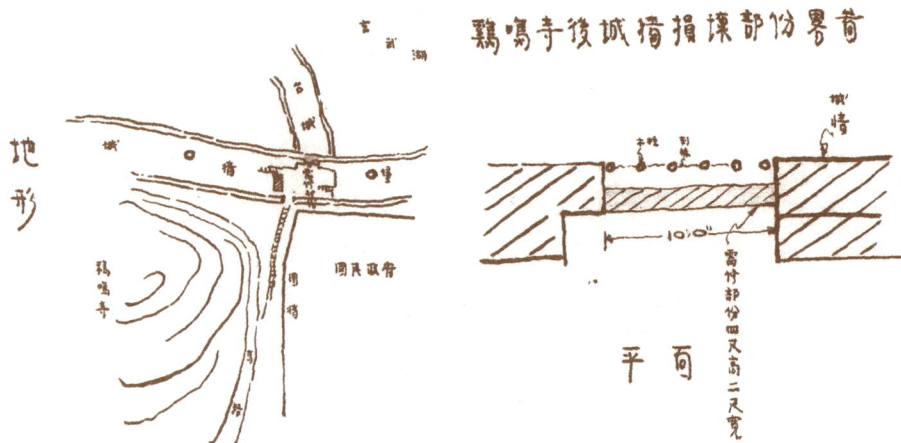

僞南京特別市政府工務局林柏年關於修理臺城墙角工程竣工請派員驗收撥款的簽呈

（1944 年 4 月 17 日）

案奉鈞長交辦警察總監署函請修理鷄鳴寺後臺城墙角一案，當即飭工前往興修，業於十五日全部修理完竣，擬請即派員驗收。又爲此項工程除石灰由庫領用、沙泥就地取挖外，所需工料費壹仟壹佰元，業經市座批准，由中山門工程餘款内動支。擬請即撥發歸墊，以便結束。謹將工料單據附呈，簽請鑒核示遵。謹呈

科長吳

秘書莊 轉呈

局長韓

附呈單據壹紙、原卷乙宗

職 林柏年 謹呈

四月十七日

擬請派員；工程費擬經驗收後照付。

吳顯揚（印）

四·十七

擬派胡啓愷驗報并存。

莊通三（印）

偽南京特別市政府工務局胡啓愷關於修理臺城墙角工程准予驗收的簽呈

(1944 年 4 月 21 日)

簽呈

奉派"驗收修理鷄鳴寺後臺城墙角工程"等因。遵即前往，查該處修理部分與圖尚屬相符，擬請鈞長准予驗收。實爲公便。

謹呈

主任林　轉呈

科長吳　轉呈

局長韓

職　胡啓愷

四·廿一

（《南京城墙檔案·城墙的修繕與堵塞（下）》，第 197 頁）

偽首都警察總監署張一帆關於臺城一帶城墙缺口并未添磚修築的報告

(1944 年 4 月 28 日)

報告

職於病假中，每逢佳日，則散步園林静地。乃於四月二十七日下午五時半，在臺城一帶散步中，適逢有小學生三名由臺城缺處連袂扒出城外（采取城外湖邊墙根桑葉），旋又扒回。經職訊問姓名後，彼等即行逃散。查職上月報告臺城缺口處，并未添磚修築，只在原缺口處略有新石灰泥補磚縫三數條，致眼見彼等小學生均可扒行出入，其缺處仍可見一斑矣。

吳士英，十四歲，住紅廟廿八號（初二丙生）

王德瑞，十五歲，住如意里卅五號（初二生）

汪連生，十六歲，住楊將軍巷九號

均爲國立模範中學學生，係由其學生證記録得

職　張一帆

四月廿八日

交行政科與工務局連絡後，再發市府，轉飭查照修理。

曾昭康（印）

四·廿八

（《南京城墻檔案·城墻的修繕與堵塞（下）》，第 198 頁）

四、堵修臺城至玄武門段城墻

南京市第六區區公所爲請修整臺城城墻致南京市政府呈

（1946 年 11 月 27 日）

南京市第六區區公所呈

案據本區區民代表朱邦陞呈稱，"敬陳者。查太平門城外西首水閘旁之臺城，於前戰時被炸，城磚損毀墜落，多有坑凹闕口。因地方偏僻，行人罕至，常有一般歹徒，三五成群，於夜晚或天明時，從太平門沿城墻根經該處爬城，出入城內。游民亦携帶斧鋸，從之闕口爬下至城根一帶，砍伐樹木，偷取豆麥，用繩懸吊入城。似此非但擾害人民，且歹徒出入有關治安，若不早爲堵塞闕口，後患堪虞。而城墻關係國防，爲此請求鈞長呈請主管機關，飭工將臺城外邊倒塌之坑凹闕口，迅即修補，以防歹徒出入而保治安。實爲公便"等情。據此，查該代表所稱太平門城外西首水閘旁之臺城，於戰時被炸，城磚損毀，及有一般歹徒三五成群，經由該處出入各情前來。事關防務，自應修整而保治安。據呈前情，除批示仰候轉呈鈞府核示外，理合具文呈報，仰祈鑒核，俯賜飭工勘修，以防歹徒出入而保治安，實爲公便。

　　謹呈

南京市市長沈

南京市第六區區長 詹世驊

中華民國三十五年十一月二十一日

（《南京城墻檔案·城墻的修繕與堵塞（下）》，第 266—267 頁）

首都警察廳北區警察局爲請拆除鷄鳴寺等登城處石階并堵修坍處
致南京市工務局的公函

（1947 年 5 月 15 日）

首都警察廳北區警察局公函　北（卅六）字第零柒捌肆號

據報載，日前，有游客男女一對在鷄鳴寺附近城上墜下，男斃女傷。係由城墻年久失修、砌磚鬆坍所致。今後亟應禁止行人登城游覽，并封閉各登城處所。經本局派員查勘，計有鷄鳴寺背後、玄武門左側、西家大塘附近城墻坍毁處、臺城北端坍毁處等四登城處。除出示禁止外，相應函請查照，迅予派工，分別拆除石階，堵修坍處，以策安全，并希見復爲荷。

　　此致
工務局

局長　張安慶

中華民國三十六年五月十五日

　　擬如成賢區所簽，暫以有刺鐵絲網封鎖各進出口，但爲永久計，仍擬由該區以後設法修理。

劉馨（印）

五·廿一

①通知成賢區即圍鐵絲網（附圖注明圍網長度）。
②函復警所。

宋家治（印）

五·廿一

（《南京城墻檔案·城墻的修繕與堵塞（下）》，第 309—311 頁）

首都警察廳爲封閉玄武門至臺城城墻登路致南京市工務局的公函

（1947 年 5 月 15 日）

首都警察廳公函　興政保字第 1319 號

　　據本市市民杜拙廳君來函稱，"查由玄武門至臺城一段城墻年久失修，并有以前作工事，極易坍倒。每日登城游人甚多，并有小學生結隊群游，情形極爲危險。日前行經該處，睹狀意料必將肇事，兹果然出事。如不速加預防，將來恐猶有甚於此者。擬請即將城墻登路一律封閉，不准攀登，以策安全。并將危險之處加以修理，庶免坍倒之虞"等情到廳。所稱不無可虞之處。相應函達查照，希派工程人員前往查勘，將補救辦法見復，以資飭屬注意，防止危害爲荷。

　　此致
南京市政府工務局

廳長　韓文焕

中華民國卅六年五月十五日

　　請北區查復。

劉馨（印）

五·十七

轉請成賢區核辦。

劉用藏（印）

五・十九

該段城墻上機關槍坑纍纍，城堞亦有破壞，黃昏後行人極易滋肇事，擬打木椿，網以有刺鐵絲，將各進出口暫行封鎖。

衡

五・十九

（《南京城墻檔案・城墻的修繕與堵塞（下）》，第 312—313 頁）

南京市工務局爲封閉玄武門至臺城城墻登路致首都警察廳的公函

（1947 年 5 月 24 日）

公函 （二）字第 3213 號

案准貴廳興政保字第一三一九號公函略開，"據市民杜拙廳函稱，'玄武門至臺城一段城墻，年久失修。每日登城游人甚多，情形極爲危險。請將城墻登路，一律封閉，并將危險之處加以修理'等情。囑派員前往查勘，并將補救辦法見復"等由，并准北區警察局函同前由，准此。業已特飭本局成賢區工務管理處用刺鐵絲網，將各進出口予以封鎖。准函前由，相應復請查照，并轉知北區警察局爲荷。

　　此致
首都警察廳

局長　張○○

中華民國卅六年五月廿四日

（《南京城墻檔案・城墻的修繕與堵塞（下）》，第 314—316 頁）

南京市工務局第二科爲封閉玄武門至臺城一段城墻登路
給南京市工務局成賢區工務管理處的通知

（1947 年 5 月 24 日）

前准首都警察廳函請封閉玄武門至臺城一段城墻登路一案，可先用刺鐵絲網將進出口封閉。希迅予辦理爲荷。

此致

成賢區工務管理處

南京市工務局第二科 宋家治（印） 啓

五月廿四日

（《南京城墻檔案・城墻的修繕與堵塞（下）》，第 318 頁）

南京市工務局關於《中央日報》發表讀者來信請市政府當局修理臺城至玄武門城垣交叉處的批示

（1947 年 5 月 21 日至 5 月 24 日）

《未雨綢繆　請市府修城》

編者先生：

素仰貴報關切市民幸福、社會安危，良深敬佩。兹有一事擬請向市政當局代進一言，無任感激之至！

鄙人公餘散步至鷄鳴寺，常見臺城至玄武門之城垣交叉處（即考試院背後），有小學生成群結隊，在該處上下攀援爲戲。其墻高達三丈許，見者莫爲［不］爲之心驚膽戰。蓋深恐小孩們失足，由城上跌落下來，輕則難免演成斷背折肢之慘劇，重則有生命之虞，其危險真令人不忍想象。用乞貴社轉請市政當局，迅即飭工將該處墻面缺損處加以修葺，庶使無知頑童，無從攀附，俾策安全，則造福靡淺矣。尚此敬頌撰安！

讀者：陳介白上

五・廿一，《中央日報》

成賢區并案辦理。

劉馨（印）

五・廿三

成賢區查明，可植立鐵絲網。

丹如

查臺城至玄武門一段城墻所有進出口，均已予封閉。

汪泰冲（印）

五・廿九

（《南京城墻檔案・城墻的修繕與堵塞（下）》，第 317 頁）

五、查勘估修臺城、石頭城等處殘缺

南京市工務局爲估修臺城、石頭城各處殘缺并擬具預算給南京市工務局成賢區、五臺區工務管理處的訓令 ①

（1947 年 8 月 28 日）

南京市工務局訓令　（卅六）京工二字第 5055 號

　　令五臺區工務管理處：

　　案奉市政府（36）府總秘字第七八一四號訓令開，"案准南京市參議會函送警政衛生決議案登記表囑'查照辦理見復'等由。除分令外，合行抄發原件，令仰就主管業務部分辦理具報。此令"等因。奉此，查表内第十案"關於修補臺城、石頭城各處殘缺案"，係屬本局主管。除分令外，合行令仰派員查勘估修，并擬具預算，呈局核辦。

　　此令。

代理局長　張丹如

中華民國卅六年八月廿八日

（《南京城墻檔案·城墻的修繕與堵塞（下）》，第 319 頁）

南京市工務局成賢區工務管理處爲派員查勘估修臺城、石頭城各處殘缺預算致南京市工務局的報告書

（1947 年 9 月 17 日）

南京市工務局報告書　成工字第〇二八七號

　　案奉鈞局八月廿八日京工二字第 5055 號訓令"爲奉府令，修補臺城、石頭城各處殘缺，飭派員查勘估修，并擬具預算呈核"等因。奉此，自應遵辦。查該處一段城墻缺口共六處，擬兩面各砌二十吋厚墻，中填碎磚廢石，共計需砌墻一百三十平公方，所需材料除磚及碎磚、廢石、沙泥均就地取用外，尚需石灰二十二擔半，乞購發應用。奉令前因，理合據實呈復，仰祈鑒核。

　　謹呈

局長張

成賢區工務管理處主任　龔銓衡　呈

民國三十六年九月十七日

---

① 該件原檔受文者僅爲"五臺區工務管理處"一家。據下則公文，該訓令應同時發給"成賢區工務管理處"一份。據此擬就本則公文標題。

擬准發料由該區派工修理。

蔡繼昭（印）

十·十四

石灰庫存已無，擬購二十五擔備發。

□□□（印）

十·十四

（《南京城牆檔案·城牆的修繕與堵塞（下）》，第 268 頁 / 第 321 頁）

第二節　修復九華山至富貴山一帶城牆

一、發還覆舟山等處城牆缺口工程保固金

時利和營造廠爲請發還覆舟山、漢西門等處城牆缺口工程保固金
與南京市工務局的往來文書

（1933 年 10 月 14 日—20 日）

呈　總字第 971 號

　　呈爲承修工程超過保固期間呈請發給保固費以清手續事。竊包商去歲承修鈞局覆舟山、漢西門各處城牆缺口工程，業經超過保固期間數月。理合具文呈請，將是項保固費洋伍拾圓如數發給，以清手續，實爲公便。謹呈

南京市工務局局長侯

時利和冠記營造廠　謹呈

中華民國二十二年十月十四日

　　移營〈造〉股核。

鄭傳霖（印）

十·十六

　　擬派陳技士鴻鼎復驗。

李經畬（印）

十·十六

報告單

　　爲（原件殘損）事。奉（原件殘損）覆舟山、漢西門各處城牆缺口一案。職查該數（原件

殘損）俱無損壞，所有保固金似可照發，是否有當？敬請鑒核。謹呈

主任李

科長劉

局長侯

職 陳鴻鼎 呈報

十月十八日

擬發還。

李經畬（印）

批示

原具呈人時利和營造廠呈一件"爲承修覆舟山等處城牆缺口工程，保固期滿，請發還保固金"由。

呈悉。准予發還。仰即携帶收據，來局領取可也。此批。

中華民國廿二年拾月貳拾日

（《南京城墙檔案·城墙的修繕與堵塞（上）》，第21—30頁）

二、勘修九華山一帶城墙

首都警察廳爲查勘修復九華山一帶城墙致南京市工務局的公函

（1948 年 3 月 27 日）

首都警察廳公函　珍政保字第1267號

案准國立中央研究院函：以九華山一帶城墙時有人掘挖磚石，坍塌凌亂影響觀瞻與城防，請予嚴禁一案。當飭本廳東區警察局查報去後，兹據呈稱，"查本案爲明瞭實際情形，交由該管所長親往勘察，所得情形如次：（一）原函所指被挖城墙缺口靠近九華山右側，位置偏僻，僅羊腸小道可通，且城畔機關林立，居民極稀。（二）城墙因年久失修，坍塌缺口深陷，風雨侵蝕範圍日廣。（三）審視缺口泥土迹象，斷定決非近日所陷。回憶職於三十五年間到所任職時，曾見是處城墙原有缺口。年來既未加修，勢必日漸深沈。（四）城缺處墙脚地面碎磚堆積未動，若果有人常往掘挖，自有顯著形狀可資偵查。（五）本所距離城缺處頗遠，且因缺口位置偏僻，本所對此不免鞭長莫及。（六）中央研究院新近由滬遷京，不明本案沿革，以爲城墙缺陷即係偷竊城磚者所挖。除將上項情形告知該院，并責令所屬各警察隨時注意查禁外，擬請轉知市工務局予以修理，以壯觀瞻而固城防。以上六項，理合繪具略圖并呈核轉"等情前來。查所稱尚屬實情，實

有加以修復之必要。擬請派工查勘，將坍塌部分予以修復，以固城防而壯觀瞻。相應抄附略圖乙份，函請查照辦理見復爲荷。

　　此致

南京市工務局

　　附九華山坍塌城墙略圖乙份

廳长　黄珍吾

中華民國三十七年三月廿七日

　　查九華山一帶城墙坍塌，經成賢區查勘結果，如需修復，所需工料甚鉅，以目下本局經費支絀，似無力興修，擬函復首都警察廳。

宋旭祥（印）

方左英（印）

四·廿三

　　本局前曾向行政院請修城墙專款，俟款到興辦。

欣

四·廿六

　　經派員會同警廳前往驗勘詳測，繪具圖表呈核，墙脚下現在坍下碎磚 25 立公分，表列青磚一項，共計需 383,550 塊。

　　附圖二份、表一份、説明一份、原函一件

龔銓衡（印）

四·廿八

九華山右側城墙倒塌處草圖

南京市工務局

項次	項目	單位	數量	單價	共價	備註
	青磚	塊	383,000	6,000	2,298,000,000	
	石灰	擔	566	500,000	283,000,000	
	沙泥	立公	105	1,000,000	105,000,000	
	填土	立公	1770	350,000	619,500,000	
	大工	工	400	300,000	120,000,000	
	小工	工	816	250,000	204,000,000	
	共計				3,629,500,000	

核對　　　　　　　　　　計算　宋旭祥（印）

南京市工務局

項次	項目	單位	數量	單價	共價	備註
1	砌磚墻青磚	塊	354500			内緣坍塌部用
2	鋪磚面青磚	塊	12000			内緣坍塌部用
3	石灰	擔	540			内緣坍塌部用
4	沙泥	m^3	100			内緣坍塌部用
5	大工	工	378			内緣坍塌部用
6	小工	工	772			内緣坍塌部用
7	填土	m^3	1332			内緣坍塌部用
8	砌磚墻青磚	塊	16000			外緣坍塌部用
9	鋪磚面青磚	塊	500			外緣坍塌部用
10	石灰	擔	26			外緣坍塌部用
11	沙泥	m^3	5			外緣坍塌部用
12	大工	工	22			外緣坍塌部用
13	小工	工	44			外緣坍塌部用
14	填土	m^3	38			外緣坍塌部用
	共計					

核對：麥保曾（印）　　　　計算：周成（印）

城墙以外緣坍塌部分説明

如透視圖：

内緣坍塌部分爲連續相接，共五處，其尺寸録下：

長 × 寬 × 深 = 34×5.0×4.0（單位：公尺）

　　　　　 = 16×5.5×5.0

　　　　　 = 19×3.5×5.5

　　　　　 = 17×3.5×6.0

　　　　　 = 26×4.5×5.0

外緣坍塌部分爲間斷坍塌，共三處，其尺寸録下：

長 × 寬 × 深 = 6.0×2.0×2.5

　　　　　 = 5.0×1.5×2.0

　　　　　 = 5.0×1.5×3.0

周成（印）

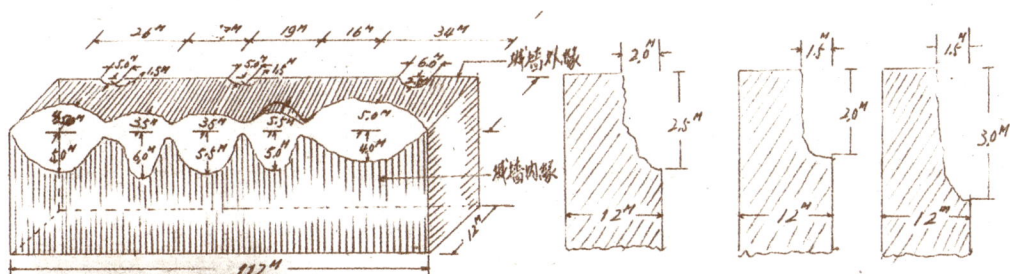

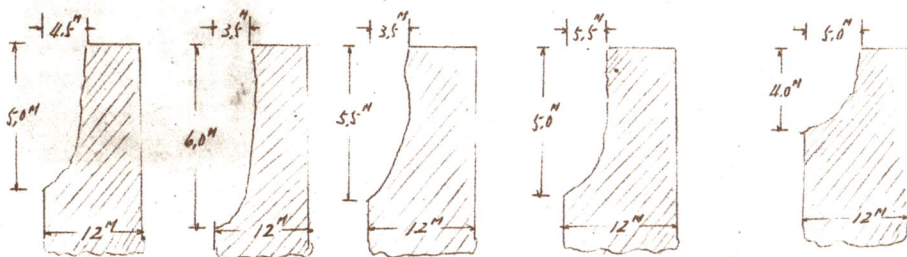

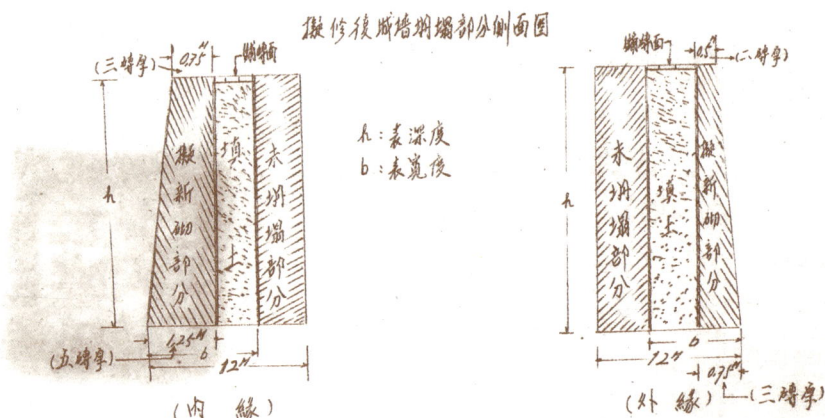

擬修復城墻坍塌部分側面圖

a：表深度
b：表寬度

（《南京城墙檔案·城墙的修繕與堵塞（下）》，第 562—573 頁）

南京市工務局爲派員勘修九華山一帶城墙致首都警察廳的公函

（1948 年 4 月 29 日）

　　案准貴廳珍政保字第一二六七號公函，以"九華山一帶城墙坍塌凌亂，囑派員勘修，以固城防"等由。查本京塌毀城墙，業由本局派員查勘，并造具預算，呈請市政府轉呈行政院核撥專款修葺。俟奉准撥款下局，當即興工修築。相應函復，即希查照爲荷。此致
首都警察廳

局長　原○○

中華民國卅七年四月廿九日

（《南京城墙檔案·城墙的修繕與堵塞（下）》，第 574 頁）

總統府侍衛室爲查究掘拆九華山西側城墙案及修復事宜致南京市政府的代電

（1948 年 7 月 20 日）

總統府侍衛室代電　府侍薰字第 0381 號

　　一、奉總統蔣諭"九華山西側城墙被掘多處，係何人抑何機關所掘，即令查明究辦，并迅修復"等因。

二、希即查辦并將辦理情形見復，以憑轉稟爲荷。

侍衛長　石祖德

中華民國卅七年七月廿日

擬交成賢區就近查明，并即勘修。

金超

七·廿一

查明具報，并即勘修。

欣

七·廿二

（《南京城墙檔案·城墙的修繕與堵塞（下）》，第 575—576 頁）

南京市工務局龔銓衡關於編製修復九華山城墙預算的呈文

（1948 年 7 月 24 日）

科（三）字第 1267 號

（一）經先洽侍衛室劉參謀，態度傲慢，且不願派員會同勘查。復洽請太平門警所，經派警員李蘭順會勘。

（二）查所稱被掘城墙即係本年四月份勘查之處。其他別無發現新破壞之處，該處破壞甚大，數量見表（與本年四月份所量者同），據云係敵偽時被毀。

（三）城根僅留有碎磚少許，如需修復，需表列備料。

移回第三科。

附表一份

龔銓衡（印）

七·廿四

所需材料人工極鉅，如何辦理，請示。

金超

七·廿六

就現有材料計劃回砌。

欣

七·廿六

呈局長、王先生先函復。并通知成賢區。

金超

七·廿八

南京市工務局

請示單編號　　　　預算細目　　　　共1頁第1頁

項次	項目	單位	數量	單價	共價	備注
1	砌磚墻青磚	塊	354500			内緣坍塌部用
2	鋪磚面青磚	塊	12000			内緣坍塌部用
3	石灰	擔	540			内緣坍塌部用
4	沙泥	m^3	100			内緣坍塌部用
5	大工	工	378			内緣坍塌部用
6	小工	工	772			内緣坍塌部用
7	填土	m^3	1332			内緣坍塌部用
8	砌磚墻青磚	塊	16000			外緣坍塌部用
9	鋪磚面青磚	塊	500			外緣坍塌部用
10	石灰	擔	26			外緣坍塌部用
11	沙泥	m^3				外緣坍塌部用
12	大工		22			外緣坍塌部用
13	小工	工	44			外緣坍塌部用
14	填土	m^3	38			外緣坍塌部用
	共計					

核對：麥保曾（印）　　　計算：周成（印）

（《南京城墻檔案·城墻的修繕與堵塞（下）》，第 577—578 頁）

首都警察廳爲查詢九華山一帶城墻修復辦理情形致南京市工務局的公函

（1948 年 7 月 26 日）

首都警察廳公函　珍保字第 2445 號

　　案准總統府侍衛室府侍蒸［薰］字〇三八七［一］號代電開，"一、奉總統蔣諭'九華山西側城墻被掘多處，係何人抑何機關所掘，即令查明究辦，并迅修復'等因。二、希即查辦并將辦理情形見復，以憑轉稟爲荷"等由。准此，查九華山一帶城磚，倒塌凌亂，須加以修復，曾於本年三月廿七日函請查勘修復。嗣准貴局（卅七）京工二字第二八〇一號函復，業已查勘造具預算，請款修葺在卷。茲准前由，除電復外，相應函達，請煩查照，迅予派工修葺，并見復爲荷。

此致

南京市工務局

廳長　黃珍吾

中華民國卅七年七月廿六日

成賢區已擬工料核算呈局，工程甚爲浩大。如何辦理，請示。

金超

七・廿七

（預算已核呈，）示成賢區先就城墻堆存者規（？）復後，另籌料。

欣

七・廿八

（《南京城墻檔案・城墻的修繕與堵塞（下）》，第 580—581 頁）

南京市工務局爲編製修復九華山城墻預算并請派工修理
給南京市工務局成賢區工務管理處的訓令

（1948 年 7 月 30 日）

訓令

令成賢區工務管理處：

案奉市政府交下總統府侍衛室七月二十日府侍薰字第三八一號代電乙件，爲電請修復九華山城墻一案，除由市政府函復外，合行令仰該處就現有城墻材料，迅即派工前往修理，其不敷材料，當由局另行籌撥，以資完成。

此令。

局長　原〇〇

中華民國卅七年七月三十日

（《南京城墻檔案・城墻的修繕與堵塞（下）》，第 579 頁）

南京市工務局爲九華山一帶城墻查勘修復情形致首都警察廳的公函

（1948 年 7 月 30 日）

案准貴廳七月二十六日珍保字第二四四五號公函，以"准總統府侍衛室代電查詢九華山城墙挖掘情形并修復一案，囑查照派工修葺見復"等由。准此，除令飭本局成賢區工務管理處派員查勘修復外，相應復請查照爲荷。

此致

首都警察廳

局長 原〇〇

中華民國卅七年七月三十日

（《南京城墻檔案·城墻的修繕與堵塞（下）》，第 582 頁）

南京市政府爲九華山一帶城墙查勘修復情形致總統府侍衛室的公函

（1948 年 7 月 31 日）

公函 （卅七）府總工字第 6627 號

案准貴室府侍薰字第三八一號代電，"爲九華山西側城墙被掘多處，奉諭轉知'查明究辦，并即修復'等因。囑將查辦情形，復憑轉稟"等由。經飭本府工務局派員前往，查得該處城墙破壞之處，係在抗戰期間爲敵僞所摧毀，現正由該局勘估修理中，相應函復，即請查照轉陳爲荷。

此致

總統府侍衛室

銜名

中華民國卅七年七月卅一日

（《南京城墻檔案·城墻的修繕與堵塞（下）》，第 583—584 頁）

南京市工務局成賢區工務管理處爲請示九華山殘缺城墙擬修辦法
致南京市工務局的呈文

（1948 年 8 月 5 日）

南京工務局報告書 （37）成工字第〇二五四號

案奉鈞局卅七年七月三十日京工三字第五一五〇號訓令"爲修復九華山後殘缺城墙，飭就現有城墙迅即前往修理"等因。奉此，自應遵辦。查該處城根散放 1/2 碎城磚，約有五立方公尺，尚可利用。擬先就此數砌復，所需石灰等料，特填具工程請示單，隨文附呈。仰祈鑒核照發，以便興工。

謹呈

局長原

附呈成字第 131 號工程請示單一式四份

成賢區工務管理處主任 龔銓衡 謹呈

民國三十七年八月五日

工程編號		南京市工務局			
會計科目		工程請示單		請示單編號	成字 131 號
工程名稱	修砌城墙工程		工程地點	九華山	
請示原因：					
	爲令遵就現有城磚，修復九華山城墙事				
施工說明	1. 整理擬修部分				
	2. 搬運城磚				
	3. 砌築磚墙，如附圖，用 1：2 石灰沙、泥漿鑲砌				
	4. 現有存餘城磚數量 5 m³，全爲半磚，故灰漿頗費				
核算總價：	預定 37 年 8 月　日開工　　　　年　月　日完工				
請示部分：	成賢區工務管理處主任龔銓衡（印）填單			37 年 8 月 5 日	
附　　件：擬修側面草圖乙份					
附　　注：					

局長批示	會計室核	主管科核
照核發給。 欣 八·十二	在 內開支　　　超出預算 會計主任　月　日 股 股	石灰由局撥發，餘照辦。 金超 八·十二 第　科長　月　日 股 股
年　月　日　局　收文　字第　　號		

說明：（一）請示單填寫四聯批准後，一聯發還，一聯存主管科，一聯存會計室，一聯存卷。
　　　（二）工程編號由主管科編填，會計科目由會計室填列，請示單編號由請示部分編填。
　　　（三）請示單經批准後，有關文件表報報銷等，應將工程編號及工程名稱并列。

預算細目

共 1 頁第 1 頁

項次	項目	單位	數量	單價	共價	備注
1	城磚	立公方	5			現存城墙下，全部爲半磚

項次	項目	單位	數量	單價	共價	備注
2	沙泥	立公方	2			
3	石灰	擔	12			
4	大工	工	20			由路工負擔
5	小工	工	100			由路工負擔
共計						

核對：麥保曾（印）　　　計算：周成（印）

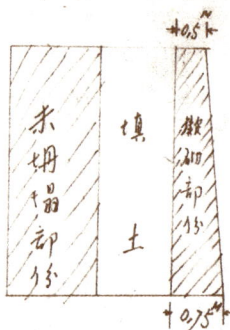

擬修復九華山城牆一部側面草圖

繪圖員周成

顧工程司核簽。（此件專案辦理）另文請款，現先就料修理。

金超（印）

八·六

經核相符，擬飭即日興工。

顧仲新（印）

八·十二

將請五科登記後擲還。

金超

八·十二

守伍先登記。

植

八·十三

請示單已抽存，本件仍移三科主辦。

黃守伍（印）

八·十三

（《南京城牆檔案·城牆的修繕與堵塞（下）》，第 585—588 頁）

南京市工務局顧仲新等關於整修九華山城牆工程概算及斷面圖的呈文

（1948 年 10 月 6 日）

謹查九華山城牆整修工程，業已繪具斷面圖及概算，共計弍萬柒仟玖伯［佰］玖拾金圓整。茲檢同原案一件、圖算各三份，謹呈鑒核。

附概算及斷面圖各三份、原案一件

職 顧仲新 呈

擬府稿呈院：

申敘原案（總統府第一局來函交辦）并說明經費浩大，本府無法籌墊，請核撥專款，以便修復。

金超

十·六

（《南京城牆檔案·城牆的修繕與堵塞（下）》，第 595 頁）

南京市政府爲整修九華山城牆已呈請行政院撥款致總統府侍衛室的公函

（1948 年 10 月 14 日）

公函 （卅七）府總工字第 8546 號

案查前准貴室府侍薰字第三八一號代電，爲九華山西側城牆被掘多處，奉諭轉知“查照究辦，并即修復，囑將辦理情形，復憑轉禀”等由，當經飭發本府工務局勘估修理，并以（卅七）府總工字第六六二七號公函，復請查照、轉陳在案。茲以該處城牆損壞部分面積廣闊，工程浩大，全部修復，經工務局估算，計需金圓弍萬柒仟玖百玖拾元整。此項鉅額工款，本府以經費奇絀，無法籌撥。業經檢同概算圖表，呈請行政院核撥專款，以利實施。一俟奉准撥發，即行趕修。相應函請查照轉陳爲荷。此致

總統府侍衛室

銜名

中華民國卅七年十月十四日

《南京城墙檔案·城墙的修繕與堵塞（下）》，第 589—590 頁）

南京市政府爲呈送整修九華山西側城墙工程概算表、斷面圖并請撥發專款致行政院的呈文

（1948 年 10 月 14 日）

呈 （卅七）府總工字第 8547 號

案查前准總統府侍衛室本年七月二十日府侍薰字第三八一號代電開，"奉總統蔣諭'九華山西側城墙被掘多處，係何人抑何機關所掘？即令查究辦，并迅修復'等因。希即查辦，并將辦理情形見復，以憑轉稟"等由。准經飭據本府工務局派員查明該處破壞城墙，係在抗戰期間，爲敵僞所摧毀。當飭該局轉令所屬成賢區工務管理處，先就現有磚料，予以修砌；如有不敷，另編概算呈核，一面函復總統府侍衛室。各在案。茲據該局呈以該處城墙損毀面積廣闊，工程浩大，全部整修，計需金圓式萬柒千玖百玖拾元整，檢附概算圖表，請予撥款前來。查上項工程經費，爲數至鉅，本府庫帑奇絀，實屬無法籌措，而該項工事關係首都城防至鉅，爲此檢同原概算圖表各一份，備文呈請鈞院鑒核，准予賜撥專款，以利實施。再九華山整修城墙工程，并不包括在前次本府會同衛戍總司令部修理城墙一案之內，合并陳明。

謹呈

行政院院長翁

附呈整修九華山西側城墙概算書、斷面圖各一份

銜名

中華民國卅七年十月十四日

南京市工務局工程概算表

工程地點　　　　　　　　　　　　　　　　　　　37 年 10 月 6 日
工程名稱：九華山城墙整修工程　　　　　　　　　共 1 頁第 1 頁

工程種類	工程說明	單位	數量	單價（金圓）	複價（金圓）	備考
片石		m³	750	16.00	12,000	
石灰		市擔	380	3.00	1,140	
黃沙		m³	150	19.00	2,850	
大工		工	2000	2.90	5,800	包括砌片石、砌城磚、鋪城磚面

工程種類	工程説明	單位	數量	單價（金圓）	複價（金圓）	備考
小工		工	3100	2.00	6,200	包括填土、鋪城磚及搜集城磚
					27990.00	
總價	式萬柒仟玖佰玖拾金圓正					

局長：原素欣（印） 科長：金超（印） 校對：顧仲新（印） 製表：唐德璋（印） 第三科建築股

（《南京城墙檔案·城墙的修繕與堵塞（下）》，第 596—600 頁）

總統府侍衞室爲整修九華山城墙致南京市政府的代電

（1948 年 10 月 29 日）

受文者：南京市政府

總統府侍衞室代電　府侍薰字第 0982 號

一、本年十月（卅七）府總工字第 8546 號公函敬悉。

二、整修九華山城墙，於施工完畢時，仍請見告，以便轉陳爲荷。

侍衞長 石祖德

中華民國卅七年拾月廿九日

（一）利用現有坍下城磚，先作局部修復。

（二）全部修復，需費甚鉅，已由府呈請行政院核撥工款，一俟撥到，即行趕辦。

金超

十一·二

（《南京城墙檔案·城墙的修繕與堵塞（下）》，第 591—592 頁）

南京市政府爲候行政院撥款整修九華山城墙致總統府侍衞室的箋函

（1948 年 11 月 6 日）

箋函 （卅七）府總工字第 9231 號

案准貴室府侍薰字第九八二號代電，爲 "整修九華山城墙囑於施工完畢時見告" 等由。查此案，現正利用坍下城磚，先作局部修復，至全部整修，需費至鉅。現正呈請行政院撥款中，一俟奉准，即行施工趕辦。相應復請查照爲荷。此致

總統府侍衛室

（府戳） 啓

中國民國卅七年十一月六日

《南京城墻檔案·城墻的修繕與堵塞（下）》，第 593—594 頁）

行政院爲撥發整修九華山西側城墻工程專款給南京市政府的指令

（1949 年 1 月 13 日）

行政院指令 （卅八）府總字第 390 號

　　令南京市政府：

　　卅七年十月十四日（卅七）府總工字第（8547）號呈送整修九華山西側城墻概算及斷面圖，祈賜撥專款由。

　　呈件均悉。案經飭據主計部核復，以"南京市城防工事費第一期經費，已准國防部追加金圓二百卅八萬圓在案。此次所請撥發九華山西側城墻整修費，擬請并入前項核定城防工事費案内辦理"等語。應准照部議辦理。除飭知國防部外，令仰知照。

　　此令。

院長 孫科

中華民國卅八年元月

《南京城墻檔案·城墻的修繕與堵塞（下）》，第 601—603 頁）

南京市工務局顧仲新關於整修九華山城墻工程圖等請鑒核的簽呈

（1949 年 1 月 21 日）

　　茲檢具九華山城墻整修工程圖三份，及現時調整表三份，需共金圓券玖拾捌萬九仟伍伯〔佰〕元整。謹呈鑒核。

職 顧仲新 簽

一·廿一

　　王先生查案，函請國防部撥款。

元·廿一

《南京城墻檔案·城墻的修繕與堵塞（下）》，第 604 頁）

南京市政府爲重編整修九華山城墻工程概算表、工程圖致國防部的公函

(1949 年 1 月 26 日)

公函 （卅八）府總工字第 671 號

案查前准總統府侍衛室電囑"整修九華山西側城墻"等由。當經飭據本府工務局查明，該處城墻損毀部分面積廣闊，工程浩大，全部整修計需金圓式萬柒千玖百玖拾元整，并經檢同該項工程概算圖表，於三十七年十月十四日，以（卅七）府總工字第八五四七號，呈請行政院核撥專款以利實施在案。茲奉行政院三十八年一月十三日（卅八）預三字第一四○二號指令內開"呈件均悉……（照抄全文至）此令"等因。查上項工程概算尚係上年十月間所編擬，衡諸目前物價，相差懸殊，茲經飭據工務局按照時值，重予核實估計，共需工程費玖拾捌萬玖千伍百金圓。相應檢同整修九華山城墻工程重編概算表暨工程圖各一份，隨函送請貴部查照，惠予如數撥款，以利實施爲荷。此致

國防部

　　附送整修九華山城墻工程重編概算表暨工程圖各乙份

市長　滕

中華民國卅八年元月廿六日

南京市工務局工程概算表

工程地點　　　　　　　　　　　　　　　　　　38 年 1 月 20 日
工程名稱：九華山城墻整修工程　　　　　　　　共 1 頁　第 1 頁

工程種類	工程説明	單位	數量	單價（金圓）	複價（金圓）	備考
片石		m³	750	550	412500	
石灰		市擔	380	200	76000	
黄沙		m³	150	500	75000	
大工		工	2000	120	240000	包括砌片石、砌城磚、鋪城磚面
小工		工	3100	60	186000	包括填土、鋪城磚及搜集城磚
					989500	
總價	玖拾捌萬玖仟伍佰金圓正					

局長：原素欣（印）科長：王克大（印）校對：顧仲新（印）製表：　　第三科建築股：劉行申（印）

（《南京城牆檔案·城牆的修繕與堵塞（下）》，第 605—608 頁）

國防部爲整修九華山西側城墻工程可徑報行政院撥款致南京市政府的代電

（1949 年 2 月 16 日）

國防部代電　計知京一六二號

　　南京市政府滕市長：

一、（卅八）府總工字第 671 號公函敬悉。

二、查整修九華山西側城墻工程，并非南京城防工事範圍。前奉行政院飭辦到部，業經呈復在案。請徑報行政院，另撥專款爲荷。

部長　徐永昌

中華民國卅八年二月拾六日

結構股：照目前市價重新調整，再呈請〈行〉政院撥款。

王克大（印）

二·十八

（《南京城牆檔案·城牆的修繕與堵塞（下）》，第 609—610 頁）

南京市工務局顧仲新等關於重編整修九華山城墻概算擬請行政院撥款的簽呈

(1949 年 2 月 21 日)

謹查整修九華山城墻工程概算，已照目前市價重新調整矣。計共需金圓柒伯［佰］玖拾陸萬肆仟元整。謹呈鑒核。

附概算三紙

職 顧仲新

二·廿一

擬照新編概算呈行政院請款。

王克大（印）

二·廿一

(《南京城墻檔案·城墻的修繕與堵塞（下）》，第 611 頁)

南京市政府爲整修九華山城墻重編概算請撥款致行政院的呈文

(1949 年 2 月 24 日)

呈 （卅八）府總工字第 1144 號

案查整修本市九華山西側城墻一案，前經本府造具概算書連同斷面圖，於三十七年十月十四日，呈請鈞院賜撥專款，嗣奉本年一月十三日（卅八）預三字第一四〇二號指令内開，"呈件均悉。案經飭據主計部核後，以‘南京市城防工事費第一期經費，已准國防部追加金圓式百叁拾捌萬元在案。此次所請撥發九華山西側城墻整修費，擬請并入前項核定城防工事費案内辦理’等語，應准照部議辦理。除飭知國防部外，令仰知照"等因。奉經轉函國防部查照撥款各在案。茲准該部本年二月十六日計知京字第一六二號電開，"查整修九華山西側城墻工程，并非南京城防工事範圍，前奉行政院飭辦到部，業經呈復在案，請徑報行政院，另撥專款"等由。查該項工程國防部既認爲不屬城防工事範圍，不允撥款，擬請鈞院准予另行撥款，以便剋日施工。惟尚係去年十月間編擬，衡諸目前物價相差甚鉅，爰經飭據工務局按照時值，重予核實估計，共需工程費金圓柒百玖拾陸萬肆千元整。准奉電前由，理合檢同整修九華山城墻工程重編概算表一份，備文呈送，仰祈鑒核，准予照撥。實爲公便。

謹呈

行政院院長孫

附呈整修九華山城墻工程重編概算表一份

全銜 名

工程地點　　　　　　　　　　　　　　　　　　　38 年 2 月 21 日
工程名稱：九華山城墙整修工程　　　　　　　　　共 1 頁　第 1 頁

工程種類	工程説明	單位	數量	單價（金圓）	複價（金圓）	備考
片石		m³	750	4,900	3,675,000	
石灰		市擔	380	1,800	684,000	
黄沙		m³	150	5,100	765,000	
大工		工	2,000	800	1,600,000	包括砌片石、砌城磚、鋪城磚面
小工		工	3,100	400	1,240,000	包括填土、鋪城磚及搜集城磚
					7,964,000	
總價		金圓柒佰玖拾陸萬肆仟元正				

局長：原素欣（印）科長：王克大（印）校對：顧仲新（印）製表：　　第三科建築股：劉行申（印）

《南京城墙檔案·城墙的修繕與堵塞（下）》，第 612—616 頁）

三、僞政權修理太平門東首城墙

僞南京特別市政府工務局關於修理太平門東首城墙工程的簽呈

（1943 年 5 月 19 日）

簽呈

　　竊查本市太平門東首約二百公尺處之城墙，經事變時炮火損壞，曾由前任局長派工略加修理，暫杜宵小之出入。惟隔日經月，該處復被挖掘成坡，而成出入之口。叠經本市憲警機關函請再加修理在案。因該處損壞部分不在此次修城工程概算之內，惟該處損壞情形確極嚴重，應即修復，當即遵囑興工。兹補具該工程概算書肆份，謹祈核示。此呈

科長黄　轉呈

局長陳

職　吳顯揚（印）　謹呈

五·十九

南京市政府工務局概算書

字第　　號

第 1 頁

工程名稱	修理城垣工程		施工地點	太平門東 200 公尺處		
起案原委	該處爲事變時炮火損壞，曾經前任工務局略加修理，惟復被宵小挖掘，而成自由出入之處，叠經本市警憲機關申請修復在案。					
施工範圍	用 1：2 白灰沙漿砌，城磚補砌					
工程總價	叁萬叁仟玖佰柒拾式元肆角正					
工料種類	說明	單位	數量	單價（元）	複價（元）	備註
損壞部分		立公	36.60			
城磚	36.6×120	塊	4392.00	2.00	8984.00	
1：2 白灰沙漿	4392×0.0075	立公	32.94			
白灰	32.94×2.65	擔	87.29	60.00	5237.40	
黃沙	32.94×0.9	立公	29.65	140.00	4156.00	
人工		工	360.00	22.00	4920.00	
脚手					3000.00	
填土	2×90	立公	180.00	16.00	2880.00	
雜費等					2000.00	
合計					33972.40	

鑒定　　　　　　審核　黃慶沂（印）　　　　校對　陳鐵誠（印）　　　　計算　吳顯揚（印）

中華民國　　年　月　日

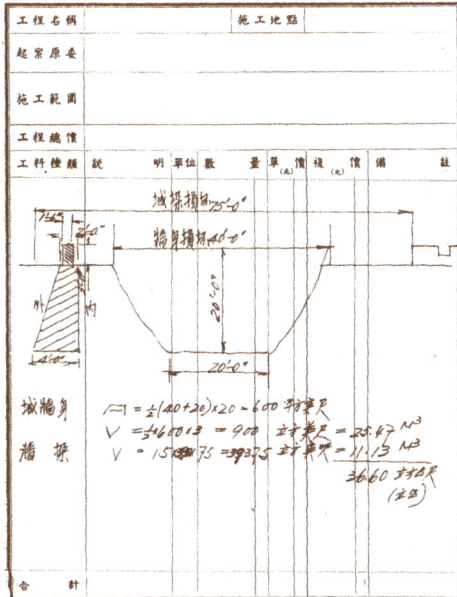

擬簽呈市查備案。

朱灝（印）

五・二十

并入第二次計劃中。

恭

五・廿一

（《南京城墻檔案・城墻的修繕與堵塞（下）》，第 159—162 頁）

四、修理富貴山右側城墻暨太平門城門

首都警察廳爲修理富貴山右側城墻暨太平門致南京市工務局的代電

（1947 年 10 月 25 日）

首都警察聽代電　興法字第 1583 號

　　南京市工務局公鑒：案據本廳東門區警察局（卅六）酉哿① 東政保字第一一一四號代電稱，"案據本局太平門警察所報告，'竊於本（十）月十六日上午十時接國府警衛室值日官周國成電話，通告富貴山右側城墻缺口甚大。此事係主席在官邸樓臺上所發現，囑即派員前去查明究竟等語。職當即親往該處視察，查得缺口形迹決非近時所破壞。其缺口之寬度約有二丈餘，深有一丈餘，若不加修理，不久即有倒坍之虞。又太平門亦因年久失修，每夜關閉城門時，既無鎖，又無鏈條可扣，加之并無電燈設置，晚間黑白難辨，對行人檢查影響至鉅。爲謀鞏固起見，除將查看缺口情形，已以電話報告國府警衛室外，擬請并案轉函南京市工務局，迅速派工修復，以固防守而免倒塌。是否有當，理合備文，報請鑒核'等情。據此，查事關城防，急宜修復。除電報首都衛戍司令部城區指揮部，轉飭有關機關，迅速派工修理外，理合電請鑒核"等情。據此，除轉報首都衛戍司令部外，相應電請查照，迅予派工修理，以固城防爲荷。首都警察廳。酉有②。興督備。

中華民國卅六年十月廿五日

　　（一）富貴山缺口需磚一萬八千塊，工料估計式仟叁佰捌拾萬玖千五百元，擬交小包修理。（二）太平門擬加購鎖及鐵鏈，裝置路燈。移四科辦。

十一・十

（《南京城墻檔案・城墻的修繕與堵塞（下）》，第 322—323 頁）

---

① 酉哿：十月二十日。
② 酉有：十月二十五日。

首都衛戌司令部爲富貴山右側城墻缺口暨太平門一并修理致南京市政府的代電

（1947 年 11 月 4 日）

首都衛戌司令部代電　戌仁志字第 692 號

　　南京市政府沈市長君怡兄勛鑒：兹據城區指揮部本年十月廿九日警區字第 1971 號代電稱，"案據東區警備分區指揮官陳善周卅六年十月廿日東政保字第一一一四號代電稱，'案據本局太平門警察所報告，竊於本（十）月十六日上午十時接國府路警衛室值日官周國成電話通告，"富貴山右側城墻缺口甚大，此事係主席在官邸樓臺上所發現，囑即派員前去查明究竟等語。職當即親往該處視察，查得缺口形迹決非近時所破壞。其缺口之寬度約有二丈餘，深有一丈餘。若不加修理，不久即有倒坍之虞。又太平門亦因年久失修，每夜關閉城門時，既無鎖又無鏈條可扣，加之并無電燈設置，晚間黑白難辨，對行人檢查影響至鉅。爲謀鞏固起見，除將查看缺口情形已以電話報告國府警衛室外，擬請并案轉函南京市工務局，迅速派工修復，以固防守而免倒塌。是否有當，理備文報請鑒核"等情。據此，查事關城防，急宜修復，理合請鑒核，迅賜轉飭各有關機關派工修理，以重城防爲禱'等情。據此，理合電呈鑒核"等情。特電請轉飭工務局，迅派工將富貴山右側城墻缺口及太平門城門一并修理，以重城防爲荷。京弟張鎮。戌江[①]。戌仁幄志。印。

中華民國卅六年十一月四日

　　復已飭工務局派員查勘修理。

蔡繼昭（印）

十一·十

（《南京城墻檔案·城墻的修繕與堵塞（下）》，第 325—327 頁）

南京市政府爲修理富貴山右側城墻缺口暨太平門城門等致首都衛戌司令部的代電

（1947 年 11 月 15 日）

南京市政府代電　府總工字第 10803 號

　　首都衛戌司令部張司令真夫兄勛鑒：戌江戌仁幄志代電敬悉。關於富貴山右側城墻發現缺口及太平門城門損壞各節，已飭工務局派員查勘修理，特電復，請查照爲荷。弟沈〇。戌

太平門城門洞電灯已全飭首都電廠裝設本

一件送達

貴料加涅

南京市工務局便箋

2484

[①] 戌江：十一月三日。

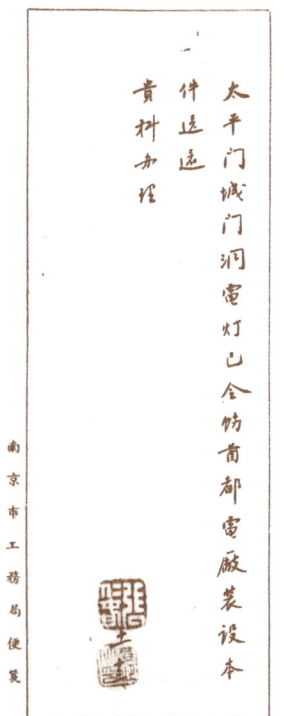

（删①）。府總工。印。

十一月十五日

太平門城門洞電燈已令飭首都電廠裝設，本件送還貴科辦理。

張仁春（印）

十一・十三

（《南京城墻檔案・城墻的修繕與堵塞（下）》，第 328—329 頁）

南京市工務局爲修理富貴山右側城墻缺口暨太平門城門等致首都警察廳的代電

（1947 年 11 月 20 日）

南京市工務局代電

首都警察廳公鑒：酉有興督備代電敬悉。查富貴山右側城墻缺口暨太平門城門鎖鏈及路燈，已分飭該管區工務管理處及首都電廠迅即修理裝置。特電復，請查照爲荷。南京市工務局。戌（哿②）。印。

中華民國卅六年十一月廿日

（《南京城墻檔案・城墻的修繕與堵塞（下）》，第 324 頁）

首都衛戍司令部爲請飭工務局派員與城區指揮部洽辦修理富貴山右側城墻缺口暨太平門城門等致南京市政府的代電

（1947 年 11 月 20 日）

首都衛戍司令部代電　戌仁志字第 844 號

南京市政府沈市長君怡兄勛鑒：（卅六）府總工字第一〇八〇三號代電敬悉。查富貴山右側城墻發現缺口及太平門城門損壞各節，城區指揮部最近曾派參謀實地勘察，對該地損壞各節較爲明確，請飭工務局派員與城區指揮部洽辦。特復。請查照爲荷。弟張鎮。戌巧③。戌仁崲志。印。

中華民國三十六年十一月二十日

已電復招商承辦。

蔡繼昭（印）

十一・二四

（《南京城墻檔案・城墻的修繕與堵塞（下）》，第 330—331 頁）

---

① 戌删：十一月十五日。原件括弧内無字，此處據發文日期推斷。
② 戌哿：十一月二十日。原件括弧内無字，此處據發文日期推斷。
③ 戌巧：十一月十八日。

南京市工務局關於富貴山右側城墻缺口暨太平門城門的工程預算表和請示單

（1947 年 11 月 8 日至 11 月 21 日）

南京市工務局工程預算表

工程地點：富貴山　　　　　　　　　　　　　　　　　　　36 年 11 月 8 日

工程名稱：修理富貴山右側城墻缺口工程　　　　　　　　　共 1 頁第 1 頁

工程種類	工程說明	單位	數量	單價	複價	備考
青磚		塊	18000	700	12600000	
填土	連工	立公	63	35000	2205000	
石灰	1：2 灰漿	擔	27	120000	3240000	
沙泥		立公	4	90000	360000	
人工		工	60	54000	3240000	
管理費	10%				2164500	
總計					23809500	
總價	式千叁百捌拾萬玖千五百元					

局長　　　　　　科長　　　　　　校對　　　　　　製表　　　　　第三科計劃股

工程編號	臨 704	**南京市工務局**			
會計科目		**工程請示單**		請示單編號	成字第 48 號
工程名稱	城墻缺口修砌工程		工程地點		太平門附近富貴山後

請示原因

　　據首都警察廳來函稱：該城墻缺口極關本市城防，請予修復。業經勘查屬實。惟砌墻工作非本處路工工人所能勝任，擬請發包修理。

施工說明：

　　1. 先將傾坍缺口處底基整理平坦加以夯實

　　2. 砌磚墻時用 1：2 之灰石沙泥漿填縫（約 10/25 吋），墻脚厚爲 50 吋，頂爲 30 吋。由脚至頂外緣坡度爲 1：5

　　3. 鋪磚面應具 1：100 之傾斜度以利泄水

　　4. 一切尺寸詳圖

核算總價：式仟伍百捌拾柒萬式仟元　預定 36 年 11 月 24 日開工　36 年 12 月 3 日完工

請示部分：　　南京市工務局成賢區工務管理處主任：龔銓衡（印）　填單：　　36 年 11 月 21 日

附件

附注

局長批示	會計室核		主管科核
照辦 丹如 十一·廿四	在　雜項工程費　內開支 超出預算		擬准照辦 　　　　　蔡繼昭（印）
	會計任主［主任］：沈秉鉞（印） 十一月廿五日	第二科長：葉永初（印）11月24日
	股　羅琦（印）	股
	股	股
年　月　日　局收文　字第　號		

說明：（一）請示單填寫四聯批准後，一聯發還，一聯存主管科，一聯存會計室，一聯存卷。
　　　（二）工程編號由主管科編填，會計科目由會計室填列，請示單編號由請示部分編填。
　　　（三）請示單經批准後，有關文件表報報銷等，應將工程編號及工程名稱并列。

預算細目

共1頁第1頁

項次	項目	單位	數量	單價	共價	備註
1	青磚	塊	18,500	760	14,060,000	
2	填土	立公	58	40,000	2,320,000	
3	石灰	擔	27	120,000	3,240,000	
4	沙泥	立公	5	100,000	500,000	
5	人工（大工）	工	20	70,000	1,400,000	
6	人工（小工）	工	50	40,000	2,000,000	
7	管理費		10%		2,352,000	
共計					25,872,000	

核對：龔銓衡（印）　　　　　　計算：周成（印）

工程編號	臨705	**南京市工務局**		
會計科目		**工程請示單**	請示單編號	成字第49號
工程名稱	太平門城門添配零件工程		工程地點	太平門
請示原因 　　奉令由本區添配零件并裝置（鐵鍊［鏈］、插梢等，使啓閉城門可以上梢、加鎖，不致被風括［刮］搖動）				
施工說明 　　由鐵匠鋪訂製鐵件，再由該鐵鋪派工，夥同本區工人裝置				
核算總價：陸拾一萬一仟式百伍拾元　預定：36年11月20日開工　36年11月21日完工				
請示部分：　　南京市工務局成賢區工務管理處主任：龔銓衡（印）填單：　　36年11月21日				
附件				

附注		
局長批示	會計室核	主管科核
照辦 丹如 十一·廿四	在　雜項工程費　内開支 超出預算	擬准照辦
	會計主任：沈秉鉞（印）十一月廿五日	第二科長：葉永初（印）蔡繼昭（印）11 月 24 日
	股　羅琦（印）	股
	股	股
年　月　日　局收文　字第　號		

説明：（一）請示單填寫四聯批准後，一聯發還，一聯存主管科，一聯存會計室，一聯存卷。
　　　（二）工程編號由主管科編填，會計科目由會計室編列，請示單編號由請示部分編填。
　　　（三）請示單經批准後，有關文件表報報銷等，應將工程編號及工程名稱并列。

預算細目						
					共 1 頁　第 1 頁	
項次	項目	單位	數量	單價	共價	備注
1	鐵件	斤	156	30,000	461,250 元	
2	鎖	把	1	150,000	150,000	
3	人工	工	5			本處工人
共計					611,250	

核對：麥保曾（印）　　　　　　　計算：周成（印）

（《南京城墻檔案·城墻的修繕與堵塞（下）》，第 334—338 頁）

南京市工務局成賢區工務管理處爲富貴山城墻缺口工程預比價結果致南京市工務局的報告書

（1947 年 11 月 22 日）

南京市工務局報告書　成工字第〇三三二號

　　奉諭：富貴山後城墻缺口發包修砌。經交聯合、榆華、協和等三營造廠比價，并由二科及會計室監標，以協和式仟叁佰玖拾萬元爲最低，應予得標。業已簽訂承攬，審查合格。理合檢同七份，備文呈送，仰祈鑒核示遵。謹呈

局長張

　　附呈協和營造廠等標單三張、承攬七份

　　　　　　　　　　　　成賢區工務管理處主任　龔銓衡　謹呈

　　　　　　　　　　　　民國三十六年十一月廿二日

南京市工務局工程標單

工程名稱：城墻缺口修砌工程
工程地點：太平門附近富貴山後　　　　　　　　　　36 年 11 月 19 日

項目	工程種類	工程說明	單位	數量	單價（元）	複價（元）	備考
1	砌磚墻	詳圖説	m^2	30	6,900,000	20,700,000.00	
2	填土	詳圖説	m^2	58	40,000	2,320,000.00	
3	鋪地磚	詳圖説	m^2	22	40,000	880,000.00	
	總計					823,900,000.00	中標

完工期限：拾天
投標廠商：協和營造廠（章）
負責人：何中訓（印）
通訊處：船板巷卅八號　　電話：

南京市工務局工程標單

工程名稱：城墻缺口修砌工程
工程地點：太平門附近富貴山後　　　　　　　　　　36 年　　月　　日

項目	工程種類	工程說明	單位	數量	單價（元）	複價（元）	備考
1	砌磚墻	詳圖説	m^2	30	7,500,000.00	22,500,000.00	
2	填土	詳圖説	m^2	58	40,000.00	2,320,000.00	
3	鋪地磚	詳圖説	m^2	22	35,000.00	770,000.00	
	總計					$25,590,000.00	

完工期限：十四晴天
投標廠商：榆華營造廠（章）
負責人：張世昌（印）
通訊處：丹鳳街149號　　電話：

南京市工務局工程標單

工程名稱：城墙缺口修砌工程
工程地點：太平門附近富貴山後

36 年 11 月 19 日

項目	工程種類	工程説明	單位	數量	單價（元）	複價（元）	備考
1	砌磚墙	詳圖説	m^2	30	7,000,000	21,000,000.00	
2	填土	詳圖説	m^2	58	55,000.-	3,190,000.00	
3	鋪地磚	詳圖説	m^2	22	45,000.-	990,000.00	
	總計					25,180,000.00	

完工期限：十二天
投標廠商：聯合成記營造廠（章）
負責人：汪志銘（印）
通訊處：磨坊巷三號　　電話：

（編者按：以上三張標單均有李廉泉簽字，及麥保曾、蔡繼昭印。）

工程編號		南京市工務局	合約編號	攬字 53 號
會計科目		工程承攬單	請示單編號	成字第 48 號
工程名稱	城墙缺口修砌工程		工程地點	太平門附近富貴山後
訂約日期	卅六年十一月廿二日		承包總價	式仟三百玖拾萬元
開工日期	卅六年十一月廿四日		完工期限	十個晴天

立承攬人：協和營造廠　今承攬到
南京市工務局太平門附近富貴山後城墙缺口修砌工程
一切施工方法，願完全依照鈞局所派監工人員指示及頒發之各項圖樣説明等辦理。茲將工程範圍承攬
包價領款辦法及遵守條約訂定如下：
1. 工程範圍——
（1）砌磚墙
（2）填土
（3）鋪磚面
2. 承攬包價——本工程全部包價共計國幣：式仟三百玖拾萬元
詳細價目單附後。如有增減，按照實際驗收數量結算。
3. 領款辦法——
第一期：合同簽訂後，付總價百分之八十。
第二期：全部竣工，經驗收合格後付百分之二十（保留保固金 2.5%）。
4. 完工期限——本工程訂約後應於二日內開工，限 36 年 12 月 3 日以前全部完工。雨天加。逾期願
每日賠償局方損失國幣伍拾萬元。
5. 轉讓分包——本工程之任何部分未得局方同意，承攬人決不轉讓分包。
6. 工具材料——本工程之一切人工材料及應用工具設備，除特別規定者外，概由承攬人自備。其由
局方供給者，承攬人當負責保管。如有損失，照價賠償。
7. 工程管理——本工程如承攬人不能親自常駐工地時，當派富有工程經驗負責代表常駐工地，督率
施工并管理工人。此項代表如局方認爲不能稱職時，可隨時通知撤換之。
8. 保設防範——工地材料與已未完成之工程及工人等安全設備，概由承攬人負責。如有意外決不推
諉卸責。

9. 變更設計——本工程如有增減或變更設計時，一經局方通知，承攬人決無異議。所有增減或損失工料，均按實際數量，照詳細價目單計算之。

10. 工程查驗——本工程在進行期間，如發現材料窳劣、做法不合、工程不固或與圖樣說明書有不符之處，一經局方所派監工人員通知，當立即拆除重做。所有工料損失概歸承攬人負擔。

11. 工程玩忽——工程進行時，如承攬人任意延岩［宕］，願聽憑局方注銷承攬，另行設法完成。其因此發生之損失，概由承攬人負賠償之責，并願將所有工地上一切物件工程均暫交局方接收管理，俟工程完工後再行結算。

12. 工地清理——工程完竣後，工地廢弃材料及圾垃［垃圾］等，承攬人當先派工清除净盡，再報驗收。

13. 工程保固——本工程完竣後，保固期限爲　　年　　月。在保固期內如有裂損或坍塌情事，經查明係因工作草率或用料不佳所致者，由承攬人負責修復，不另取值。

14. 保證責任——承攬人如有偷工減料、中途停工或無力完工及其他情弊不能履行承攬條款時，本承攬之責任由保證人代負之，所有因此發生之一切損失概由保證人負責賠償。

15. 承攬附件——（1）說明書1份（2）圖樣1張（3）詳細價目單1張

承包商號：協和營造廠	保證商號：復興鐵工廠
負責人：何中訓	負責人：秦桂榮
地址：船板巷卅八號	地址：糖坊橋80號

備註：

局長　張丹如（印）　會計主任　沈秉鉞（印）　科長　蔡繼昭（印）　　　股長　　　主任　龔銓衡（印）

工程編號		南京市工務局				36 年 11 月　日	
合約編號		詳細價目單				共 1 頁第 1 頁	
工程名稱		城墙缺口修砌工程		工程地點		太平門附近富貴山後	
項次	項目	單位	數量	單價	共價	備註	
1	砌磚墙	m^2	30	6,900,000	20,700,000	底 50 吋 面 30 吋	
2	填土	m^2	58	40,000	2320000		
3	鋪磚面	m^2	22	40,000	880,000		
	總計				23,900,000		

承包商號：協和營造廠　　負責人：何中訓（印）

南京市工務局修砌城墙缺口工程施工說明書

（一）工程範圍：太平門附近富貴山後修砌城墙缺口。

（二）砌墙：墙底寬五十吋，面寬三十吋，內墙垂直外墙成一比五斜坡，用一比二石灰膠漿滿刀平砌，高與厚城墙等。砌前應將原墙面先行整理。

（三）填土：新砌墙與原城碟［堞］間填土及碎磚石，每五十公分厚加水夯實，禁止在城脚下取土，以免基礎鬆動。

（四）鋪磚面：填土處表面加鋪磚一層，平放，下墊五公分厚沙泥，務使平整。

（五）材料工具：一切工料由承包人擔負。

（六）完工整理：全部工程完工後，清除餘料，整理場面。

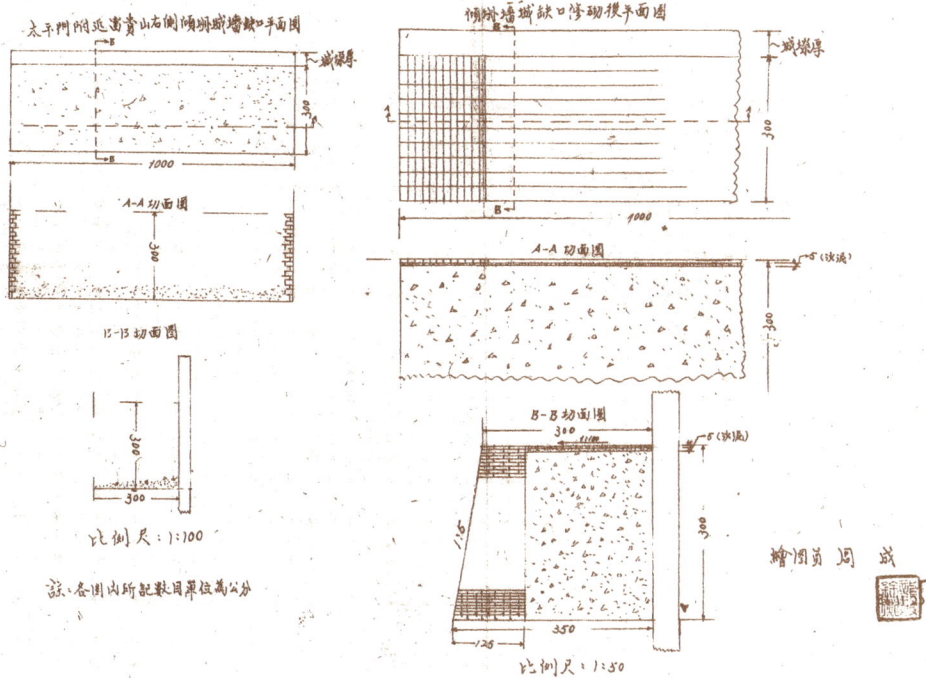

（《南京城墙檔案·城墙的修繕與堵塞（下）》，第 339—348 頁）

南京市工務局第二科爲派員與城區指揮部洽辦修理富貴山右側城墙缺口暨太平門城門致南京市工務局成賢區工務管理處函

（1947 年 11 月 24 日）

科函　二科發文 9088 號

查修整富貴山右側城墙缺口及太平門城門工程，茲抄送衛戍司令部代電一件，即希查照，派員隨時徑與城區指揮部洽辦爲荷。

此致

成賢區工務管理處

抄送衛戍司令部代電一件（原電附入復文府稿內）

科戳

十一·廿四

（《南京城墙檔案·城墙的修繕與堵塞（下）》，第 332 頁）

南京市政府爲富貴山右側城墻缺口暨太平門城門損壞各節已請工務局招商修理致首都衛戍司令部的代電

（1947 年 11 月 27 日）

南京市政府代電　府總工字第 11233 號

　　首都衛戍司令部張司令官真夫兄勛鑒：戍仁志第八四四號代電敬悉。關於富貴山右側城墻發現缺口及太平門城門損壞各節，已由工務局招商修理。除飭該局派員與城區指揮部洽辦外，特電復，請查照爲荷。弟沈〇。戍感[①]。府總工部。印。

十一月廿七日

（《南京城墻檔案·城墻的修繕與堵塞（下）》，第 333 頁）

南京市工務局成賢區工務管理處爲太平門城門修理完竣致南京市工務局的報告書

（1947 年 12 月 4 日）

南京市工務局報告書　成工字第〇三四四號

　　查太平門城門修理工程前經填具請示單□□准照辦在案。茲已修理竣事。理合檢同清單一紙、單據貳張，備文呈送。仰祈鑒核，俯賜撥款歸墊。謹呈

局長張

　　附呈清單一紙、單據二張

成賢區工務管理處主任 龔銓衡（印）　謹呈

民國三十六年十二月四日

（《南京城墻檔案·城墻的修繕與堵塞（下）》，第 349 頁）

南京市工務局成賢區工務管理處爲修復富貴山城墻第二、第三缺口致南京市工務局的報告書

（1947 年 12 月 4 日）

南京市工務局報告書　發文〇三四三

　　查富貴山後缺口除已修竣一個外，其餘尚有二個，經照標准，擬具預算，於十一月廿九日以成工字第〇三四〇號報呈在卷。竊以本局目前經濟奇緊，如照該項預算共一億三千餘萬辦理，事實上難於負擔。經改變計劃，重訂預算，第二缺口需款伍仟萬有零，第三缺口貳仟餘萬元。查

---

①戍感：十一月二十七日。

該缺口等正對主席官邸，又爲主席親見囑辦。國府警衛室主席官邸、衛戍司令部等屢電催辦，謂有關城防，擬請准予發包照修。又第三缺口正在富貴山頂後，缺口不大，踞城內不易望見，關係較小。如限於經費，該缺口似可暫緩修砌，以節公帑。如何？乞鈞奪示遵。

　　謹呈

局長張

　　附呈成字第 51B 號請示單連圖，一式四份

　　　　成字第 51C 號請示單連圖，一式四份

　　　　　　　　　　成賢區工務管理處主任　龔銓衡　謹呈

　　　　　　　　　　　　　民國三十六年十二月四日

工程編號		南京市工務局			
會計科目		工程請示單		請示單編號	成字第 51B 號
工程名稱		城墻缺口修砌工程	工程地點		太平門附近富貴山後
請示原因：據首都警察廳函稱：太平門迤東城墻缺口極關本市城防，請予修復，前經勘察完畢，第一缺口已請准發包（詳請示單成字第 50 號），第二缺口距第一缺口約 150 公尺，因限於經費，工作略予化簡，擬請發包修理。					
施工說明：第二缺口傾坍部分長約 14m，深 3m，墻厚（頂端）3m，玆爲節省工料，擬將外口墻牙依老樣砌至原來高度，裏口弧形部分，修理方正，撐子鋪平，暫不砌高，墻牙厚 30 吋，餘者平均厚 50 吋，向外部分砌 1/5 坡度。					
核算總價：國幣　50,072,000 元　預定：36 年 12 月 5 日開工；36 年 12 月 20 日完工					
請示部分：　　成賢區主任：龔銓衡（印）　　　　填單：　　　　36 年 12 月 2 日					
附件					
附注					
局長批示		會計室核		主管科核	
照辦 張丹如（印） 十二・八		在　什項工款　內開支超出預算		擬准照辦 由該區招商比價　蔡繼昭（印）	
		會計主任　沈秉鉞（印）十二月六日		第二科長　葉永初（印）12月5日	
		股　羅琦（印）		股	
		股		股	
年　月　日局　收文　字第　號					

說明：（一）請示單填寫四聯，批准後，一聯發還，一聯存主管科，一聯存會計室，一聯存卷。
　　　（二）工程編號由主管編填，會計科目由會計室填列，請示單編號由請示部分編填。
　　　（三）請示單經批准後，有關文件表報報銷等，應將工程編號及工程名稱并列。

預算細目

項次	項目	單位	數量	單價	共價	備註
						共1頁第1頁
1	青磚	塊	25,000	1,000	25,000,000	
2	石灰	擔	30	140,000	4,200,000	
3	沙泥	立公	6	120,000	720,000	
4	大工	工	40	90,000	3,600,000	
5	小工	工	160	50,000	8,000,000	
6	土方	立公	20	50,000	1,000,000	
7	搭架費	架	1	3,000,000	3,000,000	
					45,520,000	
8	管理費 10%				4,552,000	
	共計				$50,072,000	
	核對　龔銓衡（印）				計算　麥保曾（印）	

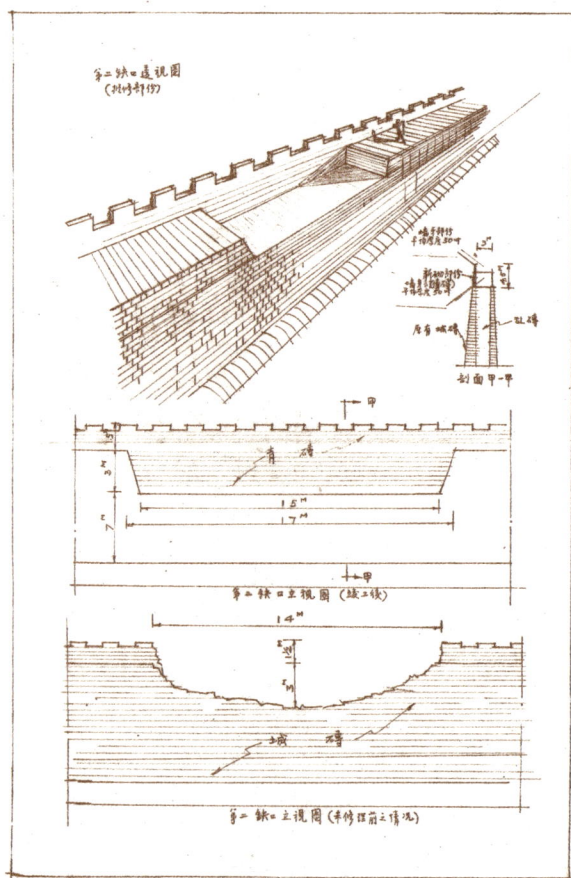

工程編號		**南京市工務局**			
會計科目		**工程請示單**		請示單編號	成字第 51C 號
工程名稱	城墻缺口修砌工程（第三缺口）		工程地點	太平門附近富貴山後	

請示原因：據首都警察函稱：太平門迤東城墻缺口極關本市城防，請予修復。第一缺口已請准發包，第三缺口在富貴山背後，業經勘察完畢，擬請發包修理。

施工説明：第三缺口傾坍部分爲圓洞狀，穿通整個墻身，洞徑（直徑）爲 3.5m，本段城墻厚度（平均）爲 4m。爲節省工料，擬將圓洞上端拆除，外口墻牙依老樣砌至原來高度，裏口沿墻身弧形部分修理方正，墻撺子鋪平。（做法如請示單第 51B 號）

核算總價：國幣 22,374,000 元　　預定 36 年 12 月 5 日開工　　　　36 年 12 月 16 日完工

請示部分：　　　　　　成賢區主任：龔銓衡（印）填單　　　　　　36 年 12 月 3 日

附件

附注

局長批示	會計室核		主管科核
如擬 張丹如（印） 十二·八	在 內開支　　超出預算		擬暫緩修理 　　　　　蔡繼昭（印）
	會計任主 [主任]　月　日		第二科長　12 月 5 日
	股		股
	股		股
年　月　日　局收文　字第　　號			

説明：（一）請示單填寫四聯，批准後，一聯發還，一聯存主管科，一聯存會計室，一聯存卷。
　　　（二）工程編號由主管科編填，會計科目由會計室填列，請示單編號由請示部分編填。
　　　（三）請示單經批准後，有關檔表報報銷等應將工程編號及工程名稱并列。

預算細目

					共 1 頁第 1 頁	
項次	項目	單位	數量	單價	共價	備注
1	青磚	塊	8,000	1,000	8,000,000	
2	石灰	擔	12	140,000	1,680,000	
3	沙泥	立公	3	120,000	360,000	
4	大工	工	20	90,000	1,800,000	
5	小工	工	100	50,000	5,000,000	包括運料工人
6	土方	立公	10	50,000	500,000	
7	搭架費	架	/	3,000,000	3,000,000	
					20,340,000	
8	管理費 10%				2,034,000	
	共計				$22,374,000	
	核對　龔銓衡（印）				計算　麥保曾（印）	

（《南京城墻檔案·城墻的修繕與堵塞（下）》，第 354—359 頁）

南京市工務局成賢區工務管理處爲富貴山後城墻第一缺口修砌竣工致南京市工務局的報告書

（1947 年 12 月 6 日）

南京市工務局報告書　成工字第〇三四八（？）號

　　查富貴山後城墻第一缺口修砌工程業已竣工，并經繪就竣工圖暨決算書、結算單等，理合檢呈各七份，仰祈鑒核俯賜轉請派員驗收，以利結束。謹呈

局長張

　　附呈竣工圖七份、工程決算書七份、工款結算單七份

成賢區工務管理處主任　龔銓衡（印）　謹呈

民國三十六年十二月六日

　　經會驗相符，擬准驗收。

葉永初（印）

十二・十一

蔡繼昭（印）

十二・十二

工程編號		**南京市工務局**		36 年 12 月 7 日	
會計科目		**工款結算表**		共 1 頁第 1 頁	
工程名稱	城墻缺口修砌工程		合約編號		
承包商號	協和營造廠		規定期限	十個晴天	
開工日期	36 年 11 月 24 日	完工日期	36 年 12 月 3 日	驗收日期	36 年 12 月 10 日
雨雪冰凍	天	核准延期	天	逾期日數	天
預算數			結算數		
承包總價	式仟叁百玖拾萬元		實做總價	式仟壹百柒拾陸萬元	
增加工款 1			核減工款 1		
增加工款 2			核減工款 2		
增加工款 3			核減工款 3		
增加工款 4			核減工款 4		
合計	式仟叁百玖拾萬元		應付工款	式仟壹百柒拾陸萬元	
驗收意見					
備注	本工程砌磚墻單價原以平方公尺作單位計算，後因所砌磚墻爲一不規則形狀，如附圖（二）示，惟墻平均厚度恰一公尺，故以立方公尺爲單位計算，單價則符（？）合原單價。				
局長：張丹如（印）　　會計主任：沈秉鉞（印）　　科長：蔡繼昭（印）　　股長　　主任：龔銓衡（印）　　填表：周成（印）					

工程編號		南京市工務局			36 年 12 月 7 日			
會計科目		工程決算書			共 1 頁第 1 頁			
工程名稱	城墻缺口修砌工程		工程地點		太平門附近富貴山右側			
開工日期	36 年 11 月 24 日	完工日期	36 年 12 月 3 日		驗收日期	36 年 月 日		
項目	單位	預算			決算			備注
		數量	單價	共價	數量	單價	共價	
砌磚墻	平公	30	690,000	20,700,000	28	690,000	19,320,000	
填土	立公	58	40,000	2320000	46	40,000	1,840,000	
鋪磚面	平公	22	40,000	880000	15	40,000	600,000	
總計				23,900,000			21,760,000	
計	結餘超出	國幣 2,140,000						

局長：張丹如（印）　會計主任：沈秉鉞（印）　科長：蔡繼昭（印）　股長　　　　主任：龔銓衡（印）
填表：周成（印）
審計部檢驗：方伯平（印）　　　　　　市政府複［復］驗　　　　　　工務局初驗

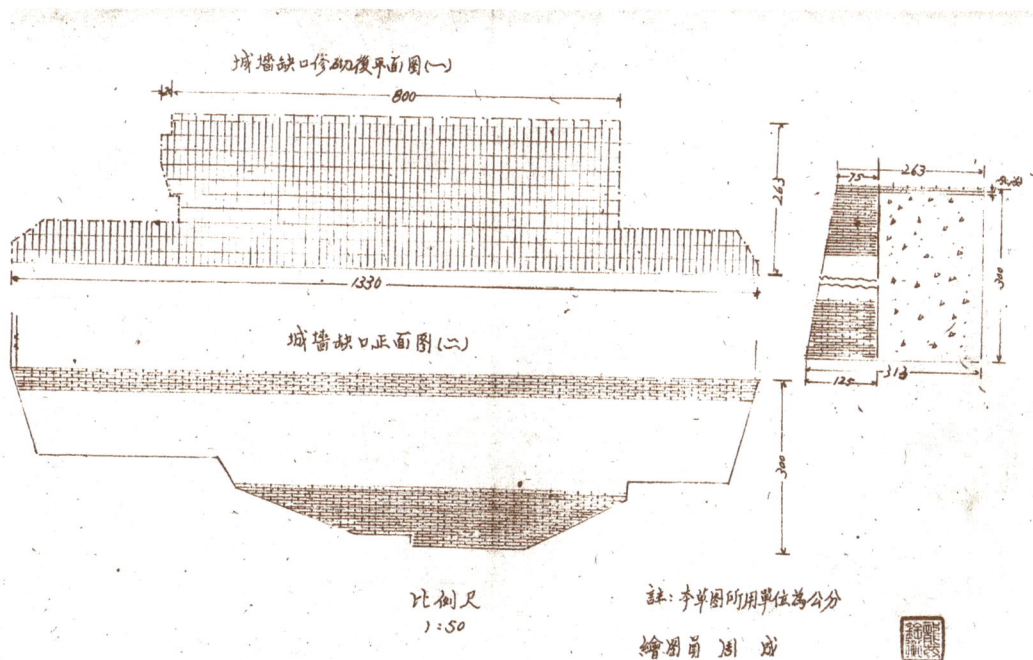

（《南京城墻檔案·城墻的修繕與堵塞（下）》，第 350—353 頁）

南京市工務局成賢區工務管理處爲修砌富貴山後城墙第二缺口開標情形致南京市) 工務局的報告書

(1947 年 12 月 12 日)

南京市工務局報告書　成工字第〇三五三號

　　查富貴山後第二缺口修砌工程，奉准發包辦理。經發交大華等三家估價，於十二月十二日開標，以協和營造廠五千一百八十萬元最低中標。特填具承攬，附同圖説，理合檢呈七份，仰祈鑒核示遵。謹呈

局長張

　　附呈協和營造廠等標單三份、開標紀録一份、承攬施工圖、施工説明書、詳細價目表七全份

成賢區工務管理處主任　龔銓衡　謹呈

民國三十六年十二月十二日

南京市工務局工程標單

工程名稱：修理城墻缺口工程
工程地點：太平門附近富貴山後　　　　　　　　　　　　　　36 年 12 月 8 日

項目	工程種類	工程説明	單位	數量	單價（元）	複價（元）	備考
1	砌磚墻	墻底厚50吋，面厚30吋，護墻平均厚25吋，墻身厚20吋	立公方	65	700,000	45,500,000	
2	修理	凹凸部分修理方正，并鋪磚面	座	1	4,300,000	4,300,000	用拆下之城磚鋪砌
3	搭架	在城墻外沿搭架，高約18m	架	1	2,000,000	2,000,000	
						中標 葉永初（印） 十二·十二	
	總計					51,800,000	

完工期限：十五天
投標廠商：協和營造廠
負責人：何中訓（印）
通訊處：南京長樂路三六六號　　　　　　　　　　　　　電話

南京市工務局工程標單

工程名稱：修理城墙缺口工程
工程地點：太平門附近富貴山後   36 年 12 月 8 日

項目	工程種類	工程説明	單位	數量	單價（元）	複價（元）	備考
1	砌磚墙	墙底厚 50 吋，面厚 30 吋，護墙平均厚 25 吋，墙身厚 20 吋	立公方	65	950,000.00	61,750,000.00	
2	修理	凹凸部分修理方正，并修磚面	座	1	7,000,000.00	7,000,000.00	用拆下之城磚鋪砌
3	搭架	在城墙外沿搭架，高約 18m	架	1	4,400,000.00	4,400,000.00	
	總計					73,150,000.00	

完工期限：式拾天
投標廠商：聯合成記營造廠
負責人：汪志銘
通訊處：丹鳳街 149 號   電話：

南京市工務局工程標單

工程名稱：修理城墙缺口工程
工程地點：太平門附近富貴山後   36 年 12 月 8 日

項目	工程種類	工程説明	單位	數量	單價（元）	複價（元）	備考
1	砌磚墙	墙底厚 50 吋，面厚 30 吋，護墙平均厚 25 吋，墙身厚 20 吋	立公方	65	900,000.00	58,500,000.00	
2	修理	凹凸部分修理方正，并修磚面	座	1	5,500,000.00	5,500,000.00	用拆下之城磚鋪砌
3	搭架	在城墙外沿搭架，高約 18m	架	1	5,000,000.00	5,000,000.00	
	總計					69,000,000.00	

完工期限：式拾晴天
投標廠商：大華建築公司
負責人：鄭翰（印）
通訊處：鄧府巷 15 號之一   電話：

（編者按：以上三張標單均有方伯平、羅琦印。）

南京市工務局修理富貴山城墻工程開標紀錄

日期：三十六年十二月十二日上午十時

地點：本局會議室第二科

出席人：審計室代表

市政府代表

工務局

出席廠商

開標結果：聯合成記營造廠　　　總價：73150000.00

　　　　　大華建築公司　　　　　　69000000.00

　　　　　協和營造廠　　　　　　　51800000.00

決標結果：以協和營造廠爲最低，總價：伍仟壹佰捌拾萬元正　　中標

工程編號		南京市工務局		合約編號	攬字 55 號
會計科目		工程承攬單		請示單編號	成字第 51B 號
工程名稱	城墻缺口修砌工程		工程地點		富貴山後第二缺口
訂約日期	卅六年十二月十三日		承包總價		51,800,000 元
開工日期	卅六年十二月十六日		完工期限		十五個晴天

立承攬人：協和營造廠　　今攬承到
南京市工務局：富貴山後第二城墻缺口修砌　　工程
一切施工方法，願完全依照鈞局所派監工人員之指示及頒發之各項圖樣説明書等辦理。茲將工程範圍、承攬包價、領款辦法及遵守條約訂定如下：
1. 工程範圍——
（1）修砌外磚，清護墻皮墻身
（2）修葺內缺口
（3）鋪磚面
（4）砌階梯
2. 承攬包價——本工程全部包價共計國幣：伍仟壹佰捌拾萬元
詳細價目單附後，如有增減，按照實際驗收數量結算。
3. 領款辦法——
第一期　承攬簽訂後，付總價百分之八十。
第二期　竣工并經驗收合格後，付清尾款（保留 2.5% 保證金）。
4. 完工期限——本工程訂約後，應於 3 日內開工。限 36 年 12 月 30 日以前全部完工。雨天照加。逾期願每日賠償局方損失國幣壹百萬元。
5. 轉讓分包——本工程之任何部分未得局方同意，承攬人決不轉讓分包。
6. 工具材料——本工程之一切人工材料及應用工具設備，除特別規定者外，概由承攬人自備，其由局方供給者，承攬人當負責保管。如有損失，照價賠償。
7. 工程管理——本工程如承攬人不能親自常駐工地時，當派富有工程經驗負責代表常駐工地督率施工，并管理工人。此項代表，如局方認爲不能稱職時，可隨時通知撤換之。

8. 保護防範——工地材料與已未完成之工程及工人等安全設備，概由承攬人負責。如有意外，決不推諉卸責。

9. 變更設計——本工程如有增減或變更設計時，一經局方通知，承攬人決無異議。所有增減或損失工料，均按實際數量照詳細價目單計算之。

10. 工程查驗——本工程在進行期間，如發現材料窳劣、做法不合、工程不固或與圖樣說明書有不符之處，一經局方所派監工人員通知，當立即折〔拆〕除重做，所有工料損失概歸承攬人負擔。

11. 工程玩忽——工程進行時，如承攬人任意延岩〔宕〕，願聽憑局方注銷承攬另行設法完成。其因此發生之損失，概由承攬人負賠償之責，并願將所有工地上一切物件工程均暫交局方接收管理，俟工程完工後再行結算。

12. 工地清理——工程完竣後，工地廢棄材料及圾垃〔垃圾〕等承攬人當先派工清除淨盡，再報驗收。

13. 工程保固——本工程完工後，保固期限爲0年3月。在保固期內如有裂損或坍塌情事，經查明係因工作草率或用料不佳所致者，由承攬人負責修復，不另取值。

14. 保證責任——承攬人如有偷工減料、中途停工或無力完工及其他情弊，不能履行承攬條款時，本承攬之責任由保證人代負之。所有因此發生之一切損失，概由保證人負責賠償。

15. 承攬附件——（1）說明書1份（2）圖樣1張（3）詳細價目單1張

承包商號：協和營造廠	保證商號：南京崔謹記磚瓦砂石廠
負責人：何中訓	負責人：崔鐘鳴（印）
地址：長樂路366號	地址：磨坊巷3號
備注：	

局長：張丹如（印） 會計主任：沈秉鉞（印） 科長：蔡繼昭（印） 股長：　　主任：龔銓衡（印）

工程編號		南京市工務局		36年12月13日	
合約編號		詳細價目單		共1頁第1頁	
工程名稱	城牆缺口（第二）修砌工程		工程地點	太平門富貴山後	
項次	項目	單位	數量	單價	共價	備註
1	砌城牆	立公方	65	700,000	45,500,000	
2	修理內缺口	座	1	4,300,000	4,300,000	
3	搭架	架	1	2,000,000	2,000,000	
總計					51,800,000	

承包商號：協和營造廠　　　　負責人：何中訓（印）

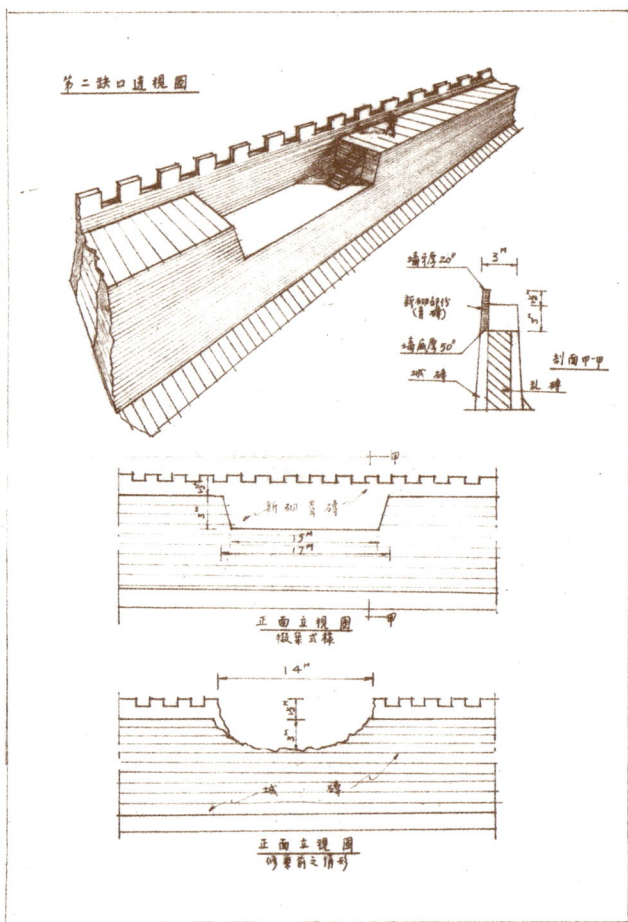

第二缺口透視圖

墙頂厚20"   3"
新砌眉磚(青磚)
墙底厚50"
坏磚   剖面甲-甲
乱磚

十-甲
新砌青磚
15"
12"
正面立視圖
假草式樣

14"
城　　磚
正面立視圖
修葺前之情形

南京市工務局修砌城墙缺口工程施工説明書

一、工程範圍

　　太平門附近富貴山後修砌城墙缺口（第二缺口）

二、砌墙

　　墙底厚五吋，面厚三十吋，護墙底厚三十吋，面厚二十吋，墙牙厚二十吋，內沿垂直砌做，外沿成一比五斜度，用1：2石灰膠漿滿刀平砌，墙牙尺寸應與原有者相同。

三、修葺

　　內缺口及墙身鬆脱及凹凸部分予以修齊，拆下之城磚留作鋪面之用。

四、鋪磚面

　　修理缺口拆下之城磚，用以鋪面做一百比一之坡度向城內瀉水。

五、材料工具

　　一切工料由承包人擔負。

六、完工整理

　　全部工程完工後，清除餘料，整理場面。

（《南京城墻檔案・城墻的修繕與堵塞（下）》，第 360—371 頁）

南京市工務局爲修砌富貴山右側城墻缺口等工款列支事宜致南京市政府呈

（1947 年 12 月 16 日）

南京市工務局呈　（卅六）京工二字第七五〇〇號

　　查本局前奉鈞府交下首都衛戍司令部暨國府警衛室代電：爲"主席官邸樓臺對過，富貴山右側城墻缺口甚大。請派員查勘修葺。又太平門城門鎖鏈，亦應添配完整，以重城防"等因。當經派員查得富貴山右側城墻，共有缺口三處，其第一第二缺口，關係城防，確屬重要，急應予以修復。經估算工款，計第一缺口，需貳仟伍百捌拾柒萬貳千元。第二缺口，計需國幣伍仟零柒萬貳仟元。添配太平門城門鎖鏈，需款陸拾壹萬壹仟貳百伍拾元，共計柒仟陸百伍拾伍萬伍仟貳百伍拾元。擬在雜項工程費內列支。所有第三缺口，係在富貴山山頂後面，且缺口不大，對於城防無甚關礙。因格〔恪〕於經費，擬予緩辦。理合具文呈報，仰祈鑒核備案。謹呈

市長沈

副市長馬

代理工務局局長　張丹如

中華民國三十六年十二月十六日

（《南京城墻檔案・城墻的修繕與堵塞（下）》，第 372—373 頁）

南京市政府爲修砌富貴山右側城墻缺口等工款列支事宜致南京市工務局的指令

（1947 年 12 月 30 日）

南京市政府指令　（卅六）府總會字第 12362 號

　　令工務局：

　　三十六年十二月十六日京工二字第 7500 號呈一件：爲呈以修理富貴山城墻缺口二處及太平門城門鎖鏈，共需七六,五五五,二五〇元。擬在雜項工程費項下列支。所有第三處缺口，因格〔恪〕予〔於〕經費，擬予緩辦。仰祈核備由。

　　呈悉。准予備案。仰即知照。

此令。

市長　沈怡

中華民國三十六年十二月三十日

（《南京城墙檔案·城墙的修繕與堵塞（下）》，第 374—375 頁）

南京市工務局成賢區工務管理處爲富貴山後城墻第二缺口修砌工程竣工請驗收致南京市工務局的報告書

（1948 年 1 月 9 日）

南京市工務局報告書　（37）成工字第○○四號

　　查富貴山後城墙第二缺口修砌工程，業告竣工。經已繪就竣工圖，并填具工程決算書及工款結算表等。理合檢呈各七份。仰祈鑒核，俯賜轉請派員驗收，以利結束。

　　謹呈

局長原

　　附呈竣工圖七份、工程決算書七份、工款結算表七份

成賢區工務管理處主任　龔銓衡　呈

經驗尚符，擬准驗收。

呂宸基（印）　蔡繼昭（印）

元·十四

准令驗收。

欣

三七,一·十五

工程編號		南京市工務局		37 年 1 月 9 日	
會計科目		工款結算表		共 1 頁第 1 頁	
工程名稱		城墙缺口修砌工程		合約編號	
承包商號		協和營造廠		規定限期	十五個晴天
開工日期	36 年 12 月 16 日	完工日期	37 年 1 月 2 日	驗收日期	37 年 1 月　日
雨雪冰凍	3 天	核准延期	天	逾期日數	天
預算數			結算數		
承包總價	伍仟壹百捌拾萬元		實做總價		伍仟壹百捌拾萬元
增加工款 1			核減工款 1		

增加工款 2		核減工款 2	
增加工款 3		核減工款 3	
增加工款 4		核減工款 4	
合計	伍仟壹百捌拾萬元	應付工款	伍仟壹百捌拾萬元
驗收意見	方伯平（印）		
備注			
局長：原素欣（印）	會計主任：沈秉鉞（印）	科長：蔡繼昭（印）	股長：	主任：龔銓衡（印）	填表：周成（印）

工程編號		南京市工務局			37 年 1 月 9 日	
會計科目		工程決算書			共 1 頁第 1 頁	
工程名稱		城墻缺口修砌工程		工程地點	富貴山後第二缺口	
開工日期	36 年 12 月 14 日	完工日期	37 年 1 月 2 日	驗收日期	37 年 1 月　日	

項目	單位	預算			決算			備注
		數量	單價	共價	數量	單價	共價	
砌磚墻	立公方	65	700,000	45,500,000	65	700,000	45,500,000	
修理内缺口	座	1	4,300,000	4,300,000	1	4,300,000	4,300,000	
搭架	架	1	2,000,000	2,000,000	1	2,000,000	2,000,000	
總計				51,800,000			51,800,000	

計　結餘
超出　國幣　　　　　　　　　　0.000

局長：原素欣（印）　　會計主任：沈秉鉞（印）　　科長：蔡繼昭（印）　　股長：
主任：龔銓衡（印）　　計算：周成（印）
審計部監驗：方伯平（印）　　　　市政府複［復］驗：　　　　　　　工商局初驗：呂宸基（印）

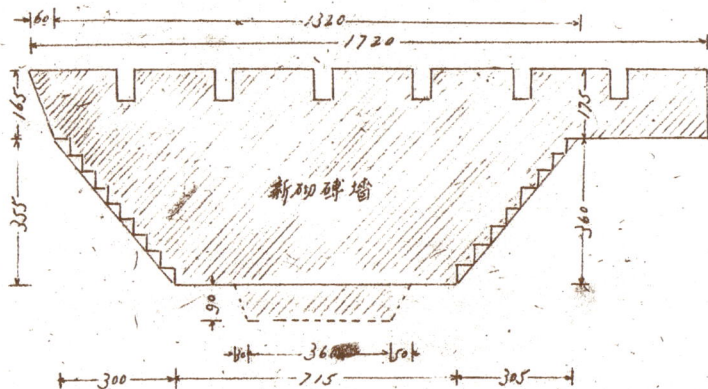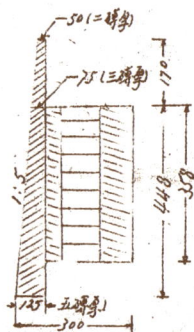

新砌磚牆

城墻第二缺口竣工正面圖

核工側面圖

註：本草圖所列用單位爲公分。

（《南京城墙檔案·城墙的修繕與堵塞（下）》，第 376—379 頁）

南京市工務局成賢區工務管理處關於修砌富貴山、太平門附近城墙的工程請示單及預算細目、工程草圖

（1948 年 7 月 31 日）

工程編號		南京市工務局			
會計科目		工程請示單		請示單編號	成字 129 號
工程名稱	修砌城墙缺口、傾坍、城垜等工程		工程地點		富貴山太平門附近
請示原因：爲遵令修砌					
施工説明：1. 整理應修砌部分					
2. 就地掘取或拾取舊城磚					
3. 砌墻并用 1：2 石灰沙泥漿嵌縫、鑲砌，見附圖					
4. 填土并逐層夯實					
核算總價：			預定 37 年 8 月開工　37 年　　月　　日完工		
請示部分：	成賢區工務管理處主任：龔銓衡（印）　填單：				37 年 7 月 31 日

附件：草圖乙件		
附注：青磚材料就當地情形，無法全部取用		
局長批示	會計室核	主管科核

照發			擬照發
	在內開支　超出預算		金超 八・十

	欣 八・十二	會計主任　　月　日		第　科長　　月　日	
		股		股	
		股		股	

年　月　日局收文　字第　號	

說明：（一）請示單填寫四聯，批准後一聯發還，一聯存主管科，一聯存會計室，一聯存卷。
　　　（二）工程編號由主管科編填，會計科目由會計室填列，請示單編號由請示部分編填。
　　　（三）請示單經批准後，有關文件表報報銷等，應將工程編號及工程名稱並列。

預算細目

項次	項目	單位	數量	單價	共價	備考
1	青磚（$2'' \times 5'' \times 10''$）	塊	9600			城墻缺口用
2	片石	立公	11			城墻缺口用
3	填土	立公	19			城墻缺口用
4	石灰	擔	27			城墻缺口用
5	沙泥	立公	5			城墻缺口用
6	大工	工	50			城墻缺口用
7	小工	工	150			城墻缺口用
8	片石	立公	15			城墻傾坍部分用
9	石灰	擔	9			城墻傾坍部分用
10	沙泥	立公	2.5			城墻傾坍部分用
11	大工	工	30			城墻傾坍部分用
12	小工	工	90			城墻傾坍部分用
13	青磚（$2'' \times 5'' \times 10''$）	塊	7000			城垛用
14	石灰	擔	20			城垛用
15	沙泥	立公	3			城垛用
16	大工	工	40			城垛用
17	小工	工	1020			城垛用
	共計					

核對：麥保曾（印）　　　　　　　　計算：周成（印）

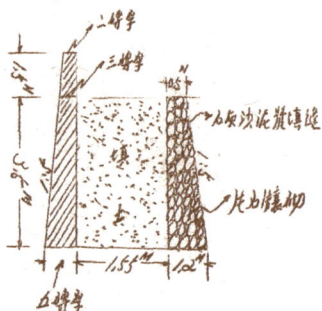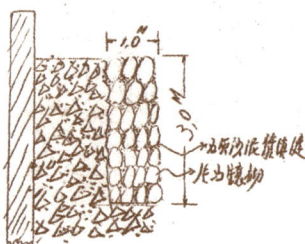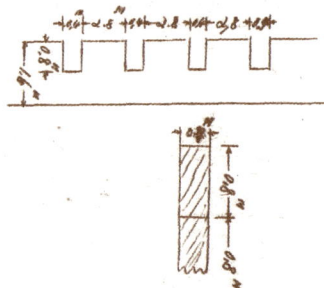

《南京城墙檔案·城墙的修繕與堵塞（下）》，第 443—445 頁

五、修理富貴山與前湖間一段城墙

首都衛戍總司令部爲請修理富貴山與前湖間靠蔣介石官邸近處城墙
致南京市政府的代電

（1948 年 3 月 4 日）

首都衛戍總司令部代電　戍利志字第 0699 號

　　南京市沈市長君怡兄勛鑒：查南京市城墙部分之修理，業經本部（卅七）子寢[①]戍仁幄志字第○三六九號電請貴府修理在案。本部最近視察本市城防工事，查富貴山與前湖之間，靠主席官邸近處損壞極大（此爲橢圓形之損壞漏斗，長約 50m，闊約 30m，深約 2m），若不即行修理，久雨後該地城墙即有倒塌之虞。特電請查照辦理，賜復爲荷。弟孫連仲。（卅七）寅東[②]。戍利二志。印。附富貴山與前湖間城墙損壞位置要圖乙份。

中華民國三十七年三月四日

[①] 子寢：一月二十六日。
[②] 寅東：三月一日。

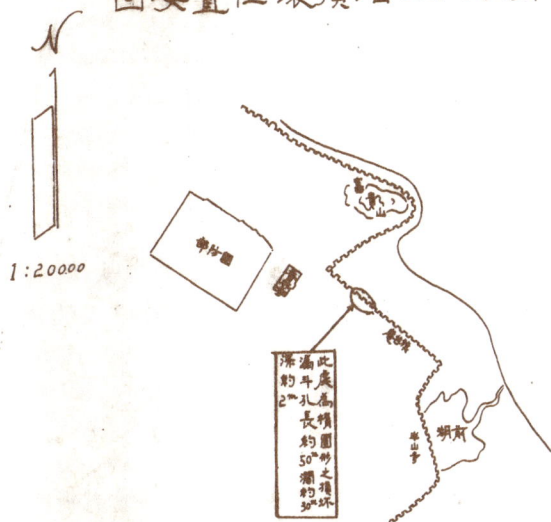

富貴山與前湖間城牆損壞位置要圖

擬交工區設法勘修，并先行擬復。

劉馨（印）

三・六

交成賢區勘修并先行電復。

欣

三・九

（《南京城墙檔案・城墙的修繕與堵塞（下）》，第 555—557 頁）

南京市政府爲請修理富貴山與前湖間一段城牆致首都衛戍總司令部的代電

（1948 年 3 月 11 日）

南京市政府代電 （卅七）府總工字第 2360 號

　　首都衛戍總司令部公鑒：寅東戌利二志代電敬悉。富貴山與前湖間一段城牆，已飭工務局轉令成賢區工務管理處派員勘修。特電復，請查照爲荷。南京市政府。寅真[①]。府總工。印。

（《南京城墙檔案・城墙的修繕與堵塞（下）》，第 558 頁）

---

①寅真：三月十一日。

第三節 修理太平門至中山門一帶城墻

一、修理中山門外城

南京特別市市政府爲修理中山門外城及掃除中山路旁瓦礫
致南京特別市政府工務局的訓令

(1929 年 5 月 29 日)

訓令 第一六九二號

　　爲令飭事。秘書處案呈准工務局函復開，"以准貴處移付開，以奉安辦公處函請飭屬迅將中山門外城垣妥爲修葺，并將中山大道沿途兩旁掃除整理一案。奉批交敝局辦理，并檢同原件移付查照等因。准此，查此案前奉市長諭，飭前因節，經敝局遵即派員，率同工人數百名，分別辦理在案。所有中山門外一切應整理之處，及套城墻垛，業將修理完竣；至清除中山路沿途兩旁瓦礫等項，現均正在填壓之中，不日即可完竣。茲准前因，於應將趕辦此案情形，并檢同原件，一并函復，即祈查照爲荷"等情前來。合行令仰該局長即便遵照，趕速填竣，以重大典，而利交通。切切。此令。

市長 劉紀文

十八年五月二十九日

(《首都市政公報·公牘》，1929 年第 37 期，第 57 頁)

二、修理太平門至中山門一段城墻

南京市工務局爲請核發修理太平門至中山門一帶城墻工款致南京市政府呈

(1936 年 11 月 2 日)

呈　密字第一四八號

　　案查前奉鈞府交下軍事委員會辦公廳函，請修理太平門至中山門一帶城垛及太平門至臺城一帶城墻一案，下局。即經本局擬具預算，代擬府稿，呈請軍事委員會轉飭軍政部軍需署撥款，以利進行。嗣於本年九月三十日，奉鈞府交下軍政部本年九月二十五日豐丁字第三三三九號密函一件，爲"奉軍事委員會交下貴府請將承修太平門至中山門一帶城墻費用，由軍費支付一案。奉批‘派員實地調查，將緊要地點，先行修復’等因，請查照迅辦由。奉批‘密交工務局迅速辦理’”等因。奉經遵照由局會同參謀本部及警備司令部派員詳細查勘，商定先將太平門至中山門一帶城牆，招工承修，預算約需工款伍仟叁百伍拾玖元玖角肆分，并照數造具補助費直式預算書，代擬府稿，於本年十月六日，以工密字第五八號公函，送請軍政部查照核撥各在案。惟查此項工程，關係緊要，且奉飭迅辦，而工款已准，軍政部函知由部支給。爲從速施工起見，爰經由局招由包工尹祥記承包，計包價伍仟貳百捌拾肆元玖角捌分，核在所估預算之內。經簽訂合同，繕具分期付款表，函請財政局會核，登記簽章，并請該局派員赴部領款轉給。兹准該局將合同會核蓋章送局，除由局督促包工積極進行外，理合檢同合同一份，請撥臨時費通知單一紙，具文呈送，仰祈鈞府鑒核，俯准備案，并飭財政局核撥工款，以資應付。謹呈

市長馬

計呈送合同一份、請撥臨時費通知單一紙

工務局局長 宋希尚

中華民國二十五年十一月二日

南京市工務局工程合同

C字第二四七號

工程名稱　　　修理太平門至中山門一段城牆工程

承包人　　　　尹祥記營造廠

工程總價　　　伍仟貳百捌拾肆元玖角八分

決算總價

開工日期　　　廿五年十月十日

完工日期　　　叁拾晴天

逾期罰款　　　按日罰洋伍拾元

市府驗收日期

財政局第一科編審股登記訖（章）

南京市工務局（以下簡稱甲方）與

承包人尹祥記營造廠（以下簡稱乙方）

兹爲建築修理太平門至中山門一段城牆工程，經雙方同意，訂立合同如左。

一、工程範圍：詳說明書及單位價目表

二、乙方於簽訂合同時，須向甲方繳納工程保證金貳佰伍拾元，領取收據。俟本合同所規定之工程全部完竣，毫無貽誤，并經市政府驗收合格後六月，乙方得憑收據向甲方將該項工程保證金領回。

三、本工程之設計圖樣及施工細則，係屬本合同之一部分，乙方均已瞭解清楚，并無疑問。不明之處，均願切實遵照辦理，絕不藉端推諉，請求加賬。

四、本工程進行期中所需一切人工材料、機器工具及一切設備等，除另有規定者外，均由乙方供給之。

五、本工程進行期中，所有詳細施工圖樣均由甲方隨時補充，乙方均應遵照辦理。如乙方對於補充詳圖上所規定的之工料，有認爲不應包括於本合同之內者，應在該項工程未進行之先，以書面向甲方磋商，允可後方爲有效。

六、本工程詳細價目另表開列爲本合同之一部分。

七、本工程進行期中，如經甲方認爲在設計上或工作上必須變更工程設計圖樣或施工細則時，得於事前通知乙方遵照辦理。凡因變更設計圖樣或施工細則，以致工料數量有增減時，其增減工料價格應按照詳細價目表內所開之單位價格計算，於工程總包價內分別增加或減除之。

八、本工程所有細微之處，未能盡載明於圖樣及施工細則中而爲工程上所必要者，乙方均應照甲方監工人員指示做全，不得推諉，并另索造價。

九、乙方非得甲方之書面允許，不得以本工程之任何部分轉包他人。

十、本工程自簽訂合同之日起，乙方即須將人工、材料、工具運往工次。自通知開工之日起限叁拾晴天內完工，不得逾限。如逾限期，乙方願按日罰洋伍拾元，甲方得由應付工款或工程保證金內扣除之。但遇風雨冰雪、天災地變，實在不能工作之日，經甲方之監工人員書面證明，呈由甲方批准展期者，不在此限。

十一、本市有關工程之章程及建築規則，乙方均應遵照辦理。

十二、本工程造價之付款標準規定如左：

　　　　本工程造價共計國幣伍仟貳百捌拾肆元玖角捌分，共分四期付款：

　　　　第一期：開工十日後，照已成工程及到工材料估價，以八成計算付款；

　　　　第二期：開工二十日後，照已成工程及到工材料估價，以八成計算，除已付數付款；

　　　　第三期：全部完竣，經本局查驗無誤後，照實做工程以九成計算，除已付數付款；

　　　　第四期：市府驗收合格後，掃數付清。

十三、每次領款時，乙方須先報請驗收經由甲方派員查驗合格後，發給領款收據三聯單，由乙方持向本局總務股領取之。

十四、乙方須派遣富有本工程經驗之監工人員常川在工督察，并須服從甲方監工人員之指揮。如乙方監工人員有不稱職時，甲方得通知乙方即時撤換之。

十五、本工程所用各種材料應先由乙方將樣品送呈甲方查驗，認爲合格後方得采用。所有乙方運到工次之材料，經甲方查覺與呈驗合格樣品之材料不符時，乙方即須全數運出工場，另辦合格新料呈驗應用。

十六、本工程在進行期間，如經甲方查出工料與設計圖樣或施工細則不相符合時，乙方應立即拆卸并依照設計圖樣或施工細則重行建造。所有時間及金錢之損失，概歸乙方負擔。

十七、本工程施工期內，如需斷絕交通或需借用公地堆積材料時，乙方應先期以書面請求甲方核准。

十八、乙方在工作地點，日間應設置紅旗，夜間應懸挂紅燈，以保行人安全。倘因疏忽以致發生任何意外之事，均由乙方自行負責處理之。

十九、本工程進行中，倘損及人畜或公私建築物，由乙方負責賠償。

二十、凡遇不適宜工作之天時，乙方應遵照甲方監工人員之指示，將工程全部或一部暫停工作，并須設法保護已成之工程，以免損壞。

二十一、本工程在開工以後、市政府驗收以前，所有一切已成工程，均由乙方負責保護。倘因天災人事等不測事故，工程一部或全部發生損壞時，乙方應負責修理或重行建築。

二十二、所有乙方之工匠人等之食宿等事，皆由乙方自行處理。乙方并應約束工人，不得有軌外行動，倘有滋生事故，應由乙方自行負責處理之。

二十三、全部工程經市政府派員驗收無誤後，乙方應立具保固切結，保固壹年〇月。倘於保固期內，本工程發現裂縫或傾陷等情事，經甲方查明係由材料不佳或工作不善所致者，乙方應負責出資修理，不得藉詞推諉。

二十四、本工程進行期間，乙方因故停止工作或不履行合同時，經甲方書面通知後，三日內仍不遵照工作者，得由甲方一面通知保證人，一面另雇他人工作。所有場內之材料器具及一切設備等概歸甲方使用。所有甲方因雇工續造工程之費用及延期損失等，仍歸乙方負擔，由甲方於工程造價及保證金內扣除之，不足之數應由保證人賠償。

二十五、乙方遇有意外事故不能負責完工時，本合同之責任應由保證人負擔，所有甲方另雇他人續造之工價及一切損失，均由保證人賠償。

二十六、本合同及附件共繕成同樣四份，二份呈送南京市政府備案，其餘二份由甲乙兩方各執一份爲憑。

二十七、本合同之附件計開：

    設計圖樣〇份，計〇張

    施工細則一份，計一張

    詳細價目表一份，計一張

其他附件

南京市工務局局長：〈宋〉希尚（印）

科長：梅成章（印）

主任：胡英才（印）

經辦人：

承包人店號：尹祥記營造廠

負責人：尹如祥

住址：白下路三三八號

保證人店號：悦記豫立森木廠

負責人：王志悦

住址：白下路二九九號

對保人：陳詔芝（印）

南京市工務局

中華民國二十五年十月九日

修理城墙施工細則

一、砌城堞及城墙時，俱用一比二石灰黃沙，并將内部空隙全行灌滿。

一、在崩塌缺口處及附近三百公尺内，承包人應儘量收集零散城磚，運到工作地點應用，不給磚價及運費。

一、承包人向民間收買之城磚，所有地點及數目，須先行報告本局，再由本局請憲兵司令部派員檢驗後，始准起運應用。

一、承包人將收買之城磚，運到城上時，應請本局監工員復點後，再行運去應用。

一、承包人向民間收買之城磚，及各項應用材料，准由本局發給旗幟，以資認識，而便通行。

一、崩塌處所需搭鷹架等設備，由承包人自行辦理，不另給價。

一、承包人須遵守本局其他一切工程規則。

南京市工務局

修理太平門至中山門一段城墙　工程單位價目表

第　頁

種類	形狀	單位	數量	單價（元）	總價（元）	備考
城堞		立公	263	7.00	1841.00	用 1：2 石灰黄沙砌
添城磚		塊	25511	0.135	3443.98	磚價連運費
共計：5284.98 元						

（《南京城墙檔案·城墙的修繕與堵塞（上）》，第 218—232 頁）

南京市工務局爲請派員驗收修理太平門至中山門一段城墙并轉飭財政局核撥工款致南京市政府呈

（1936 年 11 月 19 日）

呈　密字第一八一號

　　案查修理太平門至中山門一段城墙工程，前經本局交由尹祥記承包，計包價洋伍千貳百捌拾肆元玖角捌分，并與簽訂合同，送經財政局會核，登記竣事，連同請撥臨時費通知單，呈請鈞府鑒核備案在案。兹查是項工程，已於十月三十日先期完成，經派員檢驗，大致尚無不合，計修理城堞二六三五方公尺，并添城磚二五五一一塊，應實支工款伍千貳百捌拾肆元玖角捌分，適與原包價數目相符。至本案工款，曾經照預算額伍千叁百伍拾玖元玖角肆分，造具補助費直式預算書，代鈞府擬稿，於本年十月六日以工密字第五八號函送軍政部查照核撥，并函請財政局派員赴部具領在案。兹定於十二月八日上午九時在本局齊集前往驗收，除檢同決算書及施工細則各三份，代鈞府擬稿，呈請軍事委員會會驗外，理合檢同決算書一份及施工細則一份，具文呈送，仰祈鑒核，俯賜派員屆時莅局，會同前往驗收，用昭核實，并請將前者請撥臨時費呈迅賜指令暨轉飭財政局核撥工款，以應支付。謹呈

市長馬

　　附呈決算書及施工細則各一份

工務局局長　宋希尚

中華民國二十五年十一月十九日

修理太平門至中山門一段城墙工事決算書（共 1 頁）

字第　　號　　　　　　　　　　　　　　　　　　　　　　　第 1 頁

合同號數		C1147 號	規定期限	30 天
承包人		尹祥記	雨雪冰凍	天
開工日期		25 年 10 月 10 日	核准延期	天
全部分 一部分	工竣日期	25 年 10 月 30 日	逾期日數	天
預算			決算	
原來預算或 原合同所訂	總價	5284.98 元	承包人實做工程費額	5284.98 元
第一次追加				
第二次追加				
共計		5284.98 元	净付承包人	5284.98 元
附注				
實做工程詳細表				

種類	形狀	單位	數量	單價（元）	總價（元）	備考
城堞		立公	263	7.00	1841.00	
添城磚		塊	25511	0.135	3443.98	
					5284.98 元	

25 年 11 月 3 日　沈榮伯（印）　計算：陳鴻鼎（印）　主任：胡英才（印）　科長/技正：梅成章（印）
局長：希尚（印）

　　請派員驗收（兹送合同等件尚在參事室審核中）。

　　　　　　　　　　　　　　　　　　　　　　　　　　　潘丙（印）

　　　　　　　　　　　　　　　　　　　　　　　　　　　十一·廿一

派張參事。

　　　　　　　　　　　　　　　　　　　　　　　　　　　馬超俊

　　　　　　　　　　　　　　　　　　　　　　　　　　　十一·廿一

（《南京城墙檔案·城墙的修繕與堵塞（上）》，第 233—237 頁）

南京市政府爲飭撥修理太平門至中山門段城墻工程款
給南京市工務局、財政局的密指令

（1936 年 11 月 30 日）

密指令 11904 號

令工務局：

本年十一月二日密字第一四八號密呈一件。呈送修理太平門至中山門一帶城墻合同等件，祈鑒核撥款由。

呈件均悉。據呈合同等件，察核尚無不合，應准照辦，所需工款，已飭財政局如數籌撥。仰即編造支付預算，徑函領用。事竣，呈請驗收并遵章造報。件存，此令。

密令 11904 號

令財政局：

案據工務局呈請"飭撥修理太平門至中山門一帶城堞工款伍千貳百捌拾肆元玖角捌分應用"等情，附呈合同等件到府。據此，查此項工程在軍政部工款未經撥到以前，已經函准軍政部擔任全部工款，所呈合同亦經該局事前登記，在軍政部工款未經撥到之前，應由該局先撥應用。除指令外，合行令仰該局遵照如數籌撥具報。此令。

中華民國廿五年十一月卅日

（《南京城墻檔案·城墻的修繕與堵塞（上）》，第 238—241 頁）

南京市政府參事張劍鳴關於驗收太平門至中山門段城墻工程的簽呈

（1936 年 12 月 16 日）

簽呈 第 9312 號

奉派驗收修理太平門至中山門一段城墻工程，遵經會同軍事委員會警備司令部代表會驗。查得所做工程，尚無不合，僉認爲可准驗收。奉派前因，理合將驗收情形，報請鑒核。謹呈

市長馬

附原呈一件（附件如原呈）

職 張劍鳴

二五年十二月十六日

（《南京城墻檔案·城墻的修繕與堵塞（上）》，第 242 頁）

南京市政府爲驗收太平門至中山門段城墻工程准予備案給南京市工務局的密指令

（1936 年 12 月 18 日）

密指令　12539 號

　　　令工務局：

　　本年十一月十九日密字第一八一號密呈一件。爲呈請派員會同驗收修理太平門至中山門城墻工程由。

　　呈件均悉。案經派員會同各相關代表前往驗收，認爲尚無不合，應准備案，仰即知照，件存。此令。

南京市政府

中華民國二五年十二月十八日

（《南京城墻檔案·城墻的修繕與堵塞（上）》，第 244—246 頁）

三、修理中山門一帶城垣

軍政部爲修理中山門一帶城垣已派員驗收并請派員具領補助工款
致南京市政府的公函

（1936 年 7 月 2 日）

軍政部公函　豐（丁）字第 2227 號

　　案查前准貴府工字第四六八號密函"請派員驗收修理中山門一帶城垣工程，并請撥發補助三分之一工款，計列洋式千七百五十三元五角六分，以資歸墊"等由。准此，經飭司派員會驗，據轉報"除和平門新裝木門鐵閂應須增長并加鐵釘圈一個，由工務局轉飭更正外，其餘大致核與圖單相符，已議决准予驗收"等情。至所請撥發補助工款一節，亦已呈奉軍事委員會執一字第一九零五號指令照發，相應函達，即請查照，派員携據具領爲荷。此致

南京市政府

中華民國二十五年柒月二日

　　工程中應行更正各點，撥交工務局辦理，并將補助費由該局領解具報。

潘丙（印）

七·三

根據統一收支辦法，該款應由財政局報領。惟軍部領款，手續不無隔閡，應如何辦理，請示。

鄒德鎔（印）

七・三

擬照新定辦法，令工務局通知財政局領取轉撥，當否，請示。

孟廣昭（印）　陳祖平（印）

七・四

如孟科長擬。

馬超俊（印）　王漱芳（印）

七・四

（《南京城墻檔案・城墻的修繕與堵塞（上）》，第 139—142 頁）

南京市政府爲請派員領取修理中山門城墻補助費給南京市工務局的訓令

（1936 年 7 月 7 日）

訓令　第 07213 號

　　　令工務局：

　　案准軍政部本年七月二日豐（丁）字第二二二七號函開："案查前准貴府工字第四六八號密函（照函抄至）具領爲荷。"查此案工款連加賬并計，共洋捌千式百陸拾元零柒角，早經本府令飭財政局籌撥，并將工程驗收情形令飭該局遵照。各在案。茲准前由，合行令仰該局遵照原函應行更正各點工程，轉飭包商從速更正，并照統一收支辦法，特函財政局將應領三分之一補助費，速即派員前往領取歸墊。此令。

南京市政府

中華民國廿五年七月初七日

（《南京城墻檔案・城墻的修繕與堵塞（上）》，第 143—146 頁）

軍政部會計處爲修理中山門城墻補助費審核完竣致南京市政府的箋函

（1936 年 7 月 21 日）

軍政部會計處箋函

　　案查貴府二十四年度五月分［份］修理中山門一帶城墻工程補助費支付預算書，經由本處審核完竣，計擬列預算洋式仟柒百伍拾叁元五角六分，除已承辦，本部簽呈軍事委員會核示外，

應俟奉批後即可承辦，部文咨達，相應先行函達，即希查照爲荷。此致

南京市政府

軍政部會計處 啓

中華民國廿五年七月廿一日

擬暫存，俟該部咨到後，再令工務局領解具報。

孟廣昭（印） 潘丙（印） 陳祖平（印）等

七·廿二

（《南京城墙檔案·城墙的修繕與堵塞（上）》，第147—148頁）

南京市工務局爲軍政部交來修理中山門城墙工程補助費已解庫
致南京市政府的呈文

（1936 年 9 月 22 日）

案查修理中山門一帶城墙工程，業經完全告竣，所有軍政部三分之一工程補助費貳千柒百伍拾叁元伍角陸分，亦經該部照數撥到，自應遵照鈞府本年三月二十八日第五五六九號密指令，將上項補助費掃數解庫，以清款目，除填具解款單咨送財政局核收外，理合具文呈報，仰祈鑒核備查。

謹呈

市長馬

工務局局長 宋希尚

中華民國二十五年九月二十二日

（《南京城墙檔案·城墙的修繕與堵塞（上）》，第149—131頁）

四、僞政權續修中山門城墙

僞南京特別市政府工務局爲續修中山門城墙工程計劃圖與預算
致僞南京特別市政府的呈文

（1939 年 3 月 15 日）

第 142 號

呈爲呈報續修中山門附近被毀城墙，附具工程計劃草圖、説明書及工程預算，仰祈鑒核，以便招標興築事。竊查前次修築漢西門及光華門等處附近被毀城墙，早經完竣。所有坍塌部分已

呈請加築、修復。各在案。兹以岩松部隊陸軍步兵軍曹高地義實君來局洽商，對於中山門附近被毀城墻，除戰迹應行保存者外，尚須繼續修築以重城防。當即會同高地軍曹前往實地查勘，及指定應予修復者，共有三處。經職詳細丈量被毀部分尺寸，計修築部分核算爲伍伍零.玖弎英方，應需工程費爲壹萬壹仟肆佰陸拾元壹角玖分。是否有當，理合檢同，擬繪工程計劃圖説及詳細預算，一并呈請鈞座鑒賜核定，以便剋日招標興築。謹呈

局長趙　轉呈

市長高

　　附呈計劃草圖一紙、地點圖一紙、説明書一份、預算一份

職　華竹筠　謹呈

三月十五日

派余科長會同秘二科勘明。

趙公謹（印）

吳炳仁（印）

三・十五

二科、工局會同派員勘明。

高冠吾（印）

孫叔榮（印）　金國書（印）

三月十五日

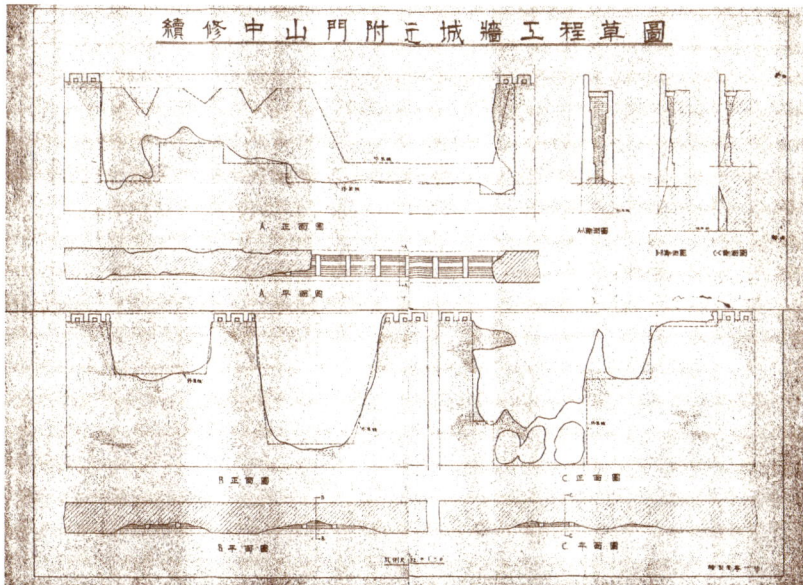

續修中山門附近城牆工程草圖

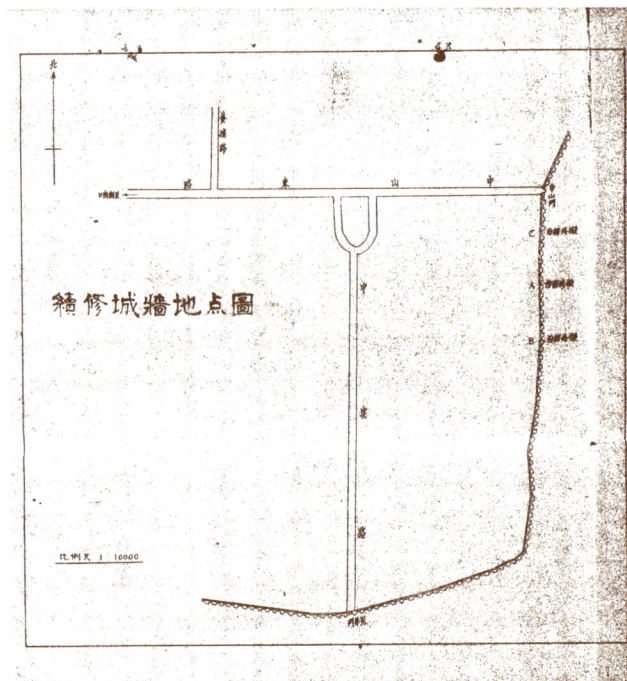

續修城牆地点圖

比例尺 1 : 10000

南京特別市政府工務局續修中山門附近城墻工程説明書

一、施工地點　　　施工地點在本京中山門附近（另附圖）

二、工程範圍　　　中山門附近城墻炸毀部分共計三處（另附圖）

三、圖樣尺寸　　　本工程所定之圖樣尺寸係用比例英尺三十二之三繪製

四、承包人之責任　承包人對於所包工程須負完全責任。材料方面，倘有意外損失或毀壞時，務須自費修復。

五、出清碎磚泥土　承包人應在動工前先將炸毀部分拆除至修築綫，然後將基地上碎磚泥土出清至與圖樣符合爲止。

六、城墻　　本工程所用城磚爲五寸、八寸、十六寸。該項城磚由工務局調查後指定地點并發給搬運證，由承包人負責運至工程地點應用。

七、砌墻　　本工程所有墻身厚度均照圖樣；所有墻身坡度應照原有城墻合縫，不得稍有參差。

八、灰沙　　本工程所有墻身均以灰沙砌築，其成份爲一比二，即一份石灰、二份黃沙，加水淘和。石灰須用頭號塊灰，黃沙不得混有泥土及雜物。

九、填土　　本工程所填土方下面部分應三英尺，填實夯結後，再行逐步上填至全城每墻高度一半爲止。上面部分應俟灰沙硬固後，再行鋪填。

十、附注　　本工程説明書如有未盡事宜而爲工程上所必需者，隨時請示本局所派負責工程人員辦理之。

續修中山門附近城牆工程預算

甲、方數計算

A處　I. 外部牆面面積
1. 41'-6" × 24'-0" = 9.96 平方
2. 27'-0" × 25'-0" = 6.75 平方
3. 35'-0" × 25'-6" = 8.93 平方
4. 42'-0" × 79'-0" = 33.18 平方
5. 46'-0" × 14'-0" = 6.44 平方
65.26 平方

II. 內部牆面面積
1. (10'+16')/2 , (3'+6')/2 = 0.75 平方
2. (9'+6'+5')/2 , 6'+4'+5' = 0.61 平方
3. (4'+6')/2 , (9'+5')/2 = 0.67 平方
4. 28'-6" × 14'-0" = 3.97 平方
5. 28'-6" × 61'-0" = 17.38 平方
6. 28'-6" × 7'-0" = 1.99 平方
21.29 平方

III. 外部斷面平均厚度 (2'-0"+3'-8"+5'-8"+4'-0"+3'-8"+5'-8")/6 = 3'-8"

IV. 內部斷面平均厚度 (2'-8"+2'-8"+3'-4"+4'-0")/4 = 3'-0"

故 A 處應修方數為 65.26 × 3'-8" + 21.29 × 3'-0" = 65.26 × 3⅔ + 66.17 = 239.23 + 66.17 = 303.40 要方

B處　I. 外部牆面面積
1. 40'-0" × 37'-0" × 22'-0" = 46.0 平方
2. 8'-0" × 50'-0" = 2.52 平方
3. 33'-6" × 50'-6" = 16.92 平方
4. 10'-0" × 50'-0" = 7.07 平方
31.11 平方

II. 外部斷面平均厚度 (2'-0"+2'-8"+5'-8"+4'-0"+4'-8"+5'-4")/6 = 3'-8"

故 B 處應修方數為 31.11 × 3'-8" = 31.11 × 3⅔ = 114.04 要方

C處　I. 外部牆面面積
1. 43'-6" × 45'-6" = 19.34 平方
2. 17'-6" × 37'-6" = 6.37 平方
3. 26'-0" × 25'-0" = 6.50 平方
4. 5'-0" × 27'-0" = 1.35 平方
33.56 平方

II. 外部斷面平均厚度 (2'-0"+2'-8"+3'-4"+4'-0"+4'-8")/5 = 3'-6"

故 C 處應修方數為 33.56 × 3'-6" = 33.56 × 3½ = 111.90 要方

伸牆　I. A處 (3'+6')/2 = 33-5'-0" × 33 = 1.61 平方
1.61 × 2'-0" (寬) × 6 (段) = 19.30 要方

II. B處 (2'-6"+1'-6")/2 = 1×5-0" = 0.21 平方
0.21 × 2'-0" (寬) × 4 (段) = 1.68 要方

III. C處 (2'-0"+1'-0")/2 = 1.5 × 1.0 = 0.15 平方
0.15 × 2'-0" (寬) × 2 (段) = 0.60 要方

總計應修方數為 303.40 + 114.04 + 111.90 + 19.30 + 1.68 + 0.60 = 550.92 要方

乙、工程預算

I. 城磚　城磚每塊大小為 8" × 16" × 4" 或 5" 計算 (伸牆以5寸計算)
則每塊城磚平均積為 640 立方寸計算四十方
1 要方 = 172800 立方寸
故每要方需用城磚 172800/640 = 270
內除灰漿容積縮計 15 立方尺 故每方需用城磚 250 塊
全部工程共需用 550.92 × 250 = 137730 塊
所用城磚擬由遷資門及聚寶門附近收集運計

算拆運費每塊大洋三分
新城磚運費為 137730 × 0.03 = 4131.90 元

II. 石灰　每方需用石灰 3 擔 共用 550.92 × 3 = 1652.76 擔
@ 180 共為 1652.76 × 180 = 2974.97 元

III. 黃沙　每方需用黃沙 0.12 方 共用 550.92 × 12 = 66.11 方
@ 1410 共為 66.11 × 14 = 925.54 元

IV. 人工運腳 @ 5.00 共為 550.92 × 5.0 = 2754.60 元

V. 挖土　A處 600 工 @ 0.50 共為 600 × 50 = 300.00 元
B處 250 工 @ 0.50 共為 250 × 50 = 125.00 元
C處 100 工 @ 0.50 共為 100 × 50 = 50.00 元

VI. 填土　A處 1.61 × 6'-0" = 9.66 方 @ 180 計 1738.8 元
B處 0.21 × 50 = 10.50 方 @ 180 計 18.90 元
C處 0.15 × 20 = 3.00 方 @ 180 計 540 元

總計工程預算為實為壹萬壹仟肆百陸拾元壹角玖分
（$ 11460.19 ）

（《南京城墙檔案 · 城墙的修繕與堵塞（上）》，第 429—436 頁）

僞南京特別市政府工務爲招標修理中山門城墻請分期撥款致 僞南京特別市政府的簽呈

（1939 年 3 月 29 日）

簽呈　第168號

　　爲呈請事。前准岩松部隊步兵軍曹高地義實來局洽商修理中山門附近被毀城墻，經飭技士華竹筠會同前往指定地點實地查勘，照所指定應予修復者共有三處，綜計爲伍伍零.玖貳英方，應需工程費爲壹萬壹仟肆百陸拾元壹角玖分，幷經檢同工程計劃圖呈。奉鈞批"工局、二科會同派員勘明"等因。當經本局派科員余侃如會同秘二科書記徐仲雲前往復勘，幷經秘二科洪科長根據徐仲雲報告簽陳意見。又奉批"交工務局核辦"等因下局。查華竹筠前呈工程計劃均屬實在。刻因城防重要，亟需招標承包，擬請准予轉飭財局按所擬之壹萬壹仟肆百陸拾元預算分期撥付，俾便即日招標。是否可行，理合簽請鑒核示遵。謹呈

市長高

工務局局長　趙公謹

三月二十九日

　　先呈行政院。

高冠吾（印）

孫叔榮（印）　金國書（印）

四月廿五日

（《南京城墻檔案・城墻的修繕與堵塞（上）》，第437—438頁）

僞南京特別市政府爲續修中山門附近被毀城墻致僞綏靖部的咨呈

（1939 年 5 月 6 日）

南京特別市政府咨呈　工字第4號

　　爲咨呈事。案查前因城防關係，亟須修理光華、漢西、中山三門附近被毀城墻，俾資鞏固。曾經咨呈大部備案在卷。近復准駐京岩松部隊派員來府面商，關於中山門附近被毀之處，前雖修理東南角一部，現在東北角附近三處，仍須加以堅强修理。經飭由工務局派技士會同前往實地查勘，按照指定應予修理者，共有三處，計爲五五零.玖貳英方，應需工程費爲壹萬壹仟肆百陸拾元壹角玖分，擬具工程計劃圖樣暨預算説明書，呈請核示前來。查所陳尚屬實在，除飭工務局趕即招標派員監修外，理合備文，咨呈大部鑒核備案。謹咨呈

綏靖部長任

南京特別市長 高○○

五月六日

（《南京城墙檔案・城墙的修繕與堵塞（上）》，第 443—446 頁）

僞南京特別市政府爲續修中山門附近被毀城墙致僞行政院的呈文

（1939 年 5 月 7 日）

南京特別市政府呈　工字第 35 號

　　爲呈報事。案查"前因城防之關係，亟須修理光華、漢西、中山三門附近被毀城墙，俾資鞏固。曾經呈奉鈞院第四九七號指令，准予備案，仍將估工確數暨修理情形報告"等因。奉此，正在遵辦另案呈報間，復准駐京岩松部隊派員來府面商關於中山門附近被毀之處。前雖修理東南角一部，現在東北角附近三處，仍須加以堅强修理。經飭由工務局派技士會同前往，實地查勘，按照指定應予修理者共有三處，計爲五五零．玖貳英方，應需工程費爲壹萬壹仟肆百陸拾元壹角玖分，擬具工程計劃圖樣暨預算説明書，呈請核示前來。查所陳尚屬實在，除飭趕即招標、派員監修外，理合檢同圖樣及工程説明預算書，一并備文，呈請鈞院鑒核備案，實爲公便。謹呈
行政院長梁

　　附呈工程預算暨説明各一份、圖樣二份

南京特別市市長 高○○

五月七日

（《南京城墙檔案・城墙的修繕與堵塞（上）》，第 439—441 頁）

僞行政院爲中山門附近東北角三處工程預算等准予備案
給僞南京特別市政府的指令

（1939 年 5 月 13 日）

中華民國維新政府行政院指令　字第 963 號

　　　　令南京特別市政府：

　　呈一件。爲呈送修理中山門附近東北角三處工程預算及説明書各一份，圖樣兩份，祈鑒核備案由。

　　爲指令事。呈件均悉。應准備案，附件存。

此令。

院長　梁鴻志

中華民國廿八年五月十二日

　　本件已由殷科長請示。奉市長諭"照所擬預算説明書招標承辦"等因。着華技士專案妥辦。

趙公謹（印）

吴炳仁（印）

五·廿三

（《南京城墻檔案·城墻的修繕與堵塞（上）》，第448—451頁）

僞南京特別市政府工務局關於修築中山門附近城墻工程的招標通告

（1939年5月24日）

南京特別市政府工務局修築中山門附近城墻工程招標通告

　　案奉南京特別市政府令飭修築中山門附近三處城墻所有工程圖則，業經製備完竣。凡在本局換領甲乙種營造業登記之營造廠商，如有意承修者，可於五月廿五日起，携帶證件及保證金洋壹佰元、圖則費洋三元來局領標，并准於五月卅一日截止，六月一日在本府大禮堂當衆開標，其未得標及審查資格不合者，在開標後三日内將保證金發還。特此通告。

　　抄送秘書處，請登《南京新報》，自廿五日起，至卅一日止，一星期。

趙公謹（印）

吴炳仁（印）　殷百祥（印）

五·廿四

請即刻通知：

　　逕啓者。本局第二次招商承修城墻，定於本日上午十時在本府大禮堂開標。敬祈準時出席監視，以昭慎重爲荷。此致

孫秘書長

王局長

衛局長

楊局長

馬局長

邵局長

南京特別市政府工務局　啟

六月一日

（《南京城墻檔案‧城墻的修繕與堵塞（上）》，第 452—453 頁）

偽南京特別市政府工務局爲送中山門附近城墻修築工程原標單、標價比較表致偽南京特別市政府的簽呈

（1939 年 6 月 3 日）

簽呈

　　呈爲呈報審核中山門城墻修築工程標價，并請核定，以何家得標承修事。竊查上項工程預算，早經洪科長、余參議勘明，并呈行政院備案。業於上月二十五日登報招標。各在案。昨日爲開標之期，到華興等營造廠十三家、各局監標人員等。結果合格者，僅裕康、應美記、東華等三家。當時并經馬局長、王局長、洪科長三監標員評定，以東華計算方數及材料、人工最爲詳細而準確，其餘均以計算差誤而不合格。本可以最低標予以承修，對於公家樂得便宜。但城墻工程浩大，稍有工程不到之處，即有坍塌之虞。謹附呈標價審核比較表一紙，呈請鑒核。究以何家營造廠得標承修，謹候批示祗遵。謹呈

局長趙　轉呈

市長高

　　附原標單十三份、標價比較表乙紙

職　華竹筠　謹呈

六月三日

囑令三家到局問話，以憑比較。

高冠吾（印）

孫叔榮（印）　金國書（印）

六月三日

南 京 特 別 市 工 務 局
招標修築中山門附近城牆工程標價審核比較表

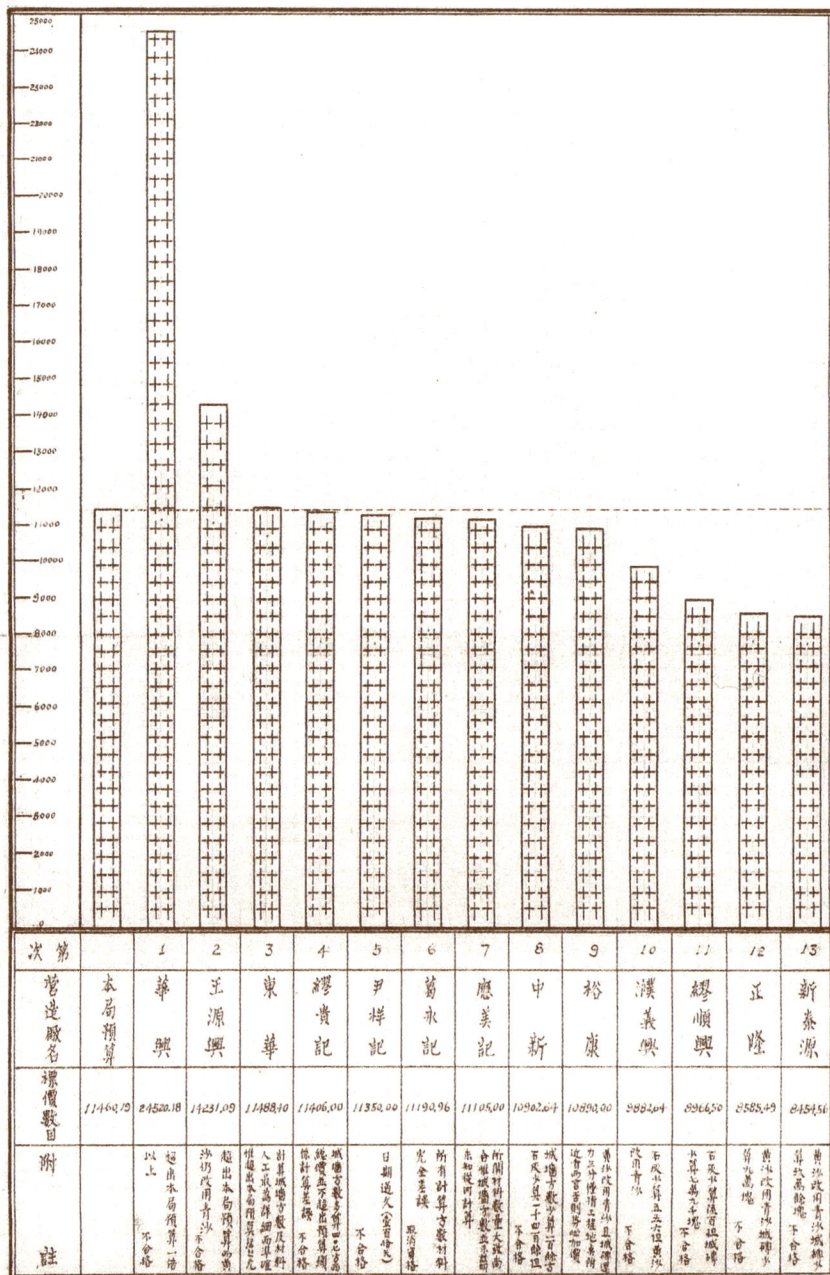

次第		1	2	3	4	5	6	7	8	9	10	11	12	13
營造廠名	本局預算	華興	王源興	東華	繆貴記	尹祥記	菊永記	應美記	中新	裕康	濮義興	繆順興	正隆	新泰源
標價數目	11466.19	24520.18	14231.09	11488.40	11406.00	11352.00	11190.96	11105.00	10902.64	10880.00	9884.04	8964.50	8585.49	8454.56
附 註		超出本局預算一倍以上沙仍改用青沙不合格	超出本局預算惟城牆方數及材料人工派漂細計算而正確沙仍改用青沙不合格	惟城牆方數較出詳且估價亦頗詳盡九	沙仍改用青沙不合格	日期過久(重前後)不合格	完全差誤取消後再計算	所開計算數目四已為南東如從城牆方数算料不合格	城牆方数重大按南所開方數少計二百餘方不合格	改用青沙不合格	其沙仍改用青沙所力求降低工程造價加減近百分之三四五合格	百成本計五六經費沙水算七萬七千餘城磚不合格	黃沙改用青沙資為最低地不合格	黃沙仍改用青沙城磚火算改為舊城磚下合格

南京特別市政府工務局

修築中山門附近城牆工程估價標單

項目	名稱	詳情	數量	單位	單價	總價	備考
1.	A 處應修方數	外墙厚度 48″ 内墙厚度 40″ 腰墙厚度 24″	104.90	方			
2.	B 處應修方數	外墙厚度 48″	34.57	方		174.00 方	
3.	C 處應修方數	同上	34.53	方			
4.	石灰	每方用灰 15 擔	2610.00	擔	3.00	7830.00	
5.	黃沙	每方用沙 70 英尺	121.80	方	24.00	2923.20	
6.	城磚	48″ 用 920 塊 每方 40″ 用 760 塊 24″ 用 460 塊	149623.00	塊	0.06	8977.38	
7.	人工	瓦匠砌工每方均 142 計算	2436	工	1.00	2436.00	
8.	脚手	每方照墙計算	174	方	1.40	243.60	
9.	挖土	ABC 三處約計	250	方	1.00	250.00	
10.	填土	同上	330	方	2.00	660.00	
11.	其他	搭料房間工人 住所及一切雜工				1200.00	
總計工程費：洋式萬四千五百式拾元零壹角八分						24520.18	
限七十晴天完工							
中華民國 28 年 6 月 1 日			投標者	廠名：華興營造廠 店主或經理姓名：陳松蓀			

南京特別市政府工務局

修築中山門附近城牆工程估價標單

項目	名稱	詳情	數量	單位	單價	總價	備考
1.	A 處應修方數		470.65 方				
2.	B 處應修方數		119.52 方				
3.	C 處應修方數		95.95 方				
4.	石灰		3005.37 擔	4.80 擔	1.80	5409.66	

項目	名稱	詳情	數量	單位	單價	總價	備考
5.	黃沙	黃砂來源已斷，商用中山陵園附近山黃砂代替，另請發給旗幟	125.24 方	0.20 方	8.16	1021.95	
6.	城磚	每塊拆工九厘，運工壹分七厘，抬工遠近壹分七厘	100000.00 塊	220.0 塊	0.043	4300.00	城磚由鈞局供給，商負拆運責任
7.	人工		3130.60 工	5.0 工	0.80	2504.48	
8.	脚手		ABC	1 處		500.00	
9.	挖土		300.00 方	1.0 方	0.70	210.00	
10.	填土		150.00 方	1.0 方	0.50	075.00	
11.	其他	工蓬	ABC	1 處	70.00	210.00	
總計工程費						14231.09	
限 100 晴天完工					壹萬肆仟貳佰叁拾壹元另玖分		
中華民國二十八年六月一日					投標者　廠名：王源興營造廠（廣藝巷十二號） 店主或經理姓名：王興福		

南京特別市政府工務局
修築中山門附近城墻工程估價標單

項目	名稱	詳情	數量	單位	單價	總價	備考
1.	A 處應修方數	外部墻厚平均 3.8″ 內部墻厚平均 3.0″	212.50				
2.	B 處應修方數	外部墻厚平均 3.8″	112.00				
3.	C 處應修方數	外部墻厚平均 3.8″	121.50				
4.	石灰	每英方用三擔	1638.00	擔	1.80	2948.40	
5.	黃沙	每英方用黃沙 15L	81.90	方	15.00	1228.50	
6.	城磚	每英方用 250	136.500	千	29.00	3958.50	
7.	人工		546.00	方	5.00	2730.00	
8.	脚手	連上				連上	
9.	挖土	三處挖土工	900	工	00.55	495.00	
10.	填土	三處填土方	80.00	方	1.60	128.00	

項目	名稱	詳情	數量	單位	單價	總價	備考
11.	其他						
	總計工程費：法幣　壹萬壹千肆百捌拾捌元肆角					11488.40	
	限五十晴天完工						
中華民國二十八年六月一日			投標者	廠名：東華營造廠（南京火瓦巷二十號之一）店主或經理姓名：馮德棠			

注明取運城磚地點：南至大光路，北至中山東路，東至本工程城墻，西至第一公園爲限。另附詳細標單。

謹將南京特別市政府工務局在中山門附近修復城墻三段。其築法均照圖樣。其用材料均照《施工細則》修復完成。附開詳細數量標單。敬乞鑒核。

工程名稱	形狀	數量	單位	單價	總價
A 處應修城墻	外部平面 68.60 厚平均 3.8″ 内部平面 20.50 厚平均 3.0″	312.50	方		
A 處應挖土方	并拆所壞碎磚	500	工		
A 處應填土方	填時分層夯實	55.00	方		
B 處應修城墻	外部平面 30.60 厚平均 3.8″	112.00	方		
B 處應挖土方	并拆所壞碎磚	160	工		
B 處應填土方	填時分層夯實	10.00	方		
C 處應修城墻	外部平面 33.20 厚平均 3.8″	121.50	方		
C 處應挖土方	并拆所壞碎磚	240	工		
C 處應填土方	填時分層夯實	15.00	方		
計開包工料總價標單					
三處應用石灰	每英方用塊灰三擔	1638.00	擔	1.80	2948.40
三處應用黃沙	每英方用細黃砂 15 尺	81.90	方	15.00	1228.50
三處應用城墻磚	每英方用舊城磚 250 塊	136.500	千	29.00	3958.50
三處人工腳手		546.00	方	5.00	2730.00
三處挖土	并拆碎磚	900	工	0.55	495.00
三處填土	分層夯實	80.00	方	1.60	128.00

總共計包價法幣 11488.40

中華民國二十八年六月一日

投標者　東華營造廠（南京火瓦巷二十號之一）

廠主　馮德棠

注明取運城磚：東至本工程城墻，南至大光路，西至第一公園，北至中山東路爲界。此批。此標甚爲詳細；放棄抽簽權。

洪孟揆（印）

六月廿一日

南京特別市政府工務局
修築中山門附近城墻工程估價標單

項目	名稱	詳情	數量	單位	單價	總價	備考
1.	A 處應修方數	共約折	575 英方				
2.	B 處應修方數	共約折	288 英方				
3.	C 處應修方數	共約折	94 英方				
4.	石灰		1100 石	每石	2 元	2200 元	
5.	黃沙		290 英方	每方	4 元	1160 元	用本地沙
6.	城磚		600 方	每方	3.8	2280 元	
7.	人工		6340 工	每工食	7 角	4438 元	
8.	脚手		900 元			900 元	
9.	挖土		280 方	每方	4 角	108 元	
10.	填土		200 方	每方	1.6 角	320 元	
11.	其他						
總計工程費：大洋 11406 元正							
限八十日晴天完工							
中華民國二十八年六月一日		投標者	廠名：繆貴記營造廠（章） 店主或經理姓名：　繆□貴（印）				

南京特別市政府工務局
修築中山門附近城墻工程估價標單

項目	名稱	詳情	數量	單位	單價	總價	備考
1.	A 處應修方數		294 方				
2.	B 處應修方數		121 方	三共 553 方			
3.	C 處應修方數		138 方				
4.	石灰		1500 石		2	3000.00	
5.	黃沙		100 方		8.5	850.00	改爲用山砂之價。如仍用黃沙，照市加價

項目	名稱	詳情	數量	單位	單價	總價	備考
6.	城磚		130000 塊		0.35	4550.00	祗運力，無拆工之價，遇有拆牆者，額外給價
7.	人工		3000 工		0.70	2100.00	
8.	腳手					100.00	
9.	挖土		800 工		0.60	480.00	
10.	填土		450		0.60	270.00	
11.	其他						
	總計工程費：洋壹萬壹仟叁百五拾圓正						
	限壹百壹拾晴天完工						
		附注： 一、修築工程地方或附近挖出城磚者均照運力三分半計算 一、城牆做成後，其數目如有增減，應按照實做數量計算 一、敝廠歷包城牆工程多年，均有證明文件，需要呈驗者，遵示呈驗						
	中華民國二十八年六月一日	投標者	廠名：南京尹祥記營造廠 店主或經理姓名：尹如祥				

南京特別市政府工務局

修築中山門附近城墻工程估價標單

項目	名稱	詳情	數量	單位	單價	總價	備考
1.	A 處應修方數	裏外貳面修砌城	135 方	每方工食	14 元	1890 元	
2.	B 處應修方數	磚在外	3636 吋	每方工食	14 元	509 元	單面
3.	C 處應修方數		3447 吋	每方工食	14 元	482.56 分	單面
4.	石灰	用大塊净灰	620 擔	每擔	2 元	1240 元	
5.	黃沙		105 方	每方	16 元	1680 元	
6.	城磚	運費搬力	計 2058 呎	每方	4 元	823.2 角	運費路程出三華里以外，運力增加，拆工在外另算
7.	人工	盤運人工抬力	600 名	每名	7 角	420 元	
8.	腳手	應用腳手，木料、泥構、繩索損失折耗				300 元	

項目	名稱	詳情	數量	單位	單價	總價	備考
9.	挖土		450 方	每方	2 元	900 元	
10.	填土		8134 呎	每方	27 角	21962 角	
11.	其他	修理部分：内城墙上面做三合混凝土，并砌墙垛子。合計				750 元	如不做，照扣除
	總計工程費：壹萬壹仟壹百玖拾圓零九分六厘						
	限四拾晴天完工						
中華民國 28 年 6 月 1 日		投標者	廠名：葛永記營造廠 店主或經理姓名：葛永章				

南京特別市政府工務局

修築中山門附近城墙工程估價標單

項目	名稱	詳情	數量	單位	單價	總價	備考
1.	A 處應修方數	照圖					
2.	B 處應修方數	同上					
3.	C 處應修方數	同上					
4.	石灰	壹仟肆百五拾擔			弍元	弍仟九百元	
5.	黃沙	陸拾方			拾五元	玖佰元	
6.	城磚	拾三萬壹仟塊			三分	叁仟九百三十元	
7.	人工	弍仟三百元				弍仟三百元	
8.	腳手	四百五十元				四百五十元	
9.	挖土	陸佰元				陸佰元	
10.	填土	二十五元				二十五元	
11.	其他						
	總計工程費：總共估價大洋壹萬壹仟壹佰另五元						
	限　五十晴天　完工						
中華民國二十八年六月一日		投標者	廠名：應美記營造廠 店主或經理姓名：				

南京特別市政府工務局

修築中山門附近城墙工程估價標單

項目	名稱	詳情	數量	單位	單價	總價	備考
1.	A 處應修方數		274.00	方			

項目	名稱	詳情	數量	單位	單價	總價	備考
2.	B 處應修方數		98.9′ 8″	方			
3.	C 處應修方數		91.4′ 2″	方			
4.	石灰		110.0	擔	1.90	2090.00	
5.	黃沙		110.0	擔	14.50	1945.00	
6.	城磚		92880	塊	0.03	2786.64	
7.	人工		464.4′ 0″	方	5.00	2322.00	
8.	腳手				500.00	500.00	
9.	挖土		250.00	方	1.05	262.50	
10.	填土		268.3′ 0″	方	1.85	496.54	
11.	其他				500.00	500.00	
總計工程費：壹萬零玖百零弍元陸角肆分							
限　晴天　完工							
中華民國 28 年 6 月 1 日		投標者	廠名：中新營造廠（花市大街三八三號）　店主或經理姓名：李之忠（印）				

南京特別市政府工務局

修築中山門附近城墻工程估價標單

項目	名稱	詳情	數量	單價	單價	總價	備考
1.	A 處應修方數	如圖	290 立方	19.80			
2.	B 處應修方數	同上	120 立方	19.80	550 立方	10890.00	分列於下
3.	C 處應修方數	同上	140 立方	19.80			
4.	石灰		1400 石	2.00		2800.00	
5.	黃沙		110 方	8		880.00	改用山砂或沙泥
6.	城磚		140000 塊	0.03		4200.00	無拆工，單係運力一項
7.	人工		3100 工	0.70		2170.00	
8.	腳手					90.00	
9.	挖土		700 工		0.60	420.00	
10.	填土		500 工		0.60	300.00	
11.	其他					30.00	
總計工程費：$10890.00							
限壹百晴天完工							

（續表）

	附注
	1. 運城磚，如遇整牆須拆者，應請另給拆工之價
	2. 黃砂因購辦困難，擬請改用山砂或沙泥，以資節省。如仍用黃砂，另行加價
	3. 城牆數量按照實做數量計算增減之
	4. 現修工程地點及附近如挖出或尋覓城磚者，每塊均以三分計算
	5. 敝廠已往歷包修建城牆工程并有正式證明文件，可隨時呈驗
中華民國二十八年六月一日	投標者　　廠名：南京裕康營造廠 　　　　　　店主或經理姓名：徐迺鈞

附注：含混，有加價之可能。

洪孟揆（印）

六月廿一日

南京特別市政府工務局

修築中山門附近城牆工程估價標單

項目	名稱	詳情	數量	單位	單價	總價	備考
1.	A 處應修方數	外部墻厚平均 3.8″ 內部墻厚平均 3.0″	310	方			
2.	B 處應修方數	外部墻厚平均 3.8″	113.60	方			
3.	C 處應修方數	外部墻厚平均 3.8″	124.40	方			
4.	石灰	每英方用石灰式擔	1096	擔	1.80	1972.80	
5.	黃沙	現无正式細黃沙，改用青沙每英方 1520	82.20	方	7.00	575.40	
6.	城磚	每英方用舊城磚 260 塊，由舊王城內取用	142480	塊	0.028	3989.44	
7.	人工	連搭腳手，并用熟手瓦工	548	方	5.00	2740.00	
8.	腳手						
9.	挖土	三處挖土	1000	工	0.50	500.00	連拆碎磚
10.	填土	三處填土	70.00	方	1.50	105.00	并用木人打實
11.	其他						
	總計工程費：法幣玖仟捌百捌拾式元六角四分					9882.64	
	限　六十晴天　完工						
中華民國二八年六月一日		投標者　　廠名：桃記濮義興營造廠 　　　　　　店主或經理姓名：濮玉桃					

考核各廠標價，除指定東華三家抽簽外，以濮義興標價最爲合格，務請詳加審查。簽呈市長鑒定。此致

呂主任擬辦

洪孟揆（印）

六月廿一日

南京特別市政府工務局

修築中山門附近城墻工程估價標單

項目	名稱	詳情	數量	單位	單價	總價	備考
1.	A 處應修方數		280 英方				
2.	B 處應修方數		138.30 英方				
3.	C 處應修方數		125 英方				
4.	石灰		1000	擔	2.00	2000.00	
5.	黃沙		60	英方	16.00	960.00	
6.	城磚		220	英方	7.00	1540.00	
7.	人工		543.30	英方	5.00	2716.50	
8.	脚手					400.00	
9.	挖土					350.00	
10.	填土					700.00	
11.	其他	賬房棚廠費				300.00	
總計工程費：捌仟玖佰六拾六元五角							
限　六拾晴天　完工							
中華民國 28 年 6 月 1 日		投標者	廠名：繆順興營造廠 店主或經理姓名：繆春森（印）				

南京特別市政府工務局

修築中山門附近城墻工程估價標單

項目	名稱	詳情	數量	單位	單價	總價	備考
1.	A 處應修方數	城墻	343.42	英方	4.00	1373.68	
2.	B 處應修方數	城墻	123.45	英方	4.00	493.80	
3.	C 處應修方數	城墻	91.92	英方	4.00	367.68	
4.	石灰		1676.37	擔	1.90	3185.103	
5.	黃沙		139.69	英方	6.00	838.14	用本地山黃沙砌做；如用外來黃沙，加價

項目	名稱	詳情	數量	單位	單價	總價	備考
6.	城磚		40660.00	塊	0.02	813.20	沿城搬運力
7.	人工	城牆毀處拆工	558.79	英方	1.00	558.79	洋松板木頭及毛竹等料
8.	腳手	搭架子	558.79	英方	1.03	575.554	
9.	挖土		156.85	英方	1.00	156.85	
10.	填土		202.45	英方	1.10	222.695	連打夯在內
11.	其他						
總計工程費：$8585.492							
限　六十個　晴天完工						附注：所有拆下整破城磚及新添城磚一律摻用	
中華民國廿八年六月一日		投標者	廠名：上海正隆營造廠　店主或經理姓名：朱敖寒				

南京特別市政府工務局

修築中山門附近城墙工程估價標單

項目	名稱	詳情	數量	單位	單價	總價	備考
1.	A 處應修方數	城墙	345.68	每方	3.95	1365.432	
2.	B 處應修方數	城墙	140.35	每方	3.95	544.382	
3.	C 處應修方數	城墙	89.74	每方	3.95	354.473	
4.	石灰		1698.92	每擔	1.95	3312.894	
5.	黃沙		151.52	每方	5.70	863.664	本地山黃砂砌做
6.	城磚		39540	每塊	0.02	790.80	沿城運用
7.	人工	城墙破處拆工	575.77	每方	0.95	546.981	
8.	腳手	搭架子，連木料	575.77	每方	0.70	403.039	洋松板木料及毛竹等料
9.	挖土		142.80	每方	0.70	99.96	
10.	填土		203.69	每方	0.80	162.936	連打夯在內
11.	其他						
總計工程費：8454.561							
限　六十晴天　完工						并所有拆下整破城磚及新添城磚一律摻用	
中華民國二十八年六月一日		投標者	廠名：金記新泰源營造廠　店主或經理姓名：周金庸				

（《南京城墙檔案·城墙的修繕與堵塞（上）》，第 454—473 頁）

僞南京特別市政府工務局關於中山門城墻修築工程審核標價問話情形的記錄

（1939 年 6 月 8 日）

呈爲呈報中山門修築工程審核標價問話情形，仰祈鑒核示遵事。

竊職奉諭後，當即通知裕康、應美記、東華等三家來局問話。謹將問話情形簡述如下：

一、裕康

問：黃砂改用青砂，價格相差八百餘元。倘以八百餘元加上，已超出本局預算。你所投標價似有蒙混性質。

答：小廠自願遵照說明書辦法，不予加價。

問：城墻方數既已計算確實，何得"附注：照實做數量計算增減之"？可見你未至工程地點親自查勘。

答：小廠自願遵照圖樣方數修築。倘有超出，絕不加價。

問：城磚運力三分，當包括拆卸、搬運在內，何得附注"另給拆工"？所開標價，似不切實。

答：小廠自願將附注一律取消。

問：一百晴天完工似乎太久。

答：可減少四十天，以六十晴天完工。

二、應美記

問：你方數未有注明，何以材料計算尚合？

答：方數算出後未填，僅寫照圖二字，以爲一樣。

問：你有計算方數底紙可以證明否？

答：有（當即檢出底簿呈閱）。

問：你所開總價比裕康大二百十五元。倘交你承修，應照裕康標價，願意否？

答：可以。

三、東華

問：你在投標前親到工程地點詳勘否？

答：去過三次。業經詳細查勘。

問：你所計算的方數、材料、人工最爲詳細、準確。惜超出本局預算二十八元二角一分。倘交你承包，你願減少若干？

答：願照裕康最低價一〇八九〇元承包。

問：你於五十晴天能如期完工否？

答：可以。倘超出時期，願按照合同章則處罰。

總觀以上問話情形，裕康標單所載附注迹近朦混，而表明所開標價不獨不切實而捉摸不定。

其餘應美記、東華二家較爲合格。究以何家得標承修，理應將問話簡略情形呈請鑒核批示祗遵。

謹呈

局長趙 轉呈

市長高

職 華竹筠 謹呈

六月八日

秘二科准備抽簽。

高冠吾（印）

孫叔榮（印）　金國書（印）　洪孟揆（印）

六月八日

（《南京城墻檔案·城墻的修繕與堵塞（上）》，第 474—477 頁）

新泰源營造廠爲工務局明令招標修理中山門城墻有失平允致僞南京特別市政府的呈文

（1939 年 6 月 7 日）

呈爲呈請定格平允以符法則事。竊奉鈞府工務局明令招標修理光華［中山］門城墻，是以各營造廠商估算料價，紛投票匭，於本（六）月一日當衆開標。以商民之新泰源廠估價爲八千四百五十四元五角六分最低，應取一標而承造。商民正擬開工，以期早日告竣，用副鈞長之治望。詎料前（四）日《實業新報》新聞欄內特載：“修理光華［中山］門城墻計投標之營造廠共有廠商十三家，其合格者爲裕康、應美記、東華三家。”查東華已超預算，當不合格；應美記與夫裕康之標價，均較商民之標價高出二千餘元之多。夫招標原以取諸估價低廉爲合格。鈞府今取貴而去賤價者，實所不解。至謂“應美記所開材料數量相符，民廠城磚少算九萬餘塊”一節，此係商民預算原有城磚有可用者而核減，是有益於公；修理之時，果不敷用，當由民廠負責車運，而無害於公。若以改用青沙，裕康亦用青沙。且裕康估標額出民廠四分之一，而民廠并無其他不合之處。今鈞府反以該已超預算及出額民廠之標價裕康、應美記、東華三家爲合格，傳府問話，不能無疑。如不以估價高下爲取捨，似可無須招標而承建。再，商民此次標價之低廉，實爲利心之淡泊，稍盡國民之天職。取捨鈞長自有權衡，商民又何敢嘵瀆，但求平允！不特商民心感，衆心亦當悅服也。所陳略概，如蒙采納，或有疑問，亦可傳喚商民，詳情必當上達。如何之處，伏乞批示祗遵。謹呈

南京市政府市長高

具呈人：新泰源 周金庸 謹呈

中華民國二十八年六月七日

呈工務局問話情形爲荷。

高冠吾（印）

孫叔榮（印）　金國書（印）

六月七日

交華技士簽收。

趙公謹（印）

吳炳仁（印）

六·八

（《南京城墙檔案·城墙的修繕與堵塞（上）》，第 478—482 頁）

裕康營造廠爲投標修築中山門城墙申述工程有關要事致僞南京特別市政府的呈文

（1939 年 6 月 7 日）

具呈人：裕康營造廠

住秦狀元巷二十一號

爲 "申述城墙工程關要事，竊敝廠於六月一日遵章投標修築中山門城墙工程。揭標後，業經工務局慎［縝］密審查，旋即公告，以敝廠所開各項材料、數量及標價，較預算價目爲最低，認定合格，列爲第一家。餘兩家次之" 等因。按敝廠已往除承造鋼筋水泥橋梁、道路及房舍外，并經包前市府修建城墙工程有十數萬元之數目。尤以城墙一項而言，祇有尹祥記牌號承修兩小部分，餘均由敝廠承包，非敢自誇，頗蒙當局贊許，并有確實證明文件可隨時呈驗，絕非捏造矇蔽。茲爲憑已往之經驗、個人之精神，努力於建設，願效勞於市長台前！此非敝廠爲營業謀利益而競爭，實爲城墙工程工作重要，以歷來修築城墙之經驗，熟手投效駕駘之勞。爲此揣冒披瀝，呈明仰求鈞長鑒核。是否之處，敬乞示遵。謹呈

南京特別市市政府市長高

南京裕康營造廠　徐迺鈞（印）

中華民國二十八年六月七日

（《南京城墙檔案·城墙的修繕與堵塞（上）》，第 483—486 頁）

濮義興營造廠爲投標修築中山門城墙聲述理由事致僞南京特別市政府的呈文

（1939 年 6 月 14 日）

爲聲述理由，仰祈鑒核事。竊鈞府工務局招標修理中山門城墙，曾經敝廠等聯合呈請，并

公舉代表，晉謁鈞府，發表意見。蒙面諭，飭所具呈各家，分別單獨聲述理由。據《實業新報》所載，敝廠所開之標單、應修方數，甚爲合格；標價亦不過高。其缺點惟黃砂改用青砂耳；若改正仍用黃砂，照市價加洋六百五十六元，合總標價爲法幣壹萬另五百三十八元四角四分。標價既未高昂，方數甚爲合格。敬陳理由如上述，仰祈鑒核。謹呈

市長高 鈞鑒

濮義興營造廠

濮玉桃 具

中華民國二十八年六月十四日

（《南京城墻檔案·城墻的修繕與堵塞（上）》，第487—490頁）

中新營造廠爲投標修築中山門城墻再請審核事致僞南京特別市政府的呈文

（1939年6月15日）

爲遵章投標，再請審核事。竊鈞府工務局招標修建中山門城墻，開標後，未蒙采納。後經聯合呈請鈞府，并公推代表當面詳陳理由，承蒙接受，再事考慮，足見鈞府虛懷若谷、大公無私。商所開標單，均照章程，又未改變材料，標價爲法幣壹萬另九百另弍元六角四分，與預算相比較，尚少洋五百六拾元，自忖可稱完璧。鈞府謂所開方數似有未符，敝廠照比例尺計算，決不至有霄壤之别。兹姑不論，如果照商所開之標價，准予承做，一切均照鈞府圖樣及施工細則，修建完竣，決不有額外之要求。爲此再請審核，伏乞准予承做。仰示祗遵。謹呈

南京特別市市長高

中新營造廠 李之忠（印） 具

花市大街三八三號

中華民國二十八年六月十五日

（《南京城墻檔案·城墻的修繕與堵塞（上）》，第491—494頁）

中山門公民代表蓋世英爲修築中山門城墻懇請慎重選擇廠商事
致僞南京特別市政府工務局的呈文

（1939年6月20日）

敬呈者。聞得"鈞局修築中山門城墻工程，自開標後，經慎重審查認定之裕康、應美記、東華等三家爲合格，載諸報端，宣告各界。其餘投標之廠商，均因材料、數量、預算錯誤，未按圖樣及説明書辦理，擅自變更，縮減數量以致價格較低，俱屬不合格"等語。公民等知悉此項城墻工程，事關城防，重要無比，非經信實可靠之廠家及有經驗者不能承造。例如前次修築光華門

城墙缺口工程，完工不久，灰迹未乾，即發生傾倒之禍。事實俱在，絕非捏詞批評。公民等有鑒於斯，爲城防鞏固，免再倒塌，及爲住居城墙附近人民性命計，懇請選擇上述合格三家中富有經驗之廠商承建，較爲妥善，以免覆蹈前轍。但最近外間議論紛紜，有不合格之廠商，將聯合一起，企圖藉詞要求承包，明則爲營業競爭，暗則爲蓄意擾亂，以遂要挾私衷。公民等素仰鈞長德高望重，廉潔從公，對於城防治安，尤爲關懷。請予勿受不合格之廠家巧言所誘惑，而免妨害公家職權之威信，否則貽笑友邦，責難紛起，將所不免。故敢直言相陳，敬獻芻見，仰求垂察，實爲至幸。謹呈

工務局長趙

中山門公民代表：蓋世英 謹啓

交華技士并案辦。

趙公謹（印）

梅光組（印）

六月廿十日

奉市長面諭"修理中山門城墙一案，如投標廠商有合格者，可由工局核定准許加入抽簽"等因。着華技士將此次投標合格廠商開報。

趙公謹（印）

六·廿六

（《南京城墙檔案·城墙的修繕與堵塞（上）》，第 495—498 頁）

偽南京特別市政府工務局華竹筠關於修築中山門城墙工程開標後數月未決定事的呈文

（1939 年 6 月 26 日）

呈爲呈報事。竊查中山門城墙修築工程，早經開標。事隔近月，尚未決定。頃奉鈞長交下市長面諭"上項工程仍以投標合格者抽簽"等因，并將廠商牌號開報。奉此，查該項合格廠商當仍以呈准之東華、應美記、裕康等三家爲准許加入抽簽；其餘新泰源等五家計算錯誤，似不能因其呈請之詞而予加入。且與本局威信攸關，應予駁斥。至上列東華等三家，應請即日通知來局抽簽，以資決定而重城防。是否有當，謹呈

局長趙

職 華竹筠 謹呈

六月二十六日

如擬，通知三家廿七日上午十時在大禮堂抽簽。

吳炳仁（印）

六·廿六

《南京城牆檔案·城牆的修繕與堵塞（上）》，第 499—500 頁）

僞南京特別市政府工務局爲修築中山門城牆工程招標一案請東華、應美記、裕康三家營造廠來局抽簽決定的通知

（1939 年 6 月 26 日）

南京特別市工務局通知　字 289 號

　　爲通知事。查本局修築中山門城牆工程招標一案，經本局審查，結果計有合格廠商東華、應美記、裕康等三家，仰該廠於本月二十七日上午十時來本府大禮堂抽簽決定，幸勿自誤。特此通知。右通知

東華營造廠

應美記營造廠

裕康營造廠

中華民國二十八年六月廿六日

《南京城牆檔案·城牆的修繕與堵塞（上）》，第 501—503 頁）

東華營造廠爲拒絕參加修築中山門城牆工程招標抽簽致僞南京特別市政府工務局函

（1939 年 6 月 27 日）

　　敬啓者。昨接鈞局通知，爲修建城牆抽簽決標。前次鈞府秘書處舉行抽簽，業已奉函謝絕。惟鈞局爲吾業領袖，究竟誰家標單最爲合理，豈三家標單之中毫無軒輊之分？取捨之權，盡可獨裁取決，何必開此招標以來未有之創例？且此次投標者有十餘家之衆，豈無遺珠之憾？相應函復，敬謝不敏。謹呈

工務局局長趙

東華營造廠　具

六月二十七日

《南京城牆檔案·城牆的修繕與堵塞（上）》，第 504 頁）

應美記營造廠爲拒絕參加修築中山門城墻工程招標抽簽致僞南京特別市政府工務局函

（1939 年 6 月 27 日）

　　茲奉鈞長手諭：於本日十時在大禮堂舉行抽簽中山門修理城墻一案，敝廠理應遵示舉行抽簽，無乃仍決一廠，則抽簽之舉又不能實行矣。敝廠因不合法，故未出席抽簽，恐有他人議論。特此臨時上單報告。謹呈

南京特別市政府工務局局長趙　核奪

南京應美記建築廠　具

民國廿八年六月廿七日

（《南京城墻檔案·城墻的修繕與堵塞（上）》，第 505 頁）

僞南京特別市政府工務局爲催促來局抽簽給東華、應美記二家營造廠的箋函

（1939 年 6 月 27 日）

箋函　第 295 號

　　查修築中山門城墻工程招標，經本局審查合格廠商計有應美記、東華、裕泰等三家。業經通知於今日上午來府抽簽決定，迄未到局。茲改於明日（二十八日）下午二時仍在本府大禮堂抽簽。如再不到，即作爲放弃論。幸勿自誤爲要。此致

應美記營造廠

東華營造廠

局戳

六·廿七

（《南京城墻檔案·城墻的修繕與堵塞（上）》，第 506—507 頁）

僞南京特別市政府工務局爲修理中山門城墻工程由裕康廠承包請核示
致僞南京特別市政府的呈文

（1939 年 6 月 27 日）

簽呈　第 130 號

　　爲簽請事。竊查修理中山門城墻工程招標一案，經審查，結果計有合格廠商裕康、東華、應美記等三家。奉諭定期抽簽，各該廠商一再遷延未到，復定於本月二十七日在本府大禮堂抽簽。臨時秘二科洪科長言：奉市座諭，准許濮義興加入。計到裕康、應美記、東華、濮義興四家。除裕康營造廠未表示意見外，其餘應美記三家均不願抽簽。可否即將該項工程交由裕康廠承包？抑應如何辦理之處，理合簽請，鑒示遵行。謹呈

市長高

工務局局長　趙公謹

六月二十七日

即交裕康承包，但仍應查其資本是否充實，經驗是否豐富。

高冠吾（印）

六月廿九日

交設計股轉知裕康來局面詢後，再予承包。

趙公謹（印）

吳炳仁（印）

六·廿九

（《南京城墻檔案·城墻的修繕與堵塞（上）》，第 508—509 頁）

僞南京特別市政府工務局爲修理中山門城墻工程奉派調查裕康營造廠資本及經驗等致僞南京特別市政府的呈文

（1939 年 7 月 2 日）

第 141 號

　　呈爲呈報奉派調查裕康營造廠資本是否充實、經驗是否豐富事。竊職遵飭該營造廠負責人前來問詢，據云，"敝廠在前市工務局時期，曾承包橋梁、房屋、城墻等工程，爲數甚鉅。但經事變後，損失殆盡，故於資本當不如事變前充實。現已由鈞局准予登記甲等營造業執照，事實上即准許在市上營造伍萬元以上之工程。當時并檢出前市工務局修築城墻合同及營業税收據等證明文件"等情。查該廠經驗尚屬豐富，理合將調查情形并檢同證明文件，呈請鑒核。謹呈

局長趙　轉呈

市長高

　　附呈工程合同一份，營業税收據五紙

職　華竹筠　謹呈

七月二日

驗收工程證明書、工程價格增減表，及合同封面，交二科左少□專員録底，存備參考。

梅光組（印）

七月三日

（《南京城墻檔案·城墻的修繕與堵塞（上）》，第 510—512 頁）

僞南京特別市政府工務局爲修理中山門城墻工程請撥第一期工程費及出勤費
致僞南京特別市政府財政局的箋函

（1939 年 7 月 8 日）

箋函　工務局發文第 362 號

　　徑啓者。查招標修築中山門附近城墻工程，業經簽奉市座批交裕康營造廠承包。該項工程費總計需洋壹萬零捌佰玖拾元。按照合同規定，分四期撥發，計第一期應付國幣肆仟元；又查該工程限六十天完工，本局例須派員前往監修，每天應支出勤費式元，共計需洋壹百式拾元。相應檢同合同一份，隨函送達，即請查照，將上項第一期工程費肆仟元及出勤費壹百式拾元如數撥發，俾便轉付爲荷。此致

財政局

　　附合同一份

局戳　啓

七・八

（《南京城墻檔案・城墻的修繕與堵塞（上）》，第 513—514 頁）

僞南京特別市政府財政局爲修理中山門城墻工程核准照發第一期工程費
致僞南京特別市政府工務局函

（1939 年 7 月 14 日）

財字第 1791 號

　　徑復者。案准貴局函以修築中山門附近城墻工程一案，業經簽奉批示，"'即交裕康承包'等因。該項工程費計壹萬零捌百玖拾元，按照合同規定，分四期撥發，計第一期應付肆千元；又該工程限六十天完工，例須派員前往監修，每天支出勤費式元，共需壹百式拾元。檢同原合同乙份，請爲分別照發"等由過局。准查此項工程費用，既經呈准有案，自應照撥。惟查監修出勤費壹百式拾元，原簽未經呈報，應請補呈核准，以憑照發。除將第一期工程費肆千元交由來員具領外，相應函復查照辦理爲荷。此致

工務局

南京特別市政府財政局　啓

七・十四

（《南京城墻檔案・城墻的修繕與堵塞（上）》，第 515—516 頁）

偽南京特別市政府工務局爲請准支監修中山門城墻工程出勤費
致偽南京特別市政府的簽呈

(1939 年 7 月 13 日)

簽呈　第 175 號

　　爲簽請事。案據技士華竹筠、許炳輝呈稱，"查修建中山門城墻工程，業於本月十二日開工。在修建期内，職等須逐日前往監工。該項工程預定六十晴天完成，擬請准支監工出勤費每日式元，計洋壹百式拾元"等情前來。可否准予照支之處，仰祈鑒賜核示祇遵。謹呈

市長高

工務局局長　趙公謹

七月十三日

　　該局出勤費向有規定否？查例辦理可也。

高冠吾（印）

孫叔榮（印）　金國書（印）

七月十四日

（《南京城墻檔案・城墻的修繕與堵塞（上）》，第 517 頁）

偽南京特別市政府工務局爲請准支監修中山門城墻工程出勤費
致偽南京特別市政府財政局的箋函

(1939 年 7 月 18 日)

箋函　工務局發文第 413 號

　　徑啓者。查本局技士華竹筠、許炳輝監修中山門城墻工程，請准支出勤費一案，經簽奉市座批示"該局出勤費向有規定否？查例辦理可也"等因。查本局所有派往各處監工人員按照向例，城外日支出勤費式元，城内日支一元。上項工程地點在中山門外，預定六十天完工，共計應支出勤費壹百式拾元。相應檢同原簽函，請查照如數撥發爲荷。此致

財政局

　　附原簽一件，仍請送還

局戳　啓

七月十八日

（《南京城墻檔案・城墻的修繕與堵塞（上）》，第 518—519 頁）

僞南京特別市政府財政局爲准照發監修中山門城墙工程出勤費致僞南京特別市政府工務局函

(1939 年 7 月 21 日)

財字第 1859 號

徑復者。案准貴局函以"監修中山門城墙工程按照向例，城外出勤費日支式元，預定六十天，擬請發給壹百式拾元。經簽奉批'該局出勤費向有規定否？查例辦理可也'等因，檢同原簽，函請查照撥發"等由過局。准查此項監修出勤費，既屬按照向例辦理，自應照發。相應檢還原件，并附奉市字第式捌陸號發款通知壹紙。即希查照繕據具領爲荷。此致

工務局

附發款通知乙紙，并送還原件

南京特別市政府財政局 啓

七月廿一日

(《南京城墙檔案·城墙的修繕與堵塞（上）》，第 520—521 頁)

僞南京特別市政府工務局爲請加價修理中山門城墙工程致僞南京特別市政府的簽呈

(1939 年 9 月 4 日)

簽呈　第 301 號

爲簽請事。案據裕康營造廠呈稱，"竊商承築中山門附近城墙工程，自施工以來，積極進行加固趕造：B、C 兩處城墙缺口不日即將完成，A 處缺口現已完成三百方有奇。按照標單所載，承包 A、B、C 三處缺口數量均已滿數。惟查 A 處應修之外毗連城墙，前被炸彈炸損，日久被狂風暴雨冲刮崩潰。若不同時修築，實與現修城墙有關。商爲有益城墙鞏固城防計，已將規定之外倒塌部分督工修築，與現修城墙同時做起，以免銜接裂縫不堅之虞。是故增加修築數量約有二百八十方之譜。嗣於八月六日已無城磚應用，停工候待迄今。仰懇迅予供給城磚，以利工作。至增加工程數量，并請派員實地勘丈後，按照標之單價提前給價，以示體恤"等情。經派技士華竹筠前往詳勘去後，兹據報稱，"查該處所需城磚材料，因最近始領到搬運證，以致工程延擱。現查 B、C 兩處城墙缺口，日內即可竣工；A 處坍塌面積較爲廣大，又因城磚缺乏，尚未完成，毗連之處前被炸彈震損，業經崩潰，若不同時修築，勢必繼續坍塌。經詳細查勘丈量，確有超出本局預算數量。爲鄭重起見，擬請派員會同查勘，再行計算，增加修築方數"等情前來。查核尚無不合，理合據情簽請鈞座鑒核，派員會同實地查勘，以昭實在。謹呈

市長高

工務局局長 趙公謹

九月四日

從前何以不切實查明？

高冠吾（印）

孫叔榮（印）　金國書（印）

九月五日

（《南京城墙檔案・城墙的修繕與堵塞（上）》，第 522—523 頁）

僞南京特別市政府工務局爲前未查明修理中山門城墙工程數量
致僞南京特別市政府的簽呈

（1939 年 9 月 6 日）

簽呈　第 306 號

敬呈者。案查前據裕康營造廠呈以"承築中山門附近損壞城墙工程，其 A 處缺口毗連處城墙，前被炸彈炸傷，經風雨冲刮，兹已崩潰，必予同時修復。其增加工程數量，應請派員勘丈，按照標單價給價，以示體恤"一案。經飭主辦人華竹筠查勘屬實，簽奉鈞座批諭："從前何不切實查明"等因。奉此，遵經轉飭主辦人華竹筠遵照去後，兹據該員報稱，"前項工程係於本年三月五日前往丈量，其時毗連 A 處缺口之損傷部分表面尚無損傷痕迹，故未計入該項工程，旋以種種問題，直至七月十二日始行動工，其間相距四月之久，經過霉雨時期，損傷之處才繼續坍塌，致超出本局預算，請予轉呈派員實地查勘，增築方數，按照標單價給價，以恤商艱"等情前來。理合據情簽請鑒核示遵。謹呈

市長高

工務局局長　趙公謹

九月六日

原設計人估計不確，先予申斥，秘二科派人會勘。

高冠吾（印）

孫叔榮（印）　金國書（印）

九月六日

（《南京城墙檔案・城墙的修繕與堵塞（上）》，第 524—525 頁）

僞南京特別市政府秘二科洪孟撲關於會勘中山門城墙修理工程
需增加工程費的簽呈

（1939 年 9 月 18 日）

簽呈

爲簽呈事。竊查裕康營造廠呈以"'承築中山門損壞城墙工程 A 處缺口，毗連之城墙前被彈

雨損潰，請派員勘丈、加價修復'一案。奉派職科會勘"等因。奉此，遵率職科職員徐仲雲會同工務局技士華竹筠前往按圖丈量其損潰之處，計南部坍塌長十六英尺，北部長二十三英尺，中部六十五英尺，連厚度坍塌在內，總計爲一六二.四二英方。據華技士云"現姑以一六二.四二英方，照該營造廠標價每方十九元八角計算，需增加工程費叁仟貳百拾伍元九角二分"等語。理合檢同，增加坍塌部分之圖樣及估算表，一并呈請，鑒核示遵，實爲公便。謹呈

秘書長孫　轉呈

市長高

　　附圖樣估算表各壹紙、原呈壹件

第二科科長 洪孟撰

九月十八日

中山門城墙增加工程估算表

1. A處 $16'-0'' \times 41'-6'' \times \dfrac{3'+1'-6''}{2} = 6.64 \times 2.25 = 14.94$英方

2. B處 $24'-0'' \times 42'-0'' \times \dfrac{2'-6''+1'-6''}{2} = 10.08 \times 2 = 20.16$英方

3. C處 $(16'-0'' \times 25'-0'' + 8.5' \times 24.5') \times \dfrac{6'+4.5'+3.5'}{3}$

   $= (4.0 + 2.08) \times \dfrac{14}{3} = 6.08 \times 4.7 = 28.58$英方

4. C$_1$處 $42'-0'' \times 50'-0'' \times \dfrac{4.5+3'+2.5'}{3} = 21.0 \times 3.3' = 69.30$英方

5. D處 $16' \times 46'-0'' \times \dfrac{5'+3'}{2} = 7.36 \times 4 = 29.44$英方

   總計爲 $14.94 + 20.16 + 28.58 + 69.30 + 29.44 = 162.42$英方

   每英方單價照標價19.8元計算

   共應增加工程費爲 $162.42 \times 19.8 = 3215.92$元

交購委會核辦。

高冠吾（印）

孫叔榮（印） 金國書（印）

九月十八日

南京特別市政府購置委員會第23次常會　討論事項第十案

　　市座交下秘二科勘復裕康營造廠承築中山門損壞城墙工程，請加價修復情形。應如何辦理案。決議：

請梅、羅兩委員核實辦理。

洪孟揆（印）
九·十九
（《南京城墻檔案·城墻的修繕與堵塞（上）》，第 524—529 頁）

僞南京特別市政府購置委員會羅其勉、梅光組兩委員關於中山門城墻修理工程可准予增加工程費的呈文

（1939 年 9 月 21 日）

奉交核裕康營造廠呈請派員勘丈毗連中山門 A 處缺口新近坍坍之城墻加價修復一案，經飭原包商及工程主辦人華竹筠前來詳細商詢，僉稱，"該項坍坍［坍塌］部分前據廠商丈量，計有二百餘英方，旋經秘二科洪科長會同主辦人前往復勘，并與包商再三商量，核減爲一六二.四二英方。已無可再減"等語。核尚屬實，似可准予照一六二.四二英方計算，并照標價每方以十九元八角給價修築。當否，仍請公決。

羅其勉（印） 梅光組（印）
九月二十一日

南京特別市政府購置委員會第 25 次常會 討論事項第一案

梅兩委員報告，會核秘二科復勘裕康營造廠承攬修築中山門 A 處新坍城墻工程加價，尚屬核實，已照數給價，請予追認案。決議：

准予追認。

羅其勉（印）
九·廿九
（《南京城墻檔案·城墻的修繕與堵塞（上）》，第 530—532 頁）

裕康營造廠爲修築中山門附近城墻工程完竣請派員驗收致僞南京特別市政府工務局的呈文

（1939 年 10 月 7 日）

具呈人：裕康營造廠   住秦狀元巷二十一號

呈爲工程完竣，請求派員驗收以便結束事。竊敝廠承築中山門附近城墻，自興工以還，積極進行，而 B、C 兩處城墻缺口於九月十二日告竣，曾經呈報在案。惟 A 處缺口，因毗連原有老墻崩潰，奉諭同時進行，裨益城防。其數量增多以致工作擴大，不無需時；在工作期間內因受落

雨，不能工作，停工十八天；復因貴局無城磚供給，致使停工候磚，有二十餘天。影響及此，諒早在洞悉之中，勿須瑣述。嗣蒙指定准運城磚地點，商即加工監運、督率趕造，幸於十月六日 A 處全部完竣。理合將先後完成情形，具文呈請鈞長鑒核，准予派員驗收，乞即結束，以恤工艱，實爲公德兩便。謹呈

南京特別市政府工務局局長趙

南京裕康營造廠 徐迺鈞（印） 具

中華民國二十八年十月七日

呈工程竣事。監工人員應繕具報告。以便核轉。交許、華技士。

趙公謹（印）

十·七

（《南京城墻檔案·城墻的修繕與堵塞（上）》，第 533—536 頁）

僞南京特別市政府工務局華竹筠、許炳輝關於修築中山門附近城墻工程完竣請派員驗收的簽呈

（1939 年 10 月 11 日）

簽呈

　　呈爲呈報事。竊查中山門附近城墻修築工程自興工以來積極進行，後因城磚缺少，加以城墻數量增加等問題，以致遲延迄今。目前該項工程於十月六日全部完工，并經職等親往查勘，尚屬實在。理合呈請鈞長簽呈市座派員驗收，以資結束。是否有當，謹呈

局長趙

職 華竹筠（印）

許炳輝（印）

同呈

十月十一日

簽請市座派員驗收。

趙公謹（印）

十月十一日

（《南京城墻檔案·城墻的修繕與堵塞（上）》，第 537 頁）

偽南京特別市政府工務局爲修築中山門附近城墙工程完竣請派員驗收
致偽南京特別市政府的簽呈

（1939 年 10 月 12 日）

簽呈　第 344 號

　　爲簽請事。案據裕康營造廠呈稱"竊商承包中山門附近城墙修築工程，業於本月六日完全竣工，請予派員驗收"等情。并據監工員華竹筠、許炳輝報同前情，理合據情簽請鈞座鑒核，派員驗收。實爲公便。謹呈

市長高

工務局局長　趙公謹（印）

十月十二日

秘二科派員同驗。

高冠吾（印）

孫叔榮（印）　金國書（印）

十月十三日

（《南京城墙檔案·城墙的修繕與堵塞（上）》，第 538 頁）

偽南京特別市政府工務局爲核銷修築中山門附近城墙工程經費
致偽南京特別市政府的簽呈

（1940 年 6 月 19 日）

簽呈　第 224 號

　　爲簽請事。竊查二十八年七月間修築中山門附近城墙工程，前經奉准，先後向財政局領到全部工程費洋壹萬肆千弍百弍拾伍元玖角弍分，實支裕康營造廠修築工程費壹萬零捌百玖拾元。又 A 處新坍部分增加工程費叄千弍百拾伍元玖角弍分，監工出勤費壹百弍拾元，總計支出壹萬肆仟弍百弍拾伍元玖角弍分，收支相抵。理合造具支出清册暨單據簿各一份，簽請鑒核，准予核銷。謹呈

市長高

　　附呈清册、單據各一份

工務局局長　趙公謹

六月十九日

核銷。

高冠吾（印）

孫叔榮（印） 金國書（印）

六月廿日

（《南京城墙檔案·城墙的修繕與堵塞（上）》，第 539 頁）

僞南京特別市政府工務局爲核銷修築中山門附近城墻工程經費
致僞南京特別市政府財政局的箋函

（1940 年 6 月 21 日）

致財政局箋函

　　徑啓者。案查“廿八年七月間修築中山門附近城墙工程，前經奉准，先後向貴局領到全部工程費洋壹萬肆千式百式拾伍元玖角式分，實支裕康營造廠修築工程費壹萬零捌百玖拾元。又 A 處新坍部分增加工程費叁千式百拾伍元玖角式分，監工出勤費壹佰式拾元，總計支出壹萬肆千式百式拾伍元玖角式分，收支如數相抵。茲經造具支出清册暨單據簿各一份，簽奉市座批示核銷”等因，相應檢同册據等件。函請查照，轉送秘二科核銷，并希見復爲荷。此致
財政局

　　計附清册、單據簿各一份

局戳 啓

六月廿一日

（《南京城墙檔案·城墙的修繕與堵塞（上）》，第 540—541 頁）

僞南京特別市政府財政局爲核銷修築中山門附近城墻工程經費
致僞南京特別市政府工務局的箋函

（1940 年 7 月 13 日）

箋函　財字第 41 號

　　徑復者。案准大函以“‘修築中山門附近城墙工程一案，前由裕康營造廠包修，收支數目爲乙萬四千式百式拾伍元玖角式分，兩抵無餘。茲經造具清册暨單據各壹份，簽奉市座批示核銷’等因，檢同册據等件。函請查照，轉送秘二科核銷”等由過局。除將册據等件函轉秘二科審核外，相應函復查照。此致

工務局

南京市政府財政局　啟

七・十三

《南京城墙檔案・城墙的修繕與堵塞（上）》，第 542—544 頁）

五、修理中山門北端城墙缺口

南京市工務局關於中山門城墙缺口工程的預算表與籤示

（1946 年 1 月 10 日）

南京市工務局工程預算表

工程地點：中山門北端
工程名稱：修理城墙缺口　　　　　　　　　　35 年 1 月 10 日　第 1 頁

項目	工程種類	説明	單位	數量	單價	複價	備考
	修理城墙	1. 利用舊城磚 2. 用 1：2 石灰塗砌	m^3	52.5	69000	362,250	城磚運力及搭脚手在內
	總價	\$362,250					

局長　　科長　陳鴻鼎（印）　　　　校對　劉選青（印）　　　　製表　鄭德民（印）
　　　　　　會計主任　高久成（印）

1. 代電電話局，請即日將電話杆遷走——奉主席面諭辦理。

2. 函復東郊警察局——日僞標語已在招商鏟除中。

陳鴻鼎（印）

元・十

《南京城墙檔案・城墙的修繕與堵塞（下）》，第 237、243 頁）

尹祥記營造廠、裕康營造廠關於修理中山門北首城墙缺口等工程的估價單

（1946 年 1 月 12 日）

修砌城墙缺口等估價單

謹估修理中山門北首城墙缺口及鏟塗日僞標語估價單分列於左：

一、砌城墙缺口計伍拾貳立公。城磚由局方供給，搬運力由承包人自理。

每立公灰泥工料柒仟叁百元，計叁拾柒萬玖仟陸百元。

一、铲塗日偽標語大字計四百平公。先铲除字迹，後塗刷青灰色一度，與城墙色相仿連脚手架等。

每平公工料捌百元。計叁拾式萬元正。

共計工料法幣：陸拾玖萬玖仟陸百元。

此上

南京市工務局台核

南京尹祥記營造廠 具

經理 尹如祥

三十五年元月十二日

南京市工務局

修理中山門北端城墙缺口及铲粉日偽標語等工程估價單

項目	工程種類	説明	單位	數量	單價	複價	備注
1	北端城墙缺口		立公	52.5	6,900.00	362,250.00	石灰沙泥代尋覓抬運城磚力及做工在内
2	铲粉日偽標語		平公	400	230.00	92.000.00	八個大字代青烟廣膠粉刷
3	铲粉標語搭脚手竹木架工費		平公	1500	120.00	180,000.00	

共計工料法幣：陸拾叁萬肆仟貳百伍拾元整

此上

南京市工務局

南京裕康營造廠 具

經理人：徐迺鈞

住 址：絨莊街六十號

中華民國三十五年元月十二日

（《南京城墙檔案·城墙的修繕與堵塞（下）》，第 238—239 頁）

南京市工務局關於中山門城墙缺口工程開價比賬情形的簽呈

（1946 年 1 月 14 日）

南京市工務局簽呈　簽字五十七號

查修理中山門外左側城墙缺口工程，經招裕康、尹祥記兩家營造廠開價比賬，以裕康所開 362,250 元爲低，擬該部分工程即交該廠承辦；又中山門外铲除標語工程，經裕康、尹祥記、保如三家開價比賬，以保如所開 100,000 元爲低，擬該部分工程即交該廠承辦。所擬當否？敬請核奪！謹呈

局長張

    附原卷一宗

職 陳鴻鼎 謹簽

卅五年元月十四日

《南京城墻檔案・城墻的修繕與堵塞（下）》，第 242 頁）

南京市工務局爲修理中山門北端城墻缺口工程與裕康營造廠所簽的承攬

（1946 年 1 月 16 日）

南京市工務局修理中山門北端城墻缺口工程承攬

承字第拾捌號

立承攬人裕康營造廠，今攬到南京市工務局修理中山門北端城墻缺口工程。茲願按照左列各條訂定承攬如下：

一、工款總額　　國幣叁拾陸萬式仟式佰伍拾元正

二、完竣日期　　自訂定承攬之日起，限拾捌個晴天完竣

三、逾期罰款　　每逾一天，按總價百分之二罰款，計每天柒仟式佰元

四、領款辦法　　分叁期付給，第一期於訂立承攬對保後，付工款百分之五十

               第二期於工程完工後，付工款百分之九十（扣除第一期已付工款）

               第三期於驗收合式後，付清其餘工款

五、承攬責任　　本承攬自訂定之日起，如有貽誤及違背一切規章之處，均由保證人負

賠償責任

承攬商號　裕康營造廠

經 理 人　徐迺鈞　　　住址：絨莊街六十號

保 證 人　慶泰祥

經 　 理　余晉傑　　　住址：絨莊街五十九號

對 保 人　（原件不清）

中華民國卅五年元月十六日

《南京城墻檔案・城墻的修繕與堵塞（下）》，第 241 頁）

南京市工務局爲修理中山門城墙缺口工程派員驗收并請核發末期工款的簽呈

（1946 年 1 月 25 日）

簽呈　簽字 136 號（會字 170 號）

　　查修理中山門北端城墙缺口，前經交由裕康營造廠承修在案，現據該商呈報完工，請求派員驗收核發工款等情。經派仇天立前往驗收，據報相符。茲製就該項工程決算表四份，擬請核發末期工款計國幣叁萬陸千貳百貳拾伍元正，并請呈府備查。當否，請核示辦理。謹呈

科長陳　轉呈

局長張

　　附呈決算表四份

職　劉選青　謹呈

卅五年元月廿五日

　　1. 送會計室核轉

　　2. 擬准照辦

　　3. 呈府備查（前已有案）

陳鴻鼎（印）

元·廿五

一、二兩期均已墊付。本期所請，擬請准予墊付。

高久成（印）

元·廿八

（《南京城墙檔案·城墙的修繕與堵塞（下）》，第 244 頁）

南京市工務局爲修理中山門北端城墙缺口工款擬在全市修路費内匀支致南京市政府的簽呈

（1946 年 1 月 25 日）

南京市工務局簽呈　京工呈字第九一六號

　　查中山門北端城墙，有一大缺口，自應迅爲修復，以重城防，而壯觀瞻。經派員前往勘估，編製預算，計需工程費叁拾陸萬貳仟貳佰伍拾元，復經招商比價，并交估價較廉之裕康營造廠按照原預算數動工修理，所需工款，擬在全市修路費内匀支列報。謹檢同預算表，簽請鑒核備查。謹呈

市長馬

副市長馬

  附呈修理中山門城墙缺口工款預算表二份

職 張劍鳴 謹簽

三十五年元月二十五日

南京工務局工程預算表

工程地點：中山門北端
工程名稱：修理城墙缺口   35 年 1 月 10 日 第一頁

項目	工程種類	説明	單位	數量	單價	總價	備考
	修理城墙	1. 利用舊城磚	m^3	52.5	6900	362260	城磚運力及搭架等在内
		2. 用 1：2 石灰漿砌					
	總價	$362,250					

局长　　科長 陳鴻鼎（印）　　校對 劉選青（印）　　製表 鄭德民（印）　　會計主任 高久成（印）

  擬交會計處核簽。

陳祖平（印）

一·廿八

（《南京城墙檔案·城墙的修繕與堵塞（下）》，第 245—247 頁）

南京市政府會計長雍家源關於修理中山門城墙缺口工程款擬准南京市工務局自行勻支事的簽呈

（1946 年 1 月 30 日）

簽呈

  本案工務局請修中山門城墙缺口需款叁拾陸萬弍仟弍百伍拾元。遵查尚屬可行，擬准由該局主管款項内自行勻支。當否，乞示。謹呈

市長馬
副市長馬

會計長 雍家源 謹簽

一月卅日

（《南京城墙檔案·城墙的修繕與堵塞（下）》，第 248 頁）

南京市政府爲修理中山門城墻缺口工程工款准在主管款項內自行勻支事給南京市工務局的指令

（1946 年 2 月 5 日）

南京市政府指令　府總會（卅五）字第一三六二號

　　　　令工務局：

　　卅五年元月廿五日京工呈字第九一六號簽呈一件，爲修理中山門城墻缺口工款，擬在修路費內勻支，檢同預算簽請鑒核備查由。

　　呈件均悉。所請修理中山門城墻缺口工款，准在該局主管款項內自行勻支，仰即知照。此令。附件存。

市長馬超俊

中華民國三十五年二月五日

南京市工務局工程決算表

工程地點：中山門北端
工程名稱：修理城墻缺口
承包廠商：裕康營造廠　　　　　　　　　　　　　35 年 1 月 25 日第 1 頁

項目	工程種類	說明	單位	數量	單價	複價	備考
1	修理城墻缺口	1. 利用舊城磚	立公	52.5	6,900	362,250	（原件不清）
		2. 用 1：2 石灰漿砌					3.5×6×2.5=52.5
						$362,250	
	總價	國幣叁拾陸萬貳仟貳佰伍拾元正					

局長　　科長 陳鴻鼎（印）　　校對 鄭德民（印）　　製表 劉選青（印）　　會計主任 高久成（印）

（《南京城墻檔案·城墻的修繕與堵塞（下）》，第 249—251 頁）

南京市工務局爲驗收中山門城墻缺口工程致南京市政府的簽呈

（1946 年 2 月 6 日）

簽呈　京工呈第一○○八號

　　查修理中山門北端城墻缺口工程，前經擬具預算，簽奉鈞長核准在案。茲查該項工程，業已交由承包商裕康營造廠修理竣工，理合檢同承攬及工程決算表，簽請鑒核，准賜派員驗收，以

資結束，實爲公便。謹呈

市長馬

副市長馬

　　附呈修理中山門城墻缺口工程承攬及決算表各二份

　　　　　　　　　　　　　　　　　　　職　張劍鳴　謹簽

　　　　　　　　　　　　　　　　　　　三十五年二月六日

（《南京城墻檔案·城墻的修繕與堵塞（下）》，第 252—253 頁）

南京市政府爲據呈報修理中山門城墻缺口工程竣工簽請派員驗收
給南京市工務局的指令

（1946 年 2 月 9 日）

南京市政府指令　府總會（卅五）字第一五九二號

　　令工務局：

　　卅五年二月六日簽呈乙件，爲修理中山門城墻缺口工程業已竣工，簽請派員驗收由。

　　呈件均悉。茲派會計處科員何錫之，定於本月十一日前往監驗，仰即知照。此令。件存。

　　　　　　　　　　　　　　　　　　　市長　馬超俊

　　　　　　　　　　　　　　　　　　　中華民國三十五年二月九日

　　此案已由高技佐朝麟前往會同驗收。呈（？）件擬交高技佐具報。

　　　　　　　　　　　　　　　　　　　劉選青（印）

　　　　　　　　　　　　　　　　　　　　二·十二

　　請趙秉國先生查案後，會同前往驗收。

　　　　　　　　　　　　　　　　　　　陳鴻鼎（印）

　　　　　　　　　　　　　　　　　　　　二·十二

（《南京城墻檔案·城墻的修繕與堵塞（下）》，第 254—255 頁）

南京市工務局關於驗收中山門北段城墻修理工程的簽呈

（1946 年 2 月 16 日）

簽呈　簽二 2174 號

　　奉派會同本府監驗員何錫之前往驗收中山門北段修理城墻缺口工程。遵即會同前往驗收，查該工程業已竣工，與原擬施工規程尚無不合之處，理應具文報請鑒核。謹呈

科長陳　轉呈

局長張

職　高朝麟　謹呈

卅五年弍月拾陸日

（《南京城墻檔案·城墻的修繕與堵塞（下）》，第 256 頁）

第三章　城墙的修缮（二）

第三章　城墙的修繕（二）

第一節　偽政權修理漢西門、光華門、中山門附近城墙

一、修理漢西、光華、中山三門附近損壞城墙

偽督辦南京市政公署爲修理漢西、光華、中山三門附近損壞城墙致偽行政院呈

（1939 年 1 月 14 日）

呈　秘字第 51 號

　　爲呈報事。查南京爲畿輔重地，而鞏固城防即所以捍衛畿輔。京市城垣自經事變，燬於兵火者不止一處，若不設法修理，非獨有礙觀瞻，且於防務亦有影響。經本署派委技士華竹筠詳細察勘，并與警備司令部會商決定，除有關戰迹應予保存，及次要等處暫緩置議外，擇其尤關緊要之漢西、光華、中山三門附近損壞城墙之亟待修復者，約計一百十餘方，估需工程費三千三百三十八元六角九分，應即剋日動工興修，以重城防。除飭令工務局趕即派員雇工修理外，理合具文呈請鈞院鑒核准予備案，實感德便。謹呈

行政院長梁

戳　名

中華民國廿八年一月十四日

（《南京城墙檔案·城墙的修繕與堵塞（上）》，第 354—357 頁）

僞督辦南京市政公署爲修理漢西、光華、中山三門附近損壞城墙致僞綏靖部的咨呈

（1939 年 1 月 14 日）

咨呈　秘字第 51 號

　　爲咨呈事。查南京爲畿輔重地，而鞏固城防即所以捍衛畿輔。京市城垣自經事變，燬於兵火者不止一處，若不設法修理，非獨有礙觀瞻，且於防務亦有影響。經本署派委技士華竹筠詳細察勘，并與警備司令部會商決定，除有關戰迹應予保存，及次要等處暫緩置議外，擇其尤關緊要之漢西、光華、中山三門附近損壞城墙之亟待修復者，約計一百十餘方，估需工程費三千三百三十八元六角九分，應即剋日動工興修，以重城防。除飭令工務局趕即派員雇工修理外，理合具文咨呈鈞部鑒核備案。謹咨呈

綏靖部長任

戳　名

中華民國廿八年一月十四日

（《南京城墙檔案·城墙的修繕與堵塞（上）》，第 354—357 頁）

僞行政院爲修理漢西、光華、中山三門附近損壞城墙情形暨估工確數應予報告給僞督辦南京市政公署的指令

（1939 年 1 月 19 日）

中華民國維新政府行政院指令　第 497 號

　　　　令督辦京市政高冠吾：

　　呈一件。爲南京漢西、光華、中山三門附近損壞城墙亟待修復，應即動工興修，以重城防，呈請鑒核備案由。

　　爲指令事。據呈已悉，應准備案。仍將估工確數暨修理情形，報告本院及主管部，仰即遵照。此令。

院長　梁鴻志

中華民國廿八年一月十九日

（《南京城墙檔案·城墙的修繕與堵塞（上）》，第 358—361 頁）

僞督辦南京市政公署工務局爲請撥發漢西、光華、中山三門之間毀壞城墻修築經費致僞督辦南京市政公署財政局的公函

（1939 年 1 月 14 日）

第 53 號

徑啓者。案查關於警備司令部議決修築漢西門、光華門、中山門之間毀壞城墻一案，業經呈准照修在卷。現有各營造廠估價前來，以協記營造廠標價叁仟叁百捌拾柒元玖角肆分爲最低。惟該處路途遥遠，派員監工往返不便，擬請發給出勤費洋陸拾元，俟完工後實報實銷。以上兩項共計洋叁仟肆百肆拾柒元玖角肆分。除另製收條派員趨前具領外，相應檢同原呈一件、估價單一紙，隨函奉達。即請查照撥發後，將附件擲還，并希見復爲荷。此致

財政局

附原呈一件、估價單一紙

督辦南京市政公署工務局 啓

中華民國廿八年一月十四日

照發。

邵鴻鑄（印）

一月十五日

（《南京城墻檔案·城墻的修繕與堵塞（上）》，第 362—363 頁）

僞督辦南京市政公署財政局爲准撥發漢西、光華、中山三門之間毀壞城墻修築經費致僞督辦南京市政公署工務局的公函

（1939 年 1 月 18 日）

財字第 196 號

徑復者。案准貴局函以警備司令部議決修築漢西門、光華門、中山門等處城墻，業經簽呈奉批"照修"在案。現以"協記營造廠標價叁仟叁百捌拾柒元玖角肆分爲最低，惟派監工人員往返遙遠，擬請發給出勤費陸拾元，俟完工後實報實銷。以上兩項共計洋叁仟肆佰肆拾柒元玖角肆分。相應檢附原呈估單，請予查照撥發"等由過局。准查此項修築經費第一期壹仟元，業經撥發在案，准函前由，檢還原件，函復查照。此致

工務局

附還原簽、估單各乙件

督辦南京市政公署財政局 啓

一月十八日

（《南京城墻檔案·城墻的修繕與堵塞（上）》，第 366—368 頁）

僞督辦南京市政公署工務局華竹筠等關於漢西門、光華門、中山門等處城墻修築工程進行情形的呈文

（1939 年 2 月 3 日）

呈爲呈報事。竊查本局修築漢西門附近及光華門、中山門之間城墻，於一月十八日開始工作，所有漢西門附近部分早已完工，現正幹築光華門、中山門之間。惟因該段城墻轟毀甚鉅，加以距地甚高，工作頗爲困難，目前業已完竣三分之二弱，大致在舊曆年底以前，可全部完竣，理合將修築城墻工程進行情形報祈備查。謹呈

局長趙

職 華竹筠 吳啓勛 謹呈

二月三日

全部竣工後，再報請驗收。

吳炳仁（印） 余侃如（印）

（《南京城墻檔案・城墻的修繕與堵塞（上）》，第 380 頁）

協記營造廠爲請派員驗收漢西門、光華門等四處城墻修復工程并撥付工款致僞督辦南京市政公署工務局的呈文

（1939 年 2 月 10 日）

查敝廠前承包到貴局修理本市漢西門南首及光華門東圓角處等四處城墻工程。查承攬書內注明，上開工程，限期四十晴天全部修理完竣（自民國二十八年一月十七日至廿八年二月二十五日）。敝廠自經上項工程開始動工後，因迫於年關在即，工人生活胥賴工資維持，因之加工趕造，業已於本月九日全部修理完成。依照工程承攬期限，先期完工十六天，所做工程絲毫無弊。即祈貴局派員驗收，并查得承攬工程書（第四期）應付款項計國幣伍佰捌拾元正。理合具呈，懇請照數撥付，以便維持工人生活，實爲德便。謹呈

南京市工務局

局長趙

具報告書人 協記營造廠

中華民國二十八年二月十日

交華技士查明是否完工，俟具報派員驗收後，照數撥付。

趙公謹（印）

吳炳仁（印）

二·十

《南京城墙檔案·城墙的修繕與堵塞（上）》，第 381—382 頁）

僞督辦南京市政公署工務局華竹筠關於漢西門、光華門等處城墙修築工程完竣請派員驗收的呈文

（1939 年 2 月 14 日）

呈爲呈請派員驗收漢西門、光華門等處修築城墙工程事。竊查上項工程，於一月十七日開始動工，所有工作情形業經呈報在案。現該項工程已全部修築完竣，所有修築面積與本局指定部分亦尚符合，理應呈請派員驗收，以昭實在，而資結束。謹呈
局長趙

職 華竹筠 謹呈

二月十四日

簽請派員驗收。

趙公謹（印）

吳炳仁（印） 余侃如（印）

二·十四

（《南京城墙檔案·城墙的修繕與堵塞（上）》，第 383 頁）

僞督辦南京市政公署工務局爲漢西門、光華門附近城墙修築工程修理竣事請派員驗收致僞督辦南京市政公署的呈文

（1939 年 2 月 15 日）

簽呈　第 97 號

爲簽請事。案查前因城防關係，所有漢西門南首及光華門東圓角被毀之處，急待修葺，業經奉准修理在案。茲據監工員技士華竹筠報稱"是項工程於一月十七日開始動工，至二月十日完工。所有修築面積與本局指定部分亦尚相符。呈請驗收"等情前來。查該項工程既經修理竣事，自應予以驗收，俾資結束。局長未敢自專，理合簽請鑒核，即日派員驗收，以重城防而昭實在。

謹呈

督辦高

工務局局長　趙公謹

二月十五日

工局、二科會同派員驗收。

高冠吾（印）

孫叔榮（印）　金國書（印）　洪孟揆（印）

二月十五日

派技師許炳輝會同秘二科派員驗收。

趙公謹（印）

余侃如（印）　洪孟揆（印）

二·十五

（《南京城墙檔案·城墙的修繕與堵塞（上）》，第 387 頁）

二、查勘光華門東街工程車輛碾毀青苗實情

偽督辦南京市政公署第一區公所爲光華東街工程車輛碾毀青苗請予救濟致偽督辦南京市政公署的呈文

（1939 年 2 月 9 日）

呈爲呈請事。竊據職區農民王振禧等五户呈稱，"竊農民等播種光華門内東街兩傍之地，歷數十年，素守本分，不事妄求。今因鈞署招商修理此段城墙，於一月間開工修理，逐日驟車運輸城磚，絡繹不絕。況光華東街原本偏窄，致車非經民地不能通過，運磚堆積，全卸地内，碾壓青苗，泥瀾[爛]難生。民等向前理論，均係工人，況伊等亦維生活起見，祇圖自身便利，不顧他人養命之源，置之不理。民等思此受災以後，原[元]氣未復，加之青苗被毀，春收決已絕望，民之生活何堪設想，惟求區長轉呈督署，派員查勘被毀青苗，設法救濟"等情。經該管坊保甲長查明屬實，理合抄具各户住址及地積，備文呈請鑒核，俯賜派員查勘，酌予救濟。謹呈

督辦南京市政高

附抄呈王振禧等住址等項清單

南京市第一區區長　王松亭

中華民國二十八年二月九日

抄呈被毀青苗畝數、姓名、住址清單

姓名	青苗畝數	住址	門牌	附注
王振禧	約五畝	光華東街	八之一	草房被炮毀
劉文金	約壹畝五分	標營	十二	
倪汝勤	約五分	標營	三	
趙有發	約五分	光華東街	八	
李長海	約五分	光華東街	四	

（《南京城墻檔案·城墻的修繕與堵塞（上）》，第 369—372 頁）

僞督辦南京市政公署工務局華竹筠關於查勘光華門東街工程車輛碾毀青苗實情并救濟方法的呈文

（1939 年 2 月 15 日）

呈爲呈報查勘光華門内東街居民王振禧等田畝，因本局修築城墻運輸材料，以致碾壓青苗、請予救濟事。竊查光華門内東街本爲絶道，自本局修築城墻工程後，該段街道變爲運輸材料必經之地。惟因該街東段接近城墻，并無道路，僅寬約二尺餘之田岸，騾車不足行駛，故承包人商同該處農民，酌予改寬。所有兩旁蠶豆，確係碾壓無遺，然爲數甚少。至堆積材料及工作之地，亦不過二畝許。目下所種青苗雖被壓没，至明春時尚能復活，故兩項損失極微。既經該處居民呈請救濟，除承包人自領賠償伍元外，本局可酌給十元，以示體恤。是否有當，理合將查勘實情呈請鑒核。謹呈

局長趙

職　華竹筠　謹呈
二月十五日

（《南京城墻檔案·城墻的修繕與堵塞（上）》，第 373 頁）

僞督辦南京市政公署工務局爲查勘光華門東街工程車輛碾毀青苗實情并救濟方法致僞督辦南京市政公署的呈文

（1939 年 2 月 17 日）

簽呈　第 98 號

爲簽請事。案奉鈞座交下第一區王區長呈據"農民王振禧等爲修理光華門東街城墻工程，車輛碾毀青苗，請求派員查勘，酌予救濟"一案。奉批"查明酌爲救濟"等因。奉此，當經轉飭

技士華竹筠前往查勘去後，兹據復稱，"查光華門東街本爲絶道，自經修築城墙工程，該處遂爲運輸材料必經之地，且無道路可尋，僅有寬約二尺之田岸，騾車不能行駛。故承包人商同該地農民，酌予放寬，以致田岸兩旁之蠶豆，碾去無遺，然爲數甚少。其餘堆積材料及工作之地，亦僅占地二畝，故農民損失比較尚微。現既經該處農民呈請救濟，除承包人自願賠償伍元外，本局可酌給拾元，以示體恤。呈請鑒核"等情前來。查所呈各節，尚屬可行。是否有當，理合簽請鑒核示遵。謹呈

督辦高

工務局局長　趙公謹

二月十七日

（《南京城墻檔案・城墻的修繕與堵塞（上）》，第 374—375 頁）

僞督辦南京市政公署爲光華門城墻工程車輛碾毀青苗酌予救濟并請派員具領轉發致僞督辦南京市政公署第一區公所的指令

（1939 年 2 月 24 日）

全銜指令　工字第 354 號

令第一區公所：

呈一件。爲據農民王振禧等呈以修理光華門城墻工程車輛碾毀青苗，轉飭酌予救濟由。

爲指令事。呈悉。查該處地畝損失，除由承包人自願賠償五元外，本署爲體恤起見，酌再加給拾元。仰即派員徑到本署工務局具領轉發可也。此令。

督辦　高○○

中華民國二十八年二月廿四日

（《南京城墻檔案・城墻的修繕與堵塞（上）》，第 376—379 頁）

三、漢西門、光華門附近城墻修築工程不良未能驗收

僞督辦南京市政公署工務局華竹筠關於查勘光華門城墻倒塌原因及請予處分并擬具重修辦法草圖、預算的呈文

（1939 年 2 月 23 日）

第 99 號

呈爲呈報修築城墻坍塌原因，請予處分并擬具重修辦法草圖及預算一紙，仰祈鑒核示遵事。

竊查南京城墻建築於明太祖定鼎江南之後，工程之鉅，鮮有堪與倫比者，城周七十五餘里，高

六七十尺不等。最闊處有四十餘尺，最狹處亦有十二尺，均以城磚砌築，頗爲堅固。此次事變時轟毀數十處，較大者爲光華門、中山門之間。最近本局業已修築完竣四處內一處，即爲較大中之一，忽於本月二十日下午六時全部坍塌。職聞訊後，當於翌日上午八時馳車前往實勘，除勒令該承包人協記營造廠即日雇工，重行修築，并擬具重修辦法草圖及預算一紙附呈外，謹將坍塌原因分呈於下：

一、原有城墻全部均係城磚砌築，茲因南京經事變後，磚料缺乏，倘轟毀部分全部以城磚砌築，所費需增五倍，現察僅二尺厚，所餘空隙以泥土夯填結實，此本所以節省公帑之計，而未顧及南京城墻巍峨。轟毀部分進深有十二尺，所填泥土數量過多，預定築二尺厚之墻城，不足以抵抗泥土擠壓力，此坍塌原因一也。

二、此次修築城墻，均以石灰黃沙砌築，此項灰砂雖不及水泥之易於乾硬，但經一二月後，其堅固性亦不在水泥之下，然其價格相差甚遠。現該處城墻係從地砌起，且完竣未久，適逢十九日整天大雨，致所填新土積水下注，無處宣泄，加以城基距頂有六十尺之高。而砌築用之灰沙，尚未硬固，不勝負重，此坍塌原因二也。

三、職因內外工作忙繁異常，且城墻工程地處遼遠，實難常川監視，故承包人不免有取巧之處，坍塌後經發現磚料中雜有少數新磚，而灰沙拌和不勻、成份不合，此坍塌原因三也。

總之，最大原因，城墻厚度不足。職事前疏忽，未能顧及泥土擠壓力之設計，而專爲節省公帑，似應請予處分。至加築辦法，事實上極爲切要。是否有當，理合將以上實情呈請鑒核示遵。謹呈

局長趙 轉呈

督辦高

附重修辦法草圖及預算一紙

職 華竹筠 謹呈

二月二十三日

附加築城墻預算表

1. 坍塌正面面積　　　　高 60′-0″　寬 46′-0″　合 27.60 方

2. 加築厚度（平均計算）　$\dfrac{4′-0″+3′-4″+2′-8″+2′-0″+1′-4″+0}{7}=2′-0″$

3. 加築數量　　　60′-0″×46′-0″×2′-0″=55.20 英方

4. 應需工程費　　照原預算平均每方除腳手外應列每英方

　　　　　　　　$ 26.00　共需大洋 1435.20 元

二科會同工務局，實地查勘，應否增加。

高冠吾（印）

孫叔榮（印）　金國書（印）

二月廿三日

派許技師會同秘二科派員遵示辦理。

趙公謹（印）　余侃如（印）

二·廿三

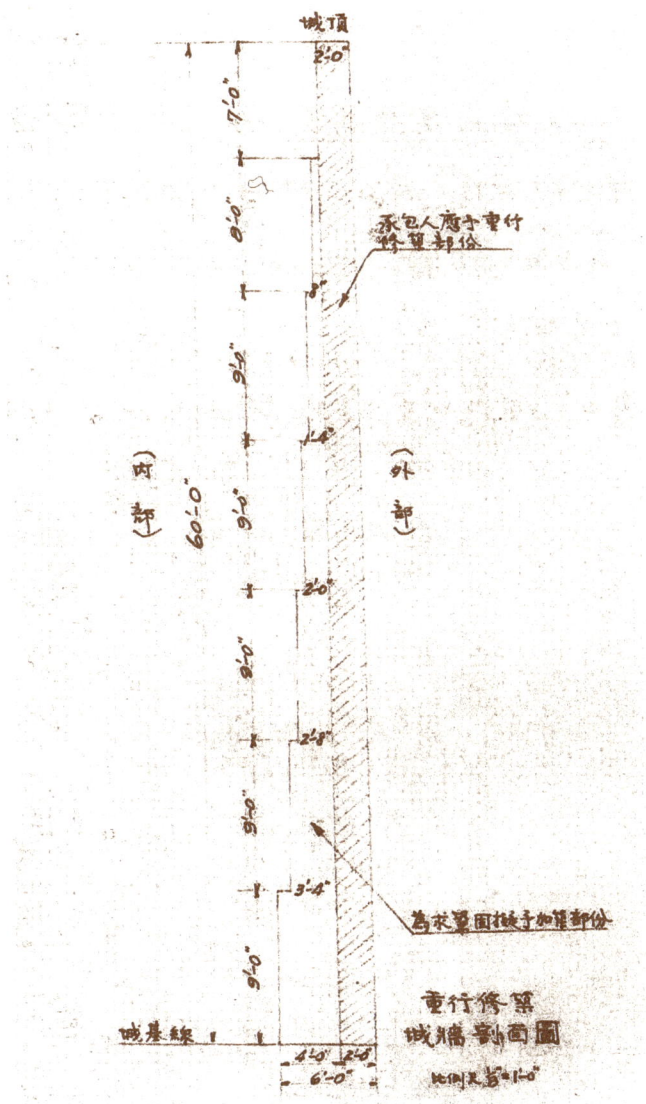

（《南京城墙檔案·城墙的修繕與堵塞（上）》，第 401—404 頁）

僞督辦南京市政公署工務局許炳輝等關於漢西門、光華門附近城牆修築工程未能驗收的呈文

（1939 年 2 月 24 日）

呈爲呈復驗收修築漢西門及光華門城牆工程事。竊職等奉派驗收城牆修築工事，當即會同華技士前往勘驗。漢西門所修築之牆身，雖用城磚修建完竣，當砌用之石灰甚輕，拌合成份石灰較黃沙若一四之比。光華門修築之牆身，最大處高若二十三米達，寬上若三十米達，下若十米達。雖經修築完畢，在破毀修築面積大處中段及兩側，尚有爲炮彈擊毀破洞數個及裂痕多處，均未修竣。當高處修築之牆身，係由直砌而上，毫無坡度，其牆身之所砌厚度、新舊牆之結構及原應拆除部分，均無修築設計圖。案查驗該工程，察此牆身修築部分上實下虛，石灰漿成份較黃沙少，已失去凝堅性，加之二十三米達高牆，本身重量壓力式甚危險。職等當即命承包人協記營造廠從速將破洞修補，未堅部分拆除重築，裂痕處用石灰漿灌入，修竣後再行驗收。忽於十九日大雨，該段牆身全部坍塌。職等聞訊後當即前往查勘情形，實於最高處坍塌。其原因，所填浮土經水下沉及上項各節不良之故。該工程未能驗收。理合將勘驗情形呈請鑒核。謹呈

局長趙

　　附原簽呈一份

職　許炳輝　秘二科徐仲雲　呈

二月廿四日

已責令華技士嚴飭返工，限期修竣轉報。

趙公謹（印）

吳炳仁（印）

二·廿七

（《南京城牆檔案·城牆的修繕與堵塞（上）》，第 388—389 頁）

僞督辦南京市政公署工務局爲修理漢西門、光華門城牆工程不良未予驗收致僞督辦南京市政公署的簽呈

（1939 年 2 月 28 日）

簽呈　　第 109 號

　　爲呈報事。案查修理漢西門、光華門城牆工程一案，遵奉鈞座批開"工局、秘二科會同派員驗收"等因。當即轉飭技士許炳輝會同秘二科職員徐仲雲，前往實地查勘去後。茲據該員等復稱，"職等奉派後，當即會同原監修人華竹筠，前往勘驗漢西門工事。該處牆身雖用城磚修築，然砌用之石灰甚輕，而拌合之成份石灰較黃泥約一與四之比，實難堅固。至光華門修築之牆身，最大處

高約二十三米達，上寬約三十米達，下約十米達。且兩側尚有破洞及裂痕多處，均未修竣。又墙身由上而下所砌，毫無坡度，上實下虛，所用石灰亦較黄沙爲少，失去堅凝性。且此次應砌墙身之厚度、新舊墙之如何結構及應需拆除之部分，均無設計圖。案職等當即飭承包人協記營造廠從速修改，補充堅固，并加足石灰灌漿，再行驗收。忽於十九日大雨，該段墙身全部坍塌。職等聞訊即往馳勘，其原因皆如上項所述不良之故，非俟該項工程另行全部改修後，再行驗收"等情前來。查該項工程不良，雖全由包工人偷工減料所致，而監工員華竹筠亦有失察之嫌。除責令華監工員竹筠嚴飭包工另行加工修理、限期完竣、再行驗收外，理合據情報請鑒核示遵。謹呈

督辦高

工務局局長　趙公謹

二月二十八日

責令修復。華竹筠着記小過一次。

高冠吾（印）

孫叔榮（印）　金國書（印）

二月廿八日

（《南京城墻檔案・城墻的修繕與堵塞（上）》，第 394—395 頁）

僞督辦南京市政公署秘書處第一科爲漢西門、光華門城墻工程不良着記監工員華竹筠小過一次致僞督辦南京市政公署工務局的公函

（1939 年 3 月 1 日）

徑啓者。奉督座交下貴局簽呈一件，爲"驗收修理漢西門、光華門工程不良，實由包工人偷工減料、監工員華竹筠失察所致"等情；奉批"責令修復，華竹筠着記小過一次"等因。除記過部分業經飭股注册外，相應檢同原簽呈，函達查照辦理爲荷。此致

工務局

計附原簽呈一件

督辦南京市政公署秘書處第一科　啓

三月一日

交華技士，限令包工認真修改。

趙公謹（印）

吳炳仁（印）　余侃如（印）

三・一

（南京市檔案館藏，檔案編號：10020051220（00）0009）

四、重行修築光華門城墻坍塌部分

僞督辦南京市政公署秘書處第二科爲光華門城墻倒坍責令協記營造廠速爲修復致僞督辦南京市政公署工務局的公函

（1939 年 3 月 6 日）

徑啓者。查本科職員徐仲雲會同貴局許技士，奉督辦批令，察勘光華門倒坍城墻是否准該承建廠商請求加價復修一案。嗣據該員呈復略稱"前次奉派會同工務局許、華兩技士驗收漢西門、光華門兩處城墻工程，當以該項工程泥多灰少，墻身過薄，并無坡度，偶遭雨水，必有透漏毀坍之險，所以當時未便驗收，業已分別呈報。茲奉察勘光華門現倒缺口，高、寬均約四丈數尺，致倒原因實以墻身過薄而内部原有城磚不知何去，全係用土填培，致使雨水流入，以致倒坍。核與前勘情形相同。應按營造業向例，在工程尚未驗收、發生倒坍事件，即由承建廠商負責賠修，以符成例。并無申請加價復修理由"等情。當經附具該呈，簽呈督座核示辦理。現奉批開"責令修復可也"。奉應函請貴局，敬煩查照、轉飭責令該承建廠商協記營造廠速爲修復倒坍墻工，以重城防爲荷！此致
工務局

督辦南京市政公署秘書處第二科 啓

三月六日

（《南京城墻檔案·城墻的修繕與堵塞（上）》，第 396—398 頁）

協記營造廠爲請迅即指示光華門坍塌城墻應修辦法及計劃致僞督辦南京市政公署工務局的呈文

（1939 年 3 月 6 日）

呈文

爲呈請迅即指示補修（光華門東首圓角北處）城墻坍陷部分應修辦法暨計劃，以便早日完工而了手續事。查敝廠自於本年一月十六日承攬修繕本市城墻工程，其做法完全依照貴局工程師所示辦法，毫無差錯。查所修部分，已於二月十日全部完工報驗。曾經貴局派員於二月十八日驗收無訛。詎知所修部分之一段，忽於二月二十日下午坍陷，其面積約二十餘方左右。敝廠接到坍陷報告，遂於二月二十一日上午報告華工程師暨許工程師兩君親到該處視察坍陷情形。事後，敝廠依據兩君吩咐，將所坍部分拆進六呎。該處坍陷部分早經派工拆進六呎，并已出清沙泥。曾於三月一日經鈞署第二科洪科長暨徐君，會同貴局華、許兩工程師，到該處查堪［勘］無誤。敝廠急待貴局指示辦法，藉得減省按日廢工損失。理合備文，呈請迅即指示應修辦法暨計劃，以便早

日完工而了手續，實爲德便。謹呈

南京市工務局

局長趙

協記營造廠　具

中華民國二十八年叁月六日

（南京市檔案館藏，檔案編號：10020051220（00）0009）

僞督辦南京市政公署工務局許炳輝等關於光華門坍塌城墻重行修理做法的呈文

（1939 年 3 月 6 日）

呈爲呈報查勘光華門坍塌城墻應否加築事。竊職等遵即會同洪科長、華技士前往實地查勘，目下坍塌處泥土已挖掘清楚，城基亦顯露可見，估計除城基高度十英尺外，尚有五十英尺（原預算高度六十英尺，係由城底量起，當時城基被泥土遮蓋，故城基高度亦算在内），寬有四十五英尺，進深有十二英尺。倘仍依照前築二英尺厚，重行修理，恐須再度坍塌。至華技士呈請加築平均二英尺厚之設計，尚屬切要。惟内部應增添丁字形之伸墙，每隔十英尺做一檔，如此做法，似屬更爲堅固。所有該項伸墙工料價格可以原預算列入，城基十英尺高度扣除相抵，以資平衡。是否有當，理合將查勘實情呈請鑒核，迅予批示祗遵。謹呈

局長趙

職　許炳輝　徐仲雲

三月六日

（南京市檔案館藏，檔案編號：10020051220（00）0009）

僞南京特別市政府工務局爲所擬光華門坍塌城墻加築重修辦法請如擬辦理致僞南京特別市政府的簽呈

（1939 年 3 月 8 日）

簽呈　第 127 號

爲簽復事。竊查光華門一部分城墻坍塌一案，前經本局技士華竹筠申述原由，并擬具加築重修辦法，轉請鈞座核示，奉批“二科會同工務局實地查勘，應否”等因。遵經指派本局技士許炳輝會同二科派員徐仲雲前往查勘去後。茲據復稱“目下坍塌處泥土已挖掘清楚云云，以資平衡”等情前來。正核辦間，復准秘二科來函，以“前次奉派會同工務局云云，無申請加價復修理由，業經轉呈鈞座責令修復”等由。查此案經辦人華竹筠前爲節省公帑，設計未能周詳，加以竣工之後，迭遭大雨，致有坍塌情事，而承包人從中取巧，亦爲原因之一。現華技士監工疏忽，已受處分，實咎有應得。惟目前若仍照原計劃責令承包人修復，固屬極易辦理，但恐二尺厚度，難

保不再度發生坍塌。爲糾正過去錯誤，避免再蹈覆轍起見，前次華技士所擬加築辦法，事實上確屬切要。擬請鈞座如擬辦理，俾以後不致再有前項情事發生。刻因警備司令部催促甚急，應如何趕速辦理之處，局長未敢擅專，理合簽請鈞座鑒核批示祇遵。謹呈

市長高

工務局局長 趙公謹

三月八日

覆查酌加。

高冠吾（印）

孫叔榮（印） 金國書（印）

三月八日

着會計股函財局請款。已一再查明亟須補修。交華技士。

頃警備部又派員來催，限本月廿日完工。

趙公謹（印）

吳炳仁（印） 殷百祥（印）

三·九

（南京市檔案館藏，檔案編號：10020051220（00）0009；

《南京城墻檔案·城墻的修繕與堵塞（上）》，第405—408頁）

僞南京特別市政府工務局爲補修光華門坍塌城墻需增加經費致僞南京特別市政府財政局的公函

（1939年3月10日）

工字第292號

　　徑啓者。案查關於光華門城墻倒塌一案，前爲節省公帑起見，設計欠周，加以竣事後迭遭大雨，内部泥灰未乾，以致倒塌。業已責令承包人修復。惟欲糾正過去錯誤，避免再蹈覆轍，擬定加築工程，需洋壹千肆百叁拾伍元弍角，業經簽奉批開"覆查酌加"等因在卷。兹已派員一再查明亟須補修，除另製收條派員趙前具領外，相應檢同原呈二件，加築預算表一紙，隨函送達，即請查照辦理，并希見復爲荷。此致

財政局

　　附原呈二件、加築預算表一紙

南京特別市政府工務局 啓

三月十日

工程既未驗收，應令包工修補。在此市庫支絀即加築^①。爲體念商人，酌予補加三四百元。簽呈核示。

邵鴻鑄（印）

三月十日

（《南京城墻檔案·城墻的修繕與堵塞（上）》，第 399—400 頁）

僞南京特別市政府財政局爲僞工務局函送光華門城墻倒塌申請增加修復工程費一案致僞南京特別市政府的呈文

（1939 年 3 月 16 日）

財字第 151 號

　　爲簽呈事。案准工務局函以"修築光華門城墻設計欠周，以致倒塌，業已責令承包人修復。惟欲糾正過去錯誤，避免再蹈覆轍，擬定增加工程費壹千肆百叁拾伍元式角。業經簽呈奉批'覆查酌加'等因；'相應檢同原件，即請查照辦理'"等由過局。查此項工程，既未驗收，發生倒塌，照章應責令該承包商協記營造廠修復。今工務局并未按照承攬合同、保固年限辦理，自認華技士當初設計疏略，遽請修復，費至壹千肆百叁拾餘元之鉅，而將偷減工料之協記承造廠輕輕放過，似欠允當。況查附送二月二十三日華技士原簽，奉批"二科會同工務局實地查勘，應否增加"等示。而三月八日工務局簽復，二科并未會銜。然内敘二科意見，亦經明言"應由承造商負責賠修，以符成例，并無申請加價修復理由，云云。迨奉批'復查酌加'"等因。又未遵照復查，及應如何酌加，徑請增加經費壹千肆百叁拾餘元前來，手續亦殊欠完備。在職局既無核准根據，當然未便貿然照撥。是否由職局函復，應遵鈞批再行復查，擬具酌加數目，呈請核定。抑姑念城防緊要，警備部又催修甚急，不宜輾轉遷延，姑予補助肆百元，由工務局責令該原承包廠限期修竣，以示格外體恤之處。伏候鑒核示遵。謹呈
南京特別市市長高

財政局局長　邵鴻鑄　謹簽

三月十六日

姑予補助四百元，迅修完工。

高冠吾（印）

孫叔榮（印）　金國書（印）

三月十八日

（《南京城墻檔案·城墻的修繕與堵塞（上）》，第 414—415 頁）

---

① 此句不通。原文如此。

協記營造廠爲呈請迅即指示補修城墻工程辦法暨計劃事
致僞南京特別市政府工務局的呈文

（1939 年 3 月 16 日）

呈南京市工務局：

爲呈請迅即指示補修城墻工程辦法暨計劃事。查敝廠曾已於本月六日呈文聲請貴局示命，以得早日開工，詎料時隔尋日，未蒙貴局批示。查如此耽延，敝廠所負損失實爲匪輕，且友軍時至應修工程之處，催促興工修繕，幷於昨天（三月十四日）上午，更有友軍二人到達該處，囑令即刻動工。視其言語及舉動，均頗急［激］烈。爲此理合呈請，迅即指示補修城墻工程辦法暨計劃，以便早日完工而了手續。實爲德便。謹呈

南京市工務局

局長趙

具呈人 協記營造廠

辦事處：鼓樓四條巷二號之三

中華民國二十八年三月十六日

交會計股查案擬簽呈，以便轉飭從速補修完竣。

趙公謹（印） 吴炳仁（印）

三・十七

（《南京城墻檔案・城墻的修繕與堵塞（上）》，第 409—413 頁）

僞南京特別市政府財政局爲光華門倒塌城墻修復工程補助四百元
致僞南京特別市政府工務局的箋函

（1939 年 3 月 20 日）

局 箋函 財字第 207 號

徑復者。案准貴局函以"修築光華門城墻設計欠周，以致倒塌。業已責令承包人修復。惟欲糾正過去錯誤，避免再蹈覆轍，擬定增加工程費壹千四百三拾五元弍角，業經簽呈奉批'復查酌加'等因在卷；'檢同原件，函請查照辦理'"等由過局。准查此項工程，既經查明須增加經費，事關城防，自應妥予變通，業經簽請市長核示，奉批"姑予補助四百元，迅修完工"等因，相應附奉市字第壹弍五號發款通知乙紙，幷送還原件。即希查照具領轉發爲荷。此致

工務局

附還原件、發款通知乙紙

財政局戳 啓

秘書 沈袖笙（？）（印）

第一科科長 黃伯熙（印）

審核股科員 周齊 擬

三月二十日

（南京市檔案館藏，檔案編號：10020040484（00）0067）

僞南京特別市政府工務局爲補修光華門坍塌城墻請派員監工致僞南京特別市政府的簽呈

（1939 年 3 月 29 日）

簽呈　第 167 號

　　爲簽請事。關於修築光華門坍塌城墻一案，前經擬具加築預算，簽奉批准"補助肆百元，迅修完工"等因。遵飭華技士竹筠轉飭原包工人，遵照補發之數增添材料，仍照二英尺厚度妥慎修復。茲查該項工程行將動工，理合簽請鑒核派員監視施工，以昭鄭重。謹呈

市長高

工務局局長　趙公謹（印）

三月二十九日

即由局派員可也。

孫叔榮（印）　金國書（印）

三月卅一日代

派華技士負責監工。

趙公謹（印）

吳炳仁（印）　余侃如（印）

三·卅一

（《南京城墻檔案·城墻的修繕與堵塞（上）》，第 416 頁）

僞南京特別市政府工務局爲修築光華門坍塌城墻經費補助問題
致僞南京特別市政府的簽呈

（1939 年 4 月 3 日）

簽呈　第 175 號

　　爲簽請事。案據技士華竹筠呈稱，"竊查修築光華門坍塌城墻一案，前經擬具加築預算，爲壹仟肆佰叁拾伍元式角。呈請核示，僅批准補助肆佰元，與加築預算相差懸殊。兹奉派職負責監工，自當竭盡忠誠，根據批准數目，飭由原承包人在適當地位加以修築，妥慎監督，以期完固。至以後倘因材料及修築厚度不足發生坍塌，職即不能因無分辯而受咎，謹先鄭重聲明。再，該處路遙遠，前往監督，所費較鉅，敬懇准支每天出勤費式元，以二十天完工，約需肆拾元。奉派前因，理合將困難情形，呈請簽核備查"等情。查該員係爲慎重起見，所稱尚屬實情。除飭該員負責認真督修外，至"懇請每天發給出勤費式元，共洋肆拾元"一節，應否准予照支，理合據情簽請核示遵行。謹呈

市長高

工務局局長　趙公謹
四月三日

　　一科核。

孫叔榮（印）　金國書（印）
四月四日代

（南京市檔案館藏，檔案編號：10020010648（00）0009）

僞南京特別市政府王曾魯關於修築光華門倒塌城墻經費補助問題的呈文

（1939 年 4 月 6 日）

　　祗奉鈞座交核工務局爲修築城墻一案，技士華竹筠聲明"照舊修理，再致坍塌，不負責任；并請求每日出勤費二元"簽呈一件。奉此，查此項工程未經驗收，遽邇坍塌，應由原承建人負責修復，毫無疑義。緣據簽稱"二尺厚度不足，難保不再度發生坍塌，所以酌予補助四百元，以爲加厚墻基之費"，何得與承建人所稱四百元津貼尚不敷依照原樣修復工料費之半數？同聲曲解，漫稱照舊二尺。且原來城墻雖經炮彈射坍，城磚何以不知去向？有無通同弊運，所以采用填土方法，事屬可疑。該技士又不思補綴前過，電勉圖功，反而因以爲利，率請出勤費用，殊屬不合，所請似難允准，并應令其注意補助費之由來。是否有當，理合具簽呈復，仰祈鈞裁。謹呈

秘書長孫　轉呈

市長高

　　附呈原簽呈一件

　　　　　　　　　　　　　　　　　　　職　王曾魯　謹簽

　　　　　　　　　　　　　　　　　　　　　　四月六日

　　轉知工務局。

　　　　　　　　　　　　　　　　　孫叔榮（印）　金國書（印）

　　　　　　　　　　　　　　　　　　　　四月六日（代）

僞南京特別市政府秘書處第一科關於修築光華門倒塌城墙經費補助問題致僞南京特別市政府工務局的函

（1939 年 4 月 8 日）

科函

　　徑啓者。案奉市長交下貴局簽呈一件。爲"據技士華竹筠聲明加修光華門城墙處補助費少，祇能照舊修理，如再坍塌，不能負責，并請日給出勤費二元。據情簽請核示"等情；奉批"一科核"等因。當以此項工程未經驗收，遽即坍塌，應由原承修人負責重修。補助四百元，原爲加厚墙基之用，何得報不敷依據修復工料費之半數。且城墙雖經炮彈射坍，城磚何以不知去向，而竟采用填土辦法？該技士不思補綴前非，又率請出勤費用，殊屬不合，所請似難照准，并應飭注意補助費之由來，即經簽奉批開"轉知工務局"等因。相應函請查照辦理爲荷。此致
工務局

　　　　　　　　　　　　　　　　　　　　科戳　啓

　　　　　　　　　　　　　　　　　　　　四·八

僞南京特別市政府工務局爲請撥付技士華竹筠簡修光華門倒塌城墙修復工程出勤費致僞南京特別市政府工務局的簽呈

（1939 年 4 月 11 日）

簽呈　第 187 號

　　爲簽請事。關於修復光華門坍塌城墙，經派本局技士華竹筠責成原承造人妥慎修理。前據該員報稱：此項工程行將開工，約二十天即可完成。惟光華門路途距離本府較遠，每日前往監工

所費不貲，擬請按日發給出勤費二元，共計四十元，以便督修。當經簽請核示。昨准秘一科來函，以“似難照准”奉批轉知過局。伏查該項工程原係該技士監工，此次復修，責任甚重，不能不按日前往視察。可否准予支付二十元作爲出勤費用，以免遺誤。理合簽請鑒核示遵。謹呈

市長高

工務局局長　趙公謹
四月十一日

交會計股并華技士。

趙公謹（印）
吳炳仁（印）
四·十一

姑准給予式拾圓，并責令該技士認真監修。

孫叔榮（印）　金國書（印）
四月十一日代

（《南京城墻檔案·城墻的修繕與堵塞（上）》，第417—418頁）

協記營造廠爲光華門城墻坍塌部分修繕完竣祈派員驗收致僞南京特別市政府工務局的呈文

（1939年5月8日）

　　謹具報告書人：協記營造廠

　　查敝廠遵諭修復光華門附近城墻坍塌部分。業已於本月六日全部修繕完竣。即祈貴局派員驗收。查此次修復，尚餘工款計國幣壹伯［佰］元正。理合懇請照數撥付，以便維持工人生活。實爲德便。謹呈

南京市工務局

局長趙

協記營造廠　具呈
辦事處：鼓樓四條巷二號之三
中華民國廿八年五月八日

簽請派員驗收。

趙公謹（印）

吳炳仁（印） 殷百祥（印）

五·八

（《南京城牆檔案·城牆的修繕與堵塞（上）》，第419—422頁）

偽南京特別市政府工務局爲光華門城牆坍塌部分修繕完竣祈派員驗收致偽南京特別市政府的簽呈

（1939年5月10日）

簽呈　第19號

　　爲簽請事。案據協記營造廠呈稱"遵諭修復光華門附近城牆坍塌部分，業於本月六日全部修繕完竣，即祈派員驗收，并尚餘工款壹佰元，亦祈一并發下"等情。查所呈完工屬實，理合簽請鈞座派員前往實地驗收。謹呈

市長高

工務局局長　趙〇〇

五月十日

（《南京城牆檔案·城牆的修繕與堵塞（上）》，第423—424頁）

偽南京特別市政府秘書處第二科科長洪孟搉關於光華門城牆坍塌部分重行修築經查勘可予驗收的簽呈

（1939年5月22日）

簽呈

　　於秘二科：

　　爲簽呈事。竊奉令飭調查光華門坍塌城牆重〈行〉修築工程一案，當經轉飭書記徐仲雲前往查勘，據復稱，"遵同技士華竹筠、協記營造廠王茂生等，赴該工程地點勘驗，所用灰沙成份尚無不合，而填補之斜坡與原有完善城牆并不相比參差，且增加拉樁六擋（均用六寸徑圓木以水泥嵌砌），尚屬堅固。至該工程內部，皆係碎磚和泥土填夯，即被雨冲刷，似亦難透"等情。據此，職復於本月二十一日上午與熟習工程之馮德棠前往查勘，與該書記所報情形大致相符，似尚可予驗收。奉令前因，理合將奉派查勘情形簽請核示祗遵，實爲公便。謹呈

秘書長孫 轉呈

市長高

第二科科長 洪孟撰

五月二十二日

　　准予驗收。

高冠吾（印）

孫叔榮（印）　金國書（印）

五月廿二日

（《南京城墙檔案·城墙的修繕與堵塞（上）》，第 426—427 頁）

僞南京特別市政府秘書處第二科爲光華門坍塌城墙重行修築工程准予驗收致僞南京特別市政府工務局的函

（1939 年 5 月 22 日）

　　徑啓者。案奉市長令飭調查光華門坍塌城墙重行修築工程一案。業經敝科復勘呈報，奉批"准予驗收"在案。相應檢同敝科原呈，函達查照爲荷。此致

工務局

　　附原呈一件

南京特別市政府秘書處第二科 啓

五月廿二日

（《南京城墙檔案·城墙的修繕與堵塞（上）》，第 428 頁）

第二節　整修光華門、通濟門、武定門附近城牆

一、修理光華門城門二邊城牆

南京市工務局關於修理光華門城門二邊城牆及二道墻圈工程的工程請示單及預算細目

（1947 年 11 月 4 日）

工程編號	臨 703	南京市工務局			
會計科目		工程請示單		請示單編號	
工程名稱	修理光華門城門二邊城墻及二道墻圈工程		工程地點		光華門

請示原因
奉諭辦理。

施工說明：
將光華門城門口二邊城墻之孔洞（長 80m，高 4.5m 範圍內）以亂磚及紙筋、砂泥補填，再於全網面上塗黑烟脂。二道城圈內則以紙筋石灰填補後，再以洋灰粉面。

核算總價：$33285000 元　　　預定 36 年 11 月 5 日開工　　　36 年 11 月 30 日完工
請示部分：　　復城［成］區工務管理處主任：張景班（印）　填單：施學溫（印）36 年 11 月 1 日
附件
附注

局長批示		會計室核	主管科核
再事簡省。 丹如 十一·四		在　雜項工程費　內開支 超出預算	經核尚符，擬由工區招商修築。
		會計主任 沈秉鉞（印）　月　日	第 2 科長　葉永初（印）蔡繼昭（印）　11 月 4 日
		股　羅琦（印）	股
		股	股
年　月　日　局收文　字第　號			
年　月　日　局發文　字第　號			36.11.1

說明：（一）請示單填寫四聯批准後，一聯發還，一聯存主管科，一聯存會計室，一聯存卷。
　　　（二）工程編號由主管科編填，會計科目由會計室填列，請示單編號由請示部分編填。
　　　（三）請示單經批准後，有關文件表報報銷等，應將工程編號及工程名稱并列。

項次	項目	單位	數量	單價（元）	共價（元）	備注
	石灰	百市斤	72	70,000	5,040,000	
	紙筋	百市斤	8	200,000	1,600,000	
	亂磚	m^3	40	120,000	4,800,000	
	砂泥	m^3	20	60,000	1,200,000	
	水□	市斤	15	50,000	750,000	
	黑烟脂	市斤	60	40,000	2,400,000	
	瓦工	工	200	58,000	11,600,000	
	修理城墻圈	m^2	655	9,000	5,895,000	包括用洋灰刷面
共計					$33,285,000	

核對：　　　　　　　　　計算：施學温（印）

（《南京城墙檔案·城門的增闢與建設》，第 508—509 頁）

二、整修通濟門至光華門城墻工程

復成區工務局管理處關於整修通濟門至光華門城墻的工程請示單、
預算細目及工程數量計算表

（1948 年 8 月 4 日）

工程編號		**南京市工務局**			
會計科目		**工程請示單**		工程單編號	成科 513
工程名稱		整修城墻工程	工程地點		通濟門至光華門
請示原因：大局交辦					
施工說明	①砌磚泥工請大局臨時雇用 ②材料請大局發給 ③填土工作由道工自做				
核算總價		預定　　年　　月　　日開工　　年　　月　　日完工			
請示部分	復成區工務處主任：方爲棟（印）　　　填單：施學温（印）37 年 8 月 4 日				
附件：復成區整修城墻工程核算一份，數量計算表一份					
附注					

局長批示		會計室核		主管科核	
照發	欣 八・十二	在 內開支　超出預算		擬照發	金超 八・十
		會計任主［主任］　　月　日		第　科長　　月　日	
		股		股	
		股		股	
年　月　日　局　收文　字第　　號					

說明：（一）請示單填寫四聯批准後，一聯發還，一聯存主管科，一聯存會計室，一聯存卷。
　　　（二）工程編號由主管科編填，會計科目由會計室填列，請示單編號由請示部分編填。
　　　（三）請示單經批准後，有關文件表報報銷等，應將工程編號及工程名稱并列。

預算細目

共 1 頁第 1 頁

項次	項目	單位	數量	單價	共價	備注
	城磚	m³	18.71			利用舊城磚 臨時雇用 道工自做
	泥工	工	68			
	小工	工	390			
	石灰	市擔	11.2			由大局發給
	黃沙	m³	5			
	土箕（連索）	付	30			
	扁擔	根	30			
	職員出入證	張	2			
	工人出入證	張	40			
共計						

核對　　　　　　　　　　　計算　施學溫（印）

復成區整修城墻工程數量計算表　　　37.8.2

（參照第一工程處城墻工程施工圖）

①光華門東（即圖上④）填土工程：（斷面如附圖）

　　　　　　　A. 填土 333.3m³　　　折小工　167 工

　　　　　　　B. 運距 100m（上坡）　折小工　83 工

②光華門西（即圖上⑤）填土工程：（斷面如附圖）

　　　　　　　A. 填土 14.25m³　　　折小工　7 工

　　　　　　　B. 運距 100m（上坡）　折小工　4 工

③光華門西 700m 處城墙缺口補修工程（缺口長 15m，寬 6m 深 1.5m）（磚墙厚 0.6m）

        A. 新砌磚墙 $6 \times 1.5 \times 0.6 = 5.4m^3$

                需大工 19 工　　小工 10 工

        B. 填土 $15 \times 6 \times 1.5 - 5.4 = 129.6m^3$　折小工　65 工

        C. 運距 50m（上坡）　　折小工　20 工

④通濟門東 800m（即圖上⑥）補修城墙缺口工程（斷面如圖）

        A. 新砌城墙 $2.03m^3$　　需泥工　7 工　　小工　　10 工

⑤通濟門西 350m（即圖上⑥）補修城垛工程（如圖）

        A. 修城垛六個共磚 $11.28m^3$　　需泥工　42 工　　小工　　20 工

        B. 運距 180m　　折小工　　　4 工

                        方爲棟（印）　施學温（印）

（《南京城墙檔案·城墙的修繕與堵塞（下）》，第 449—452 頁）

三、修理武定門南首城墙

首都警察廳爲修理武定門南首城墙致南京市政府的公函

（1937 年 4 月 30 日）

首都警察廳公函　安字第一〇八一號

    案據本廳第二警察局呈稱，"案據共和門分所巡官王振家報稱，'據警長吳雲慶報稱，"武定門南首城墙，突於本月二十六日下午三時許，向外坍塌，長約六丈，幸該處係屬菜地，并無其他損傷。"經巡官前往查明屬實，理合報請鑒核'等情。據此，除電報南京警備司令部外，理合備文呈報，仰祈鑒核施行"等情。據此，除呈報南京警備司令部鑒核，并指令該局隨時注意城防外，相應函達，即希貴府查照，迅予飭修，以固城防爲荷！此致

南京市政府

                        廳長　王固磐

                    中華民國二十六年四月卅日

（《南京城墙檔案·城墙的修繕與堵塞（上）》，第 263—266 頁）

南京市工務局爲武定門城墙工程祈交經理委員會密召包商比賬致南京市政府的密呈

（1937 年 5 月 1 日）

南京市工務局密呈　密字第三六一號

　　案准南京警備司令部朱參謀主任昌本年四月二十八日箋函，略以武定門內一百五十公尺處城墻外部向城外倒塌，其未倒部分現成絕壁形狀，如不從速防止，則殘餘部分勢必不久即要倒塌，以後修繕更加困難。囑迅予修理。又武定門北側上城之坡路附近城墻，亦請一并設法預防倒塌等由。同時并准南京警備司令部同月廿九日參字第五七一號函請到局。准經派員前往勘得，該門南約一百五十公尺，因下部凸出、上部下壓致自墻頂至根倒塌一段，計長三十二公尺，高十六公尺，厚四公尺，經擬將倒塌及裂損部分照原建築方法修復，估計共需經費一萬三千七百十六元。至該門北側上城墻踏步旁之城墻，現雖發生裂縫，而一時尚不致倒塌，除拆除重砌外，別無預防辦法，似可暫不修理。至倒塌部分應速加修復，以免擴大。且事關城防，極爲重要，業已面陳鈞座，應請先由鈞府墊撥工款，一面函請軍政部補助，以速進行。理合檢同預算書一份，具文呈送，仰祈核准，徑交經理委員會密召包商比賬，以資迅速。謹呈

市長馬

　　附呈預算書一份

工務局局長　宋希尚

中華民國二十六年五月一日

南京市工務局　　工訓A.1(甲)

修理武定門南城墻　**工事預算書**（共　頁）

字第　　號　　　　　　　　　　第　　頁

地　點	武定門南約一五十公尺
工程撮要	將傾頹及裂損部分無原建築修復，外部石条城磚磚櫃內1磚灰裝石次
總　價	13716.00元　　　　平均單價
起案原委及施工方法	一該處由墻頂至根倒塌一次長32公尺高16尺，厚4公尺，經擬倒向令部未奉謀主任由請修理以望城防衛免擴大。
附　件	

預算詳細表

種　類	形　狀	單位	數量	單價元	總價元	備　考
修砌武定門南城磚塡灰漿石塊	1.2磚灰漿 1.3研灰漿	立公方	1152 900	8.00 8.00	9216.00 4500.00 13716.00元	石条城磚材科及運費用 石条城磚面灰及厅灰等費用

26年4月30日　計算　　校對　　　複核

南京市工務局
修理武定門南城墙　工事預算書（共　頁）

字第　號　　　　　　　　　　　　　　　　　　　　　　第　頁

地點	武定門南約一百五十公尺		
工程撮要	將倒塌及裂損部分照原建築修復，外砌石條城磚墙，内填灰漿石塊		
總價	13716.00 元	平均單價	
起案原委及施工方法	該處由墙頂至根倒塌一塊，長 32 公尺，高 16 公尺，厚 4 公尺，經警備司令部朱參謀主任函請修理，以重城防，兼免擴大。		
附件			

預算詳細表

種類	形狀	單位	數量	單價元	總價元	備考
修砌城磚石條墙	1：2 石灰黃沙砌	立公	1152	8.00	9216.00	石條城磚將原有出清，應用石條墙面及坡度，修成原有形狀
填灰漿石塊	1：3 石灰沙泥漿	立公	900	5.00	4500.00	石塊用原有者
					13716.00 元	

26 年 4 月 30 日　計算：陳設（印）校對：　　　審核：胡英才（印）　　複［復］核：梅成章（印）

南京市工務局工程合同
C 字第一一七五號

工程名稱：修理武定門南城墙

承包人：尹祥記營造廠

工程總價：壹萬叁仟陸百拾壹元陸角

決算總價：

開工日期：通知之日起

完工日期：玖拾晴天

逾期罰款：壹百弍拾元

市府驗收日期：

　　南京市工務局（以下簡稱甲方）與

　　承包人尹祥記營造廠（以下簡稱乙方）

兹爲建築修理武定門南城墙工程，經雙方同意訂立合同如左：

一、工程範圍

詳單位價目表及施工細則

二、乙方於簽訂合同時，須向甲方繳納工程保證金陸百伍拾元，領取收據。俟本合同所規定之工程全部完竣，毫無貽誤，并經市政府驗收合格後陸月，乙方得憑收據向甲方將該項工程保證係屬本合同之一部分，乙方均已瞭解清楚并無疑問，不明之處均願切實遵照辦理，絕不藉端推諉請求加賬。

四、本工程進行期中所需一切人工材料、機器工具，及一切設備等，除另有規定者外，均由乙方供給之。

五、本工程進行期中，所有詳細施工圖樣均由甲方隨時補充，乙方均應遵照辦理。如乙方對於補充詳圖上所規定之工料有認爲不應包括於本合同之內者，應在該項工程未進行之先，以書面向甲方磋商，允可後方爲有效。

六、本工程詳細價目另表開列，爲本合同之一部分。

七、本工程進行期中，如經甲方認爲在設計上或工作上必須變更工程設計圖樣或施工細則時，得於事前通知乙方遵照辦理。凡因變更設計圖樣或施工細則，以致工料數量有增減時，其增減工料價格應按照詳細價目表內所開之單位價格計算，於工程總包價內分別增加或減除之。

八、本工程所有細微之處，未能盡載明於圖樣及施工細則中，而爲工程上所必要者，乙方均應照甲方監工人員指示做全，不得推諉并另所造價。

九、乙方非得甲方之書面允許，不得以本工程之任何部分轉包他人。

十、本工程自簽訂合同之日起，乙方即須將人工材料工具運往工次。自通知開工之日起，限玖拾晴天內完工，不得逾限。如逾限期，乙方願按日罰洋壹百式拾元，甲方得由應付工款或工程保證金內扣除之。但遇風雨冰雪天災地變，實在不能工作之日，經甲方之監工人員書面證明，呈由甲方批准展期者不在此限。

十一、本市有關工程之章程及建築規則，乙方均應遵照辦理。

十二、本工程造價之付款標準規定如左：

本工程造價計洋壹萬叁仟陸百拾壹元陸角正，共分陸期付款。

第一期　開工十五日後照已成工程及到工材料估價，以八成計算付款；

第二期　開工三十日後照已成工程及到工材料估價，以八成計算除已付數付款；

第三期　開工五十日後照已成工程及到工材料估價，以八成計算除已付數付款；

第四期　開工七十日後照已成工程及到工材料估價，以八成計算除已付數付款；

第五期　全部完工經本局查驗無誤後，照實做工程以九成計算除已付數付款；

第六期　市府驗收合格後掃數付清。

十三、每次領款時，乙方須先報請驗收，經由甲方派員查驗合格後，發給領款收據三聯單，由乙方持向本局總務股領取之。

十四、乙方須派遣富有本工程經驗之監工人員常川在工督察，并須服從甲方監工人員之指揮。如乙方監工人員有不稱職時，甲方得通知乙方即時撤換之。

十五、本工程所用各種材料，應先由乙方將樣品送呈甲方查驗，認爲合格後方得采用。所有乙方運到工次之材料，經甲方查覺與呈驗合格樣品之材料不符時，乙方即須全數運出工場，另辦合格新料呈驗應用。

十六、本工程在進行期間，如經甲方查出工料與設計圖樣或施工細則不相符合時，乙方應立即拆卸并依照設計圖樣或施工細則重行建造。所有時間及金錢之損失概歸乙方負擔。

十七、本工程施工期內，如需斷絕交通或需借用工地堆積材料時，乙方應先期以書面請求甲方核准。

十八、乙方在工作地點，日間應設置紅旗，夜間應懸挂紅燈以保行人安全。倘因疏忽以致發生任何意外之事，均由乙方自行負責處理之。

十九、本工程進行中倘損及人畜或公私建築物，由乙方負責賠償。

二十、凡遇不適宜工作之天時，乙方應遵照甲方監工人員之指示，將工程全部或一部暫停工作，并須設法保護已成之工程以免損壞。

二十一、本工程在開工以後市政府驗收以前，所有一切已成工程均由乙方負責保護。倘因天災人事等不測事故，工程一部或全部發生損壞時，乙方應負責修理或重行建築。

二十二、所有乙方之工匠人等之食宿等事，皆由乙方自行處理，乙方并應約束工人不得有軌外行動，倘有滋生事故，應由乙方自行負責處理之。

二十三、全部工程經市政府派員驗收無誤後，乙方應立具保固，切結保固壹年○月。倘於保固期內本工程發現裂縫或傾陷等情事，經甲方查明係由材料不佳或工作不善所致者，乙方應負責出資修理，不得藉詞推諉。

二十四、本工程進行期間，乙方因故停止工作或不履行合同時，經甲方書面通知後三日內仍不遵照工作者，得由甲方一面通知保證人一面另雇他人工作。所有場內之材料器具及一切設備等，概歸甲方使用。所有甲方因雇工續造工程之費用及延期損失等，仍歸乙方負擔，由甲方於工程造價及保證金內扣除之，不足之數應由保證人賠償。

二十五、乙方遇有意外事故不能負責完工時，本合同之責任應由保證人負擔。所有甲方另雇他人續造之工價及一切損失均由保證人賠償。

二十六、本合同及附件共繕成同樣四份，二份呈送南京市政府備案，其餘二份由甲乙兩方各執一份爲憑。

二十七、本合同之附件計開：

　　　設計圖樣○份　　計○張

　　　施工細則○份　　計○張

詳細價目表一份 計一張

其他附件

南京市工務局

中華民國二十六年五月　日

南京市工務局局長：〈宋〉希尚（印）

科長：梅成章（印）

主任：胡英才（印）

經辦人：

承包人店號：尹祥記營造廠

負責人：尹如祥

住址：白下路東三三八號

保證人店號：悦記豫立森木廠

負責人：王志悦

住址：白下路第二九九號

對保人：王松茂（印）

南京市工務局
修理武定門南城墙工程單位價目表

第　　頁

種類	形狀	單位	數量	單價元	總價元	備考
修砌城磚碟［堞］墙	1：2石灰黃沙砌	立公	1152	8.30	9561.60	
填灰漿石塊	1：3石灰沙泥漿	立公	900	4.50	4050.00	
				共計	13611.60 元	
注：1. 石條城磚將原有出清應用 2. 石條墙面及坡度修成原有形狀 3. 石塊用原有者

填寫　　　　　　校對　沈榮伯（印）

（《南京城墙檔案·城墙的修繕與堵塞（上）》，第 283—295 頁）

國民政府軍事委員會爲武定門南城墻坍塌請趕速修復給南京市政府的密令

(1937 年 5 月 5 日)

國民政府軍事委員會密令　執一字第 585 號

　　　　令南京市市政府市長馬超俊:

　　案據南京警備司令谷正倫二十六年四月二十九日參二字第五七一號呈稱，"案據武定門門城防憲兵報稱'本月二十五日午後四時，該門直南約二百公尺處之城墻坍塌約十公尺'等情；當經派員趕赴實地勘察，'據簽武定門南城墻倒塌部分，長爲三十公尺，寬約占城墻面積三分之二，連根坍挫於城外，其原因係城根土質鬆軟，更加連日陰雨，以致坍塌。又查武定門北側上城坡路附近城墻發現裂紋，恐有倒塌之虞，擬請工務局迅速修理，以固城防'等情。據此，除函請市府工務局趕速修復外，理合備文呈請鑒核，并懇飭令市府即日動工，以固城防"等情。據此，除指令外，合行令仰該府照辦爲要。

　　此令。

委員長　蔣中正

中華民國廿六年五月五日

(《南京城墻檔案・城墻的修繕與堵塞(上)》，第 267—270 頁)

南京市工務局爲請飭財政局籌墊修理武定門城墻工款致南京市政府的密呈

(1937 年 5 月 14 日)

南京市工務局呈　密字第四〇一號

　　案奉鈞府本年五月四日交下首都警察廳本年四月三十日安字第一零八一號公函一件。爲請迅飭修理武定門南首城墻，以固城防由。奉批"交工務局辦理具報"等因。正擬呈復間，又奉鈞府同年五月六日交下軍事委員會本年五月五日執一字第五八五號密令一件，爲武定門南城墻坍塌三十公尺一案，飭迅速修理由。奉批"交工務局迅速遵照辦理"等因。奉此，遵查此案。准南京警備司令部四月二十九日參二字第五七一號函請趕速修復到局。當經派員勘估，擬具預算共約需經費一萬三千七百十六元，於五月一日備文呈請鑒核，并經面陳鈞座：應請先行墊撥工款，一面函請軍政部補助，以速進行在案。茲查該項工程已奉鈞府核准照辦，并密交經理委員會招工比賬中，除代鈞府擬稿，將辦理情形呈復軍事委員會，并函請軍政部按照修理中山門至太平門城墻先例補助全部工款，暨函復首都警察廳查照外，一俟經理委員會發包後，自應提前興工。理合檢同原交各件，具文呈復，仰祈鑒核，俯賜令飭財政局先行籌墊工款，以利要工，實爲公便。謹呈
市長馬

計呈繳原令原函各一件

工務局局長 宋希尚

中華民國二十六年五月十四日

（《南京城牆檔案·城牆的修繕與堵塞（上）》，第 271—274 頁）

南京市政府爲已令財政局籌墊修理武定門城牆半數工款給南京市工務局的密指令

（1937 年 5 月 20 日）

密指令　第 004636 號

令工務局：

本年五月十四日密字第四零一號密呈一件。爲修理武定門附近城牆工程，已奉交經理委員會招工比賬中，請先飭財政局籌墊工款，以利要工由。

密呈暨繳件均悉。已令飭財政局先行籌墊半數工款陸千捌百伍拾捌元，以利工務，其餘之數，應俟招工比賬後，再按合同包價請領，仰即徑向財政局商洽辦理，以備支付。繳件存。此令。

中華民國廿六年五月廿日

（《南京城牆檔案·城牆的修繕與堵塞（上）》，第 275—276 頁）

南京市政府爲准先行籌墊修理武定門城牆工款給南京市財政局的密訓令

（1937 年 5 月 20 日）

密訓令　第 004636 號

令財政局：

案據工務局本年五月十四日第四零一號密呈稱"案奉鈞府本年五月四日交下，（照呈抄至）以利要工"等情。據此，查核該項工程至爲重要，應准先行籌墊半數工款，以利進行。除指令"密呈暨繳件均悉，（照前稿至）此令"印發外，合行令仰該局即便遵照，在暫記項下籌墊具報。此令。

中華民國廿六年五月廿日

（《南京城牆檔案·城牆的修繕與堵塞（上）》，第 276—278 頁）

南京市政府經理委員會爲武定門城墻工程密召包商比賬情形致南京市政府的呈文

（1937 年 5 月 20 日）

南京市政府經理委員會簽呈

案奉鈞府發下工務局呈一件。爲准南京警備司令部函請修理武定門城墻一案，檢同預算祈核准由。奉批"交經委會迅予照辦"等因。奉此，查該項工程事關機密，未便登報招標，當經密召包商比賬，計到張裕泰、尹祥記、裕康三家，以張裕泰開價一二，〇一五．〇〇元爲最低，尹祥記開價一三，六一一．六〇元次之。經復核，張裕泰所開總價完全錯誤，不予考慮。惟次標尹祥記又多列附注，另有別項要求，又經商同尹祥記同意取銷附注，以開價一三，六一一．六〇元爲標準。俟工程完竣時，按實作丈量，其數量多增少減，以原訂單價計算，擬即交其承包，以期迅捷。理合檢同合同二份，暨奉交原件，具文簽請鑒核施行，實爲公便。謹呈
市長馬

附繳工務局原呈一件，附件全。合同兩份

> 經理委員會主席委員　馬超俊
>
> 中華民國二十六年五月二十日

遵核所呈尹祥記修理武定門城墻合同。尚無不合。擬准照辦，并轉至軍政部待其撥款後，令財局先行墊撥。

> 職　劍鳴
>
> 五·廿四

（《南京城墻檔案·城墻的修繕與堵塞（上）》，第 279—282 頁）

南京市政府爲訂立武定門城墻工程合同給南京市工務局的密指令

（1937 年 5 月 26 日）

密指令　第 004876 號

令工務局：

本年五月一日密字第三六一號密呈一件。呈送修理武定門內附近倒塌城墻預算，祈密交經理委員會招商比賬由。

呈件均悉。案經飭交經理會員招工比賬去後，茲據呈稱"查該項工程，事關機密（照呈抄至）鑒核施行"等情，附呈合同暨繳件到府。據此，除將原合同抽存一份備查，并檢送一份函請審計部查照外，仰即徑向經理委員會商領其餘合同轉飭包商遵辦，代擬府稿函詣軍政部撥款。俯

仰遵照此令。附件存。

中華民國二十六年五月廿六日

(《南京城墙檔案·城墙的修繕與堵塞(上)》,第 296—297 頁)

南京市政府爲已與尹祥記營造廠訂立武定門城墙工程合同致審計部的密函

(1937 年 5 月 26 日)

密函　第 004876 號

　　案據本市工務局本年五月一日密字第三六一號密呈稱"案准南京警備司令部(照工局呈抄至),以資迅速"等情,附工事預算一份到府。據此,當經發交本府經理委員會招工比賬,以尹祥記營造廠開價壹萬叁千陸百拾壹元陸角爲最低,尚未超出預算範圍,并已訂立合同,定期開工,自應准予照辦。除指令外,相應檢同原合同一份,函請貴部查照,見復爲荷。此致

審計部

中華民國廿六年五月廿六日

(《南京城墙檔案·城墙的修繕與堵塞(上)》,第 296、298 頁)

南京市工務局爲武定門城墙工程開工請核撥臨時費致南京市政府的密呈

(1937 年 5 月 27 日)

南京市工務局呈　密字第四一五號

　　案奉鈞府本年五月二十一日第四六三六號密指令、本局本年五月十四日密字第四〇一號密呈一件。爲修理武定門附近城墙工程已奉交經理委員會招工比賬中,請先飭財政局籌撥工款以利要工由。內開"密呈暨繳件均悉。已令飭財政局先行籌墊半數工款六千八百五十八元,以利工務,其餘之數應俟招工比賬後,再按合同包價請領。仰即逕向財政局商洽辦理,以備支付。繳件存"等因。奉此,查此項工程業經經理委員會交由尹祥記營造廠承包,計包價洋一萬三千六百一十一元六角,并會同與該商簽訂合同,由會呈送鑒核,并送轉審計部備案在案。除以事關城防要工、并爲防止城墙缺口繼續坍毀起見,已督促包商於本月十五日積極施工依限完成外,所需工款亟待按數請領。理合將辦理情形,連同請撥臨時費通知單一紙具文呈報,仰祈鑒核飭撥,以應支付。

　　謹呈

市長馬

計呈送第一四八號請撥通知單一紙

工務局局長　宋希尚

中華民國二十六年五月二十七日

（《南京城墻檔案‧城墻的修繕與堵塞（上）》，第 300—303 頁）

南京市政府爲核撥武定門城墻工程款給南京市工務局的密指令

（1937 年 6 月 2 日）

密指令　第 005074 號

令工務局：

本年五月二十七日密字第四一五號密呈一件。請撥修理武定門附近城墻工款由。

呈件均悉。案經令飭財政局轉賬核撥，仰即編造支付預算，并將上次借支工款陸千捌百伍拾捌元填單，前往解領轉賬，以清手續。事竣，呈請會同驗收，并遵章造報，件存。此令。

中華民國廿六年六月初貳日

（《南京城墻檔案‧城墻的修繕與堵塞（上）》，第 304—305 頁）

南京市政府爲核撥武定門城墻工程款致南京市財政局的密訓令

（1937 年 6 月 2 日）

密訓令　第 005074 號

令財政局：

案據本市工務局本年五月二十七日密字第四一五號密呈稱“案奉本年五月二十一日（照呈抄至）以應支付”等情，附請撥單到府。據此，除指令“呈件均悉。（照前稿抄至）此令”印發暨分函外，合行令仰該局即便遵照，轉賬核撥具報。此令。

中華民國廿六年六月初貳日

（《南京城墻檔案‧城墻的修繕與堵塞（上）》，第 304—306 頁）

南京市政府爲核撥武定門城墻工程款致審計部的密函

（1937 年 6 月 2 日）

密函　第 005074 號

案據本市工務局本年五月二十七日密字第四一五號密呈稱“案奉本年五月二十一日（照呈抄至）以應支付”等情，附請撥單到府。據此，除指令“呈件均悉。（照前稿抄至）此令”印發

暨分令外，相應函請貴部查照爲荷。此致

審計部

中華民國廿六年六月初貳日

《南京城墙檔案·城墙的修繕與堵塞（上）》，第 304—306 頁）

審計部爲准修理武定門南城墙工程合同致南京市政府的公函

（1937 年 6 月 2 日）

審計部公函　稽字第 294 號

　　案准貴府二十六年五月二十六日第四八七六號密函，爲"修理武定門南城墙工程一案，以尹祥記營造廠開價一萬三千六百一十一元六角爲最低，尚未超出預算範圍，并已訂立合同，定期開工，相應檢送合同副本一份，請查照見復"等由。准此，除將原件存查外，相應函復，即請查照爲荷。此咨

南京市政府

部長　林雲陔

中華民國二十六年六月二日

《南京城墙檔案·城墙的修繕與堵塞（上）》，第 308—310 頁）

第三節　修理中華門至水西門間城墙

一、僞政權修理中華門西面城墙

僞南京特別市政府工務局爲修理中華門西面城墙請派警駐守致僞首都警察總監署南區警察分局的公函

（1943 年 4 月 24 日）

公函　工字第 212 號

　　案查本局奉令興修本京城垣各處損壞部分，業經興工修理在案。近查中華門西面城墙倒塌，經鳩工搭架，開始修理，惟恐有宵小乘隙爬越。相應函請查照，即希派武裝警士二名，每夜輪流駐守，以防意外而重防務。此致

首都警察總監署南區警察分局

局長　陳○○

四月廿四日

中華門西面城墙倒塌處，已搭架興工。惟恐閑人藉此抓［爬］越，請南區警局派全副武裝警士二名，夜間輪流看守。速辦局稿。

四・廿四

《南京城墙檔案・城墙的修繕與堵塞（下）》，第 130—132 頁）

二、修理中華東門城墙裂縫工程

南京市工務局莫愁區工務管理處關於查勘中華東門城墙裂縫的報告書

（1947 年 4 月 28 日）

南京市工務局報告書　黃字第六十五號[①]

　　查中華東門城門口左右城墙均有自上至下、從內到外之裂縫。該處爲本京南面出入口，每日來往車輛及行人甚爲衆多，而雨季將屆，恐生危險。理合呈報鑒核，擬請派員前往查勘、計劃修理，以策安全。謹呈

局長張

莫愁區工務管理處主任　吳頤泉

中華民國三十六年四月二十八日

　　擬即請吳主任計劃并勘估。

宋家治（印）

四・卅

《南京城墙檔案・城墙的修繕與堵塞（下）》，第 293—294 頁）

南京工務局莫愁區工務管理處關於修理中華東門城墙裂縫的工程請示單及預算細目

（1947 年 6 月 9 日）

工程編號	臨 701	南京市工務局 工程請示單		
會計科目			請示單編號	黃 4 號
工程名稱	修理中華門城墙工程		工程地點	中華東門
請示原因：城墙經年未修，又加戰時敵飛〈機〉轟炸，已開裂縫，從上到下甚爲危險。擬請拆修一部				
施工説明：從上向下拆除 9m，另加鋼筋混凝土腰箍後，重砌還原。裂縫需灌 1：3 水泥漿				

[①] 該報告書南京市檔案館收錄有兩則，內容基本一致，發文文號不同。其中一則蓋有 "南京市工務局莫愁區工務管理處" 的公章，發文文號登記爲 "（卅六）京工二字第 2747 號"，并注明：中華民國卅六年五月五日發出。此處記録的是發文日期在前的一則報告書的發文文號。

核算總價：國幣肆仟另玖拾貳萬肆仟五佰元　預定 36 年 6 月 18 日開工　36 年 7 月 25 日完工		
請示部分：莫愁區工務管理處　主任：吳頤泉（印）填單　龔正鈐（印）36 年 6 月 9 日		
附件		
附注		
局長批示	會計室核	主管科核
張丹如（印）	在　雜項工程費 內開支　　　　超出預算 工程預算超過四千萬元，擬請招商比價，以符規定 　　　　羅琦（印）　沈秉鉞（印）	擬請照辦
	會計主任　　月　日	第　科長　宋家治（印）6 月 14 日
	股	股　葉永初（印） 　　蔡繼昭（印）
	股	股
年　月　日局收文　字第　號		
年　月　日局收文　字第　號		

説明：（一）請示單填寫四聯，批准後，一聯發還，一聯存主管科，一聯存會計室，一聯存卷。
　　　（二）工程編號由主管科編填，會計科目由會計室填列，請示單編號由請示部分編填。
　　　（三）請示單經批准後，有關文件表報報銷等，應將工程編號及工程名稱並列。

預算細目

共 1 頁第 1 頁

項次	項目	單位	數量	單價	共價	備註
	拆除磚墻	m^2	96	32,000	3,072,000	
	重砌磚墻	m^2	96	150,000	14,400,000	
	挖土	m^3	250	15,000	3,750,000	
	填土	m^3	250	15,000	3,750,000	
35cm×60cm×1060cm　拉梁						
	鋼筋及扎箍	磅	900	7,000	6300000	
	1：2：4 混凝土	m^3	2.25	1,250,000	2812500	
	填補裂縫	m^3	1.8	3,800,000	6,840,000	
共　計					$40,924,500.00	

核對　　　　　　　計算：龔正鈐（印）

（《南京城墻檔案·城墻的修繕與堵塞（下）》，第 295—296 頁）

南京市工務局與建康營造廠訂立的關於修理中華東門城牆工程的承攬單及詳細價目單

(1947 年 6 月 9 日)

工程編號		南京市工務局	合約編號	攬字 27 號
會計科目		工程承攬單	請示單編號	
工程名稱	修理中華門城牆工程		工程地點	中華東門
訂約日期	36.6.9		承包總價	$33,680,000.00
開工日期	36.6.15		完工期限	30 晴天

立承攬人：建康營造廠今承攬到南京工務局修理中華門城牆工程，一切施工方法，願完全依照鈞局所派監工人員之指示及頒發之各項圖樣説明書等辦理。茲將工程範圍、承攬包價、領款辦法及遵守條約訂定如下：

1. 工程範圍——做鋼筋混凝土腰箍及拆砌城磚填土等工程。
2. 承攬包價——本工程全部包價共計國幣叁仟叁佰陸拾捌萬元，詳細價目單附後，如有增減，按照慣例驗收數量結算。
3. 領款辦法——
第一期　訂約經對保無誤後，付 70%；
第二期　工程完成半數以上時，付 10%；
第三期　工程全部完工付 10%；
第四期　工程全部完工經驗收後，付 10%（扣 2.5% 保固金）。
4. 完工期限——本工程定約後，應於　日內開工，限　　年　月　日以前全部完工。雨天照加。逾期每日賠償局方損失國幣壹佰萬元正。
5. 轉讓分包——本工程之任何部分未得局方同意，承攬人決不轉讓分包。
6. 工具材料——本工程之一切人工材料及應用工具設備，除特別規定者外，概由承攬人自備。其由局方供給者，承攬人當負責保管。如有損失，照價賠償。
7. 工程管理——本工程如承攬人不能親自常駐工地時，當派富有工程經驗負責代表常駐工地，督率施工并管理工人。此項代表如局方認爲不能稱職時，可隨時通知撤換之。
8. 保護防範——工地材料與已未完成之工程及工人等安全設備，概由承攬人負責。如有意外，決不推諉卸責。
9. 變更設計——本工程如有增減或變更設計時，一經局方通知承攬人，決無異議。所有增減或損失工料，均按實際數量照詳細價目單計算之。
10. 工程查驗——本工程在進行期間，如發現材料窳劣、做法不合、工程不固或與圖樣説明書有不符之處，一經局方所派監工人員通知，當立即拆除重做，所有工料損失概歸承攬人負擔。
11. 工程玩忽——工程進行時如承攬人任意延岩〔宕〕，願聽憑局方注銷承攬，另行設法完成。其因此發生之損失，概由承攬人負賠償之責，并願將所有工地上一切物件工程均暫交局方接收管理，俟工程完工後再行結算。
12. 工地清理——工程完竣後，工地廢弃材料及坂垃〔垃圾〕等，承攬人當先派工清除净盡，再報驗收。
13. 工程保固——本工程完工後，保固期限爲 0 年 6 月。在保固期内，如有裂損或坍塌情事，經查明後，因工作草率或用料不佳所致者，由承攬人負責修復，不另取值。
14. 保證責任——承攬人如有偷工減料、中途停工或無力完工及其他情弊，不能履行承攬條款時，本承攬之責任由保證人代負之。所有因此發生之一切損失，概由保證人負責賠償。
15. 承攬附件——（1）説明書 0 份（2）圖樣 1 張（3）詳細價目單 1 張

承包商號：建康廠（章）	保證商號：平和軒鐵工廠（章）
負責人：吳月樵（印）	負責人：平寶善
地址：嚴家樓 37# 之 1	地址：林森路 41 號
備註：對保人 龔正鈴（印）	

局長：張丹如（印） 會計主任：沈秉鉞（印） 科長：宋家治（印） 股長：蔡繼昭（印）
主任：吳頤泉（印）

<table>
<tr><td>工程編號</td><td></td><td colspan="3" rowspan="2" style="text-align:center">南京市工務局
詳細價目單</td><td colspan="2">年 月 日</td></tr>
<tr><td>合約編號</td><td></td><td colspan="2">共 頁 第 頁</td></tr>
<tr><td>工程名稱</td><td colspan="4">修理中華門城墻工程</td><td>工程地點</td><td>中華東門</td></tr>
<tr><td>項次</td><td>項目</td><td>單位</td><td>數量</td><td>單價</td><td colspan="2">共價</td><td>備註</td></tr>
<tr><td></td><td>拆除磚墻</td><td>m²</td><td>96</td><td>30,000</td><td colspan="2">2,880,000</td><td></td></tr>
<tr><td></td><td>重砌磚墻</td><td>m²</td><td>96</td><td>100,000</td><td colspan="2">9,600,000</td><td>1：3 水泥砌</td></tr>
<tr><td></td><td>挖土</td><td>m³</td><td>250</td><td>10,000</td><td colspan="2">2,500,000</td><td></td></tr>
<tr><td></td><td>填土</td><td>m³</td><td>250</td><td>10,000</td><td colspan="2">2,500,000</td><td></td></tr>
<tr><td colspan="8" style="text-align:center">35cm × 60cm × 1060cm 拉梁</td></tr>
<tr><td></td><td>鋼筋及扎箍</td><td>磅</td><td>900</td><td>7,000</td><td colspan="2">6,300,000</td><td></td></tr>
<tr><td></td><td>1：2：4 混凝土</td><td>m³</td><td>2.25</td><td>1,200,000</td><td colspan="2">2,700,000</td><td></td></tr>
<tr><td></td><td>填補裂縫</td><td>m³</td><td>1.8</td><td>4,000,000</td><td colspan="2">7,200,000</td><td>1：3 水泥沙漿</td></tr>
<tr><td colspan="4" style="text-align:center">總　　計</td><td></td><td colspan="2">$33,680,000.00</td><td></td></tr>
</table>

承包商號：建康營造廠　　　　　　　　負責人：吳月樵

（《南京城墻檔案·城墻的修繕與堵塞（下）》，第 297—299 頁）

南京市工務局關於修理中華門城墻工程的新工周報表

（1947 年 6 月 15 日至 7 月 13 日）

南京市工務局新工周報表

<table>
<tr><td>工程編號</td><td></td><td colspan="4">工程名稱：修理中華門城墻工程</td><td colspan="2">開工日期</td><td colspan="2">36 年 6 月 15 日</td></tr>
<tr><td>合約編號</td><td></td><td colspan="4">36 年 6 月 15 日至 36 年 6 月 21 日止</td><td colspan="2">預定完工日期</td><td colspan="2">36 年 7 月 14 日</td></tr>
<tr><td rowspan="3">項目</td><td rowspan="3">工程說明</td><td rowspan="3">單位</td><td rowspan="3">總數</td><td colspan="2">竣工數量</td><td colspan="3">工作人數</td><td colspan="4">進場材料</td></tr>
<tr><td rowspan="2">本周</td><td rowspan="2">累計</td><td rowspan="2">工別</td><td rowspan="2">本周</td><td rowspan="2">累計</td><td rowspan="2">名稱</td><td rowspan="2">單位</td><td colspan="2">數量</td></tr>
<tr><td>本周</td><td>累計</td></tr>
<tr><td></td><td>拆除磚墻</td><td>m²</td><td>96</td><td>39</td><td>39</td><td>瓦工</td><td>21</td><td>21</td><td></td><td></td><td></td><td></td></tr>
<tr><td></td><td>挖土</td><td>m³</td><td>250</td><td>44</td><td>44</td><td>小工</td><td>97</td><td>97</td><td></td><td></td><td></td><td></td></tr>
</table>

（續表）

晴雨記錄			督工人員意見	附注
	本周	累計		
晴	6日	6日		
陰	1日	1日		
雨				

本表應於每星期一送二份寄第二科　　　主任　　　填表　　　36年6月21日

南京市工務局新工周報表

工程編號	臨701	工程名稱：修理中華門城牆工程		開工日期	36年6月15日
合約編號	攬字27號	36年6月22日至36年6月28日止		預定完工日期	36年7月14日

項目	工程説明	單位	總數	竣工數量		工作人數			進場材料			
				本周	累計	工別	本周	累計	名稱	單位	數量	
											本周	累計
	拆除磚墻	m²	96	55	94	瓦工	29	50	水泥	袋	50	50
	挖土	m³	250	19	63	小工	76	173	4,6,8分石子	m³	3	3
									黄砂	m³	5	5

晴雨記錄			督工人員意見	附注
	本周	累計		
晴	3日	9日		
陰	1日	2日		
雨	3日	3日		

本表應於每星期一送二份寄第二科　　　主任　　　填表　　　中華民國36年6月29日

南京市工務局新工周報表

工程編號		工程名稱：修理中華門城牆工程		開工日期	36年6月15日
合約編號		36年6月29日至36年7月5日止		預定完工日期	36年7月14日

項目	工程説明	單位	總數	竣工數量		工作人數			進場材料			
				本周	累計	工別	本周	累計	名稱	單位	數量	
											本周	累計
1	拆除城牆	m²	96	2	96	瓦工	27	77	水泥	袋	30	80
2	重砌磚墻	m²	96	47	47	小工	73	246	468分子	m³	0	3

項目	工程說明	單位	總數	竣工數量		工作人數			進場材料			
				本周	累計	工別	本周	累計	名稱	單位	本周	累計
3	挖土	m³	250	187	250				黃沙	m³	5	10
4	填土	m³	250	69	69				鋼筋及扎箍	磅	900	900
5	鋼筋及扎箍	磅	900	900	900							
6	1：2：4 混凝土	m³	2.25	2.25	2.25							
7	填補裂縫	m³	1.8	0	0							

晴雨記錄			督工人員意見	附注
	本周	累計		
晴	6 日	15 日		
陰	0	2 日		
雨	1 日	4 日		

本表應於每星期一送二份寄第二科　　　　　主任　　　填表　　　中華民國 36 年 7 月 5 日

南京市工務局新工周報表

工程編號	臨 701	工程名稱：修理中華門城牆工程	開工日期	36 年 6 月 15 日
合約編號	攬字 27 號	36 年 7 月 6 日至 36 年 7 月 12 日	預定完工日期	36 年 7 月 14 日

項目	工程說明	單位	總數	竣工數量		工作人數			進場材料			
				本周	累計	工別	本周	累計	名稱	單位	本周	累計
1	拆除城牆	m²	96	0	96	瓦工	19	96	水泥	袋	0	80
2	重砌磚牆	m²	96	49	96	小工	75	321	468 分石子	m³	0	3
3	挖土	m³	250	0	250				黃砂	m³	0	10
4	填土	m³	250	171	240				鋼筋及扎箍	磅	0	900
5	鋼筋及扎箍	磅	900	0	900							
6	1：2：4 混凝土	m³	2.25	0	2.25							
7	填補裂縫	m³	1.8	0	0							

晴雨記錄			督工人員意見	附注
	本周	累計		
晴	5 日半	20 日半		
陰	0	2 日		
雨	1 日半	5 日半		

本表應於每星期一送二份寄第二科　　　　主任　　　填表　　　中華民國 36 年 7 月 5 [12] 日

南京市工務局新工周報表

工程編號	臨 701	工程名稱：修理中華門城墻工程		開工日期	36 年 6 月 15 日
合約編號	攬字 27 號	36 年 7 月 13 日至 36 年 7 月 13 日		預定完工日期	36 年 7 月 14 日

項目	工程説明	單位	總數	竣工數量		工作人數			進場材料		數量	
				本周	累計	工別	本周	累計	名稱	單位	本周	累計
1	拆除磚墻	平公	96	0	96	瓦工	4	100	水泥	袋	0	80
2	重砌磚墻	平公	96	0	96	小工	6	327	468 分石子	立公	0	3
3	挖土	立公	250	0	250				黃砂	立公	0	10
4	填土	立公	250	10	250				鋼筋及扎籬	磅	0	900
5	鋼筋及扎籬	磅	900	0	900							
6	1：2：4 混凝土	立公	2.25	0	2.25							
7	填補裂縫	立公	1.8	1.8	1.8							

晴雨記錄			督工人員意見	附注
	本周	累計		
晴	1 日	21 日半		
陰	0	2 日		該工程已於 7 月 12 日完工
雨	0 日	5 日半		

本表應於每星期一送二份寄第二科　　　　主任　　　填表　　　中華民國 36 年 7 月 13 日

（《南京城墻檔案·城墻的修繕與堵塞（下）》，第 303—307 頁）

南京市工務局關於修理中華東門城墻工程的工款結算表、決算書、竣工圖及設計圖

(1947 年 7 月 24 日)

工程編號	臨 701	南京市工務局		36 年 7 月 24 日
會計科目	雜項工程費	工款結算表		共 1 頁第 1 頁
工程名稱	修理中華門城墻工程		合約編號	攬字 27 號
承包商號	建康營造廠		規定限期	30 個晴天
開工日期	36 年 6 月 15 日	完工日期 36 年 7 月 13 日	驗收日期	年 月 日
雨雪冰凍	5 天半	核准延期 0 天	逾期日數	0 天
	預算數	結算數		
承包總價	¥33,680,000	實做總價		¥33,680,000
增加工款 1	/	核減工款 1		/
增加工款 2	/	核減工款 2		/
增加工款 3	/	核減工款 3		/
增加工款 4	/	核減工款 4		/
合計	$33,680,000	應付工款		$33,680,000
驗收意見				
備注				

局長：張丹如（印） 會計主任：沈秉鉞（印） 科長：宋家治（印） 股長：蔡繼昭（印）
主任：吳頲泉（印） 填表：高朝麟（印）

工程編號	臨 701				南京市工務局			36 年 7 月 24 日	
會計科目	雜項工程費				工程決算書			共 1 頁第 1 頁	
工程名稱	修理中華門城墻工程				工程地點			中華東門	
開工日期	36 年 6 月 15 日		完工日期	36 年 7 月 13 日		驗收日期		年 月 日	
項目	單位	預算			決算			備注	
		數量	單價	共價	數量	單價	共價		
拆除磚墻	平公	96	30,000	2,880,000	96	30,000	2,880,000		
重砌磚墻	平公	96	100,000	9,600,000	96	100,000	9,600,000	1 : 3 水泥砌	
挖土	立公	250	10,000	2,500,000	250	10,000	2,500,000		
填土	立公	250	10,000	2,500,000	250	10,000	2,500,000		

鋼筋及扎箍	磅	900	7,000	6,300,000	900	7,000	6,300,000	
1：2：4 混凝土	立公	2.25	1,200,000	2,700,000	2.25	1,200,000	2,700,000	
填補裂縫	立公	1.8	4,000,000	7,200,000	1.8	4,000,000	7,200,000	1：3水泥沙漿
總計				33,680,000.00			33,680,000.00	
計	結餘	國幣 0						
	超出							

局長：張丹如（印）　會計主任：沈秉鉞（印）　科長：宋家治（印）　股長：蔡繼昭（印）
主任：吳頤泉（印）　填表：高朝麟（印）
審計部監驗：方伯平（印）　市政府複驗　　　　　工務局初驗　葉永初（印）

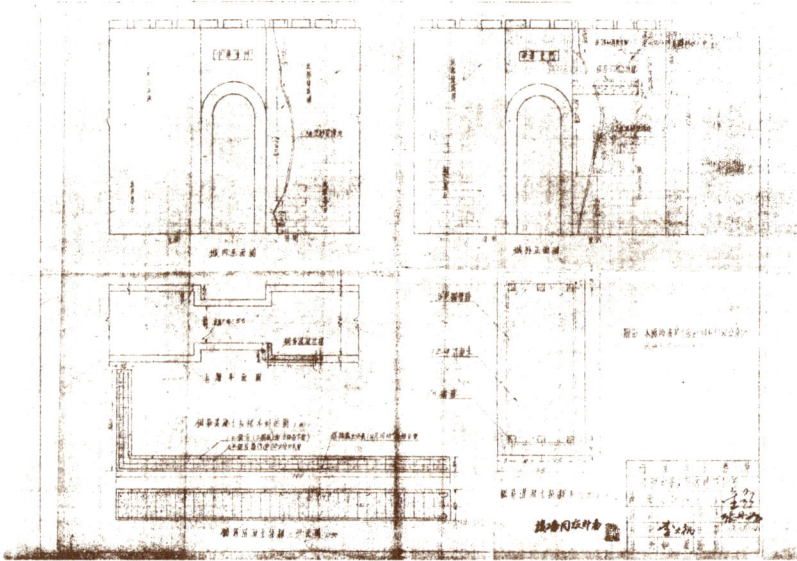

（《南京城墙檔案・城墙的修繕與堵塞（下）》，第 300—302 頁）

南京市工務局莫愁區工務管理處關於派員驗收中華門城墙工程的報告書

（1947 年 7 月 25 日）

南京市工務局報告書　黃字第一一三號[①]

　　查修理中華門城墙工程，前經交由建康承包，刻已全部照圖施工完竣，理合造具決算書等，

[①] 該報告書另注明發文日期爲中華民國卅六年八月五日，發文文號爲（卅六）京工二字第 4678 號。

呈請鑒核，派員驗收。謹呈

局長

　　附呈竣工圖七份、決算書七份、工款結算表七份

莫愁區工務管理處主任　吳頤泉

民國三六年七月廿五日

（《南京城墙檔案・城墙的修繕與堵塞（下）》，第 308 頁）

三、修理中華門、水西門間部分城墙

僞南京特別市政府工務局關於派工修理中華門、水西門等處城墙的呈文

（1942 年 4 月 28 日）

工務局發文第 570 號

　　工務局派工修理中華門、水西門等處城墙。南京城墙年久失修，事變以來，恒有倒塌之處。有關城防治安，頗關重要。市工務局特派員調查，擇要修理各處城墙。現經查有中華門、水西門之間靠近賽虹橋處之城墙，損壞三處。因事屬急工，當即於日昨（廿八日）抽調一、四、七各隊路工前往，先將倒塌泥土及城磚清理，以免宵小潛入。預定四天即可修竣。故修理上海路、大光路、洪武路等處道路工程，因路工暫時調開，略停數日。

　　至於該處正式修理，須待詳細評估，另行請款。

中華民國 31 年 4 月 28 日

（《南京城墙檔案・城墙的修繕與堵塞（上）》，第 569 頁）

南京市工務局莫愁區工務管理處關於修補水西門、中華門間部分城墙的
工程請示單及預算細目

（1948 年 7 月 31 日）

工程編號		南京市工務局			
會計科目		工程請示單		工程單編號	黃 -42
工程名稱	修補水西門、中華門間一部分城垛工程		工程地點		水西門、中華門間
請示原因	奉令交辦				
施工說明：修補該地城垛，城磚由城墙內部拆下，拆下空處，改砌塊石。除城磚外，材料均由局供給，運到工地，本處路工自做。					

（續表）

核算總價		預定　年　月開工　年　月　日完工	
請示部分	莫愁區工務管理處主任：吳頤泉（印）　填單：劉常谷（印）　37年7月31日		
附件			
附注：整修地點及尺寸均詳載於局發下之第一工程處整修南京城門及城牆工程施工圖內第（7）處			
局長批示	會計室核	主管科核	
照發 欣 八·十二	在 內開支　　超出預算	擬照發 金超 八·十	
	會計任主［主任］　月　日	第　科長　月　日	
	股	股	
	股	股	
年　　日局收文　字　　第　　號			

說明：（一）請示單填寫四聯，批准後，一聯發還，一聯存主管科，一聯存會計室，一聯存卷。
　　　（二）工程編號由主管科編填，會計科目由會計室填列，請示單編號由請示部分編填。
　　　（三）請示單經批准後，有關文件表報報銷等，應將工程編號及工程名稱并列。

預算細目

項次	項目	單位	數量	單價	共價	備注
	塊石	m³	41			修補城垛共磚 41m³
	石灰	市擔	62			包括砌城垛及在挖下城磚處
	砂泥	m³	26			補砌塊石之灰漿，應用各半
	籮筐連繩	隻	5			
	竹槓	根	3			
	瓦刀	把	2			
	上下城墻證章	枚	17			職員 2 枚，工人 15 枚
	共計					

核對：趙仁福（印）　　　　　　計算：劉常谷（印）

（《南京城墻檔案·城墻的修繕與堵塞（下）》，第 446—447 頁）

南京市工務局莫愁區工務管理處爲修補水西門、中華門間部分城墻
致南京市工務局第三科函

（1948 年 8 月 4 日）

　　查修補水西門、中華門間一部分城墻工程，關於應用材料工具，已開具黃字四三號請示單，呈報在案。頃接電詢，所需人工若干，經估計約需壹佰叁拾工。相應函復，即希查照爲荷。

　　此致
第三科

南京市工務局莫愁區工務管理處　吳頤泉（印）

卅七,八·四

（《南京城墻檔案·城墻的修繕與堵塞（下）》，第 448 頁）

四、僞政權修繕萬竹園西南城角城墻

僞南京市警察廳爲派員勘修萬竹園地方西南城角城墻致僞督辦南京市政公署的呈文

（1938 年 10 月 17 日）

南京市警察廳呈　政字第一八八號

　　爲呈請事。竊查職廳前以萬竹園地方西南城角城墻損壞，有礙防務治安，經令飭該管第二警察局詳查具報，以憑轉請勘修去後。兹據該局局長陸長齡呈稱，"遵往查勘，該處原有土馬坡道一座，下面即係萬竹園附近，多菜園荒地，居民稀少，墻外距賽虹橋約五十米達。該處城墻外面於去歲兵燹時被炮擊毀兩處：一約寬三米達，一約寬六米達。其破口處均用蔴袋、鐵絲網遮攔，未能通行。繪具略圖，復請鑒核"等情。查該處城墻損壞，現用蔴袋、鐵絲網遮攔，既不堅固，究難持久。理合附送略圖，具文呈請鈞署鑒核，俯賜函商綏靖部派員勘修，以固城防，實爲公便。謹呈

督辦南京市政高

　　計呈略圖一紙

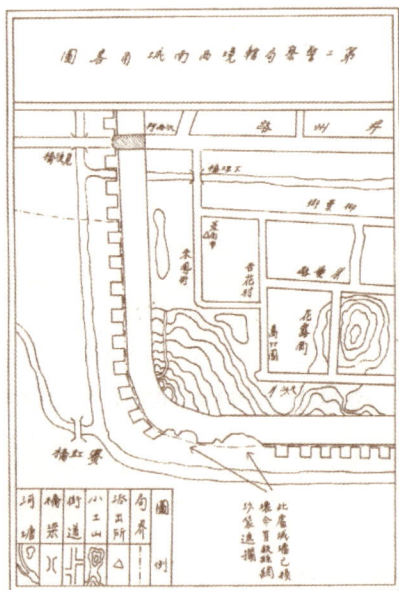

第二警察局境內西南城角善後圖

南京市警察廳廳長　徐仲仁

中華民國二十七年十月十七日

派員查明後，呈行政院并商警備部。

高冠吾（印）

孫叔榮（印）　金國書（印）

十月十八日

派華辦事員速即查明具報。勿延。

趙公謹（印）　吳炳仁（印）

十月十八日

關於修理城門一件估單與圖，督座又催詢。祈速送爲要。

工務局秘書處　啓

廿二

（《南京城墻檔案・城墻的修繕與堵塞（上）》，第 315—321 頁）

僞督辦南京市政公署工務局華竹笒關於查勘萬竹園處城墻損燬情形繪製草圖與估價單的呈文

（1938 年 10 月 22 日）

呈爲呈報查勘萬竹園處城垣損燬情形，并繪製草圖擬具估價單請予核轉事。竊查該處城垣在南京門西，事變時戰況最爲劇烈，故城垣轟燬甚鉅。現雖有鐵絲網攔阻，但亦無濟於事，似應加以修築，以重城防。兹繪製草圖一幅，擬具估價單一紙，呈請鑒核。是否有當，謹呈

局長趙

附南京西南角城墻損燬情形草圖一幅、修築城墻工程估價單一紙

職　華竹笒　謹呈

十月二十二日

（《南京城墻檔案・城墻的修繕與堵塞（上）》，第 322 頁）

僞督辦南京市政公署工務局爲呈送萬竹園東南城墻損燬草圖與修築估價單致僞督辦南京市政公署的簽呈

（1938 年 10 月 23 日）

簽呈　第 35 號

爲簽復事。竊奉鈞座交下南京市警察廳呈一件。爲萬竹園東南城角城墻損壞，請予派員勘修，以固城防一案；奉批“派員查明後，呈行政院并商警備部”等因。奉此，遵經派本局辦事員華竹笒前往查勘具報去後。兹據報稱，“遵查該處城垣在南京門西，因事變時戰況劇烈，故城垣轟燬甚鉅。現雖有鐵絲網攔阻，但亦無濟於事，似應加以修築，以重城防。繪製損燬草圖及估價單，報請鑒核”等情前來。查該處城墻，既據查明損燬過鉅，擬請俯准招工承修，以重城防。是否有當，理合檢同損燬草圖及估價單，備文簽請鈞座鑒核示遵。謹呈

督辦南京市政高

附呈南京西南角城墻損燬草圖一幅、修築估價單一紙

工務局局長　趙公謹

十月二十三日

修築城墙估價單

1. 填土　　720.30 立公方　@$0.30　計 $216.09

2. 墙城　　235.95 立公方

   每立公方需陰坯磚 480 塊，共用磚 480×235.95=113256.00 塊

    每萬塊以 180.0 元計算，需 $2038.61 元

   每立公方需石灰約 40 斤，共需用石灰 40×235.95=9438 斤，合 94.38 擔

    每擔以 2.00 元計算，需 $94.38×2=188.76 元

   每立公方需黃沙 0.04 英方，共需用黃沙 0.04×235.95=9.438 英方

    每英方以 20.0 元計算，需 9.438×20=188.76 元

   每立公方人工及脚手以 4.0 元計算，需 4×235.95=943.80 元

   總計墙城一項需 3359.93 元

3. 出清城根磚泥，約需 100.00 元

全部工程總計 <u>3676.02 元</u>。倘用舊磚砌築，僅出運費，約可省去 <u>1500.00 元</u>之譜

華竹筠（印）

呈行政院并咨綏靖部，函警備部撥款興修。

高冠吾（印）

孫叔榮（印）　金國書（印）

十月廿三日

（《南京城墙檔案·城墙的修繕與堵塞（上）》，第 323—325 頁）

僞督辦南京市政公署爲勘修萬竹園西南城角城墙致僞行政院的呈文

（1938 年 10 月 23 日）

呈行政院文稿

  爲呈請事。案據南京市警察廳廳長徐仲仁呈稱“竊查本廳前以萬竹園地方西南城角城墙損壞，（照錄至）理合附送略圖，具文呈請鈞署鑒核，俯賜派員勘修，以固城防”等情。據此，當經本署飭據工務局派員查明復稱“查該城墙因事變時戰況劇烈，被摧燬處所甚多。現雖有鐵絲網攔阻，但亦無濟於事，似應加以修築，以重城防。檢同損燬草圖及估價單，轉請鑒核”等情前來。據此，查該處城墙，既據該局查明，損毀過鉅，擬請俯准撥款興修，以重城防。茲據前請，除分別咨函綏靖部及警備部外，理合檢同損燬草圖及估價單，具文呈請，仰祈鈞院鑒核示遵。謹呈

行政院院長梁

　附呈損燬草圖及估價單各一紙

督辦南京市政府　高〇〇

中華民國廿七年十月廿三日

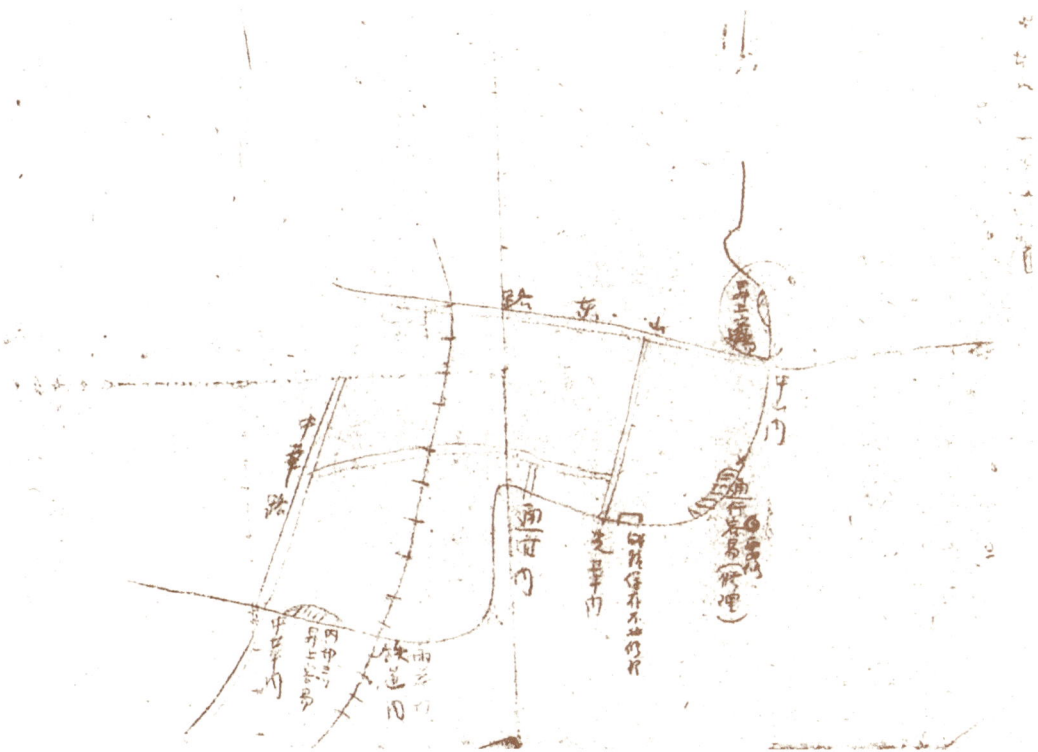

修築城墙工程估價單

Ⅰ. 出清城根磚泥　　約計 50.0 方　　@$0.60　計 $30.00

Ⅱ. 填土　　　　　　約計 150.0 方　　@$0.60　計 $90.00

Ⅲ. 修築城墙

a. 汗［漢］西門 $\dfrac{28+16}{2} \times 26 \times 2 = 22 \times 26 \times 2 = 11.44$ 方

b. 光華門至中山門間三處

1. $\dfrac{65+20}{2} \times 25 \times 2 = 42.5 \times 25 \times 2 = 21.25$ 方

2. $\dfrac{50+16}{2} \times 45 \times 2 = 33 \times 45 \times 2 = 29.70$ 方

3. $\dfrac{88+24}{2} \times 43 \times 2 = 56 \times 43 \times 2 = 48.16$ 方

總計應修築城墻 110.55 方

c. 城墻估價（照 110.55 方計算）

1. 每方需用陰坯磚 1400 塊，共需用磚 110.55×1400=154770 塊

   每萬塊連運費以 120 元計算，需 \$1857.24

2. 每方需用石灰 1 擔，共須用石灰 110.55×1=110.55 擔

   每擔連運費以 2.00 元計算，需 \$221.10

3. 每方需用黃沙 0.12 方，共需用黃沙 110.55×0.12=13.27 方

   每方連運費以 20.00 計算，需 \$265.40

4. 每方人工及脚手以 9.0 元計算，需 \$994.95

   共計城墻一項，需 \$3338.69

   <u>全部工程費總計 3458.69</u>　　　　　華竹筠（印）

（《南京城墻檔案·城墻的修繕與堵塞（上）》，第 326—328、331—333 頁）

僞督辦南京市政公署爲勘修萬竹園西南城角城墻致僞綏靖部的咨呈

（1938 年 10 月 23 日）

署銜咨呈

　　爲咨呈事。案據南京市警察廳廳長徐仲仁呈稱（照前文録至）等情前來。除呈請行政院撥款興修，并函請警備部查照外，相應檢同損燬草圖及估價單，備文咨呈鈞部查照。謹咨呈
綏靖部部長任

　　附檢同草圖及估價單各一紙

督辦　高○○

中華民國廿七年十月廿三日

（《南京城墻檔案·城墻的修繕與堵塞（上）》，第 326、328—329 頁）

僞督辦南京市政公署爲勘修萬竹園西南城角城墻致僞警備司令部的咨呈

（1938 年 10 月 23 日）

署銜公函

　　徑啓者。案據南京市警察廳廳長徐仲仁呈稱（照前文録至）等情前來。除呈請行政院撥款興修，并咨呈綏靖部查照外，相應檢同損燬草圖及估價單，函請貴部查照。此致
警備司令部

附檢同草圖及估價單各一紙

督辦　高○○

中華民國廿七年十月廿三日

《南京城牆檔案·城牆的修繕與堵塞（上）》，第 326、329—330 頁）

五、僞政權修建萬竹園倒塌城墙

僞警政部政治警察署爲派員察勘修建萬竹園倒塌城墙致僞南京特別市政府的函

（1941 年 4 月 21 日）

　　案據報稱"本京西南隅靠近萬竹園之城墙，倒塌有二丈餘寬，歹徒極易私自出入，於首都治安，殊有妨礙，亟須加以修建，以資防杜"等情。相應函達，即希查照派員察勘修建，以維治安，至紉公誼。此致

南京市政府

警政部政治警察署　啓

四·廿一

　　速派員往勘復後核辦。

蔡培（印）

四·廿一

（南京市檔案館藏，檔案編號：10020051224（00）0001）

僞南京特別市政府工務局任植志關於勘量萬竹園倒塌城墙并希阻止警衛旅第二團第一營搬運倒塌城磚事的簽呈

（1941 年 4 月 26 日）

簽呈　工務局發文第 214 號

　　爲呈復事。竊職奉鈞長交下警政部政治警察署來函，爲本京西南隅萬竹園城墙倒塌事。職遵即前往勘量，查該處城墙係事變時，被炮擊倒塌，計損壞處有三口［處］。其損壞最大者，長達十六公尺半，高爲十公尺，其深度爲九公尺；其次損壞，長爲十五公尺，高約十五公尺，深爲七公尺；最小者，其寬爲四公尺，高爲四公尺，深度三公尺。該缺口處，現由友邦軍隊圍以刺鐵絲，以杜不肖之徒私自出入。該處倒塌時，原有城磚，現爲警衛旅第二團第一營搬去大半，砌築營本部房屋之用。現尚在陸續搬運中。所餘者，大致皆零星碎磚，爲數缺少頗鉅。日後建造時，該項城磚難以購得，仰祈鈞長速函有關機關，設法加以阻止。庶幾工程建造時，可得順利進行，

而節省工程費用開支。奉派前因，理合將勘量情形報請鈞長鑒核，實爲公便。謹呈

主任李　轉呈

科長周　轉呈

局長謝

　　附原卷

　　　　　　　　　　　　　　　　　　　　　　職　任植志　謹呈

　　　　　　　　　　　　　　　　　　　　　　四月二十六日

　　呈府核示。

　　　　　　　　　　　　　　　　　　　　　　謝學瀛（印）

　　　　　　　　　　　　　　　　　　　　　　四・廿八

僞南京特別市政府爲請轉飭警衛旅第二團第一營將萬竹園城墻坍塌下城磚
退還原處致僞警衛旅司令部的公函

（1941 年 5 月 6 日）

公函　工字第 4280 號

　　案准警政部政治警察署函開，"案據報稱'本京西南隅（云云）以維治安'等由，准經轉飭工務局查勘去後。茲據報告'該處城墻云云，現尚在陸續搬運中，此時若需修復，則此項城磚缺少頗鉅，且亦無從購置，應請設法阻止搬運'"等情。據此，查該處城墻亟須修復，此項城磚均需應用。相應函請查照，希即轉飭該營部勿再搬運，并將已運部分退還原處，以便修復，并希見復爲荷。此致

警衛旅司令部

　　　　　　　　　　　　　　　　　　　　　　市長　蔡

　　　　　　　　　　　　　　　　　　中華民國卅年五月六日

僞南京特別市政府爲請撥修復萬竹園附近城墻工程費致汪僞國民政府的摺呈

（1941 年 5 月 7 日）

摺呈

　　案准警政部政治警察署函請修理本京西南隅靠近萬竹園之城墻一案，當經交工務局查勘去後。茲據報告，"該處城墻係事變時被炮火轟坍，計有缺口三處，其毀壞程度：（一）長十六公尺

半，高十公尺，深九公尺；（二）長十五公尺，高十五公尺，深七公尺；（三）寬四公尺，高四公尺，深三公尺。各缺口處現由友邦軍隊圍以刺鐵絲。至坍下城磚多有完整者，現被警衛旅第二團第一營運去砌築營部，計已搬去大半，尚在陸續搬運中。查該項城磚購辦太難。如缺少過多，對於日後修復時極感困難。擬請函知警衛旅轉飭停止搬取，并將已運用之磚一律退回，以便應用。茲估計此項工料費用共需式萬九千壹百式拾式元陸角伍分。祈核示”等情，附呈預算書一份。據此，查該處城墙關係本京治安，亟須加修復，以資防禦而整市容。惟市庫奇絀，籌措爲難。此項工程費用，擬請鈞座賜予指撥，以便施工。除函警衛旅司令部轉飭遵照外，理合檢同預算書一份，呈請鑒核示遵。謹呈

主席汪

計呈預算書一份

衡　蔡○

中華民國卅年五月七日

（《南京城墙檔案・城墙的修繕與堵塞（上）》，第 557—559 頁）

僞南京特別市政府爲請撥萬竹園附近城墙修理費致僞行政院呈

（1941 年 5 月 13 日）

呈　工字第四三○八號

案准警政部政治警察署函請修理本京西南隅靠近萬竹園城墙一案，當經交工務局查勘去後。茲據報告，“該處城墙係事變時被炮火所轟坍，計有缺口三處，其毀壞程度：（一）長十六公尺半，高十公尺，深九公尺；（二）長十五公尺，高十五公尺，深七公尺；（三）寬四公尺，高四公尺，深三公尺。各缺口處現由友邦軍隊圍以刺鐵絲。至坍下城磚多有完整者，現被警衛旅第二團第一營運去砌築營部，已經搬去大半，尚在陸續搬運中。查該項城磚現在無從購辦，如缺少過多，日後甚難修復。擬請函知警衛旅轉飭停止搬取，并將已運用之磚悉數退回，以便應用。茲估計此項工料費用共需貳萬玖千壹百貳拾貳元陸角伍分。祈核示”等情，附呈預算書一份。據此，查首都重地，防務極應嚴密，城墙倒塌，不惟影響治安，抑且觀瞻所繫。值此各項工程均在積極復興之際，對此有關防務之城墙，亟應加以修復。惟市庫奇絀，實無的款可以動支。此項修理城墙費用，擬請鈞院迅飭財政部照撥，以便即日施工。除函警衛旅司令部轉飭遵照外，理合檢同預算書一份，呈請鑒核指令祗遵。謹呈

行政院長汪

計呈預算書一份

南京特別市市長　蔡培

中華民國三十年五月十三日

萬竹園損壞城墙

1. 16.50m×10.00m×3.00m=495.00 立公
2. 15.00m×15.00m×3.00m=675.00 立公
3. 4.00m×4.00m×3.00m=48.00 立公

        共計損壞城墙數量爲

           1218.00 立公 =429.80 英方

           429.80×60=25788 元

應填土方

1. 16.50m×10.00m×6.00m=990 立公
2. 15.00m×15.00m×4.00m=900 立公

        應填土方總數

           1890.00 立公 =666.93 英方

           666.93×5=3334.65 元

總計修理損壞城墙及應填土方爲 29122.65 元

據稱："准警政部政治警察署函請修理本京西南隅靠近萬竹園城墙一案，經飭據工務局查勘報告：'該處城墙係事變時被炮火所轟坍，計有缺口三處，現由友邦軍隊圍以刺鐵絲。至坍下城磚，現被警衛旅第二團第一營運去砌築營部，尚在陸續搬運中。擬請函知停止，并將運去之磚悉數退回。茲估計此項工料費用二萬九千一百廿二元六角五分，附預算書一份。'查對此有關防務之城墙，亟應加以修復。惟市庫奇絀，實無的款可以動支。擬請迅飭財政部照撥，以便即日施工。除函警衛旅司令部轉飭遵照外，理合檢同預算書一份，呈請鑒核云云！"擬交財政部會同警政部、南京市政府核議具復，以憑核辦。

                                             春

                                      五·十四

（中國第二歷史檔案館藏，檔案編號：2003-607）

僞警衛旅司令部爲飭止第二團第一營搬運城磚據報復查致
僞南京特別市政府的公函

（1941 年 5 月 21 日）

警衛旅司令部公函　副字第拾號

　　案准貴府工字第四二八○號公函略開，"准政治警察署函請'修建本市西南隅塌毀城牆'等由。經飭據工務局勘報'該處城磚多爲警衛旅第二團第一營搬用，請設法阻止'等情。請查照特飭該營勿再搬運，并將已運部分退還原處，以便修復"等由。准此，當經派員勘驗制止，嗣據該營復稱，"職營移駐花露崗前庇寒所原址時，因該屋地板破損無存，地面凹陷，不堪駐用。經報請招工勘修，僉以修復此項地板殊爲耗時誤事，旋查附近城闕堆弃前被炮火擊毀之城磚，廢置滿地，附近居民難免搬動。職爲利用廢物、節省公帑計，暫將上項廢磚搬用千餘塊，權作鋪地之用。自四月二十三日完工後，實無續搬情事。惟此項城磚，一經挖出送還，即須立將地板修復。爲此擬懇轉請市府予以通融，在城闕未興修以前，暫爲借用；一俟興工，即當退還"等情，轉呈到師。查該營既未繼續搬運，其已運部分，若俟動工修城時退還，似尚可行，應請暫予通融。准函前由，相應函復，即希查照，示復爲荷。此致
南京特別市政府

師長　鄭大章

中華民國三十年五月二十一日

擬交建築股登記存查，將來修城時再函取還。

周平（印）

五·廿二

（《南京城墙檔案·城墙的修繕與堵塞（上）》，第 549—552 頁）

僞南京特別市政府爲請定期審議修理萬竹園附近城墙經費致僞財政部的公函

（1941 年 5 月 21 日）

公函　工字第 4780 號

　　案查本府前准警政部政治警察署函請修理萬竹園附近城墙，即經派員查勘，估計需用工料費二萬九千一百二十二元六角五分。當以此項城防工程，不特與首都治安攸關，且亦觀瞻所繫。值此各項工程均在復興之際，對此有關防務之城墙，亟應加以修復。惟市庫奇絀，實無的款可以動支。即經檢同預算，呈請行政院賜予指撥在案。兹奉指令行字第二九八五號內開"呈件均悉。云云。此令。附件存"等因。奉此，函財政部請定期召集審議，相應函請查照爲荷。此致

財政部

市長　蔡

中華民國卅年五月廿一日

（《南京城墻檔案·城墻的修繕與堵塞（上）》，第560—563頁）

僞財政部爲定期召集審議修理萬竹園附近城墻經費案請派員出席事致僞南京特別市政府的公函

（1941 年 5 月 30 日）

國民政府行政院財政部公函　會巳字第 2479 號

　　案奉行政院行字第二二九三號訓令略開，"據南京特別市政府呈稱，'准警政部政治警察署函請修理萬竹園附近城墻，即經派員查勘，估計工料費式萬玖千壹百式拾式元六角五分。惟以市庫奇絀，檢同預算，呈請賜予指撥'等情。據此，當經指令'呈件均悉。所請各節應交財政部，會同警政部及該市府審議具復，以憑核辦。除分令外，仰即遵照此令'等因。奉此，并准貴府函請定期召集審議"等由。兹定於六月五日上午十時在本部舉行會議。除分函外，相應函達，即希查照，屆時派員出席爲荷。此致
南京特別市政府

　　　　　　周佛海

　　中華民國三十年五月三十日

南京市政府工務局　預／概　算書

萬竹園損壞城墻

1. $16.50m \times 10.00m \times 3.00m = 495.00m^3$
2. $15.00m \times 15.00m \times 3.00m = 675.00m^3$
3. $4.00m \times 4.00m \times 3.00m = 48.00m^3$

共計損壞城墻數量爲

1218.00 立公 =429.80 英方

$429.80 \times 60 = 25788$ 元

應填土方

1. $16.50m \times 10.00m \times 6.00m = 990m^3$
2. $15.00m \times 15.00m \times 4.00m = 900m^3$

應填土方總數

1890.00 立公 =666.93 英方

$666.93 \times 5 = 3334.65$ 元

總計修理損壞城墻及應填土方爲 29122.65 元

經會議緩辦。

（《南京城墻檔案·城墻的修繕與堵塞（上）》，第 564—568 頁）

六、修理萬竹園西角城墻

南京市第四區公所爲請修理萬竹園西角城墻致南京市工務局的代電

（1948 年 2 月 25 日）

南京市第四區區公所快郵代電　□保字第 801 號

南京市工務局局長原鈞鑒：

案據本區第三十五保保長王南銀呈稱，"竊查本保萬竹園西角城墻於淪陷時，曾被敵寇破壞，後經修復。現該處城墻發現可容一人之空洞，城內洞前衰草兩分，隱現道路，城外之墻已成梯形，顯係有人出入。事關地方治安，亟應迅予修復，理合報請轉呈公［工］務局派工修復，以安閭閻"等情。據此，理合電呈，仰祈鑒核，迅賜派工修復，以維治安。南京市第四區區長韓葆華。丑有^①。叩。印。

（《南京城墻檔案·城墻的修繕與堵塞（下）》，第 552—553 頁）

南京市工務局第二科修繕股爲修理萬竹園西首城墻
給南京市工務局莫愁區工務管理處的通知

（1948 年 2 月 26 日）

南京市工務局通知書　第廿八號

　　兹因第四區公所請修萬竹園西首城墻，相應送請查照辦理，并希於五日内簽復爲荷。此致
莫愁區工務管理處

　　附原代電一件

南京市工務局第二科修繕股 啓

劉馨（印）　蔡繼昭（印）

卅七年二月廿六日

　　擬派工於四月份修補完竣。城磚用附近舊料，石灰購買後實報。

吳頎泉（印）

卅七年三月十［廿］七日

（《南京城墻檔案·城墻的修繕與堵塞（下）》，第 554 頁）

七、修繕水西門等處城墻

南京市政府爲修繕水西門等處城墻致首都衛戍司令部的公函

（1931 年 6 月 18 日）

公函　府急字第六二九五號

　　徑復者。案准貴部參字第五七八號函開，"案查水西門外北灣子城墻倒塌一部。曾於本年三月間，函請派工修繕，并有得拆用漢西門第二道城洞之磚，以作添補之議。嗣於五月間，因警衛師有拆用漢西門城磚之情事，復經函達，請予早日拆修。迄今數月，未奉復示，正深疑慮。兹復據報，該水西門外已塌之城墻，尚未興工修築；而漢西門第二道城洞之磚，已爲警衛師拆去；且漢西門被拆之城洞，亦亟待整飭。查市區建設，貴府固有權衡，而首都城防本部實負其專責，用

---

① 丑有：二月二十五日。

敢不避煩嫌，一再瀆函。究宜如何修繕，以固城防之處，仍希迅賜卓裁，明白見復"等由。准此，查此案，先後准貴部函囑，均經飭交本府工務局核辦在案，准函前由。除令催該局迅速飭工分別修繕，以重城防外，相應函復，即希查照爲荷。此致

首都衛戍司令部

市長　魏道明

二十年六月十八日

（《首都市政公報》，1931 年第 86 期，公牘·第 17—18 頁）

南京市政府爲修繕水西門等處城墻致南京市工務局的訓令

（1931 年 6 月 18 日）

訓令　府急字第六二九六號

　　爲令遵事。案准首都衛戍司令部參字第五七八號函開，"案查水西門外北灣子城墻倒塌一部。曾於本年三月間，函請派工修繕，幷有得拆用漢西門第二道城洞之磚以作添補之議。嗣於五月間，因警衛師有拆用漢西門城磚之情事，復經函達，請予早日拆修。迄今數月，未奉復示，正深疑慮。茲復據報，該水西門外已塌之城墻，尚未興工修築；而漢西門第二道城洞之磚，已爲警衛師拆去；且漢西門被拆之城洞，亦亟待整飭。查市區建設，貴府固有權衡，而首都城防本部實負其專責，用敢不避煩嫌，一再瀆函。究宜如何修繕以固城防之處，仍希迅賜卓裁，明白見復"等由。准此，查此案，前准首都衛戍司令部先後來函，均經飭交該局核辦在案。茲准前由，除函復外，合行令仰該局長即便遵照前令，令飭迅速派工分別修繕，以重城防，仍將辦理情形具報備核。此令。

市長　魏道明

二十年六月十八日

（《首都市政公報》，1931 年第 86 期，公牘·第 17 頁）

工務消息·修繕水西門北灣子城墻

（1931 年 6 月 30 日）

　　本府以水西門北灣子城墻一部倒塌，漢西門被拆之城洞，亦亟待整理。特令飭工務局，迅速派工，分別修繕，以重城防云。

（《首都市政公報》，1931 年第 86 期，紀事·第 4 頁）

八、修理水西門水巷與南灣子轉角處城墙

南京市工務局爲修理水西門水巷與南灣子轉角處城墙致南京市政府的呈文

（1936 年 7 月 23 日）

南京市工務局呈　呈字第一〇七一三號

　　據報"水西門水巷與南灣子轉角處城墙突然裂開，墙脚倒塌"等情。經查該處適在通行要道之旁，確屬危險，自應提前修理，以策安全。飭據尹祥記營造廠開賬前來，計需修理費貳百拾玖元陸角，經核修理城墙單價，尚屬翔實，惟砌工稍昂，減爲每立公壹元，即以核減後總價壹百捌拾元交其承辦，限三天完工。除俟工竣再按實丈數量結算外，理合檢同帳單一份，連同請撥臨時費通知單一紙，具文呈送，仰祈鑒准備案，并請轉飭財政局簽撥工款，以應支付。謹呈

市長馬

　　附呈帳單一份（仍乞發還）、請撥臨時費通知單一紙

工務局局長　宋希尚
中華民國二十五年七月二十三日

　　遵核工價，當屬平允，且爲數不多。擬照准。當否，請示。

職　劍鳴
八·廿一

　　計開

　　水西門南灣子月城角倒塌拆工，高約九公尺，兩角寬三公尺，厚一公尺。又南邊上口拆墙共計三十七立公，每立公工洋二元[①]，計洋七十四元。砌墙高九公尺，寬三公尺，厚四十公分，連南邊上口砌墙在内，共計弍拾立公〇八，每立公洋七元[②]，計洋壹佰四十五元六角[③]，總計洋弍百拾玖元六角。此呈

工務局鈞核

尹祥記營造廠
廿五,七·廿

　　砌工擬減爲每立公壹元；修城墻單價亦在七元以上，擬照給；所估數量與將來實做者，至有俟完工時再丈量實給。

《南京城墙檔案·城墙的修繕與堵塞（上）》，第 198—201 頁）

---

① 二元：原文爲蘇州碼子，此處改爲通常的記數方法。
② 七元：同上。
③ 六角：同上。

南京市工務局爲送修理水西門水巷與南灣子轉角處城墙工程決算書
祈驗收致南京市政府呈

（1936 年 8 月 28 日）

南京市工務局呈　呈字第一一三七九號

　　案查修理水西門水巷與南灣子轉角處城墙一案，前經本局交由尹祥記營造廠承包，計包價壹百捌拾元正。因該處適在通行要道之旁，爲策安全計，當飭趕工，一面檢同帳單等件，呈請鑒核備案在案。茲查是項工程，已依限完工，經派員檢驗，尚無不合，按照實丈數量，計應實支工款壹百陸拾貳元零肆分，較原包價壹百捌拾元，減少洋拾柒元玖角陸分。所有餘款，除奉指令另案結束外，理合編造決算書，具文呈送，仰祈鑒核，俯賜派員驗收，用昭核實。

　　謹呈

市長馬

　　附呈決算書一份

工務局局長　宋希尚

中華民國廿五年八月二十八日

南京市工務局
修理水西門水巷與南灣子轉角處城墙工事決算書　　　（共　　頁）

字第　　號　　　　　　　　　　　　　　　　　　　　　　第　　頁

合同號數		賬單	規定期限		3　天
承包人		尹祥記營造廠	雨雪冰凍		天
開工日期		25 年 7 月 21 日	核准延期		天
全部分 一部分	工竣日期	25 年 7 月 23 日	逾期日數		天
預算			決算		
原來預算或 原合同所訂	總　價	180.00 元	承包人實做工程費額		162.04 元
第一次　　追加			餘款　17.96		
第二次　　追加					
共計		180.00 元	净付承包人		162.04 元
附注					

（續表）

種類	形狀	單位	數量	單價（元）	總價（元）	備考
拆除城墙		立公	23.5	1.00	23.50	
砌城墙	石灰白沙漿	立公	17.22	7.00	120.54	
修補城墙		平公	60.00	0.30	18.00	
					162.04	

實做工程詳細表

25 年 8 月 19 日　計算：陳設（印）　主任：胡英才（印）　科長：梅成章（印）　局長：希尚（印）

《南京城墙檔案·城墙的修繕與堵塞（上）》，第 206—210 頁）

南京市政府爲飭撥修理水西門水巷與南灣子轉角處城墙工款致南京市工務局的指令

（1936 年 8 月 29 日）

指令　字第 08835 號

　　　令工務局：

　　本年七月二十三日第一〇七一三號呈一件。爲呈報修理水西門水巷與南灣子轉角處城墙，檢同帳單等件，祈鑒准備案，并飭撥工款由。

　　呈件均悉。准照核減後總價交尹祥記承辦，所需工款，已飭財政局照撥。仰在該局本年度臨時費預算第一款一項一目一節款內編造交付預算，逕送財政局請領應用。事竣，呈請驗收并遵章造報，帳單發還，餘件存。此令。

　　發還帳單一份

中華民國廿五年八月廿九日

《南京城墙檔案·城墙的修繕與堵塞（上）》，第 202—203 頁）

南京市政府爲飭撥修理水西門水巷與南灣子轉角處城墙工款致南京市財政局的訓令

（1936 年 8 月 29 日）

訓令　字第 08835 號

　　　令財政局：

　　案據工務局呈請"飭撥修理水西門水巷與南灣子轉角處城墙工款壹百捌拾元應用"等情，附呈帳單等件到府。據此，除指令"呈件均悉（照前稿抄至）此令"印發外，合行令仰該局遵照撥發具報，此令。

中華民國廿五年八月廿九日

（《南京城墙檔案·城墙的修繕與堵塞（上）》，第 202、204 頁）

南京市工務局爲送修理水西門水巷與南灣子轉角處城墙工程決算書祈
驗收致南京市政府的簽呈

（1936 年 9 月 7 日）

簽呈

  案奉鈞長交下工務局呈一件。爲“呈送修理水西門水巷與南灣子轉角處城墙工程決算書，仰祈鑒核派員驗收由，飭即驗收”等因。遵已前往勘驗，驗得該項工程，尚無不合。決算書所開共用工款洋壹百陸拾貳另四分，亦屬核實。似可准予驗收。是否有當，理合檢同原呈，簽請鑒核。謹呈

秘書長王 轉呈

市長馬

  附原呈一件

職 趙端 謹簽

中華民國二十五年九月七日

  准驗收。

馬超俊（印） 王漱芳（印）

九·八

（《南京城墙檔案·城墙的修繕與堵塞（上）》，第 211 頁）

南京市政府爲修理水門水巷與南灣子轉角處城墙經驗收准予備案
致南京市工務局的指令

（1936 年 9 月 11 日）

指令 字第 09299 號

  令工務局：

  本年八月二十六日第二三七九號呈一件。爲呈送修理水西門水巷與南灣子轉角處城墙工程決算書，仰祈鑒核派員驗收由。

呈件均悉。案經派員前往驗收完畢，准予備案。仰將餘款解庫具報。件存。此令。

中華民國廿五年九月拾壹日

（《南京城墙檔案·城墙的修繕與堵塞（上）》，第 213—214 頁）

南京市工務局爲修理水西門水巷與南灣子轉角處城墙工程餘款已解庫致南京市政府的呈文

（1936 年 9 月 25 日）

南京市工務局呈　字第一二一三八號

案奉鈞府本年九月十一日第九二九九號指令本局：呈一件。爲呈送修理水西門水巷與南灣子轉角處城墙工程決算書仰祈鑒核派員驗收由。內開"呈件均悉。案經派員前往驗收完畢，准予備案，仰將餘款解庫具報"等因。奉此，查上項工程計餘工款壹拾柒元玖角陸分，自應掃數解庫，以清款目，除將上款填具解款單，咨送財政局核收外，理合具文呈報，仰祈鑒核備查。謹呈

市長馬

工務局局長　宋希尚

中華民國廿五年九月二十五日

（《南京城墙檔案·城墙的修繕與堵塞（上）》，第 215—217 頁）

第四節　修理漢中門、挹江門、興中門等處城墙

一、修理漢中門附近爆裂城墙

南京警備司令部爲漢中門城墙爆裂致南京市工務局的公函

（1936 年 7 月 11 日）

南京警備司令部公函　警參字第 850 號

案據憲兵第二團第一營第一連連長朱國藩報稱，"查漢中門城門，原爲工務局營造股承包於華中公司工程處。建築竣工後，幾見陷塌，雖經該公司補修，然每以潦草敷衍了事，復於七月七日午後十二時，忽聞聲似巨雷，於該城門西端水泥所修部分發生爆裂，與新建城門全部均有影響。尤以爆裂部分，適在憲兵住室後方，倘任其長此倒塌，則憲兵住室必被壓倒，故此憲兵亦不敢入室。懇請迅賜修理，以免危害"等情前來。除指令外，相應函請查照轉飭原包商家迅爲加工修葺，以固城防，而免危險，實紉公誼。此致

南京市政府工務局

南京警備司令部

中華民國二十五年七月十一日

嚴令包商認真辦理，速查明。飭商限期修好。

七·十三

陳技士鴻鼎速查明真相具報。

梅成章（印）

七·十三

（《南京城墙檔案·城墙的修繕與堵塞（上）》，第 152—155 頁）

憲兵司令部爲漢中門城墙爆裂致南京市工務局的公函

（1936 年 7 月 13 日）

憲兵司令部公函　總計字第 617 號

　　案據本部駐漢中門城防憲兵連長朱國藩本月八日報告稱，"查漢中門出城之右邊城墙（即憲兵駐所後墙），在昨（七）日夜間十二時許，忽發生巨大響聲，經詳視，始發覺該墙一部分爆烈[裂]，熱[？]將傾塌，於城防憲兵駐紮，甚爲危險，除飭居内憲兵當即移出外，請從速修理"等情前來。查該漢中門，係由貴局於最近包商興建，兹據報有上項傾塌情事，相應函請查照動修，見復爲荷。此致
南京市政府工務局

憲兵司令部

中華民國二十五年七月十三日

（《南京城墙檔案·城墙的修繕與堵塞（上）》，第 156—158 頁）

南京市工務局陳鴻鼎關於修理漢中門城墙施工方法的呈文

（1936 年 7 月 17 日）

　　爲呈報事。查漢中門城樓過橋工程，所有該橋兩端相連之附屬工事，係一面舊城墙，一面新砌青磚墙，内填土方，上端鋪磚頂。因磚頂無防水，及填土高度過高，致一面由磚頂磚縫灌水，一面土方沉實，致一部分磚墙因而開裂。并該工程係在本年二月十七日即完工，惟以土方沉落，曾令包工修理數次，且已知設計時，城墙頂無防水浸入設備，乃令包工加粉淖灰一層，以資補救。不意遇此次霉雨連朝，土方一沉落，而所粉淖灰面，隨之破裂，乃雨水愈灌愈多，磚墙

不勝負重，由是有此現象。考其原因，完全由城牆頂防水設備缺乏所致。惟現該工程尚未由本局核准驗收，故擬加做該部分工程，以資堅固。其施工方法，係將已填之土挖去，下砌三公尺高城磚實牆，中間上部空心不填土，城牆頂加做鋼筋混凝土梁及樓板。經估計結果，需增加工程費洋 725 元。是否所擬有當，敬請鑒核。謹呈

主任胡

科長梅

局長宋

　　附 1. 預算一份；2. 草圖一份

職　陳鴻鼎　呈報

七·十七

預算一份 [①]

1. 鋼筋混凝土　　　　$6 \times 4 \times 0.15 \times 2 = 7.2$，$7.2 + 0.8 = 8$，$8 \times 55 = 440$ 元
2. 砌磚牆（城磚由半山寺運到）

　　　　　　　　　50×4.5（每立公連運費約 9 元，現核給 4.5，擬包工與公家各負擔一半）

$= 225$ 元

3. 加固鐵件　　　　　　　　　　　　　　　　　　　$= 100$ 元

725［765］元

附注：所有挖土及重砌工事，由包工負責。

（《南京城牆檔案·城牆的修繕與堵塞（上）》，第 159—163 頁）

南京市工務局關於重修漢中門城牆方案及增加工程費的簽條

（1936 年 7 月 21 日）

漢中門原計劃係兩城牆中間填土，上鋪城磚，并粉水泥。奈完工後，泥土沉陷，水泥粉面因此損壞，雨水隨之灌入，致城牆面發生傾斜，經飭原包商從速拆後修理。惟爲堅固牆身，以使雨水以後不再灌入起見，須在牆頂加做鋼筋土頂板，及在牆之中間二公尺高城防綫以下，用磚石

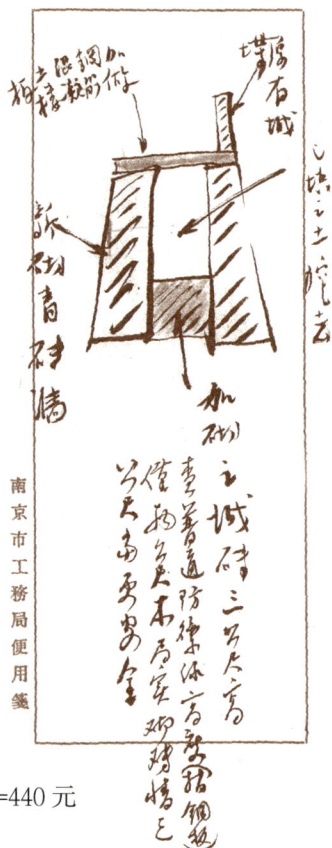

---

① 題目編者加。

壘砌其上部而留空隙，如此則於城墙之堅固及墙防之保衛可以兼顧矣。除其所砌工料爲包商應做之事，歸包商負擔外，其增加工程，經核實須撥工款二（？）百元。朱先生備稿呈府。

（原款不清）

（《南京城墙檔案·城墙的修繕與堵塞（上）》，第164—166頁）

南京市工務局爲漢中門城墙已飭原承包商重修致南京警備司令部的公函

（1936年7月25日）

公函

　　案准貴部本年七月十一日警叁字第八五零號公函，爲據報漢中門憲兵住室後方城墙爆裂，危險堪慮，囑飭原包商迅爲修葺等由。除已飭原包商華中營造廠重加修理，從速完工外，准函前由，相應復請查照爲荷。

　　此致
南京警備司令部

局長　宋○○

中華民國廿五年七月廿五日

（《南京城墙檔案·城墙的修繕與堵塞（上）》，第174—175頁）

南京市工務局爲漢中門城墙已飭原承包商重修致憲兵司令部的公函

（1936年7月25日）

　　案准貴部本年七月十三日總計字第六一七號公函。爲據報漢中門城墙有傾塌情事，囑查照動修見復等由。除已飭原包商華中營造廠重加修理，從速完工外，准函前由，相應復請查照爲荷。

　　此致
憲兵司令部

局長　宋○○

中華民國廿五年七月廿五日

（《南京城墙檔案·城墙的修繕與堵塞（上）》，第174—175頁）

南京市工務局爲重修漢中門城墙需鄰近城樓搭建工棚致首都警察廳、
南京警備司令部的密函

（1936 年 7 月 25 日）

查本局奉令建築漢中門城樓遇橋工程，城墙部分亟待修理，已飭原包商華中公司剋日興工，限期完成，所砌磚石墙面約六十立公，准予利用該門附近堆存石塊，以資敏捷。并據該公司聲請"擬在該城樓鄰近空地搭建工棚一座，工竣即行拆除"等情前來。核當可行，除分函南京警備司令部、首都警察廳查照外，相應函達，即請查照，飭屬知照，以利進行，至紉公誼。此致
首都警察廳
南京警備司令部

局长　宋〇〇
中華民國二十五年七月廿五日

（《南京城墙檔案·城墙的修繕與堵塞（上）》，第 177—179 頁）

二、補修挹江門至漢西門間城墙

國民軍事委員會爲補修挹江門至漢西門間城墙陷洞致南京市政府的密令

（1937 年 4 月 14 日）

國民政府軍事委員會密令　執一字第 481 號
　　　令南京市市長馬超俊：
　　查挹江門至漢西門間城墙上之女墙均已倒塌，城墙各處發現各數挖掘陷洞，亟應加以補修，仰該府迅速飭辦，具復爲要。此令。

委員長　蔣中正
中華民國二十六年四月十四日

（南京市檔案館藏，檔案編號：10010011201（00）0001）

南京市工務局爲修理挹江門至漢西門間城墙上女墙致南京市政府呈

（1937 年 5 月 14 日）

南京市工務局呈　呈密字第四〇〇號
　　案奉鈞府本年四月二十一日交下軍事委員會二十六年四月十四日執一字第四八一號密令一件。爲挹江門至漢西門間城墙上之女墙，均已倒塌，城墙各處發現挖掘陷洞，飭迅速飭辦具

復由。奉批"交工務局遵辦具復"等因。奉經派員前往勘估，自挹江門至漢西門一段城墻，丈量爲六三〇〇公尺，除前已修好一〇〇公尺及應留全部瞭望口四〇〇公尺外，計需修理女墻五八〇〇公尺。惟該段女墻僅留有一小部分，其餘已全部被拆，須重新建造，估計共約需經費七萬二千五百零八元八角。除檢同預算書一份，代鈞府擬稿呈復軍事委員會鑒核，并請按照修理中山門至太平門城墻先例，飭撥全部工款外，理合將勘估情形，檢同工事預算及原令，具文呈復，仰祈鑒核，并乞指令祗遵。

　　謹呈

市長馬

　　附呈預算書一份、原令一件

工務局局長　宋希尚

中華民國二十六年五月十四日

南京市工務局

修理挹江門至漢西門女墻工事預算書（共2頁）

| 字第　　號 | | | | | | 第1頁 |

地點	挹江門至漢西門					
工程撮要	挹江門至漢西門長 6300 公尺，前已修好 100 公尺，應留全部瞭望口計 400 公尺，故尚需修理女墻 5800 公尺，至該段女墻僅留存一小部分，其餘已全部被拆					
總價	72,508.80 元			平均單價		
起案原委及施工方法	1. 奉軍事委員會令執一字第 481 號 2. 見施工細則					
附件						

預算詳細表

種類	形狀	單位	數量	單價元	總價元	備考
女墻		立公	3360	8.00	26880.00	用 1：2 石灰、黃砂砌
添城磚		塊	325,920	0.14	45628.80	磚價連運費
					72508.80 元	
附注	在城墻附近收集之城磚，不計磚價，每整塊酌計運費 0.02 元					

26 年 5 月 3 日　計算：陳鴻鼎（印）校對　　　　審核：胡英才（印）　複［復］核：梅成章（印）

南京市工務局
修理挹江門至漢西門女墻工事計算書（共2頁）

字第　　號　　　　　　　　　　　　　　　　　　　　　　　第2頁

挹江門至漢西門	
女墻	1. $1.7 \times 0.4 \times 3000 = 2040$ 立公
	2. $1.5 \times 0.4 \times 1000 = 600$ 立公
	3. $1.3 \times 0.4 \times 700 = 364$ 立公
	4. $1.0 \times 0.4 \times 500 = 200$ 立公
	5. $0.8 \times 0.4 \times 300 = 96$ 立公
	6. $0.5 \times 0.4 \times 300 = 60$ 立公
	3360 立公
添城磚	每立公以添城磚97塊計算， 共需城磚 $3360 \times 97 = 325,920$ 塊

26年5月3日　計算：陳鴻鼎（印）　校對　　　審核：胡英才（印）　複［復］核：梅成章（印）

（南京市檔案館藏，檔案編號：10010011201（00）0001）

南京市工務局爲挹江門至漢西門間城墻工程待軍事委員會撥款到後施工致南京市政府的密呈

（1937年5月24日）

簽呈　第12791號

　　案奉鈞長交下工務局呈復"勘估修理挹江門至漢中西門間城墻上之女墻工事情形，檢同預算，祈核示一案，飭即核復"等因。遵核該項城墻修理工程，完全屬於國防方面，需款柒萬餘元，擬請轉呈軍委會撥給全部工款，再行施工。當否，請示。謹呈

市長馬

　　附原呈一件（附件如原呈）

職　張劍鳴

二六年五月二四日

（南京市檔案館藏，檔案編號：10010011201（00）0001）

南京市政府爲挹江門至漢西門間城墻工程待軍事委員會撥款到後施工給南京市工務局的密令

（1937 年 5 月 27 日）

密令

　　　令工務局：

　　本年五月十四日密字第四零零號密呈一件。爲呈送修理挹江門至漢西門城墻之女墻預算，祈核示由。

　　呈件均悉。查此項工程，關係首都城防，亟應修理。惟本府財力有限，既經該局代擬府稿呈復軍事委員會飭撥全部工款，應俟復到准撥後，再行施工。仰即遵照。件存。此令。

中華民國廿六年五月廿七日

（南京市檔案館藏，檔案編號：10010011201（00）0001）

三、修補漢中門內坍塌城墻

市民黃昌年等爲漢中門內城墻坍塌請予修築致南京市政府的呈文

（1947 年 3 月 31 日）

　　謹呈者。查漢中門內城墻自去歲秋冬之季，有一部分墻腳坍塌，其中且有宵小莠民乘機竊取城磚，以致坍塌部分逐漸擴大。市民等居住漢中門附近一帶，每日必經該地，見該城墻危機已伏，亟宜及早修築，否則勢將釀成全部倒塌之危險，造成與下關坍塌碼頭同樣之慘禍。爲此聯名呈請鈞府鑒核，迅飭工務局將該坍塌城墻限期修築，以杜危險而維治安。實爲德便。

　　謹呈
南京市政府

具呈人：南京市立第四中學校長　黃昌年

南京市第五區清凉山國民學校校長　俞思聰

南京市第五區第三十三保辦公處：

魏伯和、吉志西、秦湘薉、魏韜、田牧、陳砥瀾、周意湖、梁琬璋、

方濟寧、徐大珠、程飛鵬、程振鵬、石姚氏、張志寬、蘇少棠、方金濤、

梅方潔、蔡有成、王宏順、周宋氏、殷少泉、沙成忠、沈文亮、鮑金壽

中華民國三十六年三月三十一日

（南京市檔案館藏，檔案編號：10030081163（00）0001）

市民黃昌年等爲漢中門內城牆坍塌請予修築致南京市工務局的呈文

（1947 年 3 月 31 日）

謹呈者。查漢中門內城牆自去歲秋冬之季，有一部分牆腳坍塌，其中且有宵小莠民乘機竊取城磚，以致坍塌部分逐漸擴大。市民等居住漢中門附近一帶，每日必經該地，見該城牆危機已伏，亟宜及早修築，否則勢將釀成全部倒塌之危險，造成與下關坍塌碼頭同樣之慘禍。爲此聯名呈請鈞局鑒核，將該城牆坍塌部分迅予修築，以杜危險而維治安。實爲德便。

謹呈

南京市工務局

具呈人：南京市立第四中學校長 黃昌年

南京市第五區清凉山國民學校校長 俞思聰

南京市第五區第三十三保辦公處：

魏伯和、吉志西、秦湘蘅、魏韜、田牧、陳砥瀾、周意湖、梁琬璋、

方濟寧、徐大珠、程飛鵬、程振鵬、石姚氏、張志寬、蘇少棠、方金濤、

梅方潔、蔡有成、王宏順、周宋氏、殷少泉、沙成忠、沈文亮、鮑金壽

中華民國三十六年三月三十一日

查該處城牆坍塌部分似有 5m^2，已有相當時日。倘萬一繼續倒垮，沿城根之蟠龍里街必當阻塞，情形似甚嚴重。擬請由局方通知莫愁或五臺區工務管理處即派工，將坍垮部分補砌，以杜危

險。當否之處，謹呈奪。

職 王貴良 呈

四月三日

交二科辦理。

張丹如（印）

四·三

五臺區并案辦理。

四·三

兹據京市參議會秘書處轉市四中校長黃昌年呈文，爲修理漢中門內城墻事，查修理漢中門內城墻，前已通知修理在案，現再函達至，希迅予辦理爲荷。此致
五臺區工務管理處

劉馨（印）

五·五

（《南京城墻檔案·城墻的修繕與堵塞（下）》，第 269—277 頁）

南京市第五區公所爲清涼山、漢中門一帶城墻坍塌請予修補致南京市工務局的公函

（1947 年 4 月 3 日）

南京市第五區公所公函　自保字第 56 號

　　案據本區第三十三保保長黃雲龍呈稱，"竊查職保境內漢中門、清涼山一帶城基，於去年秋季間有坍塌，一般宵小罔顧公益，竟乘機竊取城磚據爲己有，以致坍塌部分日漸擴大。倘不嚴加查禁及時修補，一旦傾倒，不但危及人民生命，抑與首都防衛工事亦受莫大損失"等情前來。查該保長所呈情形確屬實在，除分函警察局嚴行查禁外，相應函請貴局及時施修補爲荷。此致
市府工務局

區長　劉月波

中華民國三十六年四月三日

（《南京城墻檔案·城墻的修繕與堵塞（下）》，第 278—279 頁）

南京市工務局五臺區工務管理處爲修補漢中門內城墻附送工程請示單
致南京市工務局的呈文

（1947 年 5 月 15 日）

南京市工務局報告書　（卅六）京工二字第 3159 號

　　查前奉鈞局通知"飭迅予修理漢中門內一帶城墻"等因。遵經察勘該漢中門內一帶城墻，

確係年久失修，牆腳下陷，致城磚坍塌多處，附近民房頗感危險。爲策安全計，擬趕在本年雨季前搶修完竣，估計全部修理工費約爲一二，○八○，○○○元正，理合填具工程請示單四份暨檢附原卷，一并報請鑒核示遵。謹呈

局長張

　　附呈工程請示單四份，又原卷乙份

五臺區工務管理處主任　薛佩鈿

中華民國卅六年五月廿二日

工程編號		南京市工務局			
會計科目		工程請示單		請示單編號	五字第八號
工程名稱	漢中門城墻修理工程			工程地點	漢中門
請示原因	漢中門内城墻年久失修，牆腳下陷，以致多處城墻坍塌，且有部分擴大，事態嚴重，擬在本年霉雨季前修理完工，以策安全。				
施工説明	招包修理，利用舊城磚石灰砂漿砌，内外面用洋灰砂漿鈎縫。				
核算總價：12,080,000 元　預定 36 年 5 月 25 日開工 36 年 6 月 30 日完工					
請示部分	五臺區主任　薛佩鈿（印）　　　填單　　　36 年 5 月 16 日				
附件					
附注					
局長批示		會計室核		主管科核	
		在 内開支　　　超出預算		擬請照辦，并由該管區迅予招商承辦 　　　　　葉永初（印） 　　　　　五·十九	
		會計主任　月　日		第　科長　宋家治（印） 　　　月　日	
		股		股　蔡繼昭（印）	
		股		股	
年　月　日局收文　字　第　號					
年　月　日局發文　字　第　號					

説明：（一）請示單填寫四聯，批准後，一聯發還，一聯存主管科，一聯存會計室，一聯存卷。
　　　（二）工程編號由主管科編填，會計科目由會計室填列，請示單編號由請示部分編填。
　　　（三）請示單經批准後，有關文件表報報銷等，應將工程編號及工程名稱并列。

預算細目 共　頁　第　頁

項次	項目	單位	數量	單價	共價	備注
	石英砂漿砌 1.5 公尺厚城墻	平公方	12	30,000	360,000	連搭架
	石英砂漿砌 1 公尺厚城墻	平公方	18	40,000	720,000	并修理基礎一部分
	石英砂漿砌 1 公尺厚城墻	平公方	220	50,000	11,000,000	連搭架并修全部基礎
共計					12,080,000	

核對　夏孫一（印）　　計算　夏孫一（印）

基成建築公司

CHI CHEN BUILDING CONTRACTOR

O.17 PAO-MAI SHANG CHONG JIN ROAD NANKING

地址：~~南京中正路跑馬巷十七號~~建康路商場 14 號

估價細賬

QUOTATION DETAILS

致 To: 南京市政府工務局

建築名稱 SUBJECT: CONSTRUCTION OF 修建城墻工程　　日期 DATE 28/5/35

名稱 Name	説明 Descripton	數量 Quantity	單位 Unit	單價 Unite Price	總價 Cost
	每一英平方 5′ 0″ 寬之單價如下				
水泥		3.00	包	130000.00	390000.00
黄砂		0.60	英立方	500000.00	300000.00
石灰		6.00	市擔	40000.00	240000.00
脚手					150000.00
砌工		35	工	22000.00	770000.00
				以上共計：$1850000.00	
拆砌数量	5′ 0″ 寬	20.50	英平方	1850000.00	$37925000.00
附注：城墻底脚不包括本估價單之内，如須新做時，臨時估定之數量拆砌量計 基成建築公司　嚴成鈞（印）					

This quotation is effective only when it is approved before the date ______________

本單所估各價，自開出日起至 35 年 6 月 5 日止，爲有效期間

華成德記營造廠

估價單

ESTIMALE

致 <u>南京市工務局</u>　　　　　　　　　　　　地址：南京門西磨盤街十號
To:

工 程 名 稱 <u>拆砌漢中門右首城墙工程</u>　　　　　日 期 <u>36.6.2</u>
Name of work　　　　　　　　　　　　　　　Date

項目 Item	摘要 Description	數量 Quantity	單位 Unit	單價 Unit Price	計數 Amount	附注 Remark
內層四批石灰砂泥 砌城磚墙		226.4	m³	82,000	18,564,800	
外層一批 1：2 水泥 黃砂漿砌城磚墙		56.6	m³	260,000	14,716,000	
附注：1. 如城墙基脚鬆動，另需加打木椿，不在賬內 　　　2. 拆砌城墙完工後，按照外層實做數量方五倍計算之						
共計國幣 TOTAL　叁仟叁佰式拾捌萬零捌佰元正					$ 33,280,800	

完工日期　　　　　　　　　　　　估計者：華成德記營造廠　鍾（？）德屏（印）
Complete date　30 晴天　　　　　　Estimate by
　　　　　　　　有效期壹星期

估價單

上海張瑞記營造廠　　　　　　　　（共　　頁）

業主：南京市工務局五臺區工程處
工程類別：拆砌城墙
工程地址：漢中門內
日期：36 年 6 月 2 日

項次	名稱	摘要	數量	單位	單價	總價	備考
1	拆砌城墙	水圾［泥］ 漿砌	55.60	每立方公	232000	12,898,200	如底脚不堅，打 椿在外。 立公方之數量應 以拆出後之數量 爲準。
2	拆砌城墙	石灰沙圾 ［泥］漿砌	224.00	每立方公	81100	18,166,400	
3	脚手					400,000	
						31,464,600	
總計					國幣 叁仟壹佰肆拾陸萬肆仟陸佰元		

附注：通信處 中山東路四條巷 109-5

計開　　　估價單

南京市工務局五臺區工務管理處修補漢中門內城墙

Ⅰ. 拆做數量

第一處　7.00m×3.50m=24.50m² (平方公尺)

第二處　10.00×9.50=95.00m²

第三處　6.40×2.50=16.00m²

共計 135.50 平方公尺 (拆做平均以 1.50m 厚墙身計算)

Ⅱ. 做法及工料價

磚料用原有城磚, 墙之外層用 1 : 3 水泥沙漿砌做 30 公分厚

共計 40.65 立方公尺　國幣 8,130,000 元 (每立公方工料價 200,000 元)

墙身內則用 1 : 3 石灰沙漿砌做, 墙身厚爲 1.2m

共計 162.60 立方公尺 (每立公方工料價 73,000 元)

計國幣 1,186,980 元

Ⅲ. 三合土基地墙脚及工價

1. 7.00×1.50×0.8=8.40 立公方

2. 10.00×1.50×0.8=12.00

共計 20.40 公方 (每立公方價 100,000)

計國幣 2,040,000 元

合計　全部工料總價計國幣 22,039,800 元正

李成記營造廠

高家酒館門牌四十六號

基 成 建 築 公 司
CHI CHEN BUILDING CONTRACTOR
0. 17 PAO-MAI SHANG CHONG JIN ROAD NANKING

估 價 細 賬
QUOTATION DETAILS

南京市政府工務局
To: SUBJECT: Construction of 修建城牆工程　　日期 DATE: 28.6.26

每一平方公尺寬之單價如下

名稱 Name	說明 Descripton	數量 Quantity	單位 Unit	單價 Unite Price	總價 Cost
柱 工		300	包		
黃 砂		0.60	立方		
石 灰		6.0			
腳 手					
砌 工		35			

以上共計$ 1.85

拆卸數量　　公尺　　20.50

附註　城牆腳附近之拆卸情形至之內容及辦法隨時臨時發之
我公司辦理計之

This quotation is effective only when it is approved before the date
本單所估各價自開出日起至 36 年 　 月 　 日止為有效期間

華 成 德 記 營 造 廠

估 價 單
ESTIMATE
地址南京中華門西扇骨巷十號

TO: 京滬京市工務局　工程名稱 Name of work 拆物復中門右首城牆工程　日期 Date: 36.6.2

項目 Item	說明 Description	數定 Quantity	單位 Unit	單價 Unit Price	計數 Amount	附註 Remark
內層四批石灰砂漿砌城磚牆		2264	M³	8,200	18,564,800	
外層一批1:2水泥黃砂漿砌城磚牆		566		26,000	14,716,000	

附註　1. 如城牆基內挖動另
算加如木樁木板照用
又拆砌城牆完工後辦
照外牆完畢實數量方
工價計算之

共計國幣叁仟叁佰貳拾捌萬零捌佰元正
TOTAL　$33,280,800

完工期　30晴天
Complete date
有效期事星期

估 價 單

張 瑞 記 營 造 廠

主辦京市工務局立信區工程處
工程名稱 拆砌石切城牆
工程地址 漢中門內
日期　36年6月2日

項次	名稱	說明	數量	單位	單價	總價	備註
1.	拆砌城牆	水坑漿砌	55.60				如照用公司
2.		水泥沙漿砌	324.00				
3.	腳手						

總計 國幣

附註　通信處 中山東路四條巷109-5

計開 估價單

南京市工務局立信區工務管理處 修補漢中門內城牆

I. 拆做數量
　　第一處　7.00"×3.50" = 24.50 M³（平公尺）
　　第二處　10.11 × 9.5" = 95.00 m³
　　第三處　6.40 × 2.5" = 16.00 m³
　　　共計 135.50 平方公尺（拆砌利用5,15"厚照計算）

II. 做法工料價
　　磚料用原拆城磚　牆之外層用 1:3 水泥沙漿砌做 30公分厚
　　　共計 40.65 立方公尺　國幣 830,000元
　　牆身內面用 1:3 灰沙漿粉做　牆厚率 1.2"
　　　共計 162.60　每立公尺工價 73,000
　　　　計國幣

III. 三合土舉地牆腳
　　1. 7.00 × 1.5 × 0.8 = 8.40 公方
　　2. 10.11 × 1.5 × 0.8 = 12.11
　　　共計 20.4公方　每立公方價 100,000
　　　　計國幣 2,040,000元

合計全部工料總價計國幣

泰成記營造廠
高家酒館門牌四十六號

工程編號		南京市工務局		合約編號	攬字 26 號
會計科目		**工程承攬單**		請示單編號	五字第 3 號
工程名稱	漢中門修補城墻		工程地點		漢中門
訂約日期	36 年 6 月 7 日		承包總價		22139,800
開工日期	36 年 6 月 14 日		完工期限		30 個晴天

　　立承攬人　李成記營造廠　今攬承到
南京市工務局　　　漢中門修補城墻　　　工程
一切施工方法，願完全依照鈞局所派監工人員之指示，及頒發之各項圖樣説明書等辦理。茲將工程範圍、承攬包價、領款辦法及遵守條約訂定如下：

1. 工程範圍——
　　　本工程計修補城墻三處共 135.50 平方公尺，拆做平均以 1.50m 厚墻身計算。墻之外層用 1：3 水泥沙漿砌做 30 公分厚，墻身内則用 1：3 石灰沙漿砌做 120 公方厚。另石灰三合土墻基地處共 20.14 立方公尺。磚料用原有城磚、所有膠沙材料及一切人工，均由承包人承包。

2. 承攬包價——本工程全部包價共計國幣 22,039,800 元。
　　詳細價目單附後，如有增減，按照實際驗收數量結算。

3. 領款辦法——
　　第一期　對保後付 70% 計開 15,027,860 元
　　第二期　工程完成一半付 10% 計開 2,203,980 元
　　第三期　工程完成經驗收後付 20%（内扣保固金 2.5% 計 551070 元）
　　　　　　　　　　　計開 4,407,960 元

4. 完工期限——本工程訂約後，應於 7 日内開工，限 36 年 7 月 13 日以前全部完工，雨天照加，逾期願每日賠償局方損失國幣式拾萬元。

5. 轉讓分包——本工程之任何部分，未得局方同意，承攬人決不轉讓分包。

6. 工具材料——本工程之一切人工材料及應用工具設備，除特別規定外，由承攬人自備。其由局方供給者，承攬人當負責保管，如有損失，照價賠償。

7. 工程管理——本工程如承攬人不能親自常駐工地時，當派富有工程經驗負責代表常駐工地，督率施工并管理工人。此項代表如局方認爲不能稱職時，可隨時通知撤換之。

8. 保護防範——工地材料與已未完成之工程及工人等安全設備，概由承攬人負責，如有意外，決不推諉卸責。

9. 變更設計——本工程如有增減或變更設計時，一經局方通知承攬人，決無異議，所有增減或損失工料，均按實際數量照詳細價目單計算之。

10. 工程查驗——本工程在進行期間，如發現材料窳劣、做法不合、工程不固或與圖樣説明書有不符之處，一經局方所派監工人員通知，當立即拆除重做，所有工料損失概歸承攬人負擔。

11. 工程玩忽——工程進行時如承攬人任意延岩［宕］，願聽憑局方注銷承攬，另行設法完成，其因此發生之損失，概由承攬人負賠償之責，并願將所有工地上一切物件工程，均暫交局方接收管理，俟工程完工後再行結算。

12. 工地清理——工程完竣後，工地廢弃材料及圾垃［垃圾］等，承攬人當先派工清除净盡，再報驗收。

13. 工程保固——本工程完工後，保固期限爲　壹　年 ／ 月。在保固期内如有裂損或坍塌情事，經查明係因工作草率或用料不佳所致者，由承攬人負責修復，不另取值。

14. 保證責任——承攬人如有偷工減料、中途停工或無力完工及其他情節，不能履行承攬條款時，本承攬之責任由保證人代負之。所有因此發生之一切損失，概由保證人負責賠償。

15. 承攬附件——（1）説明書　／　份（2）圖樣　／　張（3）詳細價目單 1 張

承包商號：李成記營造廠	保證商號：南京新恒記木器號；李鴻記建築廠
負責人：李成志	負責人：宣恒章（印）；李慶鴻
地　址：高家酒館 46 號	地　址：珠江路 384 號；首都成賢街四十一號

（續表）

備注：
對保人：張浩

局長：張丹如（印）　會計主任：沈秉鉞（印）　科長：宋家治（印）　股長：蔡繼昭（印）　主任：薛佩鈿（印）

工程編號		南京市工務局				36 年 6 月 7 日	
合約編號		詳細價目單				共 1 頁第 1 頁	
工程名稱		漢中門修補城墻			工程地點	漢中門	
項次	項目	單位	數量	單價	共價	備注	
1	1：3 水泥沙漿修補城墙	立公方	7.35	200,000	1,470,000	7m×3.5m×0.3m	
2	〃	〃	28.50	〃	5,700,000	10m×9.5m×0.3m	
3	〃	〃	4.80		960,000	6.4m×2.5m×0.3m	
4	1：3 石灰沙漿修補城墙	〃	29.40	73,000	2,146,200	7m×3.5m×1.2m	
5	〃	〃	114.00	〃	8,322,000	10m×9.5m×1.2m	
6	〃	〃	19.20	〃	1,401,600	6.4m×2.5m×1.2m	
7	石灰三合土墙基	〃	8.40	100,000	840,000	7m×1.5m×0.8m	
8	〃	〃	12.00	〃	1200,000	10m×1.5m×0.8m	
						水泥沙漿、石灰沙漿修補材料，一切費用由承攬人承包	
總　計					22,039,800		

承包商號：李成記營廠　　　　　　　　　負責人：李成志

（《南京城墻檔案·城墻的修繕與堵塞（下）》，第 280—289 頁）

南京市工務局五臺區工務管理處爲匯報修補漢中門內城墻工程開工日期致南京市工務局的呈文

（1947 年 6 月 16 日）

南京市工務局報告書　（卅六）京工二字第 3874 號

　　查本處奉令修理漢中門城墻此項工程，業經鈞局核准，包由李成記營造廠承修在案。兹已

遵於六月十四日起開始動工，理合將開工日期報請鑒賜備查。謹呈

局長張

五臺區工務管理處主任 薛佩鈿

民國 36 年 6 月 16 日

（《南京城墙檔案·城墙的修繕與堵塞（下）》，第 290 頁）

南京市工務局關於漢中門修補城墙工程的工款結算表與工程決算書

（1947 年 7 月 13 日）

工程編號		南京市工務局		36 年 7 月 13 日	
會計科目		工款結算表		共 1 頁第 1 頁	
工程名稱	漢中門修補城墙工程		合約編號	攬字第 26 號	
承包商號	李成記營造廠		規定限期	30 個晴天	
開工日期	36 年 6 月 14 日	完工日期	36 年 7 月 12 日	驗收日期	年 月 日
雨雪冰凍	雨天 7.5 天	核准延期	一天	逾期日數	／ 天
預算數			結算數		
承包總價	22,039,800.00	實際總價		21,012,280.00	
增加工款 1		核減工款 1			
增加工款 2		核減工款 2			
增加工款 3		核減工款 3			
增加工款 4		核減工款 4			
合計	22,039,800.00	應付工款		21,012,280.00	
驗收意見					
備注					

局長：張丹如（印） 會計主任：沈秉鈇（印） 科長：宋家治（印） 股長：蔡繼昭（印） 主任：薛佩鈿（印） 填表：唐學導（印）

工程編號			南京市工務局		36 年 7 月 13 日			
會計科目			工程決算書		共 1 頁第 1 頁			
工程名稱	漢中門修補城墻工程			工程地點	漢中門棋盤城			
開工日期	36 年 6 月 14 日	完工日期	36 年 7 月 12 日		驗收日期	年 月 日		

項目	單位	預算			決算			備註
		數量	單價	共價	數量	單價	共價	
1：3 水泥沙漿修補城墻	立公	7.35	200,000	1,470,000	12.585	200,000	2,517,000	$6.5 \times 3.5 \times 34 \times 8.0 \times 24 \times 5$
"	"	28.50	"	5,700,000	28.02	"	5,604,000	$(10 \times 7.9 + 40.6) \times 5$
"	"	4.80	"	960,000	3.90	"	780,000	$(2 \times 2 + 4.5 \times 2) \times 3$
1：3 石灰沙漿修補城墻	"	29.40	73,000	2,146,200	38.82	73,000	2,833,860	$6.5 \times 3.5 \times 1.2 + 8.0 \times 2.4 \times 6$
"	"	114.00	"	8,322,000	94.84	"	6923,320	$6.5 \times 3.5 \times 1.2 + 8.0 \times 2.4 \times 6$
"	"	19.20	"	1,401,600	11.70	"	854,100	$4.5 \times 2.0 \times 13$
石灰三和土墻基	"	12.00	100,000	1,200,000	15.00	100,000	1500,000	$10 \times 15 \times 1.0$
"	"	8.40	"	840,000				
總　計				22,039,800			21,012,280	

計 結餘
　超出 國幣　1,027,520.00

局長：張丹如（印）　會計主任：沈秉鉞（印）　科長：宋家治（印）　股長：蔡繼昭（印）　主任：薛佩鈿（印）　計算：唐學導（印）　監工人員：唐學導（印）

審計部檢驗　方伯平（印）　　　市政府複驗　　　工務局初驗　葉永初（印）

（《南京城墻檔案·城墻的修繕與堵塞（下）》，第 291—292 頁）

四、修理興中門營房塌倒右城墻

總統府侍衛室爲修理興中門營房塌倒右城墻等致南京市政府的代電

（1948 年 6 月 12 日）

總統府侍衛室代電　府侍偉字第 0077 號

　　一、查興中門內通獅子山之多倫路（如附圖），因尚係土方路基，路面不平，行車顛波〔簸〕不堪。

　　二、獅子山東首即興中營營房，右邊有城墻一處塌到〔倒〕，且有續塌之虞，以上二處日前總統座車巡視經過，頗表不快。

三、查獅子山風景幽雅，夏令期間，總統有常臨該處觀賞之機會。以上二項工程請剋日修理，見復爲荷。

附件圖一份

侍衛長　石祖德

中華民國卅七年六月拾二日

（二）項速通知第一工程處即修；

（一）項移二科辦，并速復。

金超

六·十五

一、路面及城墻已分別通知下關區工務處及第一工程處修理；

二、擬函復。

劉馨（印）　方左英（印）

六·十五

（《南京城墻檔案·城墻的修繕與堵塞（下）》，第617—621頁）

南京市工務局爲修理多倫路路面及興中門營房右邊城墻致總統府侍衛室的代電

（1948 年 6 月 18 日）

代電　京工（二）字第 4061 號

　　總統府侍衛室上鑒：奉市政府交下貴室府侍偉（77）代電及附圖祇悉。查多倫路路面及興中門營房右邊城墻，已分飭本局下關區工務管理處及第一工程處儘先修理，特電復。請查照爲荷。南京市工務局。已巧[①]。京工二。印。

中華民國卅七年六月十八日

（《南京城墻檔案·城墻的修繕與堵塞（下）》，第 622 頁）

南京市城北區工務局管理處關於整修興中營營房右邊城墻的工程請示單、預算細目及工程材料人工表

（1948 年 8 月 7 日）

工程編號		南京市工務局		
會計科目		工程請示單	工程單編號	北字第 60 號
工程名稱	修城墻城垛材料	工程地點	興中營營房右邊	
請示原因	奉令辦理			
施工説明：（1）整理會同丈量應修砌部分。（2）就地掘取或拾取舊城磚不足數須設法供給。（3）修砌部分用城磚砌，外皮以 1：2 石灰沙漿嵌縫鑲砌，内心填塊石灌漿。（4）於城墻上平地掘取城磚部分，用煤灰彈石補砌。				
核算總價	預定：材料撥足之日開工　四十八晴天完工			
請示部分	城北區工務管理處主任：劉用臧（印）填單：張之漢（印）37 年 8 月 7 日			
附件：整修城墻城垛工程材料人工表一份				
附注：此工程在兩個軍事機關内（1）警備司令部城磚尚能掘取一部，恐不足全數。（2）江寧要塞第一總臺内，須除草後才能通至工作地，城上平地城磚已被掘，須全數補充。平地補彈石，俟除草後方能丈量，材料未全部計入。（3）需出入證。				

局長批示	會計室核		主管科核	
照發　　　欣　八·十二	在 内開支　　超出預算		擬照發　　　　金超　八·十	
	會計任主［主任］　　月　日		第　科長　　月　日	
	股		股	
	股		股	
年　月　日局收文　字第　號				

說明：（一）請示單填寫四聯批准後，一聯發還，一聯存主管科，一聯存會計室，一聯存卷。
　　　（二）工程編號由主管科編填，會計科目由會計室填列，請示單編號由請示部分編填。
　　　（三）請示單經批准後，有關文件表報報銷等，應將工程編號及工程名稱并列。

預算細目

項次	項目	單位	數量	單價	共價	備注
	城磚	塊	7260			
	塊石	立公方	126			
	石灰	市擔	92.6			
	沙泥	立公方	16.8			
	煤灰	立公方	94			
	人工	工	890			除草工另加60工
	竹蘿（連繩）	隻	10			
	竹槓	根	6			
	磚刀	把	4			
	1 中純麻繩	丈	6			吊脚踏用
	½ 中純麻繩	丈	10			捆扎脚踏用
	2×12 木板	尺	6			脚踏板
	大毛竹	根	10			脚踏柱
	上下城墻證章	枚	27			職2工25
	共計					

核對　劉用臧（印）　計算　張之漢（印）

整修城墙城垛工程材料人工表

地點	損壞缺口部分尺寸及體積				挖取城墻平地城磚面積 m²	需用材料人工								附注
	長 m	寬 m	高 m	體積 m³		城 塊	磚 體積 m³	填心塊石 m³	補地塊石 m³	石灰 市擔	沙泥 m³	煤灰 m³	人工 工	
警備司令部	4.0	0.9	1.7	6.12	46.80	650	4.68	2.0	9.0	7.5	1.5	9.0	72	人工一項包括砌工、掘磚工、復原工、挑水工、化石灰和泥工，搭脚手工等。
	3.8	0.9	1.7	5.81	42.48	590	4.25	2.0	8.0	7.00	1.2	8.0	22	
	15.0	0.9	1.7	22.95	158.50	2200	15.85	9.0	28.0	27.50	4.6	28.0	250	

地點	損壞缺口部分尺寸及體積				挖取城墻平地城磚面積 m²	需用材料人工								附注
	長 m	寬 m	高 m	體積 m³		城塊	磚 體積 m³	填心塊石 m³	補地塊石 m³	石灰 市擔	沙泥 m³	煤灰 m³	人工 工	
江寧要塞第一總臺	8.5	0.9	2.0	15.50	92.16	1280	9.22	7.0	16.0	14.60	3.0	16.0	146	人工同警備司令部。需另加除草工，鏟除雜草方能運行及工作。本表未列入。
	4.5	0.9	1.0	4.05	24.48	340	2.45	1.0	4.0	4.90	1.0	4.0	50	
	8.0	0.9	2.0	14.40	86.40	1200	8.64	6.0	16.0	17.30	3.0	16.0	160	
	6.4	0.9	2.0	11.52	72.00	1000	7.20	5.0	13.0	13.80	2.5	13.0	140	
共計				80.35	522.82	7260	52.29	32.0	94.0	92.60	16.8	94.0	890	

南京市工務局城北區工務管理處（章）

（《南京城墻檔案·城墻的修繕與堵塞（下）》，第 455—457 頁）

南京市工務局關於修補興中門城堞缺口的監工報告

（1948 年 10 月 26 日至 11 月 4 日）

監工報告

名稱：修補城堞缺口　工程　　　　　　　　　日期：十月廿六日　　氣候：陰雨

常工工人		本日工作成績
監工	1　名	
木工	名	
小工	名	1. 就工作所在地挖掘剩餘磚塊，備補墻堞缺損洞口之用，搬運堆料等。
常工	24　名	2. 斫除城堞亂草樹木及清除泥土等 19 公尺。
看夜工	名	
伙夫	1　名	
本日到料	已運到　2 片塊石　104.39 立公方　石灰　69 市擔	
附注	總共　80.35m³　人工 890	

主任：劉用臧（印）　工程司：張之漢（印）　　工務員：張之漢（印）　　監工員：蔣仁軒（印）

監工報告

名稱：修補城堞缺口　工程　　　　　　　　日期：十月廿七日　　氣候：陰雨

常工工人		本日工作成績
監工	2　名	①修補完整城堞缺口（大一處小2處）9.60立公，計用城磚382塊（連填砌空心）。 ②運輸石灰及抬取水調砂、黃泥灰漿等。 ③挖掘剩餘磚塊，堆運備料。 ④斫除清理城堞草木與泥土等20公尺。
木工	名	
小工	名	
常工	44　名	
看夜工	名	
伙夫	3　名	
本日到料		
附注	用石灰7擔	

主任：劉用臧（印）　工程司：張之漢（印）　　工務員　　　監工員：蔣仁軒（印）

監工報告

名稱：修補城堞缺口　工程　　　　　　　　日期：十月廿八日　　氣候：陰雨

常工工人		本日工作成績
監工	2　名	①修補完整城堞大缺口二處14.80立公，計用城磚550塊（連填空心）。 ②運輸石灰，及抬取水調砂、泥灰漿等。 ③挖掘剩餘磚塊，堆運備料。 ④斫除清理城堞草木及泥土等15公尺。
木工	名	
小工	名	
常工	49　名	
看夜工	名	
伙夫	3　名	
本日到料		
附注	用石灰10擔	

主任：劉用臧（印）　工程司：張之漢（印）　　工務員　　　監工員：蔣仁軒（印）

監工報告

名稱：修補城堞缺口　工程　　　　　　　　　　　日期：十月廿九日　　氣候：陰

常工工人		本日工作成績
監工	2 名	①修整城堞缺口（大2處，小3處）16.00立公，計用750塊城磚（連填砌空心）。 ②運輸石灰及取水調灰漿等。 ③挖掘剩餘磚塊，堆運備料。 ④铲平翻取磚塊之餘土。
木工	名	
小工	名	
常工	49 名	
看夜工	名	
伙夫	3 名	
本日 到料		
附注	用石灰12擔	

主任：劉用臧（印）　工程司：張之漢（印）　　工務員　　　監工員：蔣仁軒（印）

監工報告

名稱：修補城堞缺口　工程　　　　　　　　　　　日期：十月卅日　　氣候：晴

常工工人		本日工作成績
監工	2 名	1. 修補完整城堞缺口19.52立公方。 2. 運輸石灰及抬水調灰漿等。 3. 挖掘剩餘磚塊，補缺口用料。 4. 覆蓋铲平翻取磚塊之平地填等工。
木工	名	
小工	名	
常工	49 名	
看夜工	名	
伙夫	3 名	
本日 到料	截至去日共作 $59.92m^3$（尚差 $20.43m^3$） 石灰42擔，2片〈塊石〉$3m^3$ 城磚2371塊 人工228	
附注	本日計用 2片塊石　$3m^3$（填空心用） 石灰　　　13市擔 城磚　　　689塊（就地翻取）	

主任：劉用臧（印）　工程司：張之漢（印）　　工務員：王尚仁（印）　監工員：蔣仁軒（印）

監工報告

名稱：修補城堞缺口　工程　　　　　　　　　　　　　　日期：十月卅一日　　氣候：晴

常工工人		本日工作成績
監工	2　名	
木工	名	1. 修補完整城堞缺口 10.00 立公方。
小工	名	2. 運輸石灰，及抬水與砂、泥調灰漿等。
常工	49 名	3. 挖取地面上層之剩餘磚塊，備補用料。
看夜工	名	4. 填覆翻取磚塊之铲平及整理工作。
伙夫	3　名	5. 破 2 片塊石及搬運等。
本日 到料		
附注	本日計用 　石灰　　16 擔 　　　　2 片　　4m^3（填空心及修砌補地用） 　城磚　　483 塊（就地翻取）	

主任：劉用臧（印）　工程司：張之漢（印）　　工務員：王尚仁（印）　監工員：蔣仁軒（印）

監工報告

名稱：修補城堞缺口　工程　　　　　　　　　　　　　　日期：十一月一日　　氣候：晴

常工工人		本日工作成績
監工	2　名	
木工	名	1. 修補完整城堞缺口 9.52 立公方。
小工	名	2. 運輸石灰，及抬水、砂、泥調灰漿等。
常工	49 名	3. 挖取地面上層之剩餘磚塊，備補用料。
看夜工	名	4. 填覆翻取磚塊之铲平及整理工作。
伙夫	3　名	5. 破 2 片塊石及搬運等。
本日 到料		
附注	本日計用 　石灰　8 擔 　　　　2 片　2.5m^3（填空心及修砌補地用） 　城磚　　567 塊（就地翻取）	

主任：劉用臧（印）　工程司：張之漢（印）　　工務員：王尚仁（印）　監工員：蔣仁軒（印）

監工報告

名稱：修補城堞缺口　工程　　　　　　　　　　日期：十一月二日　　氣候：晴

常工工人		本日工作成績
監工	名	1. 修補完整城堞缺口 4.00 立公方， 　　另修整及砌縫等工作。 2. 運輸石灰及抬砂、土、水調灰漿等。 3. 填覆翻取磚塊之鏟平及整理等工作。 4. 修砌臺坡（2 片塊石補砌）。
木工	名	
小工	名	
常工	49 名	
看夜工	名	
伙夫	3 名	
本日 到料		
附注	本日計用 石灰　4 擔 　　　　2 片　2m³（修砌臺坡及填空心等） 城磚　144 塊（就地翻取）	

主任　　　　　工程司　　　　　工務員　　　　　監工員：蔣仁軒（印）

監工報告

名稱：修補城堞缺口　工程　　　　　　　　　　日期：十一月三日　　氣候：晴

常工工人		本日工作成績
監工	1 名	1. 全部修補完整缺口。 2. 修砌砌縫等整理工作。 3. 運輸石灰及抬砂、水等調灰漿工作。
木工	名	
小工	名	
常工	24 名	
看夜工	名	
伙夫	1 名	
本日 到料		
附注		

主任　　　　　工程司　　　　　工務員：王尚仁（印）　監工員：蔣仁軒（印）

監工報告

名稱：修補城堞缺口　工程　　　　　　　　日期：十一月四日　　氣候：晴

常工工人		本日工作成績
監工	1 名	
木工	名	
小工	名	城堞缺口全部修補完復。
常工	24 名	整理工作及清平地面等。
看夜工	名	
伙夫	1 名	
本日到料		
附注		

主任：劉用藏（印）工程司　　　　工務員：王尚仁（印）　監工員：蔣仁軒（印）

（《南京城墙檔案·城墙的修繕與堵塞（下）》，第 623—632 頁）

南京市工務局城北區工務管理處爲修補興中門城墙竣工致南京市工務局的呈文

（1948 年 11 月 6 日）

南京市工務局報告書　北工雜字第二九七號

　　竊查本處奉命修補興中門城墙，前經開具北字第六十號請示單，呈奉批示照發。即經分別領料，於十月二十六日開工，至本月四日全部工竣。尚未超過完工限期，計共填補缺口八三.四四立公方。場地亦已整理清楚，剩餘材料現正設法派工運回之中。仰祈派員驗收，以資結束。

　　謹呈

局長

正工程司兼城北區工務管理處主任　劉用藏

民國三十七年十一月六日

（《南京城墙檔案·城墙的修繕與堵塞（下）》，第 633 頁）

第五節　僞政權修堵土橋菴至興中門等處城洞

一、堵塞土橋菴一帶城墻洞工程

僞首都警察總監署西郊警察局、首都警備司令部西郊警備隊爲堵塞土橋菴一帶城墻洞致僞南京特別市工務局的公函

（1942 年 12 月 6 日）

首都警察總監署西郊警察局
首都警備司令部西郊警備隊　　　　公函

　　徑啓者。案奉首都警備司令部備法字第三十五號訓令內開，"案據首都警察總監署呈稱，'據本署偵緝隊報告，"本市土橋菴、鬼臉［臉］城一帶地處偏僻，行人稀少，近因城關檢查甚嚴，一般跑小生意及挑米小販往返該地，每日有兵士二、三人站在該土橋菴、鬼臉［臉］城一帶，假檢查居住證爲由，勒索往來行人，難免不發生事端。用特報祈核辦"等情前來。案關軍紀，理合具文呈報，仰鑒核俯賜通飭查禁，實爲公便'等情。據此，查所呈各節，如果非虛，實屬有關軍紀，合行令知該隊長派員徹查，具報法辦，此令"等因。奉此，當飭三汊河分駐所巡官趙久峰查明具報去後。茲據報稱，"巡官親率警長陳世慶化裝前往該地調查，據附近居民聲稱，確有此情，惟彼輩士兵皆由城牆前中央政府建築機槍掩體內扒出，但該士兵不知何部隊所來，查該掩體係在土橋菴與本所所轄鬼臉［臉］城毗連，再查該土橋菴係屬下關警察局轄境，彼輩士兵行動不定，忽來忽往，并無一定之時刻，理合遵將調查情形報祈鑒核"等情。據此，查彼輩士兵竟敢越城假藉檢查名義，勒索金錢，實屬不法已極。除函請下關警察局協緝，并呈報暨飭屬隨時查緝解究外，相應函達，即希查照，迅予飭工堵塞，以安行旅而保治安。至紉公誼。此致
南京特別市工務局

　　　　　　　　　　　　　　　　　　局長兼隊長　袁寔

　　　　　　　　　　　　　　　　　中華民國三十一年十二月六日

　　擬交建築股查察函復，說明全市損壞城墻正在籌劃興修。

　　　　　　　　　　　　　　　　　　　　　　王翼謀（印）

　　　　　　　　　　　　　　　　　　　　　　　十二·十一

　　請查案函復該局，說明全市損壞城墻孔洞之處。現與警總監署及警備司令部會同查估，正

在辦理興修之中。

陳鐵誠（印）

十二 · 十二

（《南京城墻檔案 · 城墻的修繕與堵塞（上）》，第 625—629 頁）

偽南京特別市工務局爲京市損壞城墻現正會同有關各機關派員勘估興修
致偽首都警察總監署西郊警察局的公函

（1942 年 12 月 18 日）

公函　工字第 2374 號

案准貴局來函，略以"土橋菴一帶城墻時有士兵由機槍掩體内扒出，函請迅予飭工堵塞"等由。准此，查京市城墻近來發現空洞之處甚多，本局爲通盤籌劃興修起見，現正會同有關各機關派員詳細勘估中，相應復希查照爲荷。此致
西郊警察局

局長　朱〇〇

中華民國卅一年十二月十八日

（《南京城墻檔案 · 城墻的修繕與堵塞（上）》，第 630—631 頁）

二、修堵山陰崗等處城墻工程

偽南京特別市政府爲修堵山陰崗及勘估京市損壞城墻
致偽南京特別市城區自治實驗區公所的指令

（1942 年 12 月 22 日）

指令　府工字第 16 號

令城區自治實驗區公所：

呈一件。爲據清涼坊報稱山陰崗等處城墻洞可通人進出，呈請飭局派工修堵由。

呈悉。業經飭交工務局會同有關各機關派員將京市損壞城墻詳細勘估，以便通盤計劃興修。仰即知照。此令。

中華民國卅一年十二月廿二日

（《南京城墻檔案 · 城墻的修繕與堵塞（上）》，第 623—624 頁）

三、查勘堵修漢西門、鬼臉城附近城洞

僞首都警備司令部爲查勘漢西門、鬼臉城附近城洞請派員趕速堵修致僞南京特別市政府的公函

(1943 年 1 月 20 日)

首都警備司令部公函　參備字第 90 號

　　案據首都警察總監署本年一月十六日呈稱，"竊於本月六日，准友邦憲兵城内隊電知：派警往提人犯，當經派警前往。提來人犯韋殷氏、朱登貴、陸殿章、華仁才等四名口到署。經飭科訊，據韋殷氏等四名口供稱，'我等各在下關買米二斗，由城洞鑽進，被墻上一位日本軍人帶一中國用人看見，將我等帶到城下一家小屋内，略問數語，即將居住證留下，叫我等明天到他的房子去拿米，叫我們帶回家。第二天去拿居住證，該日人没有在家，我等返回家中，即被憲兵隊傳案解送來署。該日人以後又上城墻，我等是看見的，至如何跌下城去，實不知道'等語。查該犯等均係貧民，私運少數食米以備自用，姑免罰辦。惟由城洞進入，其行迹究屬不檢，當依違警罰法第四十三條第一款之規定：各處拘留十日示儆，期滿交保開釋，并飭具結存案在卷。至該城洞可容人進出，實與防務有關。經飭本署督察處派員查勘在何地點具報，以便呈請填塞去後。旋據報稱，'奉經遴派督察員高道儒帶同該犯朱登貴，前往清涼山後面、清涼門西邊，查有一水溝，原係防範大水之用，高約四尺許、寬約三尺半，係用磚砌一小城洞式樣，并有鐵栅欄阻。因年久鐵栅損壞，内中無水時人可由此出城。惟洞小而矮，伊等運米時，須先將米袋滾入，人須扒進裏邊，範圍甚大，故可將米搬運出洞外。地點係在漢西門外西邊蘆柴浜地方、鬼臉城附近人迹稀少之處。報請鑒核'前來。查該城洞，既可偷運米糧，其他違禁危險物品難免不由此私運，關係至鉅。擬請予以修理，或將其堵塞，以固城防。是否有當，理合具文呈請，仰祈鑒核示遵"等情。據此，除指復外，相應函請貴府按照前本部派員會同查勘所有之城洞、水閘塌口等應行堵修之處，迅飭工務局趕速動工，以免宵小溷迹而固城防。希即查照辦理見復爲荷。

　　此致
南京特別市政府

司令 李謳一

中華民國三十二年元月廿日

　　查此處城洞業已列入前次會同憲兵司令部、警備司令部、警〈察〉總監署派員會勘之損壞城墻調查表内，刻正會稿呈請行政院撥款興修，擬先函復。

查委平（印）　王翼謀（印）

一·廿九

簽呈市座請示。

朱浩元（印）

一·廿九

（《南京城墻檔案·城墻的修繕與堵塞（下）》，第3—7頁）

僞南京特別市工務局爲修理漢西門、鬼臉城附近城洞等工程請行政院撥款核准致僞南京特別市政府的簽呈

（1943 年 2 月 3 日）

簽呈　工字第 191 號

　　案奉鈞長交下首都警備司令部參備字第九〇號公函一件。轉據首都警察總署呈請"修理漢西門、鬼臉城附近城洞，或予堵塞"等情；函請"按照查勘應行堵修之城洞迅速動工，以固城防"各節。奉此，竊查該處城洞業已列入前次會同憲兵司令部、警備司令部、警察總監署派員會勘之損壞城墻調查表内，刻正與會同調查各機關會稿，呈請行政院撥款興修所有漢西門、鬼臉城附近城洞。修理工事擬俟院令核准後，儘先修堵，并函復警備司令部在未施工前，派警嚴密防範，以期妥慎而重城防。是否有當，理合簽請批示祗遵。謹呈

市長周

工務局局長　朱浩元

二月三日

（《南京城墻檔案·城墻的修繕與堵塞（下）》，第8—9頁）

僞南京特別市政府爲修理漢西門、鬼臉城附近城洞等工程致僞首都警備司令部的公函

（1943 年 2 月 16 日）

公函　府工字第 89 號

　　案准貴司令部參備字第九十號公函，略以"轉據首都警察總監署呈請修理漢西門、鬼臉城附近城洞，或予堵塞"等情；函囑"按照查勘應行堵修之城洞，迅速動工，以固城防"等由。准此，查該處城洞，前經會同貴司令部、憲兵司令部、警察總監署派員查勘并檢附損壞城墻調查表，會呈行政院撥款興修在案。所有該處附近城洞修理工事，應俟院令核准後，方可着手興工修堵。惟在未施工前，應請貴司令部派警嚴密防範，以期妥慎而重城防。准函前由，相應函復，即希查照辦理爲荷。此致

首都警備司令部

市長 周〇〇

中華民國卅二年二月十六日

（《南京城墻檔案·城墻的修繕與堵塞（下）》，第10—12頁）

僞南京特別市政府爲修理漢西門、鬼臉城附近城洞等工程致僞首都警備司令部的公函

（1943年2月22日）

首都警備司令部公函　參備字第96號

逕啓者。案准貴府三十二年二月十六日府工字第八七號公函，略以“爲本京漢西門、鬼臉城附近城洞應即修堵。惟在未施工前，囑派警嚴密防範”等由。准此，自應照辦。除飭首都警察總監署轉飭該管警局派警防範外，相應函復，希即查照爲荷。

此致

南京特別市政府

司令 李謳一

中華民國三十二年二月二十二日

本案業已派第七隊路工前往該處，用城磚泥土分别堵塞完整。本件可存備查。

陳鐵誠（印）

（《南京城墻檔案·城墻的修繕與堵塞（下）》，第14—18頁）

四、堵塞定淮門、草場門等處地窟

僞南京特別市政府第四區爲定淮門城墻遺漏未修有偷運情事致僞南京特別市政府的呈文

（1941年3月11日）

案據職區第十坊坊長金炳林呈稱，“竊職坊第三保第二甲所轄居民倪仕俊等來坊報稱，‘該地定淮門城墻前被友軍搬拆，前曾呈請修繕在案。惟修理時，内有一洞遺漏未修。本年上月天降大雪之夜，該遺漏未修之處突倒塌一大缺口，至地有丈餘之高。民等雖晝夜防範，但有一班無業游民私從該缺口處進出，偷運一切違禁物品。民等既爲該地居民，報請查察修繕’前來。特此代爲轉報”等情。據此，理合備文，呈請鈞府鑒核辦理。謹呈

南京市市長蔡

南京市政府第四區區長 詹榮光

中華民國三十年三月十一日

（南京市檔案館藏，檔案編號：10020051223（00）0001）

僞南京市工務局魏捷關於勘估定淮門城門洞及城墻缺口情形的簽呈

（1941 年 3 月 17 日）

簽呈

　　爲簽報事。竊捷奉派"勘估定淮門城門洞及城墻缺口未修，現又倒塌"等情。遵於本月十五日馳往實地查勘。兹查得定淮門城門洞上面中間缺口約高五英尺、寬三英尺；又城墻倒塌兩段：第一段，高四英尺、寬三英尺；第二段，與第一段尺寸同。所需城磚及黃泥，該處均齊全，祇需石灰兩擔，派工十五名，兩日即可完工。但道路仄小，汽車不能通行也。惟該區長所陳前因，確係實情，可否派工之處，理合報請鑒核。謹呈

主任蘇 轉呈

科長胡 轉呈

局長謝

　　附呈原文一件

技士 魏捷 呈

三月十七日

（南京市檔案館藏，檔案編號：10020051223（00）0001）

僞南京特別市政府第四區爲定淮門城墻倒塌迄未動工懇請速修
致僞南京特別市政府的呈文

（1941 年 5 月 21 日）

　　案據職區第十坊坊長金炳林呈稱，"竊職坊所轄第三保二甲定淮門城墻倒塌，曾於本年三月七日呈請修補在案。迄今兩月，尚未動工。據該處居民報稱：倒塌之缺口，常有宵小偷進竊出，私運一切違禁物品，且於地方安寧有莫大防［妨］礙，懇請速修"等情。據此，查此案已於三月十二日以總字一九八號呈報在卷。理合備文，呈請鈞府鑒核查案辦理。實爲公便。謹呈

南京特別市市長蔡

第四區區長 詹榮光

中華民國三十年五月二十一日

（南京市檔案館藏，檔案編號：10020051223（00）0001）

僞南京特別市城區自治實驗區公所爲請堵塞草場門西北城頭地窟
致僞南京特別市政府的呈文

（1942 年 10 月 12 日）

查本區清涼坊管境草場門西北城頭上有地窟一處，通至城外。以前或係軍用，現在時過境遷，無人看管，且該處地勢偏僻，若不予以封閉，倘被匪人偷渡，危險堪虞。理合備文密報，仰祈鑒核察辦，實爲公便。

　　謹呈

南京特別市市長周

南京特別市城區自治實驗區區長　趙其凡

中華民國三十一年十月十二日

擬交建築股速先查明具報，并估計塞堵該洞所需工料。

王翼謀（印）　查委平（印）

十・十六

款可在防汛經費內開支。

朱浩元

（《南京城墻檔案・城墻的修繕與堵塞（上）》，第 606—608 頁）

僞南京特別市城區自治實驗區公所爲堵塞草場門及定淮門城墻根地窟
致僞南京特別市政府的呈文

（1942 年 10 月 23 日）

案據本區清涼坊坊長侯子範呈以"草場門及定淮門城墻根有地窟三處，擬請轉呈堵塞"等情前來。查草場門一處，業經呈報并函請北區警察局就近防範在案。至定淮門一處，經派助理員殷少星前往詳查，據復稱"定淮門城墻根之窟可容人出入，老虎洞南首何家山西邊山脚下之窟尚小，雖不能自由出入，但違禁物品仍可秘密輸入，危險實深"等語。查該處地在本市西北，行人稀少，難免奸人籍此擾亂本市治安。除再函警局設法防堵外，理合據情備文呈報，仰祈鑒核，迅飭工務局即日察勘堵塞，以備不虞，實爲公便。

　　謹呈

南京特別市市長周

南京特別市城區自治實驗區區長　趙其凡

中華民國三十一年十月二十三日

擬交建築股并案辦理。

查委平（印）

十・廿七

（《南京城墙檔案・城墙的修繕與堵塞（上）》，第 609—611 頁）

僞首都警備司令部爲請堵塞草場門西北城頭地窟致僞南京特別市政府的公函

（1942 年 10 月 24 日）

首都警備司令部公函　參備字第 64 號

　　案據首都警察總監署呈報，略以 "草場門西北城頭有地窟一處，通至城外，擬請派員往勘堵修，以重城防" 等情。據此，查草場門早經堵塞，近來鄉民時有竄洞通過情事，殊屬非是，自應趕速堵塞，以防意外。除指復外，相應函請貴府迅飭工務局派工堵塞，以重城防爲荷。

　　此致

南京特別市市長周

司令 李謳一

中華民國三十一年十月二十四日

　　二科派員速查，會同區公所速堵。

朱浩元（印）

十・廿七

　　擬派任技士速會同實驗區查勘具報。

查委平（印）

十・廿七

（《南京城墙檔案・城墙的修繕與堵塞（上）》，第 612—614 頁）

僞南京特別市工務局任植志關於查勘草場門、定淮門城墙根地窟情形的簽呈

（1942 年 10 月 28 日）

簽呈

　　竊奉交下首都警備司令部函一件，城區自治實驗區公所呈一件。爲草場門及定淮門城墙根有地窟數處，祈速派工堵塞等情，奉批示職 "會同實驗區公所速查" 等因。奉此，遵即會同該區助理員殷少星前往，查定淮門附近有洞窟三個，其一爲前定淮門城門，前經堵塞，今已倒塌，其

洞口（寬爲一.六公尺、高爲一.五公尺、厚爲一公尺）之城墻内側，尚需填土六公方；另有機關槍洞兩個，係鋼筋混凝土建造，洞分上下二口，堵塞上口需填泥土、亂磚七公方半，下口需填八公方；外側尚需用城磚砌平。其草場門機關槍洞一個，堵塞情形與定准門同。以上堵塞洞口所用泥土及城磚，就近有餘料可資利用，每洞堵塞計需人工十五名，共計需人工六十工即可蒇事。奉派前因，理合將查勘情形報請鑒核。謹呈

主任陳　轉呈

科長查

局長朱

　　附呈原卷三件

職　任植志　謹呈

十月二十八日

本局已派路工六人、下水道工人四人前往會同當地民衆堵塞，擬再與防衛司令部前往勘察。

王翼謀（印）　查委平（印）

十·廿九

已由查科長陪同防衛司令部前□曹長及本府連絡官前往該處視察完畢。

陳鐵誠（印）

十·卅

（《南京城墻檔案·城墻的修繕與堵塞（上）》，第 615—617 頁）

僞南京特別市工務局爲堵塞草場門、定准門機關槍洞和破洞情形致僞南京特別市政府的報告

（1942 年 11 月 2 日）

報告

　　竊奉派堵塞草場及定准兩門機關槍洞，及前經堵塞現已倒塌之定准門破洞，遵於上月二十九日帶領路工六名、下水道工四名，會同城區實驗自治區負責人由草場門向定准門逐步堵起，所用材料皆由附近取用，業于本月一日完全堵閉。計草場門機關槍洞一個，定准門機關槍洞三個，及倒塌原有舊城門破洞一個。奉派前因，理合報請鑒核。謹呈

主任陳　轉呈

科長查

局長朱

職 任植志（印） 謹呈

十一月二日

　　擬做木牌，書明嚴禁出入字樣（由防衛司令部出名，本局書好，送與□蒲（？）曹長一看）。訂［釘］於該破洞地點。

王翼謀（印） 查委平（印）

十一·四

　　所製木牌四塊，已於日前由木匠製就。爲節省公帑起見，業已呈准局座免予油漆，可用墨筆塗寫，惟俟此次與有關機關查勘後再行辦理。本件暫存。

陳鐵誠（印）

十一·十七

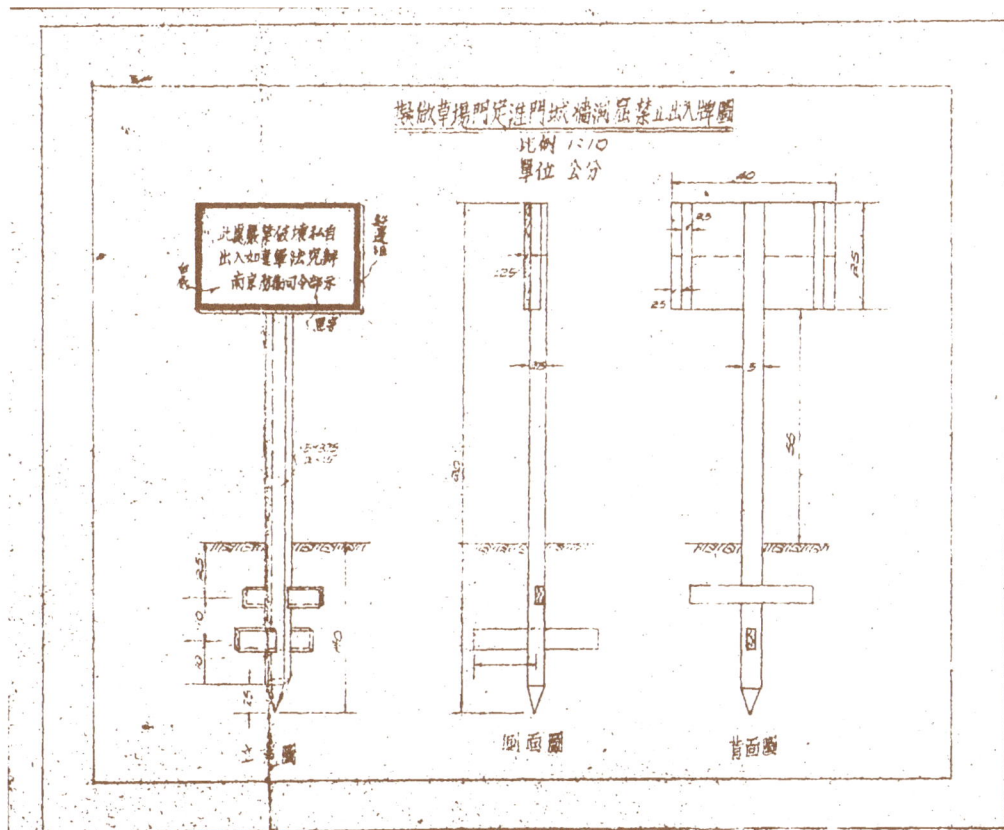

（《南京城墻檔案·城墙的修繕與堵塞（上）》，第 619—622 頁）

僞首都憲兵司令部爲迅予修理定淮門城門上洞孔致僞南京特別市政府的公函

（1942 年 11 月 25 日）

首都憲兵司令部公函　警三字第三〇四〇號

案據密報稱"距挹江門南約四里之定淮門環林池，雖已堵閉，然城墻上有一洞孔，内外可通"等情。據此，查定淮門城門上既有洞孔發現，難免奸宄暗中運私。除飭所屬嚴密防範外，相應函請貴府查照，并迅予派員雇工修理，以防走私，至紉公誼，并希見復爲荷。

　　此致

南京特別市市政府

司令　申振綱

中華民國三十一年十一月廿五日

此類事近來發現甚多，本局疲於奔命，已與警署約（？）明會請行政院撥款興修。

朱浩元（印）

十二·二

擬派員與警所及首都憲兵司令部、警備司令部會同將本京損壞城墻一次勘估，簽呈行政院核辦。

查委平（印）

十二·三

請即分別擬稿，函請會派各員前往各處查勘，以便統盤計劃，呈行政院撥款興修。

陳鐵誠（印）

十二·四

裴科員辦稿。

查委平（印）

十二·四

（南京市檔案館藏，檔案編號：10020051225（00）0008；

《南京城墻檔案·城墻的修繕與堵塞（上）》，第 618 頁）

僞首都警備司令部爲請修堵小桃園左側及定淮門、晏公廟一帶坍塌城墻致僞南京特別市政府的通報

（1943 年 3 月 13 日）

通報　警稽報字第 3 號

兹據本部稽查員于福五報稱，"本京城墻在小桃園左側及定淮門頂、晏公廟上首一帶坍塌倒

壞者多處，有成洞形，有成口形，一般宵小以及不法軍人，時有在上列各處出没，搶劫行人財物食米之事，甚至走私貨者三五成群，扒上扒下，任意妄爲。該處附近居民受害匪淺，痛苦不堪言狀，然均無可奈何。希望當局設法修堵，爲民除害而利城防"等情前來。據此，相應通報，即希查照趕修爲荷。

　　右通報

南京市政府

首都警備司令部　啓

三月十三日

　　擬交建築股查勘具報。

黄慶沂（印）

三·廿

本件擬與修理城牆案并案辦理。

朱灝（印）

三·廿二

（《南京城牆檔案·城牆的修繕與堵塞（下）》，第 53—55 頁）

五、修補興中門城牆漏洞

興中門内市民爲請迅賜派工堵塞修復興中門城牆漏洞
致日軍南京特務機關的呈函

（1938 年 8 月 26 日）

　　呈爲請求派工修復興中門城牆漏洞，以保治安事。竊民等均係居住興中門内一帶，歷有年所，兹以市面日趨安定，所有避居在外之難民，大半相率歸里，以圖安居。惟查興中門城垣，現有漏洞一處，原係前中央軍所遺之軍事設備，兹因該城門尚未啓放通行，仍在關閉中，所以該處無有軍警守衛。近以該城内附近居民時有被不法之徒闖入民宅，施行强姦情事；或無人居住之空屋，常爲不良份子拆除盗賣。而此般宵小之徒，多係利用該城牆處所以爲出入之徑。爲此聯名具文呈請鈞部迅賜派工，即將該漏洞處所堵塞修復，以弭盗患而保治安。實爲德便。謹呈

特務機關

南京市興中門内公民　地保　謝泰

薛振發　魏以仁

張榮炳　陸志傑　陳選瑞　黄金臣

胡家佑	朱世泉	張家章	祁懷柱
陳世英	陸孝春	張金貴	李寶全
杜關照	王鴻鈞	韓章德	陳國夫
柏殿黄	朱祥明	毛明山	孫長源
徐復盛	陳永鵬	毛明禄	劉金禄
任在貴	江學義	毛明有	汪有才
	吴寶珊	賴興隆	王培根

中華民國二十七年八月二十六日

并案速辦。

高冠吾（印）

孫叔榮（印）　金國書（印）

十月十九日

派華辦事員速并案查明具報。

趙公謹（印）　吴炳仁（印）

十·十九

（《南京城墙檔案·城墙的修繕與堵塞（上）》，第 335—339 頁）

僞督辦南京市政公署工務局華竹筠關於呈送興中門城墙地窖堵塞工程估價單的呈文

（1938 年 10 月 21 日）

呈爲呈報查勘興中門城垣漏洞，請予堵塞事。竊查該漏洞係城防工程之地窖，機槍陣地射擊處。據該地居民云："現已由憲兵隊堵塞。"職當即請其導入地窖内察看，見該地窖深約二丈許，係鋼筋混凝土建築，堅固異常，入内黑暗無光，後用洋火照明，該射擊處確以麻袋填塞，惟并不堅固，故城外宵小尚能循地窖而至城内。現擬在地窖口砌築一磚墻（該墻〇.九一公尺闊，二.七四公尺高，〇.三〇公尺厚），頂面再以原有鐵門關塞，門上填以泥土雜物堆置。如此似可避免宵小再行闖入。兹將應用材料、人工估價單呈候核奪。又該地窖内尚有屍體一具，似應轉函衛生局設法掩埋，以重衛生。理合將查勘實情報祈鑒核。是否有當，謹呈

局長趙

附興中門城垣地窖堵塞工程估價單一紙

職 華竹筠 謹呈

十月二十一日

（《南京城墙檔案·城墙的修繕與堵塞（上）》，第 340—341 頁）

偽督辦南京市政公署工務局爲呈送興中門城墙地窖堵塞工程估價單致偽督辦南京市政公署的簽呈

（1938 年 10 月 23 日）

簽呈　第 36 號

　　爲簽復事。案奉鈞座交下興中門内公民薛振發等呈請"派工修復興中門城墙漏洞，以保治安"等情一案。遵經飭派辦事員華竹筠查明具報去後，兹據復稱，"查該漏洞係城防工程地窖，機槍陣地射擊處。詢據該地居民云：'該地窖暫由憲兵隊堵塞。'職當即入地窖内察看，見該地窖深約二丈許，係鋼筋混凝土建築，堅固異常，入内黑暗無光，後用洋火照明，該射擊處確以麻袋填塞，惟并不堅固，故城外宵小尚能循地窖而至城内。現擬在地窖口砌築一磚墙（該墙〇.九一公尺闊，二.七四公尺高，〇.三〇公尺厚），頂面再以原有鐵門關塞，門上填以泥土雜物堆置。如此似可避免宵小再行闖入。兹將應用材料、人工估價單呈候核奪。又該地窖内尚有屍體一具，似應轉函衛生局設法掩埋，以重衛生"等情。據此，除函衛生局迅予將該屍體掩埋以重衛生外，理合將派員查勘情形，并檢同估價單一并簽請鈞座鑒核示遵。謹呈

督辦南京市政高

　　　　附呈興中門城垣地窖堵塞工程估價單一紙

　　　　　　　　　　　　　　　　　　　　工務局局長　趙公謹

　　　　　　　　　　　　　　　　　　　　　　　十月二十三日

興中門城垣地窖堵塞工程估價

　　1. 砌墙一座（0.91m×2.74m×0.30m），計 12.00 元

（磚由該處瓦礫中選用，砌用黃沙、石灰。因工程太小，不能作方數、單價計算。上列 12.00 元，係包括黃沙、石灰、人工及運費等）

　　2. 填地窖口鐵門，計 1.20 元

（以泥土、雜物填没鐵門，約人工二工，每工以 0.6 元計，如上數）

　　共計 <u>13.20 元</u>

交華竹筠招工承辦，并一面函衛生局。

　　　　　　　　　　　　　　　　　趙公謹（印）　吴炳仁（印）

　　　　　　　　　　　　　　　　　　　　　　　十·廿三

（《南京城墙檔案·城墙的修繕與堵塞（上）》，第 344—346 頁）

僞督辦南京市政公署工務局華竹筠關於派工堵塞興中門城墙地窖遭士兵阻止的呈文

（1938 年 10 月 25 日）

　　呈爲呈報奉派招工堵塞興中門地窖口困難情形事。竊職今晨九時率工前往興中門地窖，正欲從事堵塞工作之際，忽來兵士數名加以阻止，不得已只可暫行停工。竊查該地窖漏洞無論晝夜，時有兵士出入。據該處居民云：前晚又有士兵數名，循地窖入城內闖入民居。該地窖漏洞實係兵士出入之孔道。倘派工堵塞，勢必遭兵士之憤恨，予工人以危害。事實上似應會同憲兵監視工作，方可完成。究應如何辦理之處，謹祈鑒核示遵。謹呈

局長趙

職 華竹筠 謹呈

十月二十五日

（《南京城墙檔案·城墙的修繕與堵塞（上）》，第 347 頁）

僞督辦南京市政公署工務局爲派工堵塞興中門城墙地窖遭士兵阻止致僞督辦南京市政公署的簽呈稿

（1938 年 10 月 25 日）

第 45 號簽呈稿

　　爲簽請事。案查前奉鈞座交下興中門內薛振發等呈爲城墙漏洞請派工堵塞以免宵小混入而肅治安等情一案。當經飭派辦事員華竹筠查勘具報，并擬具預算，擬予堵塞。業經簽奉核示"如擬辦理"等因。當即飭該辦事員華竹筠招工前往堵塞去後。茲據報稱，"遵即率工前往興中門地窖，正欲從事堵塞工作之際，忽來兵士數名，加以阻止，不得已祇可暫行停工。竊查該地窖漏洞，無論晝夜，時有兵士出入。據該處居民云：前晚又有士兵數名循地窖入城內，闖入民居。該地窖實係兵士出入之孔道，倘派工堵塞，勢必遭兵士之憤恨，予工人以危害。事實上似應會同憲兵監視工作，方可完成。報請鑒核"等情。據此，究應如何辦理之處，理合簽請鈞座核示祇遵。謹呈

督辦南京市政高

工務局局長 趙○○

　　照繕。

趙公謹（印）

吳炳仁（印）

十·廿五

（《南京城墙檔案·城墙的修繕與堵塞（上）》，第 348—349 頁）

第四章 城門的更新（一）

第四章　城門的更新（一）

第一節　城門之重新命名

一、核議更改城門名稱

**南京特別市市政府爲將已查明之市區街道、橋梁、城門名稱呈送以憑核辦
給南京特別市市政府秘書處總務科特務股的指令**

（1928 年 1 月 22 日）

南京特別市市政府指令　第二二七號

令代理特務股主任鄭鶴：

呈一件。呈報調查市〔民〕區街道、橋梁、城門名稱已竣，惟未能得其取名之由來，請核示由。

呈悉。既據聲明困難情形，仰即將已查明之市區街道、橋梁、城門名稱，開具詳表呈送，以憑核辦。此令。

中華民國十七年一月二十二日

原呈略

（《市政公報·公牘彙要》，1928 年第 9 期，第 13 頁）

南京特別市市政府爲更改本京城門名稱案俟社會調查處呈復到府再行討論
給南京特別市教育局的指令

（1928 年 4 月 4 日）

南京特別市市政府指令　第一〇三八號

　　　令教育局局長陳劍脩①：

　　呈一件。爲擬定更改本〈京〉城門名稱，以資適合潮流，請核轉由。

　　呈悉。此案業於本月二十八日提交第三十一次市政會議議決"俟社會調查處將審查本府特
務股調查街巷、城門名稱一案呈復到府後，再行討論"等語，仰即知照。此令。

中華民國十七年四月四日

　　附原呈

　　呈爲呈請事。竊本京城門名稱非寓有封建思想，即涉及神怪謬説，於現代潮流頗多不能適
合之處。伏思方今革命軍興凡百，俱應鼎革，若此關係中外觀瞻、代表民族文化思想之中華民國
首都城門名稱，似不可不加以矯正，以期宣傳吾黨革命主義，喚起民眾，而使適合潮流。查神
策門意涉神怪，擬請改爲凱旋門。上年孫逆②逾〔偷〕渡，其激戰場地之最近於南京者，即神策
門。請改今名，寓有紀念討孫一役之意，此其一。其二爲儀鳳門，儀鳳門意已傍及皇朝，際茲共
和，似難留此，擬請改名爲中山門。此門爲城內下關交通孔道，中外人士之來都者，首須入得此
門，名冠中山，固所以紀念先總理，亦所以宣傳革命也。其三爲聚寶門，意寓迷信，自須改樹名
目，擬改爲中華門，此即紀念中華民國立國之意。其四爲豐潤門，豐潤二字不免妄視承平，意寓
迷信，請改爲中正門，所以紀念蔣總司令領導革命民眾，厥成北伐之功。其五爲朝陽門，此係帝
制時代產物，尤須及早刪除，擬改名爲湯山門，因此門可徑達湯山，特冠此名，所以使民眾注意
湯山勝地。其六爲海陵門，海陵原係泰縣古名，此門開於韓國鈞長蘇時，韓泰縣籍，因韓命名海
陵。韓之功德，似尚勿足以當此，擬請改爲西藏門。西藏遠在西陲，英人侵吞，將不復爲我所
有，可恨國人并不注意，今特借城門冠以此名，所以喚起民眾也。其七擬改太平門爲自由門。其
八擬改金川門爲三民門。其九洪武門擬改爲共和門。此可顧名思義者。其他如草場門、漢西門、
水西門、鐘阜門、通濟門，尚無不合於現代潮流之處，擬請保留所有擬名，更改本京城門名稱，
以資適合潮流緣由。理合備文，呈請鑒核，轉呈國府核奪施行。謹呈
南京特別市市長何

教育局局長　陳劍修

三月十六日

（《市政公報·公牘彙要》，1928 年第 14—15 期，第 31 頁）

---

①陳劍脩：即陳劍修，時任南京市教育局局長。
②孫逆：即孫傳芳。

南京特別市市政府爲核議全市各區街道、橋梁、城門名稱給南京特別市市政府社會調查處的指令

（1928 年 4 月 12 日）

令社會調查處主任章桐：

案據本府特務股主任鄭鶴呈稱，"前奉鈞令調查市區街道、橋梁、城門名稱及其得名之由來，早經姚、陳、唐三科員調查完竣，維以未能查考其得名之由來，不得已由職將困難情形先行呈報，旋奉鈞令第二二七號內開'呈悉。既據聲明困難情形，即將已查明之市區街道、橋梁、城門名稱開具，詳表呈送，以憑核辦。此令'等因。遵即督促姚、陳、唐三科員妥將調查所得開具詳表，以備呈送，祇以姚、陳二科員不時出勤，卒未能早將底稿整理清楚。復經職改正數處，重行謄正，因之一延再延。茲已由該員等分別造表繳來，理合一并彙呈，仰祈鑒核示遵"等情，附呈全市各區街道、橋梁、城門名稱表三冊前來。據此，除指令外，合行檢同表冊，令仰主任即便抄存核議具復。此令。

計發名稱表三冊仍繳

市長 何民魂

中華民國十七年四月十二日

（《市政公報·公牘彙要》，1928 年第 14—15 期，第 8 頁）

市政消息·首都城門改名確定

（1928 年 5 月 15 日）

▲十三門改者七

▲其餘六門仍舊

南京城垣，舊有十三，而各門之名稱，大都含帝王封建思想或神秘觀念。前經教育局向市政府建議，改定名稱。如改儀鳳爲中山，神策改凱旋，海陵改西藏，朝陽改湯山等。何市長據呈後，即交社會調查處核議，該處爰將各門在歷史上沿革，加以考據，呈復市長，復經提出市政會議討論，決定更改七門名稱，其餘仍舊。茲將更改各門名稱列下：儀鳳門改爲凱旋門（意在紀念北伐勝利），聚寶門改爲中華門（意在紀念中華民國），正陽門改爲洪武門（意在紀念明太祖及洪秀全之倡義），朝陽門改爲中山門（意在紀念總理），神策門改爲自由門（革命意義，在爭自由，故改名自由，所以表顯本黨精神，并示一入此門，即趨於自由正軌之意），豐潤門改爲桃源門（豐潤門外，即爲玄武湖，而其所居之地位，向不受軍事影響，實有世外桃源之概，故將玄武湖改爲桃花源，與此毗連之豐潤門，亦應改爲桃源門），海陵改爲挹江門（該門一面臨江，故改

爲挹江）。

（《首都市政周刊》，1928 年 5 月 15 日第十九期）

南京特别市市政府爲變更城門名稱致國民政府呈

（1928 年 5 月 21 日）

南京特别市市政府呈　第一六七號

　　呈爲議決更改聚寶等門名稱，伏懇鑒核備查事。竊照本市各城門名稱，類多鄙陋及爲崇拜個人着想，實非革命時代所應存在。前經派員分別查明，令發社會調查處核議，嗣據呈送各城門名稱沿革表到府。因即提交第三十七次市政會議在案。兹經議決，"聚寶門改爲中華門，取意紀念中華民國；儀鳳門改爲凱旋門，取意預祝北伐完成；正陽門改爲洪武門，取意紀念明太祖及太平天國之革命；朝陽門改爲中山門，取意紀念總理；神策門改爲自由門，取意革命意義在争自由，以表顯本黨精神，并示一入此門即趨於自由正軌之意；豐潤門改爲桃源門，因豐潤門外即爲玄武湖，該湖地位實具世外桃源之觀，故擬將玄武湖改爲新桃源，其與之毗連之豐潤門亦應改爲桃源門；又，海陵門改爲挹江門，取意該門〈一〉面臨江，近可挹取"等語。除分行并飭匠更改名額外，理合抄附城門沿革考，具文呈報，仰祈鑒核備查，實爲公便。謹呈

國民政府

南京特别市市長 何民魂

五月二十一日

（《市政公報·公牘彙要》，1928 年第 14—15 期，第 80 頁）

國民政府内政部爲改易本京各城門名稱致江蘇省政府、南京特别市市政府咨

（1928 年 6 月 9 日）

國民政府内政部咨　第三○五號

　　爲咨明事。前准國民政府秘書處第一九七二號公函内開 "奉常務委員發下南京特别市市長何民魂呈爲議決更改本京聚寶等城門名稱原呈一件。諭交内政部核議" 等因。奉此，當由本部核議酌加改易，呈覆在案。兹奉國民政府秘書處第二一二九號公函内開 "奉常務委員發下以内政部呈爲遵核南京市政府擬改本京聚寶等城門名稱，呈一件奉國府第六九次委員會議決議，光復門改光華門。餘照部議辦理" 等因。奉此，除咨江蘇省政府、南京特别市政府外，相應抄送議改各城門名稱表一紙，即希查照。此咨

江蘇省政府

南京特别市政府

計送本京各城門易名表一紙

國民政府內政部

內政部長 薛篤弼

中華民國十七年六月九日

本京各城門易名表

聚寶門易名爲中華門　　　（特別市政府原擬）

儀鳳門易名爲興中門　　　（內政部改擬）

正陽門易名爲光華門　　　（國民政府常務委員會改定）

朝陽門易名爲中山門　　　（特別市政府原擬）

神策門易名爲和平門　　　（內政部改擬）

豐潤門易名爲玄武門　　　（內政部改擬）

海陵門易名爲挹江門　　　（特別市政府原擬）

（《內政公報・公牘 咨》，1928 年第 1 卷第 3 期，第 20—21 頁）

市政消息・首都城門名稱改定

（1928 年 6 月 12 日）

▲業經國府會議決定

▲即將改換城門橫額

　　本府前以本市各城門名稱，間多含封建帝王思想、或神秘觀念，殊非革命時代所應存在。當經第三十七次市政會議議決，分別改定，呈請國民政府備案，嗣由國府交內政部核議。內政部以市府所擬改定名稱，或采取歷史之紀念，或顯示本黨之精神，均屬妥適。除將凱旋門改爲興中門，洪武門改爲光復門，自由門改爲和平門，桃源門改爲玄武門外，其餘均照本府原改名稱，呈復國府。已經國民政府第六九次委員會議決議，光復門改光華門，餘照部議辦理。本府現已奉國府秘書處函知，擬即令飭工務局改換城門橫額，一面布告周知。茲將改定各名稱，分別表列如左：

首都城門改定各名稱表

原名	改定名稱	取義
聚寶門	中華門	紀念中華民國
儀鳳門	興中門	興旺中華民國，并爲總理提倡革命之初所立會名
正陽門	光華門	取光復中華之意
朝陽門	中山門	紀念總理
神策門	和平門	總理遺訓以和平爲固有道德，且臨終時復以和平奮鬥救中國爲言
豐潤門	玄武門	玄武湖澤被民生，玄武門名副其實
海陵門	挹江門	該門一面臨江

（《首都市政周刊》，1928 年 6 月 12 日，第 23 期）

鐵道部爲神策門車站名稱改爲和平門給京滬滬杭甬鐵路管理局的指令

（1930 年 4 月 28 日）

鐵道部指令　第五八三六號

　　令京滬滬杭甬鐵路管理局：

呈一件。呈請更改京滬路神策門車站名稱爲和平門，仰祈鑒核令遵由。

車字第四九二號呈悉。神策門車站應准改稱爲和平門車站，以符功令。此令。

部長　孫科

中華民國十九年四月二十八日

（《鐵道公報》，1930 年第 62 期，第 10 頁）

二、改換城門匾額

南京特別市市政府爲改換各城門匾額致所屬各機關的指令

（1928 年 6 月 15 日）

南京特別市市政府令　第一六三九號

　　令所屬各機關：

　　案准國民政府秘書處函開（原函見第二〇四號呈文，内兹從略）等由，并附抄内政部原呈及擬改各城門名稱理由表各一件過府。准此，查此案，前據社會調查處呈請，即經提交第三十七次市政會議議決，并經呈報暨令知各在案。准函前由，除呈復國民政府暨通令并布告外，合行抄錄呈表，令仰遵照，迅將各城門横匾剋日改換，呈報備查。此令。

計抄原呈一件，理由表一紙

市長 何民魂

六月十五日

（《市政公報·公牘彙要》，1928 年第 16 期，第 10 頁）

南京特別市市政府爲改換各城門匾額給南京特別市工務局的指令

（1928 年 6 月 15 日）

南京特別市市政府令　第一六三九號

　　令工務局局長陳揚傑：

　　案准國民政府秘書處函開"原函見第二〇四號呈文，内兹從略"等由，并附抄内政部原呈及擬改各城門名稱理由表各一件過府。准此，查此案，前據社會調查處呈請，即經提交第三十七次市政會議議決，并經呈報暨令知。各在案。准函前由，除呈復國民政府暨通令并布告外，合行抄録呈表，令仰該局長即便知照。此令。

　　計抄原呈一件，理由表一紙

市長 何民魂

六月十五日

（《市政公報·公牘彙要》，1928 年第 16 期，第 10 頁）

南京特別市市政府爲改定各城門名稱致國民政府呈

（1928 年 6 月 15 日）

南京特別市市政府呈　第二〇四號

　　呈國民政府爲改定各城門名稱由。呈爲呈報事。案准鈞府秘書處函開，"奉常務委員發下内政部呈'爲遵核南京市政府擬改本京聚寶等城門名稱一案，分别更改暨如原擬辦理列表，請鑒核施行，呈一件經奉國府第六九次委員會議決議，光復門改光華門。餘照部議辦理'等因。相應抄同原呈，函達查照辦理"等由，并附抄内政部原呈及擬改各城門名稱理由表一紙過府。准此，除遵經令飭工務局迅將各城門改揭橫匾，并通令所屬各機關暨布告民衆一體知照外，理合具文呈報，仰祈鑒核備查，實爲公便。謹呈

國民政府

南京特別市市長 何民魂

六月十五日

（《市政公報·公牘彙要》，1928 年第 16 期，第 44 頁）

南京特別市市政府關於將各城門更正名稱列表的布告

(1928 年 6 月 15 日)

南京特別市市政府布告　第二一號

　　爲布告事。案查本京各城門名稱，類多封建思想及爲崇拜個人主義而題，實非革命時代所應存在。前經派員分別查明，特令社會調查處核議，嗣據呈送各城門沿革表到府，因即提交第三十七次市政會議議決，并經呈報暨通令知照，各在案。茲准國民政府秘書處函開"奉常務委員發下（原函已見本報第二〇四呈文內）相應抄同原呈函達，查照辦理"等由。准此，除呈復并令工務局迅將各城門名稱改換橫額，暨分行所屬各機關知照外，合將各城門更正名稱列表布告，仰全市民衆一體知悉，特此布告。

　　計開：

聚寶門	改爲	中華門	儀鳳門	改爲	興中門
正陽門	改爲	光華門	朝陽門	改爲	中山門
神策門	改爲	和平門	豐潤門	改爲	玄武門
海陵門	改爲	挹江門			

市長 何民魂

中華民國十七年六月十五日

（《市政公報·公牘彙要》，1928 年第 16 期，第 59 頁）

國民政府爲備案南京特別市市政府關於改定本京城門名稱呈文的指令

(1928 年 6 月 25 日)

中華民國國民政府指令　第五四七號

　　南京特別市市長何民魂呈爲奉令改定本京城門名稱一案，經令工務局迅將各城門改換橫匾，請備查由。

　　呈悉。應予備案。此令。

中華民國十七年六月二十五日

（《國民政府公報》，1928 年第 70 期，第 12 頁）

南京特別市市政府爲繪具本市城門新名稱匾額圖樣等致南京特別市工務局函

(1928 年 11 月 7 日)

秘字第二號

　　函工務局請繪具本市城門名稱匾額圖樣，以便轉呈案由。

徑啓者。案照本〈市〉各城門更改名稱一案，前奉國民政府議決改定，准國府秘書處函轉到府。當經令由貴局繪具各種圖樣、表格呈府核准照辦在案。所有改換名稱之各城門匾額，前擬呈請國府書就匾字，飭發製辦，以昭鄭重。應請貴局查照前送各種草圖，迅速另繪精緻圖樣并表格各一份，并將匾額寬長尺寸，一律量准，備具精美樣紙，剋日一并送交敝處，以便轉呈。務希趕辦，幸勿稍稽延爲荷。此致

工務局局長陳

南京特別市市政府秘書處 啓

中華民國十七年十一月七日

（《首都市政公報·公牘》，1928 年第 24 期，第 73 頁）

南京特別市市政府爲拆除城門舊有名稱匾額等給南京特別市工務局的令

（1928 年 11 月 8 日）

令　第一四二三號

爲令飭事。案照本市各城門更改名稱，前經根據市政會議議決案，呈奉國民政府諭交内政部核議、改定，咨由本府分別通令布告，并令飭該局將各城門原有舊匾改換具報在案。兹查各城門仍多懸釘原名舊匾，尚未一律更新。除俟呈請國府頒給各城門新名匾字，以便轉飭依樣製辦更換，用昭鄭重而新觀瞻外，合行令仰該局長即便遵照，剋日先行飭匠將此項奉中央議決改定新名之各城門上舊有名稱匾額等類，一并拆除，具報備管。此令。

市長　結 [劉] 紀文

中華民國十七年十一月八日

（《首都市政公報·公牘》，1928 年第 24 期，第 72—73 頁）

南京特別市市政府爲限期更易城門新名匾額給南京特別市工務局的訓令

（1929 年 1 月 21 日）

訓令　第三二二號

爲令飭事。案查本市各城門更改舊時名稱，前經本府呈奉國府諭交内政部核議改定，咨經分別通令布告，并迭次令飭該局將各城門原名舊匾一律拆除更換新名匾額在案，現尚未據遵辦具報。惟總理靈櫬指日迎護來京，奉安大典中外矚目，而首都各處城門仍懸昔時原名舊匾，微特妨礙觀瞻，亦且有辱國體，實屬關係甚鉅。合再令仰該局長立即遵照，迅將前奉中央議決改定新名之各城門上原名舊匾一律拆除，另換新名匾額。限三星期内辦理完竣，具報備查，毋再延誤干

咎。切切。此令。

市長 劉紀文

十八年一月二十一日

南京特別市市政府爲下撥改換各城門名稱匾額工事用款給南京特別市財政局的訓令

（1929 年 3 月 9 日）

訓令　第八七七號

　　爲令飭事。案據工務局局長陳揚傑呈稱，"竊查各城門上名稱匾額一案，業經職局遵令規定圖樣連同表格，呈奉鈞府核准并經函請教育局依式轉請書寫，暨飭由石工承包辦理、訂立合同。各在案。查此項城門匾額應換者，計有挹江、興中、中華、光復、中山、玄武、和平七處。惟挹江門現已拆除、改換匾額，應左右各砌一匾，方稱雅觀。故連同興中門等六處應製匾八方，所有工料費連同搭木架及砌工在内，每匾一方，核實計洋五十元，共八方，計總額洋四百元正。現在此項工程急須進行，理合檢同賬單一份，一并具文呈請，仰祈鑒核，准予撥款興工，并乞指令祗遵"等情，并附賬單一份到府。據此，查此案前經令據該局呈送圖樣表格到府，即經核准照辦在案。茲據前情，除指令并將原賬單發還外，合行令仰該局長即便照數撥款，俾便興工。此令。

市長 劉紀文

十八年三月九日

南京特別市市政府爲下撥改換各城門名稱匾額工事用款
給南京特別市工務局的指令

（1929 年 3 月 9 日）

指令　第九六八號

　　呈一件。爲改換各城門名稱匾額，現已由楊萬源訂立合同包辦，呈祈鑒核撥款由。

　　呈及賬單均悉。准予照辦，候令財政局如數撥發，仰即逕赴該局領款興工，務將各城門匾額尅期更換，并另造正式工程預算，具報察核。此令。賬單一份，隨令發還。

十八年三月九日

原呈見訓令第八七七號

工務消息·拆換各城門匾額

（1929 年 3 月 15 日）

▲已招石工承造

▲限期完工改裝

　　本市各城門名稱，自經市府建議，內部審核，決改聚寶爲中華，朝陽爲中山，儀鳳爲興中，豐潤爲玄武，神策爲和平，海陵爲挹江，洪武爲光華後，已志本報。茲聞工務局，以所改城門匾額，已由市教育局，向黨國要人中名書家乞到題字，即日飭工次第拆卸舊匾額，改裝新匾額云。又聞工務局，已與楊源泰石匠鋪，訂立承造合同，興中門、挹江門、中山門三處，則限於三月十五日以前完工；其他各門，亦訂期完工。如有誤期情事，照合同處罰云。

（《首都市政公報·紀事》，1929 年第 31 期，第 7 頁）

南京特別市市政府爲撥發改換城門匾額工款給南京特別市工務局的指令

（1929 年 3 月 25 日）

指令　第一一七四號

　　呈一件。爲造具改換各城門匾額工事施行書，仰祈鑒核，轉飭撥款由。呈件均悉。仰候令行財政局核撥可也。此令。附件存轉。

十八年三月二十五日

　　附原呈

　　呈爲呈請事。竊查接管卷內，改換各城門名稱匾額一案，業經前局長陳揚傑呈請撥款在案。頃奉鈞府指令第九六八號，以"改換各城門名稱匾額，已飭財局撥款，仰即具領興工，并造正式預算呈報"等因。前局長未及核辦移交前來。查此項工程預算共計需洋四百元正，奉令前因，理合造具工事施行書一份，一并具文呈請，仰祈鑒核，并轉飭財政局迅予如數撥款，交由職局具領，以便興工，實爲公便。謹呈

市長劉

　　計呈工事施行書一份

代理工務局局長　金肇組

三月二十日

（《首都市政公報·公牘》，1929 年第 33 期，第 39 頁）

南京特別市市政府爲撥發改換城門區額工款給南京特別市財政局的訓令

（1929 年 3 月 25 日）

訓令　第一〇五六號

　　爲令飭事。案據代理工務局長金肇組呈稱，"竊查接管卷內改換各城門名稱區額一案，業經前局長陳揚傑呈請撥款在案，頃奉鈞府指令第九六八號，以'改換各城門名稱區額，已飭財局撥款，仰即具領興工並造正式預算呈報'等因。前局長未及核辦，移交前來。查此項工程預算，共計需洋四百元正，奉令前因，理合造具工事施行書一份，一並具文呈請，仰祈鑒核並轉飭財政局，迅予如數撥款，交由職局具領，以便興工"等情，並附具工事施行書一份前來。據此，除指令外，合行檢發是項工事施行書，令仰該局長即便遵照核撥具報。此令。

　　計檢發工事施行書一份

市長　劉紀文

十八年三月二十五日

（《首都市政公報・公牘》，1929 年第 33 期，第 39—40 頁）

紀事・敦請黨國領袖書寫城門區額

（1929 年 4 月 15 日）

　　南京城門共計十三。市府以原有各門名稱，類多封建思想，不合革命潮流，在去夏即由前市長何民魂呈請國府，將城門名稱含有封建思想及神秘觀念者，一律糾正。經國府明令，改儀鳳門爲興中門，海陵門爲挹江門，神策門爲和平門，豐潤門爲玄武門，聚寶門爲中華門，朝陽門爲中山門，洪武門爲光華門，共計七處。改正迄今，已將一載，而各門區額，依然如故，其最大原因，蓋以拆除城牆之聲浪，迄未稍殺［剎］。最近始經美國顧問茂菲之建議，由國府訓令南京市政府，決計停止拆除。劉市長奉令後，以城垣既不拆，則各門名稱，自應即時改正。最近特備就區額紙樣，函請各黨國要人書寫：計中華門由蔣主席書寫；中山門、興中門，由譚組安［庵］書寫；和平門由胡展堂書寫；玄武門由蔡元培書寫；光華門由于右任書寫；挹江門由戴季陶書寫。茲將原函錄之如下：

　　敬肅者，竊查本京各城門舊有名稱，類多封建思想，實非革命時代所應存，在前經職府擬具改訂名稱，呈奉國府，交由內政部核議更正具復。今准照辦，並將新換區額式樣，飭據工務局繪擬，呈奉核准在案。現在亟應依式製區，用敢奉上"□□門"區樣紙一幅，敬祈准賜予寵題，以昭鄭重而示來茲。專肅奉懇，敬請鈞安。劉紀文謹啓。

（《首都市政公報・紀事》，1929 年第 33 期，第 1 頁）

南京特別市市政府爲備案修理興中門城墻及改換各城門匾額工程決算
給南京特別市工務局的指令

（1930 年 1 月 6 日）

指令　第二三號

　　呈送修理興中門城墻及改換各城門匾額等工程已於金前任内竣工，代造竣工報告及決算書，請核銷備案由。呈及附件均悉。查核送到竣工報告及決算書數目尚屬相符。應准備案，仰即知照。此令。附件存。

十九年一月六日

　　附原呈

　　呈爲呈送竣工報告暨決算書，仰祈核銷備案事。案查修理興中門上城墻及更換各城門匾額等工程，前經金前局長造具預算，呈奉鈞府核准，轉飭財局撥款興工，各在案。兹查修理興中門城墻工程已於本年六月一日竣工，改換各城門匾額工程已於六月三十日竣工。惟查以上各項竣工日期均在金前局長肇組任内尚未報銷。局長接任後，查核前項工程，修理興中門城墻一項，預算爲七十一元五角八分，支出亦爲七十一元五角八分，收支適合，并未超過預算；改換各城門匾額一項，預算爲八百元，支出爲七百元，較預算減省一百元。所有兩項實施工程情形亦經派員切實查驗，尚與原設計相符。除將支款單據分別在每月工程費計算書内報銷暨餘款一百元另文解交金庫外，理合代爲造具竣工報告及決算書，備文呈送，仰祈鑒核，准予核銷備案，實爲公便。謹呈市長劉

　　計呈送竣工報告及決算書各二份

工務局局長　陳和甫

十二月十二日

（《首都市政公報・公牘》，1930 年第 52 期，第 16—17 頁）

第二節　開闢城門

一、開闢海陵門

下關商埠局幫辦金鼎爲規畫下關振興商場請代呈咨立案致江蘇巡按使的呈文

（1914 年 9 月 1 日）[1]

　　爲詳請呈咨立案事。竊照金陵下關一埠，爲約開通商口岸，從前原定界址東至城河，西至

---

[1] 原文無日期，此處日期係本文所載《中國實業雜誌》第 5 年第 9 期的發行日期。

沿江，北至沿江營牆外磯心石，東北至城河二擺渡口，西南至沿江土地廟外新漲灘，東南至三汊河內口。南北共長不過五里，東北[西]計寬不過一里。迨近年滬寧、津浦兩路通車，商場日臻繁盛，華洋各商注意經營，爭思捷足，是以地勢頗嫌狹隘。且其中河、渠、溝、塘、城濠及低窪田地，占去大半，而又外逼江岸，崩坍堪虞；內蹙城垣，退讓無地。十餘年來，外人迄未承認，故商場以外私租土地之案，層見迭出，勢非從根本解決，恐此後辦理愈形棘手。鼎於本年三月一日，接幫辦下關商埠善後事宜，正值上年兵燹之後，商場局面殘破不堪。任事之始，即詳請巡按使，首事宜乘時規畫商場，量予擴充，以收華洋商人樂業興居之效。仰荷嘉納，飭速將應辦事宜，次第舉行，并蒙派技正及測繪各員，先後赴局相助爲理。惟是辦事必先籌款，而款如無米之炊，幸賴隨時有所秉承，俾稍獲尺寸之效。五月以來，所有規畫各項事宜，略有端緒，茲擇其業經施行者六事，尚在籌備及未實行者二事，陳請鑒核，分別咨呈立案，以期逐漸進行。

一爲展拓商場以廣區域也。查下關商埠四至界綫，西至江岸，無可展拓；惟東至城河，本嫌逼蹙，現擬展至城根爲界；又南界之田圩較寬廣，茲擬推廣至三汊河爲界；北首已有英商和記建廠至寶塔橋止，現擬即以寶塔橋河爲界。以東西計，雖僅展寬半里，而南北較前已展長二里許。華洋商民悉稱便利，現時可無逼蹙之慮。茲由測繪員繪成全圖，敬陳察核。擬請分別呈咨立案。

一爲填墊河濠以收實利也。查下關儀鳳門外，左右繁盛之間，有官河五道，曰：大郎河、小郎河、寺後河、太平河、晏河。水不甚深，而廢地約五百餘畝之廣，以致商埠狹隘，至爲可惜。推原其故，蓋因下關缺少大宗之土以填其地。幫辦前與總商會籌議，稟奉批准於儀鳳門南首另闢一門。門內有高大土山一道，安設輕便鐵道，運土極便，輸費尤省。每畝以華尺六十四方計之，約計得地三萬餘方。水深約四五尺，需填土八九尺厚，約共需土二十七八萬方。每方姑以四角五分計之，約需銀十三四萬元。以目前地價估計，下列之地，每畝月租銀四十元，即每畝價本三四千元。此項官地五百畝，除去馬路、人行路、巷街等地，約可净得四百畝。姑以三千元一畝之價而論，公家可獲一百二十萬元之價。除去填土、築馬路等費，可净得一百萬元。而商場可成一片平坦之地，商民以之建築房屋，其發達可操左券。現蒙飭財政廳分批墊款一萬五千元，已先行安設輕便鐵道運土施工矣。

一爲另闢城門以便交通也。查下關僅儀鳳門一門出入，車馬行人轉輸貨物，時形擁擠，是以商民稟請於儀鳳門南首另開一門，奉命名爲海陵門。既便交通，又可將城內土山之土運出，以填城外官民低窪之地，且出入不必盡由儀鳳門，可省繞道三里之遠。馬路既通，內而三牌樓、外而江岸，徑直可達。商埠繁盛，其理勢有必然矣。前經商埠局估計，開門工款計需一千二百九十四元，詳奉復核照准，已飭馬路工程處借墊撥給，現此門業經開通，不日計可工竣。

一爲修築馬路以興商場也。查各國通商口岸規畫建造，無不首以馬路爲前提。然後商民經營市面，一切居處，俾有趨向。疊奉派員勘定，由儀鳳門過惠民橋，直達江岸太古碼頭爲一馬路，此係就原有之路加寬接長以成之；由新開海陵門過新橋，直達大生碼頭爲二馬路，此係新開之路。以上爲兩大直路。擬定四丈寬。其橫路在惠民橋左右，酌量商民舖户之衰旺，先行開通馬路，以三丈至兩丈寬爲度，視地勢之寬窄以定之，惟直大路兩條，則不稍遷就。其中有須商民讓地若干或稍有拆屋之處，均分別酌給相當之價以償之，不使虧負。向隅此項經費，昨蒙飭財政廳分批墊款一萬五千元，發交馬路工程處開工。惟工程浩大，需款較多，將來非續撥不能竟其全功，似應將填土之官地，一面變價，一面得款舉辦路工，藉收事半功倍之效，而省公家墊款之勞。

一爲測量地基以清產業也。查下關官民地產房屋，糾葛至多。前清兩次派員清丈，均無成效可言。揆厥原因，皆由下關昔年本屬荒地，迨後年臻繁盛，地價漸增，豪强爭占侵冒之風，已日甚一日。甚至一產兩契，一地數主，展轉欺矇，真僞難究。我巡按使洞燭其奸，故趁此驗契之始，即飭局派員清丈，測繪成圖，按圖索驥，官民之地，自可區分，侵占之事，由此剖解，當易着手。至屬下關商埠界綫應驗之契，必先送商埠局勘丈無訛，再送縣署加給新契。開辦以來，已經勘驗者三百餘户，其餘或因糾葛未清，或因契押在外，或因水淹不便施丈，應分別催令辦理。至所測之圖，昨已告成，擬即挨號清查，不准豪强再有匿契不驗，糾葛不清之弊。其中官荒，自能水落石出矣。

一爲編增警察以衛治安也。查下關商埠，東西前至城河爲界，現推廣至城根止。則原設河東之巡警七十名，自應與河西之巡警三十名，并爲一區統隸下關區署，以資統一。現在河東、河西合并，商場擴充，巡警似嫌太少。除將原有消防隊，由城内撥還下關區外，似需添設五十名，以之保衛商場，始敷分布。

以上六事，仰承偉畫，業經次第施行。祇以目前商情困難，公家經費支絀，辦事進行不免稍緩。然方之漢口、浦口兩埠，均蒙中央籌撥巨資始行經營者，似下關未奉撥款，而能就地籌謀，漸有端緒，誠非易易矣。可否仰懇呈請大總統，批令所有下關此次填墊各地，將來變價，除還公家墊款外，其餘悉留爲江寧振興商場及地方一切公益之需，則所全既大，士商感戴尤深矣。

至籌備尚未實行者二事，請再縷晰陳之。（下略）

（《中國實業雜誌·專刊》第 5 年第 9 期，1914 年 9 月 1 日，第 5-7 頁；

另據《大公報（天津）》，1914 年 9 月 13 日，第二張；

以及《大公報（天津）》，1914 年 9 月 14 日，第二張，參照修訂）

二、開闢武定門

南京特別市市政府爲議決開大樹城城門給南京特別市工務局的令

（1928 年 7 月 28 日）

南京特別市市政府令　第四十五號

　　令工務局局長陳揚傑：

　　爲令遵事。本年七月二十五日第一次市政會議，本市長提議開通大樹城以便市民汲引飲料。案當經決議通過在案，合行令仰該局長即便遵照辦理。此令。

市長　劉紀文

七月廿八日

（《市政公報·公牘彙要　令文》，1928 年第 17 期，第 52 頁）

市政消息·拆除武定門城門［墙］

（1928 年 9 月 30 日）

▲日內竣工

　　本市飲料不潔，居民頗成困苦。當劉市長蒞任時，即有拆除武定門城墙，引取外河之水，以裕民食之議。現工務局已着手拆除，本月中旬，即可蔵事云。

（《市政公報·市政消息》，1928 年第 20 期，第 15 頁）

南京特別市市政府爲開闢武定門工程給南京特別市工務局的指令

（1929 年 12 月 5 日）

指令　第四九八五號

　　呈復開闢武定門工程辦理情形，祈核示由。

　　呈悉。此項工款超過數目，既經派員核定，姑准核銷。至建築該處城樓應於兩旁各建層樓，每邊均留炮眼，以便守望，仰速擬具圖樣，呈候核奪。此令。

十八年十二月五日

　　附原呈

　　呈爲呈復事。本年十一月十三日奉鈞府第三四四六號訓令內開，"爲令遵事。案查本市開闢武定門及建築小石橋起至河岸馬路工程一案，前據該局擬具計劃預算呈送到府，即經令飭撥款興工在案。現查自開工迄今，時逾一載，究竟此項工程建築至若何程度？有無完工？俱未據該局呈報，無憑審核。合行令仰該局長即便遵照，迅將此案辦理情形剋日具報，以憑核辦，毋再稽延。切切。此令"等因。奉此，遵查此案，職局在陳前局長楊〔揚〕傑任內，於十七年八月二十四日遵照鈞府第四五號令飭，估計開闢武定門預算需洋八百三十五元，及建築城門口自小石橋至河岸一段馬路預算需洋五千二百八十六元，兩共計需洋六千一百二十一元。呈奉鈞府指令第五一三號照准，并令飭財政局查照撥款興工。各在案。而此項工程究係何日動工？款項究係何日領到？曾否竣工？卷內均無從稽考。惟金前局長肇組移交現金冊內，列有此項工程存款洋三千零二十八元七角五分。如何支付，亦未注明。復經職局查核，陳前局長楊〔揚〕傑任內十七年八月份起至十二月份止，各月支出計算臨時門附屬表內載：拆正覺寺城墻包工顧長記，總包價洋一千五百零三元五角，已於十七年八、九、十一、十二等四個月內分批付訖。又載：加拆武定門門包價爲一千六百四十八元七角五分，十月份付洋五百元，十一月份付洋五百元，十二月份付洋五百八十八元七角五分，共付洋一千五百八十八元七角五分。因少做土方三十九方，扣洋六十元，故較原包價少付六十元。合計以上兩項，拆城包價共付洋三千零九十二元二角五分，并全金前局長肇組移交三千零二十八元七角五分，共洋六千一百二十一元。核與原准預算之數適相符合。惟原預算拆城砌門，共洋八百三十五元。第二次加拆則有合同載明包價一千六百四十八元七角五分，綜計兩項拆城費，共用去洋三千零九十二元二角五分，計超出原預算二千二百五十七元二角五分。其爲兩次包與工人承拆，自無可疑。且按陳前任原擬計劃，係開洞砌門，而現在係將城墻全部拆卸成一大缺口，工程不同，用費自不免超越原預算兩倍以上。按諸事實確有可原之處，第其對於第一次包價溢付六百六十八元五角，及第二次加拆招工承辦另訂合同，既均未呈明奉准，而竣工後復未造具報銷，以致案延一載，迄未清結，因而小石橋至河岸一段馬路，亦以款絀未即進行。現陳前任報銷，業奉派員核定此項超越預算之二千二百五十七元二角五分。能否核銷，擬懇鈞府迅行核示。至建築該處城門，現已由職局飭科設計，俟擬就再行呈核。又小石橋至河岸馬路預算，擬俟本案確定後再行另呈辦理所有。奉令澈〔徹〕查本案各緣由，理合將查明情形，備文呈復，仰祈鈞府鑒核示遵。謹呈

市長劉

工務局局長　陳和甫

十一月十九日

（《首都市政公報·公牘》，1929 年第 50 期，第 30 頁）

工務消息·飭擬開闢武定門圖樣

（1929 年 12 月 31 日）

本市開闢武定門，及建築小石橋起至河岸馬路工程一案，前經工務局將前局長金肇組任內

辦理經過情形呈報本府。茲經本府令飭該局擬具圖樣，并將該處城樓於兩旁各建層樓，每邊均留炮眼，以便守望云。

（《首都市政公報·紀事》，1929 年第 50 期，第 28 頁）

三、開闢玄武湖一帶城門

南京特別市市政府爲開啓鷄鳴寺大閘間城門[①]給南京特別市工務局的訓令

（1929 年 4 月 16 日）

訓令　第一四六〇號

　　爲令飭事。案據公園管理處主任常宗會呈稱，"呈爲呈請事。竊以玄武湖爲六朝勝地，風景天然，其歷史之價值，久已膾炙人口。近自開闢公園以來，益明人事之敷麗，蔚爲盛觀。是以每日來游者，肩相并、踵相接也。祇以地處偏郊，終不免有行路難之歎。前者國民政府議決，將太平門至神策門一帶之城墻拆去，繼以國都設計委員會某西顧問之建議而不果，是拆城一事終不成問題矣。查後湖大閘與鷄鳴寺僅一垣之隔，往往有來五洲公園者於游湖之餘駐足，於大閘間仰望鷄鳴寺之勝而不可及；其游鷄鳴寺者，亦俯瞰湖光山色而不可得，因此興嗟，實煩［繁］有徒。且大閘隙地頗闊，職處并擬於其上布置花壇，點綴［綴］花木，并開闢茶園，以增游人興趣。可否就鷄鳴寺與大閘間原封城門，即予啓封？非僅兩勝可以溝通，而賦予游人之便利，豈淺鮮哉？若謂增闢一門，與防截盜賊有關，竊以此地二面濱湖，非舟莫濟，即闢一門，較之其他城門，尤易防守。倘蒙俯准所請，并懇令飭工務局會同職處辦理。是否有當，理合具文呈請，仰祈鑒核，并乞指令祇遵"等情。據此，除指令外，合行令仰該局長即便遵照，派員前往鷄鳴寺附近大閘，查勘舊城門，估計開通費用，及開通後有無危險，詳細查核，擬議具復，以憑核奪。此令。

市長　劉紀文

十八年四月十六日

（《首都市政公報·公牘》，1929 年第 35 期，第 47 頁）

南京特別市市政府爲開啓鷄鳴寺大閘間城門給南京特別市公園管理處的指令

（1929 年 4 月 16 日）

　　指令公園管理處，爲呈請開啓鷄鳴寺大閘間城門以便游人案，仰候令工務局查復，再行飭遵案由。

　　呈一件。爲呈請就玄武湖大閘間與鷄鳴寺間原封城門，即予啓封，俾便游人，祈核示由。

---

① 鷄鳴寺大閘城門即後湖小門，是位於今解放門進玄武湖公園的小城門。據《南京城牆志》該門建於明代，但沒有城門名，不計入南京明城牆京城 13 座城門之列。

呈悉。候令工務局查復到府，再行飭遵。此令。

原呈見訓令第一四六〇號

（《首都市政公報・公牘》，1929 年第 35 期，第 47 頁）

工務消息・玄武門兩旁添闢門洞

（1931 年 1 月 15 日）

玄武湖爲本市名勝之一，游人頗多，惟玄武門内道路狹窄，車馬時形擁擠，而城外湖濱堤路，又寬僅五六公尺，行人車馬，同趨一途，塵土飛揚，妨礙殊多。本府現擬將首都幹路系統圖内擬定之玄武路，早日完成，并在玄武門城洞兩旁，各加闢門洞一個，復於城根外，築半橢圓形停車場一所，亞洲西南角與西北角，各建圓形轉車場一所，現在分四次進行：（一）挖填城外馬路土方；（二）建築停車場一所、轉車場二所之彈石路面；（三）建築混凝土橋梁一座；（四）開闢城門洞二。此項計劃，經首都建委會審議通過後，即可興建云。

（《首都市政公報・紀事》，1931 年第 75 期，第 8 頁）

四、增闢中華門城洞

首都建設委員會爲議決中華門兩旁開洞計劃圖案致南京特別市市政府的公函

（1929 年 12 月 20 日）

公函　第四十四號

　　徑啓者。本會提議中華門兩旁開洞計劃圖案，經第十五次常會議決"分交國都設計處、京市府參考"等因。除飭秘書處函致國都設計處外，相應檢同原提案函送，即希查照爲荷。此致

南京特別市政府

　　計附送議案一件

十八年十二月二十日

（《首都建設・公牘》，1930 年第 3 期，第 13—14 頁）

南京特別市市政府爲抄發首都建設委員會議決中華門兩旁開洞計劃圖案給南京特別市工務局的訓令

（1929 年 12 月 25 日）

訓令　第三九一七號

　　爲令行事。案准首都建設委員會第四四號函開"本會提議中華門兩旁開洞計劃圖案，經第

十五次常會議決，分交國都設計處、京市府參考”等因；“除飭秘書處函致國都設計處外，相應檢同原提案函送。即希查照爲荷”等由，并附送議案過府。准此，合行抄發原件，令仰該局長即便知照。此令。

計抄發議案一件

市長 劉紀文

十八年十〈二〉月二十五日^①

（《首都市政公報·公牘》，1930 年第 51 期，第 33 頁）

南京特別市市政府爲中華門增闢城門已飭工務局提前辦理致首都警察廳的公函

（1930 年 3 月 25 日）

公函　第二四號

徑復者。本年三月十九日准貴廳第六二號公函內開，“案據第六局局長周代殷呈稱，‘竊職轄中華門外，商業繁盛，人烟稠密，凡屬米販樵夫魚鹽水菜麇集一隅，一般車載驢負以及肩挑手挈之徒，往來絡繹，途爲之塞，行抵城門，擁擠尤甚，每至數小時之久不能通行，秩序紊亂。而車輛笨重，衝撞毁傷，尤屬情所難免。且該中華門南通雨花臺，直透陶吳鎮，東鄰秣陵關，西接江寧鎮，爲首都城內外出入咽喉，商市繁殷區域之一。若不及早設法，殊非利民便商之道。茲查中華門左右，原有六城洞，固塞已久，內外餘地本屬官基，現均建築民房，計城內左右三十一户、城外左右十二户。務將各該户等一律拆卸，使原有各城洞重闢其二，成爲三門。左供車貨進城，右供行人進城，其中專供出城大道，庶秩序不紊，交通無阻。并飭據户口調查員查明，該處房屋，胥係平房，抑又破壞不堪，縱予拆卸，各該户受害尚少，將來城洞啓闢，交通便利，地方之獲益良多，事關交通要政，實係當務之急。用是不揣冒昧，謹以蠡測之見，貢陳采擇。是否可行，理合繪具中華門圖樣，備文呈請鑒核，轉請市府施行’等情，并中華門圖樣一紙。據此，經派保安科三股主任潘敦徽切實勘查呈核。茲據復稱，‘職遵即於昨日上午十一時前往中華門，查得該門計有城墻四道。最外一道，厚約十四五丈，左右兩旁共有六洞，洞約十二三丈，洞後墻壁磚石堅砌如故。聞係從前戍卒駐守之用，并無已通復塞痕迹。寬度、高度比較中華門挨次略小。其他二、三、四道城墻，各厚約一丈餘，門旁并無一洞，若開闢城洞時，當須將各該道城墻，逐一在門旁添闢二門，或竟完全拆去，方克濟事。似此項工程視在其他單道城墻處闢門，勞費何止倍蓰。至夾住城門內外，應須拆讓户數，均與原報相同，所占亦係官基。再，職查察該城內外，確係市面殷繁，交通擁擠，實有設法疏通之必要。惟查市府曾於十七年在距中華門迤左一里地方，開一武定門，現尚未能完全通行。上年冬間，因添築子午綫路，曾函知本廳又在中華門左約

---

①原文誤爲十月，應爲十二月。現據《首都市政公報》1930 年第 51 期該訓令同頁之上下文，及訓令内容推定、修改。

二三百步，興工開闢子午門。當時以南段路身尚未築成，并未繼續施工。該兩門能早日闢成，則城南一帶內外交通，似可不至專恃中華門爲尾閭矣'等情前來。查該員等所呈中華門內外商市殷繁，交通擁擠，尚屬實情。惟事關市政設計，相應檢同中華門圖樣一紙，函請貴府俯賜察核辦理，并希見復爲荷"等由，并圖樣一紙過府。查中華門增闢城門，最近國府公布之首都幹路系統圖業經規定，該項計劃係保留現有月城全部，而另於月城四周固以道路，計應闢門二道。茲准前由，業已令飭工務局迅予籌議，以便提前辦理。又查前擬開闢之子午門，現因幹路系統圖內子午路路綫業有變更，闢門之議已不適用。相應函復，統希查照爲荷。此致

首都警察廳

市長　劉紀文

十九年三月二十五日

（《首都市政公報·公牘》，1930 年第 57 期，第 16—17 頁）

五、開闢金川門、小東門間新城門 [①]

南京市政府爲開闢金川門、小東門間城門給南京市工務局的訓令

（1930 年 5 月 19 日）

訓令　第七九號

爲令遵事。案查五月十三日本府第一一四次市政會議，本市長交議據代理工務局局長趙志游提請，在金川門、小東門間開闢城門，以便遷移棚戶，并請照撥工款二千五百元案。決議"照案通過，一面設計工程，一面照案提請首都建設委員會決議施行"等語在案。除已於市民村計劃案內并案提請首都建委會審議外，合行令仰該局長即便遵照辦理。此令。

市長　魏道明

十九年五月十九日

（《首都市政公報·公牘》，1930 年第 62 期，第 22—23 頁）

南京市政府爲撥發金川門、小東門間闢城築路工款給南京市工務局的指令

（1930 年 6 月 10 日）

指令　第八六號

呈一件。呈爲金川門、小東門間開闢城門一案，擬具闢城築路計劃，檢同預算圖表，呈請

---

① 此新闢城門即新民門。

迅予核示由。

　　呈暨附件均悉。察核闢城與築路計劃，尚屬妥適，所列預算亦無浮濫，應准照辦。除令財政局照案撥款辦理外，仰即知照。此令。件存。

　　原呈見訓令第八七號

十九年六月十日

（《首都市政公報・公牘》，1930 年第 62 期，第 14 頁）

南京市政府爲撥發金川門、小東門間闢城築路工款給南京市財政局的訓令

（1930 年 6 月 10 日）

訓令　第八七號

　　爲令飭事。案據代理工務局局長趙志游呈稱，"奉鈞府第七九號訓令內開，'案查五月十三日本府第一一四次市政會議，本市長交議據代理工務局局長趙志游提請，在金川門、小東門間開闢城門，以便遷移棚户，并請照撥工款二千五百元案。決議"照案通過，一面設計工程，一面照案提請首都建設委員會決議施行"等語在案。除已於市民村計劃案內并案提請首都建委會審議外，合行令仰該局長即便遵照辦理。此令'等因。奉經飭科設計，擬在小東門南首約三百五十公尺處，開闢一門，以便出入。所有拆卸之城磚，即運往現正興築之交通路應用，泥土則以大部運填城外河塘，築成三公尺之土路，以通新擬之市民村。其餘小部泥土，運填城內小路，亦作三公尺之寬度，不足之土，再於城根挖運此段。城內小路，係循原有土埂，并不拆毀房屋土路，築成後，上鋪煤屑，以便行駛。前經將拆城地點提經第一一八次市政會議議決，由馬參事、黄參事、唐土地局長，會同職局技正許行成前往查勘，認爲尚屬適宜。茲特依據實測地形及城門體積，擬具拆城及鋪築城內外道路等三項工程預算：拆城費用，約需洋一千五百八十七元三角五分；城內外築路費用，約需洋一千二百三十四元九角九分，總共需洋二千八百二十二元三角四分。理合檢同預算一份，圖樣三紙，土方計算表一紙，一并呈請鑒核，迅賜撥款辦理"等情，并附預算圖表到府。據此，除指令"呈悉，察核闢城與築路計劃，尚屬妥適，所列預算亦無浮濫，應准照辦。除令財政局照案撥款辦理外，仰即知照。此令"印發外，合行令仰該局長即便照案撥發，俾資辦理，并具報備核。此令。

市長　魏道明

十九年六月十日

（《首都市政公報・公牘》，1930 年第 62 期，第 13—14 頁）

南京市政府爲招工開闢金川門與小東門間城門給南京市工務局的指令

（1930 年 7 月 4 日）

指令　循急字第二二八號

呈一件。爲呈報金川門與小東門間城門已招工開闢，并擬將馬路改爲直綫，附呈合同圖樣，請鑒核備案由。

呈件均悉。查核送到合同，大致尚無不合，應准備案。至所請將原擬灣［彎］曲路綫改爲直綫，爲便利交通計，亦屬妥善可行，并准照辦，仰即知照。此令。附件存。

十九年七月四日

附原呈

爲呈請事。竊查建築金川門、小東門外市民村，擬在小東門南首約三百五十公尺處開闢一門，以便出入一案，業經職局遵照鈞府第一一八次市政會議議決，案派令技正許成行會同馬參事、黃參事、唐土地局長前往勘定開闢地點，即經分別造具預算，計闢門需銀一千五百八十七元三角五分，城內外築路需銀一千二百三十四元九角九分，當於六月四日檢同預算圖樣，呈請鈞府核示。旋奉指令第八六號照准在案。茲經召由石城營造廠承包闢門工程，即以所挖之土，分填城內外土路，共計包價二千一百二十七元零九分，即日訂立合同，剋期興工。惟闢城所得之土，計算結果不足以填城外三公尺之土路，故擬於上項合同工程了結後，再就預算所餘之款，另在城根挖土借填，以便完成。至該城外土路，原擬路綫較爲灣［彎］曲，似於交通方面不甚便利，現擬改爲直綫，以資便捷。除通知包工外，理合檢具合同暨改直路綫圖樣各一份，具文呈請鑒核，俯賜分別示遵備案，實爲公便。謹呈

市長魏

計呈送合同一份，圖樣一紙

代理工務局局長　趙志游

（《首都市政公報·公牘》，1930 年第 64 期，第 9—10 頁）

工務消息·招工開闢新城門

（1930 年 7 月 31 日）

▲金川門與小東門間

本府據工務局呈以金川門、小東門間開闢新城門，并於城內外添築馬路等工程，已召由石城營造廠承包。又原擬路綫較爲灣［彎］曲，恐不便於交通，現擬改爲直綫，特檢同合同暨改

直路綫圖，呈請分別鑒核示遵。本府以檢送合同，尚無不合，改直路綫亦屬妥善，已指令該局照辦云。

（《首都市政公報·紀事》，1930 年第 64 期，第 3 頁）

南京市政府爲金川門、小東門間闢城築路等工程完竣請派員驗收給南京市工務局的指令

（1930 年 12 月 18 日）

指令　府字第一六六一號

呈一件。爲金川門、小東門間闢城築路及建築軍警稽查所等工程均先後完竣，呈請派員驗收由。

呈件均悉。案經飭據本府參事馬軼群前往驗收復，"此項工程除跨塘土路一部分已見塌下，業經面囑包工剋日修理外，其餘尚無不合" 等情。仰即督飭原包工人，迅將跨塘土路補修完全，以重路政。餘准如呈備案。附件存查。此令。

十九年十二月十八日

附原呈

爲呈請事。竊查開闢金川門、小東門間新城門一案。前奉鈞府令飭辦理，即經職局擬具闢城築路計劃預算，需洋二千八百二十二元三角四分，呈奉指令環急字第八六號核准，當經招由石城營造廠承包興築，曾經呈送合同，嗣准首都警察廳函請 "在該門搭蓋稽查長警住房數間，以資警衛" 等由。後經擬具預算，於本年七月十七日奉指令 "飭由警廳籌計爲宜" 等因。奉此，自應遵照，惟該項稽查房屋，關係該處城坊［防］至重，迭准該廳暨首都衛戍司令部函請辦理，當以預算尚有餘額，似可即以餘款在該處建築軍警稽查所房屋三間，車警各占其半，以期兩全。又經招由大中營造廠承包辦理，各在案。兹查上項三種工程，均以［已］先後告竣，理合造具竣工報告決算書及驗收記錄各一紙，呈請鈞長鑒核，准予備案，并請俯賜派員驗收，以完手續，實爲公便。謹呈
市長魏

附呈竣工報告及決算書各一紙，又驗收紀［記］錄一紙

工務局長　趙志游

十九年十一月二十六日

（《首都市政公報·公牘》，1931 年第 75 期，第 22—23 頁）

六、新闢雨花門

南京市政府爲老虎頭新闢城門定名爲雨花門給南京市鐵路建築工程處的指令

（1936 年 12 月 17 日）

指令　第一二五七五號

呈一件。爲新闢城洞，呈請名命［命名］由。

呈悉。查所闢城門，係與雨花臺相對。當南宋時，楊忠襄公（名邦義［乂］）通判江寧，迄金人南犯，守臣迎降，楊深恥之，乃刺血書裾，慷慨罵賊，卒被剖心於雨花臺。明季方正學先生（名孝儒［孺］），爲建文侍講時，燕王入南京即位，召方草檄，方衰經［經］號泣而往，强令執筆，乃大書"燕賊篡位"四字，亦卒被磔於市，葬於雨花臺。因思兩公忠義凛然，照耀千古，際此復興民族、救亡圖存之運動，雷轟風馳，應將此門命名爲雨花門，寓景仰昔日忠賢之意。使出入此門者，觸目驚心，勉爲民族英雄。仰即遵照。此令。

市長　馬超俊

廿五年十二月十七日

附原呈

查展長新路，於老虎頭出城處新闢之城洞，經積極進行，即將全部完成。并請鈞府俯賜命名，俾飭包商加做名額，以資識別，實爲公便。謹呈

市長馬

市鐵路建築工程處主任　羅保

廿五年十二月

（《南京市政府公報·公牘》，1936 年第 172 期，第 108—109 頁）

七、開闢草場門城門及其城門道路之議

上新河口胡裕泰木號胡友賢爲開闢草場門致南京市政府的呈文

（1946 年 12 月 15 日）

竊商民經營木業以及建築材料，目睹首都交通異常困難，大批建築笨重材料，諸多利用水運，但首都水路不爲不佳，可惜未能利用。自下關挹江門起，直至漢中門、水西門、中華門，綿長約華里貳十里，均係水路。然水西門至中華門一段，水位不深，夏秋兩季則可運輸，春冬兩季則不能運輸。能全年利用水運者，挹江門與漢中門而已。挹江門靠河流太遠，漢中門因道路不

平，船隻甚多，以致擁擠不堪。最稱便利者，惟草場門一門。因該門位居挹江、漢中兩門之中心，且沿河流不過百步，上通上新河，下通下關，水路又深，儘可停泊重載船隻。此門對河兩岸，均可建造巨大工廠，各商賈運往城內材料，所省運費為數甚鉅。民於民國二十五年曾呈建議書，馬市長預算開闢經費約數千元，市府收入數在千萬元。沿北平路，自西康路至草場門，均係官地花園住宅區，地在千畝。該處地土不平，均由市府挑平，准市民購領，所費不輕。若將此門開闢，市府縱不挑平地面，市民自必爭先領購，市府收入頗鉅。附呈前馬市長批示一紙，認為商民建議各節尚屬允當，應候經費有着再行開闢。然目下開闢經費雖然增加，市民購領地價亦隨之增加。全市市民感交通之困難，欲求開闢此門，如大旱之望甘霖。市長若能准民建議，則全市市民不勝感戴。謹呈

南京市市長沈

　　附呈前馬市長批示壹紙

　　　　　　　　　　　　上新河口胡裕泰木號　胡友賢　謹呈
　　　　　　　　　　　　中華民國三十五年十二月十五日

　　擬交工務局實地勘察核辦。

　　　　　　　　　　　　　　　　　　　　　　　　　　　絢章
　　　　　　　　　　　　　　　　　　　　　　　　　十二·二〇

　　查北平路西段，除西康路至美軍官舍門前長二六〇公尺，已準備闢築外，其自美軍官舍至草場門一段，長約九四〇公尺。據估需款九億餘元，現在無此財力。擬批復：暫緩闢築。

　　　　　　　　　　　　　　　　　　　　　　　　　　　金超
　　　　　　　　　　　　　　　　　　　　　　　　　十二·廿三

　　　　　　　　　（南京市檔案館藏，檔案編號：10030081166（00）0001）

南京市政府爲開闢草場門一案因經費支絀應從緩議
給具呈人胡友賢的批

(1947 年 1 月 16 日)

批　（卅六）府總工字第 429 號

　　　　具呈人胡友賢：

　　三十五年十二月〈十〉五日呈乙件。爲呈請迅予開闢草場門，以利交通由。

　　呈暨附件均悉。查開闢北平路西段直達草場門一段道路，需款甚鉅（玖億餘萬元），本府經費支絀，仍應暫從緩議，仰即知照！

此批。原批發還。

市長 沈○

中華民國卅六年元月十六日

（南京市檔案館藏，檔案編號：10030081166（00）0001）

市民貢道丞爲建議開闢草場門致南京市政府的呈文

（1947 年 4 月 28 日）

呈爲建議從速開闢草場門，以維水運交通，繁榮京市商業，事關建設新首都偉大奇績。民國二十五年冬，馬市長係有偉大眼光，注意開闢草場門，擬定自北平路開闢至草場門。該時經費估定國幣玖千柒百餘元，可查前案，合最近物價比例，不到二億元。北平路、西康路一帶均係公地，早經市府公布，任市民領購，建造花園住宅區。市府若能將此次行政院所撥二百億元建設費内暫爲提出一成，開闢草場門，則輕而易舉。此門若經開闢，該處公地市民自應踴躍爭購，市府自無慮經費支絀之虞，收入何止百千倍！可謂一舉兩得。且市府早經公布：自下關熱河路達鼓樓一段空地，限定地主，從速建築。如此巨大建築材料，若靠挹江門一門，離河大遠，運輸萬分困難。如靠漢中門，只能夏季一季有水，一到秋末冬初，即成死門，水即枯涸，船隻難行，且路程甚遠。若草場門城門靠河不遠，且水位又深，四季均可停泊大船，裝運材料自草場門直達山西路廣場甚近，如熱河路至鼓樓建設，非開此門不可，并無其他使交通便利方法。乞市長注意開闢此門，事關京市偉大建設之一，希勿看作普通建設而忽視之。謹呈

南京市市長沈

本市石鼓路 296 號市民 貢道丞 謹呈

中華民國三十六年四月廿八日

（南京市檔案館藏，檔案編號：10030081166（00）0001）

南京市工務局金超科長爲請概估開闢北平路西段直達草場門所需經費等給羅叔衡的箋令

（1947 年 5 月 20 日）[①]

羅叔衡兄：

（一）開闢北平路西段直達草場門，約需經費若干，請概估。（約略數字）（十二億）[②]

---

① 該箋令落款日期爲"五·卅"，據以下簽呈及批文的内容推測，應爲誤寫，或爲"五·廿"。
② 此處括號内"十二億"應是羅叔衡遵令概估數字。

（二）草場門一帶水位是否較深，請實地一查。

金超

五·卅〔廿〕

（南京市檔案館藏，檔案編號：10030081166（00）0001）

南京市工務局職員羅叔衡爲概估開闢北平路西段直達草場門所需經費等致金超科長的簽呈

（1947 年 5 月 24 日）

查開闢北平路西段（除現已築成外）直達草場門，以暫築六公尺之寬之碎石路面及下水道全部工程計算，經概估約需國幣拾弍億元。至草場門外一帶水位，遵經前往實地察勘，該處附近一帶河床，似較漢西門外爲深。冬季水位是否可以停泊大船，查無水位記錄，無從懸揣。謹呈金科長

職 羅叔衡 簽

五·廿四

（南京市檔案館藏，檔案編號：10030081166（00）0001）

南京特別市政府爲建議開闢草場門以利交通給具呈人貢道丞的批

（1947 年 5 月 31 日）

批 （卅六）府總工字第 5463 號

具呈人貢道丞：

三十六年四月廿八日呈乙件。爲建議開闢直達草場門道路，以利交通由。

呈悉。查開闢北平路西段直達草場門一段道路，需款甚鉅，本府經費支絀，而本年度中央特撥經費又均已指定用途，未便挪移，所請一節應暫從緩議，仰即知照。

此批。

市長 沈〇

中華民國卅六年五月卅一日

（南京市檔案館藏，檔案編號：10030081166（00）0001）

第三節　修建城門與城樓

一、修理與建築城門

1. 修理興中門 [1]

**南京特別市市政府爲興中門換匾額發見墙垣坍塌請飭撥款修理
給南京特別市財政局的訓令**

（1929 年 7 月 1 日）

訓令　第二〇四八號

　　案據代理工務局局長金肇組呈稱，"竊查改換各城門名稱匾額一案。業經職局招工承包，次第安置，并先後呈奉撥款八百元，各在案。兹據石工楊萬源呈報，'竊包工承辦換置各城門匾額，現已次第派工安置。不意日昨安至興中門，正在挖取舊匾時，忽發見該城墙垣上面有炮擊舊洞一大方。從前修理係僅用小磚修葺，外視雖無破綻［綻］，内實空虛。現經拆換舊匾，震動磚泥，錯落如雨，勢將坍塌。該處爲交通要道，一經塌卸，萬一打傷行人，包工實不敢擔此重咎。惟有暫時停工，報請核奪辦理'等情。據此，即經飭由建築科派員前往查勘去後。兹據該科復稱，'竊職科派員查勘興中門上城墙坍塌一案，現已查明。該處城門墙上有曾受炮擊大洞一方，係不規則長方形。長約九尺，寬約一丈有餘。從前雖略事修葺，惟中空約深一尺，距離匾額上約四尺，故一經拆換匾額，上面城垣泥土即因之雨落。亟應加以修葺堅固，庶免坍塌傷人。兹經職科估計，修理是項城垣預算需洋七十一元五角八分。理合復祈核轉請款'等情。據此，查該處城門上墙垣勢將坍塌，既據該科查明屬實，自應予以修葺，免釀意外。惟此項修城費用計洋七十一元五角八分，職局并無專款。除飭工先行修葺外，理合補具預算書一份，一并具文呈請，仰祈鈞長鑒核，俯准轉飭撥款具領，以資應付"等情。據此，除指令"呈及預算均悉。該處城墙坍塌，亟應趕速修復，以免危險。查所列預算，尚屬核實，候令財政局照數撥放。仰即具領，剋日興工，勿延"等語揭發外，合行檢發預算，令仰該局長即便照撥具報。此令。

---

[1] 參見第 378 頁《南京特別市市政府爲備案修理興中門城墙……給南京特別市工務局的指令》（1930 年 1 月 6 日）。

計發預算一份

市長　劉紀文

十八年七月一日

（《首都市政公報·公牘》，1929 年第 40 期，第 1—2 頁）

南京特別市市政府爲興中門墙垣坍塌請飭撥款修理給南京特別市工務局的指令

（1929 年 7 月 1 日）

指令　第二五二六號

　　呈一件。爲興中門因換匾額，發見墻坍塌，請飭撥款修理由。

　　呈及預算均悉。該處城墻坍塌，亟應趕速修復，以免危險。查所列預算，尚屬核實，候令財政局照數撥放，仰即具領，剋日興工，勿延。切切。此令。

　　原呈見訓令第二〇四八號

十八年七月一日

（《首都市政公報·公牘》，1929 年第 40 期，第 2 頁）

2. 建築挹江門城門

南京市工務局爲請轉函首都建設委員會審議建築挹江門城門計劃
致南京市政府的呈文

（1930 年 8 月 8 日）

呈字第 1191 號

　　爲呈請事。竊查挹江門爲本市江口至城內出入要道，行旅往來，至爲頻繁。前經開闢門址，迄未建築城門，殊與治安、觀瞻兩有妨礙。現在該處中山路一段，又經奉准繼續開足四十公尺，將來交通繁賾，警衛出入，尤屬重要。兹經職局用最經濟辦法，計劃建築挹江門三孔式城門一座，其形式悉依舊法，俾資紀念。惟事關國都設計，自應先行送請首都建設委員會審議，再行遵辦。除另擬預算外，理合檢同城門計劃圖及挹江門附近計劃平面圖各一紙，具文呈請鈞府鑒核，轉函示遵。實爲公便。謹呈

市長魏

計呈圖二紙（先送市長）

代理工務局局長　趙志游

中華民國十九年八月八日

（南京市檔案館編，《南京城牆檔案·城門的增闢與建設》，

南京出版社 2021 年版，第 22—24 頁）

南京市政府爲請審議建築挹江門城門計劃致首都建設委員會的公函[①]

（1930 年 8 月 14 日）

南京市政府公函　循字第 720 號

徑啓者。案據代理工務局局長趙志游呈稱，"竊查挹江門爲本市江口至城內出入要道，行旅往來，至爲頻繁，前經開闢門址，迄未建築城門，殊與治安、觀瞻兩有妨礙。現在該處中山路一段，又經奉准繼續開足四十公尺，將來交通繁賾，警衛出入，尤屬重要。茲經職局用最經濟辦法，計劃建築挹江門三孔式城門一座，其形式悉依舊法，俾資紀念。惟事關國都設計，自應先行送請首都建設委員會審議，再行遵辦。除另擬預算外，理合檢同城門計劃圖，及挹江門附近計劃平面圖各一紙，具文呈請鑒核"等情，并附圖二紙。據此，查該局所擬此項計劃，於國都設計有無妨礙？自應先送審議，除指令外，相應檢同原圖，函請貴會查照審議見復。至紉公誼。此致
首都建設委員會

計附送圖二紙

南京市市長　魏道明

中華民國十九年八月十四日

查此案工務局已於八月五日代市府辦稿印發。首都建委會亦已接到此項文件及附件圖樣審議矣。本件似可毋庸再發，當否，請示。

附本府稿一件，已繕公文一件

職　倪希同　謹簽

十九年八月十六日

既由工務局辦稿印發，自可毋庸再發。惟案既代辦，何以來呈，又請本府函轉示遵，擬通知該局嗣後注意，勿再重複。

附簽

余順乾（印）

十八〈日〉

（《南京城牆檔案·城門的增闢與建設》，第 13—17 頁）

[①] 該函發文單擬辦欄注明："銷。"另據該函後附八月十六日簽呈內容，該函最後未發。

南京市政府爲請審議建築挹江門城門計劃致首都建設委員會的公函[①]

（1930 年 8 月 14 日）

公函　循字第 720 號

　　徑啓者。案據代理工務局局長趙志游呈稱"竊查挹江門（照抄至）鑒核"等情，并附圖二紙。據此，查該局所擬此項計劃，於國都設計有無妨礙？自應先送審議，除指令外，相應檢同原圖，函請貴會查照審議見復。至紉公誼。此致

首都建設委員會

　　計附送圖二紙

中華民國十九年八月十四日

（《南京城墻檔案·城門的增闢與建設》，第 18—19 頁）

南京市政府爲建築挹江門城門計劃請轉函首都建設委員會審議
給南京市工務局的指令

（1930 年 8 月 14 日）

指令　循字第 721 號

　　　　令代理工務局局長趙志游：

　　呈一件。呈爲建築挹江門城門，檢圖請轉函首都建委會審議示遵由。

　　呈悉。仰懇轉函首都建設委員會審議可也。此令。

（《南京城墻檔案·城門的增闢與建設》，第 18—19、21 頁）

首都建設委員會爲建築挹江門城門計劃擬提經第三十次常務會議議决通過
致南京市政府的公函

（1930 年 8 月 21 日）

國民政府首都建設委員會公函　字第 271 號

　　徑啓者。案准貴政府"函請'審議建築挹江門城門計劃'等因，并附圖紙到會。經交工程、經濟兩組會同審查，旋據報告審查結果，以'挹江門交通繁劇，與本京治安及觀瞻有關，均有建築城門之必要。所擬圖案采取舊法，亦足保存舊日偉大建築，核與國都設計并無妨礙'等情。當提出第三十次常務會議議决通過"等因在案。相應函達，即希查照爲荷。此致

---

① 原檔摘由單附有說明：此件前由工〈務〉局代辦發，故缺。因附件存市長室，故未發出。

南京市政府

主席　蔣中正

常務委員　孔祥熙　孫科　宋子文　趙戴文

中華民國十九年八月廿一日

（《南京城墻檔案·城門的增闢與建設》，第30—33頁）

南京市政府爲請擬具建築挹江門城門預算給南京市工務局的訓令

（1930年8月26日）

訓令　循急字第四六四號

　　爲令遵事。案准首都建設委員會第二七一號函開，"案准貴政府函請'審議建築挹江門計劃'等因，并附圖紙到會。經交工程、經濟兩組會同審查，旋據報告審查結果，以'挹江門交通繁劇，與本京治安及觀瞻有關，均有建築城門之必要，所擬圖案采取舊法，亦足保存舊日偉大建築。核與國都設計并無妨礙'等情。當提出第三十次常務會議議決通過在案。相應函達，即希查照"等由。准此，查此案前據該局呈請，即經轉函審議在案，茲准前由。合行令仰該局長即便遵照，擬具預算呈核。此令。

市長　魏道明

十九年八月二十六日

（《首都市政公報·公牘》，1930年第67期，第31頁）

南京市工務局爲建築挹江門城門擬拆用小東門漢西門內城圈城磚致南京市政府的呈文

（1930年9月10日）

呈字第1494號

　　呈爲建築挹江門城門，擬拆用小東門、漢西門內城圈城磚，仰祈鑒核備案事。竊查建築挹江門城門一案，前奉鈞長面諭，即經擬送計劃圖案呈奉轉函首都建設委員會審議決定，并經飭科詳擬預算，各在案。茲查建築材料，需用城磚約及二十萬塊，殊非定制購備所能適應需要。因念小東門、漢西門內城圈與城防尚無如何關係，擬即并予拆用，以濟急需。除分函首都衛戍司令部暨首都警察廳查照外，理合具文呈報，仰祈鑒核，俯賜准予備案，實爲公便。謹呈

市長魏

工務局局長　趙志游

中華民國十九年九月十日

查漢西門內月城之磚，首都衛戍司令部一再函以城防重要，請勿輕拆。應否准予備案拆除，請示。

余順乾（印）

韓家祥（印）

九·十二

關於工務局呈請備案拆卸漢西門城磚案，頃詢據工務局應科員爾信云："此事現乃作罷，另行計劃。"似此，則此呈似可不批；或即指令該局另行計劃亦可，用特陳明。如何？乞示。職祥謹簽。

十二日

奉諭暫先存。

韓家祥（印）

（《南京城墻檔案·城門的增闢與建設》，第 35—37 頁）

工務消息·建築挹江門城門計劃

（1930 年 9 月 15 日）

▲業經首都建委會審議通過

▲本府令工務局擬預算呈核

本府前擬建築挹江門城門，經將建築計劃，函送首都建委會審議。茲准該會函復以"此案經交工程、經濟兩組會同審查，結果以挹江門交通頻繁，與本京治安及觀瞻有關，均有建築城門之必要，所擬圖案，采取舊法，亦足存舊日偉大建築，與〔於〕國都設計并無妨礙，業經提出第三十次常會議決通過，函達查照"等情。本府已令工務遵照，并擬具預算呈核云。

（《首都市政公報·紀事》，1930 年第 67 期，第 12 頁）

中國國民黨南京特別市執行委員會爲禁止工務局拆毀小東門、漢西門城墻建築挹江門城門致南京市政府的公函

（1930 年 9 月 18 日）

中國國民黨南京特別市執行委員會公函　第三〇六號

徑啓者。頃閱報載，市工務局擬折〔拆〕毀本市小東門及漢西門城墻，建築挹江門城門一節。敝會以首都各種建設實爲目前急切之要圖，今因挹江門交通之故，即折〔拆〕毀該小東門及漢西門城墻，顧此失彼，非獨無益，且有損壞古迹及影響治安。查本市城垣始建於六朝，再建於

明季，歷時數千百年，乃我國最偉大、最古遠之建築物。吾人對於古迹，即不能整理培修，亦必須盡力保留。今若加以折〔拆〕毀，殊失存古之意。最近杭市擬折〔拆〕毀關帝廟，内政部尚有明令保存；蘇建設局擬折〔拆〕毀玄妙觀，國府亦有明令禁止。今以首都之皇皇古迹，一旦折〔拆〕毀，殊屬可惜。況首都所在之地，乃中外觀瞻所繫。除新建設外，更應將所有古迹整理修葺，以壯觀瞻。如以交通而論，折〔拆〕毀小東門、漢西門，建築挹江門城門，亦未見交通之便利與繁興，且因此城内必失屏藩，治安亦受影響，顧此失彼，徒耗國幣，裨益安在？因是經敝會第四十八次常會決議“函市政府”在案，用特函達貴府，即希迅予禁止工務局折〔拆〕毀小東門、漢西門城墻，建築挹江門城門，以保古迹而維治安，至紉公誼。此致
南京市政府

常務委員 楊熙績

蕭吉珊

史維焕

中華民國十九年九月十八日

（《南京城墻檔案·城門的增闢與建設》，第 39—43 頁）

南京市政府爲准中國國民黨南京特別市執行委員會函請禁止拆毀小東門、漢西門城墻建築挹江門給南京市工務局的訓令

（1930 年 9 月 22 日）

訓令　環字第 951 號

令工務局局長趙志游：

爲令飭事。案准中國國民黨南京特別市執行委員會第三零六號函開“頃閱報載（云云）而維治安”等由。准此，查此案前據該局來呈，雖有是項擬議，但尚未經本府核准指令。兹准前由，合行令仰該局長即便查案具復，以憑核轉。此令。

中華民國十九年九月廿二日

（《南京城墻檔案·城門的增闢與建設》，第 44—45 頁）

南京市工務局爲挹江門城門工程包由椿源錦記營造廠建築請飭財政局照撥工款致南京市政府的呈文

（1930 年 9 月 26 日至 10 月 1 日）

呈字第 1615 號

爲呈請事。竊查建築挹江門城門一案。前奉鈞長面諭，趕速計劃興工，經即擬具圖案呈奉

核轉首都建設委員會議決照辦，并由職局召由椿源錦記營造廠承包建築。除供給城磚及運費歸職局自理，不在總包價以內外，計淨包價爲二萬三千元，比較預算數計減少洋一千二百九十四元七角五分，并以事屬緊急，當經先行訂定合同，陳奉鈞長核明批准，各在案。茲查工程業已於九月一日開工，亟需支款應付，理合檢具預算、圖樣、合同各一份，呈請鈞長鑒核備查，并懇令行財政局，迅即照撥包價二萬三千元，并城磚運費弍千元（約計需用城磚二十萬塊，每塊計費一分，共銀如上數），俾資應付，實爲公便。謹呈

市長魏

計呈送預算一份，圖樣一份二紙，合同一份

工務局局長　趙志游

中華民國十九年九月二十六日

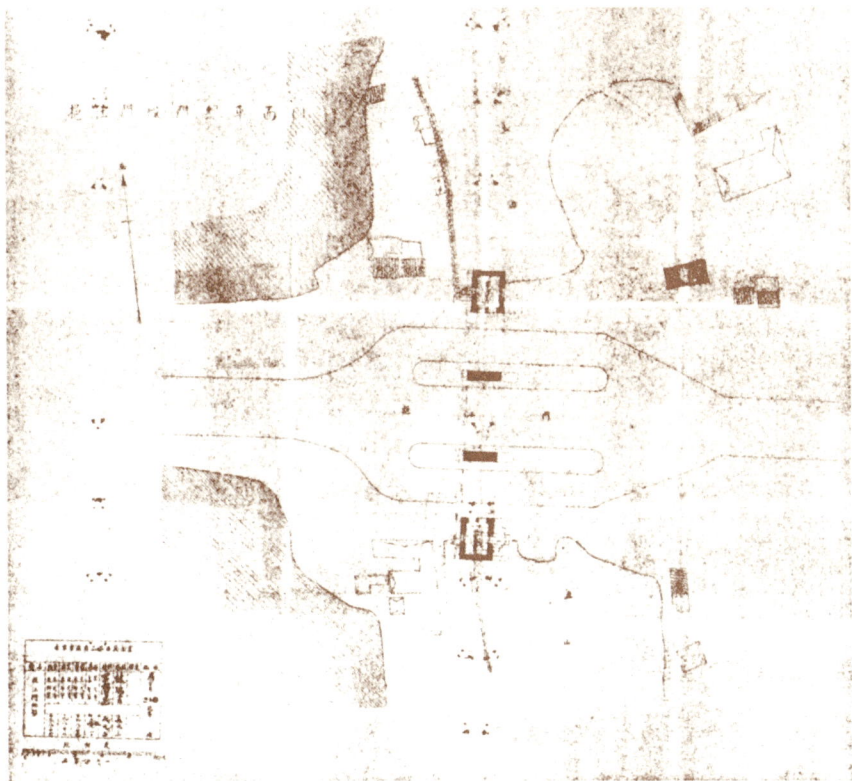

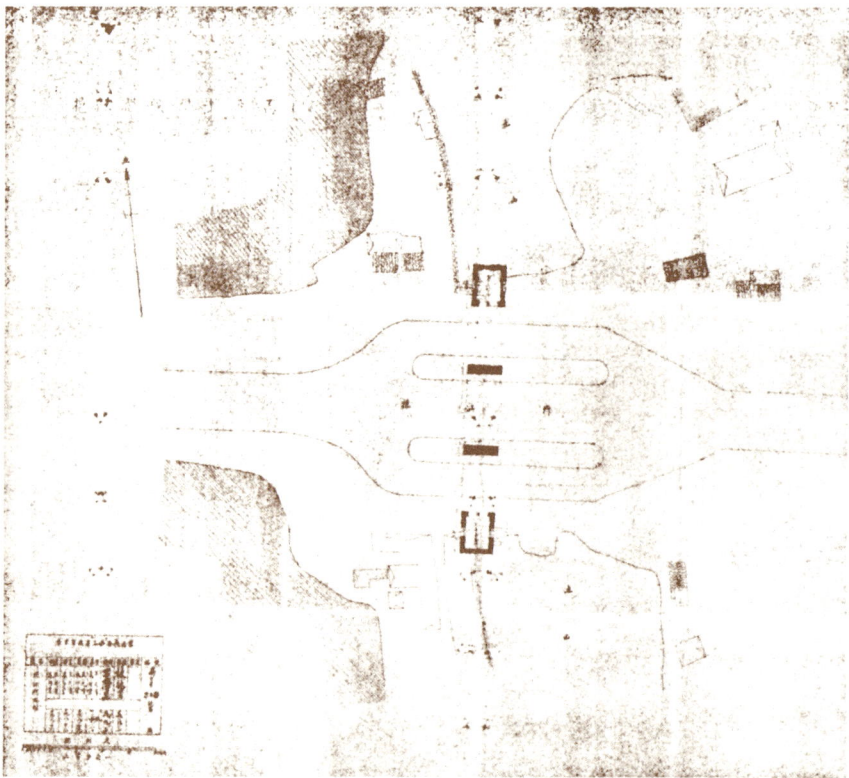

工程合同

工字第 37 號

南京市工務局（以下簡稱工務局）爲挹江門建築工程，與椿源錦記（以下簡稱承包人）訂立合同如左：

　　一、工程範圍：在中山路舊海陵門址建築城門孔三個，警兵檢查所二間，及法圈[1]上部磚墻，填土鋪路，并修理路面與人行道。

　　二、本合同包括之工程所有設計圖樣及施工細則，承包人均已明瞭，願切實遵照辦理，并簽名蓋章以資信守。

　　三、工務局根據設計圖樣及施工細則所繪製之放大詳圖，承包人均願遵照辦理。如詳圖上所規定之工料，承包人有認爲不包括於本人合同之內者，應在該項工程未進行之先，以書面向工務局磋商方爲有效。

　　四、工務局對於本工程各部分得隨時更改之，其因更改而致工料有所增減，則依承包人所開單價計算之。

———————————

① 法圈：即拱券，是一種建築結構。又稱券洞、法券。

五、本工程所有零瑣之處，如於圖樣及施工細則未曾載明者，承包人均應做全，不得推諉或另索造價。

六、凡本局章程及取締建築條例，承包人均應遵照辦理。

七、承包人非得本局之許可，不得將工程轉讓或局部分包他人。

八、本工程自簽訂合同之日起，應立即動工，限定伍拾晴日法圈砌好。倘逾期，承包人自願按日罰洋叁拾元。全部工程限玖拾晴日完工，倘逾期交工，承包人自願按日罰洋伍拾元，此項罰款工務局得於應付工款內扣除之。如遇天雨冰凍或暴風，確難工作時，得照數延期，惟須以工務局監工員之報告爲憑。

九、本工程所需之人工、材料、工具，及一切設備，統歸承包人擔負。工程進行中，如損及公私建築物，亦應由承包人負責賠償。

十、本工程所需用各項材料，除城磚外，承包人須先將樣品送請工務局查驗，經認爲合格，方准運場使用。在工作時如發現不合格之材料，應立即搬運出場，不得留場矇混。

十一、工程進行時，承包人須負工人或行人及車輛交通安全之責。如設備不周，以致發生任何意外事件，均由承包人負責。

十二、承包人對於工程各部，須有適宜之設備，以便監工員隨時查驗各部工程。

十三、承包人須派富有經驗之監工人常川在場督察，并須聽工務局監工員之指揮，如工務局認該監工人不能稱職時，得通知承包人立即撤換之。

十四、本工程無論已成未成，如經工務局發現有與圖樣或施工細則不符之處，承包人須負拆卸重造之責，其所有損失，概歸承包人擔負。

十五、凡遇不適宜工作之天氣，承包人須遵從工務局監工員之指示，將工程全部或一部停止，并須設法將已成之工程妥爲保護，以免損壞。如遇天災人禍不測事項，或保護不周，工程上所受之損失統由承包人完全負責。

十六、承包人不得無故停止工作，或延期履行合同。倘承包人遇意外事故不能工作時，工務局得通知保證人另雇他人工作。所有場內一切設備及材料，概歸工務局使用，承包人不得索價，且工程續造之費用及延期所受之損失，工務局得有工程造價內扣除之，不足之數統由保證人負責賠償。

十七、全部工程完竣，經工務局驗收後，承包人應立具保固切結，保固三十年。倘於保固期內本工程發現裂痕或傾陷等情，工務局認爲係由物料不佳或工作不良所致者，承包人應負責出資修理，不得藉詞推諉或索價。

十八、本工程造價定爲國幣：式萬叁仟元。分七期交付。

第一期，於地腳材料運齊到場後，付洋五千元；

第二期，於地腳做好後，付洋叁千元；

第三期，於法圈架做好後，付洋叁千元；

第四期，於法圈砌好，付洋四千五百元；

第五期，於墙工做好，付洋叁千五百元；

第六期，於竣工并經驗收後，付洋叁千元；

第七期，於竣工兩個月後，付洋式千元。

以上總共计洋式萬叁千元。

承包人於每期領款時，須備具正式領款呈文，於三日前送交工務局，經查驗屬實後，發給付款憑證，遵填領款。

十九、本合同及附件，均繕就同樣四份，一份呈市政府備案，二份存工務局，一份由承包人收执。

二十、本合同附件如左：

設計圖樣一份，計二張

施工細則一份，計一張

單位價目表一份，計一張

保證書一份，計一張

保證人：

店號：新元昌（印）

負責人：謝毓菴（印）

住址：

見證人：

住址：

南京市工務局局長：趙志游（印）

工程主辦：技正 章祓、陈品善

承包人：

店號：椿源錦記營造廠（印）

負責人：鬱鳴仲（印）

住址：

中華民國十九年九月一日

修繕或新工

字第　　號	挹江門城門洞工程預算	工事預算細單
地點或起訖	挹江門舊址	附　件
工程度量	長 50 公尺，平均高 15.32 公尺，厚 6.10 公尺城洞五個，旁式個作爲警察憲兵稽查所	
總價	總計　洋 24294.95 元	
平均單價	外加城磚運費 2000.00 元	
起案原委及工地概況		
施工方法		

細目如下						
種類	形狀尺寸	單位	數量	單價元	總價元	備考
土方		立公	3355	0.35	1174.35	
磚墻	水泥砌	立公	1199	8.00	9432.00	城磚運費由本局供給
	石灰砌	立公	393	7.00	2751.00	
鋼骨水泥		立公	132.25	46.00	6083.50	
水泥地面		平公	104.84	1.65	173.00	
道路面		平公	134	2.70	361.80	
蘇石		立公	4.15	30.00	124.50	
落水管		公尺	34	4.50	153.00	
溝頭		個	4	2.40	9.60	
門匾		塊	2	138.00	276.00	
鐵窗		堂［樘］	4	30.00	120.00	
木門		堂［樘］	2	18.00	36.00	
法圈木架		個	5		3600.00	7200 元對拆
					總計 24894.75 元	

平方公尺簡稱平公　　　　　　立方公尺簡稱立公

南京特別市政府工務局設計科

計算者：盧　玥　八月卅一日

校對者：任晜乾　八月卅一日

審核者：陳品善　八月卅一日

修繕或新工

| 字第　　號挹江門城門洞工程預算 | 工事預算細單 |

地點或起訖　挹江門窪地

工程度量　長50公尺平均高15.12公尺厚6.10公尺
城洞五丁券式工作為警察廳憲兵稽查所

總價　總計庫24294.75元

平均單價　另加城台事建費3000.00元

起案原委及

工地概況

施工方法

計算者　八月廿　日　盧□□

校對者　八月廿　日　佐□□

審核者　八月　　日　陳□□

細目如下

種類	形狀尺寸	單位	數量	單價 元	總價 元	備考
土方		立方	3355	0.35	1174.35	
磚牆	水泥砌	〃	1179	8.00	9432.00	城磚運費由
	灰漿砌	〃	593	7.00	4151.00	本局供給
鋼骨水泥		〃	132.25	46.00	6083.50	
水泥地面		平方	104.84	1.65	173.00	
道牆面		〃	134	2.70	361.80	
蓋	石蓋頭	立方	4.15	30.00	124.50	
〃		立尺	34	4.50	153.00	
壽亭門框	門框磨光	工	4	2.40	9.60	
		工夫	2	138.00	276.00	
壽亭門		重	4	30.00	120.00	
	木	〃	2	18.00	36.00	
壽亭木架		丁	5	3600.00	7200元對折	
					總計34294.75元	

平方公尺簡稱平公　　　　　立方公尺簡稱立公

字第　　　號 橋工.城門.問工程計算　　工事計算單

參 考

arch
法圈 $2 \times \dfrac{\pi\left(3.25^2 - 2.43^2\right)}{2} = 2 \times \pi (5.28 - 3.95) = 2 \times 7.32 = 14.64$

$2 \times \dfrac{\pi\left(5.75^2 - 4.93^2\right)}{2} = 2 \times \pi(16.53 - 13.15) = 2 \times 13.76 = 29.52$

$\dfrac{\pi\left(7.0^2 - 6.18^2\right)}{2} = \pi(24.50 - 19.10) = 16.97$

$14.64 + 27.52 + 16.97 = 59.13$ 平公

$59.13 \times 6.10 = 360.69$ 立公

法圈
問兩 $\dfrac{2.7 \times 1 + 1.7 \times 1 + 1 \times 1}{2} \times 2 \times 6.10 = 33.94$ 立公

踏步 $5.30 \times 50 \times 0.50 = 132.50$ 立公

大方脚 $\left.\begin{array}{l}(8.0 \times 0.9 \times 6.7) \times 4 = 48.24\\1.2 \times 0.9 \times 6.7 \times 2 = 14.47\end{array}\right\} = 62.71$ 立公

城牆 $(50 \times 11.50) - (14.64 + 103.86 + 76.97 + 4.4) \times 2 \times .90 = [575 - 199.87] \times 2 \times 0.90 = 375.13 \times 2 \times 0.90 = 675.23$ 立公

橋墩 $[(4.46 + 1.64) + (2 \times 4.86) \times 2 \times 0.82] + [(1.64 \times 6.10) \times 4] \times 3.82 = [2595 + 40.02] \times 3.82 = 25.23$ 立公

城台陽牆 $(6.50 \times 0.7 \times 6.10) \times 2 = 55.51$ 立公

總計磚料為 1571.58 立公

稠肖 $\left.\begin{array}{l}(9.10 \times 3.64 \times 0.65) \times 4 = 86.12\\(9.10 \times 2.88 \times 0.65) \times 2 = 33.36\end{array}\right\} = 132.25$ 立公

脈 $(5.60 \times 0.40 \times 5.90) = 12.77$

小板地面 $\left.\begin{array}{l}4.86 \times 4.46 \times 2 = 43.35\\5.04 \times 6.10 \times 2 = 61.49\end{array}\right\} = 104.84$ 平公

道別面 $(11.00 \times 6.10) \times 2 = 134.20$ 平公

土方
　　城牆上 2355
　　墙脚 280 $= 3355$ 立公
　　拆舊城 930

南京市政府工務局技正室

計算者

月　日

校對者

月　日

（《南京城墙檔案·城門的增闢與建設》，第 49—73 頁）

南京市政府參事馬軼群等關於應否照准椿源錦記營造廠承造挹江門城門
工程工款及運費的簽呈

（1930 年 9 月 29 日）

簽呈　第一八五號

　　謹簽呈者。案奉鈞長交下工務局呈爲"挹江門城門工程，業已包由椿源錦記營造廠建築，檢具合同預算，請飭財局照撥工款二萬三千元，又運費二千元，俾資應付一案，飭即核議具復"等因。遵核建築挹江門城門，攸關軍事治安，自屬切要之圖。惟查此項工程，原列預算爲二萬四千餘元，椿源錦記營造廠承造包價爲二萬三千元，就工程經費論，其數不爲不多；就建築城門論，工程不爲不大。乃該局於設計該項工程之初，未據造呈圖算；於招工承造之時，又未經過投標及比賬程序。況工程合同應先呈草案，俟核准後再行簽訂，業經本府第七四三號指令遵照在案。此次該局竟以已經簽訂之合同呈送查閱，尤屬不合。所請飭撥工款及運費一節，應否照准之處，未敢臆斷，理合檢同原件，簽請核示。謹呈

市長魏

　　計呈繳原呈及預算圖樣二紙、合同各一件

參事　馬軼群
張育海
十九年九月廿九日

　　照准。

魏道明（印）
十月一日

奉諭，挹江門工程前曾商定，准繼續辦理。

馬壽華（印）
十月一日附記

（《南京城墻檔案·城門的增闢與建設》，第 74—76 頁）

南京市政府爲挹江門城門工程工款在財政局臨時事業費内照案籌撥
給南京市工務局的指令

（1930 年 10 月 4 日）

指令　府急字第 61 號

　　　令工務局長趙志游：

　　呈一件，同前由。

呈件均悉。所請應准照辦，已令飭財政局在該局臨時事業費內照案籌撥，仰即分期前往具領轉給可也。附件存查。此令。

中華民國十九年十月四日

（《南京城墙檔案・城門的增闢與建設》，第 77—78 頁）

南京市政府爲挹江門城門工程工款分期籌款撥發給南京市財政局的訓令

（1930 年 10 月 4 日）

訓令　府急字第 62 號

令財政局長齊叙：

爲令遵事。案據工務局長趙志游呈稱"竊查建築挹江門城門一案（云云至）實爲公便"等情，附呈圖算、合同各一份到府。據此，除指令"呈件均悉。（云云至）此令"，合行抄發合同第十八條條文，令仰該局長遵照分期籌款撥發，具報查考。此令。

計抄發合同第十八條條文一纸

中華民國十九年十月四日

（《南京城墙檔案・城門的增闢與建設》，第 77—79 頁）

南京市工務局爲奉諭重擬建築挹江門城門工程計劃致南京市政府的呈文

（1930 年 11 月 19 日）

呈字第二〇六八號

爲呈請事。竊查建築挹江門城門工程一案，前經職局擬具計劃呈奉鈞府府急字第六一號指令，核准招由椿源錦記營造廠承包興建在案。茲查該項工程進行中，奉諭"加大深度以壯觀瞻，加厚底脚以期堅實，而便加建門樓"等因。奉此，經令包工人停止工作，并飭重行計劃，深度由六.一公尺加至一七.二〇公尺（計增加二倍）；預算工料費用共計需洋五萬八千零六十二元七角二分，較前奉核准之數，計增加洋三萬三千零六十二元七角二分；所需城磚擬取自中山門套城，其拆運各費，預計壹萬叁千六百元，似應在改正中山門外路綫工程內報銷。是否有當，理合檢同圖樣三紙、預算一份，具文呈請鈞長鑒核指令祗遵。謹呈

市長魏

計送圖樣三紙、預算一份

工務局局長　趙志游

中華民國十九年十一月十九日

修繕或新工

字第　　號	計劃變更後之挹江門全部建築			工事預算細單	
地點或起訖	挹江門舊址			附　件	
工程度量	寬 50 公尺，深 17.20 公尺 最高處高度 16.70 公尺				
總價	計洋 58,062.72 元				
平均單價					
起案原委及 工地概況					
施工方法					
細目如下					
種類	形狀尺寸	單位	數量	單價元	總價元	備考
土方	掘土基		立公	7830			
	掘門墩		立公	825			
	填土		立公	445			
				9100	0.35	3185.00	
木樁		Φ0.20×5.00	根	128	14.00	1792.00	
砌墻工	1：2 水泥砌		立公	2173	8.00	17384.00	
	1：2 灰漿砌		立公	724	7.00	5068.00	
鋼骨水泥	基脚		立公	312.8	46.00	14388.80	
	枕梁	（1：2：4）	立公	94.1	53.00	4987.30	
水泥三合土		（1：3：6）	立公	58.52	25.00	1463.00	
防水膠漿			平公	1284	0.50	642.00	
木法圈架		貼補損失 40%				8000.00（圈架價 20,000 元）	
蘇石			立公	4.15	30.00	124.50	

　　　平方公尺簡稱平公　　　　　　立方公尺簡稱立公

南京特別市政府工務局設計科

計算者：盧　玥　　　　　月　日

校對者：陳萬恭　　　　　月　日

審核者：章　袚 陳品善　　　月　日

續　字第　　號　預算細單						
種類	形狀尺寸	單位	數量	單價元	總價元	備考
門區		個	2	138.00	276.00	
鐵窗		堂[樘]	4	30.00	120.00	
木門		堂[樘]	2	18.00	36.00	
落水管		公尺	34	4.50	153.00	
溝頭		個	4	2.40	9.60	
水泥地	2(4.45×14.64) 7.70×17.20	平公	262.74	1.65	433.52	
				總計	58062.72	元

平方公尺簡稱平公　　　　　　立方公尺簡稱立公

南京市政府工務局技正室

計算者：　　　月　　日

校對者：　　　月　　日

審核者：　　　月　　日

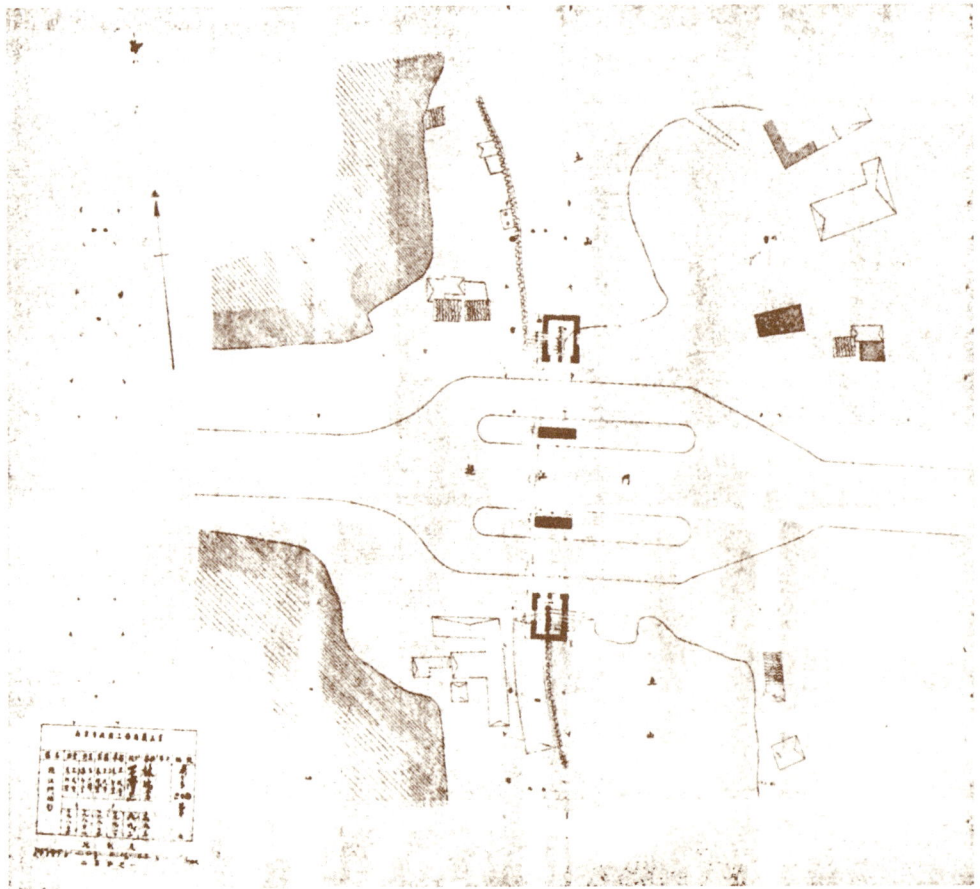

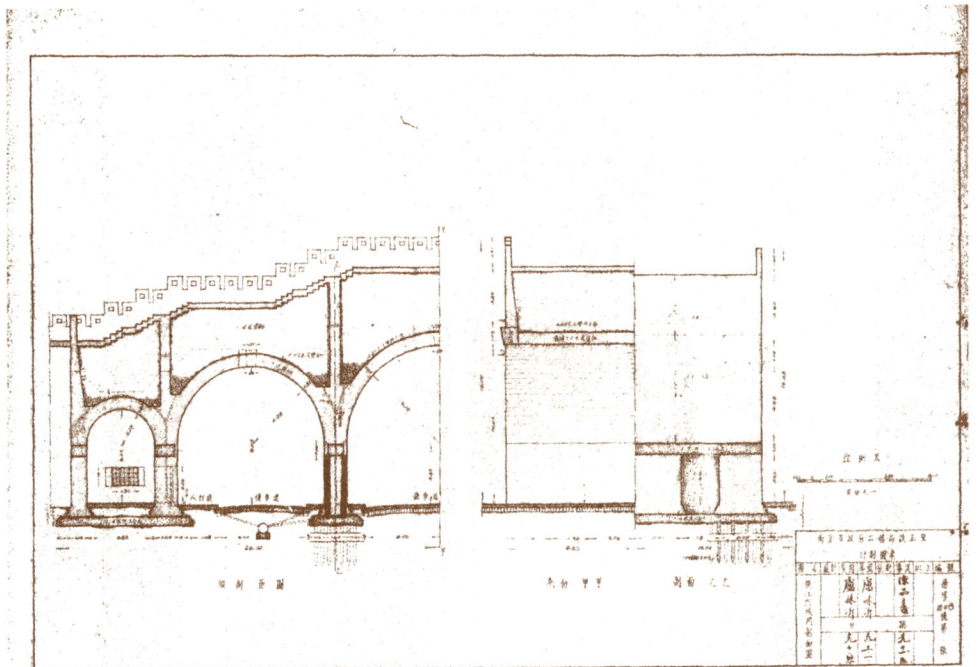

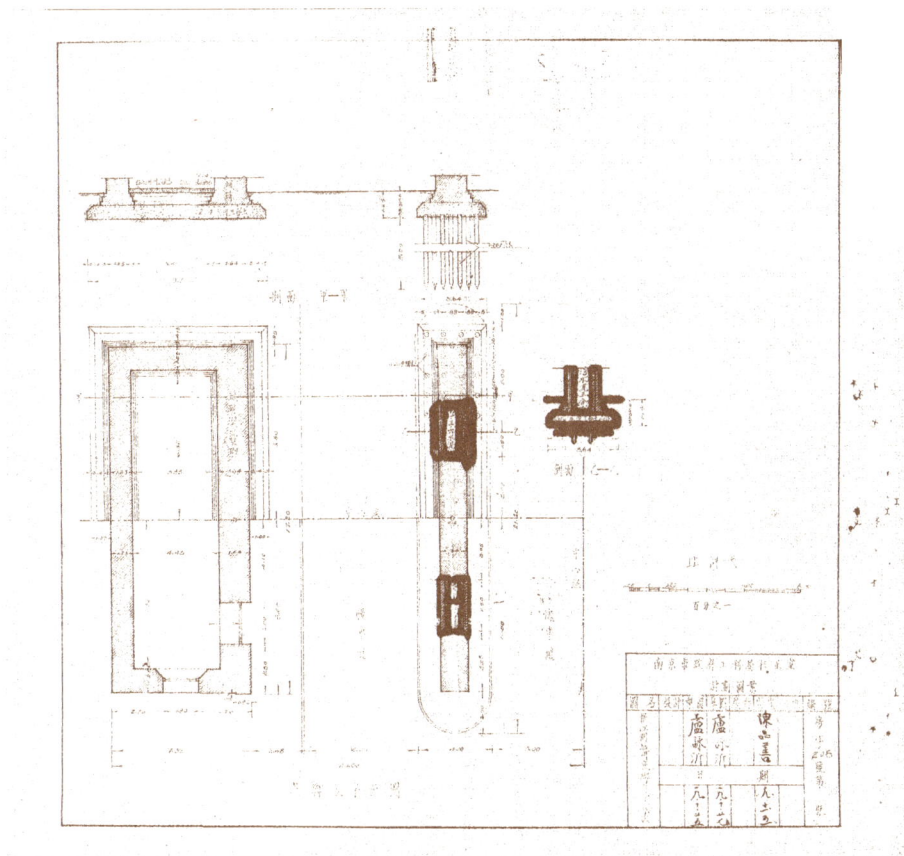

南京市政府爲建築挹江門城門給南京市工務局的指令

（1930 年 11 月 26 日）

指令　府急字第 1123 號

　　　令工務局長趙志游：

　　呈一件。爲奉諭重擬建築挹江門城門工程計畫［劃］檢同圖算呈乞鑒核由。

　　呈件均悉。所擬尚屬可行，應准照辦，仰即與原承包人椿源錦記妥擬增加工程及分期付款辦法，呈候核撥，附件暫存。此令。

十九年十一月二十六日

附原呈（見呈字第二〇六八號文，此處略）

南京市工務局爲呈送挹江門建築工程合同一份祈鑒核飭撥不敷工款致南京市政府的呈文

(1930 年 12 月 5 日)

爲呈請事。本年十一月二十七日，奉鈞府府急字第一一二三號指令，職局呈爲奉諭重擬建築挹江門城門工程計劃，檢同圖算，呈祈鑒核由。內開"呈件均悉。所擬尚屬可行，應准照辦。仰即與原呈〔承〕包人椿源錦記，妥擬增加工程及分期付款辦法，呈候核撥，附件暫存。此令"等因。奉此，遵招原承包人椿源錦記營造廠，重訂合同，計包價洋伍萬捌仟元，限於二十年四月一日以前全部工竣。除前奉核准之貳萬伍仟元外，尚不敷洋叁萬叁仟元正，理合檢同合同一份，呈請鈞長鑒核，俯賜轉飭財政局如數補撥，以資應付，而利進行。謹呈

市長魏

　　附呈合同一份

工務局局長　趙志游

中華民國十九年十二月五日

南京市工務局工程合同

工字四七號

工程名稱：挹江門建築工程

承　包　人：椿源錦記

工程總價：五萬捌千元

開工日期：十九年九月一日

完工日期：二十年四月一日

罰　　款：每日壹百元

南京市工務局（以下簡稱工務局）爲挹江門建築工程，與椿源錦記（以下簡稱承包人）訂立合同如左：

一、工程範圍：在中山路舊海陵門址建築城門孔三個，軍警稽查所二間，及上部磚牆填土補路，幷建築水泥人行道等工程，其大小尺寸，悉以十九年十一月五日審定之圖則爲標準，所有以前設計均作廢。

二、承包人於投標時所繳之投標保證金（原文不清）元，應俟本合同正式標定幷由保證人蓋章後，始得將該項保證金領回。

三、本合同包括之工程所有設計圖樣及施工細則，承包人均已明瞭，願切實遵照辦理，幷

簽名蓋章，以資信守。

四、工務局根據設計圖樣及施工細則所繪製之放大詳圖，承包人均願遵照辦理。如詳圖上所規定之工料，承包人有認爲不包括於本合同之內者，應在該項工程未進行之先，以書面向工務局磋商，方爲有效。

五、工務局對於本工程各部分，得隨時更改之。其因更改而致工料有所增減時，得依承包人所開單價計算之。

六、本工程所有零瑣之處，如於圖樣及施工細則未曾載明者，承包人均應做全，不得推諉或另索造價。

七、工務局有關工程之章程及取締建築條例，承包人均應遵照辦理。

八、承包人非得工務局之許可，不得將工程轉讓或局部分包他人。

九、本工程自簽訂合同之日起，應立即動工，限定在二十年四月一日以前完工。倘逾期交工，按日罰洋壹百元。此項罰款，工務局得於應付工款內扣除之。如遇天雨、冰凍或暴風，確難工作時，得經工務局核准扣除之。

十、本工程所需之人工、材料、工具及一切設備，統歸承包人擔負。工程進行中，如損及公私建築物，亦應由承包人負責賠償。

十一、本工程所需用各項材料，承包人須先將樣品送請工務局查驗。經認爲合格後，方准運場使用。在工作時，如發現不合格之材料，應立即搬運出場，不得留場朦混。

十二、工程進行時，承包人須負工人或行人安全之責。如設備不周以致發生任何意外事件，均由承包人負責。

十三、承包人對於工程各部，須有適宜之設備，以便監工員隨時查驗各部工程。

十四、承包人須派富有經驗之監工人，常川在場督察，并須聽工務局監工員之指揮。如工務局認該監工人不能稱職時，得通知承包人立即撤換之。

十五、本工程無論已成、未成，如經工務局發現有與圖樣或施工細則不符之處，承包人須負拆卸重造之責，其所有損失概歸承包人擔負。

十六、凡遇不適宜工作之天氣，承包人須遵從工務局監工員之指示，將工程全部或一部停止，并須設法將已成之工程妥爲保護，以免損壞。如遇天災人禍、不測事項或保護不周，工程上所受之損失，統由承包人完全負責。

十七、承包人不得無故停止工作，或延期履行合同。倘承包人遇意外事故不能工作時，工務局得通知保證人另雇他人工作。所有場內一切設備及材料，概歸工務局使用，承包人不得索價；且工程續造之費用及延期所受之損失，工務局得由工程造價內扣除之，不足之數統由保證人負責賠償。

十八、全部工程完竣，經工務局驗收後，承包人應立具保固切結，保固三十年。倘於保固期內本工程發現裂痕或傾陷等情，工務局認爲係由物料不佳或工作不良所致者，承包人應負責出資修理，不得藉詞推諉或索價。

十九、本工程造價定爲國幣五萬捌千元〇角〇分，分期交付。

第一期於地脚材料齊運到場，付洋捌千元。

第二期於基溝掘好、木椿打好，付洋四千元。

第三期於水泥基脚做好，付洋五千元。

第四期於中部墻墩砌至水泥枕料底，付洋叁千元。

第五期於左右墻身砌至水泥枕大料底，付洋五千五百元。

第六期於木法圈架做好，付洋五千元。

第七期於中法圈砌好，付洋叁千元。

第八期於兩旁法圈砌好，付洋五千元。

第九期於法圈上部墻工砌至半高，付洋叁千五百元。

第十期於法圈防水膠粉好，付洋叁千元。

第十一期於全部磚墻砌好，付洋四千元。

第十二期於土填好水泥地做成全部竣工，付款四千元。

第十三期於驗收後，付洋式仟五百元。

第十四期於完工六個月後，付洋式千五百元。

承包人於每期領款時，須備具正式領款呈文，於三日前送交工務局經查驗屬實後，發給付款憑證，遵填領款。

二十、本合同及附件均繕就同樣四份，一份呈市政府備案，二份存工務局，一份由承包人收執。

二十一、本合同附件如左：

設計圖樣一份，計三張

施工細則〇份，計〇張

單位價目表〇份，計〇張（依照工務局挹江門預算單位價）

保證書〇份，計〇張

二十二、附加條款

南京市工務局局長：趙志游（印）

工程主辦：技正 章袯 陈品善

承包人：

店號：椿源錦記營造廠

負責人：鬱鳴仲（印）

住址：本市下關中山橋

保證人：

店號：新元昌

負責人：謝毓菴（印）

住址：南京楊公井延齡巷

見證人：

住址：

中華民國十九年九月一日

（《南京城墻檔案·城門的增闢與建設》，第93—111頁）

南京市政府參事馬軼群等關於簽復核議工務局呈送挹江門建築合同祈鑒核并請飭撥工款的簽呈

（1930年12月11日）

簽呈　第三〇二號

　　謹簽呈者。案奉鈞長交下"工務局呈送挹江門建築合同，祈鑒核并請飭撥工款一案，飭即核議具復"等因。遵核此案，業經本府第一一二三號指令飭遵在案，此次所呈合同，亦尚可行，似可照准。至請飭撥工款一節，請交科核議，當否之處，理合檢同原件，簽請核示。謹呈

市長魏

　　附繳原呈、合同各一件

參事　馬軼群

張育海

十九年十二月十一日

（《南京城墻檔案·城門的增闢與建設》，第112頁）

南京市政府爲已飭財政局籌撥建築挹江門工程不敷工款給南京市工務局的指令

（1930年12月16日）

指令　府急字第1596號

　　　　令工務局局長趙志游：

　　呈一件。爲呈送挹江門建築工程合同，祈核撥不敷工款洋三萬三千［元］正，以資應付由。

　　呈及合同均悉。已飭財政局在該局十九年度臨時事業費內，按照合同所載分期付款辦法，并案籌撥，仰即前往接洽具領。仍於工程完竣後，呈請派員驗收，以昭核實。合同存查。此令。

原呈見訓令府急字第一五九七號

十九年十二月十六日

（《南京城墙檔案·城門的增闢與建設》，第 114—115 頁；

《首都市政公報·公牘》，1931 年第 75 期，第 10—11 頁）

南京市政府爲令撥建築挹江門工程不敷工款給南京市財政局的訓令

（1930 年 12 月 16 日）

訓令　府急字第 1597 號

　　令財政局局長齊叙：

　　爲令遵事。案據工務局長趙志游呈稱："本年十一月二十七日，奉鈞府府急〔府〕字第一一二三號指令，職局呈爲奉諭重擬建築挹江門城門工程計畫〔劃〕，檢同圖算，呈祈鑒核由。內開‘呈件均悉。所擬尚屬可行，應准照辦。仰即與原呈〔承〕包人椿源錦記，妥擬增加工程及分期付款辦法，呈候核撥，附件暫存。此令’等因。奉此，遵招原承包人椿錦記營造廠，重訂合同，計包價洋五萬八千元，限於二十年四月一日以前全部工竣。除前奉核准之二萬五千元外，尚不敷洋三萬三千元正，理合檢同合同一份，呈請鈞長鑒核，俯賜轉飭財政局如數補撥，以資應付，而利進行。"附呈合同到府。據此，查此案前據工務局呈送圖算、合同等件到府，即經指令"照准"，并經抄發合同第十八條條文，以府急字第六二號訓令，飭知該局分期籌款撥發。嗣因本府考察是項工程，應將深度及底脚分別增加，復經飭知工務局遵照辦理，各在案。據呈前情，除指令"呈及合同均悉。已飭財政局在該局十九年度臨時事業費內按照合同所載分期付款辦法，并案籌撥，仰即前住接洽具領。仍於工程完竣後，呈請派員驗收，以昭核實。合同存查，此令"印發外，合行抄發重訂合同之第十九條條文，令仰該局長遵照辦理，具報查考。此令。

　　計抄發合同第十九條條文一紙

市長　魏道明

十九年十二月十六日

（《南京城墙檔案·城門的增闢與建設》，第 114—116 頁；

《首都市政公報·公牘》，1931 年第 75 期，第 10 頁）

南京市工務局爲挹江門城門建築工程擬將上層改建追加預算呈請撥款致南京市政府的呈文

（1931 年 6 月 2 日）

　　爲呈送事。案查建築挹江門城門工程，前經本局呈奉核准，招由椿源錦記承包興建在案。

兹查原計劃係將全部用城磚砌造，但開挖土基後，查察地質不良，無以勝任該項建築之載重，是以除加固基腳外，特於上部改建鋼骨水泥法圈及縱橫大料各三道，以保安全。并預留鋼骨水泥柱基，以備將來建築城樓之基礎。經此改建，工料兩抵，計須增加工款洋貳萬壹千玖百拾肆元柒角貳分，理合檢同追加預算及圖樣各一份，具文呈送，仰祈鑒核，轉飭財政局照數補撥，俾資應付，實爲公便。謹呈

市長魏

　　附呈追加預算、圖樣各一份

工務局局長　趙志游

中華民國二十年六月二日

修繕或新工

第一頁共　頁

字第　　號	挹江門工程應加應減相抵追加工料預算單		王事預算細單
地點或起訖			附件
工程度量	有圖詳示		
總價	應加 26512.64 元，應減 4597.92 元		
平均單價	兩項相抵，尚須［需］洋 21914.72 元		
起案原委及工地概況	查原計劃係全部磚砌，已經呈報在案。現因加建城樓以壯觀瞻，則原計劃有不克任重之虞，以故將上半部内改築鋼骨水泥大料柱子，加賞無幾，乃可保永久安全矣。		
施工方法			

細目如下						
種類	形狀尺寸	單位	數量	單價元	總價元	備考
鋼骨水泥		立公	426.00	51.40	21896.40	
磚墻		立公	151.57	8.00	1212.56	
洋灰三和土		立公	123.77	27.50	3403.68	
				應添加工料費 26512.64 元		
磚墻		立公	574.74	8.00	4597.92 元	應減工料費
兩項相抵，尚加 26512.64-4597.92=21914.72 元						

平方公尺簡稱平公　　　　　　　立方公尺簡稱立公

南京市工務局第二科

計算者：盧　玥　五月廿日

校對者：吳必明　五月廿一日

審核者：陳品善（印）　五月廿一日

工事計算單

字第　　號

參考

乙種大料　9(0.80×0.60×15.20)=65.66

柱子底脚　4(\frac{1.10×3.3}{2}×3.35)=88.81

2(\frac{1.10×3.3}{2}×4.80)=20.64

4(3.13×3.35)=41.94

2(3.13×4.80)=30.05

計算者

校對者

南京市政府工務局枝正室

（《南京城墻檔案·城門的增闢與建設》，第122—128頁）

南京市工務局爲請撥建築挹江門城門所需城磚擬在小東門拆運款項致南京市政府的呈文

（1931年6月24日）

呈字第一六九二號

　　爲呈請事。竊查建築挹江門城門所需城磚，前擬於拆除中山門套城工程內運用，估計拆運費約洋一萬三千六百元。於十九年十一月十九日呈請鈞府鑒核，嗣拆除中山門套城工程，由裕慶公司承包，計拆費一項，包價列洋一千零七十二元五角，所拆下城磚率多碎小，城垣內部又係泥土，致質量均不合於挹江門築城門之用，故本局即未另支前准拆運款項，另飭包工在小東門拆用城磚。因該處密邇挹江門，故運費較省，綜計所用，可以減省一萬元左右。擬即請領三千元，俾

資應付，理合具文呈請，仰祈鈞長鑒核，飭令財政局照數簽撥，實爲公便。謹呈

市長魏

工務局局長　趙志游

中華民國二十年六月二十四日

　　查此案城磚，已詢據工務局章技正袚函稱，地點在小东門附近城牆後面另一城垛，與城防無關，合并陈明。

職　鄒德鎔（印）

六·廿七

（《南京城墙檔案·城門的增闢與建設》，第 144—147 頁）

南京市政府參事馬軼群等關於挹江門城門建築工程擬將上層改建追加預算請飭撥工款的簽呈

（1931 年 6 月 26 日）

簽呈　第六六三號

　　謹簽呈者。案奉鈞長交下工務局呈爲"挹江門城門建築工程因土基欠固，擬將上層改建鋼骨水泥，檢同追加預算，呈請鑒核撥款一案，飭即核議具復"等因。遵核所呈挹江門建築工程擬將上層改建鋼骨水泥之工事，圖、算尚稱妥善，似可照准。至請飭撥工款一節，擬請交科核議審查，當否？理合檢同原件，簽請核示。謹呈

市長魏

　　計呈繳原呈一件，追加預算圖樣各一件

參事　馬軼群　張育海

二十年六月二十六日

（《南京城墙檔案·城門的增闢與建設》，第 129—130 頁）

南京市政府爲建築挹江門拆用小東門城磚令財政局加撥經費給南京市工務局的指令

（1931 年 6 月 29 日）

指令　府急字第 6613 號

　　令工務局長趙志游：

　　呈一件。爲建築挹江門城門拆用小東門城磚，須費三千元，請鑒核飭撥由。

　　呈悉，所請照准。已令財政局在該局請撥修建挹江門工程費案內如數加撥，着即前往具領應用，并補具工事預算一份，呈送備查。一面將領用各款，查照前案轉賬科目編入臨時費月

分［份］預算及計算書內，呈候核轉。此令。

原呈見訓令府急字第六六一四號

二十年六月二十九日

（《南京城牆檔案·城門的增闢與建設》，第148—149頁；

《首都市政公報·公牘》，1931年第86期，第14頁）

南京市政府爲令撥建築挹江門拆用小東門城磚經費給南京市財政局的訓令

（1931年6月29日）

訓令　府急字第6614號

令財政局長齊叙：

爲令遵事。案據工務局長趙志游呈稱，"竊查建築挹江門城門所需城磚，前擬於除拆中山門套城工程內運用，估計運費約洋一萬三千六百元，於十九年十一月十九日呈請鑒核。嗣拆除中山門套城工程，由裕慶公司承包，計拆費一項，包價列洋一千零七十二元五角，所拆下城磚率多碎小，城垣內部又係泥土，致品質均不合於挹江門築城門之用，故本局即未另支前准拆運款項，另飭包工在小東門拆用城磚。因該處密邇挹江門，故運費較省，綜計所用，可以減省一萬元左右，擬即請領三千元，俾資應付，理合具文呈請，仰祈鑒核，飭令財政局照數簽撥，實爲公便"等情。據此，查此案建築工程費用，前據工務局呈送改正預算，共計需洋五萬八千元。即經核准并抄發合同條文，先後令飭該局分期籌撥具報，各在案。茲據前情，除指令"呈悉。所請照准，已令財政局在該局請撥修建挹江門城門工程費案內如數加撥，着即前往具領應用，并補具等［工事］預算一份，呈送備查。一面將領用各款，查照前案轉賬科目編入臨時費月分［份］預算及計算書內，呈候核轉。此令"印發外，合行令仰該局長遵照加撥，具報備查。此令。

市長　魏道明

二十年六月二十九日

（《南京城牆檔案·城門的增闢與建設》，第148—150頁；

《首都市政公報·公牘》，1931年第86期，第13—14頁）

南京市政府爲挹江門城門建築工程擬將上層改建已令財政局追加預算
給南京市工務局的指令

（1931年7月7日）

指令　府急字第6797號

令代理工務局長馬軼群：

呈一件，同前由。呈件均悉。応准如呈辦理。已令財政局在該局二十年度臨時費預算案第四項第四目第三節什項建築費内如數籌撥，着即前往具領，轉給督率施工，并與椿源錦記改訂合同，補呈備案。一俟全案工竣，即行呈請驗收，用昭核實，仍按指定科目分别編入月份臨時費預算及計算書内。呈候核轉，仰即遵照。附件存查。此令。

（《南京城墻檔案·城門的增闢與建設》，第 131—132 頁）

南京市政府爲挹江門城門建築工程擬將上層改建令飭加撥經費給南京市財政局的訓令

（1931 年 7 月 7 日）

訓令　府急字第 6798 號

　　令財政局長齊叙：

　　爲令遵事。案據工務局長趙志游呈稱"案查建築挹江門城門工程（云云至），實爲公便"等情，附呈追加圖、算各一份到府。據此，查此案建築工程費用，前據工務局呈送改正圖、算，共計需洋五萬八千元。呈經核准，先後令飭該局分期籌撥具報，嗣據呈請加撥拆用小東門城磚費洋三千元，又經令飭該局遵辦，各在案。兹據前情，除指令"呈件均悉（云云至）此令"印發外，合行令仰該局長遵照加撥，具報備查。此令。

（《南京城墻檔案·城門的增闢與建設》，第 131、133—134 頁）

南京市財政局爲工務局建挹江門城門改在小東門拆用城磚拆運費已遵令撥付致南京市政府的呈文

（1931 年 7 月 20 日）

呈字第五四八號

　　呈爲呈復事。案奉鈞府府急字第六六一四號訓令内開，"爲令遵事。案據工務局長趙志游呈稱，'竊查建築挹江門城門所需城磚，前擬於拆除中山門套城工程内運用，估計拆運費約洋壹萬叁千陸百元。於十九年十一月十九日呈請鈞府鑒核，嗣拆除中山門套城工程由裕慶公司承包，計拆費一項，包價列洋壹千零柒拾弍元五角，所拆下城磚率多碎小，城垣内部又係泥土，致質量均不合於挹江門築城門之用，故本局即未另支前准拆運款項，另飭包工在小東門拆用城磚。因該處密邇挹江門，故運費較省，綜計所用，可以減省壹萬元左右。擬即請領叁千元，俾資應付。理合具文呈請，仰祈鑒核，飭令財政局照數簽撥。實爲公便'等情。據此，查此案建築工程費用，前據工務局呈送改正預算，共計需洋伍萬捌千元，即經核准，并抄發合同條文，先後令飭該局分期籌撥具報，各在案。兹據前情，除指令'呈悉。所請照准，已令財政局在該局請撥修建挹江門城門工程費案内如數加撥，着即前往具領應用，并補具工事預算一份，呈送備查。一面將領用各款，查照前案轉賬科目編入臨時費月份預算及計算書内，呈候核轉，此令'印發外，合行令仰該局長遵照加撥，具報備查。此令"等因。奉此，查此項城磚拆運費洋叁千元，除已遵令如數填發准支單，交由該局來員携回赴庫具領外，理合具文呈復，伏祈鈞長鑒核。謹呈

市長魏

財政局局長 齊叙

中華民國二十年七月二十日

（《南京城墙檔案·城門的增闢與建設》，第 135—138 頁）

南京市財政局爲工務局建挹江門城門追加工款已遵令如數撥付致南京市政府的呈文

（1931 年 9 月 14 日）

呈字第七〇六號

呈爲呈復事。案奉鈞府府急字第六七九八號訓令内開，"爲令遵事。案據工務局長趙志游呈稱，'案查建築挹江門城門工程，前經本局呈奉核准，招由椿源錦記承包興建在案。兹查原計劃係將全部用城磚砌造，但開挖土基後，查察地質不良，無以勝任該項建築之載重，是以除加固基脚外，特於上部改建鋼骨水泥法圈及縱橫大料各三道，以保安全，并預留鋼骨水泥柱基，以備將來建築城樓之基礎。經此改建，工料兩抵，計須增加工款洋貳萬壹千玖百拾肆元柒角貳分，理合檢同追加預算及圖樣各一份，具文呈送，仰祈鑒核，轉飭財務局照數補撥，俾資應付，實爲公便'等情，附呈追加圖、算各一份到府。據此，查此案建築工程費用，前據工務局呈送改正圖、算，共計需洋五萬捌千元，呈經核准，先後令飭該局分期籌撥具報，嗣據呈請加撥拆用小東門城磚費洋叁千元，又經令飭該局遵辦，各在案。兹據前情，除指令'呈件均悉，應准如呈辦理。已令財政局在該局二十年度臨時費預算案第四項第四目第三節什項建築費内如數籌撥，着即前往具領，轉給督率施工，并與椿源錦記改訂合同，補呈備案。一俟全案工竣，即行呈請驗收，用昭核實，仍按指定科目分別編入月份臨時費預算及計算書内。呈候核轉，仰即遵照。附件存查。此令'印發外，合行令仰該局長遵照加撥，具報備查，此令"等因。奉此，查此項追加工款洋貳萬壹千玖百壹拾四元七角二分，除已遵令如數填發，准支单交由該局來員携回赴庫具領外，理合具文呈復，伏祈鈞長鑒核。謹呈

市長魏

財政局局長 齊叙

中華民國二十年九月十四日

（《南京城墙檔案·城門的增闢與建設》，第 139—143 頁）

南京市政府爲建築挹江門城門工程發現倒塌崩裂應切實修築再行呈請驗收給南京市工務局的指令

（1931 年 11 月 17 日）

指令　府急字第 10021 號

　　　　令代理工務局局長馬軼群：

　　呈一件。同前由。

　　呈悉。案經本府派員前往驗收，據稱"查得挹江門城門工程（云云至）再行呈報"等情。據此，查此案工程用款爲數甚鉅，何以於驗收之時竟至發現倒塌崩裂情事，未免不合。應由該局按照所指各節分別暫飭包工切實修築。嗣後該局對於各案工程，務須隨時督察，不得再有此類情事發生，以重責任。一面將城樓屋面及一切未完工程辦理完竣，再行呈請驗收。切切。此令。

中華民國二十年十一月十三日

（《南京城墻檔案·城門的增闢與建設》，第 185—187 頁）

南京市工務局爲補送挹江門城門工程竣工報告及決算書致南京市政府的呈文

（1931 年 12 月 31 日）

呈字第三十號

　　爲呈送事。竊查挹江門城門工程業經本局招工建築完竣，呈奉鈞府府急字第一零零二一號指令，准予驗收在案。茲經造具竣工報告及決算書各一紙，理合具文補送，仰祈鑒核備查，實爲公便。謹呈

市長魏

　　附呈竣工報告及決算書各一紙

暫代工務局局長　馬軼群

中華民國二十年十二月三十一日

竣工報告

工事第 47 號
工事名稱　挹江門城門工程

中華民國　19 年 9 月 1 日起工
　　　　　20 年 8 月 1 日竣工（超過合同所定 120 日）

第二科營造股主任

　　　　此項超過之日期乃因（？）在建築時忽有在其上加建城樓之計劃，故除加工加賬外，由
局准予延　　　長竣工日期。
報告日期　　年　月　日

爲證明事。茲證明此項工事業已完全告竣，其附送之決算書所載工料費均屬核實。除另造竣工報銷外，謹此證明。 　　　　　　　　　　　　　　　　　　　　　　　　　　　　　　第二科科長	
茲查上述告竣工事業已查驗。 　　　　　　　　　　　　　　　　　　　　　　　　　主辦：技正　陳品善 驗收日期　20 年 10 月 24 日	
局長：馬軼群 核准日期　20 年 11 月 24 日	

　　　　　　　　　　　　　　　　　　　　　　　　　　　　　南京市工務局

南京市政府工務局第二科工程決算書

工　字第 47 號　　城門　　工程

地點	抱江門						附注
工程名稱							
工程數量							
預算總額							
決算總額	78160.70 元						
計開	包工費	58000.00		應扣數		1754.02	
	零工費	21914.72		逾限罰款			
	本局工隊工金						
	材料費						
	總共	79914.72		總共		1754.02	
	合計 70160.70 元						

細目如下

種類		形狀尺寸	單位	數量	單價元	總價元	備考
土方	掘土基		立公	7830			
	掘門墩		立公	825			
	填土		立公	445			
				9100	0.35	3185.00	
木樁		Φ0.20×5.00	根	128	14.00	1792.00	
砌墻工	1:2 水泥砌		立公	2173	8.00	17384.00	
	1:2 灰漿砌		立公	724	7.00	5068.00	
鋼骨水泥	基脚		立公	312.8	46.00	14388.80	
	枕梁	(1:2:4)	立公	94.1	53.00	4987.30	

細目如下						
種類	形狀尺寸	單位	數量	單價元	總價元	備考
水泥三合土	(1：3：6)	立公	58.52	25.00	1463.00	
防水膠漿		平公	1284	0.50	642.00	
木法圈架	貼補損失 40%　8000.00（圈架價 20000 元）					
蘇石		立公	4.15	30.00	124.50	
門匭		個	2	138.00	276.00	
鐵䆫		堂［樘］	4	30.00	120.00	
木門		堂［樘］	2	18.00	36.00	
落水管		公尺	34	4.50	153.00	
溝頭		個	4	2.40	9.60	
水泥地	2(4.45×14.64) 7.70×17.20	平公	262.74	1.45	433.52	
		總計 58062.72 元				
		簽訂數 58000.00 元①				
加賬：						
鋼骨水泥		立公	426.00	51.40	21896.40	
磚墻		立公	151.57	8.00	1212.56	
洋灰三和土		立公	123.77	27.50	3403.68	
		應添加工料費 26512.64 元				
減去未做磚墻		立公	574.74	8.00	4597.92	元
		總加賬 21914.72 元②				
		兩共 79914.72 元				
未做之項：						
填土					445.00	
水泥地					433.52	
城垛基腳					560.00	
避水膠					234.00	
蘇石匭					81.50	
		共減 1754.02 ③				
		净計 78160.70				
附言　平方公尺簡稱平公　　　　立方公尺簡稱立公						

計算者：周明輝　營造股主任：　　　　技正：陳品善（印）

中華民國　年　月　日

竣工報告

工事第 47 號

工事名稱 挹江門城門工程

中華民國 17 年 9 月 1 日起工
20 年 8 月 1 日竣工（超過合同所定120日）

第二科營造股主任

報告日期　年　月　日

為證明事茲證明此項工事業已完全告竣其附送之決算書所載工料費均屬核實除另造竣工報銷外謹此證明

第二科科長

茲查上述告竣工事業已查驗

驗收日期 20 年 10 月 24 日

局長

核准日期 20 年 11 月 24 日

南京市工務局

（右側竪排手寫批示）

（右上角）吳府

（右側）南京市政府工務局第二科工程決算書
工字第 47 號
類別 城門
工程名稱 挹江門

（《南京城墙檔案·城門的增闢與建設》，第 191—195 頁）

南京市財政局爲建築挹江門城門工款已遵令如數撥付致南京市政府呈

（1932 年 1 月 9 日）

呈　字第一一八三號

　　呈爲呈復事。案奉鈞府府急字第六二號訓令内開，"爲令遵事。案據工務局長趙志游呈稱：'竊查建築挹江門城門一案，前奉鈞長面諭，趕速計劃興工，經即擬具圖案，呈奉核轉首都建設委員會議決照辦，并由職局招由椿源錦記營造廠承包建築，除供給城磚及運費歸職局自理，不在總包價以内外，計净包價爲式萬叁千元，比較預算數計減少洋壹千式百玖拾肆元柒角五分，并以事屬緊急，當經先行訂定合同，陳奉鈞長核明批准。各在案。'兹查工程業已於九月一日開工，亟需支款應付。理合檢具預算、圖樣各一份，呈請鈞長鑒核備查，并懇令行財政局迅即照撥包價式萬叁千元，并城磚運費式千元（約計需用城磚式拾萬塊，計費一分共銀如上數），俾資應付，實爲公便"等情，附呈圖算、合同各一份到府。據此，除指令"呈件均悉。所請應准照辦。已令飭財政局在該局臨時事業費内照案籌撥，仰即分期前往具領轉給可也。附件存查。此令。合行抄發合同第十八條條文，令仰該局長遵照分期籌款撥發。具報查考。此令"各等因，并抄發合同第十八條條文一紙下局。奉此，自應遵辦。除已如數填發准支單，交由該局來員携回赴庫具領外，理合具文呈復，伏祈鈞長鑒核。謹呈

市長魏

財政局局長 齊叙 謹呈

中華民國二十一年一月九日

（《南京城墙檔案·城門的增闢與建設》，第 199—202 頁）

3. 改建中山門城門

工務消息·改建中山門

（1931 年 7 月 15 日）

▲一月内即可完工

魏市長前奉國府蔣主席諭，以中山門城門狹小有礙交通，且第二次全國運動會會場即在城外，將來開會時，中外人士來京參觀者，勢必甚多。爲便利交通及壯麗觀瞻計，自應迅速改建。當經令飭工務局積極計劃，并由裕慶公司承包，現已興工，大約一個月内即可完成云。

（《首都市政公報·紀事》，1931 年第 87 期，第 6 頁）

工務消息·改建中山門

（1931 年 7 月 31 日）

工務局以全國運動大會即將開幕，對於舊有中山門，因面積過狹，恐屆時車馬擁擠，交通不便，特將城門改建爲三個，以便出入。現此項工程，工務局限雙十節前務必完工云。

（《首都市政公報·紀事》，1931 年第 88 期，第 5 頁）

南京市政府爲撥款改建中山門城門工事給南京市工務局的指令

（1931 年 8 月 19 日）

指令　府字第七七〇一號

呈件均悉。所請應予照准。已令財政局在該局二十年度預算臨時費什項建築費項下照數籌撥，着即前往分期具領，轉給施工，事竣呈候本府派員驗收。用昭慎重，一面分別彙編月份臨費

預算及計算書類，呈候核轉，仰即遵照。附件存查。此令。

原呈見訓令府字第七九［七］〇二號

二十年八月十九日

（《首都市政公報‧公牘》，1931 年第 90 期，第 8 頁）

南京市政府爲撥款改建中山門城門工事給南京市財政局的訓令

（1931 年 8 月 19 日）

訓令　府字第七七〇二號

　　爲令遵事。案據工務局長馬軼群呈稱，"竊查接管卷內，本年六月二十七日奉鈞府府急字第六五五二號指令，本局呈送中山門改建計劃圖算，祈鑒核籌款興建由。內開'呈件均悉。此案工程應將城門從速開闢，城樓暫從緩辦。所有全部費用，着即儘量核減，另擬工事預算呈候核奪。原預算二份發還，仰即遵照辦理。圖樣暫存'等因，并發還原預算二份下局。〈因〉前任未及辦理移交前來，遵經另行擬具改建中山門城門工事預算及圖樣所有工料費用，共需費洋七萬元，并經鈞長面諭，招由中興營造公司承包興建，業於七月一日動工，限於十月五日全部工竣。理合檢同合同一份，附圖樣三紙、單位價目表一紙、又預算一份，計三紙一并具文呈送，仰祈鑒核撥款，俾資應付，實爲公便"等情，附呈合同一份。據此，查此案前據工務局擬具圖樣預算請示到府，即經指令"速闢城門，城樓緩辦，將全部工程費用儘量核減"在案。茲據前情，除指令"呈件均悉。所請應予照准，已令財政局在該局二十年度預算臨時費什項建築費項下照數籌撥，着即前往分期具領，轉給施工，事竣呈候本府派員驗收。用昭慎重，一面分別彙編月份臨時費預算及計算書類，呈候核轉，仰即遵照。附件存查。此令"印發外，合行抄發合同第十九條條文，令仰該局長遵照辦理，具報備查。此令。

　　計抄發合同草案第十九條條文

市長　魏道明
二十年八月十九日

（《首都市政公報‧公牘》，1931 年第 90 期，第 8 頁）

4. 建築中華門城洞及做城門

南京市政府爲撥發改建中華門城洞及做城門工款給南京市工務局的指令

（1932 年 10 月 18 日）

指令　府急字第五二七五號

　　會呈一件。爲呈送建築中華門城洞及做城門工程賬單合同，仰祈核示撥款由。

會呈暨附件均悉。查所呈標服合同等件，大致尚無不合，准予照辦，已飭財政局在該局本年度臨時費概算第二項一目八節雜項建築費內，分期籌撥，着即前往接洽具領，轉給施工，事竣後呈請驗收，用昭核實。并將領用各款，遵章分別列報。除將開工及完工日期，分函警備司令部查照外，仰即遵照。再查此案工程，關係城防，至為重大，并着督率包工迅速辦理，務勿逾期為要。標賬五份發還，餘件存。此令。

計發還標賬五份

原呈見訓令府急字第五二七六號

市長　石瑛

二十一年十月十八日

（《南京市政府公報·公牘》，1932 年第 118 期，第 44—45 頁）

南京市政府為撥發改建中華門城洞及做城門工款給南京市財政局的訓令

（1932 年 10 月 18 日）

訓令　府急字第五二七六號

為令遵事。案據工務局局長余籍傳、監視委員章祓會呈稱，"竊查建築中華門城洞，及做城門工程，已於本年九月二十七日上午十時，在鈞府大禮堂當衆開標，奉派職祓莅場監視等因。計是日共到中興、華成、新利源、椿源錦記、談海廠等五家，所開賬單，經職籍傳指交科長陳邦傑、技正陳品善、劉仁變、主任趙國華、唐靖華審查去後，旋據報稱'各家所開賬單，除談海廠外，其餘四家，均有錯誤之處。經分別更正，審查結果，以中興營造公司所開總價為最低，擬即指交該公司承包'等情，并造具標賬比較表前來。經職籍傳查核所呈各節，尚屬可行，當即指交中興營造公司承包，并與按照更正後之總價，計洋二萬五千五白[百]八十二元六角二分，簽訂正式合同。是否有當，理合檢同標賬五份，標賬比較表一份，正式合同一份，一并具文呈送，仰祈鑒核，俯賜令飭財政局如數簽撥，以備支付"等情。據此，除指令："會呈暨附件均悉。查所呈標賬合同等件，大致尚無不合，准予照辦，已飭財政局在該局本年度臨時費概算第二項一目八節雜項建築費內，分期籌撥。着即前往接洽具領，轉給施工，事竣後呈請驗收，用昭核實。并將領用各款，遵章分別列報。除將開工及完工日期，分函警備司令部查照外，仰即遵照。再查此案工程，關係城防，至為重大，并着督率包工迅速辦理，務勿逾期為要。標賬五份發還，餘件存。此令。"暨將開工、完工日期，分函警備司令部查照外，兹抄發合同第十九條條文一紙，令仰該局長准期籌撥具報。事關城防，毋得延誤為要！此令。

計抄發第十九條條文一紙

市長　石瑛

二十一年十月十八日

（《南京市政府公報·公牘》，1932 年第 118 期，第 43—44 頁）

南京市政府爲撥發改建中華門城洞及做城門工款致南京警備司令部的公函

（1932 年 10 月 18 日）

公函　府急字第五二七七號

　　徑啓者。案據本市工務局局長余籍傳、特派開標監視員章祓會呈，以"建築中華門城洞及做城門工程，已於本年九月二十七日在本府大禮堂當衆開標，以中興營造公司所開標價洋二萬五千五百八十二元六角二分爲最低，擬即指定交該商承包，并檢同標賬五份，標賬比較表一份，正式合同一份，請予撥款與興工"等情。據此，查此項工程計劃等件，前經本府指派該局技士唐翰章，及本府秘書熊亨靈，面陳貴部蕭處長核定，并准貴部以副字第二四五三號復函，請隨拆隨建，各在案。兹查工務局所訂合同，規定本年十月二十一日開工，限七十五個晴天完工。除分令財政局籌撥工款外，相應函達，即希貴部查照爲荷。此致

南京警備司令部

市長　石瑛

中華民國二十一年十月十八日

（《南京市政府公報·公牘》，1932 年第 118 期，第 45 頁）

5. 修理損毀中山門

偽南京特別市政府爲修理中山門請賜予偽財政部撥款致偽行政院的摺呈

（1941 年 5 月）[①]

摺呈

　　竊查中山門位於本京東南，地當孔要，據江山之形勝，作畿輔之屏藩，拱衛國都，關係綦重。當事變時，城門受炮火轟擊，毀損之處甚多，迄今尚未修復。現在權用木材支拄，雖可照常通行，然因陋就簡，難期持久，實不足以資防護。爰經飭工務局詳爲勘估，據復："業已派員測勘，估計各項工料費用，需銀拾式萬肆千玖百柒拾叁元餘。繪具修復草圖暨估算書各一份前來。"此項城防要工，爲國都觀瞻所繫，惟工程過鉅，斷非目前市庫財力所能及，似應由中央撥款，提前修繕。如蒙俯准，擬請賜予飭下財政部撥發的款，俾便施工。是否有當，理合檢具計劃圖及估算書，呈請鑒核示遵。謹呈

行政院院長汪

　　計附呈計劃圖、估算書各一份

南京特別市市長　蔡培

（中國第二歷史檔案館藏，檔案編號：2003-608）

---

①原檔無發文具體日期，此處係根據下文推測。

僞行政院爲修理中山門繪具圖算所開工料似屬過大指令重行覆實勘估
致僞南京特別市政府的簽呈

（1941 年 5 月 23 日）

簽呈

　　據呈："中山門在事變中損毀，現用木材支拄，難期持久。修理工料經飭據工務局派員勘估，需銀十二萬四千九百七十三元餘。市庫財力不剋擔負，繪具草圖及估算書，呈請鑒核，俯飭財部撥款，俾便施工云云。"查城墻拱圈，係用磚泥砌築，并非用鋼骨水泥築成，所開工料估價似屬過大。擬指令重行核實勘估，造具估算書，徑咨商財政部會報核奪。

春^①

五・廿三

僞南京特別市政府爲遵令修理中山門城墻計劃圖算送部審議經過及
開標結果情形致僞行政院呈

（1941 年 8 月 30 日）

呈　工字第七五九九號

　　案查修理中山門城墻工程，擬請撥發專款，俾便興工一案。前經檢具計劃圖算，呈奉鈞院行字第三零八六號指令內開"呈悉。查核所開工料估價殊嫌過鉅，仰重行核實勘估，造具估算書，咨商財政部會同審議具復，以憑核辦。此令。附件發還"等因。奉此，遵查修理中山門所需各項材料，均經按照當時工料價格核實估算，而修裝鐵製城門及添用城磚等費尚未列入，委實無可再減。且最近材料逐日飛漲，而城磚尚缺少甚多，修建時如不能免費收集，另需添製城磚費肆萬壹千肆百餘元。當經檢同計劃圖算，咨請財政部審議去後。嗣准咨復，略以"中山門關係首都治安，且爲觀瞻所繫，自應速予修理。惟現在國庫支絀，該項修理費本部祇能擔任補助捌萬元。其餘無論多寡，應由市府自行籌措，即以原估數拾貳萬肆千玖百柒拾餘元爲最高底價招標承辦，并依照審計法施行細則第三十八條規定辦理"等由。當即登報招商承辦，定於八月二十六日在本府大禮堂當衆開標。一面分咨財政、審計兩部屆時派員監視。是日，財政部派科長張近鵬、審計部派稽察兼科長徐頌立蒞場監視開標。計投標廠商共有七家，開標結果：陳彬記營造廠開價壹拾玖萬柒千玖百陸拾柒元貳角陸分，青中營造廠開價貳拾壹萬叁千叁百捌拾貳元捌角，合記營造廠開價貳拾壹萬陸千壹百叁拾元肆角，大申營造廠開價貳拾貳萬伍千捌百捌拾玖元捌角貳分，時利和營造廠開價貳拾伍萬柒千伍百伍拾壹元柒角捌分，談海營造廠開價貳拾陸萬捌千貳百壹拾陸元壹角伍分，張裕泰營造廠開價貳拾玖萬捌千玖百肆拾叁元壹角。各廠商以建築材料市價騰漲不已，標單上注明標價以兩星期爲限，過期無效。是則苟能於最短期間施工，最低標價尚需工程費約近貳拾萬元。而財政部僅允補助捌萬元，不敷之數甚鉅。值茲市庫萬分支絀之時，委實無力籌措。該項工程應否暫從緩辦，本府未敢擅專。倘以該城門關係首都治安，且爲觀瞻所繫，必須從速修理，擬懇鈞院令飭財政部按照前項最低標價補助三分之二。其餘三分之一，約需陸萬餘元，自當由本府勉力籌措，以便施工。究應如何辦理，理合具文呈請鑒核示遵。謹呈

行政院院長汪

南京特別市市長　蔡培

中華民國三十年八月卅拾日

（中國第二歷史檔案館藏，檔案編號：2003-608）

僞行政院爲中山門城墻修理費仰即會商僞南京特別市政府分擔數額致僞財政部的簽呈

（1941 年 9 月 2 日）

簽呈　三十年九月二日

　　南京特別市政府呈乙件。爲遵令修理中山門城墻計劃圖算，送部審議經過及開標結果情形，呈請鑒核示遵由。

　　據呈稱，"查修理中山門城墻工程，擬請撥發專款，俾便興工一案。奉令咨准財政部審議復開'現在國庫支絀，該項修理費，本部祇能擔任補助八萬元，其餘無論多寡，應由市府自行籌措'等由。即以原估數十二萬四千九百七十餘元爲最高底價招標承辦，定於八月二十六日，分咨財政、審計兩部派員監視，在本府大禮堂當衆開標。計投標廠商共有七家，結果最低價爲陳彬記營造廠，開價十九萬七千九百六十七元二角六分；最高價爲張裕泰營造廠，開價二十九萬八千九百四十三元一角。各廠商標單上注明，標價以兩星期爲限，過期無效。是則苟能於最短期間施工，最低標價約近二十萬元，而財政部僅允補助八萬元，不敷之數甚鉅。值茲市庫萬分支絀之時，委實無力籌措。該項工程應否暫從緩辦，本府未敢擅專。倘以該城門關係首都治安，且爲觀瞻所繫，必須從速修理，擬懇令飭財政部按照前項最低標價補助三分之二，其餘三分之一，約需六萬餘元，自當由本府勉力籌措，以便施工"等語。飭財政部，中山門之修理，關係治安及中外觀瞻，實有必要。關於修理費，仰即會商京市府迅即擬定，分擔數額呈核，并令京市府知照。

春

九·二

（中國第二歷史檔案館藏，檔案編號：2003-608）

僞南京特別市政府爲計劃修理中山門城墻
請令飭僞財政部補助撥款以便施工致僞行政院呈

（1943 年 4 月 9 日）

呈　府工字第三十六號

　　查本京中山門，地當孔道，屏障京畿。不惟關係國防，且爲觀瞻所繫。前因城墻損壞，經蔡前市長於民國三十年七〔五〕月呈請鈞院撥款興修，并奉指令候令行財政部會同審議，擬定分擔修費數額，呈候核示。嗣因招商投標估價過鉅，暫從緩辦。現因工料價格日見增高，若不從速修理，將來所需工程之費益鉅。爰經飭知工務局重行查勘核實，估計預算，各種需用材料儘量減省。擬將城墻城圈先行按照原樣修復，鐵製城門價值過昂，從緩裝配。城磚一項，擬將漢中門附近廢城拆卸，收集舊磚應用，拱架撐木亦擬改用城磚堆砌，代替木材，藉以減省一部分工料。幾經切實商議，一再縮小範圍，綜計各項工料總價尚須伍拾捌萬壹千伍百玖拾式元。擬懇鈞院准予令飭財政部補助撥發，以便施工。究應如何辦理之處，理合檢具施工範圍圖暨工料概算，一并呈請鑒核示遵。謹呈

行政院院長汪

　　附呈修理中山門施工範圍圖暨工料概算各一份

南京特別市市長　周學昌

中華民國三十二年四月九日

南京市政府工務局概算書　　字第　　號

第　頁

工程名稱	修建中山城門			施工地點		中山門
起案原委						
施工範圍						
工程總價	581592.00 元					
工料種類	説明	單位	數量	單價（元）	複價（元）	備注
新建部分	城墻及城垜	立公	496.00	350.00	173600.00	
	拱圈	立公	174.00	694.00	120756.00	
	拱座	立公	97.00	565.00	54805.00	
	拱圈上粉麵	平公	157.00	33.00	5181.00	
	明溝及出水孔				6000.00	
	拱架				81400.00	

工料種類	説明	單位	數量	單價（元）	複價（元）	備注
土方	挑出城圈上土	立公	500.00	10.00	5000.00	
	拱圈上填土	立公	700.00	12.00	8400.00	
	城牆上土方	立公	800.00	10.00	8000.00	
拆除部分	混凝土障礙物	立公	60.00	30.00	1800.00	
	土堆障礙物	立公	300.00	10.00	3000.00	
	損壞拱圈	立公	120.00	20.00	2400.00	
	損壞城墻	立公	300.00	15.00	4500.00	
	損壞拱座	立公	50.00	15.00	750.00	
雜費	包括出勤車費及雜費				35000.00	以總價7.5%計算
預備費	以上面二成計				71000.00	以總價15%計算
合計					581592.00	

鑒定　陳萬恭（印）　　　審核　黃慶沂（印）　　　校對　任植志（印）　　　計算　郭功佺（印）
中華民國32年4月1日

（中國第二歷史檔案館藏，檔案編號：2003-608）

僞南京特別市政府爲修理中山門撥款一案致僞行政院秘書處的箋函

（1943年5月4日）

　　春圃先生秘書長勛鑒：

　　查修理京市中山門一案，提議已久。近以工料價格日見增高，亟應從速着手辦理。爰飭主管局重行勘估，竭力緊縮，擬具圖表於本年四月九日呈院，請予飭令財政部撥款，俾便施工在案。惟事隔匝月，尚未奉到院令，而本府對是項工程早經飭局籌備，亟待款項應用，且工料價格日增，尤不容再事延緩。爲此函請查照，迅賜令復，俾便遵循，以免阻越。專此奉懇。祗頌
勛祺

　　　　　　　　　　　　　　　　　　　　　　弟　周學昌
　　　　　　　　　　　　　　　　　　　　　　〈五月〉四日

（中國第二歷史檔案館藏，檔案編號：2003-608）

僞行政院秘書處爲修理中山門致僞南京特別市政府的復函

（1943 年 5 月 7 日）

學昌吾兄市長勛鑒：

昨接惠翰，備諗種切。關於修理京市中山門一案，在三十年五月間由蔡前市長呈請興修，以陳彬記開價拾玖萬柒千餘元爲最低標額，當時財政部僅允補助捌萬元。雖經第二次磋商，由部擔任三分之二，其餘由市府自籌，事隔年餘，迄未據會商呈復。現貴市府來呈稱：此項工程總價伍拾捌萬壹千餘元，較原標價超過兩倍。事固不容再緩，但財部有無的款可撥，誠屬問題。經院於四月廿一日行財部審議，容俟復到，自應行知貴市府。茲承見詢，爰將經過奉復，即希察照是荷。耑此順頌

勛祺

弟　陳〇〇　謹啓

五月七日

（中國第二歷史檔案館藏，檔案編號：2003-608）

僞財政部爲修理中山門損壞城墻經費擬以本京捲烟商獻金餘款全部撥充致僞行政院呈

（1943 年 5 月 8 日）

呈　會未二字第 2676 號

案奉鈞院院字第三四一號訓令内開，"據南京特別市政府呈稱，'查修理本京中山門損壞城墻一案，前以招商估價過鉅，暫從緩辦。現因工料日增，若不從速修理，將來所需工料益鉅。爰經飭據工務局重行查勘核實，估計各項工料總價共計伍拾捌萬壹千伍百玖拾貳元。擬懇令飭財政部補助撥發，以便施工'等情。應否照准，令仰審議具復，以憑核辦飭遵"等因。奉此，查修理本京中山門城墻一案，前因估價過鉅，暫從緩辦。茲南京特別市政府既以工料日高，若不從速修理，恐將來所需工程之費爲數更鉅。際此國庫支絀，本難籌撥，惟爲鞏固首都治安起見，查有日憲兵隊南京捲烟商獻金日金拾萬元，伸合國幣伍拾伍萬伍千伍百伍拾伍元伍角伍分。除已提撥補助南京特別市政府城垣修理費拾陸萬玖千玖百貳拾玖元肆角伍分外，尚餘叁拾捌萬伍千陸百貳拾陸元壹角儲存國庫。擬即以該項餘額悉數撥補，作爲修理中山門損壞城墻之用。其餘不敷之數，由南京特別市政府自行設法彌補，仍照章登報招商投標，以昭慎重。是否有當，理合檢同奉發圖、書各一份，備文呈復，仰祈鑒核施行。謹呈

行政院院長汪

附繳圖及概算書各一份

財政部部長　周佛海

中華民國三十二年五月八日

（中國第二歷史檔案館藏，檔案編號：2003-608）

偽南京特別市政府爲修理中山門城垣經費擬將捲烟商獻金餘款撥充不敷之數俯賜仍由偽中央設法籌撥致偽行政院呈

（1943 年 6 月 7 日）

呈　府工字第五七號

　　案奉鈞院院字第四八六號訓令內開，"案據該市府呈請撥款修理本京中山門城墻一案。經飭據財政部議復，略稱'查修理本京中山門城墻一案，前因估價過鉅，暫從緩辦。茲南京特別市政府既以工料日高，若不從速修理，恐將來所需工程之費爲數更鉅。際此國庫支絀，本難籌撥。惟爲鞏固首都治安起見，查有日憲兵隊南京捲烟商獻金日金拾萬元，伸合國幣伍拾伍萬伍千伍百伍拾伍元伍角伍分。除已提撥補助南京特別市政府城垣修理費拾陸萬玖千玖百式拾玖元肆角伍分外，尚餘叄拾捌萬伍千陸百式拾陸元壹角儲存國庫。擬即以該項餘額悉數撥補，作爲修理中山門損壞城墻之用。其餘不敷之數，由南京特別市政府自行設法彌補，仍照章登報招商投標，以昭慎重。是否有當，理合檢同奉發圖、書各一份，備文呈復，仰祈鑒核施行'等情前來。查該市府原呈，修理中山城門概算爲伍拾捌萬壹千伍百玖拾式元。除財部擬將南京捲烟商獻金餘款叄拾捌萬伍千陸百式拾陸元壹角悉數撥充外，其不敷之款爲數尚鉅，該市府能否設法籌足，仰即自行審度情形，議擬呈核，以憑察奪飭遵"等因。奉此，查修理中山門經費，依照財政部議，擬將日本憲兵隊南京捲烟商獻金伍拾伍萬伍千伍百伍拾伍元伍角伍分一款，扣除本府城垣修理費拾陸萬玖千玖百式拾玖元肆角伍分後之餘款撥付，計猶不敷拾玖萬伍千玖百陸拾伍元壹角，爲數尚鉅。以本府庫帑支絀情形，殊無從設法籌措。但查該項工程業已着手按照原計劃辦理，經費概算在兩個月以前勘估，值茲物價日趨高漲之際，核減自屬難能，而該工程如再延緩，竊恐原概算又將有不敷之慮，故實有急須完成之必要。奉令前因，理合瀝陳困難情形，仰祈鑒核。所有不敷之數，計拾玖萬伍千玖百陸拾伍元壹角，俯賜仍由中央設法籌撥。再工需亟切，并擬請提前核發，俾資應付而期早觀厥成。實爲公便。謹呈

行政院院長汪

南京特別市市長　周學昌

中華民國卅二年六月七日

（中國第二歷史檔案館藏，檔案編號：2003-608）

僞行政院朱綸關於修理中山門城垣所需經費三分之一數擬指飭僞南京特別市政府自行徑向僞財政部洽商妥籌辦法的簽呈

（1943 年 6 月 9 日）

查京市府呈請修理中山門城垣一案，所需經費，該市府於三十年八月工字第七五九九號來呈，請求“令飭財部補助標價三分之二，其餘三分之一當由市府勉力籌措”等語。查第二次標價，最底爲五十八萬餘元，財部擬將日憲兵隊南京捲烟商獻金儲存之三十八萬餘元，悉數撥用，是與標價全數三分之二相差無幾。其餘十九萬餘元，該市府自應勉力籌集，用踐前言。現呈以市庫支絀，其應擔三分一之數，仍請悉由中央設籌，殊背前呈請求之宗旨。但該市府所述市庫困難狀况，諒亦實在情形。本案擬指飭該市府自行徑向財政部洽商，從速妥籌辦法，毋再延宕，仍將商辦情形具報。當否，簽請核示。

第一組第一科長 朱綸 謹簽

中華民國〈卅二〉年六月九日

（中國第二歷史檔案館藏，檔案編號：2003—608）

僞財政部爲修理中山門城墻在南京捲烟商獻金項下撥補款項希派員領取致僞南京特別市政府咨

（1943 年 7 月 12 日）

財政部咨　會未一字第 4481 號

案准貴市政府財字第三二八號咨以奉行政院訓令，“爲修理中山城門一案，飭據財政部議復，擬將本京捲烟商獻金餘款撥充。不敷之數，由該市府籌補。除聲叙本市市庫奇絀情形，無法籌補不敷之數，仍請中央撥發呈復核示外，請將捲烟商獻金餘款叁拾捌萬伍千陸百弍拾陸元壹角先行提撥，以利工程進行，并希見復”等由。准此，查貴市政府修理本京中山門城墻費用一案，前奉行政院令飭審議，當經呈復：請將儲存國庫之日憲兵隊南京捲烟商獻金餘款叁拾捌萬伍千陸百弍拾陸元壹角，悉數撥補。其餘不敷之數，由貴市政府自行設法彌補在案。尚未奉到指令。兹准前由，所有此項修理中山城墻由捲烟商獻金項下，撥補國幣叁拾捌萬伍千陸百弍拾陸元壹角，姑予先行撥發，相應咨復，即希查照，派員來部領取爲荷。此咨

南京特別市政府

周佛海

中華民國三十二年七月十二日

（《南京城墻檔案·城墻的修繕與堵塞（下）》，第 175—176 頁）

僞財政部爲在日本憲兵隊南京捲烟商獻金項下所列準備金內撥補修理中山門城墻不敷經費致僞行政院呈

（1943 年 9 月 6 日）

呈　會未一字第 5553 號

　　案准南京特別市政府府工字第四零四號咨，"爲中山門城墻修理費，雖在捲烟商獻金餘款項下撥發叁拾捌萬伍千陸百弍拾陸元壹角，仍不敷拾玖萬伍千玖百陸拾伍元玖角，請由中央補撥"一案。呈奉行政院指令內開"仰徑向財政部從速妥籌辦理，仍將商辦情形報核"等因；"查本府庫帑短絀，實屬無法籌措所有修理中山門城墻不敷之款拾玖萬伍千玖百陸拾伍元玖角，請迅准如數撥發，即希查照見復"等由。准此，查日本憲兵隊南京捲烟商獻金共收日金肆拾陸萬捌千伍百捌拾壹元陸角，內列修理城墻費日金拾萬元。以日金拾捌元對中儲券壹百元比率，申合中儲券伍拾伍萬伍千伍百伍拾伍元伍角伍分。除已提撥該市政府城垣修理費拾陸萬玖千玖百弍拾玖元肆角伍分外，其餘叁拾捌萬伍千陸百弍拾陸元壹角業經悉數撥補南京特別市政府修理中山門城墻之用，并呈報鈞院鑒核暨咨請南京特別市政府查照。各在案。茲南京特別市政府又以不敷之拾玖萬伍千玖百陸拾伍元玖角，仍屬無法籌措，請予撥發前來。本難照辦，惟查日本憲兵隊南京捲烟商獻金，除指定撥充城墻修理費日金拾萬元外，尚有準備金日金捌萬捌千伍百捌拾壹元陸角，申合國幣肆拾玖萬弍千壹百弍拾元。所有此項修理中山門城墻不敷經費拾玖萬伍千玖百陸拾伍元玖角，擬請准在此項準備金內照數撥補，以期早日完工。除咨請南京特別市政府派員領取外，理合具文呈報，仰祈鑒核備案。謹呈

行政院院長汪

財政部部長　周佛海

中華民國三十二年九月六日

（中國第二歷史檔案館藏，檔案編號：2003-608）

僞財政部爲再次補撥修理中山門城墻不敷經費請派員來部領取致僞南京特別市政府咨

（1943 年 9 月 6 日）

財政部咨　會未一字第 5554 號

　　案准貴市政府府工字第四零四號咨，"爲中山門城墻修理費，雖在捲烟商獻金餘款項下撥發叁拾捌萬伍千陸百弍拾陸元壹角，仍不敷拾玖萬五千玖百陸拾五元玖角，請由中央補撥"一案。呈奉行政院指令內開"仰徑向財政部從速妥籌辦理，仍將商辦情形報核"等因；"查本府庫帑短絀，實屬無法籌措所有修理中山門城墻不敷之款拾玖萬五千玖百陸拾五元玖角，請迅准如數撥

發，即希查照見復"等由。准此，查修理中山門城墻費用，已由庫將日本憲兵隊南京捲烟商獻金餘款叁拾捌萬五千陸百式拾陸元壹角，撥補其不敷之拾玖萬五千玖百陸拾五元玖角，應由貴市政府自行設法彌補。前經呈請行政院鑒核，并咨請貴市政府查照。各在案。茲准咨稱庫帑短絀，無法籌措所有此項修理中山門城墻不敷經費拾玖萬五千玖百陸拾五元玖角，姑予由庫在日本憲兵隊南京捲烟商獻金項下所列準備金內照數撥補。除呈報行政院外，相應咨請貴市政府查照，派員來部領取爲荷。

此咨

南京特別市政府

周佛海

中華民國卅二年九月六日

（《南京城墻檔案·城墻的修繕與堵塞（下）》，第 177—179 頁）

僞南京特別市政府工務局爲請簽發修葺中山門及城垣專款致僞南京特別市政府財政局的公函

（1943 年 9 月 23 日）

南京特別市政府工務局公函　工字第一一三三號

查修葺中山門專款五拾捌萬壹千五百玖拾式元，暨修理城垣專款壹拾陸萬玖千玖佰式拾玖元肆角五分二案經費，茲以前項工程節節進行，需款孔亟，業經分別函向貴局暨秘書處暫借支用在案。邇以工程大部完成行將結束，相應分填請款書函請查照簽發，以便分別歸還借款，發給支用爲荷。此致

財政局

附請款書貳紙

局長　陳萬恭

中華民國三十二年九月廿三日

修葺中山門專款及修理城垣專款，業向財政部具領，擬解送市庫中央補助費事業補助費項下列收。工務局請款擬在建設臨時費項下撥發。

李峻德（印）

九·廿六

（《南京城墻檔案·城墻的修繕與堵塞（下）》，第 180—181 頁）

偽南京特別市財政局爲准函請撥修葺中山門及城垣專款致偽南京特別市工務局的箋函

（1944 年 2 月 29 日）

箋函　財字第 439 號

　　案准貴局工字第一一三三號公函填送請款書，請撥修葺中山門及城垣專款等由。正核辦間，又准送交工字第一三九六號原簽呈一件，爲修理中山門工程，其概算數爲伍拾捌萬壹仟伍百玖拾式元。既經酌情節減，實支公款伍拾肆萬叁拾元柒角伍分，計可結餘肆萬壹仟伍百陸拾壹元式角伍分。又修理城垣專款拾陸萬玖仟玖百式拾玖元肆角伍分，經擇要修理，計實支工款拾陸萬玖仟叁百伍拾伍元柒角伍分，亦可結餘伍百柒拾叁元柒角。尚有概算以外之新民門、太平門，均塌毀頗多，經招商修復計支公款肆萬零玖百零柒元叁角伍分，擬請在前次中山門結餘工款項內動支。另造報銷業經簽奉市長批“可”一案，查核前項工程費用概算內，係列在同節，尚可流用。相應檢附原簽暨請款書（與工字第一三九六號簽呈所列實支數不符），函請查照辦理爲荷。此致

工務局

　　附送還原簽一件，請款書二張

（局戳）

中華民國卅三年二月廿九日

（《南京城墻檔案·城墻的修繕與堵塞（下）》，第 183—184 頁）

6. 勘修新民門城門倒塌部分

偽首都警察總監署爲派員勘修新民門城門倒塌部分致偽南京特別市政府的公函

（1943 年 6 月 26 日）

首都警察總監署公函　政一字第 100 號

　　頃據下關警察局電話報稱“界內新民門城門近日因受雨水浸灌，將堵塞部分倒塌，以致人民可以自由進出，殊與城防有礙，祈核辦”等情。據此，案關城防，除令該局暫先飭派警士前往加崗防守，并呈報首都警備司令部鑒核外，相應函達，即希查照，迅予派員前往勘修，以策安全，并盼見復爲荷！此致

南京特別市政府

總監　李謳一

中華民國三十二年六月二十六日

（南京市檔案館藏，檔案編號：10020051225（00）0035）

僞南京市工務局吳顯揚關於修復新民門城門倒塌部分工款無着簽請核示的簽呈

（1943 年 7 月 30 日）

簽呈

竊查本市新民門城門倒塌部分，叠經首都警察總監署函請修復在案，當由柳技士雅南前往實地丈量。茲爲永久安全計，擬先將原有堵實物清除，城門部分用城磚砌實，圈內復用土填充。惟前修理本市各處損壞城垣工程概算內并未包括該項工程，工款無着，不便立即興工。茲附呈該工程概算書及估單二份，一并簽請核示。此呈

科長韓 轉呈

局長陳

職 吳顯揚（印） 謹呈

七·卅

似應從速施工，以俞柏壽所估一八二七五．〇〇元爲最低廉。至工程費應由何處開支之處，請鈞裁。

韓春第（印）

七·卅

簽請市座核示。

恭

七·卅一

（南京市檔案館藏，檔案編號：10020051225（00）0035）

二、修建城門之城樓或城樓過橋

1. 建築挹江門城樓

工務消息·建築挹江門城樓

（1930 年 9 月 30 日）

▲本府令工務局遵辦

挹江門自開闢後，已爲交通要道，本府以該門尚未建築城樓，殊不足以壯觀瞻，因特派員繪具圖形，現業經提出首都建設委員會，審核決定，令工務局即日興工建築云。

（《首都市政公報·紀事》，1930 年第 68 期，第 8 頁）

南京市工務局爲呈送挹江門城樓合同祈鑒核撥款致南京市政府的呈文

（1931 年 9 月 30 日）

呈字第九四八號

　　爲呈送事。竊查挹江門城門工程，業經建築完竣。前奉鈞諭"於該城城門之上，加建城樓，以壯觀瞻"等因。奉此，經即擬具計劃，預算需洋叁萬陸千陸百貳拾伍元叁角叁分，復經招由原包工椿源錦記來局，切實磋商，以叁萬伍仟捌百元，交其承包，於八月十日興工，限於十月五日完成。除電燈裝置待工竣辦理時另行呈報包價外，理合檢同合同一份，預算一份，每份五紙；圖樣一份，每份六紙，一并具文呈送，仰祈鑒核，轉飭財政局如數撥款，俾資應付，實爲公便。謹呈

市長魏

　　計呈送合同、預算、圖樣各一份

暫代工務局局長　馬軼群

中華民國二十年九月三十日

南京市工務局工程合同

工字 121 號

工程名稱：挹江門門樓建築工程

承 包 人：椿源錦記營造廠

工程總價：叁萬伍千捌百元正

開工日期：二十年八月十日

完工日期：二十年十月五日

罰　　款：每遲一日處罰洋叁拾伍元

　　南京市工務局（以下簡稱工務局）爲建築挹江門門樓工程，與上海椿源錦記營造廠（以下簡稱承包人）訂立合同如左：

　　一、工程範圍：在新建之城門上加建樓房及城樓，其大小尺寸詳圖。

　　二、承包人於投標時所繳之投標保證金○元，應俟本合同正式標定并由保證人蓋章後，始得將該項保證金領回。

　　三、本合同包括之工程所有設計圖樣及施工細則，承包人均已明瞭，願切實遵照辦理，并簽名蓋章，以資信守。

　　四、工務局根據設計圖樣及施工細則所繪製之放大詳圖，承包人均願遵照辦理。如詳圖上所規定之工料，承包人有認爲不包括於本合同之內者，應在該項工程未進行之先，以書面向工務局磋商，方爲有效。

五、工務局對於本工程各部分，得隨時更改之。其因更改而致工料有所增減時，得依承包人所開單價計算之。

六、本工程所有零瑣之處，如於圖樣及施工細則未曾載明者，承包人均應做全，不得推諉或另索造價。

七、工務局有關工程之章程及取締建築條例，承包人均應遵照辦理。

八、承包人非得工務局之許可，不得將工程轉讓或局部分包他人。

九、本工程自簽訂合同之日起，應立即動工，限定在二十年十月五日以前完工。倘逾期交工，按日罰洋叁拾伍元。此項罰款，工務局得於應付工款內扣除之。如遇天雨、冰凍或暴風，確難工作時，得經工務局核准扣除之。

十、本工程所需之人工、材料、工具及一切設備，統歸承包人擔負。工程進行中，如損及公私建築物，亦應由承包人負責賠償。

十一、本工程所需用各項材料，承包人須先將樣品送請工務局查驗。經認爲合格後，方准運場使用。在工作時，如發現不合格之材料，應立即搬運出場，不得留境［場］矇混。

十二、工程進行時，承包人須負工人或行人安全之責。如設備不周以致發生任何意外事件，均由承包人負責。

十三、承包人對於工程各部，須有適宜之設備，以便監工員隨時查驗各部工程。

十四、承包人須派富有經驗之監工人，常川在場督察，并須聽工務局監工員之指揮。如工務局認該監工人不能稱職時，得通知承包人立即撤換之。

十五、本工程無論已成、未成，如經工務局發現有與圖樣或施工細則不符之處，承包人須負拆卸重造之責，其所有損失概歸承包人擔負。

十六、凡遇不適宜工作之天氣，承包人須遵從工務局監工員之指示，將工程全部或一部停止，并須設法將已成之工程妥爲保護，以免損壞。如遇天災人禍、不測事項或保護不周，工程上所受之損失，統由承包人完全負責。

十七、承包人不得無故停止工作，或延期履行合同。倘承包人遇意外事故不能工作時，工務局得通知保證人另雇他人工作。所有場內一切設備及材料，概歸工務局使用，承包人不得索價；且工程續造之費用及延期所受之損失，工務局得由工程造價內扣除之，不足之數統由保證人負責賠償。

十八、全部工程完竣，經工務局驗收後，承包人應立具保固切結，保固　　年。倘於保固期內本工程發現裂痕或傾陷等情，工務局認爲係由物料不佳或工作不良所致者，承包人應負責出資修理，不得藉詞推諉或索價。

十九、本工程造價定爲國幣叁萬伍千捌百元〇角〇分，分期交付。

第一期於全部材料到場，付洋肆千元。

第二期於門樓地板木殼釘好，付洋叁千元。

第三期於鋼骨水泥柱及大料做好，付洋肆千元。

第四期於上部水泥柱及大料做好，付洋肆千元。

第五期於上部鋼骨水泥地板做好，付款弐千伍百元。

第六期於全部木欄栅按好，付洋弐千伍百元。

第七期於小屋面做好，付洋壹千捌百元。

第八期於大屋面做好，付洋叁千元。

第九期於墙壁做全，付洋弐千陸百元。

第十期於扶梯地板裝修做好，付洋叁千伍百元。

第十一期於全部竣工，付洋壹千伍百元。

第十二期於竣工六月後，付款壹千元。

第十三期於瓦片到場，付洋弐千四百元。

承包人於每期領款時，須備具正式領款呈文，於三日前送交工務局經查驗屬實後，發給付款憑證，遵填領款。

二十、本合同及附件均繕就同樣四份，一份呈市政府備案，二份存工務局，一份由承包人收執。

二十一、本合同附件如左：

設計圖樣一份 計六張

施工細則　份 計　張

單位價目表　份 計　張

保證書　份 計　張

二十二、附加條款

瓦片由工務局代辦，料價以弐千四百元爲限。

南京市工務局局長：馬軼群（印）

工程主辦：技正 陈品善

承包人：

店號：椿源錦記營造廠

負責人：鬱鳴仲（印）

住址：下關中山橋

保證人：

店號：新元昌

負責人：謝毓菴（印）

住址：延齡巷

證人：

住址：

中華民國二十年八月八日

修繕或新工

字第　號	挹江門城樓	工事預算細單
地點或起訖	挹江門	附件

工程度量	全部面積 850.00 平公	
	城樓面積 396.00 平公	
總數	36625.33 元	
平均單價	每平公價 41.91 元（以全部面積計算）（電燈裝置在外）	
起案原委及工地概況		
施工方法		

細目如下

種類	形狀尺寸	單位	數量	單價元	總價元	備考
鋼骨水泥	（全部）	立公	241.83	60.00	14509.80	
筒瓦屋面	（連屋架全）	平公	527.14	16.00	8434.24	
30 公分園［圓］西木柱	（未漆）	根	28	45.00	1260.00	
30 公分半園［圓］假柱	（未漆）	根	20	12.00	240.00	
25 公分雙面鋼絲網板牆	（粉刷）	平公	232.80	4.00	931.20	
13 公分雙面鋼絲網板牆	（粉刷）	平公	114.72	3.00	344.16	
13 公分單面鋼絲網板牆	（粉刷）	平公	702.50	2.60	1826.50	
城磚灰漿砌	（連粉制）	立公	62.81	7.00	439.67	
拆砌城牙	（灰漿砌）	立公	54.94	8.00	439.52	城磚由局供給
加高城牙	（灰漿砌）	立公	52.26	6.50	339.50	
25 公分磚牆	（雙面粉刷）	平公	50.40	5.70	287.28	
青石固墩	（全個）	個	28	4.00	112.00	
人造石固墩	（半個）	個	20	2.50	50.00	
雕花木欄杆	（連漆）	平公	51.46	15.00	771.90	
廊枋	（連漆）	公尺	188.00	3.00	564.00	

平方公尺簡稱平公　　　　　立方公尺簡稱立公

南京市政府工務局技正室

計算者：盧咏沂　羅仲新　七月廿四日

校對者：司組良　　　　七月廿四日

審核者：陳品善（印）　　七月廿四日

挹江門城樓

第二頁

續　字第　號算預細單						
種類	形狀尺寸	單位	單［數］量	單價元	總價元	備考
磚牆粉刷	（吊筋刷白）	平公	290.40	0.40	110.16	
一六企口板地	（欄柵平頂）	平公	552.72	5.00	2763.60	
洋松軟梯	（連井欄杆漆）	座	2	180.00	360.00	
			以上共計 33789.53 元			
	（門窗裝修）					
雙扇窗	2.00×1.20	樘	16	18.00	288.00	（玻璃漆，五金全）
雙扇窗	2.40×1.20	樘	6	21.60	129.60	（玻璃漆，五金全）
雙扇窗	2.00×2.60	樘	12	39.00	468.00	（玻璃漆，五金全）
雙扇窗	2.00×0.80	樘	4	12.00	48.00	（玻璃漆，五金全）
三扇窗	1.80×1.20	樘	8	16.20	129.60	（玻璃漆，五金全）
雙扇門	2.00×3.60	樘	4	54.00	216.00	油漆，五金
雙扇門	2.40×3.60	樘	6	64.80	388.80	油漆，五金
單扇門	0.90×2.20	樘	8	14.90	119.20	油漆，五金
單扇門	1.00×3.40	樘	2	24.30	48.60	油漆，五金
			以上共計 1835.80 元			
			城樓共計 35625.33 元			
全部電燈裝置			1000.00 元			
			全部總計 36625.33 元			
附注（全部北平彩畫工料估計在外）						

平方公尺簡稱平公　　　　立方公尺簡稱立公

南京特別市政府工務局設計科

計算者：羅仲新　盧咏沂　七月廿四日

校對者：司組良　　　　七月廿四日

審核者：陳品善（印）　　七月廿四日

字第　　號	挹江門城樓	工事計算單

參考　全部面積 50×17=850.00 平公

城樓面積 37.5×10.56=396.00 平公

屋面（國貨青筒瓦屋面，屋頂板椽子五架大料桁條平頂，灰面，刷白，出檐，油漆，工料等）
(38.8×2.6×2)+(35.2×8.26)+(6.66×26×2)=527.14 平公

30 公分園［圓］西木柱（蘇細灰底朱紅漆 4.5 公尺長）共 28 根

30 公分半園［圓］假柱（鋼絲網粉朱漆，仝上）共 20 根

25 公分雙面粉刷鋼絲網板墻

(2.10×5.7×4)+(1.7×5.7×4)+(1.2×5.7×8)+(1.3×5.7×4)+(1×5.7×2)+(2×1×12)+(2×0.6×22)= 232.80 平公

13 公分雙面粉刷鋼絲網板墻 (6.3×4×2)+(3×4×2)+(6.3×3.2×2)=114.72 平公

13 公分單面粉刷鋼絲網板墻 (26×7.5×2)+(66.4×2)+(6.42×2×2)+(15.4×5×2)=702.48 平公

城磚灰漿砌連粉刷 (2×0.41×5.30×7.50)+(2×0.82×1.2×15.36)=62.81 立公

拆砌城牙灰漿砌 0.41×[(50×2)+(17×2)]×1=54.94 立公

加高城牙灰漿砌 0.41×[(16×4)+(17×2)]×1.3=52.23 立公

25 公分青磚墻雙面粉刷 4.3×4×2=50.40 平公

雕花木欄杆，連漆 (4.2×0.8×2)+(2.9×0.8×8)+(1.5×0.8×8)+(6.16×0.8×2)=51.46 平公

廊枋（洋松連漆）(74×2)+(20×2)=188.00 公尺

一六企口板地 +（欄柵灰平頂踢腳板油漆）

(6.46×4.7×2)+(15.36×5.5×2)+(6.46×3.2×2)

33.40×4.5（城樓一層内部）} =552.72 平公

南京市政府工務局技正室

計算者：盧咏沂　羅仲新　七月廿三日

校對者：　　　　　　　月　　日

字第　　號	續挹江門城樓	工事計算單

參考　鋼骨水泥

柱 H　0.40×3.30×2[3]=3.96 立公

柱 I　$(0.60 \times 1.2) \times \frac{1}{2}$ *0.60*4.50*16=38.88 立公

梁 A　0.35×0.80×12.30×4=13.80 立公

梁 B　0.25×0.55×16×2=4.40 立公

梁 C　0.20×0.40×6×6=2.88 立公

梁 D　0.20×0.40×6×16=7.68 立公

梁 E　0.16×0.30×4.60×12=2.65 立公

梁 F　0.15×0.30×14×4=2.52 立公	
梁 F　0.15×0.30×11.50×4=2.07 立公	
梁 G　0.50×0.82×16×2=13.12 立公	
梁 J　0.30×0.50×(108+57)=24.75 立公	
樓板　(49×16.5×0.11)−(33.40×6.50×0.11)=65.06 立公	
扶梯柱子　0.30×0.30×(5+2+16)=2.07 立公	
扶梯柱子　0.20×0.20×2×2=0.16 立公	
扶梯大料　0.30×0.20×(30+34.6)=3.88 立公	×2=26.68 立公
扶梯大料　0.50×0.30×3×4=1.80 立公	
扶梯踏步　[(7.5+6)×1.2+(8.3×1.4)]×0.15=4.17 立公	
扶梯平臺　[(1.2×1.2)+(1.5×2.50)+(1.4×1.4)+(3×1.8)]×0.10=1.26 立公	
大小踏步　[(2×2.5×4)×(3.7×0.6×4)+(5.2×0.6×2)]×0.15=5.27 立公	
城樓柱子　0.25×0.4×8×20=16.00 立公	
樓板大料　0.20×0.4×6.48×8=4.13 立公	
腰挹大料　0.25×0.40×79.80=7.98 立公	
以上共計鋼骨水泥　241.83 立公	

南京市政府工務局技正室

計算者：盧咏沂　羅仲新　七月廿三日

校對者：　　　　　　　月　　　日

第三頁　共三頁

字第　　號　　　　續挹江門城樓　　　　工事計算單			
參考　門窗裝修			
雙扇窗	每樘	2.00×1.20=2.40 平公	共 16 樘
雙扇窗	每樘	2.40×1.20=2.88 平公	共 6 樘
雙扇窗	每樘	2.00×2.60=5.20 平公	共 12 樘
雙扇窗	每樘	2.00×0.80=1.60 平公	共 4 樘
三扇窗	每樘	1.80×1.20=2.10 平公	共 8 樘
雙扇門	每樘	2.00×3.60=7.20 平公	共 4 樘
雙扇門	每樘	2.40×3.60=8.64 平公	共 6 樘
單扇門	每樘	0.90×2.20=1.98 平公	共 8 樘
單扇門	每樘	0.90×3.60=3.24 平公	共 2 樘

南京市政府工務局技正室

計算者：盧咏沂　羅仲新　七月廿三日

校對者：　　　　　　　月　　　日

（《南京城墻檔案·城門的增闢與建設》，第 152—174 頁）

南京市政府參事張育海等關於工務局呈送挹江門加建城樓合同等擬照准的簽呈

（1931 年 10 月 9 日）

簽呈　第八九七號

謹簽呈者。案奉"鈞長交下工務局呈送挹江門加建城樓合同及圖樣、預算，祈鑒核撥款一案，飭即審核具復"等因。遵核所呈合同及圖樣預算等件，尚無不合，似可照准。奉交前因，理合檢同原件，簽請鑒核。謹呈

市長魏

計呈繳合同一份，預算一份，計五紙；圖樣一份，計六張

參事　張育海　章祓

二十年十月九日

（《南京城墻檔案·城門的增闢與建設》，第 175 頁）

南京市政府爲建築挹江門城門樓工款可分期具領給南京市工務局的指令

（1931 年 10 月 15 日）

指令　府急字第九二五八號

　　　令工務局長馬軼群：

呈一件。呈送挹江門城門樓合同，祈鑒核撥款由。

呈件均悉。應即准予照辦。已飭財政局在該局二十年度臨時費概算第二項第四目其他建築費內，如數籌撥。着即前往分期具領，轉給施工。事竣，呈請派員驗收，以重建設。并將領用各款，分別照章造報，呈候核轉。仰即遵照辦理。附件存查。此令。

原呈見訓令府急字第九二五九號

市長　魏道明

二十年十月十五日

（《南京城墻檔案·城門的增闢與建設》，第 177—179 頁；

《南京市政府公報·公牘》，1931 年第 93 期，第 49 頁）

南京市政府爲令撥建築挹江門城門工程工款給南京市財政局的訓令

（1931 年 10 月 15 日）

訓令　府急字九二五九號

　　　令財政局長齊叙：

爲令遵事。案據工務局長馬軼群呈稱，"竊查挹江門城門工程，業經建築完竣，前奉鈞

諭'於該城城門之上，加建城樓，以壯觀瞻'等因。奉此，經即擬具計劃，預算需洋三萬六千六百二十五元三角三分，復經招由原包工樁源錦記，切實磋商，以三萬五千八百元，交其承包，於八月十日興工，限於十月五日完成。除電燈裝置待工竣辦理時另行呈報包價外，理合檢同合同一份，預算一份，每份五紙，圖樣一份，每份六紙，一并具文呈送，仰祈鑒核，轉飭財政局如數撥款，俾資應付，實爲公便"等情，計呈送合同及預算圖樣各一份到府。據此，除指令"呈件均悉。應即准予照辦。已飭財政局在該局二十年度臨時費概算第二項第四目其他建築費內，如數籌撥。着即前往分期具領，轉給施工。事竣，呈請派員驗收，以重建設。并將領用各款，分別照章造報，呈候核轉。仰即遵照辦理。附件存查。此令"印發外，合行抄錄合同第十九條條文，令仰該局長遵照撥發，具報備查。此令。

計抄發合同第十九條條文一紙

市長 魏道明

二十年十月十五日

（《南京城墻檔案·城門的增闢與建設》，第177—179頁；

《南京市政府公報·公牘》，1931年第93期，第48—49頁）

南京市工務局爲驗收挹江門城門及廣場兩工程致南京市政府的呈文

（1931年10月26日）

呈字第一二三二號

　　爲呈請事。竊查挹江門城門城樓及廣場等工程，前經本局分別招工建築在案。現查城門及廣場兩工程均已先後完工，除城樓之零星工程因軍事暫行停止外，所有城門及廣場兩項竣工報告并決算書等，俟城樓完竣後一并造送。理合先行具文呈請鑒核，俯賜即速派員，先將城門、廣場兩項先予驗收，以昭慎重。實爲公便。謹呈

市長魏

暫代工務局局長 馬軼群

中華民國二十年十月廿六日

（《南京城墻檔案·城門的增闢與建設》，第180—182頁）

南京市政府參事章被關於查驗挹江門城門及廣場兩工程擬准驗收的報告

（1931年11月5日）

報告

　　案奉鈞長交下工務局呈報建築挹江門城門及廣場兩工程完竣請派員驗收一案。奉批"派章

參事驗收"等因。奉此，遵于本月三日會同該局前往查驗，查得挹江門工程尚屬妥善，擬准驗收。廣場工程兩旁之人行道，未將所填土方夯實，且未待所填土方堅牢，即行興築，致有崩裂塌陷之現象。此節查係該局因急于完成之關係，并非包工人工作不良之結果，擬亦姑准驗收。惟該人行道倒塌崩裂部分，擬請指令該局轉飭包工重行修築。至城樓工程屋面及門窗上之玻璃等零星未完工程，擬請一并指令該局於全部工程完竣時，再行呈報，以憑核奪。奉派前因，理合檢同原件，報請核示。右報告

市長魏

計呈繳原呈一件

參事 章袚

十一月五日

（《南京城墻檔案·城門的增闢與建設》，第 183—184 頁）

南京市財務局爲工務局建築挹江門城門樓工款已遵令如數撥付致南京市政府的呈文

（1931 年 12 月 31 日）

呈字第一〇九二號

呈爲呈復事。案奉鈞府府急字第九二五九號訓令，以"據工務局長馬軼群呈請撥發建築挹江門城門樓工款計洋三萬五千八百元，令遵照撥發"等因。奉此，自應遵辦，除已如數填發准支單，交由該局來員携回赴庫具領外，理合具文呈復，伏祈鈞長鑒核，謹呈

市長魏

財務局局長 齊叙

中華民國二十年十二月三十一日

（《南京城墻檔案·城門的增闢與建設》，第 188—190 頁）

中國國民黨南京特別市執行委員會爲呈請完成挹江門城樓致南京市工務局的公函

（1933 年 11 月 22 日）

中國國民黨南京特別市執行委員會公函　執字第 835 號

徑啓者。案據第六區執行委員會呈據第三十六分部呈請轉函市府，完成挹江門城樓等情到會。相應函達，即希查照辦理爲荷。此致

南京市政府

常務委員 周伯敏 張元良 雷震

中華民國二十二年十一月二十二日

（《南京城墙檔案·城門的增闢與建設》，第 203—205 頁）

南京市工務局爲挹江門城樓已飭原包工人繼續施工祈核轉中國國民黨南京特別市執行委員會致南京市政府的呈文

（1933 年 12 月 15 日）

呈字第五四六五號

　　案奉鈞府交下市執委會函，請完成挹江門城樓工程由。奉批"交工務局"等因。查是項工程，係馬前局長任内，招由椿源錦記營造廠承包。當竣工時，適逢國難，即由軍警在内駐防，以致内部地板、墙壁、油漆等項，未能竣工。兹奉前因，除飭原包工人繼續施工外，理合檢同原函呈復，祈鑒核轉函查照。謹呈

市長石

　　計呈繳原函一件

工務局局長 侯家源

中華民國二十二年十二月十五日

（《南京城墙檔案·城門的增闢與建設》，第 206—208 頁）

南京市政府爲挹江門城樓繼續施工已據情函復中國國民黨南京特別市執行委員會給南京市工務局的指令

（1933 年 12 月 20 日）

指令　第 10385 號

　　　令工務局：

　　呈一件。爲挹江門城樓，已飭原包工人繼續施工，復祈核轉由。

　　呈及繳件均悉。已據情函復市執委會查照矣。

　　此令。繳件存。

（《南京城墙檔案·城門的增闢與建設》，第 209—210 頁）

南京市政府爲挹江門城樓已飭原包工人繼續施工致中國國民黨南京特別市執行委員會的公函

（1933 年 12 月 20 日）

公函　第 10386 號

　　案准貴會執字第八三五號公函，以"據第六區執委會轉據第三十六分部呈請轉函本府完成挹江門城樓工程一案，囑爲查照辦理"等由。准經飭據本市工務局核辦復稱"查是項工程（云云）理合呈復核轉"等情。據此，除指令外，相應據情函復，即希查照飭知爲荷！

　　此致

中國國民黨南京特別市執行委員會

中華民國二十二年十二月廿日

（《南京城墻檔案·城門的增闢與建設》，第 209—211 頁）

南京市工務局爲挹江門城樓字匾填色竣事請發還前扣餘款致南京市政府呈

（1935 年 4 月 1 日）

呈　字七六○九號

　　據椿源錦記營造廠呈報"挹江門城樓字匾填色業已竣事，請發還餘款叁百伍十元壹角"等情。查此案係本局馬前局長軼群任內招由椿源錦記營造廠承造。二十年十月間因防務關係，首都衛戍司令部派兵遷入駐扎，以致內部地板及墻壁等項未能辦理，屋面亦未蓋瓦。所需瓦片，則已由局購買齊全，交付椿源錦記應用，除地板及墻壁等項，已經馬前局長扣存工款壹千元外，并一面編造決算，於二十年十二月三十一日，呈請鈞府派員驗收在案。惟該項扣款，由馬前局長挪付本工程加賑之一部分計洋陸百肆拾玖元玖角，現實餘存叁百伍拾元壹角。因屋面既不在扣款範圍以內，自應責令椿源錦記繼續鋪蓋。迭經通知原包工人椿源錦記及其保證人新元昌五金號迅速蓋瓦，乃延未遵辦。爲謀迅速施工起見，擬先由局墊款興工，一面嚴追原包工人或保證人照數賠繳。經招工開具賬單，又經呈報在案。旋據該椿源錦記呈報施工，并函准馬前局長函復"經轉飭該廠履行前約，剋日雇工修理完善"等由過局。是以未經另行招工辦理，即批飭該椿源錦記積極施工，已於上年六月間補做竣事，所有屋面、地板、墻壁、門窗、油漆等項，經派員分別檢驗，尚無不合。惟該門城門工程決算書內，列有門匾兩個一項，未曾建成。又經飭令補做去後，旋據該廠具報蔵事前來。驗得字匾，尚未填色，四周邊框未做，再經通知遵辦在案。茲據前情，經派員復驗，字匾確已將藍色填成，惟四周邊框仍未照做，但原設計圖樣，對邊框部分，并未列入，且現在實際上亦無從補做，除擬在扣存餘款內扣銀肆拾元外，尚餘洋叁百壹拾元壹角，似可准予發還，以資結束。是否有當，理合具文呈請鑒核示遵。謹呈

市長石

工務局局長　嚴宏滙

中華民國二十四年四月一日

（《南京城墻檔案·城門的增闢與建設》，第 213—216 頁）

南京市工務局爲挹江門城樓工程驗收及加賬均無案可考致南京市政府的呈文

（1935 年 4 月 3 日）

急 2978 號

　　查建築挹江門城樓工程，於廿年九月間核准建築，計包價叁萬五千八百元，經飭財政局如數撥訖，興工後適逢國難，派有軍隊駐扎，以致工程未能全部如期完竣，確係實情。惟原呈所述已於廿年十二月卅一日呈請本府驗收一節，本府無案可稽，復經調閱該局檔案，内有呈請驗收原稿，及竣工決算底稿。但決算内所列工款，除合同包價叁萬伍千捌百元本府有案外，另有零工及電灯等工程加賬共銀四千陸百伍拾伍元伍角壹分。本府均無案可考，究竟當時指派何人驗收，已否遵辦，亦無從查悉。

　　又查馬前局長任内五項工程超過預算案内，列有挹江門城樓工程在内，似與該案不無牽涉。究應如何指令之處，請示。

職　潘丙（印）

四·三

　　關於加賬部分未據呈報有案，曾否照付？原呈并未叙列。究竟牽涉馬任五項工程與否？擬交還該局詳查復奪。

熊亨靈（印）　孟廣昭（印）

鄒德鎔（印）

張□元（印）

四·三

如擬。

石瑛（印）　賴璉（印）

四·四

　　查本案前奉交參考，茲以奉交徹查馬任五項工程超過預算案，業經呈奉批交市政會議議決通過，呈院核辦在案。本案似仍應俟馬案呈奉院令核定後，再行核辦，并擬先行令工務局知照。當否，請示。

陸肇强　宋希尚　陳祖平　謹簽

三·八

如簽。

馬超俊（印）

三·九

《南京城墙檔案·城門的增闢與建設》，第 217—219 頁）

南京市工務局爲呈復包工椿源錦記請發還挹江門城門工程扣款擬俟馬任五項工程超過預算案解決後再行發還祈核示致南京市政府呈

（1935 年 5 月 28 日）

呈　字第一三四八號

　　案奉鈞府交下本局呈一件，爲據包工椿源錦記呈報挹江門城樓字匾，填色工竣，請發還扣款，轉請核示一案。奉批"交局照審核股簽呈各點，詳查復奪"等因，計發原呈及簽呈各一件下局。奉此，遵查鈞府審核股簽呈内開"以建築挹江門城樓工程，合同包價，計銀叁萬伍仟捌佰元，本府有案。至另外零工及電燈等加賬，共銀肆仟陸佰伍拾伍元伍角壹分，均無案可稽。關於加賬部分，曾否照付，原呈内并未叙列。究竟牽涉馬任五項工程與否，擬交局查復"等因。查此項工程，加賬部分，已由馬前局長軼群照付列報，其扣存之款，案照本局賬内，現尚實存銀叁佰伍拾元零壹角，兹據該包工呈請發還，雖係扣款，但與該工程加賬似不無牽涉，且馬前任五項工程，超過預算案，尚未解決，擬俟將來全案解決後，再行發還。奉交前因，理合將查明情形，具文呈復，仰祈鑒核示遵。謹呈

市長馬

　　計繳還原呈及簽呈各一件

工務局局長　宋希尚

中華民國二十四年五月二十八日

　　此件擬送前派查案專員陸局長、宋局長及本府陳專員參考，當否，請示。

孟廣昭（印）　潘丙（印）

五·廿九

如擬。

鄒德鎔（印）

五·卅

　　再馬任五項工程超過預算案，久未見查案專員呈報，究竟已辦到何種程度？着令查案專員速復。倘未召集，着即由陳專員負責召集，迅速辦理。

馬超俊（印）

五·卅

（《南京城墙檔案·城門的增闢與建設》，第 220—223 頁）

南京市政府爲挹江門城門工程扣款擬俟馬任五項工程超過預算案解決後再行發還事給南京市工務局的指令

（1937 年 3 月 11 日）

指令　第 002193 號

　　　令工務局：

　　二十四年五月二十八日第一三四八號呈一件。爲呈復包工椿源錦記請發還挹江門城門工程扣款，擬俟馬任五項工程超過預算案解決後，再行發還，祈核示由。

　　呈暨繳件均悉。案經發交本府前派馬任五項工程超過預算案查案專員陸局長、宋局長及本府陳專員參考去後，兹據簽稱"兹以奉交徹查馬任五項工程超過預算案（照簽抄至）先行令工務局知照"等情，附繳件。據此，應准如簽辦理，仰即知照。繳件存。此令。

中華民國廿六年叁月拾壹日

（《南京城墻檔案·城門的增闢與建設》，第 224—226 頁）

2. 修建中華門城樓

工務消息·修建中華門城樓

（1931 年 6 月 15 日）

　　工務局以中華門城樓年久失修，不惟有礙觀瞻，且有傾圮之虞，擬計劃修建，并測量中華路至内橋一段地形，至中正路（即子午路）臨時溝渠，已在計劃修造之中。又朱雀路、太平橋至白下路一帶溝管，則早已動工裝設，并擬鳩工改做朱雀路慢車道與快車道相間隔之水泥界石，使與路面相平，以便慢車行駛云。

（《首都市政公報·紀事》，1931 年第 85 期，第 5 頁）

3. 辦理新民門、漢中門兩城門補救工程

南京市工務局爲漢中門城樓過橋工事計劃圖算祈核示遵致南京市政府呈

（1935 年 6 月 5 日）

呈字第一五九六號

　　案查接管卷内，前奉鈞府令飭辦理補救新民、漢中兩城門，及開挖興中、挹江兩門外護城河等工程一案。除開挖興中、挹江兩門外，護城河及新民門補救工程計劃圖算，業經本局嚴前局長先後擬定，呈奉鈞府指令"核准辦理，并轉呈軍事委員會撥款興工，各在案"外。兹查所有漢

中門補救工程計劃，復經局長希尚飭科擬就仿照修改新民門工事計劃，在該城門樓上建一大梁式鋼筋混凝土過橋。估計約需工費一萬二千三百四十三元七角。是否有當，理合檢同計劃圖算，具文呈祈鈞府鑒核示遵。謹呈

市長馬

　　附呈漢中門城樓過橋計劃圖二份、預算書一份

工務局局長　宋希尚

中華民國二十四年六月五日

南京市工務局

漢中門城樓過橋工事預算書（共1頁）

建字第 406 號　　　　　　　　　　　　　　　　　　　　　　第 1 頁

地　　點	漢中門					
工程撮要	在漢中門城墻上建城樓過橋一座，將城門兩邊接通					
總　　價	12,343.70			平均單價		
起案原委及 施工方法	奉軍委會令辦理 擬建一大梁式鋼筋混凝土橋					
附　　件						
預算詳細表						

種類	形狀	單位	數量	單價（元）	總價（元）	備考
1：2：4混凝土		立公	85.00	44.00	3,740.00	鋼筋在外，木殼在內
鋼筋		公斤	10,400	0.30	3,120.00	
鋼架		公斤	3,400	0.30	1,020.00	連油漆
1：3：6混凝土	磚墩底腳	立公	40.00	22.00	880.00	連挖基
磚墩（用拆下舊磚）	1：3水泥砌	立公	100.00	11.00	1,100.00	
砌城墻及鋪城磚等	石灰砌	立公	255.00	5.00	1,275.00	
水泥假石粉刷	磚墩上	平公	130.00	2.50	325.00	工料
水泥假石粉刷	混凝土上	平公	132.00	0.60	79.20	工價
1：2水泥漿	橋面	立公	2.70	30.00	81.00	厚5公分
土方		立公	447.00	0.50	223.50	
整理城牙					100.00	連修補粉刷
伸縮縫設備					400.00	
					12,343.70	

24 年 5 月 20 日　　　　　　　　計算　周國璠（印）　　校對　唐瀚章（印）　　審核

擬交參事室核復。又此案工款應由軍政部擔認，擬俟訂立合同後，再行轉函照案撥給。

潘丙（印）

孟廣昭（印）

六·六

遵核漢中門城樓過橋工程計劃，尚屬可行。預算洋壹萬二千三百餘元，亦無不合。似可轉呈軍委會請款。俟款撥到後，再行指令興工。

劍鳴

（南京市檔案館藏，檔案編號：10010030115（00）0003）

南京市市長馬超俊關於新民門補救工程款可由工務局代擬呈國民政府軍事委員會請示稿的簽條

（1935 年 6 月 15 日）

本府辦理護城河新民門補救工程，請軍政部撥款。乃該部僅允撥三分之一。此件爲要，又逾萬元，在本府現在財政拮据狀況下，實未便再行墊款。此項工程可待呈請軍委會將款撥到後，再行興築。由工務局根據事實，代擬府稿，先呈軍委會請示。

馬超俊（印）

六·十五

（南京市檔案館藏，檔案編號：10010030115（00）0003）

首都警察廳爲漢中門城門因受天橋重力下壓不能關鎖請派員工勘修致南京市工務局的公函

（1936 年 4 月 7 日）

首都警察廳公函安字第 365 號

案據本廳督察處轉據漢中門稽查所稽查周行偉呈稱"竊查漢中門前由市工務局建造天橋，業已竣工。但該門因受天橋重力下壓，稍有傾斜，以致不能入栓關鎖。前經電知營造股，尚未派員前來查勘。擬請轉函修理，以重門禁，而免疏虞"等情。據此，相應函請貴局查照，迅予飭派員工勘修，并盼見復爲荷。此致
南京市政府工務局

廳長 王固磐

中華民國廿五年四月七日

速責成包工修好。

四·九

城門與天橋爲兩事，陳技士鴻鼎速核辦。

梅成章（印）
四·十

已飭包工修好。

陳鴻鼎（印）
五·廿二

（南京市檔案館藏，檔案編號：10010030115（00）0031）

南京市工務局陳鴻鼎關於漢中門城門已召華中公司修理完竣、工款并入該城門過橋工程決算內核算的簽呈

（1936 年 5 月 22 日）

呈局長：

　　爲呈報事。查漢中門城樓過橋工程，早已完工。後以得警廳來函，請修舊兩扇城門，并奉令責成包工修好。惟此兩扇城門，係爲舊建，與本工程包工無關，後查過橋工程，尚有餘款 66 元，經職召華中商妥，歸該商修理，酌給工款。現舊門亦已修理完竣，經核給修理費 35 元。此款已并入決算內核算。擬請派員驗收。謹呈

主任胡

科長梅

局長宋

　　附注：1. 另行先覆［復］警廳

　　　　　2. 附決算底稿一份

職 陳鴻鼎 呈報
五·廿二

請派員驗收。

胡英才（印）
五·二六

派員驗收并復警廳。

梅成章（印）
五·廿七

南京市工務局

漢中門城樓過橋工事決算書（共1頁）

字第　　號　　　　　　　　　　　　　　　　　　　第1頁

合同號數		C1024 號	規定限期	90 天
承包人		華中公司	雨雪冰凍	39 天
開工日期		24 年 10 月 12 日	核准延期	/ 天
全部分 一部分	工竣日期	25 年 2 月 17 日	逾期日數	/ 天

預算			決算	
原來預算或 原合同所訂	總價	11088.45 元	承包人實做工程費額	11777.90 元
第一次追加		720.45 元		
第二次追加				
共計 11808.90 元			净付承包人 11777.90 元	

附注：第一次追加奉府令 7761 號核准

實做工程詳細表

種類	形狀	單位	數量	單價 元	總價 元	備考
混凝土	1：2：4	立公	85	37.00	3145.00	
鋼筋		公斤	10400	0.135	1404.00	
鋼架		公斤	3400	0.30	1020.00	
1：3：6 混凝土		立公	40	24.00	960.00	
磚礅		立公	98	9.00	882.00	
砌城墙及鋪城磚等		立公	191.50	7.50	1436.25	
水泥假石粉刷	磚墩上	平公	122	3.00	366.00	
水泥假石粉刷	混凝土上	平公	124	3.00	372.00	
1:2 水泥漿		立公	2.7	30.00	81.00	
土方		立公	447	0.85	379.95	
整理城牙					400.00	
伸縮縫設備					100.00	
二,五,十青磚		立公	186	6.20	1153.20	
拆遷厠所照原式修復					120.00	
修理舊城門					35.00	核給
					11854.40 元	
應扣拆城墙工		立公	255	0.30	−76.50	
					11777.90 元	

25 年 5 月 22 日　　　計算：陳鴻鼎（印）　　　主任：胡英才（印）　　　科長 / 技正：　　　局長：希尚（印）

南京市工務局沈榮伯等關於漢中門城樓過橋工程增加工程費等的簽條

（1936 年 7 月 21 日）

呈局長：

漢中門城樓過橋經華中公司開賬前來，計需工款乙千九百三十四元四角二分，詳核其中各項工作有：1. 挖土方；2. 鏨假石^①粉刷；3. 城牆拆工；4. 城牆砌工，似應由該商負擔。其餘增加鋼筋混凝土頂板及兩城牆中部砌磚石兩項，係屬增加工程，似應給價計洋九百八十元（原估計用六寸混凝土頂板，改用七寸頂板）。完工日期已允於月底前將城牆砌好。至其粉刷做石及鋼筋混凝土工作，須待堅硬，故要求於下月二十日前完工。是否照此增價格增減表，呈府之處請示。

職 沈榮伯 陳鴻鼎

擬照九百八十元交該商承辦，同時據增減工程價格表呈府備案，完工期限可否給予展長之處，請示。

梅成章（印）

七·廿

交陳技士鴻鼎負責辦理。

胡英才（印）

七·廿二

注：

原估計須增工款七百二十五元。其鋼筋混凝土單價爲五十五元，現核定單價爲五十三元五角；砌磚石牆心，原估單價四元五角，現核定單價亦爲四元五角。亦總價之增高，全係鋼筋混凝土數量之增加。合并注明。

THE CENTRAL CHINA REALTY CO.,LTD.
110 30A, AVENUE EDWARD VII, SHANGHAI
PRELIMINARY ESTIMATE

Estimate No.＿＿＿＿＿＿＿　　　　　　　　Sheet No.＿＿＿＿of＿＿＿＿

Client＿＿＿＿南京市工務局＿＿＿＿＿　　　J.O. No.＿＿＿＿＿＿＿＿＿

Description of Work＿＿＿修建漢中門城門工程＿＿＿＿　　Date＿＿＿20/7/25＿＿＿＿

Quantities by＿＿＿＿Checked by＿＿＿＿Prices by＿＿＿＿Approved by＿＿＿＿

ITEM	ACCOUNT NO.	DESCRIPTION	QUANTITIES	UNIT	RATES	AMOUNTS	TOTALS
1		挖土方	418.20	Cu. m.	0.55	230.01	

①鏨假石：又稱剁斧石，一種人造石料。將掺入石屑及石粉的水泥砂漿，塗抹在建築物表面，在硬化後，用斬鏨方法使成爲有紋路的石面樣式。

ITEM	ACCOUNT NO.	DESCRIPTION	QUANTITIES	UNIT	RATES	AMOUNTS	TOTALS
2		鑿假石粉刷	78.20	Lq. m.	2.70	211.14	
3		城牆拆工（北面一邊）	38.19	Cu. m.	1.50	57.74	
4		夾檔堆土方及舊城磚（磚由工局供給）	176.00	Cu. m.	2.50	440.00	改爲磚石
5		鋼筋水泥混凝土頂板（7″厚）	13.24	Cu. m.	55.00	728.20	
6		城牆砌工（石灰黃沙）	38.19	Cu. m.	7.00	267.33	$1934.42
					TOTAL		$1934.42

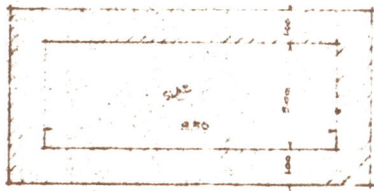

（《南京城牆檔案·城牆的修繕與堵塞（上）》，第 167—173 頁）

南京市工務局爲漢中門城樓過橋工程加賬致南京市政府的密呈、致華中公司的通知

（1936 年 8 月 11 日）

密呈

　　案查建築漢中門城樓遇橋工程，已由局發交華中公司承包，并與簽訂合同，呈奉鈞府二十四年十月第五七九零號指令核准。嗣因添用青磚、遷移廁所地位，并減少磚墙數量，亦經填具價格增減表，呈奉鈞府同年十二月七日第七七六一號令准備案，各在案。茲查過橋兩端接連兩城墙中間，原計劃爲節省經費起見，用土方填嵌，上鋪城磚，并以水泥粉面所有中填土方，雖經夯實，但填土方過高，不免稍有沉陷，其水泥粉面，因之損壞，且值夏季大雨之後，雨水滲入注其一部分墙面，稍向外斜。查該工程，尚未經本局驗收，其在原定工程範圍内，如有損壞，照章自應由包商負責修正。惟現經斟酌事實需要，應就原定工程範圍以外，略予修改增築，以期永固。爰飭將城墙部分拆除重建，將原填土方挖去，另在城墙空間二公尺高城防綫下，用磚石叠砌，并將墙頂加做鋼筋混凝土頂板，以利宣泄而固墙身。除所有挖掘土方，墙面瑩假石粉刷及拆砌城墙工費，概不另行給價外，所屬必需增築部分，計需追加洋玖百八十元零式角，已飭該商照辦，容候竣工再行核實列報，理合填具價格增減表，具文呈送，仰祈鑒准備案，實爲公便。謹呈

市长馬

　　附呈價格增減表二份

全銜

中華民國二十五年八月十一日

通知

　　查漢中門過橋工程，除原定工程範圍内拆做部分，應由該商負責外，所有增加鋼筋混凝土頂板及磚石砌築墙心，經與核定增加洋九百八十元零式角在案。除呈報市政府備案，并候工竣再行核實結算外，合行檢發價格增減表一份，仰即遵照辦理，依限定成具報爲要。特此通知。

　　右仰華中公司遵照。

　　附發價格增減表一份

中華民國二十五年八月十一日

南京市工務局
工程價格增減表

　　茲因漢中門過橋增加鋼筋混凝頂板及磚石砌墻心（另詳圖樣），經與承包人華中公司按照合同規定，經雙方同意，決定增減價格如下：於工程總價內分別增加或減除之該項價格增減表，并爲合同附件之一，共繕成同樣四份：二份呈南京市政府備案，其餘二份由工務局及承包人各執一份爲憑。

中華民國 25 年 7 月 20 日　墻身月底完工，鋼筋混凝土八月二十日前完工

南京市工務局　經辦人　陳鴻鼎（印）　　承包人　高鑑（印）
　　　　　　　主　任　胡英才（印）
　　　　　　　科　長　梅成章（印）　　　　上海華中營業股份有限公司南京分公司
　　　　　　　局　長

增加部分					減除部分				
種類	單位	數量	單價（元）	複價（元）	種類	單位	數量	單價（元）	複價（元）
鋼筋混凝土	立公	13.25	53.60	710.20					
砌磚石墻心	立公	60.00	4.50	270.00					
共計				980.20					
增減相冲計實　增/減　洋		980 元 2 角 0 分							

格式營 1005-21-8　　　　　　　　　　　　　　　　工程 C 字　1024 號附件

（《南京城墻檔案·城墻的修繕與堵塞（上）》，第 181—187 頁）

首都警察廳爲漢中門鐵栓裝置不合左門推動不靈函請派工修理
致南京市工務局的公函

（1936 年 8 月 15 日）

首都警察廳公函　安字第二〇五號

　　案據本廳督察處轉據漢中門稽查所稽查周行偉呈稱"查漢中門城門自報請市工務局於上月間派工修理後，已可啓閉。惟該門鐵栓裝置不合，關鎖難固。昨夕突經暴風，門即迎風自開，現門檻業已撞彎，且左門推動不靈，啓閉十分困難。請轉函迅予派工修理，以重城防"等情。據此，相應函請貴局查照，迅即辦理，并盼見復，實紉公誼！此致

南京市工務局

廳長　王固磐

中華民國二十五年八月十五日

爲何有此情形，派陳鴻鼎技士前往詳愼勘報。

梅成章（印）

八·十七

新門檻已做好。

陳鴻鼎（印）

十·二

（南京市檔案館藏，檔案編號：10010030115（00）0031）

南京市政府爲漢中門城樓過橋工程加賬准予備案給南京市工務局的密指令

（1936 年 8 月 18 日）

南京市政府密指令　字第 8553 號

　　令工務局：

　　本年八月十一日密字第五一號密呈一件。爲呈報漢中門城樓過橋工程加賬情形，祈備案由。呈件均悉。准予備案。件存。此令。

南京市市長　馬超俊

中華民國廿五年八月十八日

（《南京城墻檔案·城墻的修繕與堵塞（上）》，第 188—190 頁）

南京市工務局爲漢中門城樓過橋工程完成請派員驗收致南京市政府的密呈

（1936 年 11 月 3 日）

密呈

　　案查奉令建築漢中門城樓過橋工程，前經本局交由華中公司承包，計包價洋乙萬乙千零捌拾捌元四角五分，幷與簽訂合同，呈奉鈞府二十四年十月四日第五七九零號指令核准。旋因添用青磚，遷移厠所地位，幷減少磚墻數量，增減兩抵，計需增加工款七百二十元零四角五分，又以增加鋼筋混凝頂板及磚石砌墻心等項，計需增加工款九百八十元零式角，亦經分別填具價格增減表，呈奉鈞府二十四年十二月七日第七七六一號及本年八月十八日第零八五五三號先後令准備案。各在案。茲查是項工程，業已全部完成。經派員檢驗，核實設計，尚屬相符。至修理舊城門兩扇，係准首都警察廳函請到局，但不在原訂合同範圍以内，經核給洋三十五元，其餘數量略有增減，共計應實支工款乙萬式千六百五拾九元四角柒分，除奉據包價乙萬乙千零八十八元四角五分外，按實支數計需追加洋乙千五百柒拾乙元零式分。應請鈞府賜准加撥。至本案工款，經照包價編造支付預算，函准軍政部撥付補助二分之一工款五千五百四十四元式角式分，已如數解庫在案；按決算數各事負擔，應由軍政部補撥洋七百八十五元五角一分。茲定於十一月二十日上午九時在本局齊集，前往驗收。除檢同決算書及竣工圖樣各三份，代鈞府擬稿呈請軍事委員會派員會驗，并加撥工款外，理合檢同決算及竣工圖各樣一份，連同請撥臨時費通知單一紙，具文呈送，仰祈鑒核，俯賜派員屆時莅局，會同前往驗收，并請轉飭財政局加撥工款，以資結束。謹呈

市長馬

　　附呈請撥臨時費通知單一紙，決算書一份，圖樣一份

全銜

中華民國二十五年十一月三日

南京市工務局
漢中門城樓過橋工事決算書

合同號數		C1024 號	規定期限	90 天
承包人		華中公司	雨雪冰凍	39 天
開工日期		24 年 10 月 12 日	核准延期	天
全部分 一部分	工竣日期	25 年 2 月 17 日	逾期日數	天
預算			決算	
原來預算或 原合同所訂	總價	11088.45	承包人實做工程費額	12659.47
第一次追加		720.45		
第二次追加		980.20		
共計　12789.10 元			净付承包人	12659.47 元
附注　第一次追加奉市府令 7761 號核准，第二次追加奉市府令 8553 號核准				

實做工程詳細表

種類	形狀	單位	數量	單價元	總價元	備考
混凝土	1：2：4	立公	8.5	37.00	3145.00	
鋼筋		公斤	10400	0.135	1404.00	
鋼架		公斤	3400	0.30	1020.00	
1：3：6 混凝土		立公	40	24.00	960.00	

磚墩	立公	98	9.00	882.00	
砌城墻及鋪城磚等	立公	191.5	7.50	1436.25	
水泥假石粉刷（磚墩上）	平公	122	3.00	366.00	
水泥假石粉刷（混凝土上）	平公	124	3.00	372.00	
1：2水泥漿	立公	2.7	30.00	81.00	
土方	立公	447	0.85	379.95	
整理城牙				400.00	
伸縮縫設備				100.00	
二五十青磚	立公	186	6.20	1153.20	
拆遷廁所照原式修復				120.00	
修理舊城門				35.00	核給
鋼筋混凝土	立公	11.41	53.60	611.57	
砌磚石墻心	立公	60	4.50	270.00	
應扣拆城墻工	立公	255	0.30	76.50	
				12659.42 元	

25年10月3日　計算：陳鴻鼎（印）　主任：胡英才（印）　科長：梅成章（印）　局長：希尚（印）

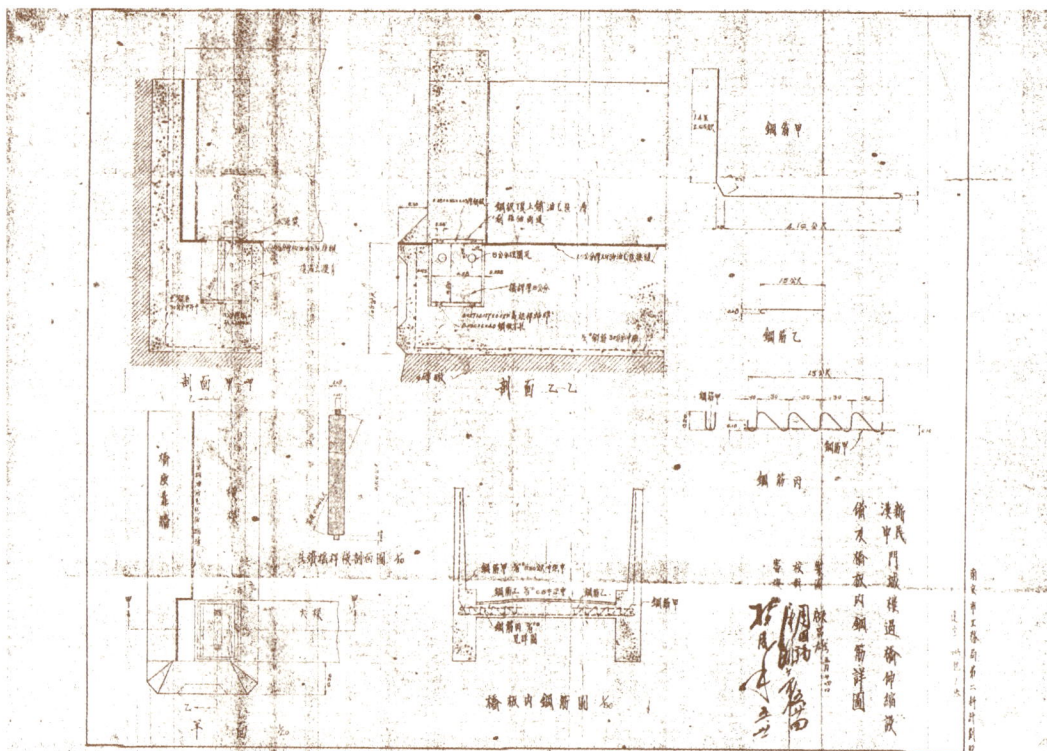

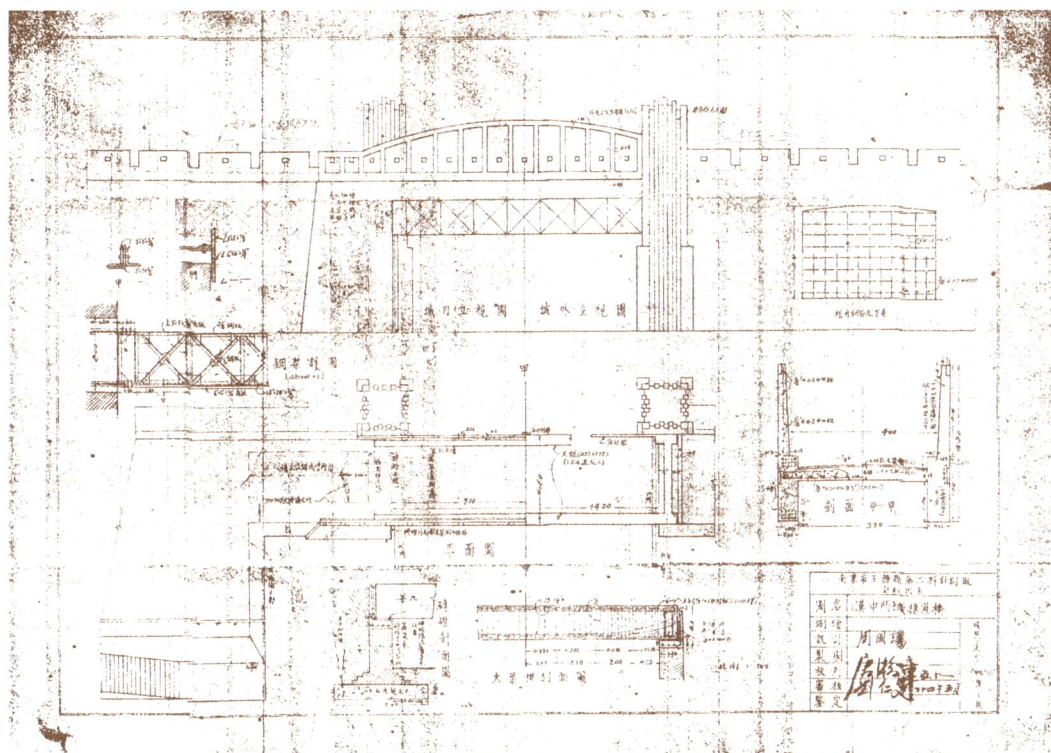

（《南京城墙檔案·城墙的修繕與堵塞（上）》，第 191—197 頁）

4. 武定門城門移裝及城樓過橋工程

南京市工務局爲武定門城樓過橋工程加賬請派員向軍政部洽領轉撥過局致南京市財政局的密函

（1936 年 11 月 16 日）

密函　第 172 號

　　案查前奉軍事委員會令飭改善武定門城樓過橋工程，曾經本局交由張裕泰營造廠承包，計包价三萬七千三百零九元八角，旋因加裝踏步、鋁管欄杆、磚柱粉刷及門旁翼墙，計需加賬四千八百式十式元八角。又黃埔路已成，未裝之甲種鐵門一樘，曾奉軍事委員會核准移裝武定門，除鐵門本身工款，前經列報不計外，應添鋼料及水泥漿砌磚墩等項，連月運費，核定包价乙千式百八十式元八角，交由原包商銳聲廠移建，列入該門城樓過橋工程加賬，先後呈奉市政府核准，并將兩次加賬情形，代府擬稿呈報軍事委員會轉飭軍政部，依照建築武定門城樓過橋原案補助三分之一工款，計洋式千零三十五元式角在案。茲奉市政府交下軍事委員會本年十一月五日執一字第三八五二號密指令一件，爲據呈請轉飭加撥移裝武定門鐵門及添裝欄杆、磚墩并粉刷新砌踏步等工款，准飭軍政部照原案補助三分之一，仰即徑洽具領由，奉批"密交工務局遵辦代稿呈復，并通知財政局向軍政部領款"等因。奉此，除代擬府稿呈復軍事委員會外，惟查此項工程，業經工竣，并已編造決算書，呈經市政府核轉軍事委員會派員訂期會驗。除武定門城樓過橋工程本身工款，已准軍政部按照包價撥付三分之一，計洋乙萬式千四百三十七元六角，并經解庫具報有案外，所有兩次加賬，應領三分之一補助費，計洋式千零三十五元式角，應請貴局派員迅向軍政部洽領轉撥過局，以資應付。相應函達，即希查照辦理，見復為荷。

此致

財政局

局長 宋○○

中華民國二十三年十一月十六日

（《南京城墻檔案·城門的增闢與建設》，第389—394頁）

軍政部爲武定門城樓過橋工程加賬請造具預算書單過部以便核轉發款致南京市政府的密函

（1936 年 11 月 20 日）

軍政部公函　豐（丁）字第 4129 號

案奉軍事委員會執一字第三八五二號密函令内開，"案據南京市市長馬超俊呈稱，'案奉鈞會本年八月二十四日執一字第三零一四號密令，略以"軍政部轉呈營造司技正周俊德驗收京郊附近鐵門工程情形，飭局改善各點并負責辦理"等因。奉此，除改善三點已飭由工務局轉飭包商遵照修理竣事外，關於令開第四項（甲）所有黃埔路已成未裝之乙種鐵門一樘，原擬移裝於倉〔滄〕波門者，業已遵令函准參謀本部城塞組派員於九月十四日上午會同該局點收在案。（乙）武定門修理工程自應照案辦理，所有黃埔路已成未裝之甲種鐵門一樘移裝武定門。除鐵門本身工款前經列報在卷不計外，應添鋼鐵料照原有鐵門重量比例計算，及三十八公分厚水泥漿砌磚礅并磚礅外粉假石，連同運費，經該局核交承辦鐵門原包商銳聲建築廠承辦，計包價洋壹千式百捌拾式元捌角，并與簽訂承攬，擬列入武定門城樓過橋工程案内作爲加賬，報請鑒核備案前來。又查奉令改善武定門城樓過橋一案，前經交由張裕泰營造廠承辦，現將次完成，惟尚有應行增加及實施數量超過合同所列者：（一）加裝鋁管欄杆；（二）加砌磚柱；（三）增加外粉刷；（四）拆砌城磚踏步及城門兩旁翼墻。數量增多，共需追加工款肆千捌百拾式元捌角，爲應事實需要，當由該局轉飭照辦并實地丈量、填具價格增減表，呈請本府備案，各在案。以上兩項加賬，共需增加工款陸千壹百零伍元陸角，理合具文呈報，仰祈鑒核備案，并請轉飭軍政部照原案三分之一，加撥洋式千零叁拾伍元式角過府，以應支付，實爲公便'等情。據此，除指令准飭軍政部照原案補助三分之一，仰即逕洽具領外，合行令仰該部轉飭軍需署遵照加撥國幣式千零叁拾伍元式角，逕交具領并報爲要，此令"等因。奉此，相應函達查照，造具預算書單各六分［份］函送過部，以便核轉發款。除呈復軍事委員會外，即請查照爲荷。

此致
南京市政府

軍政部

中華民國二十五年十一月二十日

擬密交工務局迅即遵辦，代復，并通知財政局前往領款。

孟廣昭（印） 陳祖平（印）

潘丙（印） 鄒德鎔（印）

十一·廿一

（《南京城墙檔案·城門的增闢與建設》，第 400—405 頁）

南京市工務局爲請迅速派員向軍政部具領武定門城樓過橋等工事補助費轉撥過局致南京市財政局的密函

（1936 年 11 月 28 日）

密函　第 198 號

案奉市政府交下軍政部本年十一月二十〔一〕日豐丁字第四一二九號密函一件。爲奉令飭撥移裝武定門鐵門，及改善該門城樓過橋等工事，三分之一補助費式千零三十五元二角，請查照補送預算專單，以便撥款由。奉批"交局迅速遵辦，代復，并通知財政局前往領款"等因。奉此，查此項應領補助費，前奉市政府交下軍事委員會本年十一月五日執一字第三八五二號密指令下局，即經遵照轉函貴局，派員向部具領在案。茲奉前因，除由局造具補助費支付預算書，并抄同承攬及價格增減表，代府擬稿，函復軍政部查照核撥外，相應函達貴局，即希查照，迅速派員向部具領轉撥過局，以資應付爲荷。此致

財政局

局長　宋〇〇

中華民國二五年十一月廿八日

（《南京城墙檔案·城門的增闢與建設》，第 395—398 頁）

南京市政府爲請撥移裝武定門鐵門及改善該門城樓過橋工程加賬補助費
以資結束致軍政部的密函

（1936 年 11 月 30 日）

密函　工密字第 84 號

　　案准貴部本年十一月二十〔一〕日豐丁字第四一二九號密函略開，"案奉軍事委員會執一字第三八五二號密令，以據南京市市長馬超俊呈稱，'移裝武定門鐵門工事，前往交由包商鋭聲廠承辦，計包價乙千二百八十二元八角；又奉令改善武定門城樓過橋一案，亦經交由張裕泰廠承包，計需工款四千八百二十二元八角。以上兩項共需六千乙百零五元六角，作爲武定門城樓過橋工程加賬，理合填具價格增減表，仰祈鑒核備案，并請轉飭軍政部照原案三分之一加撥式千零三十五元二角，以資應付'等情。據此，除指令准飭軍政部照原案補助三分之一，仰即徑洽具領外，合行令仰該部，轉飭軍需署遵照加撥二千零三十五元二角，徑交具領并報等因。相應函請查照，造具預算書單各六份，函送過部，以便核轉撥款"等由，准經轉飭工務局遵辦去後。兹據該局簽復，"案奉批飭補造移裝武定門鐵門及改善該門城樓過橋加賬補助費支付預算書，自應遵辦。惟應附送之估單，按此項工事，係屬加賬，并無估單。至原訂承攬，及價格增減表，亦僅二份，一份存局，一份交由包工收執，兹經按照存牘承攬及價格增減表，照抄同樣六份，加蓋局印，以資証明。并檢同書表等件，呈請核轉"等情，計附呈預算書，及承攬、價格增減表各六份。據此，查此項工事，早經工竣，已呈奉會同派員驗收，所需補助費，亟待請撥，以資結束。除飭財政局派員徑向貴部具領外，相應檢同原呈書表等件，函請查照核撥爲荷。此致

軍政部

　　計附送補助費支付預算書六份，承攬六份，價格增減表六份

市長　馬○○
中華民國二五年十一月卅日

（《南京城墻檔案·城門的增闢與建設》，第 406—412 頁）

南京市政府爲武定門城樓過橋及城門工程先後完工驗收請派隊駐守以重城防致國民政府軍事委員會的密呈

（1936 年 12 月 2 日）

密呈　工密字第 87 號

　　案查建築武定門城樓過橋及該門城門工程，業已先後完工，并經編造決算書，連同竣工圖樣，呈請鈞會派員，業於十二月一日會同驗收在案。兹查上列工程，急待派隊駐守以重城防，理合具文呈請鑒核，俯賜迅予指派軍事機關派隊接管以重防務。

　　謹呈

軍事委員會委員長蔣

全銜

中華民國二十五年十二月二日

（《南京城墻檔案·城門的增闢與建設》，第 413—416 頁）

5. 修建中山門城樓計劃

南京市工務局關於修建中山門城樓的計劃説明

（1936 年 12 月 2 日）

　　中山門城樓計劃遵照委座手令，仿照挹江門式樣。查委座手令，原文爲："門樓應用水泥建築平頂，可置高射小炮；但在平頂上另添中國式瓦屋頂，如挹江門樓式可也。"似在水泥屋頂上放置小炮，惟參謀部會議仍無具體決定可資遵循。兹姑以每平方公尺載重五〇〇公斤計算，於平頂上再做瓦屋頂，但使用時如何布置、拆除仍需討論。

　　城洞發 ［法］ 圈經計算尚可勝任，如再加重量必須加厚，則工程太大。

　　城上留出四公尺寬走道，以便通行炮車，原有兩旁守衛室設置樓梯，直通門樓。

　　其餘各城門在上面地面加鋼骨水泥，可以概算爲標準，將來依照各個城門實際情形決算之。

　　奉派代表出席軍政部召集之修理南京城墻及建築門樓會議，遵即準時前往出席討論。重心爲經費問題，由軍政部會計長陳良、軍務司司長王文萱表示意見，"現在軍費支出浩大，實無餘款可以撥付。兹爲迅速完成起見，仍遵照軍委會原令，由軍政部補助實做工程費用三分之一，以免貽誤。此後關於經費問題不再開會討論"等語。雖經職將府庫奇絀，本府無力負擔各種情形妥爲解説，仍無結果。除將本局計劃之中山門門樓圖樣交由參謀本部代表歐陽維一詳爲審查外，關於經費問題，軍部代表認爲衹能補助三分之一。工程事項，據彼等意見認爲，必須遵照軍委會令由本府從速辦理、依限完成（工程亦需四（？）十七萬元，限期爲雙十節前完成大部分，年底一律完竣）。兹事體大，未敢擅專，經聲明報請鈞長決定。除會議記錄已電催王司長寄送，俟送到即行呈閱外，實關特餉案件，理由先行報請鑒核。

（南京市檔案館藏，檔案編號：10010030113（00）0001）

6. 修理環城城墻及修建門樓情形

南京市工務局陳鴻鼎關於修理城墻及修建門樓情形請核閱歸卷的呈文

（1936 年 12 月 2 日）

爲呈報事。查京市環城城墻計長 32 公里。前經修理四次，全部已修成者爲 16 公里，故尚未修理者適爲一半。職將已修與未修兩項，在圖上繪明并將間隔距離注出。另注統計表，以資參考。擬請核閱後歸卷存查。當否，請核。謹呈

主任胡　科長梅　局長宋

　　附環城圖一份

職　陳鴻鼎　報

十二 · 二

全部城墻 32 公里長，已修計 16 公里，已用款 7 萬餘元；

未修計 16 公里，經估計太平門至臺城 2 公里長：71926.76 元；其他 14 公里，估計約用 50000.00 元。

估計未修城墻需款：12 萬元。

修與未修部分另見詳圖。

各城城樓如通濟門、漢西門等，僅須小修。

修理城墻〈價目表〉

地點	時間	總價	軍政部貼費數目
修理草場門覆舟山光華門等處城墻缺口	22 年 3 月 30 日開工 22 年 5 月 15 日完工	6937.95 元	軍政部貼費 6705.00 市府 232.95 元
修理環城城墻	23 年 11 月 10 日開工 24 年 3 月 11 日完工	43213.09 元	軍政部貼費三分之一

地點	時間	總價	軍政部貼費數目
修理挹江門經興中門、小東門至新民門城墻	25 年 2 月 8 日開工 25 年 2 月 29 日完工	12759.75 元	軍政部補助三分之一
修理中山門一帶城墻	25 年 3 月 8 日開工 25 年 3 月 31 日完工	8260.70 元	軍政部補助三分之一
修理太平門至中山門一段城墻	25 年 10 月 10 日開工 25 年 10 月 30 日完工	5284.98 元	軍政部全部貼費

新建 / 修理門樓〈價目表〉

	地點	時間	總價	軍政部貼費數目
新	建築新民門城樓過橋	24 年 5 月 27 日開工未修 24 年 9 月 8 日完工	12260.40 元	軍政部補助二分之一
	漢中門城樓過橋	24 年 10 月 12 日開工 25 年 2 月 17 日完工	12659.47 元	軍政部補助二分之一
	武定門城樓過橋	25 年 4 月 5 日開工 25 年 7 月 15 日完工	42132.60 元	軍政部補助三分之一
舊	和平門城樓 中華門城樓 興中門城樓 ⎬ 小修 水西門			

（南京市檔案館藏，檔案編號：10010030113（00）0001、10010030113（00）0003）

第五章　城門的更新（二）

第五章　城門的更新（二）

第一節　修理與移裝城門門扇

一、改製挹江門廢弃城門移充漢西門城門

南京特別市市政府爲改製挹江門廢弃城門移充漢西門城門
給南京特別市工務局的訓令

（1929 年 3 月 6 日）

訓令　第八二五號

　　案據公安局局長姚琮呈稱，"據督察長葛焕猷轉，'據漢西門稽查高孝祺報稱，"查漢西門於十七年九月間被西北軍押運火藥爆發炸燬城門，各情形業經報告在案。嗣以城門被燬，有礙城防，曾經迭次呈請轉函工務局修理，迄今未見派員勘修，不知何故？職恐城墙坍塌，傷斃行人，又恐有城無門，又不足以防守，擬請將挹江門所廢去之城門兩扇，移置漢西門安設，以便啓閉而固城防，以免其他危險"等情具報前來。查該甕城及城門，自被火藥轟燬半載有餘，曾經呈請鈞長轉函工務局勘修在案。惟至今尚未興修，今該稽查請將挹江門所廢之城門移置漢西門安設，以固城防，應否請由局長轉函工務局并案辦理，抑由局自行安設之處，理合具文呈請，仰祈俯賜鑒核'等情。據此，查城防重要，該漢西門城門迄未修復，擬將挹江門廢去之門移裝該處，似屬可行。除指令外，理合備文，呈請鑒核轉飭工務局移置修理，實爲公便"等情。據此，除指令外，合行令仰該局長即便查核辦理具報。此令。

市長　劉紀文

十八年三月六日

（《首都市政公報·公牘》，1929 年第 32 期，第 56—57 頁）

南京特別市市政府爲改製挹江門廢弃城門移充漢西門城門仰候令工務局查核辦理給南京特別市公安局的指令

（1929 年 3 月 6 日）

指令　第九二二號

　　呈一件。爲漢西門城門上年炸燬，擬請將挹江門城門移設該處，以固城防由。

　　呈悉。候令工務局查核辦理，仰即知照。此令。

　　原呈見訓令第八二五號

十八年三月六日

（《首都市政公報・公牘》，1929 年第 32 期，第 57 頁）

南京特別市市政府爲改製挹江門舊城門移設漢西門致首都道路工程處函

（1929 年 3 月 22 日）

函　第三八三號

　　徑啓者。案據公安局局長姚琮呈爲"漢西門城門上年因西北軍運藥爆發炸燬，擬請飭工務局將挹江門廢去之城門兩扇移設該處，以固城防"等情到府，當即令飭工務局查核辦理去後。兹據該局復稱，"挹江門城垣係由道路工程處招工拆卸所有，公安局呈請將該城門移設漢西門一節，應請轉飭道路工程處，將此項城門兩扇移交職局，以便派工前往安設。奉令前因，理合備文呈復，仰祈鑒核飭遵"等情。據此，除指令外，相應函達，即希查照辦理，剋日見復，實紐〔紉〕公誼。此致

首都道路工程處

南京特別市市政府　啓
十八年三月二十二日

（《首都市政公報・公牘》，1929 年第 33 期，第 73—74 頁）

南京特別市市政府爲改製挹江門舊城門移設漢西門已函首都道路工程處查照辦理給南京特別市工務局的指令

（1929 年 3 月 22 日）

指令　第一一二七號

　　呈一件。爲將挹江門城門移設漢西門案，請飭道路工程處辦理由。

　　呈悉。候函知道路工程處查照辦理，仰即知照。此令。

十八年三月二十二日

附抄原呈

呈爲呈復事。竊奉鈞府第八二五號訓令，以據公安局局長姚琮呈以"據督察長葛焕猷轉據漢西門稽查局高孝祺報：以'漢西門城門前被火藥炸毀，請以拆卸挹江門之城門兩扇移置該處，以固城守'等情，飭即查核辦理具報"等情。奉此，查挹江門城垣係由道路工程處招工拆卸。所有公安局呈請將該城門移設漢西門一節，應請轉飭道路工程處將此項城門兩扇移交職局，以便派工前往安設。奉令前因，理合備文呈復，仰祈鑒核飭遵，實爲公便。謹呈

市長劉

工務局局長 陳揚傑

（《首都市政公報·公牘》，1929 年第 33 期，第 74 頁）

二、添建及修理挹江門、太平門等城門

國民政府軍事委員會爲未裝門扇各城門補裝堅固門扇并限期完成給南京市政府的密令

（1934 年 9 月 5 日）

國民政府軍事委員會密令 戰字第 3750 號

令南京市市長石瑛：

南京市爲中央政府所在，防衛亟應嚴密。惟防衛力之强弱，關於城垣者至大。兹查該府新修各城門，如挹江、漢中、武定等，或未裝門扇，或改用截斷式，及填塞興中門外護城河等，均屬有礙防務。對於未裝門扇各城門，着由該府補裝堅固門扇，限本月二十日以前完成；其他各項，并應迅即補救。除飭知警備司令部徑與該府洽商妥辦外，仰即遵照辦理，并將經辦情形報核爲要。此令。

委員長 蔣中正

中華民國廿三年九月五日

交工務局迅與警備司令部接洽并提前照辦。

石瑛（印） 賴璉（印）

九·六

（《南京城墻檔案·城門的增闢與建設》，第 237—239 頁）

南京市工務局爲添建挹江等城門門扇招標及修理其他各城門經費等統祈核示致南京市政府呈

（1934 年 9 月 19 日）

呈字第二八三九號

案奉鈞府交下軍事委員會密令一件，爲"挹江、漢中、武定等城門，或未裝門扇應添裝堅固門扇，以固城防，并限期完成"由。奉批"交工務局迅與警備司令部接洽，并提前照辦"等因。奉此，遵經派員赴警備司令部接洽，據該部張參謀禹稱："原令所指挹江、漢中、武定三門，係該部報告軍委會請建挹江、中山、玄武三門時電話之誤。"當經張參謀再電詢軍委會劉處長光，亦言係添建挹江、中山、玄武三城門。故即飭科分別計劃，并對於其他應修理之太平、和平、中央等九門一并估計完竣，復經派本局技士周國璠會同警備司令部張參謀禹前往軍委會接洽去後。茲據報稱，"遵經前往與軍委會劉處長面洽結果，除興中門外挑浚護城河事須從長計議，截段〔斷〕式城門牆礎即須改善外，其他各城門之添建，及應須加以修理者，尤須迅速完竣，至遲不得過十月十日。以後并經將本局所繪就添建中山、挹江、玄武等三城門圖樣留交劉處長，轉送參謀部核閱後，經已送還，并無異議"等語前來。查該項工程，事關城防，限期迫促，爲求迅速興工以免延誤起見，除先已飭科將圖樣、標單發交各廠商比賬去後，茲據永興機器廠、和平鐵廠及姓泰鐵工廠等三家分別開送賬單前來。查核所開賬單內，永興機器廠所開總價爲式萬式千肆百零壹元，其賬單所列單價鋼每公斤三角，混凝土每立公捌拾元，數量則根據本局所開。和平鐵廠所開總價爲式萬陸千肆百捌拾元，其所列單價鋼每公斤三角，混凝土每立公叁拾伍元，惟數量係該廠自估：中山門上部用三分鋼板計算（本局原估中山門上部爲二分鋼板），且所估其他數量，亦較本局增加，是以總價亦較鉅。姓泰鐵工廠所開總價爲式萬陸千伍百伍拾元八角，并未開列單價，僅開各項總價，其所用鋼板，據云中山門上部均依照三分厚鋼板計算。且據各該廠聲稱，以該項工程限期過迫，工價不能與普通相比，應略爲加大等語。茲查以上三家所開賬單，其鋼板單價，永興與和平兩廠同，混凝土單價則和平廠較小，其總價則以永興機器廠所開爲最小，而較之本局照平常市價所擬之預算壹萬玖千伍百柒拾柒元八角仍超過甚多。復經飭知永興廠將單價減低六十，未允許。現除添建三城門外，其他尚須修理之中央、光華、漢中、中華等九門修理費約需壹千伍百元。且又據各包廠聲稱"完工日期至少須四十五天，萬難再予縮短"等語。查該項工程限期日促，究應如何辦理之處，理合檢附本局所擬圖樣暨預算，連同賬單三份，一并具文呈送鈞府鑒核。仰乞迅予指令祗遵。再，上項經費是否先由本市暫墊應用，俟日後呈請軍事委員會分別核撥歸墊之處，統祈核示遵行。謹呈
市長石

附呈圖算各一份，繳還軍委會原令一件，又賬單三份（仍祈發還）

代理工務局局長　嚴宏湝

中華民國二十三年九月十九日

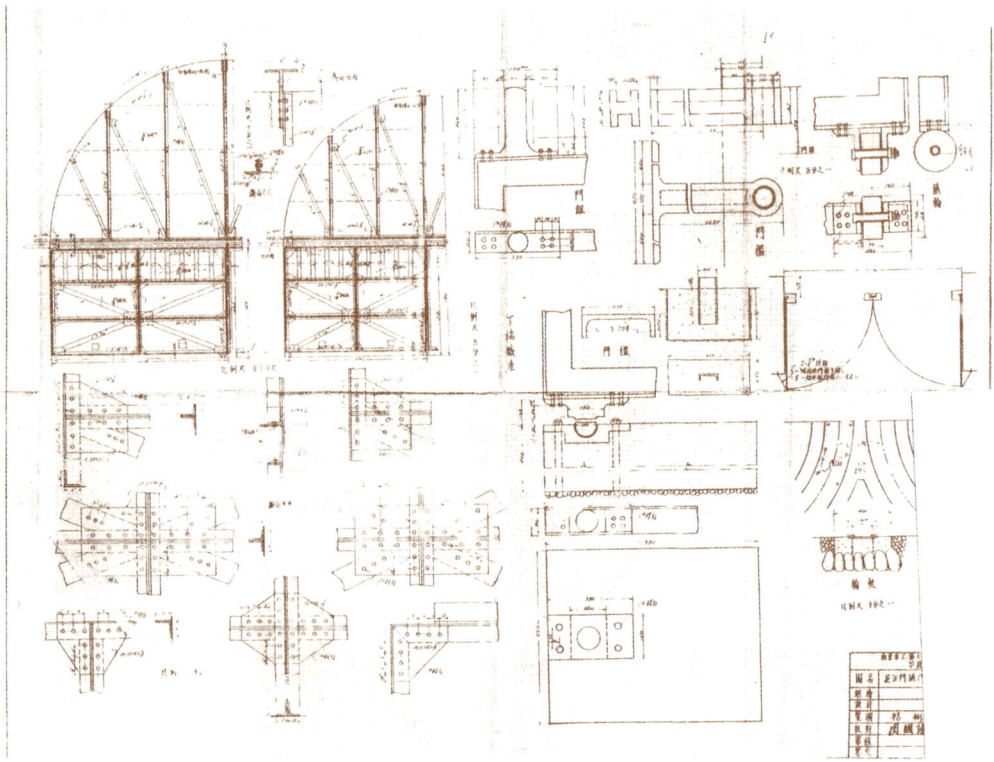

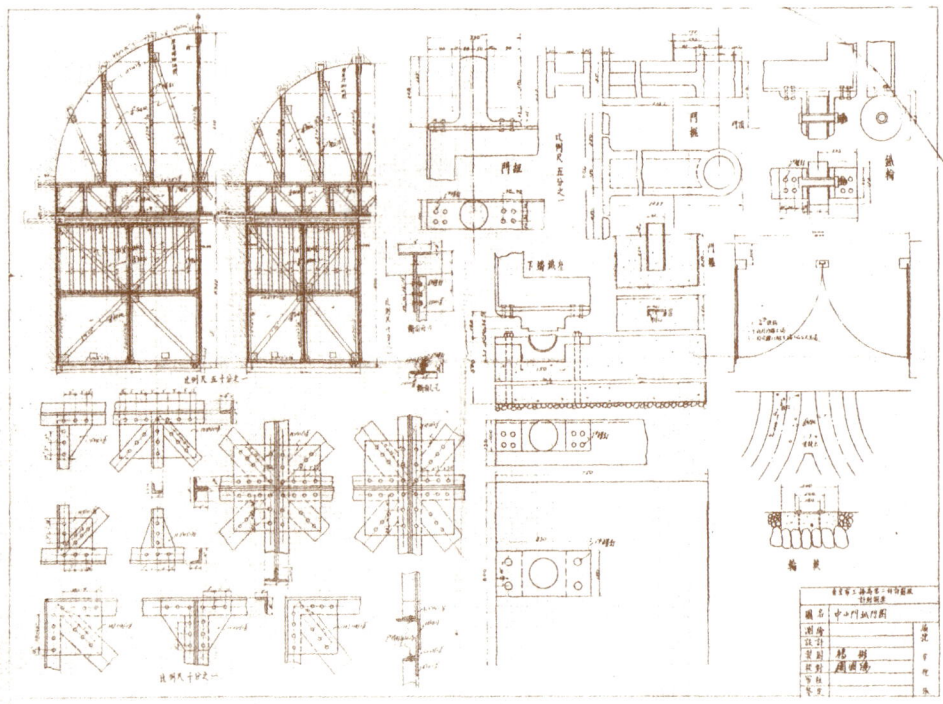

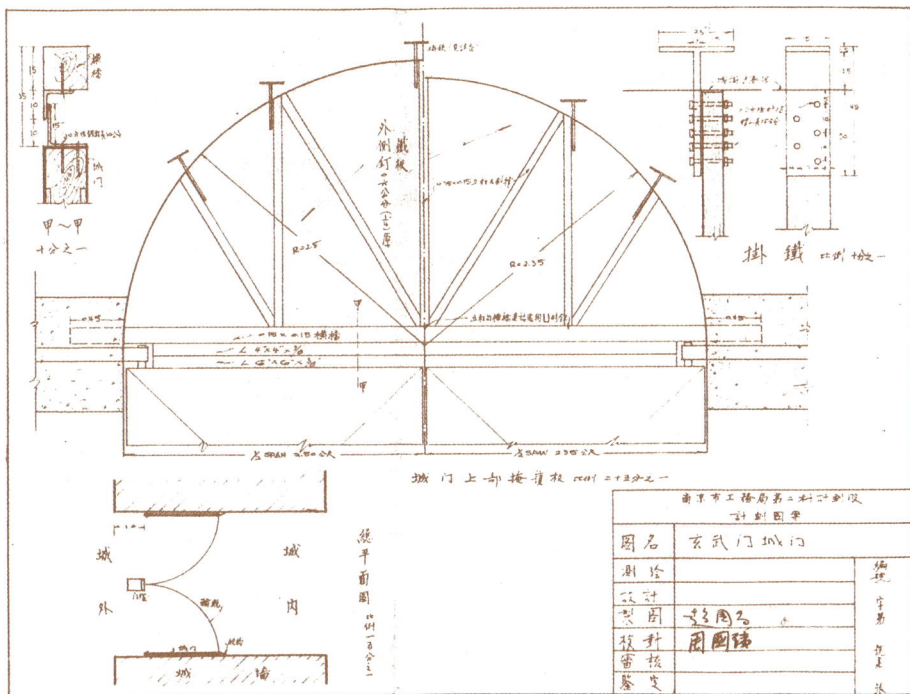

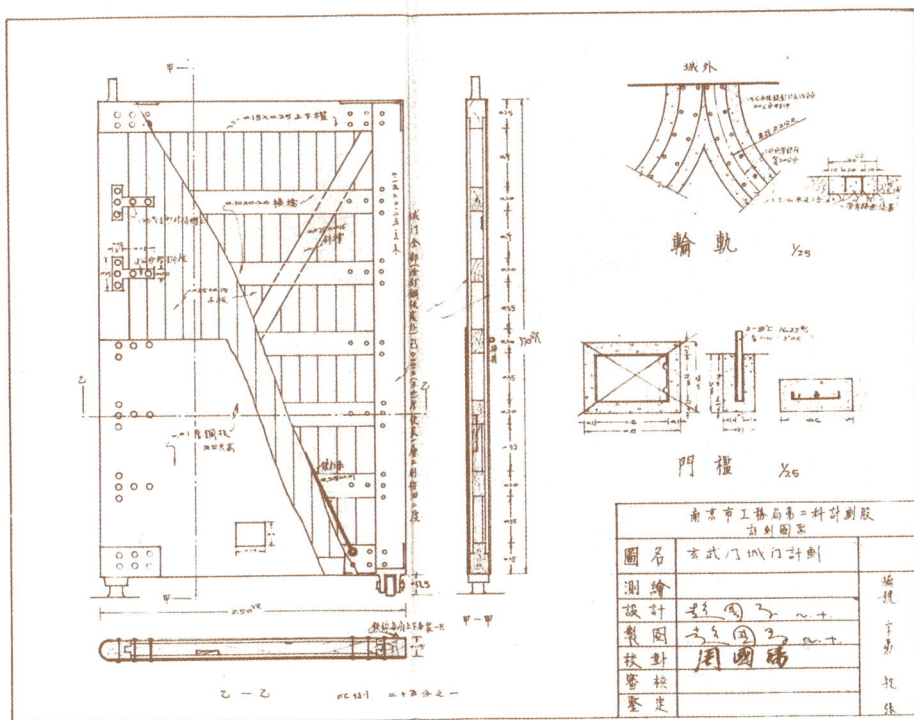

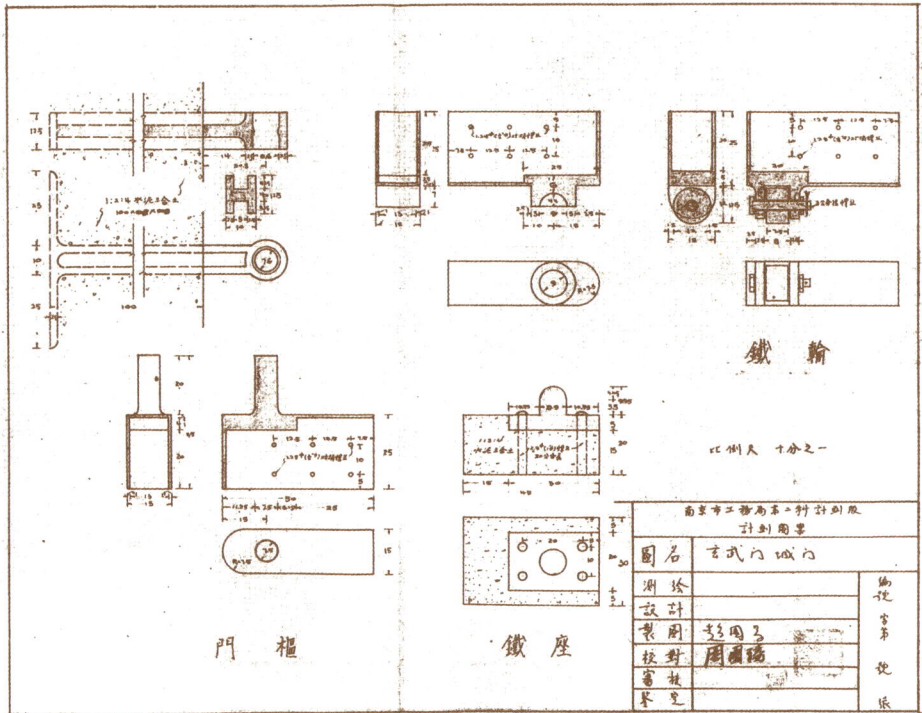

鐵軸

門樞　　　　鐵座

比例尺 十分之一

南京市工務局第二科計劃股 計劃圖書		
圖名	玄武門城門	
測繪設計		
裝訂	張國彥	
校對核算	周調瑞	
審定		

南京市工務局
建築中山挹江玄武三城門
及修理太平等城門 工事預算書 (共2頁)

字第　號　　　　　　　　第1頁

地點						
工程概要	添建挹江中山玄武三城門及修理太平和平中央等門					
總價		平均單價				
起案原委及施工方法	奉市府轉單委會令					
附件						

預算詳細表

種類	狀形	單位	數量	單價 元	總價 元	備考
1挹江門						
㊀中門						
鋼門工料	連油漆	公斤	11500	28	322000	
開關等生鐵工料		公斤	820	28	22960	
混凝土等工料	1:2:4	立公	25	4000	10000	
㊁邊門(四座)						
鋼門工料	連油漆	公斤	9400	28	263200	
開關等生鐵工料		公斤	820	28	22960	
混凝土等工料	1:2:4	立公	25	4000	10000	
全					296160	
					×2	
					592320	
			總計		947280	
2中山門						
㊀中門						
鋼門工料	連油漆	公斤	9050	28	253400	
開關等生鐵工料		公斤	820	28	22960	

年　　月　　日　　　計算　　　校對　　　審核

南京市工務局
續　字第　　號預算詳細表
工什A-1(乙)
第 2 頁

種　類	形　狀	單位	數量	單價 元	總價 元	備　考
混凝土等工料	1:2:4	竑	2.5	40 00	100 06	
①廈門(西區)						
鋼門工料	連油漆	公斤	7140	28	1999 20	
南周等鋼工料		公斤	820	28	229 60	
混凝土工料	1:2:4	竑	2.5	40 00	100 00	
					2328 80	
					×2	
					4657 60	
				統計	7521 20	
3.玄武門(3孔)						
門及增護木架	連油漆	座	3	375 00	1125 00	
鋼板	" "	公斤	3680	28	1030 40	
南周設備		公斤	530	28	148 40	
水泥		竑	7	40 00	280 00	
				統計	2583 80	
4.太平和平中						
央等門修理費						
概計					1500 00	應修各項見另單
1,2,3,4四項總計					21077 80 元	

23 年 9 月　日　計算 邵彬 校對 周剛騰 審核
趙綱

南京市工務局
工事計算書
(共/頁)
第 / 頁

原令限期甚嚴，擬交參事室張專員立予核復。關於呈請軍委會撥款歸墊一節，按該三處城門均係本府撥款。此次所做乃城門上之門，本府墊用後應否轉函撥付，或連同修理九處城門用費，請補助一部分工款，祈一并核示。

張純一（印）　熊亨靈（印）

鄧翔海（印）　鄒德鎔（印）

九·十九

市庫支絀，收支相差甚鉅，應請軍委會特予補助。

石瑛（印）　賴璉（印）

九·廿

（《南京城牆檔案·城門的增闢與建設》，第 242—254 頁）

南京市政府楊福康、張劍鳴關於工務局所擬挹江門等城門計劃及修理各城門擬函請國民政府軍事委員會補助經費的呈文

（1934 年 9 月 20 日）

遵核工務局所擬挹江門、中山門及玄武門城門計劃，當屬可行。所呈送各項賬單，雖超過原預算式千餘元，但既屬限期迫切，似可准予指交永興廠承包。其他修理中央、光華、漢中、中華等九門，估計洋壹千五百元，當不爲多，擬請一并准予照辦。惟是項工程關於城防甚大，似應函請軍委會補助經費。謹呈

市長石

職 楊富康、張劍鳴

九·廿

（《南京城墙檔案·城門的增闢與建設》，第 241、240 頁）

南京市政府爲奉國民政府軍事委員會令飭修各城門情形給南京市工務局的密令

（1934 年 9 月 26 日）

密令　第 08750 號

令工務局：

呈一件。爲奉交添建挹江、中山、玄武等三城門及其他各城門修理一案，擬具圖算連同賬單三份，呈祈鑒核示遵由。

呈件均悉。察核所擬圖算，大致當屬可行，准予交永興廠承包建築，立即施工。所需工款，并准由庫墊撥。惟完工期限，軍事委員會規定甚嚴，該局九月十九日呈府日期，距原限僅止一日。所稱"包工聲稱，完工日期，至少須四十五天"一節，應由該局會同警備司令部徑行商取軍事委員會同意，并簽訂合同，連同支付預算，呈候飭撥。除呈請軍事委員會特予補助工款外，仰即分別遵照，慎重辦理，毋稍疏忽。件存。此令。

中華民國廿三年九月廿六日

（《南京城墙檔案·城門的增闢與建設》，第 255—257 頁）

南京市政府爲奉令飭修各城門情形致國民政府軍事委員會的密呈

（1934 年 9 月 26 日）

密呈　第 08750 號

案奉鈞會戰字第三七五零號密令內開"南京爲中央政府所在（云云至）爲要，此令"等因。奉此，當經密交工務局迅與警備司令部接洽，并提前興工至竣，旋據呈稱"遵經派員赴警備司令

部接洽（云云照叙至），統祈核示遵行"等情。據此，查此項工程關係京市城防，至爲重要，所有修建計劃圖樣，業經工務局派員會同警備司令部張參謀禹面呈鈞會核示：所有工款，業經指令，准由本府暫撥。其施工限期一節，并飭該局會同警備司令部秉承鈞會辦理。惟本府經費支絀情形，久邀洞鑒，此案關係城防需費較鉅，擬請鈞會特予補助。可否之處，出自鈞裁，除指令工務局遵照外，理合具文呈復，伏乞核令祗遵。實爲公便。謹呈

軍事委員會

中華民國廿三年九月廿六日

遵核工務局呈送添築挹江、中山、玄武等三城門合同，當無不合，似可准予照辦。謹呈
市長石

技術專員　張劍鳴

十·二

（《南京城墻檔案·城門的增闢與建設》，第 258—261 頁）

南京市工務局爲呈送添築挹江、中山、玄武等三城門合同等件祈飭撥工款致南京市政府的呈文

（1934 年 9 月 29 日）

查添建挹江、中山、玄武等三城門及修理其他各城門一案，前經擬具圖算，并將比賬情形呈請鈞府核示在案。茲奉府急字第八七五零號密令內開，"呈件均悉。察核所擬圖算，大致尚屬可行，准予交永興廠承包建築，立即施工，所需工款，并准由庫墊撥。惟完工期限，軍事委員會規定甚嚴，該局九月十九日呈府日期，距原限僅止一日。所稱包工聲稱'完工日期，至少須四十五天'一節，應由該局會同警備司令部徑行商取軍事委員會同意，并簽訂合同，連同支付預算，呈候飭撥。除呈請軍事委員會特予補助工款外，仰即分別遵照，慎重辦理，毋得疏忽"等因。自應遵照辦理，除修理中央各城門，已另案辦理外，所有挹江、中山、玄武等三城門工程，已交由永興廠承包，并與簽訂合同，於本月二十四日提前開工。至完工日期，因事實需要，規定玄武門二十晴天，其他兩城門縮短一日，改爲四十四晴天。經商由警備司令部張參謀羽［禹］徵得軍委會劉處長同意，合并陳明。除督促施工外，理合檢同合同一份，支付預算書三份，一并呈祈鑒核，俯賜令飭財政局簽撥工款，以備墊付，并乞指令祗遵。謹呈
市長石

附呈合同一份、支付預算三份

代理工務局局長　嚴宏淮

中華民國二十三年九月二十九日

南京市工務局工程合同

字 185 號

工程名稱：建築挹江門、中山門、玄武門鐵門工程

承 包 人：永興機器廠

工程總價：弍萬壹仟玖佰陸拾元弍角伍分

開工日期：廿三年九月廿四日

完工日數：肆拾肆晴天（玄武門廿天完工）

罰 款：逾期按日罰洋壹佰陸拾元（挹江門按日 70 元；中山門按日 60 元；玄武門按日 30 元）

　　南京市工務局（以下簡稱工務局）爲建築挹江門、中山門、玄武門鐵門工程，與永興機器廠（以下簡稱承包人）訂立合同如左：

　　一、工程範圍：詳圖樣及單位價目表

　　二、承包人於投標時所繳之投標保證金○元，應俟本合同正式標定并由保證人蓋章後，始得將該項保證金領回。

　　三、本合同包括之工程所有設計圖樣及施工細則，承包人均已明瞭，願切實遵照辦理，并簽名蓋章，以資信守。

　　四、工務局根據設計圖樣及施工細則所繪製之放大詳圖，承包人均願遵照辦理。如詳圖上所規定之工料，承包人有認爲不包括於本合同之內者，應在該項工程未進行之先，以書面向工務局磋商，方爲有效。

　　五、工務局對於本工程各部分，得隨時更改之。其因更改而致工料有所增減時，得依承包人所開單價計算之。

　　六、本工程所有零瑣之處，如於圖樣及施工細則未曾載明者，承包人均應做全，不得推諉或另索造價。

　　七、工務局有關工程之章程及取締建築條例，承包人均應遵照辦理。

　　八、承包人非得工務局之許可，不得將工程轉讓或局部分包他人。

　　九、本工程自簽訂合同之日起，應立即動工，限定肆拾肆晴天完工。倘逾期交工，按日罰洋壹佰陸拾元。此項罰款，工務局得於應付工款內扣除之。所有天雨、冰凍或暴風，確難工作時，得經工務局核准扣除之。

　　十、本工程所需之人工、材料、工具及一切設備，統歸承包人擔負。工程進行中，如損及公私建築物，亦應由承包人負責賠償。

　　十一、本工程所需用各項材料，承包人須先將樣品送請工務局查驗。經認爲合格後，方准運場使用。在工作時，如發現不合格之材料，應立即搬運出場，不得留境［場］朦混。

十二、工程進行時，承包人須負工人或行人安全之責。如設備不周以致發生任何意外事件，均由承包人負責。

十三、承包人對於工程各部，須有適宜之設備，以便監工員隨時查驗各部工程。

十四、承包人須派富有經驗之監工人，常川在場督察，并須聽工務局監工員之指揮。如工務局認該監工人不能稱職時，得通知承包人立即撤換之。

十五、本工程無論已成、未成，如經工務局發現有與圖樣或施工細則不符之處，承包人須負拆卸重造之責，其所有損失概歸承包人擔負。

十六、凡遇不適宜工作之天氣，承包人須遵從工務局監工員之指示，將工程全部或一部停止，并須設法將已成之工程妥爲保護，以免損壞。除遇天災人禍、不測事項外，倘或保護不周，工程上所受之損失，統由承包人完全負責。

十七、承包人不得無故停止工作，或延期履行合同。倘承包人遇意外事故不能工作時，工務局得通知保證人另雇他人工作。所有場內一切設備及材料，概歸工務局使用，承包人不得索價；且工程續造之費用及延期所受之損失，工務局得由工程造價內扣除之，不足之數統由保證人負責賠償。

十八、全部工程完竣，經工務局驗收後，承包人應立具保固切結，保固叁年。倘於保固期內本工程發現裂痕或傾陷等情，工務局認爲係由物料不佳或工作不良所致者，承包人應負責出資修理，不得藉詞推諉或索價。

十九、本工程造價定爲國幣弍萬壹仟玖佰陸元弍角伍分，分期交付。

第一期於訂立合同時，付洋壹萬元（由承包人覓相當殷實鋪保蓋章負責）。

第二期於開工後三星期照工料八成估計，再扣第一期所付工款，付款一次。

第三期於完工後，經本局派員驗收，付足九成。

第四期於市府及軍委會派員驗收後，付清尾數。

承包人於每期領款時，須由監工員先行報告工程數量，經工務局查驗屬實後，發給付款憑證，遵填領款。

二十、本合同及附件均繕就同樣四份，一份呈市政府備案，二份存工務局，一份由承包人收執。

二十一、本合同附件如左：

設計圖樣壹份，計伍張

施工細則○份，計○張

單位價目表壹份，計壹張

保證書○份，計○張

二十二、附加條款

於付末期工款時扣存保固金洋壹仟元，半年後查無損壞時發還。另具保〈固〉滿叁年，保固切結，存案。

南京市工務局局長：嚴宏洮（印）

科長：劉仁爕（印）

主辦人：劉崇謹（印）

承包人：

店號：永興機器廠

負責人：楊桂泉（印）

住址：中山路大行宮

保證人：

店號：南京德大紙號

負責人：劉樹青（印）

住址：

見證人：

住址：

中華民國廿三年九月廿一日

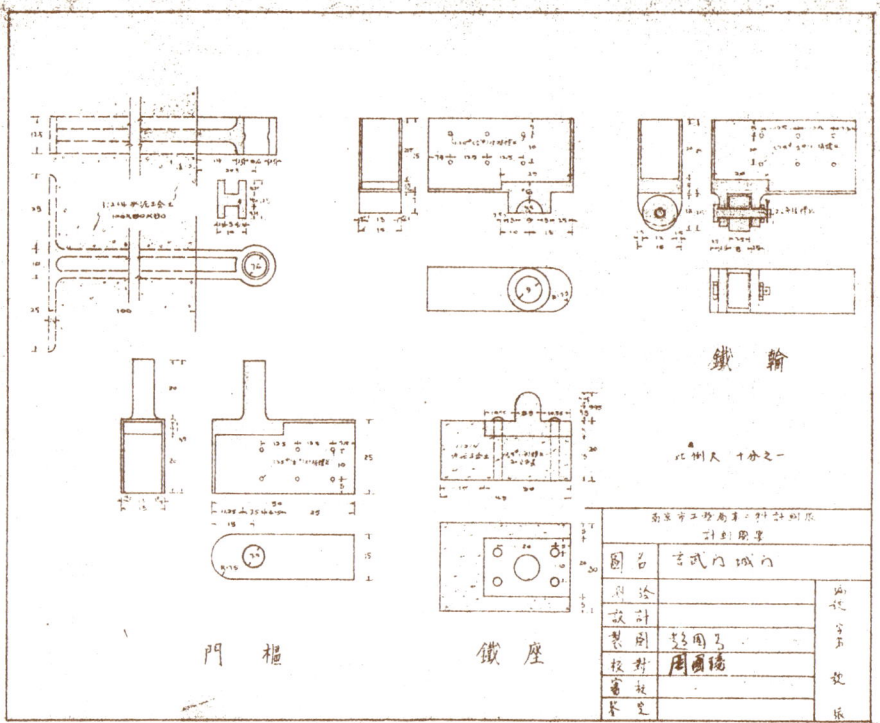

鐵輪

比例尺 十分之一

門柜 鐵座

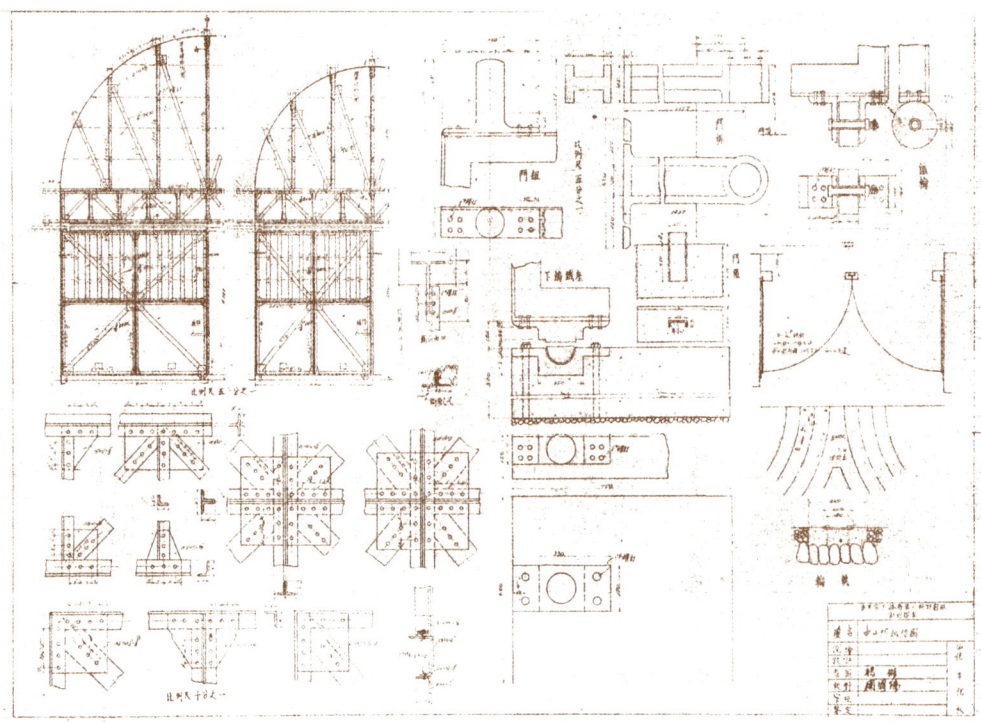

（《南京城墙檔案·城門的增闢與建設》，第 262—287 頁）

南京市政府爲挹江、中山、玄武等三城門鐵門工款已飭財政局分期籌撥
給南京市工務局的指令

（1934 年 10 月 4 日）

指令　第 09079 號

　　　　令工務局：

　　呈一件。呈送添造挹江、中山、玄武三城門鐵門合同及支付預算等件，祈鑒核飭撥由。

　　呈件均悉。據呈合同等件，察核尚屬可行，准予照辦。所需包價，已飭財政局分期籌撥，仰即前往接洽具領。事竣，呈請驗收，并遵章造報，件存發。此令。

中華民國廿三年十月四日

（《南京城墻檔案·城門的增闢與建設》，第 288—289 頁）

南京市政府爲挹江、中山、玄武等三城門鐵門工款令分期籌撥
給南京市財政局的訓令

（1934 年 10 月 4 日）

訓令　第 09080 號

　　　　令財政局：

　　案據工務局呈請"飭撥添造挹江、中山、玄武三城門鐵門工款銀貳萬壹千玖百陸拾陸元貳角伍分，以應急需"等情，附呈合同及支付預算等件到府。據此，查此項工程，前奉軍事委員會密令，限於九月二十日以前完成，當經飭據工務局擬具預算前來，需款式萬餘元，復經轉呈軍事委員會酌予補助工款，曁令工務局迅速辦理，各在案。茲據前情，除指令外，合行檢發原預算二份，抄發合同第十九條條文一紙，令仰該局分期籌撥具報，并將預算存轉。至請軍事委員會補助之款，俟撥到後，再行專案解庫。此令。

　　計檢發預算二份，抄發合同第十九條條文一紙

中華民國廿三年十月四日

（《南京城墻檔案·城門的增闢與建設》，第 288—291 頁）

南京市工務局爲呈送修理各城門合同及賬單等致南京市政府的呈文

（1934 年 10 月 9 日）

呈字第三二九七號

　　查添建挹江、中山、玄武等三城門及修理各城門一案，曾經擬具圖算，呈奉鈞府府急字第

八七五零號密令核准在案。除添建城門工程，已交由永興廠承辦外，所有太平、漢中、和平、興中、通濟、中華、光華、金川等八門修理工程，經飭據甡泰鐵工廠第一次開賬爲壹千零玖拾叁元，當以價格太高，飭其另開賬單前來，計需總價玖百零玖元，再與磋商核減爲捌百柒拾元。又修理中央門工程，係另案招工比賬，亦以甡泰廠開賬伍百零貳元爲最低，并經核減爲伍百元。又新建各城門，須裝置鐵質鉤鏈一案，前准首都警察廳函請過局，茲擬并案辦理，計有武定、中華、漢中、新民等四門，經估計約需裝置費用壹百元，甡泰廠亦願照辦，計修理九城門，核減後總價壹千叁百柒拾元，連同四城門裝置鐵質鉤鏈費壹百元，共計總數壹千肆百柒拾元，并未超過修理預算總額，經交由甡泰廠并案承包，已於本月五日開工。除與簽訂合同分別存執、督促施工外，理合檢同合同一份，賬單六份，一并呈祈鑒核，俯賜令飭財政局照合同所列包價簽撥下局，以備墊付，并乞指令祗遵。

　　謹呈
市長石
　　計呈賬單六份（仍乞發還）、合同一份

代理工務局局長　嚴宏湺
中華民國二十三年十月九日

南京市工務局工程合同
字 184 號

工程名稱：修理太平門、通濟門、興中門、和平門、漢中門、中華門、光華門、金川門、中央門、武定門、新民門各城門工程
承 包 人：甡泰銅鐵翻砂廠
工程總價：壹仟肆佰柒拾元正
開工日期：廿三年十月五日
完工日數：叁拾晴天
罰　　款：逾期按日罰洋柒元

　　南京市工務局（以下簡稱工務局）爲修理太平門、通濟門、興中門、和平門、漢中門、中華門、光華門、金川門、中央門、武定門、新民門各城門工程，與甡泰銅鐵翻砂廠（以下簡稱承包人）訂立合同如左：
　　一、工程範圍：詳圖樣及單位價目表
　　二、承包人於投標時所繳之投標保證金〇元，應俟本合同正式標定并由保證人蓋章後，始得將該項保證金領回。

三、本合同包括之工程所有設計圖樣及施工細則，承包人均已明瞭，願切實遵照辦理，并簽名蓋章，以資信守。

四、工務局根據設計圖樣及施工細則所繪製之放大詳圖，承包人均願遵照辦理。如詳圖上所規定之工料，承包人有認爲不包括於本合同之內者，應在該項工程未進行之先，以書面向工務局磋商，方爲有效。

五、工務局對於本工程各部分，得隨時更改之。其因更改而致工料有所增減時，得依承包人所開單價計算之。

六、本工程所有零瑣之處，如於圖樣及施工細則未曾載明者，承包人均應做全，不得推諉或另索造價。

七、工務局有關工程之章程及取締建築條例，承包人均應遵照辦理。

八、承包人非得工務局之許可，不得將工程轉讓或局部分包他人。

九、本工程自簽訂合同之日起，應立即動工，限定卅晴天完工。倘逾期交工，按日罰洋柒元。此項罰款，工務局得於應付工款內扣除之。所有天雨、冰凍或暴風，確難工作時，得經工務局核准扣除之。

十、本工程所需之人工、材料、工具及一切設備，統歸承包人擔負。工程進行中，如損及公私建築物，亦應由承包人負責賠償。

十一、本工程所需用各項材料，承包人須先將樣品送請工務局查驗。經認爲合格後，方准運場使用。在工作時，如發現不合格之材料，應立即搬運出場，不得留境［場］朦混。

十二、工程進行時，承包人須負工人或行人安全之責。如設備不周以致發生任何意外事件，均由承包人負責。

十三、承包人對於工程各部，須有適宜之設備，以便監工員隨時查驗各部工程。

十四、承包人須派富有經驗之監工人，常川在場督察，并須聽工務局監工員之指揮。如工務局認該監工人不能稱職時，得通知承包人立即撤換之。

十五、本工程無論已成、未成，如經工務局發現有與圖樣或施工細則不符之處，承包人須負拆卸重造之責，其所有損失概歸承包人擔負。

十六、凡遇不適宜工作之天氣，承包人須遵從工務局監工員之指示，將工程全部或一部停止，并須設法將已成之工程妥爲保護，以免損壞。除遇天災人禍、不測事項外，倘或保護不周，工程上所受之損失，統由承包人完全負責。

十七、承包人不得無故停止工作，或延期履行合同。倘承包人遇意外事故不能工作時，工務局得通知保證人另雇他人工作。所有場內一切設備及材料，概歸工務局使用，承包人不得索價；且工程續造之費用及延期所受之損失，工務局得由工程造價內扣除之，不足之數統由保證人負責賠償。

十八、全部工程完竣，經工務局驗收後，承包人應立具保固切結，保固叁年。倘於保固期內本工程發現裂痕或傾陷等情，工務局認爲係由物料不佳或工作不良所致者，承包人應負責出資修理，不得藉詞推諉或索價。

十九、本工程造價定爲國幣一四七〇元〇角〇分，分期交付。

第一期於開工後兩星期照工料八成估計，付款一次。

第二期於完工後，經本局派員驗收，付足九成。

第三期於市府及軍委會派員驗收後，付清尾數。

承包人於每期領款時，須由監工員先行報告工程數量，經工務局查驗屬實後，發給付款憑證，遵填領款。

二十、本合同及附件均繕就同樣四份，一份呈市政府備案，二份存工務局，一份由承包人收執。

二十一、本合同附件如左：

設計圖樣乙份，計兩張

施工細則〇份，計〇張

單位價目表乙份，計乙張

保證書〇份，計〇張

二十二、附加條款

於付末期工款時扣存保固金洋柒拾元，壹年後查無損壞時發還。另具保固滿叁年，保固切結，存案。

南京市工務局局長：嚴宏淮（印）

科長：劉仁燮（印）

主辦人：劉崇謹（印）

承包人：

店號：牲泰銅鐵翻砂廠

負責人：蕭□金（印）

住址：中華門外西街來賓橋下

保證人：

店號：泰昌鐵工廠

負責人：葉録金（印）

住址：新街口北糖坊橋中

見證人：

住址：

中華民國廿三年十月　日

南京市工務局

續 字第 號 詳細表

種類	形狀	單位	數量	單價(元)	總價(元)	備考
①太平門		座	1	100.00	100.00	元，門上加釘...
②和平門		座	1	120.00	120.00	元，門上修換...
③光華門		座	1	60.00	60.00	元，改換左邊門...
④通濟門		座	1	40.00	40.00	元...
⑤金川門		座	1	90.00	90.00	元，修理鐵搭...
⑥興中門		座	1	170.00	170.00	元，上加鐵棍...
⑦中央門		座	1	510.00	510.00	元，照工方法...
⑧頤中門	鐵鉤狀連詳圖樣	座	1	100.00	100.00	元，照做鐵狀四門...
⑨漢中門	鐵鉤狀連詳圖樣	座	1	80.00	180.00	元，下部加鐵...
⑩新民門	鐵鉤狀連詳圖樣	座	1	20.00	20.00	元，加鐵鉤狀連
⑪武定門	鐵鉤狀連詳圖樣	座	1	40.00	40.00	元，加鐵鉤狀連
				總計	1470.00	元

年 月 日 計算 校對 審核

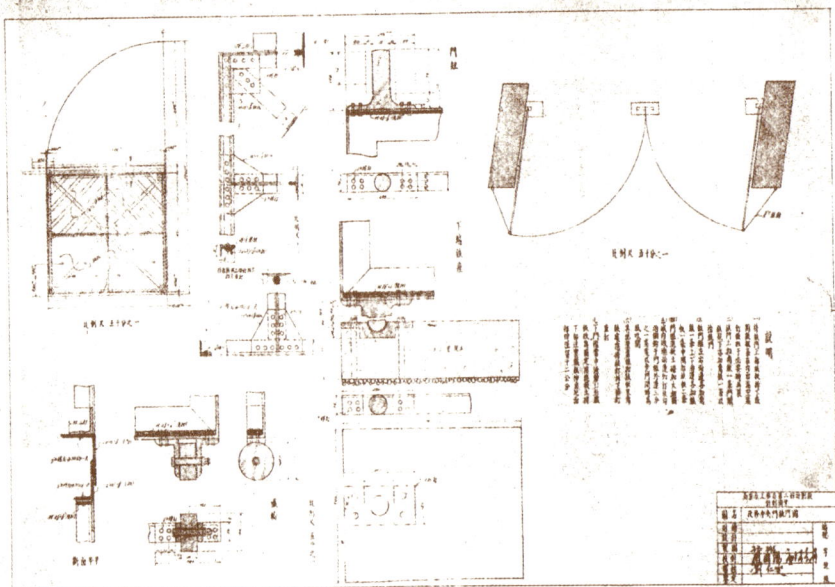

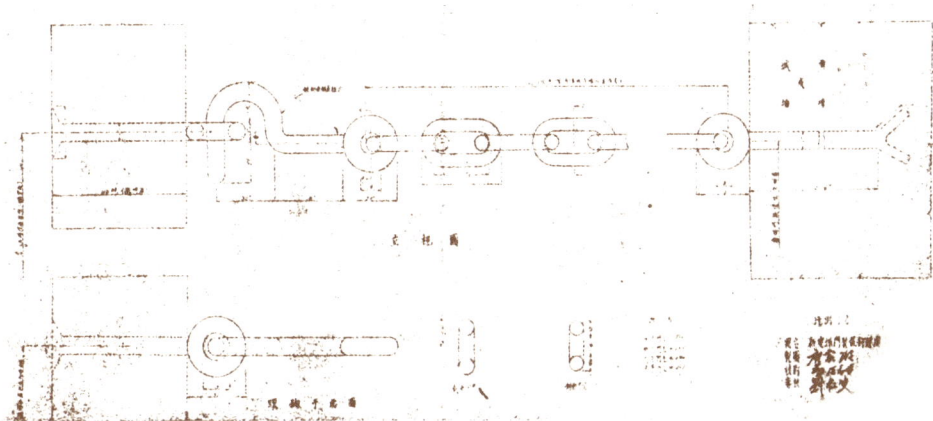

（《南京城墙檔案・城門的增闢與建設》，第 292—313 頁）

南京市政府爲修理太平門等各城門合同准予照辦并請編造支付工款預算給南京市工務局的指令

（1934 年 10 月 23 日）

指令　第 09810 號

令工務局：

呈一件。爲呈送修理太平門等各城門合同等件，仰祈鑒核飭據由。

呈件均悉。據呈合同等件，大致尚屬可行，應准照辦。所需工款，仰即編造支付預算，呈候核撥。賬單發還，餘件存。此令。

發還賬單六份

中華民國廿三年拾月廿叁日

（《南京城墙檔案・城門的增闢與建設》，第 314—315 頁）

國民政府軍事委員會爲勘驗挹江、中山、玄武三城門新裝門扇及催辦興中門外護城河給南京市政府的密訓令

（1934 年 11 月 28 日）

國民政府軍事委員會密訓令　戰字 4356 號

令南京市市長石瑛：

案查本會戰字第三七五零號密令，對於各城門補裝堅固門扇一案，兹據南京警備司令谷正倫呈復節稱，“遵照派員赴市府工務局商洽，先行裝修挹江、中山及玄武三城門門扇事宜。兹查

該三城門新裝門扇已於本月十七日先後裝修完成。昨經與工務局派員會同赴各該城門處實際勘驗，查與圖式均屬相符。除武定、漢中、新民三城門均爲截斷式，尚未修改；又興中門外護城河迄今亦未見設法補救。應請催令從速辦理”等情前來。除指令仍仰徑與該府洽商妥辦外，所有未完工程，仍仰速辦具報爲要。此令。

委員長　蔣中正
中華民國二十三年十一月二十八日
（《南京城墙檔案·城門的增闢與建設》，第316—319頁）

南京市財政局爲建造挹江門等三城門鐵門工款已如數撥付鑒核飭撥工款致南京市政府的呈文

（1934 年 11 月 29 日）

呈字第一六二八號

　　案奉鈞府第九零八零號訓令，“檢發建造挹江、中山、玄武三城門鐵門工款支付預算書二份，飭即分別存轉，并撥發具報”等因。奉此，自應遵辦。除已按照預算數式萬壹千玖百陸拾陸元式角伍分，填掣〔製〕准支單一紙，交由工務局赴庫具領應用外，理合具文呈報，仰祈鑒核。
謹呈

市長石

兼代財政局局長　石瑛
中華民國二十三年十一月二十九日
（《南京城墙檔案·城門的增闢與建設》，第320—322頁）

南京市政府爲武定、漢中、新民三城門及興中門外護城河工程經費支出致國民政府軍事委員會的密呈

（1935 年 1 月 8 日）

密呈　第 00188 號

　　案奉鈞令廿三年十一月二十八日戰字第四三五六號密令，以“據南京警備司令部呈報挹江、中山、玄武三門門扇，業經本市工務局裝修完竣；惟武定、漢中、新民三門，均爲截斷式，尚未修改；又興中門外護城河，迄今亦未設法補救。應請令催從速辦理”等情，“飭即速辦具報”等因。奉此，遵經令飭本市工務局遵辦去後。茲據復稱“正遵辦間（云云）理合具文，呈請核示遵行”等情前來。查核所擬工程概要，大致尚無不合，惟所需款四十餘萬，爲數非細；如在軍事上尚無絕對需要，似可暫緩興辦。且本府現在經費支絀，實亦無此能力。奉令前因，究應如何辦理

之處？理合據情呈復，仰祈鑒核示遵。謹呈

軍事委員會委員長蔣

（全銜）石

（《南京城墙檔案·城門的增闢與建設》，第 323—325 頁）

南京市政府爲武定、漢中、新民三城門及興中門外護城河工程經費支出給南京市工務局的指令

（1935 年 1 月 8 日）

指令　第 00188 號

令工務局：

簽呈一件。密不登由（五三〇一）。

簽呈暨繳附各件均悉。已據情轉呈核示矣。應俟奉到指令，再行飭遵。此令。繳附各件均存。

（《南京城墙檔案·城門的增闢與建設》，第 325—326 頁）

南京市工務局爲建築挹江、中山、玄武三城門及修理太平門等各城門工程完工請驗收撥款致南京市政府的呈文

（1935 年 1 月 14 日）

查建築挹江、中山、玄武等三城門，及修理太平門等各城門工程，前經分交永興機器廠、牲泰銅鐵翻砂廠承包，并與分別簽訂合同，先後呈奉鈞府第九零七九號及九八一零號指令核准，各在案。兹查上項工程已先後完工，經派員檢驗大致相符，計建築挹江、中山、玄武等三城門，實應支工款貳萬壹千捌百捌拾柒元陸角伍分，較原包價貳萬壹千玖百陸拾元貳角伍分，減少洋柒拾捌元陸角，應俟驗收完畢，再將餘款解庫。至修理太平門等各城門，因中央門加做撑頭鐵門，加洋叁拾元，計應實支工款壹千伍百元，較原包價壹千肆百柒拾元增多叁拾元，應請鈞府令飭加撥，以備支付，理合檢同決算書二份，呈祈鑒核，俯賜派員驗收，并請轉呈軍事委員會派員會驗，用昭核實。再此項工程，前奉軍事委員會令飭軍政部補助三分之一工款，即經由局依照原包價數目貳萬叁千肆百叁拾陸元貳角伍分，編具三分之一直式預算，代府辦稿，函請核撥，迄尚未准撥到。現在工程既經完成，數目亦略有增減，應請鈞府轉呈軍事委員會令飭軍政部依照實需數目貳萬叁千叁百捌拾柒元陸角伍分補助三分之一，計銀柒千柒百玖拾伍元捌角捌分叁厘，以資歸墊。一俟奉到軍會指令後，再向軍政部接洽請領，以省手續，合并陳明。

謹呈

市長石

計附呈決算書二份

工務局局長　嚴宏淮

中華民國二十四年一月十四日

南京市工務局

建築挹江門中山門玄武門鐵門　工程決算書（共2頁）

字第　號　　　　　　　　　第1頁

合同號數	183 號	規定限期	20 初門44起共計天
承包人	永興橋鉄廠	雨雪次凍期	5、7 天
開工日期	23年9月24日	核準延期	天
全部分工竣日期一部分	23年11月9日	逾期日數	天

預算

單據原貨或原合同原估	總價	21966 元
第一次	追加	
第二次	追加	

決算

| 承包人實做工程費細 | | 21887 元 |

| 共計 | 21966 元 | 淨付承包人 | 21887 元 |

附註

實做工程詳細表

種類	形狀	單位	數量	單價元	總價元	備考
①挹江門 1.中門						
銅門工料	連油漆	斤	12020	295	3545 90	
開關等生鉄2件		斤	820	295	24 19	
插稍		付	1	2000	2000	
撑對		對	1	2000	2000	
混凝土等工料	1:2:4	公方	2.5	8000	20000	
				每座共	4027 80 元	
2.邊門	（每座）					
銅門工料	連油漆	斤	9835	295	2901 32	
開關等生鉄2件		斤	820	295	24 19	
插稍		付	1	2000	2000	
撑對		對	1	2000	2000	
混凝土等工料	1:2:4	公方	2.5	8000	20000	
				每座共	3383 72	
				兩座共	6766 44 元	
3.雜項						
拆舊城門木板		工			2000	

20年12月31日　計算　主任　技正　技長　局長

南京市工務局

建築挹江門中山門玄武門鐵門　工程詳細表

字第　號　　　　　　　　　第2頁

種類	形狀	單位	數量	單價元	總價元	備考
土方		公方	500	30	150 00	
					170 00 元	
②中山門 1.中門						
銅門工料	連油漆	斤	9162	295	2702 79	
開關等生鉄2件		斤	820	295	24 19	
插稍		付	1	2000	2000	
撑對		對	1	2000	2000	
混凝土等工料	1:2:4	公方	2.5	8000	20000	
				每座共	3184 69 元	
2.邊門	（每座）					
銅門工料	連油漆	斤	7230	295	2132 85	
開關等生鉄2件		斤	820	295	24 19	
插稍		付	1	2000	2000	
混凝土等工料	1:2:4	公方	2.5	8000	20000	
				每座共	2594 75	
				兩座共	5189 50 元	
③玄武門						
門及抽關木架	連油漆	座	2	32000	640 00	
銅		斤	4522	295	1015 67	
開關等生鉄		斤	2170	295	50 95	
混凝土等工料	1:2:4	公方	4.67	8000	373 60	
修理舊門框		付	1	1000	10 00	
					2549 22 元	
挹江門 中山門 玄武門 三門總計					21887 65 元	

南京市工務局　工程決算書　(共2頁)

第1頁

號數　184號　　　規定限期　30　天

承包人　鍵慶鋼鐵砂厰　　需冰凍　　天　展延　　天

開工日期　23年10月5日　逾期日數　　天

竣工日期　23年10月26日

預算		決算	
原業預算局 核准開算	1470.00元	承包人實做工程費額	1500.00元
第一次追加			
第二次追加			
共計	1470.00元	淨付承包人	1500.00元

附註

實做工程詳細表

	種類	形狀	單位	數量	單價 元	總價 元	備考
①	太平門		座	1	100.00	100.00	門上加釘鐵皮，閂上門框，塗柏油兩度
②	和平門		座	1	120.00	120.00	門上修理鐵片鐵鈎，置門框加博釘，塗柏油兩度
③	光華門		座	1	60.00	60.00	改換右邊門框，修理門框，塗油兩度
④	通濟門		座	1	90.00	90.00	修理門框兩個，塗柏油兩度
⑤	金川門		座	1	90.00	90.00	修理鐵皮博釘，換上下門框，塗柏油兩度
⑥	興中門		座	1	170.00	170.00	上加方鐵棍120根，修理木料七，換鐵料，塗柏油兩度

23年12月31日　計算　主任　代　科技正　科長　局長

南京市工務局　工程詳細表

修理太平門等十一城門　字第　號

第2頁

	種類	形狀	單位	數量	單價 元	總價 元	備考
⑦	中央門	加博鐵皮 加鐵鈎	座橋	1 2	500.00 10.00 5.00	500.00 30.00	油方法，詳見備考 此壹件另加
						530.00元	
⑧	謀中門	鋪美鐵鏈 詳面樣	座	1	100.00	100.00	改換鐵門橋干上下做水泥，加博板
⑨	雨中華門	〃	座	1	180.00	180.00	門下加方8鐵根加120根加博板做（做太平門框加鐵鈎鐵鏈及在城門間）鐵柏油兩度
⑩	新民門	〃	座	1	20.00	20.00	加鐵鈎鐵鏈
⑪	武定門	〃	座	1	40.00	40.00	加鐵鈎鐵鏈
					總共	1500.00元	

（《南京城墙檔案・城門的增闢與建設》，第 327—334 頁）

南京市政府爲驗收建築挹江、中山、玄武三城門及修理太平門等各城門工程給南京市工務局的指令

（1935 年 1 月 19 日）

指令　第 00548 號

　　令工務局：

　　呈一件。爲建築挹江、中山、玄武三城門及修理太平門等城門工程完工，請派員驗收，并轉呈派員會驗暨加撥工款由。

　　呈件均悉。案經轉呈軍事委員會派員定期會同驗收，并請轉飭軍政部照該局前呈預算柒千捌百拾式元零捌分撥給，俟復到後，再行飭遵。嗣後關於此類工程，如須其他機關會同驗收者，應由該局預定日期，徑請派員會驗，以省周折。至修理城門超過工款叁拾元及減少之款，應俟驗收後，由局分別繳還，暨編造支付預算，呈候核辦。仰即分別遵照，件存。此令。

中華民國廿四年壹月拾九日

（《南京城墙檔案・城門的增闢與建設》，第 335—337 頁）

南京市政府爲驗收建築挹江、中山、玄武三城門及修理太平門等各城門工程致國民政府軍事委員會呈

(1935 年 1 月 19 日)

呈　第 00549 號

　　案據本市工務局呈略稱，"查建築挹江、中山、玄武三城門，及修理太平門等十一處城門工程，業已先後完工，經派員檢驗相符，請派員驗收，并請轉呈軍事委員會派員會驗，以昭核實。惟查此項工程，前奉軍事委員會令飭軍政部照包價式萬叁千四百叁拾陸元式角五分補助三分之一工款，遵經編造預算，呈請轉函核撥在案，迄未准撥，現在工程既經完成，欠付工款，無法清付，應請轉呈軍事委員會令飭軍政部迅速簽撥，以應急需"等情。據此，查此項工程，前奉鈞會上年九月五日戰字第三七五零號密令限期辦理，當經轉飭遵辦，并呈奉鈞會十月二十五日戰字第四一四九號指令，飭由軍政部補助三分之一工款。當即遵令飭編預算，轉函軍政部照包價式萬叁千四百叁拾六元式角伍分，補助三分之一工款柒千捌百拾式元零捌分在案。爲時已久，迄未准復，但惟工程因限期緊迫，未敢稍延，所需工款，已由其他用費項下，挪付一部分，其餘未付款待付甚急。茲據前情，除指令外，理合備文，呈請鈞會鑒核，派員定期會同前往驗收，轉飭軍政部將補助工款柒千捌百拾式元零捌分，即日照撥過府，以便轉給，并乞指令祗遵。

　　謹呈

軍事委員會委員長蔣

中華民國廿四年壹月拾九日

(《南京城墻檔案・城門的增闢與建設》，第 335—340 頁)

國民政府軍事委員會爲裝修城門補助費已轉令核發并定期派員驗收給南京市政府的指令

(1935 年 1 月 24 日)

國民政府軍事委員會指令　總一字第 4695 號

　　令南京市市長石瑛：

　　呈一件。據本市工務局呈請驗收建築挹江等三城門及修太平等十一城門工程，并請轉呈飭撥補助三分之一工款一案，轉呈鑒核派員并飭軍政部提前發給由。

　　呈悉。所請撥給補助三分之一工款一節，已令軍政部查案核發。至派員驗收日期，定於本月二十九日上午九時會驗，除分令軍政部谷司令并工料審核委員會派員屆時前往會驗外，仍由該市府徑知約同前往，仰即知照。此令。

委員長　蔣中正

中華民國二十四年一月二十四日

請派員并交工務局約同驗收，分別辦理具報。

潘丙（印）

熊亨靈（印）　張純一（印）

元·廿五

派張參事。

石瑛（印）　賴璉（印）

一·廿五

國民政府軍事委員會第一廳第一處便用箋：工料審核委員會設在太平巷軍委會第三廳內便是。

（《南京城牆檔案·城門的增闢與建設》，第341—344頁）

南京市政府參事張劍鳴關於修建挹江等三城門工程及修理太平門等十一城門 工程擬予驗收的簽呈

（1935年1月30日）

簽呈　第1902號

　　案奉鈞長交下軍事委員會指令一件，爲指令裝修城門補助費已轉令核發，并定期派員驗收，仰即知照由。奉批"派張參事"等因。遵經轉派趙科員端於本月二十九日，會同警衛材料審核委員會代表王旭榮、軍政部代表傅方衡、憲兵司令部代表張羽〔禹〕、工務局周技士國璠、陳技士鴻鼎等前往各城門勘驗完畢。據查修建挹江等三城門工程大致尚合，惟挹江門鋼門上面漏做鉚釘數處，應由工務局督促原包工補齊外，其餘材料做法，因事實需要，雖照原擬略有增改之處，亦尚合用，查核決算書所列總數，并未超出原來預算。又修理太平門等十一城門工程，經會同勘驗，均認尚無不合，似可予以驗收。是否有當，理合檢同原件，簽請鑒核。謹呈

市長石

職　張劍鳴

二十四年一月三十日

准予驗收。

賴璉（印）

一·卅

（《南京城墙檔案·城門的增闢與建設》，第345—346頁）

南京市工務局爲送修建挹江等城門超過工款支付預算書請鑒核飭撥致南京市政府呈

（1935 年 2 月 1 日）

呈　字第六一九六號

　　案奉鈞府第五四八號指令略開，"據本局呈請驗收建設挹江等城門，及修理太平等十一城門工程，并請轉呈飭撥補助費一案，已轉呈核示，俟奉復後，再行飭遵。至超過及減少之款，應俟驗收後，由局分別繳還暨編造支付預算，呈候核辦"等因。奉此，查此項工程，現已驗收，除減少之款，應另案解還外，所有修理城門超過之款，計銀叁拾元，自應照數請領，以清款目。理合造具支付預算書，具文呈送，仰祈鑒核飭撥。謹呈

市長石

　　計呈送支付預算書三份

工務局局長　嚴宏澀

中華民國二十四年二月一日

（《南京城墙檔案·城門的增闢與建設》，第 348—352 頁）

南京市政府爲修城門補助費已轉令核發并驗收完畢令仰分別遵辦具報給南京市工務局的訓令

（1935 年 2 月 4 日）

訓令　第 01255 號

　　令工務局：

　　案奉軍事委員會總一字第四六九五號指令，本府呈一件。爲據本市工務局呈請驗收建築挹江等三城門及修理太平等十一城門工程，并請轉呈飭撥補助三分之一工款一案，轉呈鑒核派員，并飭軍政部提前撥給由。內開："呈悉。所請撥給（照原令抄至）。此令。"查此案前據該局呈請到府，當經據情轉呈在案。嗣奉前因，復經派員會同前往驗收去後。茲據簽稱"遵於本月二十九日會同警衛材料審核委員會代表（照原簽抄至）簽請鑒核"等情，并繳還原件。據此，合行令仰該局遵照，剋日派員徑赴軍政部洽領，并轉飭包工將漏做工程補做完好，呈報查核，餘准驗收。此令。

中華民國廿四年貳月肆日

（《南京城墙檔案·城門的增闢與建設》，第 353—356 頁）

南京市政府爲修建挹江門等城門超過工款已飭市財政局轉賬核撥
給南京市工務局的指令

（1935 年 2 月 6 日）

指令　第 01347 號

　　　令工務局：

　　呈一件。爲呈送修建挹江等城門超過工款支付預算書，請鑒核飭撥由。

　　呈件均悉。案經令飭財政局轉賬核撥，仰即填單前往解領轉賬，并遵章造報。件存發。此令。

中華民國廿四年貳月六日

（《南京城墻檔案·城門的增闢與建設》，第 357—358 頁）

南京市政府爲修建挹江門等城門工程超過工款准予照撥給南京市財政局的訓令

（1935 年 2 月 6 日）

訓令　第 01348 號

　　　令財政局：

　　案據工務局呈請"飭撥修建挹江等城門超過工款銀叁拾元，以資應付"等情，并附支付預算到府。查此項工程，已經驗收，所超過工款，應准照撥，除指令"呈件均悉（云云），此令印發"外，合行檢發預算二份，令仰該局分別存轉，并轉賬照撥具報，此令。

　　　計檢發預算二份

中華民國廿四年貳月六日

（《南京城墻檔案·城門的增闢與建設》，第 357—360 頁）

國民政府軍事委員會爲據軍政部呈復裝修城門補助費俟核准預算即可照發仰轉
飭知照給南京市政府的訓令

（1935 年 2 月 9 日）

國民政府軍事委員會訓令　總一字第 4772 號

　　　令南京市市長石瑛：

　　案查前據呈本市工務局呈請驗收建築挹江等三城門及修太平等十一門工程，并請轉呈飭撥補助費三分之一工款一案，曾經總一字第四六九五號指令，并分令軍政部查案核發在卷。兹據軍政部呈復，内稱"已遵派營造司技士傅方衡前往驗收，所有此項補助費洋柒千捌百壹拾式元零捌分，俟核准預算，復文到達，即可照發"等情。據此，合行令仰轉飭知照。此令。

委員長 蔣中正

中華民國二十四年二月八日

（《南京城墻檔案·城門的增闢與建設》，第 361—364 頁）

南京市政府爲挹江門等城門建築與修理補助費等俟軍政部預算核准復文到達即可照發給南京市工務局的訓令

（1935 年 2 月 13 日）

事由：奉軍委會訓令，建築挹江門等三城門及修理太平門等十一城門補助三分之一工款，應俟軍政部預算核准復文到達，即可照發等因，轉飭知照由。

訓令　第 01615 號

令工務局：

案奉軍事委員會總一字第四七七二號訓令，內開："案查前據呈據本市工務局（照原令抄至）。此令。"查前奉軍事委員會總一字第四六九五號指令，業經本府以第一二五五號訓令轉飭該局遵照在案。茲奉前因，合行令仰該局即便知照，此令。

中華民國廿四年貳月拾叄日

（《南京城墻檔案·城門的增闢與建設》，第 365—367 頁）

軍政部爲派員會驗裝修各城門工程惟挹江門中門需改正所有工款尾數暫緩發給致南京市政府的公函

（1935 年 2 月 12 日）

軍政部公函　盈（丁）字第 401 號

案查本部前奉軍事委員會令飭派員會驗裝修各城門工程一案，遵已派員在案。茲據轉報略稱，"查太平門、和平門、光華門、通濟門、金川門、興中門、漢中門、舊中華門、新民門、武定門等各城門裝修工程，照市府原擬計劃，尚屬相符。挹江、中山、玄武、中央等門增減工程，按照實際需要情形，亦無不合，價格比包商原價可減去四十八元八角。惟挹江門中門上部工程斜撐蹩踦不平，螺絲及撬釘數量不足，鐵板離縫亦大，應由市府飭商修整。經會商，姑准驗收，但在挹江門工程未經市府証明修整以前，所有工款尾數，暫緩發給"等情。據此，除呈復軍事委員會外，相應函請貴府查照，轉飭工務局飭商更正爲荷。此致

南京市政府

中華民國二十四年二月十二日

（《南京城墙檔案·城門的增闢與建設》，第 368—371 頁）

南京市政府爲挹江門中門改正已派員復驗無誤准予備查給南京市工務局的訓令

（1935 年 3 月 19 日）

事由：據呈報挹江門中門上部未善工程，正飭包修改完竣，并派員復〈驗〉無誤等情。准
備查由。准函會同驗收裝修各城門工程一案，内有挹江門工程，應加修改等由。經飭據工務局飭
商修改完畢，復請查照由。

指令　第 02870 號
　　　令工務局：
簽呈一件。爲挹江門中門改正各點，已派員復驗無誤，請鑒核由。
簽呈暨繳件均悉。既據派員復驗無誤，准予備查。除函復軍政部查照外，仰即知照。繳件
存。此令。

中華民國廿四年叁月拾九日

（《南京城墙檔案·城門的增闢與建設》，第 372—373 頁）

南京市政府爲挹江門中門上部未善工程已飭包商修整完竣經派員復驗無誤
致軍政部的公函

（1935 年 3 月 19 日）

公函　第 02871 號
案准貴部盈丁字第四零一號公函，以"奉派會驗裝修各城門工程一案，經派員會同驗收完
畢，惟内中有挹江門中門上部工程斜撐蹼蹺不平，螺絲及撬釘數量不足，鐵板離縫亦大，囑轉飭
工務局飭商更正"等由。准此，當經飭交工務局辦理去後。兹據呈報，已飭包商永興機器廠修整
完竣，并經派員復驗無誤，檢同交件，請核示前來。除指令外，相應復請貴部查照爲荷。此致
軍政部

中華民國廿四年叁月拾九日

（《南京城墙檔案·城門的增闢與建設》，第 372—375 頁）

軍政部爲裝修南京市各城門工程補助費業經發交來員具領致南京市政府咨

（1935 年 6 月 6 日）

軍政部咨　會綜字第 10356 號

　　案據貴府工字第三三號咨略開，"爲裝修本京各城門工程補助費，貴部按照工款銀貳萬叁千叁百捌拾柒元陸角五分之三分之一計算，應請補助銀柒千柒百玖拾伍元捌角捌分。茲飭工務局科員壽平携同領據前來具領，煩查照各數撥交該員携回，以清款目，而資結束爲荷"等由。准此，查該項補助工程費，業經本部軍需署於五月六日發交來員具領在案。相應咨復，即請查照爲荷。此咨

南京市政府

部長　何應欽

常務次長　曹浩森　代行

中華民國二十四年六月六日

（《南京城墻檔案·城門的增闢與建設》，第 376—379 頁）

南京市政府爲裝修南京市各城門工程補助費業由軍政部軍需署撥交
給南京市工務局的訓令

（1935 年 6 月 10 日）

　　事由：據軍政部咨復裝修本京各城門工程補助費七千七百九十五元八角八分，業由軍需署撥交該局領訖，轉令知照，并掃數解庫具報由。

訓令　第 002388 號

　　　　令工務局：

　　案准軍政部會綜字第一零三五六號咨開"案據貴府工字（照原咨抄至）爲荷"等由。准此，合行令仰該局知照，并將所領款項掃數解庫具報。此令。

（《南京城墻檔案·城門的增闢與建設》，第 380—381 頁）

南京市工務局爲呈報修理挹江門鐵門經費擬在道路修理費項下動支列報
致南京市政府呈

（1936 年 7 月 8 日）

呈　字第一〇三七二號

　　查挹江門鐵門因憲警開啓時因未將鐵門拔出，以致右扇鐵板損壞，變成灣［彎］形，〈關〉

閉不靈。本局爲愼重城防起見，經派員前往查勘，并飭由公昌及永興兩機器廠分別開具估價單前來。計公昌廠所開五百二十元，永興廠所開三百二十元。查核該商等所估之價均嫌過鉅，而照本局所估，約需修理費二百五十元。惟該處鐵門原由永興機器廠承包，即經由局依照本局所估數折半給價計一百二十五元，仍飭由原包工永興機器廠承修，現已工竣，并由局派員前往驗收完畢。所需修理費一百二十五元，亦經照數墊付，但爲數無多。所有此項修理費，擬即在本局道路修理費項下動支列報，不另請款，是否有當？理合將修理挹江門鐵門經過情形，并檢同單據一紙，具文呈請，仰祈鑒核示遵。謹呈

市長馬

  計呈送修理挹江門鐵門單據一紙（仍乞隨令發還）

工務局局長　宋希尚

中華民國二十五年七月八日

（《南京城墙檔案・城門的增闢與建設》，第 228—231 頁）

南京市政府爲准予在道路修理費項下動支列報修理挹江門鐵門經費給南京市工務局的指令

（1936 年 7 月 11 日）

指令　第 07412 號

  令工務局：

  本年七月八日第一零三七二號呈一件。爲呈報修理挹江門鐵門情形所需經費，擬在道路修理費內列報，祈核示由。呈件均悉。准如所擬辦理，仰即遵照，單據發還，此令。

  發還單據一紙。

中華民國二十五年七月拾壹日

（《南京城墙檔案・城門的增闢與建設》，第 232—233 頁）

三、修理中山門北門左扇上部

僞首都警察總監署爲中山北門左扇上部損壞請派工修理致僞南京特別市政府的公函

（1944 年 7 月 22 日）

首都警察總監署公函　政一字第 1501 號

  案據東區警察局局長劉桐勛，呈以“中山北門係木質製造，久遭風雨侵蝕，原質已多損壞。本月十四日復遭暴風襲擊，故左扇上部木片紛紛脫落，以致殘缺不全，祈轉函修理”等情。據

此，相應備函奉達，即希查照轉行工務局，迅予派工修理，見復爲荷。此致

南京特別市政府

總監 李謳一

中華民國三十三年七月廿二日

（南京市檔案館藏，檔案編號：10020050715（00）0001）

四、通濟門城門移裝工程

僞首都警察總監署東區警察局爲通濟門第三道城門移裝於第一道城圈致僞南京特別市政府工務局的箋函

（1944 年 9 月 1 日）

　　案據通濟門分所巡官張懷卿呈稱，"通濟門城關第一道城圈內原有城門早已失蹤，於京市治安頗有關礙。現有工務局林榮光主任於來所搬運城樓倒塌材料之時，曾經順便實地查勘。擬將該城圈第三道城門移裝於第一道城圈，同時并將第二道原有城門修復，趁各工人拆除城樓之際，即由各工人擔任移裝工作，報請鑒核"等情前來。查通濟門第三道城門可否移裝於第一道城圈，以因〔固〕城防之處，相應據情函達，即請查照酌度辦理，見復爲荷。此致

工務局

首都警察總監署東區警察局 啓

九月一日

（《南京城墻檔案·城門的增闢與建設》，第 419—422 頁）

僞南京特別市政府工務局李千里關於移裝通濟門城門概算書附呈鑒核的報告

（1944 年 9 月 20 日）

報告

　　奉派勘估東區警察局函請爲修理移裝通濟門第二道、三道城門。職遵即前往丈量估算，前因理合報請鑒核示遵。謹呈

主任林 轉呈

科長吳 轉呈

局長韓

　　附呈概算修理移裝通濟門城書三份、原卷全份

職 李千里 謹呈

九月廿二日

（《南京城墙檔案·城門的增闢與建設》，第 424—426 頁）

偽南京特別市政府工務局林榮光關於移裝通濟門城門概算書附呈鑒核的簽呈

（1944 年 10 月 3 日）

簽呈

　　奉派赴總監署行政科接洽通濟門移裝一案。遵即前往向曾科長處面洽。據稱"現因冬防在即，該處第一道城門尚付缺如，爲防止宵小起見，似應早日修復，以免發生意外"等情。理合將通濟門移裝城門概算書附呈，仰祈鑒核。

　　謹呈

科長吳　轉呈

局長韓

職　林榮光　謹呈

十月三日

擬簽呈市座核示祇遵。

吳顯揚（印）

十・三

（《南京城牆檔案・城門的增闢與建設》，第 427 頁）

偽南京特別市政府工務局爲移裝通濟門城門工程檢同概算簽請鑒核示遵
致偽南京特別市政府的簽呈

（1944 年 10 月 4 日）

簽呈　工字第三二六號

　　案准東區警察局函，以"通濟門城關第一道城圈內原有城門早已失踪，關於京市治安頗有關礙，請將第三道城門移裝於第一道城圈，并將第二道原有城門派工修復以固城防"等由。當經飭科派員前往，查得該處第一道城門確已無存，似與城防有關，其第二、第三道原有城門護門鐵及鐵箍等多有損落，自應修補完整。惟第三道城門無甚緊要，移裝於第一道城圈，事尚可行。經估算工程費用，計需國幣貳拾叁萬肆千零捌拾元。究應如何辦理之處，理合檢同概算，簽請鑒核示遵。謹呈

市長周

　　附呈移裝通濟門城門概算書乙份

代理工務局局長　韓春第

十月四日

　　只遷移，能少用款爲佳；市庫不足。

學昌

（《南京城牆檔案・城門的增闢與建設》，第 429 頁）

偽南京特別市政府工務局爲重估移裝通濟門城門工程工款簽請核示
致偽南京特別市政府的簽呈

（1944 年 10 月 9 日）

簽呈　工字第三三九號

　　查移裝修理通濟門城門，需款貳拾叁萬肆千零捌拾元，業經擬具概算表，簽奉鈞長批示"只遷移，能少用款爲佳；市庫不足"等因。奉此，查該處第三道城門較第一道城圈，計狹小一尺有餘，自須添購木料、鐵料，拼鑲四周，方得緊密堅固，以符實用。經派員詳勘復估，除水泥利用庫存配給，水泥不計價外，核減爲拾柒萬叁千壹百捌拾貳元。茲接准警監署行政科曾科長迭

來電話，以"該城第一道城圈無門關閉，有關城內治安，現值冬防將屆，催請趕速動工移裝，以固城防"等語。究應如何辦理之處，理合重擬概算，隨文簽送，仰祈鑒核示遵。謹呈

市長周

　　　附呈移裝通濟門城門概算書一份

代理工務局局長　韓春第

十月九日

（《南京城牆檔案·城門的增闢與建設》，第469—470頁）

僞南京特別市政府工務局林榮光關於移裝通濟門城門工程擬交恒泰記承辦的簽呈

（1944年10月24日）

簽呈

　　查移裝通濟門城門工程經各包商分別估價，其中以恒泰記營造廠所開總價拾柒萬叁仟元最

爲低廉，并不超過原概算數。奉面諭，准予與該營造廠訂立承攬，兹檢同承攬三份、估價單四份，一并簽請鑒核示遵。謹呈

科長吳

局長韓

　　附呈移裝通濟門城門承攬三份，楊和記、李榮記、鄭興記、恒泰記營造廠估價單各乙份（共四份），圖樣乙紙

職　林榮光　謹簽

十月二十四日

（《南京城墙檔案·城門的增闢與建設》，第 433 頁）

僞南京特別市政府工務局爲移裝通濟門城門工程擬交恒泰記承辦致僞南京特別市政府的簽呈

（1944 年 10 月 24 日）

簽呈　工字第三六七號

　　查移裝通濟門城門工程，業經擬具概算，簽奉鈞座批准，招商估價承做在案。兹經招到恒泰記、李榮記、鄭興記、楊和記四家營造廠估價比賬，以恒泰記營造廠所開價單，除水泥由本局供給不計外，計工程費拾柒萬叁千元爲最低廉，并不超出原概算數。擬請交由該恒泰記承做，是否可行？理合檢具原估價單，連同承攬，簽請鑒核示遵。謹呈

市長周

　　附呈估價單四份、承攬一份

代理工務局局長　韓春第

十月二十四日

估價單：173,000

計開估單

　　謹將鈞局修理通濟門拆做、還原，添記釘鐵木料工食在內，水泥均歸鈞局自理，以及各項開列於左：

　　（一）做城門第三道，拆下、修做、還原、搬動；第一道裝齊全部，拆做裝全：共計洋叁萬伍仟元

　　（一）做城門添木料：計洋弍萬壹仟元

　　（一）做裝門，瓦工，拆鍋，上下做全：計洋壹萬伍仟元

（一）用石子：計洋叁仟元

（一）用黃砂：計洋壹仟伍百元

（一）門用鐵釘：計洋肆仟元

（一）門用洋釘：計洋叁仟叁百元

（一）門下鍋用鐵器：計洋叁萬壹仟伍百元

（一）鐵門柵子：計洋肆仟柒百元

（一）門上鍋用鐵器：計洋式萬捌仟元

（一）大門上用鐵鈀子捌道：計洋壹萬陸仟元

（一）門上刷黑油工食料：計洋壹萬元

總共計國幣拾柒萬叁仟元正

謹呈

南京特別市政府工務局鈞鑒

恒泰記營造廠 范榮富（印） 呈

民國三十三年十月十六日

估價單：191,800

計開

謹將貴局修通济門城門，全部添用木料、還原、鍋子鐵及洋釘在內，水泥由貴局辦理，及各項開列於後：

一、用木料，添配：計洋式萬式仟六百元

一、做城門第三道，拆下、修理、搬道［到］第三道还原、裝動齊全，［全］部做裝：計洋叁萬叁仟五百元

一、毛竹搭脚手架子：計洋壹萬叁仟元

一、裝門拆鍋瓦工做好：計洋壹萬式仟六百元

一、用石子：計洋式仟九百元

一、黃砂：計洋式仟元

一、用洋釘：計洋叁仟五百元

一、用鐵釘：計洋式仟捌百元

一、下門鍋鐵器：計洋式萬九仟八百元

一、上門鍋鐵器：計洋叁萬七仟八百元

一、門闩子：計洋伍仟式百元

一、門上用巴子：計洋壹萬壹仟五百元

一、門上刷黑油工食料：計洋壹萬四仟六百元

合計：國幣拾玖萬壹仟捌百元

南京市工務局 台核

李榮記營造廠 具

卅三,十・十六

謹呈：18 [7] 8,000^①

計開通济城門移動至頭道門，添配鐵器、木料、瓦木石工。做法均照賬單爲憑，工料價目開列於左：

（一）長八尺、厚半分，鐵叁块

（一）長三尺、厚半分，鐵拾块

（一）長一尺、厚半分，鐵拾四块

共六十八尺，每尺叁佰元：計洋叁 [弍] 萬〇肆百元

（一）原有泡钉，共弍百四拾個，每個卅元：計洋柒仟弍百元

（一）長五寸、小頭三寸灣把釘，五拾個，每個肆拾元：計洋弍仟元

（一）上下門鑚鐵窝子，共弍百四拾斤，每斤叁拾伍元：計洋捌仟肆百元

（一）長一尺洋灰内螺絲，捌根，每根叁佰伍拾元：計洋弍仟捌百元

（一）二十四號白鐵弍张，每张肆仟元：計洋捌仟元

（一）添配城門边料：計洋弍萬捌仟元

（一）瓦木鐵石工：計洋弍萬捌仟元

（一）搭架工料：計洋弍萬陸仟元

（一）原有門移至頭道門工：計洋弍萬肆仟元

（一）瓦木鐵按工：計洋弍萬元

（一）黃砂石子：計洋肆仟元

共計工料，洋拾捌 [柒] 萬捌仟捌百元

南京特別市工務局 台開

承包人：鄭興記營造廠

---

① 此估價單原文以蘇州碼子記數，此處一律轉錄爲文字，見附圖。

謹呈

188000

城門須用拾袋洋灰，貴局自辦。又批。

中華民國卅三年十月十九日

估價單：198,400

計開

謹將鈞局修做通济門城門，拆修、還原、添配木料、用上下鍋及釘工食在內，水泥由鈞局辦理，以及各項列後：

一、添木料乘［撐］子廿一根，拆換大料：計洋式萬肆仟伍百元

一、搭做脚手架子：計洋一萬式仟元

一、做城門第三道，拆下修理、還原第一道搬動裝齊，全部做裝：計洋叁萬乙仟伍百元

一、裝門拆鍋上下瓦工做全：計洋乙萬陸仟式百元

一、用黃砂：計洋式仟式百元

一、用石子：計洋叁仟捌百元

一、門用洋釘：計洋叁仟捌百元

一、門用鐵釘：計洋叁仟陸百元

一、門下鍋用鐵器：計洋叁萬叁仟式百元

一、門上鍋用鐵器：計洋叁萬伍仟元

一、門裝栅子：計洋陸仟乙百元

一、門上用鐵鈀子：計洋乙萬叁仟伍百元

一、門上刷黑油工食料：計洋乙萬叁仟元

總共計國幣拾玖萬捌仟肆百元正

謹呈

南京特別市政府工務局鈞鑒

楊和記營造廠 呈
三十三年十月十七日

南京特別市工務局移裝通濟門城門工程承攬及施工說明

立承攬人：恒泰記營造廠

今攬到南京特別市工務局移裝通濟門城門工程，總包價壹拾柒萬叁仟元正，并願遵照下列各條辦理，倘有貽誤或違背左列各條時，承攬人應受罰款處分，如中途退攬或其他意外事件發生，概由保證人負責清算賠償，并完成本承攬書所訂承攬人之責任。

一、本工程爲將第三道城圈之城門移裝於第一道城圈，城門空隙處用木料添補嚴密，加橫腰木及釘箍釘緊，門後面裝鐵門閂一道，門前裝石質門檔壹座，門軸下部裝鑄鐵門轉，須與原有門窩吻合，上部鑄鐵門轉，用一：二：四混凝土打實，再以對銷螺絲連接堅固，原門失落之鐵皮，应鑲補完整，并將全門刷水柏油一度。

一、本工程所用之水泥，由鈞局供給，惟由承攬人運抵工地。中途如有缺少，蓋［概］由承攬人負責。

一、本工程所用之黃砂、石子、鐵料、木料，須經監工員驗收後方准使用。

一、本工程限拾伍個晴天完工，逾期一天罰款貳千元正。

一、付款辦法

　　1. 訂立承攬時，付拾萬元正；

　　2. 全部工程完成 1/2 時，付肆萬元正；

　　3. 全部工竣後，付叁萬元正；

　　4. 全部工程經市政府派員驗收後，付尾款叁仟元正。

立承攬人：恒泰記營造廠 范榮富（印）

住址：户部街五十二號

保證人：新利石灰紙筋號 申德財（印）

住址：延齡巷十七号

對保人：林榮光（印）

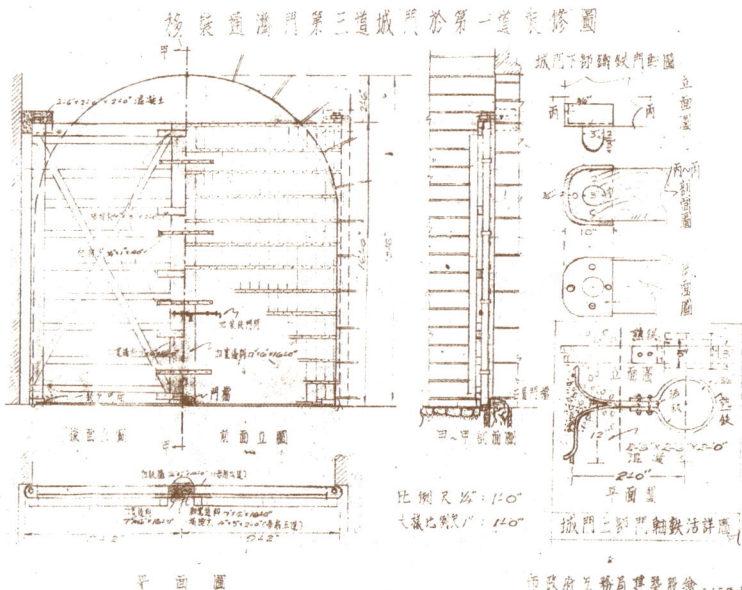

中華民國三十三年十一月十日訂立

（《南京城墙檔案·城門的增闢與建設》，第 440—460、435—439 頁）

偽南京特別市政府工務局關於領到移裝通濟門城門工程費的收據

（1944 年 10 月）

今領到南京特別市政府發給移裝通濟門城門工程費國幣壹拾柒萬叁仟壹百捌拾貳元正。此據。

工務局局長 韓春第

中華民國三十三年十月　日

（《南京城墻檔案·城門的增闢與建設》，第 423 頁）

偽南京特別市政府工務局職員李千里關於移裝通濟門城門工程的竣工報告

（1944 年 11 月 24 日）

報告

奉派監督移裝通濟門城門工程，經交恒泰記營造廠承修，職遵往每日督飭工作。已於十一月廿三日全部完竣，理合具文呈報。仰祈鈞長鑒核派員驗收。謹呈

主任林　轉呈

科長吳　轉呈

局長韓

李千里　謹呈

十一月二十四日

擬簽呈市座派員驗收，并府稿函警總監署查照。

吳顯揚（印）

十一·廿四

如擬辦理。

韓春第（印）

十一·廿四

（《南京城墻檔案·城門的增闢與建設》，第 463 頁）

偽南京特別市政府工務局爲移裝通濟門城門工程業已完工請派員驗收致偽南京特別市政府的簽呈

（1944 年 11 月 27 日）

簽呈　工字第四二一號

　　查移裝通濟門城門工程，前經簽奉鈞座批准，交由恒泰記營造廠承辦在案。茲查該移裝工程業於十一月二十三日修裝完工。理合簽請鑒核，准予派員驗收，以資結束。實爲公便。謹呈

市長周

工務局局長　韓春第

十一月二十七日

（《南京城墻檔案·城門的增闢與建設》，第 478 頁）

偽南京特別市政府爲中山門、通濟門城門修理工程完工致偽首都警察總監署的公函

（1944 年 11 月 29 日）

府銜公函　府函字第 155 號

　　案准貴署政一字第一四二八號公函，略以“據報中山門北面城門暨通濟門城門均告損壞，開閉不便，函囑飭局修理，以固城防”等由。准經飭工務局分別派工修理，業已先後竣工，相應函復，即希查照，轉飭知照爲荷。

　　此致

首都警察總監署

中華民國三十三年十一月廿九日

（《南京城墻檔案·城門的增闢與建設》，第 465—466 頁）

偽南京特別市政府參事蘇榮軒關於驗收通濟門城門移裝工程事的簽呈

（1945 年 1 月 18 日）

簽呈

　　奉派驗收移裝通濟門城門工程一案，業經根據原訂施工説明及裝修圖樣等詳細勘查，均與原定尚無不合。又以該城門每日開關，故保固問題甚爲重要，當令原承辦商填具保固証書，交由工務局存查。現該項保証書業經填妥無誤，爲此謹請准予驗收。實爲公便。謹呈

市長周

附原卷

參事　蘇榮軒

一月十八日

擬交二科知照，一科造報計算，并准予核發工程尾款。

吳顯揚（印）

一・廿二

保固保證書

前由敝廠承包南京特別市政府工務局主辦之移裝通濟門第三道城圈城門至第一道城圈工程，業於卅三年十一月廿三日完工。一切遵照鈞局所發之圖樣及施工說明承辦，并經市政府派員驗收合格。俟後陸個月中，因工料欠佳以致坍塌損壞者，均由敝廠負責修理賠償之，不另計值，但因天災人禍而致之意外損失除外。特此證明。

承包廠商：恒泰記營造廠

法定代理人：范榮富（印）

住址：戶部街五十二號

保證人：基昌建築公司

法定代理人：陳昌言（印）

住址：上江考棚十八號

中華民國卅三年十二月十五日立

（《南京城牆檔案・城門的增闢與建設》，第 467—468 頁）

僞南京特別市政府工務局爲呈送移裝通濟門城門工程支出計算書據仰祈鑒核存轉事致僞南京特別市政府呈

（1945 年 1 月 29 日）

南京特別市工務局呈　工字第四一號

查移裝通濟門城門工程，業已交由恒泰記營造廠修裝完工，所有工款支出計算書、據，現經飭科編造藏事。理合隨文呈送，仰祈鑒核，分別存轉，實爲公便。謹呈

市長周

　　附呈移裝通濟門城門工程支出計算書三份，單據黏存簿一本

銜名

中華民國三十年一月二十九日

（未）

南京特別市工務局
收支對照表

中華民國 二三 年 十 月份

收　項		科目	付　項	
百十萬千百十元角分			百十萬千百十元角分	
17318200				
				10000000
				4000000
				3000000
				300000
				18200
17318200		合　　計	17318200	

局長　科長　會計主任　出納員　製表員

南京特別市政府工務局 修理通濟門城門工程

南京特別市工務局 修理通濟門城門工程費 十月份支出計算書
中華民國 年 月 日

科目	日 本月份撥算數	本月份計算數	比　較	
			增	備考

中華民國 二三 年 十 月 日

工務局局長　韓春華
第一科科長　陳育宣
新股主任　張榮楓

（《南京城墻檔案·城門的增闢與建設》，第473—477頁）

僞南京特別市政府爲據呈送移裝通濟門城門工程費支出計算書據核數尚符准予存轉事給僞南京特別市政府工務局的指令

（1945 年 2 月 9 日）

南京特別市政府指令　府秘字第 184 號

　　　　令工務局：

　　呈乙件。爲呈送移裝通濟門城門工程費支出計算書、據，仰祈鑒核存轉由。

　　呈件均悉。據送移裝通濟門城門工程費支出計算書、據，核數尚符，准予存轉。仰即知照。件存。此令。

市長　周學昌

中華民國三十四年二月九日

（《南京城墻檔案·城門的增闢與建設》，第 471—472 頁）

五、新裝光華門城門門扇

首都警察廳東區警察局爲請新裝光華門城門門扇以利城防致南京市工務局的公函

（1946 年 7 月 8 日）

首都警察廳東區警察局公函　東警字第一八九六號

　　徑啓者。案據光華門警察所所長何修貴七月五日簽稱，"竊查職所管區界内光華門城門無門扇之裝設，對於夜間關城門及斷絶交通時，誠不能達成任務。致〔至〕於新設此項城門扇，對公家浩費尤大。可否擬請鈞局函請工務局將通濟門第二道城門門扇（現存該處傾斜無用），可否移裝光華門使用，以重防務，而達城門關啓之功令。是否有當，理合具文，簽請鑒核祗遵"等情。據此，查該所長所簽屬實，相應備文，函請貴局查照，惠予辦理，并希見復爲荷。

　　此致

工務局

局長　陳善周

副局長　朱惕生

卅五年七月八日

（《南京城墻檔案·城門的增闢與建設》，第 483 頁）

南京市工務局宿亞南關於通濟門第二道城門門扇加寬及高移裝光華門的簽呈

（1946 年 7 月 16 日）

簽呈　卅五年七月十六日

　　奉派調查通濟門第二道城門門扇移裝光華門事。職遵即前往查通濟門門扇，每片高四．八五公尺，寬二．五五公尺；光華門高六公尺，總寬六．一五公尺。光華門較寬一．〇五公尺。請派木工將城門加高及寬，移往裝置。是否之處，謹請鈞裁。謹呈

技士趙

主任劉

科長陳

局長張

　　　　　　　　　　　　　　　　　　　　　　　　　　職　宿亞南　呈

　　查該城門尺寸既不相符，加添尺寸似嫌欠固，而且卡車無法拖運，必須用木滾拖走，諸感困難，擬請函復該局查照，另製新門。

　　　　　　　　　　　　　　　　　　　　　　　　　　　　　七・十七

（《南京城墻檔案・城門的增闢與建設》，第 484 頁）

南京市工務局爲光華門城門請另裝新門致首都警察廳東區警察局的箋函

（1946 年 7 月 23 日）

京工（二）字第 3701 號

　　案准貴局東警字第一八九六號公函，以據光華門警察所簽稱，"光華門城門無門扇裝設，對於夜間關閉城門、斷絕交通，不能達成任務，若新裝此項門扇，公家需費浩大。擬請轉函工務局，將通濟門二道城門，移裝光華門使用，以重防務"等情，函囑"查照辦理見復"等由。准查通濟門二道城門，較光華門狹小甚多，不合實用。准函前由，相應函復，即希查照爲荷。

　　此致

東區警察局

　　　　　　　　　　　　　　　　　　　　　　　　　　　　局戳

　　　　　　　　　　　　　　　　　　　　中華民國卅五年七月廿三日

南京市工務局工程預算表

工程地點：本京
工程名稱：新建光華門城門工程預算　　　　　　中華民國 35 年 8 月 11 日　第　頁　共　頁

項目	工程種類	說明	單位	數量	單價	複價	備考
1	洋松	12″×12″×23	尺	280	1,200	336,000	全部包括工料在内
2	本松		尺	2800	600	1,680,000	
3	白鐵	No.24	m²	48	12,000	576,000	
4	3/8″鏍絲	3/8″=130 長	磅	80	1,400	112,000	
5	生鐵		磅	800	1,500	1,200,000	上下鐵門座
6	熟鐵			500	1,400	700,000	輪軌鐵板
7	1：2：4水泥		m³	2	100,000	200,000	
8	柏油		磅	60	300	18,000	
9	蘇石	2×.80×.20	塊	1	200,000	200,000	
10	裝工		工	50	10,000	500,000	
11	鐵工		工	30	10,000	300,000	
12	鐵鎖		個	1	80,000	80,000	
13	7″鐵門閂		磅	40	1,400	56,000	
12	補洞工		工	20	10,000	200,000	
13	1″×6″企口板		m²	18	8,000	144,000	
					總	6,302,000	
總價			陸佰叁拾萬零貳仟圓正				

局長　　　　　科長：金超（印）　　　　　校對：孫榮樵（印）　　　　　製表：王琦（印）

修建光華門城門施工說明

查光華門原有城門兩扇，因戰爭被燬。現擬在原有城圈內新建木門一道，一切做法如詳圖：

（1）城門——除大料一根采用洋松外，餘均選用乾燥上好本松門板。用 15 公分厚、20 公分寬、五公尺一長，企雌雄縫，直拼做成内加 15 公分見方、三公尺長橫檔，上、中、下三根，以 3/8″鐵螺絲門拴緊外面，再包 24 號白鐵一層，以洋釘釘牢，髹以紅丹一度、黑油二度。門裏面木料僅度黑油二度。

（2）城圈——上部半圓形部分，用本松做成凸凹形，荀鑲嵌而成。以 3/8″螺絲門拴緊，外釘 1″×6″本松企口板一層，再加釘 24 號白鐵一層，塗以紅丹一度、黑油二度。所有裏面斜撐直柱、墻筋均采用本松。一切做法如圖。塗黑油二度。

（3）鐵器——本工程全部鐵製部分均按圖樣尺寸施工。除熟鐵打成部分外，均以特製翻沙承造。表面均用鉋［刨］床鉋［刨］光。受摩擦部分尤應光滑，不得含有沙眼空隙及缺口等弊。該項另［零］件應事先呈本局工程師驗收後再行裝配。鐵器均須塗以紅丹，後再油黑油。

（4）石扁——采用上等蘇石，二公尺長，八十公分寬，二十公分原細鏨雕成"光華門"陰文三字，塗以金色。字樣由本局寫成供給。

（5）水泥三合土——門上下鐵座及擱洋松大料，用一、二、四水泥三合土澆成。黃沙、石子均需選用潔净者，混合均匀，澆搗結實，不得有蜂眼、空隙之弊。

（6）修補——新做城門之外圈，左右小方洞二個，長條縫洞二個，興工時用青磚補砌完整，再粉以一寸厚黃沙水泥一層。城圈子内破壞處，暫不修補。

南京市工務局第三科計劃股　王琦（印）

（《南京城墙檔案·城門的增闢與建設》，第 485—488、490—492 頁）

首都衛戍司令部爲增修光華門城門致南京市政府的代電

（1946 年 8 月 19 日）

首都衛戍司令部代電　達 130

南京市政府馬市長勛鑒，查光華門現無城門，爲警戒嚴密起見，請轉飭增修爲荷。湯恩伯。未皓[①]。三耀。

（《南京城墙檔案·城門的增闢與建設》，第 496—497 頁）

南京市工務局關於新建光華門城門工程的決標記録、承攬書、工程標單及圖紙

（1946 年 10 月 21 日）

南京市工務局新建光華門城門工程決標紀録

日　　期：三十五年十月廿一日上午九時

地　　點：工務局

出席人：

　　　　審計室代表：劉致嶽（印）

　　　　會計室代表：沈祖涵（印）

　　　　工務局：龔揚義（印）

---

① 未皓：八月十九日。

開標紀錄：

　　新福記營造廠總價爲：$8,758,000

　　永固營造廠總價爲：$9,134,000

　　益森營造廠總價爲：$9,346,000

　　昌華營造廠總價爲：$10,828,800

　　公祥記營造廠總價爲：$9,244,000

決標結果：

　　交最低標新福記營造廠承做，并將總價減低爲捌佰萬元正。

南京市工務局新建光華門城門

承攬字 86 號

立承攬人：新福記營造廠

今攬到南京市工務局新建光華門城門，國幣捌佰萬元正

茲願按照左列之各條訂定承攬如下：

一、工程總價：國幣捌佰萬元正

二、完工日期：自領款之日起期限卅個晴天竣工

三、逾期罰款：每逾一天按總價百分之二罰款，計每天壹拾陸萬元正

四、領款辦法：分三期付款

　　第一期：經承攬訂立并經對保無誤後，得發工款 65%

　　第二期：工程完工時，得再發工款 15%

　　第三期：經審計室驗收無誤後，發清

　　第四期：/

五、承攬責任：本承攬自訂定之日起，如有貽誤及違背一切規章之處，均由保證人員賠償責任。

承攬商號：上海新福記營造廠

經理：王福和（？）（印）

保證人：華昌五金商行

經理：□□□（印）

白下路 28 號

對保人：龔揚義（印）

中華民國三十五年十月廿一日

南京市工務局新建光華門城門工程標單

工程地點：本京
工程名稱：新建光華門城門工程　　　　　　　　　　　　35 年 10 月 21 日

項目	工程種類	説明	單位	數量	單價	複價	備考
1	洋松		尺	280	1,400	392,000	全部包括工料在內
2	本松		尺	2800	900	2,520,000	
3	白鐵	No.24	m²	48	25,000	1,200,000	
4	3/8 ″鏍絲	3/8 ″=30 長	磅	80	2,000	160,000	
5	生鐵		磅	800	1,600	1,280,000	上下鐵門座
6	熟鐵			500	2,000	1,000,000	輪軌鐵板
7	1：2：4 水泥		m³	2	180,000	360,000	
8	柏油		磅	60	500	30,000	
9	（水泥假）蘇石	2×.8×.20	塊	1	150,000	150,000	搗水泥假蘇石及字樣
10	鐵鎖		個	1	90,000	90,000	
11	1 ″鐵門門		磅	40	2,000	80,000	
12	補洞工		工	20	10,000	200,000	
13	1 ″×6 ″企口板		m²	18	12,000	216,000	
	搭架手及運費				322,000	322,000	
	總價		國幣捌佰萬元正				
			$8,000,000.00				

有效期限：七天　　　　　　　承包廠商：上海新福記營造廠
完工天數：三十晴天　　　　　經理：王福和（？）（印）

（《南京城墻檔案·城門的增闢與建設》，第 498—501、504 頁）

南京市工務局二科爲新建光華門城門工程業已竣工請派員驗收致南京市工務局審計室的箋函

（1946 年 12 月 31 日）

　　查本局新建光華門城門工程現已竣工，除派本局高朝麟前往驗收外，相應檢附工事決算書，即希派員監驗，以資結束爲荷。

　　　　此致

審計室

　　　　　　　　　　　　　　　　　　　　中華民國三十五年十二月卅一日

存卷

南京市工務局　□□□門□門　工程決算暨驗收證明書

35年 /月 /9日第 / 頁共 / 頁

承攬號數	□□□□	規定期限	30 □天
承攬包人	□□□□□	兩雪冰凍	6 天
開工日期	3 年 /月 /日	核准延期	10 天
完工日期	35 年 /月 □日	逾期日期	

	預　算	決　算	
承攬總價	88,000,000.-	承包人實做工程數	88,000,000.-
第一次追加		/	
第二次追加			
共　計	88,000,000.-	淨付承包人	88,000,000.-
附　註			

實做工程數量銀額表及驗收單

工程種類	單位	數量	單價	複價	驗收數量	驗收複價	驗收意見	備攷
洋松	尺	280	1,400	392,000	280	392,000	全部已搭工料	
本松	"	2,800	900	2,520,000	2,800	2,520,000		
白鐵	吋²	48	25,000	1,200,000	48	1,200,000		№4.24
³/₄"ø 螺絲磚	"	80	2,000	160,000	80	160,000		上下鐵門廳輪軌鐵板
鐵鏈	"	800	1,600	1,280,000	800	1,280,000		
鐵鏈	"	500	2,000	1,000,000	500	1,000,000	尚屬標準乎經收	
1:2:4 水泥	吋²	2	180,000	360,000	2	360,000		
柏油磚		60	500	30,000	60	30,000		
水泥假蘇石埠	個	1	150,000	150,000	1	150,000		21×80×20
鎖	個	1	90,000	90,000	1	90,000		
½"鐵門閂	個	40	2,000	80,000	40	80,000		
補洞工	工	20	10,000	200,000	20	200,000		
1"×6" 企口板	尺²	18	12,000	216,000	18	216,000		
搭架手及運費				322,000		322,000		
				88,000,000		88,000,000		

局長　　會計主任　　　科長　　　主任　　　經營
審計監驗委員　　　　　工務局驗收員

（《南京城牆檔案・城門的增闢與建設》，第 505—507 頁）

六、修建金川門及中華門東西二城門

1. 添配金川門城門

南京市工務局爲准北區憲兵隊函請添配金川門城門一案檢同圖算等件簽請鑒核撥款致南京市政府的簽呈

（1946 年 10 月 8 日）

簽呈　京工（三）第 4840 號

案准"北區憲兵隊函請添做金川門城門，以固城防"等由。准經派員勘查，該城門因在抗戰時期被毀，現擬仍照原樣用洋松重行添配一扇，計需工程費國幣貳百萬零零五千元正，理合檢同設計圖、預算表暨施工説明書等，具文簽請鑒核，迅賜撥款，以利進行。

謹呈

市長馬

副市長馬

附呈設計圖、預算表暨施工説明書各一份

職　張劍鳴　謹簽

三十五年十月八日

（《南京城墻檔案·城門的增闢與建設》，第 521—522 頁）

南京市政府爲添做金川門城門一扇請賜核撥經費等情給南京市工務局的指令

（1946 年 10 月 28 日）

指令　府總會卅五字第 11378 號

令工務局：

三十五年十月八日簽呈乙件。爲添做金川門城門一扇需款約二百萬元簽請核撥由。

簽呈暨附件均悉。該款究在何項預算内列支，未據叙明，無從核辦。又原附預算表未經該局會計主任蓋章，手續亦有未符。兹將原件發還，仰即查明具復，以憑核辦。此令。

附發還原圖算及説明書各一份

市長　馬

中華民國卅五年十月二十八日

（《南京城墻檔案·城門的增闢與建設》，第 519—520 頁）

南京市工務局爲呈復金川門城門擬請暫從緩辦請鑒核備查致南京市政府呈

（1946 年 11 月 12 日）

呈　京工（二）字第 5549 號

　　案奉鈞府府總會（卅五）字第一一三七八號指令本局簽呈一件：爲添做金川門城門一扇需款約式百萬元，簽請核備由。内開"簽呈及附件均悉（照叙至），以憑核辦，此令"等因，并發還原圖算及説明書各一份下局。奉此，遵查本局所領特種工程經費，現已移用無餘。上項金川門城門工程，擬請暫從緩辦。奉令前因，理合具文呈復，仰祈鑒核備查。

　　謹呈

南京市市長馬

副市長

銜名

中華民國卅五年十一月十二日

（《南京城墻檔案·城門的增闢與建設》，第 523—525 頁）

2. 修建金川門及中華門東西二城門

南京市工務局陳葆真關於修建金川門及中華門東西二城門工程預算的簽呈

（1948 年 5 月 31 日）

簽（三）字第 59 號

　　查修建金川門及中華門二城門工程，預算均已重新調整，計金川門國幣伍億壹仟壹佰叁拾伍萬元，中華門國幣拾肆億玖仟伍佰陸拾萬元，二者合計國幣式拾億另陸佰玖拾伍萬元正，兹附呈預算書一式二份，簽請鑒核。

陳葆真（印）

五·卅一

　　中華門東西兩門及金川門添配城門一扇，按照現在工料價調整，共爲式拾億另六百九十五萬元。均不用白鐵皮（較原概算超出式億另六百九十五萬元），擬即招標承做。在奉撥城墻城門費五十億元内列支。

金超

五·卅一

照擬招標。

欣
六·一

該工程如增加鐵皮（由局供給柒拾陸張，單面），則金川門爲國幣伍億壹仟玖佰陸拾萬元，中華門爲國幣拾伍億叁仟壹佰肆拾萬元，二者共計國幣弍拾億伍仟壹佰萬元正。

陳葆真（印）
六·二

建築股速招標（節前^①開標）。

金超
六·三

南京市工務局工程預算表

南京市工務局工程預算表

---

① 指端午節前。

南京市工務局工程預算表

（《南京城牆檔案·城門的增闢與建設》，第 532—533、537—542 頁）

南京市工務局爲修建中華門東西兩門及金川門城門工程訂期開標比賬呈請鑒核准賜派員會同監標致南京市政府呈

（1948 年 6 月 4 日）

南京市工務局呈 （卅七）京工三字第三六八七號

查本局修建中華門東西兩門及金川門城門工程，以比賬方式招商承辦，并經分別通知成泰營造廠等九家參加投標比價。兹訂於本月七日（星期一）下午三時在本局會議室當衆開標。除函請審計部派員監標外，理合呈請鑒核，准賜派員屆期莅臨本局會同監視，以昭鄭重。實爲公便！

謹呈

市長沈

副市長馬

工務局局長　原素欣

中華民國三十七年六月四日

（《南京城墻檔案・城門的增闢與建設》，第 526、527 頁）

南京市工務局爲修建中華門東西兩門及金川門城門工程訂期開標比賬呈請鑒核准賜派員會同監標致審計部第三廳的公函

（1948 年 6 月 4 日）

公函 （卅七）京工三字第三六八七號

查本局修建中華門東西兩門及金川門城門工程，以比賬方式招商承辦，并經分別通知成泰營造廠等九家參加投標比價。兹訂於本月七日（星期一）下午三時在本局會議室當衆開標。除呈請市政府派員監標外，相應函請查照，惠予准賜派員屆期莅臨本局會同監視爲荷。

此致

審計部第三廳

工務局局長　原素欣

中華民國三十七年六月四日

（《南京城墻檔案・城門的增闢與建設》，第 531 頁）

南京市工務局爲來局領取修建中華門及金川門城門工程圖則等參加投標比賬致成泰營造廠等的箋函

（1948 年 6 月 4 日）

箋函　（卅七）京工三字第 3688 號

查本局修建中華門東西兩門及金川門城門工程，以比賬方式招商承辦，兹訂於本月七日（星期一）下午三時，在本局會議室當衆開標比價。希該商於本月六日以前前來本局第三科領取圖則標單等，并繳納押標金叁仟萬元，參加報標比賬爲荷。

此致

成泰營造廠等（詳附表計九家）

（局戳）

中華民國卅七年六月四日

修建中華門及金川門城門工程通知參加報標比賬廠商名單

廠號	經理	地址
成泰營造廠	陳成德［能］	管家橋 30 號
談海營造廠	朱維山	中山北路 121 號
大興林記［號］營造廠	席德林	石鼓路 29 號
褚掄記營造廠	褚文彬	中山東路 23 號
東南仁記營造廠	夏行時	紅廟 41 號
鴻基建築公司	王壯飛	新民門 26 號
裕興土木建築公司	萬選之	中山路跑馬巷 25 號
陶記營造廠	陶伯育	國府路田吉營 36 號
新亨營造廠	徐鉅享	保太［泰］街 25 號

（《南京城墻檔案·城門的增闢與建設》，第 528—530 頁）

南京市工務局關於中華門、金川門城門工程的簽呈（附開標記錄）

（1948 年 6 月 7 日）

查本局修建中華門及金川門城門工程，業於本月七日下午三時，在本局開標。其經過詳見本工程開標記錄。結果以成泰營造廠標價二，八五八，九六○，○○○元爲最低。查本局原預算爲二，○五一，○○○，○○○元。實以近數日來洋松、本松及鐵器價格激漲，致該工程之最低標亦超出本局原預算甚鉅，當經決議以最低標成泰營造廠爲得標人。兹檢附該工程標單六份，開標記錄、標價比價表各一份及原案壹件，簽請鑒核。又該項工程合同業經訂就，并祈鑒核用印。

職 楊延餘（印）

孫榮樵（印）

六·七

南京市工務局工程預算表

工程地點：下關金川門　　　　　　　　　　　　　　　37 年 6 月 7 日
工程名稱：新建金川門城門工程　　　　　　　　　　　共 1 頁 第 1 頁

工程種類	工程説明	單位	數量	單價	複價	備考
洋松		板尺	1316	310,000	407,960,000	
洋松		板尺	144	310,000	43,400,000	
鐵門柚［軸］		磅	300	150,000	45,000,000	
鐵釘		磅	200	150,000	30,000,000	
柏油		磅	100	80,000	8,000,000	
水泥三合土		m^3	1.00	15,000,000	15,000,000	
鐵皮		m^2	27.5	300,000	8,250,000	包括鐵釘等，鐵皮由局供給
木工		個	80	470,000	37,600,000	
鐵工		個	120	470,000	56,400,000	
小工		個	15	250,000	3,750,000	
總價				\$655,400,000.00		

局長　　　科長　　　校對　　　　製表 楊延餘（印）　第三科計劃股

南京市工務局工程預算表

工程地點：中華門　　　　　　　　　　　　　　　　37 年 6 月 7 日
工程名稱：加建中華門東西二門工程　　　　　　　　共 2 頁 第 1 頁

工程種類	工程説明	單位	數量	單價	複價	備考
甲鐵上座		磅	150	150,000	22,500,000	
乙鐵上座		磅	200	150,000	30,000,000	
甲鐵下座		磅	200	150,000	30,000,000	
乙鐵下座		磅	80	150,000	12,000,000	
鐵輪		磅	200	150,000	30,000,000	

（續表）

工程種類	工程説明	單位	數量	單價	複價	備考
角鐵板		磅	680	150,000	102,000,000	
鐵輪軌		磅	700	150,000	105,000,000	
鐵螺絲		磅	60	150,000	9,000,000	
鐵釘		磅	40	150,000	6,000,000	
洋松大料	$0.3 \times 0.3 \times 13$	呎	520	310,000	161,200,000	
本松橫檔	$0.2 \times 0.3 \times 6$	呎	640	120,000	76,800,000	
本松橫檔	$0.15 \times 0.3 \times 5.5$	呎	1,100	120,000	132,000,000	
本松立柱	$0.2 \times 0.2 \times 5$	呎	540	100,000	54,000,000	
本松斜撐	$0.15 \times 0.2 \times 5.2$	呎	280	80,000	22,400,000	
本松拱柱	$0.2 \times 0.2 \times 5.6$	呎	99	100,000	9,900,000	
本松拱柱	$0.15 \times 0.15 \times 44.2$	呎	435	80,000	34,600,000	
本松拱撐	$0.25 \times 0.25 \times 19$	呎	530	120,000	63,600,000	
1 ″ ×6 ″ 本松企口板		m²	180	360,000	64,800,000	
水泥三合土	1：3：6	m³	8.5	15,000,000	127,500,000	
鐵拉條	12m 長	根	2	1,400,000	2,800,000	
蘇石門檻		個	1	1,800,000	1,800,000	
柏油		磅	250	80,000	20,000,000	
鐵皮		m²	60	300,000	18,000,000	包括鐵釘等，鐵皮由局供給
木工		個	50	470,000	23,500,000	
鐵工		個	40	470,000	18,800,000	
總價						

局長　　　科長　　　校對　　　製表 楊延餘（印）　　　第三科計劃股

南京市工務局工程預算表

工程地點：中華門　　　　　　　　　　　　　　37 年 6 月 7 日
工程名稱：中華門東西二門工程　　　　　　　　共 2 頁 第 2 頁

工程種類	工程説明	單位	數量	單價	複價	備考
裝工		個	20	470,000	9,400,000	
土方		m³	5	200,000	1,000,000	
小工		個	10	250,000	2,500,000	
					$1,191,100,000	

工程種類	工程説明	單位	數量	單價	複價	備考
	東西二門合計總價爲 $2,382,200,000.00					
總價	$2,382,200,000.00					

局長　　　科長　　　校對　　　製表 楊延餘（印）　　　第三科計劃股

南京市工務局工程預算表

工程地點：下關金川門　　　　　　　　　　　　　　37 年 5 月 31 日
工程名稱：新建金川門城門工程　　　　　　　　　　共 1 頁 第 1 頁

工程種類	工程説明	單位	數量	單價	複價	備考
洋松		板尺	1,316	240,000	316,000,000	
洋松		板尺	144	240,000	34,560,000	
鐵門袖［軸］		磅	300	80,000	24,000,000	
鐵釘		磅	200	80,000	16,000,000	
柏油		磅	100	80,000	8,000,000	
水泥三合土	1：3：6	m^3	1.00	15,000,000	15,000,000	
木工		個	80	470,000	37,600,000	
鐵工		個	120	470,000	56,400,000	
小工		個	15	250,000	3,750,000	
總價	$511,350,000.00					

局長 原素欣（印）　科長 金超（印）　校對 孫榮樵（印）　製表 陳葆真（印）　第三科計劃股

南京市工務局工程預算表

工程地點：中華門　　　　　　　　　　　　　　　　37 年 5 月 31 日
工程名稱：加建中華門東西二門　　　　　　　　　　共 2 頁 第 1 頁

工程種類	工程説明	單位	數量	單價	複價	備考
甲鐵上座		磅	150	80,000	12,000,000	
乙鐵上座		磅	200	80,000	16,000,000	
甲鐵下座		磅	200	80,000	16,000,000	
乙鐵下座		磅	80	80,000	6,400,000	
鐵輪		磅	200	80,000	16,000,000	
角鐵板		磅	680	80,000	54,400,000	
鐵輪軌		磅	700	80,000	56,000,000	

工程種類	工程説明	單位	數量	單價	複價	備考
鐵螺絲		磅	60	80,000	4,800,000	
鐵釘		磅	40	80,000	3,200,000	
洋松大料	$0.3 \times 0.3 \times 13$	呎	520	240,000	124,800,000	
本松橫檔	$0.2 \times 0.3 \times 6$	呎	640	50,000	32,000,000	
本松橫檔	$0.15 \times 0.3 \times 5.5$	呎	1,100	50,000	55,000,000	
本松立柱	$0.2 \times 0.2 \times 5$	呎	540	50,000	27,000,000	
本松斜撐	$0.15 \times 0.2 \times 5.2$	呎	280	50,000	14,000,000	
本松拱柱	$0.2 \times 0.2 \times 5.6$	呎	99	50,000	4,950,000	
本松拱柱	$0.15 \times 0.15 \times 44.2$	呎	435	50,000	21,750,000	
本松拱撐	$0.25 \times 0.25 \times 19$	呎	530	50,000	26,500,000	
1″×6″本松企口板		m^2	180	280,000	50,500,000	
水泥三合土	$1:3:6$	m^3	8.5	15,000,000	127,500,000	
鐵拉條	12m 長	根	2	1,000,000	2,000,000	
蘇石門檻		個	1	1,800,000	1,800,000	
柏油		磅	250	80,000	20,000,000	
木工		個	50	470,000	23,500,000	
鐵工		個	40	470,000	18,800,000	
裝工		個	20	470,000	9,400,000	
總價						

局長 原素欣（印） 科長 金超（印） 校對 孫榮樵（印） 製表 陳葆真（印） 第三科計劃股

南京市工務局工程預算表

工程地點：　　　　　　　　　　　　　　　　　　　37 年 5 月 31 日
工程名稱：續前　　　　　　　　　　　　　　　　　共 2 頁 第 2 頁

工程種類	工程説明	單位	數量	單價	複價	備考
土方		m^3	5	200,000	1,000,000	
小工		個	10	250,000	2,500,000	
					$747,800,000	
東西二門合計總價爲 $1,495,600,000.00						
總價			$1,495,600,000.00			

局長 原素欣（印） 科長 金超（印） 校對 孫榮樵（印） 製表 陳葆真（印） 第三科計劃股

南京市工務局工程預算表

工程地點：下關金川門　　　　　　　　　　　　　　　37年6月2日
工程名稱：新建金川門城門工程　　　　　　　　　　　共1頁 第1頁

工程種類	工程説明	單位	數量	單價	複價	備考
洋松		板尺	1316	240,000	316,000,000	
洋松		板尺	144	240,000	34,560,000	
鐵門柚〔軸〕		磅	300	80,000	24,000,000	
鐵釘		磅	200	80,000	16,000,000	
柏油		磅	100	80,000	8,000,000	
水泥三合土		m^3	1.00	15,000,000	15,000,000	
鐵皮		m^2	27.5	300,000	8,250,000	包括鐵釘等，鐵皮由局供給
木工		個	80	470,000	37,600,000	
鐵工		個	120	470,000	56,400,000	
小工		個	15	250,000	3,750,000	
總價				\$519,600,000.00		

局長 原素欣（印）　科長 金超（印）　校對　　　　　製表 陳葆真（印）　第三科計劃股

南京市工務局工程預算表

工程地點：中華門　　　　　　　　　　　　　　　　　37年6月2日
工程名稱：加建中華門東西二門　　　　　　　　　　　共2頁 第1頁

工程種類	工程説明	單位	數量	單價	複價	備考
甲鐵上座		磅	150	80,000	12,000,000	
乙鐵上座		磅	200	80,000	16,000,000	
甲鐵下座		磅	200	80,000	16,000,000	
乙鐵下座		磅	80	80,000	6,400,000	
鐵輪		磅	200	80,000	16,000,000	
角鐵板		磅	680	80,000	54,400,000	
鐵輪軌		磅	700	80,000	56,000,000	
鐵螺絲		磅	60	80,000	4,800,000	
鐵釘		磅	40	80,000	3,200,000	
洋松大料	0.3×0.3×13	呎	520	240,000	124,800,000	
本松橫檔	0.2×0.3×6	呎	640	50,000	32,000,000	
本松橫檔	0.15×0.3×5.5	呎	1,100	50,000	55,000,000	

工程種類	工程説明	單位	數量	單價	複價	備考
本松立柱	$0.2 \times 0.2 \times 5$	呎	540	50,000	27,000,000	
本松斜撐	$0.15 \times 0.2 \times 5.2$	呎	280	50,000	14,000,000	
本松拱柱	$0.2 \times 0.2 \times 5.6$	呎	99	50,000	4,950,000	
本松拱柱	$0.15 \times 0.15 \times 44.2$	呎	435	50,000	21,750,000	
本松拱撐	$0.25 \times 0.25 \times 19$	呎	530	50,000	26,500,000	
1〞×6〞本松企口板		m²	180	280,000	50,400,000	
水泥三合土	1:3:6	m³	8.5	15,000,000	127,500,000	
鐵拉條	12m 長	根	2	1,000,000	2,000,000	
蘇石門檻		個	1	1,800,000	1,800,000	
柏油		磅	250	80,000	20,000,000	
鐵皮		m²	60	300,000	18,000,000	包括鐵釘等，鐵皮由局供給
木工		個	50	470,000	23,500,000	
鐵工		個	40	470,000	18,800,000	
總價						

局長 原素欣（印） 科長 金超（印） 校對　　　　　製表 陳葆真（印） 第三科計劃股

南京市工務局工程預算表

工程地點：　　　　　　　　　　　　　　　　　　37 年 6 月 2 日
工程名稱：續前　　　　　　　　　　　　　　　　共 2 頁 第 2 頁

工程種類	工程説明	單位	數量	單價	複價	備考
裝工		個	20	470,000	9,400,000	
土方		m³	5	200,000	1,000,000	
小工		個	10	250,000	2,500,000	
					$765,700,000	
東西二門合計總價爲 $1,531,400,000.00						
總價		$1,531,400,000.00				

局長 原素欣（印） 科長 金超（印） 校對　　　　　製表 陳葆真（印） 第三科計劃股

南京市工務局加建中華門東西二門工程標單

工程地點：中華門   37 年 6 月 7 日

工程項目	工程説明	單位	數量	單價	複價	備註
甲鐵上座		磅	150	150,000	22,500,000	
乙鐵上座		磅	200	150,000	30,000,000	
甲鐵下座		磅	200	150,000	30,000,000	
乙鐵下座		磅	80	150,000	12,000,000	
鐵輪		磅	200	150,000	30,000,000	
角鐵板		磅	680	150,000	102,000,000	
鐵輪軌		磅	700	150,000	105,000,000	
鐵螺絲		磅	60	150,000	9,000,000	
鐵釘		磅	40	150,000	6,000,000	
洋松大料	$0.3 \times 0.3 \times 13$	板尺	520	300,000	156,000,000	
本松橫檔	$0.2 \times 0.3 \times 6$	板尺	640	70,000	44,800,000	
本松橫檔	$0.15 \times 0.3 \times 5.6$	板尺	1,100	70,000	77,000,000	
本松立柱	$0.2 \times 0.2 \times 5$	板尺	540	70,000	37,800,000	
本松斜撐	$0.15 \times 0.2 \times 5.2$	板尺	280	70,000	19,600,000	
本松拱柱	$0.2 \times 0.2 \times 5.6$	板尺	99	70,000	6,930,000	
本松拱柱	$0.15 \times 0.15 \times 44.2$	板尺	435	70,000	30,450,000	
本松拱撐	$0.25 \times 0.25 \times 19$	板尺	530	70,000	37,100,000	
本松企口板	1″×6″	m^2	180	700,000	126,000,000	
水泥三合土		m^3	8.5	4,000,000	34,000,000	
鐵拉條		根	2	7,000,000	14,000,000	
蘇石門檻		個	1	2,800,000	2,800,000	
柏油		磅	250	70,000	17,500,000	
鐵皮		m^2	60	40,000	24,000,000	包括鐵釘等，鐵皮由局供給
木工		工	120	620,000	24,400,000	
鐵工		工	60	650,000	39,000,000	
裝工		工	30	620,000	18,600,000	
土方		m^3	5	200,000	1,000,000	
小工		工	25	300,000	7,500,000	
東西門每一門價格 $1,114,980,000.00						
東西二門結構尺寸完全相同總計 $2,229,960,000.00（此數爲上開價格之二倍）						

有效日期：三天   審計部代表   投標廠商 成泰營造廠
完工期限：三十天   市政府代表 趙絢齊（印） 經理 陳成能（印）
          工務局代表   地址

南京市工務局興建金川門城門工程標單

工程地點：下關金川門　　　　　　　　　　　　　　　　　　　　37 年 6 月 7 日

工程項目	工程説明	單位	數量	單價	複價	備注
洋松		板尺	1316	300,000	394,000,000	
洋松		板尺	144	300,000	43,200,000	
鐵門柚［軸］		磅	300	150,000	45,000,000	
鐵釘		磅	200	150,000	30,000,000	
柏油		磅	100	70,000	7,000,000	
水泥三合土		m^3	1.00	4,000,000	4,000,000	
鐵皮		m^2	27.5	400,000	11,000,000	包括鐵釘等，鐵皮由局供給
木工		工	100	620,000	62,000,000	
鐵工		工	40	650,000	26,000,000	
小工		工	20	300,000	6,000,000	
總計					629,000,000.00	

有效日期：三天　　　　　　　審計部代表　　　　　　　投標廠商　成泰營造廠
完工期限：25 天　　　　　　市政府代表　趙絢齊（印）　　經理　陳成能（印）
　　　　　　　　　　　　　工務局代表　　　　　　　　地址

南京市工務局加建中華門東西二門工程標單

工程地點：中華門　　　　　　　　　　　　　　　　　　　　　　37 年 6 月 7 日

工程項目	工程説明	單位	數量	單價	複價	備注
甲鐵上座		磅	150	200,000	30,000,000	
乙鐵上座		磅	200	200,000	40,000,000	
甲鐵下座		磅	200	200,000	40,000,000	
乙鐵下座		磅	80	200,000	16,000,000	
鐵輪		磅	200	200,000	40,000,000	
角鐵板		磅	680	200,000	136,000,000	
鐵輪軌		磅	700	200,000	140,000,000	
鐵螺絲		磅	60	200,000	12,000,000	
鐵釘		磅	40	200,000	8,000,000	
洋松大料	$0.3 \times 0.3 \times 13$	板尺	520	320,000	166,400,000	
本松橫檔	$0.2 \times 0.3 \times 6$	板尺	640	170,000	108,800,000	
本松橫檔	$0.15 \times 0.3 \times 5.5$	板尺	1,100	170,000	187,000,000	

工程項目	工程説明	單位	數量	單價	複價	備注
本松立柱	$0.2 \times 0.2 \times 5$	板尺	540	170,000	91,800,000	
本松斜撐	$0.15 \times 0.2 \times 5.2$	板尺	280	170,000	47,600,000	
本松拱柱	$0.2 \times 0.2 \times 5.6$	板尺	99	170,000	16,830,000	
本松拱柱	$0.15 \times 0.15 \times 44.2$	板尺	435	170,000	73,950,000	
本松拱撐	$0.25 \times 0.25 \times 19$	板尺	530	170,000	90,100,000	
本松企口板	$1'' \times 6''$	m²	180	2,000,000	360,000,000	
水泥三合土		m³	8.5	17,000,000	144,500,000	
鐵拉條		根	2	36,000,000	72,000,000	
蘇石門檻		個	1	5,000,000	5,000,000	
柏油		磅	250	150,000	37,500,000	
鐵皮		m²	60	700,000	42,000,000	包括鐵釘等，鐵皮由局供給
木工		工	240	520,000	124,800,000	
鐵工		工	150	520,000	78,000,000	
裝工		工	20	520,000	36,400,000	
土方		m³	5	700,000	3,500,000	
小工		工	200	330,000	66,000,000	
東西門每一門價格 $2,214,180,000						
東西二門結構尺寸完全相同，總計 $4,428,360,000（此數爲上開價格之二倍）						

有效日期：3 天　　　　　　審計部代表　　　　　　投標廠商：東南仁記營造廠
完工期限：40 天　　　　　市政府代表　趙絢齊（印）　　經理：陸宗藩（印）
　　　　　　　　　　　　工務局代表　　　　　　　　地址：紅廟四十一號

南京市工務局興建金川門城門工程標單

工程地點：下關金川門　　　　　　　　　　　　　　　37 年 6 月 7 日

工程項目	工程説明	單位	數量	單價	複價	備注
洋松		板尺	1316	320,000	421,120,000	
洋松		板尺	144	320,000	46,080,000	
鐵門柚［軸］		磅	300	200,000	60,000,000	
鐵釘		磅	200	200,000	40,000,000	
柏油		磅	100	150,000	15,000,000	
水泥三合土		m³	1.00	17,000,000	17,000,000	
鐵皮		m²	27.5	700,000	19,250,000	包括鐵釘等，鐵皮由局供給

工程項目	工程説明	單位	數量	單價	複價	備注
木工		工	120	520,000	62,400,000	
鐵工		工	70	520,000	36,400,000	
小工		工	120	330,000	39,600,000	
總計					756,850,000	

有效日期：3天　　　　　　審計部代表　　　　　　投標廠商：東南仁記營造廠
完工期限：40天　　　　　市政府代表 趙絢齊（印）　　經理：陸宗藩（印）
　　　　　　　　　　　　工務局代表　　　　　　　地址：紅廟四十一號

南京市工務局加建中華門東西二門工程標單

工程地點：中華門　　　　　　　　　　　　　　　　　　37年6月7日

工程項目	工程説明	單位	數量	單價（萬元）	複價（萬元）	備注
甲鐵上座		磅	150	24	3,600	
乙鐵上座		磅	200	24	4,800	
甲鐵下座		磅	200	24	4,800	
乙鐵下座		磅	80	24	1,920	
鐵輪		磅	200	24	4,800	
角鐵板		磅	680	24	16,320	
鐵輪軌		磅	700	24	16,800	
鐵螺絲		磅	60	24	1,440	
鐵釘		磅	40	18	720	
洋松大料	0.3 × 0.3 × 13	板尺	520	30	15,400	
本松橫檔	0.2 × 0.3 × 6	板尺	640	22	14,080	
本松橫檔	0.15 × 0.3 × 5.5	板尺	1,100	18	19,800	
本松立柱	0.2 × 0.2 × 5	板尺	540	18	9,720	
本松斜撐	0.15 × 0.2 × 5.2	板尺	280	18	5,040	
本松拱柱	0.2 × 0.2 × 5.6	板尺	99	20	1,980	
本松拱柱	0.15 × 0.15 × 44.2	板尺	435	15	6,525	
本松拱撐	0.25 × 0.25 × 19	板尺	530	20	10,600	
本松企口板	1 ″ × 6 ″	m²	180	100	18,000	
水泥三合土		m³	8.5	700	5,950	
鐵拉條		根	2	100	200	
蘇石門檻		個	1	200	200	

工程項目	工程説明	單位	數量	單價（萬元）	複價（萬元）	備注
柏油		磅	250	8	2,000	
鐵皮		m²	60	40	2,400	包括鐵釘等，鐵皮由局供給
木工		工	70	65	4,550	
鐵工		工	60	80	4,800	
裝工		工	30	65	1,950	
土方		m³	5	40	200	
小工		工	10	30	300	
東西門每一門價格 $1,790,950,000.00						
東西二門結構尺寸完全相同，總計 $3,581,900,000.00（此數爲上開價格之二倍）						

有效日期：叁天　　　　　　審計部代表　　　　　　　投標廠商：鴻基建築公司
完工期限：伍拾天　　　　　市政府代表　趙絢齊（印）　　經理：王壯彪
　　　　　　　　　　　　　工務局代表　　　　　　　　地址：南京新民門二十六號

南京市工務局興建金川門城門工程標單

工程地點：下關金川門　　　　　　　　　　　　　　　　　37 年 6 月 7 日

工程項目	工程説明	單位	數量	單價（萬元）	複價（萬元）	備注
洋松		板尺	1316	30	39,480	
洋松		板尺	144	30	4,320	
鐵門柚［軸］		磅	300	24	7,200	
鐵釘		磅	200	18	3,600	
柏油		磅	100	8	800	
水泥三合土		m³	1.00	700	700	
鐵皮		m²	27.5	40	1,100	包括鐵釘等，鐵皮由局供給
木工		工	40	65	2,600	
鐵工		工	10	80	800	
小工		工	40	30	1,200	
總計		國幣陸億壹仟捌佰元整　　$618,000,000.00				

有效日期：叁天　　　　　　審計部代表　　　　　　　投標廠商：鴻基建築公司
完工期限：肆拾天　　　　　市政府代表　趙絢齊（印）　　經理：王壯彪
　　　　　　　　　　　　　工務局代表　　　　　　　　地址：南京新民門二十六號

南京市工務局加建中華門東西二門工程標單

工程地點：中華門   37 年 6 月 7 日

工程項目	工程説明	單位	數量	單價	複價	備註
甲鐵上座		磅	150	240,000	36,000,000	
乙鐵上座		磅	200	240,000	48,000,000	
甲鐵下座		磅	200	240,000	48,000,000	
乙鐵下座		磅	80	240,000	19,200,000	
鐵輪		磅	200	240,000	48,000,000	
角鐵板		磅	680	240,000	163,200,000	
鐵輪軌		磅	700	240,000	168,000,000	
鐵螺絲		磅	60	400,000	24,000,000	
鐵釘		磅	40	400,000	16,000,000	
洋松大料	$0.3 \times 0.3 \times 13$	板尺	520	360,000	187,200,000	
本松橫檔	$0.2 \times 0.3 \times 6$	板尺	640	100,000	64,000,000	
本松橫檔	$0.15 \times 0.3 \times 5.5$	板尺	1,100	100,000	110,000,000	
本松立柱	$0.2 \times 0.2 \times 5$	板尺	540	100,000	54,000,000	
本松斜撐	$0.15 \times 0.2 \times 5.2$	板尺	280	100,000	28,000,000	
本松拱柱	$0.2 \times 0.2 \times 5.6$	板尺	99	100,000	9,900,000	
本松拱柱	$0.15 \times 0.15 \times 44.2$	板尺	435	100,000	43,500,000	
本松拱撐	$0.25 \times 0.25 \times 19$	板尺	530	100,000	53,000,000	
本松企口板	$1'' \times 6''$	m^2	180	1,100,000	198,000,000	
水泥三合土		m^3	8.5	21,000,000	178,500,000	
鐵拉條		根	2	3,000,000	6,000,000	
蘇石門檻		個	1	4,000,000	4,000,000	
柏油		磅	250	52,000	13,000,000	
鐵皮		m^2	60	2,000,000	120,000,000	包括鐵釘等，鐵皮由局供給
木工		工	100	620,000	62,000,000	#24 角鐵由局方供給應用
鐵工		工	40	740,000	29,600,000	
裝工		工	40	620,000	24,800,000	
土方		m^3	5	150,000	750,000	
小工		工	40	400,000	16,000,000	
東西門每一門價格 $1,772,650,000						
東西二門結構尺寸完全相同，總計 $3,545,300,000（此數爲上開價格之二倍）						

有效日期：3 天   審計部代表   投標廠商：裕興建築公司
完工期限：50 天   市政府代表 趙絢齊（印）   經理：萬選之
                                工務局代表   地址：跑馬巷 25 號

南京市工務局興建金川門城門工程標單

工程地點：下關金川門　　　　　　　　　　　　　　　　　　37 年 6 月 7 日

工程項目	工程説明	單位	數量	單價	複價	備注
洋松		板尺	1316	360,000	473,760,000	
洋松		板尺	144	360,000	51,840,000	
鐵門柚［軸］		磅	300	240,000	72,000,000	
鐵釘		磅	200	400,000	80,000,000	
柏油		磅	100	52,000	5,200,000	
水泥三合土		m³	1.00	21,000,000	21,000,000	
鐵皮		m²	27.5	2,000,000	55,000,000	包括鐵釘等，鐵皮由局供給
木工		工	60	620,000	37,200,000	#24 角鐵由局方供給應用
鐵工		工	26	740,000	19,240,000	
小工		工	40	400,000	16,000,000	
總計	捌億叁仟壹佰式拾肆萬元整					

有效日期：叁天　　　　　　審計部代表　　　　　　　　投標廠商：裕興建築公司
完工期限：50 天　　　　　　市政府代表　趙絢齊（印）　　經理：萬選之
　　　　　　　　　　　　　　工務局代表　　　　　　　　地址：跑馬巷 25 號

南京市工務局加建中華門東西二門工程標單

工程地點：中華門　　　　　　　　　　　　　　　　　　　37 年 6 月 7 日

工程項目	工程説明	單位	數量	單價	複價	備注
甲鐵上座		磅	150	180,000	27,000,000	
乙鐵上座		磅	200	180,000	36,000,000	
甲鐵下座		磅	200	180,000	36,000,000	
乙鐵下座		磅	80	180,000	14,400,000	
鐵輪		磅	200	180,000	36,000,000	
角鐵板		磅	680	180,000	122,400,000	
鐵輪軌		磅	700	180,000	126,000,000	
鐵螺絲		磅	60	180,000	10,800,000	
鐵釘		磅	40	180,000	7,200,000	
洋松大料	0.3×0.3×13	板尺	520	350,000	182,000,000	
本松橫檔	0.2×0.3×6	板尺	640	180,000	115,200,000	
本松橫檔	0.15×0.3×5.5	板尺	1,100	180,000	198,000,000	
本松立柱	0.2×0.2×5	板尺	540	180,000	9,720,000	

工程項目	工程説明	單位	數量	單價	複價	備注
本松斜撐	0.15×0.2×5.2	板尺	280	180,000	50,400,000	
本松拱柱	0.2×0.2×5.6	板尺	99	180,000	17,820,000	
本松拱柱	0.15×0.15×44.2	板尺	435	180,000	78,300,000	
本松拱撐	0.25×0.25×19	板尺	530	200,000	106,600,000	
本松企口板	1″×6″	m^2	180	180,000	32,400,000	
水泥三合土		m^3	8.5	22,000,000	187,000,000	
鐵拉條		根	2	10,800,000	21,600,000	
蘇石門檻		個	1		9,500,000	
柏油		磅	250	95,000	23,750,000	
鐵皮		m^2	60	850,000	51,000,000	包括鐵釘等，鐵皮由局供給
木工		工	80	700,000	56,000,000	
鐵工		工	40	850,000	34,000,000	
裝工		工	50	850,000	42,500,000	
土方		m^3	5	400,000	2,000,000	
小工		工	10	500,000	5,000,000	
東西門每一門價格 $1,720,070,000.00						
東西二門結構尺寸完全相同，總計 $3,440,140,000.00（此數爲上開價格之二倍）						

有效日期：3 天　　　　　審計部代表　　　　　　投標廠商：談海營造廠
完工期限：35 天　　　　市政府代表 趙絢齊（印）　　經理：朱維山
　　　　　　　　　　　工務局代表　　　　　　　　地址：中山北路 121 號

南京市工務局興建金川門城門工程標單

工程地點：下關金川門　　　　　　　　　　　　　　　37 年 6 月 7 日

工程項目	工程説明	單位	數量	單價	複價	備注
洋松		板尺	1316	350,000	460,600,000	
洋松		板尺	144	350,000	50,400,000	
鐵門柚［軸］		磅	300	180,000	54,000,000	
鐵釘		磅	200	180,000	36,000,000	
柏油		磅	100	95,000	9,500,000	
水泥三合土		m^3	1.00	22,000,000	22,000,000	
鐵皮		m^2	27.5	850,000	23,375,000	包括鐵釘等，鐵皮由局供給
木工		工	45	700,000	31,500,000	

工程項目	工程説明	單位	數量	單價	複價	備注
鐵工		工	25	850,000	21,250,000	
小工		工	8	500,000	4,000,000	
總計					$712,625,000.00	

有效日期：3 天　　　　　審計部代表　　　　　投標廠商：談海營造廠
完工期限：30 天　　　　市政府代表　趙絢齊（印）　　經理：朱維山
　　　　　　　　　　　　工務局代表　　　　　　　　地址：中山北路 121 號

南京市工務局加建中華門東西二門工程標單

工程地點：中華門　　　　　　　　　　　　　　　　　　37 年 6 月 7 日

工程項目	工程説明	單位	數量	單價	複價	備注
甲鐵上座		磅	150	90,000	13,500,000	
乙鐵上座		磅	200	90,000	18,000,000	
甲鐵下座		磅	200	90,000	18,000,000	
乙鐵下座		磅	80	90,000	7,200,000	
鐵輪		磅	200	90,000	18,000,000	
角鐵板		磅	680	180,000	122,400,000	
鐵輪軌		磅	700	180,000	126,000,000	
鐵螺絲		磅	60	200,000	12,000,000	
鐵釘		磅	40	180,000	7,200,000	
洋松大料	$0.3 \times 0.3 \times 13$	板尺	520	310,000	161,200,000	
本松橫檔	$0.2 \times 0.3 \times 6$	板尺	640	200,000	128,000,000	
本松橫檔	$0.15 \times 0.3 \times 5.5$	板尺	1,100	200,000	220,000,000	
本松立柱	$0.2 \times 0.2 \times 5$	板尺	540	200,000	108,000,000	
本松斜撐	$0.15 \times 0.2 \times 5.2$	板尺	280	200,000	56,000,000	
本松拱柱	$0.2 \times 0.2 \times 5.6$	板尺	99	200,000	19,800,000	
本松拱柱	$0.15 \times 0.15 \times 44.2$	板尺	435	200,000	87,000,000	
本松拱撐	$0.25 \times 0.25 \times 19$	板尺	530	200,000	106,000,000	
本松企口板	1 ″ × 6 ″	m²	180	550,000	99,000,000	
水泥三合土		m³	8.5	14,500,000	123,250,000	
鐵拉條		根	2	27,000,000	54,000,000	
蘇石門檻		個	1		30,000,000	
柏油		磅	250	70,000	17,500,000	

工程項目	工程説明	單位	數量	單價	複價	備注
鐵皮		m²	60	480,000	28,800,000	包括鐵釘等，鐵皮由局供給
木工		工	50	600,000	30,000,000	
鐵工		工	40	600,000	24,000,000	
裝工		工	20		10,000,000	
土方		m³	5	200,000	1,000,000	
小工		工	10		15,000,000	
東西門每一門價格 $1,660,850,000 元						
東西二門結構尺寸完全相同，總計 $3,321,700,000 元（此數爲上開價格之二倍）						

有效日期：五天　　　　　　審計部代表　　　　　　投標廠商：大興林號營造廠
完工期限：四十晴天　　　　市政府代表 趙絢齊（印）　　經理：席德林
　　　　　　　　　　　　　工務局代表　　　　　　　地址：興隆巷廿二號新建大樓

南京市工務局興建金川門城門工程標單

工程地點：下關金川門　　　　　　　　　　　　　　　　37 年 6 月 7 日

工程項目	工程説明	單位	數量	單價	複價	備注
洋松		板尺	1316	310,000	407,960,000	
洋松		板尺	144	310,000	44,640,000	
鐵門柚［軸］		磅	300	90,000	27,000,000	
鐵釘		磅	200	180,000	36,000,000	
柏油		磅	100	70,000	7,000,000	
水泥三合土		m³	1.00	14,500,000	14,500,000	
鐵皮		m²	27.5	480,000	13,200,000	包括鐵釘等，鐵皮由局供給
木工		工	20	600,000	12,000,000	
鐵工		工	15	600,000	9,000,000	
小工		工	10	400,000	4,000,000	
總計			$575,300,000 元			

有效日期：五天　　　　　　審計部代表　　　　　　投標廠商：大興林號營造廠
完工期限：四十晴天　　　　市政府代表 趙絢齊（印）　　經理：席德林
　　　　　　　　　　　　　工務局代表　　　　　　　地址：興隆巷廿二號新建大樓

（編者按：以上工程標單均有 "張殿藩" 簽字。）

南京市工務局

標價比價表　　　37年　月　日

廠商	總價	
成泰營造廠	2,858,960,000	30晴天
談海營造廠	4,152,765,000	35 ″
大兴 ″ ″	3,892,000,000	40 ″
東南仁記營造廠	5,185,210,000	40 ″
鴻基建築公司	4,199,900,000	50 ″
裕兴土木建築公司	4,376,540,000	50 ″

張殿藩

南京市工務局中華門、金川門城門工程開標記録

時間：三十七年六月七日下午三時

地點：本局會議室

出席者：審計部代表張殿藩

市政府代表：趙絢齊（印）

工務局：金超（印）

開標結果：出席廠商計爲成泰、談海、大兴、東南仁記、鴻基及裕兴等六家營造廠，各廠商所開總價詳見本工程標價比价表，其中以成泰營造廠之總價二，八五八，九六〇，〇〇〇元爲最低。經決議，以最低標成泰營造廠爲得標人。

南京市工務局加建中華門東西二門工程標單

工程地點：中華門

.37 年 6 月 7 日

工程項目	工程說明	單位	數量	單價	複價	備注
甲鐵上座		磅	150	150,000	22,500,000	
乙鐵上座		磅	200	150,000	30,000,000	
甲鐵下座		磅	200	150,000	30,000,000	
乙鐵下座		磅	80	150,000	12,000,000	
鐵輪		磅	200	150,000	30,000,000	
角鐵板		磅	680	150,000	102,000,000	
鐵輪軌		磅	700	150,000	105,000,000	
鐵螺絲		磅	60	150,000	9,000,000	
鐵釘		磅	40	150,000	6,000,000	
洋松大料	$0.3 \times 0.3 \times 13$	板尺	520	300,000	156,000,000	
本松橫檔	$0.2 \times 0.3 \times 6$	板尺	640	70,000	44,800,000	
本松橫檔	$0.15 \times 0.3 \times 5.6$	板尺	1,100	70,000	77,000,000	
本松立柱	$0.2 \times 0.2 \times 5$	板尺	540	70,000	37,800,000	
本松斜撐	$0.15 \times 0.2 \times 5.2$	板尺	280	70,000	19,600,000	
本松拱柱	$0.2 \times 0.2 \times 5.6$	板尺	99	70,000	6,930,000	
本松拱柱	$0.15 \times 0.15 \times 44.2$	板尺	435	70,000	30,450,000	
本松拱撐	$0.25 \times 0.25 \times 19$	板尺	530	70,000	37,100,000	
本松企口板	$1'' \times 6''$	m^2	180	700,000	126,000,000	
水泥三合土		m^3	8.5	4,000,000	34,000,000	
鐵拉條		根	2	7,000,000	14,000,000	
蘇石門檻		個	1	2,800,000	2,800,000	
柏油		磅	250	70,000	17,500,000	
鐵皮		m^2	60	40,000	24,000,000	包括鐵釘等，鐵皮由局供給
木工		工	120	620,000	24,400,000	
鐵工		工	60	650,000	39,000,000	
裝工		工	30	620,000	18,600,000	
土方		m^3	5	200,000	1,000,000	
小工		工	25	300,000	7,500,000	
東西門每一門價格 $1,114,980,000.00						
東西二門結構尺寸完全相同總計 $2,229,960,000.00（此數爲上開價格之二倍）						

有效日期：三天　　　　　　審計部代表　　　　　　投標廠商：成泰營造廠
完工期限：三十天　　　　　市政府代表　　　　　　經理：陳成能（印）
　　　　　　　　　　　　　工務局代表　　　　　　地址

南京市工務局興建金川門城門工程標單

工程地點：下關金川門

37 年 6 月 7 日

工程項目	工程說明	單位	數量	單價	複價	備註
洋松		板尺	1316	300,000	394,000,000	
洋松		板尺	144	300,000	43,200,000	
鐵門柚［軸］		磅	300	150,000	45,000,000	
鐵釘		磅	200	150,000	30,000,000	
柏油		磅	100	70,000	7,000,000	
水泥三合土		m³	1.00	4,000,000	4,000,000	
鐵皮		m²	27.5	400,000	11,000,000	包括鐵釘等，鐵皮由局供給
木工		工	100	620,000	62,000,000	
鐵工		工	40	650,000	26,000,000	
小工		工	20	300,000	6,000,000	
總計				629,000,000.00		

有效日期：三天　　　　　　審計部代表　　　　　　投標廠商：成泰營造廠
完工期限：三十天　　　　　市政府代表　　　　　　經理：陳成能（印）
　　　　　　　　　　　　　工務局代表　　　　　　地址

（《南京城牆檔案·城門的增闢與建設》，第 558、534—536、543—557、585、587 頁）

南京市工務局爲修建中華門及金川門城門工程合同祈鑒核致南京市政府呈

（1948 年 6 月 10 日）

南京市工務局呈　（卅七）京工三字第三八五六號

　　查修建中華門東西兩門及金川門城門工程，經開標比價結果，以成泰營造廠標價貳拾捌億五千捌佰玖拾陸萬元爲最低。當經決議，交由該商承包，并與該商訂立工程合同竣事。理合檢同是項工程合同一份，備文呈送，仰祈鑒核備查。

　　謹呈

市長沈

副市長馬

　　附呈修建中華門及金川門城門工程合同乙份

　　　　　　　　　　　　　　　　　　工務局局長　原素欣
　　　　　　　　　　　　　　　　　　中華民國三十七年六月十日

南京市工務局工程合同

科（三）字第柒號

工程名稱：修建中華門及金川門城門工程

承包廠商：成泰營造廠

南京市工務局修建中華門及金川門城門工程合同

南京市工務局（以下簡稱甲方）與承包廠商成泰營造廠（以下簡稱乙方），茲爲修建中華門及金川門城門工程，經雙方同意，訂立合同於左：

第一條　工程範圍：詳圖及施工説明書

第二條　本工程進行期間，所需人工、材料、機器、工具、一切設備及應納捐稅并運費等項，均包括於總價内。除 ＿＿＿＿＿＿＿＿＿ 另有規定者外，均由乙方供給之。

第三條　本工程之各項圖樣、施工細則、價目表等，係屬本合同之一部分。乙方均應瞭解并願切實遵照辦理，不得藉端推諉或請求加價。

第四條　乙方於簽訂合同時，須向甲方繳納工程保證金叁仟萬元。俟照合同所規定之工程全部完竣，毫無貽誤，并經市政府、審計部驗收如式後，乙方即憑正式收據，向甲方將該項工程保證金如數領回。

第五條　本工程進行期中，所有詳細施工圖樣，均由甲方按小樣隨時補充，乙方應遵照辦理。

第六條　本合同一經簽訂，工程進行期中所有材料部分之價格，不隨市價漲落而有所增減，工資部分得按照社會局核准調整工資比例增減之。本工程如經甲方認爲在設計或工作上必須變更設計圖樣或施工細則時，得隨時通知乙方遵照辦理。凡因變更設計圖樣、施工細則以致工料數量有所增減時，其增減之工料價格應按工程價目表所開之單價計算，於承包總價内分別增減之。

第七條　本工程所有細微之處，未能盡載明於圖樣或施工細則中，而爲工程上所應有或必需者，乙方均應遵照甲方監工人員之指示做全，不得推諉或要求加價。

第八條　乙方非得甲方之書面許可，不得以工程之任何部分轉包於他人。

第九條　本市之各種有關工程章程及建築規則，乙方均應切實遵照辦理。

第十條　乙方須遣派富有工程經驗之監工人員常川在工地督察，并須服從甲方監工人員之指示。如乙方監工人員有不稱職時，甲方得通知乙方即時撤換之。

第十一條　本工程所用各項材料，應先由乙方將樣品送呈甲方，經甲方審驗認爲合格後，方得采用。所有乙方運到工場之材料，倘經甲方查出與呈驗合格之樣品材料不符時，乙方即須全數運出工地，另辦合格新料，呈驗應用。

第十二條　本工程在進行期間，如經甲方查出工料與設計圖樣或施工細則不相符合時，乙方應立即拆卸并依照圖樣或施工細則重行建造。所有時間及金錢之損失概歸乙方負擔之。

第十三條　本工程施工期間，如需斷絕交通或借用公地堆積材料時，乙方應先期以書面請求甲方核准。

第十四條　乙方在工作地點，晝間應設置紅旗，夜間應懸挂紅燈，以保行人安全。倘因疏忽以致發生任〈何〉意外之事，均由乙方負責處理之。

第十五條　本工程進行期中，倘有損及人畜或公私建築物時，均由乙方負責賠償。

第十六條　凡遇不適宜工作之天氣時，乙方應遵照甲方監工人員之指示，將工程全部或一部暫停工作，并須設法保護已成之工程，以免損壞。

第十七條　本工程在開工後，未經市政府、審計部驗收以前，所有一切已完成之工程，均由乙方負責保護，如因疏忽致工程之一部或全部發生損壞時，乙方應負修理或重新建造之責。

第十八條　所有乙方之工匠人等之宿舍及衛生等項，皆由乙方自行處理。乙方并應約束工人不得有軌外行動，倘發生滋擾事故，應由乙方自行處理之。

第十九條　本工程自簽訂合同之日起，乙方即須將工人、材料、工具運至工地。茲訂六月十二日開工，限卅晴天内完工，不得逾期。如逾期限，應按日罰款叁佰萬元，甲方得由應付之款或工程保證金内扣除之。但因特殊情形不能工作，經乙方監工人員書面請求、由甲方批准展期者，不在此限。

第二十條　本工程工料承包總價計國幣貳拾捌億伍仟捌佰玖拾陸萬元正。

第二十一條　本工程付款辦法規定如左：

　　第一期　於合同訂立并經對保無誤後，付總價85%，計國幣貳拾肆億叁仟零拾壹萬陸仟元正；

　　第二期　全部材料運到工地，付總價百分之十，計國幣貳億捌仟伍佰捌拾玖萬陸仟元正；

　　第末期　全部完工後并經驗收無誤後，付5%，計國幣壹億肆仟貳佰玖拾肆萬捌仟元正；第一期内應扣除保固金1.5%，三個月後發還。

第二十二條　每次領款時，乙方須向甲方報告工程進度及已完成若干，經甲方查驗合格後，備具正式領條，載明第幾期款，持向甲方領取之。

第二十三條　全部工程經市政府、審計部驗收如式後，乙方應立具保固切結，保固壹年。倘於保固期内本工程發現裂縫或傾陷、倒坍等情事，經甲方查明係由材料不佳、工作不良所致者，乙方應負責修理，不得藉詞推諉。

第二十四條　本工程進行期間，乙方無故停止工作或不履行合同時，經甲方通知後三日内仍不遵照工作者，得由甲方一面通知保人，一面另雇他人工作。所有場内之材料、工具及一切設備均歸甲方使用。所有甲方因雇工續造工程之費用及延期之損失等，仍歸乙方負責擔負。由甲方於工程造價及保證金內扣除之，不足之數，均由保人負擔賠償。

第二十五條　乙方遇有意外事故不負責完工時，本合同之責任應由保證人負擔，所有甲方另雇他人續造之工價及一切損失，均由保證人負責賠償。

第二十六條　本合同及附件繕同樣七份，呈送市政府一份，送審計部備案一份，甲乙雙方各執一份，會計室、審計室存卷及第三科各一份爲憑。

第二十七條　本合同附件計開：設計圖樣二份，計二張

施工細則二份，計二張

工程價目表二份，計二張

監訂人：審計部　張殿藩（印）

南京市工務局

承包廠商：成泰營造廠

經理：陳成能（印）

廠址：新街口管家橋三十號

保證商號：王義興鐵工廠

負責人：王國珍（印）

地址：南京漢中路八十六號

保證商號：南京姚義興石灰經筋號

負責人：姚宗浩（印）

地址：新街口二十號

對保人：楊延餘（印）

中華民國三十七年六月　日　立

南京市工務局修建中華門城門施工説明書

中華門東西兩城門原有城門四扇，因戰爭被毀。現除新做該四扇城門外，再行加做圓拱。其做法如下：

一、材料：除大料一根用洋松外，餘均選用乾燥上好本松。

二、城門：門板外面用上好本松，1〞×6〞企口 [①] 雌雄縫直拼做成，内加十五公分、三十公分橫檔五根，上下橫檔用二十公分、三十公分二根。每個角均用一公分厚鐵板，用3/8〞φ鉚釘釘牢，外再加鐵拉條兩根，1〞×6〞企口板，外包24#白鐵乙層，以洋釘釘木鬆，〈塗〉以紅丹一度，黑漆兩度，門裏面木料均塗柏油二度。

三、城圈：上部半園［圓］形部分，用本松做成凹凸形，苟鑲嵌以318〞圓螺絲鬥栓緊，外釘1〞×6〞本松企口一層，再包釘鐵皮一層，塗以紅丹一度、黑漆二度，所有黑面斜撐直柱牆筋，均采用本松。一切做法如圖，塗黑油二度。

四、鐵器：本工程全部鐵製部分均按圖樣尺寸施工，除熟鐵打成部分外，均以特製翻砂承做，表面均用鉋床鉋光，受摩擦部分尤應光滑，不得含有砂眼空隙及缺口等弊。該項另［零］件，應事先呈本局建築股核驗後，再行裝配前，均須先塗紅丹一度，再油黑漆二度。

五、水泥三合土：門上下鐵座及攔洋松大料，用一二四水泥三合土澆成，黃砂石子均須選用潔净者混合均匀，澆攪結實，不得有縫眼空隙之弊。

六、鐵皮部分：除鐵皮由本局供給伍拾貳張外，其餘鐵釘等項，均由承包人負責供給，按圖辦理。

七、其他：除外面鐵皮塗黑漆一底二度外，餘均塗柏油二度。一切均按照工程慣例施工，尺寸按照圖樣。

本説明書如有遺漏或不明瞭處，可向本局詢問清楚，否則凡在該工程範圍内之應有或必須事宜均包括在内，承包人不得藉口推諉或要求加價。

南京市工務局修建金川門城門工程施工説明書

原有洋松城門兩扇，因抗戰均被燬，如圖新做二扇，其做法說明如後：

1. 洋松城門：用4〞×8〞洋松拼成，加用4〞×6〞洋松橫檔，上下共四根。再用1/4〞φ鐵螺絲釘牢，外釘24號白鐵一層，加塗柏油兩度，内加做1公尺長鐵門閂乙根。

2. 上下柚［軸］：上柚［軸］利用原門柚［軸］，下柚［軸］係新做鐵座，做法如詳圖。左面原有門下端之石柚［軸］已不轉動，拆去換做鐵座如圖。

---

① 企口：兩塊平板相接，板邊分別起半邊通槽口，一側有凹槽，另一側有凸榫，一上一下搭合拼接，可防止透縫，拼接後結合緊密，不易翹起。

3. 鐵皮部分：城門外部釘鐵皮一道，鐵皮由局供給貳拾四張，其他鐵釘等均由承包人員負責供給，釘就後，外塗紅丹油一度，再加黑漆二度，按圖辦理。

本説明書如有遺漏或不明瞭處，可向本局詢問清楚，否則凡在該工程範圍內之應有或必須事宜均包括在內，承包人不得藉口推諉或要求加價。

（《南京城墻檔案‧城門的增闢與建設》，第 574—584、589—590 頁）

南京市工務局爲檢發修建中華門和金川門城門工程合同請派員負責監工給南京市工務局莫愁區、城北區工務管理處的訓令

（1948 年 6 月 12 日）

令莫愁、城北區工務管理處：

查修建中華門東西兩門暨金川門城門工程，業經本局招商開標比價結果，以成泰營造廠標價爲最低，當經決議交由兹商承辦，并與該商訂立工程合同，不日即可動工。除金川門、中華門東西兩門城門令飭城北、莫愁區工務管理處派員監工外，關於中華門東西兩門、金川門城門，應由該處派員前往負責監督。兹檢發該項工程合同乙份，令仰遵照辦理，并將工程進度情形隨時具報爲要。此令。

附檢發修建中華門及金川門城門工程合同乙份

局長　原○○
中華民國卅七年六月十二日
（《南京城墻檔案‧城門的增闢與建設》，第 593 頁）

南京市政府爲據呈送修建中華門及金川門城門工程合同一份祈鑒核一案准予備查給南京市工務局的指令

（1948 年 6 月 16 日）

南京市政府指令　（卅七）府總會字第 5512 號

令工務局：

三十七年六月十日京工三字第三八五六號呈一件。爲呈送修建中華門及金川門城門工程合同一份，仰祈鑒核備查由。

呈件均悉，准予備查。仰即知照。

此令。件存。

市長　沈怡
中華民國三十七年六月十六日
（《南京城墻檔案‧城門的增闢與建設》，第 591—592 頁）

南京市工務局陳葆真關於修建金川門及中華門東西二城門工程預算的簽呈

(1948 年 6 月 16 日)

簽（三）字第 67 號

查本局修建中華門及金川門城門工程，需鐵皮柒拾陸張，按合同規定，該項所需鐵皮係由局供給，茲附呈領料單三聯，擬移請五科發給，以便應用。

陳葆真（印）

六·十六

擬請由五科照發，交由包商成泰營造廠領用。

金超

六·十六

庫存祇六十七張，請將領料單數字更正，不足之數還請另籌。

植

六·十七

(《南京城牆檔案·城門的增闢與建設》，第 594 頁)

3. 金川門城門工程施工辦法

南京市工務局城北區工務管理處姚錫賢關於金川門城門舊有洋松門軸已破裂請予更換的簽呈

(1948 年 6 月 23 日)

簽呈

竊查金川門城門業蒙大局設計發包裝置，惟查大局所擬修理金川門計劃，上門柚〔軸〕係利用舊有之洋松門柚〔軸〕，不予更換。職以金川門無法裝置滾輪，上門柚〔軸〕關係金〈川〉門安危頗鉅，特於前日馳往察看，雖以上門柚〔軸〕懸置過高，無法詳細檢查，第注視之下即發現已破裂爲二，不堪負擔巨大之城門重量。爲此簽請鈞長轉報大局，迅賜派員勘查，予以更換，或於其上加箍鐵箍，藉策安全。是否可行？伏乞鑒核示遵。

謹呈

主任

職 姚錫賢

三十七年六月二十三日

(《南京城牆檔案·城門的增闢與建設》，第 595—596 頁)

南京市工務局城北區工務管理處爲監造金川門城門工程問題數則請核示致南京市工務局的箋函

(1948 年 6 月 23 日)

箋函　北工他字第二四〇號

　　爲監造金川門有問題數則請核示由。

　　昨奉局令監造金川門城門，包商至今尚未前去開工，茲有問題數則，謹陳如下：

　　一、據包商成泰營造廠丁道琳面稱：中華門及金川門共需鐵皮七十六張，局中僅發六十七張，缺少九張。該商建中華門儘先釘用所有，金川門缺少之九塊，是否可將門之上半截少釘一段？抑領命包商代購補足，再由本局加賬償還。

　　二、金川門説明書第一條：白鐵一層加塗柏油二度；第三條：外塗紅丹油一度，再加黑漆二度。略有不同，而標單中僅列柏油，無紅丹、黑漆，是否以柏油二度爲準？

　　三、計劃中門梗上端伸入原有洋松木柏之中。現查此項洋松已經裂成二塊，門身甚重，下無滾輪襯托，恐不勝載重，應否更換新木料？抑用鐵箍四道包扎，命包商添製，再由本局加賬償還。

　　四、金川門尚存舊門一扇，包商意欲利用舊料拼做新門，本處因合同中未有此項説明，囑其向貴科請示辦理。是否許可以上各項？即請核示爲荷。

　　此上

第三科

條戳

民國卅七年六月廿三日

(《南京城墙檔案・城門的增關與建設》，第 597—600 頁)

成泰營造廠爲利用金川門城門原有舊門致南京市工務局城北區工務管理處的簽呈

(1948 年 7 月 9 日)

　　徑啓者。□□承造貴局金川門城門工程，業已開工進行中。查該城門原有舊門乙扇，材料完好，略有數塊損壞，將以易去，餘皆利用。原有材料，俟完工後予以照扣。伏希貴處照准，不勝感盼，實爲德便。此上

南京市工務局城北區管理處主任劉　鈞鑒

成泰營造廠

陳成能（印）謹呈

七・九

(《南京城墙檔案・城門的增關與建設》，第 603 頁)

南京市工務局爲監造金川門城門工程辦法給南京市工務局城北區
工務管理處的指令

（1948 年 7 月 10 日）

南京市工務局指令 （卅七）京工三字第 4605 號

　　　　令城北區工務管理處：

　　據第三科轉呈該處六月二十三日函乙件，爲奉令監造金川門城門工程，包商尚未開工，茲有問題數項請核示由。

　　呈悉。所請分別指示如下：

　　（一）應就本局所發鐵皮施工。

　　（二）應依照施工説明書第一條辦理，即鐵皮外部塗柏油二度。

　　（三）門頭上洋松大料，經派員查明，確已裂成兩塊，應由該處飭知承包商，用鐵皮箍包扎，本局加價償付。

　　（四）查金川門城二門〈工〉程，依據合同，所有城門兩扇均係新做，現存舊門材料應收爲局有，包商不可利用。

　　上列四項，仰即遵照辦理爲要！此令。

局長 原素欣

中華民國三十六［七］年七月十日

（《南京城墻檔案·城門的增闢與建設》，第 601—602 頁）

4. 金川門新裝城門未設安全搭扣與火車相撞

南京市鐵路管理處爲金川門城門未設安全搭扣致客車碰壞致南京市工務局的
公函

（1948 年 7 月 15 日）

　　查金川門城門業經由貴局修復，但因未設安全搭扣，致易爲風所吹動自行啓閉，火車經過殊屬危險。本日七三次客車由中華門開往下關，經過金川門城門時，忽東邊新做之門爲風吹動，致將本路客車碰壞二輛，城門亦受微損，幾肇巨禍。雖未發生傷人事件，但損失已屬不小，相應函請貴局速即飭工在城門上裝置安全搭扣，以策行車安全，并盼先與本處洽商辦理，以免再行發生危險。事關安全，希即賜復爲荷。此致

南京市工務局

全銜

（一）工務局改建金川門城門事先未洽本處，擅將所栽短軌移去，又未另裝門扣，城門無法扣住，致肇事端。

（二）據報客車碰撞損失估價列單函請追償，追繳原栽扣門鋼軌〈兩〉根。

（三）以後凡在本路範圍內有所改建工程，應先派員面洽本處認可，會同辦理。

（《南京城墻檔案·城門的增闢與建設》，第 611—612 頁）

南京市工務局城北區工務管理處姚錫賢關於金川門新裝城門與火車相撞損毀請承包人從速派工修理的簽呈

（1948 年 7 月 16 日）

簽呈　七月十六日

　　竊查金川門城門以通行火車，必需有鐵鈎等物固定於城墻之上，始免火車通過城墻時碰撞之弊。職有見及此，曾數度面囑承包人添裝於上，以免毀壞。詎該承包人不獨延不遵辦，抑且不派小工看守，致昨日火車通過城洞時，以受空氣急速流動影響，新裝之城門一扇自動關閉，遂與急行之火車相撞，計損毀 4″×8″門板洋松三塊、4″×6″橫檔洋松二塊、鐵門座一隻，除倒下之木料已面請駐金川門憲警暫予保管外，理合報請鈞長轉報大局，迅飭該承包人從速派工修理，以免延誤。謹呈

主任

職　姚錫賢　謹呈

（《南京城墻檔案·城門的增闢與建設》，第 604—605 頁）

南京市工務局城北區工務管理處爲金川門新裝城門與火車相撞損毀請轉知成泰營造廠派工修理致南京市工務局的箋函

（1948 年 7 月 16 日）

箋函　北他字第二五五號

　　查本處奉命監造金川門城門，因鑒於火車經過城洞時風力甚大，恐有吸引城門閉合發生碰撞之虞，曾經本處面囑包商成泰營造廠添裝門鈎二隻，將門扣住墻上，并允將所需門鈎工料照數加賬補償。該包商承允後，延未即辦。不料昨日火車過洞時，新裝之東首一扇城門，竟被風引關合與火車相撞倒下，幸未傷人。計拆毀 4″×8″門板洋松三塊，4″×6″橫檔洋松二塊，及鐵門座一隻。除倒下之木料已請駐金川門憲警暫予保管外，該包商承包是項工程尚未全部完工驗收，應負保管之責。擬請貴科通知該包商即日派工前去修理，添製門鈎，并如限完成呈報驗收爲荷。

此上

第三科

南京市工務局城北區工務管理處

七月十六日

（《南京城墻檔案・城門的增闢與建設》，第 613—614 頁）

南京市鐵路管理處爲金川門城關大門修理欠固致肇事端請責令承包人賠償并修理完好致南京市工務局的公函

（1948 年 7 月 19 日）

公函　市鐵字第 500 號

　　據報，"本月十五日十一時十四分，本路第七一〇次客列車駛出金川門城門時，因城圈大門修理欠固，其右門忽自動掩閉，擦撞列車，致將 TG33 號及 T.P.31、39 號客車三輛之邊燈一盞及車窗玻璃七塊均被撞毀，T.P.1038 壹輛氣韌皮管亦被拉斷"等情。據此，查該城門近始由貴局派工整修，事前未蒙通知，且以施工欠固，復將本路前所植支持該門之鋼軌移去，致失安全，而該門未裝搭扣扣住，致肇此次事端。經本處調查，損失共計達國幣三千二百五十萬元，相應抄附損失清單壹紙，送請查照，責令承包人如數賠償，并迅予派工將該城門修復，加設安全搭扣，并將原植鋼軌二根送還。嗣後如有在本路範圍以内敷設或改建工程，請先通知本處會同辦理，以策安全爲荷。

　　此致

南京市工務局

　　附損失清單一份

中華民國卅七年七月十九日

（《南京城墻檔案・城門的增闢與建設》，第 616—617 頁）

南京市工務局爲通知速派工修復承包金川門城門給成泰營造廠的通知

（1948 年 7 月 20 日）

　　案據本局第三科轉據城北區工務管理處函稱"查本處奉命監造金川門城門（照抄至）呈報驗收"等情。據此，令行通知該商剋速派工前往修復具報，以便驗收爲要，特此通知。右通知成泰營造廠（地址：管家橋 20 號）

中華民國卅七年七月二十日

（《南京城墻檔案・城門的增闢與建設》，第 615 頁）

南京市工務局城北區工務管理處主任劉用臧關於金川門新裝城門與火車相撞擬告知南京市鐵路管理處與包商談判賠償的簽呈

（1948 年 7 月 23 日）

南京市鐵路管理處函爲金川門城關大門修理欠固，致肇本月十五日撞車事端，開列損失清單，送請查照。請責令承包人賠償并請修理該城門完好由。

發文市鐵字五〇〇號　　　　卅七，七·十九
局收文工字六五三六號　　　卅七，七·二十
北收文六八一號　　　　　　卅七，七·廿三

查修建金川門城門工程包商承［成］泰營造廠，未照本處通知加做門扣，致所建新門被火車撞倒損壞。本處已於本月十六日函請第三科轉知該包商派工修理。該包商已於昨日起前往拆修。茲准京市鐵路管理處函請本局責令承包人賠償該處損失。依照本工程合同第十四條及第十五條之規定，此項意外事件應由乙方負責處理及賠償，擬請告知鐵路管理處該包商之名稱及地址，由該處徑向直接交涉可也。惟本處調查出事經過，據附近居民謂十四日該商收工時，確曾用城磚將門塞緊，當晚有難民占居該處城洞，拔去城磚閉門睡宿過夜，十五日晨離去，乃由守門警員開門，未曾仍將城磚塞入，因此隨風吸動發生撞車之事。十五日起，適值水木業工人罷工，該商無人工作，亦無人看守，此係天災人禍之一，該商能力無法抵抗，論情不無可原，而包商損失亦有數億之鉅。此可由該包商與鐵路管理處談判也。至來文所稱 "原植鋼軌二根送還" 一節，與本局無關，可置不理。又謂 "嗣後如有在本路範圍以内，敷設或改建工程，請先通知本處會同辦理，以策安全" 一節，本處前在新門口翻修路面，經過鐵軌，曾函請該處添設護軌（Guard Rail）事，經三個月未見辦理，於安全極有關係，應警告該處須負一切青［責］任。

劉用臧 謹簽

七·廿三

（《南京城墙檔案·城門的增闢與建設》，第 608—610 頁）

南京市工務局城北區工務管理處爲金川門新修城門走樣擬乞派員檢查改善致南京市工務局的報告書

（1948 年 8 月 24 日）

報告書　北工字第二七〇號

竊查金川門修建城門工程包商因候發鐵皮延未竣工，本處仍派員每隔一二日前往視察，日

前發現新門走樣，逐漸下宕，有散裂之勢，曾於本月二十一日在監工報告書中附注項下說明，并懇派員檢查改善在卷。昨日下午，駐該門憲兵隊派員來處謂"最近奉命夜間關閉城門，曾將門下所墊木塊移去試行關閉，乃新門直拼之洋松逐漸下墜，關合不攏，且有發生危險之虞"等語。茲爲避免該門再度發生危險，擬乞即日派員前往檢查，設法改善，以利城防。

　　謹呈

局長

正工程司兼城北區工務管理處主任　劉用臧

民國三十七年八月二十四日

　　已派員檢查，飭包工加設鐵條。

金超

八·二八

　　修城門用桶皮已備妥，請飭包商前往領取。此致

金科長超兄

弟：植

八·廿三

　　建築股通知。

金超

八·廿三

（《南京城墙檔案·城門的增關與建設》，第 618—619 頁）

5. 速派工完成承建中華門東西兩城門及金川門工程

南京市工務局爲速卽派工完成承建中華門及金川門工程致成泰營造廠的通知

（1948 年 10 月 15 日）

通知

　　查該商承建中華門東西兩城門及金川門城門工程，爲期已久，尚未完成，茲以冬防即屆，仰速多派工人趕辦完成，毋再延誤爲要，特此通知。

　　右通知

成泰營造廠（地址：管家橋 30 號）

中華民國卅七年十月十五日

城門工程：（中華門及金川門）

①改善部分即通知包工照辦。

②衛戍總部及警察所均催促趕速完成，希通知成泰速辦。

建築股

金超

十·五

（《南京城墙檔案·城門的增闢與建設》，第 620—621 頁）

第二節　拆除城門及城樓

一、拆除洪武門（光華門）① 城樓

江蘇督軍、省長關於江寧縣民孔雪軒等呈爲洪武門月城坍塌有礙交通懇求修葺的批復

（1922 年 10 月 29 日）

江蘇督軍、省長公署批　第三千九百四十五號

　　原具呈人江寧縣民孔雪軒等呈爲洪武門月城坍塌，有礙交通，懇求修葺。

　　據呈已悉。候令行江寧縣知事剋日前往勘查具復察奪。此批。

江蘇督軍　齊

省長　韓

中華民國十一年十月二十九日

（《江蘇省公報》，1922 年第 3168 期，第 11 頁）

---

① 此項下洪武門，應爲光華門。洪武門實爲南京明故宮皇城的正南門，位於都城南門正陽門（今光華門）的北面。因二門位置相近，清末民國初年，正陽門（光華門）在民間被誤稱爲洪武門。《陸師學堂新測金陵省城全圖》（1903 年）即將光華門標注爲洪武門。

南京特別市市政府爲公安局呈報洪武門城門樓倒塌一方令飭與神策門城樓并案估修具報給南京特別市工務局的令

（1928 年 2 月 20 日）

南京特別市市政府令　第三七三號

　　　令工務局長陳揚傑：

　　案據公安局局長孫伯文呈稱，"據督察處轉據洪武門稽查薛瀚報稱，'竊查洪武門城門樓，因經數次戰事，加之年久失修，又經此次大雪，將東首城門樓倒塌一方，所有倒塌之木料，已飭警兵暫行保存洪武門派出所內，并請派員飭工修理，以免發生危險'等情具報前來。理合具文轉呈，仰祈俯賜鑒核辦理"等情。據此，查前據該處報稱，"神策門城樓亦因年久失修倒塌堪虞。當經轉呈鈞府，并奉指令，飭由工務局核辦在案。茲據前情，應請令行工務局并案辦理，從速派工分別勘修，以防危險。除指令外，理合具文，呈請鑒核施行"等情。據此，查關於修理神策門一案，前據公安局呈報，業經令行該局勘估飭修在案。據呈前情，除指令外，合行令仰該局長即便并案估修具報。此令。

市長 何民魂

中華民國十七年二月二十日

（《市政公報·公牘彙要 令文》，1928 年第 11 期，第 7 頁）

南京特別市市政府爲飭修洪武門城樓給南京特別市公安局的指令

（1928 年 2 月 20 日）

南京特別市市政府指令　第五〇九號

　　　令公安局局長孫伯文：

　　呈一件。呈請飭修洪武門城樓由。

　　呈悉。候查。案令行工務局核辦，可也。仰即知照。此令。

中華民國十七年二月二十日

原呈見令第三七三號

（《市政公報·公牘彙要　指令》，1928 年第 11 期，第 16 頁）

南京特別市市政府爲修葺洪武門事已呈國府令仰知照給南京特別市公安局的令

（1928 年 2 月 26 日）

南京特別市市政府令　第七〇六號

　　令公安局局長孫伯文：

　　查本年二月十七日第二十九次市政會議本市長提議"對於洪武門城磚問題，當經議決將討論情形呈報國府"等語。除即呈報核示外，合行令仰該局長即便知照。此令。

市長　何民魂
中華民國十七年二月二十六日

（《市政公報·公牘彙要　令文》，1928 年第 13 期，第 6 頁）

南京特別市市政府爲工務局拆除光復門城樓情形令仰知照
給南京特別市公安局的訓令

（1929 年 1 月 17 日）

訓令　第二二六號

　　爲令知事。案據工務局長陳揚傑呈稱，"案准公安局第五四號公函，以光復門西南角於十月二十七日夜被大風吹倒一方，請即勘修。又准該局第八八號公函，以該處城樓東角又於十一月十四日被風吹倒一方，請一并勘修"各等因。准此，當經派員并案查勘，具復在案。茲據復稱，"奉令查勘光復門城樓西南角，又東角先後被風傾倒一案，遵即前往勘估，勘得設〔該〕城門上城樓年久失修，時虞坍塌。現若加以修理，需款約一千四五百元，所費不貲，殊不經濟。茲擬一律拆除，既省人工，所拆下之瓦木等料，除抵工外，尚有盈餘二百零四元，呈祈核辦"等情。據此，查拆該處城樓，既據所稱"拆下瓦木磚石等項，除抵工外，尚可盈餘洋二百零四元，似應以拆除爲宜。除函復外，是否可行，理合具文，呈請鑒核示遵，并懇令行公安局查照"等情。據此，除指令"准如所擬辦理"外，合行令仰該局長即便知照。此令。

市長　劉紀文
十八年一月十七日

（《首都市政公報·公牘》，1929 年第 29 期，第 68—69 頁）

南京特別市市政府爲拆除光復門城樓給南京特別市工務局的指令

（1929 年 1 月 17 日）

指令　第二三五號

　　呈一件。呈報擬將光復門城樓拆除情形，仰祈鑒核由。

呈悉。准如所擬辦理，并候轉飭公安局知照可也。此令。

十八年一月十七日

附原呈

呈爲呈報事。案准公安局第五四號公函，以光復門西南角於十月二十七日夜被大風吹倒一方，請即勘修。又准該局第八八〈號〉公函，以該處城樓東角又於十一月十四日夜被風吹倒一方，請一并勘修各等因。准此，當經派員并案查勘具復在案。兹據復稱，"奉令查勘光復門城樓西南角及東角先後被風傾倒一案，遵即前往勘估，勘得該城門上城樓年久失修，時虞坍塌。現若加以修理需款約一千四五百元，所費不貲，殊不經濟。兹擬一律拆除，既省人工所拆下之瓦木等料，除抵工外，尚有盈餘洋二百零四元，呈祈核辦"等情。據此，查拆除該處城樓，既據所稱："拆下瓦木碑石等項，除抵工外，尚可盈餘洋二百零四元。"似應所［以］拆除爲宜。除函復外，是否可行，理合具文呈請鑒核示遵，并懇令行公安局查照，實爲公便。謹呈
市長劉

工務局長 陳揚傑

一月九日

（《首都市政公報·公牘》，1929 年第 29 期，第 69 頁）

南京特別市市政府爲洪武門坍圮應否修理致國民政府呈

（1929 年 3 月 26 日）

南京特別市市政府呈　第六〇號

呈爲呈報事。竊照市内洪武門年久失修，前經軍事委員會認爲與軍事有關，擬予修葺。但該門業已坍圮不堪，其傾落城磚，并已爲人竊去甚多，如果修理，需款較鉅，究竟如何辦理之處，理合具文呈報，仰祈鑒核示遵。實爲公便。謹呈
國民政府

南京特別市市長 何民魂

三月二十六日

（《首都市政公報·公函》，1929 年第 33 期，第 27 頁）

南京特別市市政府爲拆卸洪武門城樓餘款解庫存儲給南京特別市工務局的指令

（1929 年 3 月 26 日）

指令　第一一八三號

呈一件。爲拆卸洪武門即光華門城樓現已工竣，造具報銷，請鑒核由。

呈、單均悉。查拆卸城樓以料抵工，盈餘之款應即繳市庫，不得由該局存儲。俟動用時再行另案呈請，仰即知照。此令。

十八年三月二十六日

附原呈

呈爲呈請事。竊查拆除洪武門城樓一案，前經職局呈奉核准，并經招工承包拆卸。各在案。現在此項拆城工程業經完竣，所有拆下磚木瓦石等舊料，并經職局派員估計，值洋三百九十元。除以料抵工洋一百八十六元外，仍盈餘洋二百〇四元，正已由該包工呈繳到局，亦經存儲待撥，俟動用時再行另案呈請，以重公款而完手續。理合造具竣工報銷暨驗收單各一份，一并具文呈報，仰祈鑒核示遵，實爲公便。謹呈

市長劉

附竣工報銷暨驗收單各一份

工務局局長　陳揚傑

三月十五日

（《首都市政公報·公牘》，1929 年第 33 期，第 40 頁）

二、拆除中山門外月城

南京特別市市政府爲朝陽門月城能否拆除致國民革命軍總司令呈

（1928 年 8 月 4 日）

南京特別市市政府呈　第十號

呈爲呈請事。竊於八月二日准總理葬事籌備處函開，"敝處建築自朝陽門至陵墓馬路，業已動工多日。前經葬事委員會議議決函：'貴府將朝陽門外之月城拆除，以便改正出城後之馬路綫，并利用餘地布置風景，同時由貴府將朝陽門內馬路改直放寬，以應總理葬事之用。'旋准復稱'拆除朝陽門月城，市府方面極端贊同。惟須詢明軍事委員會及總司令部究與軍事上有無妨礙，再行辦理'等語。查現在軍事已告結束，爲改朝陽門內外馬路綫起見，擬請貴府再函詢總司令部意見，仍將月城拆除，以利交通，是爲至荷"等由。准此，朝陽門之月城，應否即予拆除，市長未敢擅專。理合備文，呈請仰祈總座鑒核示遵，實爲公便。謹呈

國民革命軍總司令蔣

南京特別市市長　劉紀文

中華民國十七年八月四日

（《市政公報·公牘彙要　呈文》，1928 年第 18 期，第 15 頁）

南京市政府爲撥款拆卸中山門外月城并建築兩旁墙柱給南京市工務局的指令

（1929 年 6 月 29 日）

指令　第二五一四號

呈一件。爲造送拆卸中山門外月城暨建築兩旁墙柱工事施行書，祈鑒核撥款由。

呈暨預算均悉。查此案預算尚屬核實，准予備案。候令飭財政局撥款外，仰即知照。此令。預算書轉發。

原呈見訓令第二〇四一號

十八年六月二十九日

（《首都市政公報・公牘》，1929 年第 39 期，第 37 頁）

南京市政府爲撥款拆卸中山門外月城并建築兩旁墙柱給南京市財政局的訓令

（1929 年 6 月 29 日）

訓令　第 2041 號

爲令飭事。案據代理工務局局長金肇組呈稱，“竊查中山門内外馬路現均放寬路面，原有内外城門相形之下，殊嫌狹隘，亟應拆除以便交通。惟内外城門同時并拆，工程較大，時間迫促，不及施工。兹擬將城門外之第一道月城先行拆除放寬後，并於兩旁城墙邊建柱形墻墩各一，以資整齊而壯 [壯] 觀瞻。預算拆、建二項工料費，計需洋一千四百九十一元九角七分六厘，理合造具工事施行書一份，一并具文呈請，仰祈鑒核示遵，并懇轉令財政局迅予撥款興工。附呈工事施行書一份”等情。據此，除指令“呈暨預算均悉。查此案預算尚屬核實，准予備案。候令飭財政局撥款外，仰即知照。此令。預算書轉發”印發外，合行檢同工事施行預算，令仰該局長即便遵照，將該項工料費計一千四百九十一元九角七分六厘，照數撥發給領具報。此令。

計發工事預算一份

市長　劉紀文

十八年六月二十九日

（《首都市政公報・公牘》，1929 年第 39 期，第 37 頁）

工務消息・拆除中山門外套城

（1930 年 12 月 15 日）

▲改直馬路以利交通

▲已奉總部指令照准

本府據工務局呈，以中山門外套城間一段，馬路曲折，進出車輛，每致互撞。明年全國運動大會會場，即在中山門外靈谷寺一帶，大會期間，勢必車輛雜遝，行人衆多。現距會期爲日已迫，亟宜提早拆卸套城，改直馬路，以便交通。特摺呈總司令部，請准提前拆卸，以便早日興工，如期完成。旋奉總部指令，准予照辦。本府已令工務局遵照原擬計劃，迅擬拆城及改直馬路工事預算呈核云。

（《首都市政公報·紀事》，1930 年第 73 期，第 7—8 頁）

三、拆除漢西門城牆

1. 拆卸漢西門及甕城工事

市工務局瑣聞·拆除漢西門城牆

（1928 年 10 月）

自漢西門因炸藥爆炸，釀成慘劇後，工務局長陳揚傑偕建築科長盧毓駿，即往慘劇發生地點，督率工人將傾圮之房屋拆卸，并查勘一切。議以該處城牆有拆除必要，將飭工前往執行云。

（《首都市政公報·紀事》，1928 年第 21 期，第 7 頁）

南京特別市政府爲修葺炸毀漢西門稽查處及城甕、城門給南京特別市公安局的指令

（1928 年 10 月 6 日）

指令　第九九八號

呈一件。爲漢西門稽查處及城甕、城門被火藥炸毀，擬請令行工務局迅予派工勘修由。

呈悉。已令行工務局查照迅予辦理矣。仰即知照。此令。

十七年十月六日

附原呈

呈爲漢西門稽查處及城甕、城門均被火藥炸毀，仰祈鑒核，准予令行工務局剋日派工勘修，以免危險事。竊據督察長楊宇僧呈，"據漢西門稽查高孝祺報稱，'竊職門房屋於本月二十日下午被火藥炸毀，業經報告在案。茲房屋既已燬壞，職及保安隊士兵均不能在內辦公，臨時移至糧米倉內辦公。但該處距離過遠，諸多不便。又二道城甕炸裂大口，甚爲危險。當奉市長面諭，派匠拆修，但至今未見工人前來修拆。又頭道城門已被炸散，不能關閉。種種不便，用特呈請鑒核，分別催拆，飭匠估修，以利辦公，而固城防’等情前來。查該城門被炸之後，損壞甚多，擬請轉呈市府迅予拆修，以免來往商旅及車輛均有危險之虞。理合呈祈鑒核”等情。據此，查漢西門火藥轟炸情形，前經呈報鑒核在案。茲據前情，自屬急不可緩，除指令外，理合具文呈請，仰祈市長鑒核俯准，令行工務局剋日派工勘修，以免危險而便辦公。謹呈

南京特別市市政府市長劉

公安局局長 孫伯文

九月二十七日

（《首都市政公報·公牘》，1928 年第 22 期，第 20 頁）

南京特別市市政府爲修葺炸毀漢西門稽查處及城甕、城門給南京特別市工務局的令

（1928 年 10 月 6 日）

令　第九八八號

　　爲令飭事案。據公安局局長孫伯文呈稱，"竊據督察長楊宇僧呈，‘據漢西門稽查高孝祺報稱，"竊職門房於本月二十日下午被火藥炸毀，業經報告在案。茲房屋既已毀壞，職及保安隊士兵均不能在內辦公，臨時移至糧米倉內辦公。但該處距離過遠，諸多不便。又二道城甕炸裂大口，甚爲危險。當奉市長面諭，派匠拆修，但至今未見工人前來修拆。又頭道城門已被炸散，不能關閉。種種不便，用特呈請鑒核，分別催拆，飭匠估修，以利辦公，而固城防"等情前來。查該城門被炸之後，損壞甚多，擬請轉呈市府迅予拆修，以免來往商旅及車輛均有危險之虞。理合呈祈鑒核’等情。據此，查漢西門火藥轟炸情形，前經呈報鑒核在案。茲據前情，自屬急不可緩，除指令外，理合具文呈請，仰祈市長鑒核俯准，令行工務局剋日派工勘修，以免危險而便辦公"等情。據此，除指令外，合行令仰該局長即便查照，迅速派工拆修，以免危險。切切。此令。

市長 劉紀紀［文］

十七年十月六日

（《首都市政公報·公牘》，1928 年第 22 期，第 20—21 頁）

南京特別市市政府爲審核修復炸損漢西門甕城工事經費給南京特別市財政局的令

（1928 年 10 月 29 日）

令　第一二三四號

　　爲令飭事。案據工務局局長陳揚傑呈稱，"奉諭以‘漢西門甕城前被炸損，飭局迅速拆卸，以免危險’等因。奉此，遵即飭科迅速勘估去後。茲據復稱‘拆卸該門城樓及三道甕城，現已勘

估完畢，預算需要工程費洋一萬一千一百九十元三角六分，并造具工事施行書'前來。經局長審核，尚屬相符，理合檢同該項工事施行書一份，備文呈請，仰祈鑒核示遵，并祈轉飭財政局迅予撥款，以便興工"等情，并造送工事施行書及圖樣各一份到府。據此，除指令外，合行令仰該局長即便遵照查明，核擬具復，以憑察奪飭遵。此令。

計發工事施行書一份，圖樣一份仍繳

市長 劉紀文

十七年十月二十九日

（《首都市政公報·公牘》，1928 年第 23 期，第 12 頁）

南京特別市市政府爲審核修復炸損漢西門甕城工事經費
給南京特別市工務局的指令

（1928 年 10 月 29 日）

指令 第一一七四號

呈一件。爲造送拆卸漢西門及甕城工事施行書，請鑒核示遵由。

呈及附件均悉。仰候令行財政局核明擬復，再行飭遵。此令。施行書及圖樣各一份，均存轉。

十七年十月廿九日

附原呈

呈爲呈請事。案奉鈞諭，以"漢西門甕城前被炸損，飭局迅速拆卸，以免危險"等因。奉此，遵即飭科迅速勘估去後。茲據復稱"拆卸該門城樓及三道甕城，現已勘估完畢，預算需要工程費洋壹萬壹千壹百玖拾元叁角六分，并造具工事施行書"前來。經局長審核，尚屬相符，理合檢同該項工事施行書一份，備文呈請，仰祈鑒核示遵，并祈轉飭財政局，迅予撥款，以便興工，實爲公便。謹呈

南京特別市長劉

計造送工事施行書一份，圖樣一份

南京特別市市政府工務局局長 陳揚傑

十月十七日

（《首都市政公報·公牘》，1928 年第 23 期，第 12—13 頁）

2. 拆除漢西門第二道城門

首都警察廳爲漢西門第二道城門洞城磚崩落請飭知工務局派工修理致南京市政府的公函

（1931 年 2 月 13 日）

首都警察廳公函

　　徑啓者。案據督察處處長李進德呈稱，"據漢西門稽查林虎報稱：二月十三日上午六時第二道城門洞右側城磚崩落一段，方圓約七尺餘，壓壞附近同順泰煤炭行廚房一角，鍋灶一口、水缸一口。所幸尚未傷人。呈請轉函工務局，從速修理，以防危險而便交通"等情。據此，查漢西門城内外爲交通孔道，往來行人及車輛，亦至繁多，既據呈報城磚崩落一段，當此雨雪連綿，難保不繼續崩塌。自應及時修補，以免發生危險。惟此項城工隸於市府管轄範圍，擬懇鈞座轉函市府飭知工務局，剋日派工修理，以免危險而維交通，實紉公誼。此致

南京市政府

廳長　吳思豫

中華民國二十年二月十三日

（《首都警察廳月刊・公函》，1931 年第 10 期，第 3 頁）

首都警察廳爲漢西門第二道城門磚石崩落擬拆除該城門致首都衛戍司令部的公函

（1931 年 2 月 23 日）

首都警察廳公函

　　徑啓者。案查前據敝廳督察處呈據，"漢西門稽查林虎報稱，'二月十三日上午六時第二道城門洞右側城磚崩落一段，方圓約七尺餘，壓壞附近同順泰煤炭行廚房一角、鍋灶一口、水缸一口。所幸尚未傷人。該漢西門爲城内外交通孔道，當此雨雪連綿，難保不繼續崩塌。請轉函即時修補，以免發生危險'等情，轉呈鑒核前來。據經函請市政府轉飭辦理去後。兹准市工務局第三八四號函開，'奉市府交下貴廳請派工修理漢西門二道城門磚石崩落函一件。當即飭查該城門，不僅右側城磚崩落一段，其城門洞亦已發生危險。若僅修砌城磚倒塌部分，則崩陷依然，仍屬危險堪虞。爲安全計，惟有將該城門拆除，以免再行發生崩陷倒塌情事，以保附近居民安全'等語。查該城門自受前年炸藥震撼之後，恐已根基失固。如果僅修現崩一部分，實難保其餘部分不再發生坍圮。且二道門位置中間，設予拆除，殊與治安防衝〔衛〕，似亦不發生如何問題。如貴廳對於此項辦法表示同意，敝局即可派工前往拆除。相應函復奉商，希即查照核復爲荷"等由。准此，查該漢西門二道城門，既因前年被炸，易於發生危險，似應拆除。惟事關城防，究宜如何

辦理，相應函達貴部查照，希即迅賜查明核辦，見復爲荷。此致

首都衛戍司令部

廳長　吳思豫

中華民國二十年二月二十三日

（《首都警察廳月刊・公函》，1931 年第 10 期，第 4—5 頁）

首都警察廳爲拆除漢西門第二道城洞給第八警察局、督察處的訓令

（1931 年 2 月 28 日）

首都警察廳訓令

令第八警察局、督察處：

爲令知事。案查前據督察處呈，"據漢西門稽查林虎報稱，'二月十三上午六時，第二道城門洞右側城磚崩落一段，方圓約七尺餘，壓壞附近同順泰煤炭行廚房一角鍋灶一口，水缸一口。所幸尚未傷人。呈請轉函工務局從速修理，以防危險而便交通'等情。據此，查漢西門城內外爲交通孔道，往來行人及車輛亦至繁多。既據呈報城磚崩落一段，當此雨雪連綿之際，難保不繼續崩塌。自應及時修補，以免發生危險。惟此項城工隸於市政府管轄範圍，擬懇鈞座轉函市府，飭知工務局剋日派工，從速修理，以保交通"等情轉呈鑒核前來。經指令并函請市政府查照飭修在案。嗣准市工務局復函開，"奉市政府交下貴廳請派工修理漢西門第二道城門崩落磚石一案。查該城門城磚崩落之日，敝局即據報派員前往查勘，復稱，'該城門不僅右側城磚崩落一段，其城門洞亦已發生危險，若僅修砌城磚倒塌部分，則崩陷依然，仍屬危險堪虞。爲安全計，惟有將該城門拆除，以免再行發生崩陷倒塌情事，以保附近居民安全'等語。查該城門自受前年炸藥震撼之後，恐已根基失固。如果僅修現崩一部分，實難保其餘部分不再發生坍圮。且二道門位置中間，設予拆除，殊與治安防衛，似亦不發生如何問題。如貴廳對於同項辦法表示同意，敝局即可派工前往拆除。相應函復奉商，希即查照核復爲荷"到廳。當以事關城防，復經轉函首都衛戍司令部查照核辦去後。茲准衛戍司令部參字第二六一號函開，"查漢西門二道門確欠堅固，易生危險，似應拆除。惟因顧慮城門側防計，可僅拆除第二道城洞，其他城墙當予保留，以重防務，函復查照"等由。准此，除函工務局查照，并將興工日期見復，暨分令督察處、第八局知照外，合行令仰該局、處長即便轉行知照。此令。

廳長　吳思豫

中華民國二十年二月廿八日

（《首都警察廳月刊・訓令》，1931 年第 10 期，第 9—10 頁）

工務消息·拆除漢西門

（1931 年 3 月 31 日）

▲ 因城基不固

▲ 恐發生危險

　　漢西門二道城圈，因年久失修，復經雨雪，於本年二月十三日，忽然右側城磚崩落一段，方圍約七尺餘，并壓壞附近同順泰煤炭行廚房一角，且打破鍋灶、水缸各一。由該管八局轉報工務局，請予速急派工修理。該局得報後，即派員前往查勘。旋據復稱，"查該城門不僅右側城磚崩落一段，其城門洞亦已發生危險，若僅修砌倒塌部分，依然危險堪虞。爲安全計，惟有將該城門拆除，以免再行發生崩陷倒塌情事，以保附近居民安全"等語。該局復查該城門，自受前年炸藥震撼之後，恐已根基失固，如果僅修現崩一部分，實難保其餘部分不再發生坍圮。且二道門位置中間，設予拆除，與治安防衛，亦無若何問題。即函商首都警廳，并得衛戍部之同意，不久即將派員前往拆除云。

（《首都市政公報·紀事》，1931 年第 80 期，第 11 頁）

四、拆除通濟門城樓

僞南京特別市政府爲通濟門城樓大部分塌倒破壞已令飭僞工務局拆除
致僞防衛首都警備司令部、僞中央憲兵的公函

（1944 年 6 月）

南京特別市政府公函　　府工字第　　號

　　案據工務局簽稱，"接准東區警察局函，以'通濟門城樓現有傾倒之虞，請派員前往勘修。如果不能修理，請早爲派工拆除'等由。當經派員詳細勘查，外部檐牆重檐，内部隔牆木柱，大部分塌倒破壞，確屬危險。估算修理費用，需款過鉅，擬請准予拆除，以策行人安全"等情。據此，查該處城樓大部分塌倒破壞，確屬危險。惟以修理需費過鉅，本府籌措維艱。復查該處城樓，對於城防并無重大關係，爲維持交通安全計，已令飭工務局即日派工前往拆卸。相應函達，即希查照轉飭該城門警衛班，予以便利爲荷。

　　此致
防衛首都警備司令部
中央憲兵

市長 周學昌
中華民國三十三年六月
（《市政公報·公牘》，1944 年第 145 期，第 29 頁）

第六章 城墙與市民生活

第六章　城墙與市民生活

第一節　城門設崗查驗與放行貨物

一、查驗糧食

1. 增添中華、通濟兩門斛帖

南京市政府爲增添中華、通濟兩門斛帖給南京市社會局的指令

（1930 年 10 月 31 日）

指令　府字第五六六號

呈一件。爲呈請增添中華通濟門斛帖祈核示由。

呈悉。查中華、通濟門等處，既據查明因人口激增，原有斛帖不敷分配，有加添之必要，應准如擬辦理。仰即遵照。此令。

十九年十月三十一日

附原呈

呈爲呈請事。案據糧食管理所呈稱，"竊查本市斛行數量不敷現市場之分配，且人口增加，有漸漸向上之趨勢。糧食輸入因人口增加關係亦續漸多。其糧食輸入之總樞紐，首推中華門及下關二地，其餘穀地亦有相當重要。除下關方面業經奉令增添十家在案外，查中華門外稻麥市場，位於外江內河之總匯，該二處産米輸入本市，均以此地爲終點，故該地執全市糧食之牛耳，占全市輸入量百分之六十。原有斛帖五十五張，盡爲五六人所私有。總攬其事者爲張立齋，雇有斛手五六十人，多則七八十人，悉以糧食來源之旺淡爲轉移。職所擬於該處增添十五張，已盡分配過斛之能事。其次，如通濟門碼頭食糧俱在此起卸、過斛，數量亦夥，加以城中、城北居民就此購

米，可省挑力，米店營業方興未艾。原有斛帖十五張，不敷分配，擬增添五張。其次，如水、漢西門米店生意一如昔日，擬照原有斛帖二十張，不再增加"等情請示前來。查本市人口增加，原有斛行數量供求不敷，尚屬實情。除下關方面已由職局呈准鈞府第一一九次市政會議議決通過，增添十家在案外，茲據前情，是否可行，理合據情呈請，仰祈鑒核示遵。謹呈

市長魏

社會局局長　黃曾樾

（《首都市政公報·公牘》，1930 年第 71 期，第 7 頁）

2. 查驗放行民食調配處之配米

首都衛戍司令部爲轉飭守城門警憲對民食調配處之配米查驗放行致憲七團、首都警察廳、各警備區的代電

（1949 年 3 月 12 日）

衛力天字第 4770 號

　　憲七團，警察廳，東、南、西、北、中警備區：

　　一、據南京市民食調配處三月九日處（卅八）京食儲字第（362）號代電："查本處撥發郊區各承銷商配米，必須通過城門始克運出。茲據燕子磯各承銷處報稱'該商等前領之配米經過中央門時，城門憲警禁止通過，雖持有本處證明文件，仍不放行'等情。似此情形有礙郊區配政者至大，擬請鈞部通飭各城門警憲，凡持有本處證明文件之配米，一律准予放行。"

　　二、希轉飭守城門之憲警查驗放行。

　　三、副本送民食調配處、本部政工處。

總司令　張耀明

民國三十八年三月十二日

（《南京城牆檔案·城牆的保護與管理》，第 418 頁）

二、查驗荷類

南京市公園管理處爲將湖民承包湖產所用荷類放行證木戳式樣送請查照致各城門軍警機關的箋函

（1936 年 7 月 28 日）

字第二三一號

　　徑啓者。查本處爲對於湖產設法整理起見，業已呈准市府，將本年玄武湖內所產荷花、荷

葉、蓮蓬、菱角、雞頭共五種，自七月二十二日起，改由湖民承包在案。所有從前由處發售時一切驗放手續，現已多不適用。除飭該湖民等另行刊就荷類放行證木戳，以資應用外，相應將該戳式樣函送查照，希即飭屬隨時驗明放行爲荷。此致

各城門憲兵檢查所 分駐所 稽查處

　　附式樣一份

　　　　　　　　　　　　　　　　　　　　　　　　　　（處戳）啓

　　　　　　　　　　　　　　　　　　　　中華民國廿五年七月廿八日

　　　　　　　　　　　　（《南京城墙檔案·城墙的保護與管理》，第 480—481 頁）

南京市公園管理處爲禁止私人荷葉入城致各城門派出所稽查處的箋函

（1936 年 9 月 29 日）

字第三五九號

　　徑啓者。查玄武湖所產荷葉，每年在七月至十二月銷售期間，所有私葉一律禁止入城，以重公產而裕庫收。前經市府布告，并轉請警察廳通令查照，各在案。現在秋分已過，正屆采取老葉時期，業由敝處派定湖民運輸入城銷售。惟據報稱"近來各城門外，仍有私葉運入，對於官葉銷路，殊多影響，請予設法禁止"等情。兹派稽查蒼士鈺前赴貴處，商洽制止辦法，相應函請查照，予以接見，實紉公誼。此致

各城門派出所 稽查處

　　　　　　　　　　　　　　　　　　　　　　　　　　（處戳） 啓

　　　　　　　　　　　　　　　　　　　　中華民國二十五年九月廿九日

　　第七警察局三汊河分所

　　漢中門警察派出所

　　水西門警察派出所

　　挹江門警察派出所

　　中華門警察派出所

　　第七警察局第二分所

　　　　　　　　　　　　（《南京城墙檔案·城墙的保護與管理》，第 483—486 頁）

三、查驗林木

1. 太平門等城門外截堵鄉民盜伐林木

僞督辦南京市政公署實業處園林管理所爲鄉民盜伐林木懇轉僞警察廳分飭中山 等城門駐警協助截堵致僞督辦南京市政公署呈

（1938 年 10 月 26 日）

爲呈報事。茲據中山陵園辦事處管理員趙世申呈稱，"竊查職處設於孝陵衛，原爲便利推行放租事宜。復因辦事便利起見，又在太平門外崗子村地方設立辦事分處，置技佐一人、警士四名。茲據該分處警士姬泮澤報稱，'每日清晨四時，太平門外龍脖等處有二三百人或一二百人不等，結隊擔樹柴入太平門販賣。每遇園警查問，即口出惡言，握拳相向。園警等因人少力薄，無法干涉，請示辦法'等情前來。旋即派警長卞寶慶查明此項樹柴之來源去後，茲據復稱，'此項樹柴，逐日有數百擔入太平門求售，實不自近日始。始於六、七月間，其來源多係砍伐森林，民間私山樹木實占少數。龍脖地方擔樹之人，係中山門外明陵後山一帶之人民，專伐明陵後山之森林；太平門外之擔柴人，係陵園西北鄉之人民，專伐陵園山後之森林；至確實砍伐自有樹木者，實占百之一二耳。若以每日太平門進城求售之樹柴五百擔計，經五月長久之時間，則總柴量爲七萬五千擔。附近私山之樹木，實不能產生如此鉅大之數目。以之證明此等擔樹柴之人回稱之"私山砍伐"一語，則不攻自破矣'等情前來。據此，則此等所擔之樹柴，大部分係砍伐公有森林無疑矣。爲此，理合呈報鈞長鑒核，此種樹柴應否截堵？如此聚眾如何處置？統請迅予指示方針，俾便遵循，實爲公便"等情。據此，查莠民盜伐陵園樹木，雖一再嚴禁，迄未能制止。長此則林木將遭芟夷罄盡之虞，理合據情呈請督辦。令知警察廳分飭中山、太平、和平各城門駐警，協助截堵。林地內長川派警巡查，遇有盜伐林木者，拿獲後從嚴究辦一二人，庶盜伐之風或可消滅，實爲公便。謹呈
督辦南京市政高

兼園林管理所所長 盧東林
中華民國二十七年十月二十六日

（《南京城墻檔案 · 城墻的保護與管理》，第 308—311 頁）

僞督辦南京市政公署爲從嚴制止盜伐森林請中山等城門崗警堵截送究給僞警察廳的訓令

（1938 年 11 月 6 日）

全銜訓令　實字第 108 號

　　　令警察廳：

　　爲訓令事。案據園林管理所所長盧東林呈："據中山陵園辦事處管理員趙世申呈稱'竊查私伐森林，法所嚴禁，云云'，伏乞俯賜令飭警察廳飭令孝陵衛駐警隨時協助辦理，俾公家林木得以稍留生機。"正核轉間，又據該所所長續據中山陵園辦事處管理員趙世申呈稱"竊查職處設於孝陵衛，原爲便利推行放租事宜，云云，庶盜伐之風可消滅，實爲公便"各等情到署。據此，查太平門、中山門及中山陵園、明孝陵、靈谷寺一帶林木，迭探報被莠民結隊砍伐出售一節，經令飭該廳會同本公署委員前往查拿究辦在案。茲據呈報：該莠民等膽敢貪夜入山砍伐，并將所砍官有林木，每日清晨挑運入城販賣，尤復不遵盤查，任意抵抗，殊堪痛恨。若不從嚴制止，則所有林木，勢必盜砍殆盡。除指令外，合再令仰該廳即便遵照，飭令該處警局隨時派警梭〈逡〉巡拿辦，并飭中山、太平、和平各城門崗警，如有莠民挑送新砍林木入城買賣，一律堵截送究，毋稍怠忽。切切。此令。

中華民國二十七年十一月六日

（《南京城墻檔案·城墻的保護與管理》，第 312—314 頁）

僞督辦南京市政公署爲從嚴制止盜伐森林飭園警隨時巡察給僞實業處園林管理所的訓令

（1938 年 11 月 6 日）

訓令　實字第 283 號

　　　令園林管理所：

　　呈二件。爲鄉民砍伐林木，入城販賣，警少力單，無法干涉，莠民對員警有不訴以武力，即任意譏謗，請令警廳分飭中山等城門駐警，協助堵截新砍林木拿辦由。

　　爲指令事。兩呈均悉。已令飭警察廳轉令該處警局梭〈逡〉巡拿辦，仰仍飭令各園警，隨時實地巡察具報，毋稍鬆懈。切切。此令。

中華民國二十七年十一月六日

（《南京城墻檔案·城墻的保護與管理》，第 312、314—315 頁）

僞督辦南京市政公署實業處園林管理所爲轉請通知各城門衞兵所免於干涉陵園園警巡山致僞保護森林委員會呈

（1939 年 1 月 3 日）

字第三號

　　爲呈請事。案據中山陵園辦事處管理員王茂槐呈稱"呈爲呈報事。案據職處園警邵福振等呈稱'園警等於本月二十六日下午三時許巡山，云云，實爲公便'"等情。據此，理合據情呈請鈞會轉請警備司令部通知中山門衞兵所，并通告太平、和平兩門衞兵所，免予干涉，并予協助，以維禁令而保森林。謹呈

保護森林委員會

全銜

中華民國廿七［八］年一月三日

（《南京城墻檔案·城墻的保護與管理》，第 321—323 頁）

2. 請放行購運竹木材料人員

僞督辦南京市政公署爲請放行購運竹木材料人員致日軍南京特務機關的公函

（1939 年 1 月 20 日）

署銜公函　實字第 21 號

　　逕啓者。案據本市義泰和雜木行經理人周益三等呈稱"竊商民等向爲零星竹木樹材料之營業，云云，而維生計"等情。據此，查商民運貨入城，如蓋有商號發票戳記，似可准予查驗放行。據呈前情，除批示外，相應函達，即希查照，轉知駐守各城門官兵遵照。購運零星竹木經過城門時，如驗商行蓋戳發票相符，即可放〈行〉，以經商業。并盼見復爲荷。此致

南京特務機關

中華民國廿八年一月廿日

　　實字 21 號公函，照繕一份送警備司令部。

補發　金超（印）

一·卅

（《南京城墻檔案·城墻的保護與管理》，第 324—325、327—328 頁）

僞督辦南京市政公署爲請放行購運竹木材料人員給義泰和雜木行的批

(1939 年 1 月 20 日)

批　實字第 111 號

　　具呈商民義泰和雜樹〈木〉行經理人周益三等:

　　呈一件。爲顧客購運零星竹木樹材料經過中華西門，爲守城日軍阻止，懇轉請特務機關准予持有行家發票驗明放行以經營業由。

　　呈悉。已據情函請特務機關轉告駐守各城門官兵，凡遇商民購運零星竹木樹材料經過城門時，如呈驗商號蓋戳發票相符，准予放行在案。仰候復到，再行飭知。此批。

中華民國廿八年一月廿日

(《南京城墙檔案·城墙的保護與管理》，第 324、326 頁)

四、查驗薪炭

僞督辦南京市政公署實業處園林管理所爲持有薪炭搬入許可證居民應按指定城門入城給僞中山陵園辦事處的訓令

(1939 年 1 月 31 日)

督辦南京市政公署實業處園林管理所訓令　林字第 67 号

　　令中山陵園辦事處:

　　爲令遵事。案奉南京保護森林委員會訓令內開:"爲訓令事。案查燕子磯區公所填發民有樹枝木柴入城通行證辦法第二條，'經過和平門時由區公所查明屬實，民有按戶按件填發搬入許可證'等語。所有燕子磯範圍內民有薪炭，應指定專由和平門入城，不得通行其他城門。此外，不屬於燕子磯區公所界址以內民有薪炭，統由園林管理所查明，填發許可證入中山、太平、玄武等門，并由園林管理所燕子磯區公所於許可證上加蓋戳記，以資區別，而免混淆。除分函外，合行令仰該所即便遵照辦理。此令。"復奉南京保護森林委員會函開，"徑啓者。案據本委員會一月二十日第三次常務會議，各事項業經會議紀錄在卷，自應印刷分送，以資照辦。除分函外，相應檢同紀錄，函請貴所查照，希即按照原議法案有關各條辦理具報爲荷"各等因，計附送第三次會議紀錄一份。奉此，合行節錄原議決案有關各條，一并令仰該處遵照辦理具報。此令。

　　附節錄護林會第三次原議決案一份

所長　盧東林

中華民國二十八年一月卅一日

節錄護林會第三次常會原議決案

提議事項：園林管理提案

一、護林會發給薪炭搬入許可證，鄉區坊公所不得另製印發，提請公決案。

決議：薪炭入太平、中山、和平、玄武等城門時，均由本委員會填發搬入許可證至坊公所，另製許可證即行禁止，并函鄉區公所遵照。

二、擬請護林會規定請領薪炭搬入許可證手續，俾有遵循案。

議決：民有薪炭，須經各鄉保甲長申請證明，由園林管理所及燕子磯區公所查明後，填發搬入許可證，方准入城。

三、擬請護林會函請憲警各機關對於行道樹統予保護案。

決議：由本委員會函請各機關保護。

四、本所捕獲盜伐森林人犯，法院處罰極輕，應如何補救案。

決議：

1. 函請江寧地方法院按《保護森林苗木暫行辦法》，從重嚴辦。

2. 凡莠民外裹乾草、內實木柴濛混入城者，應由警廳派警注意檢查。

五、堯化門外事聯絡所發出油印薪炭搬入許可證，仿造本會式樣，應如何查禁究辦案。

決議：此項許可證，應絕對禁止發給并予查辦，一面通知各城門：所運木柴，如無本委員會所發薪炭搬入許可證，一律扣留，不准通行。

警備司令部臨時動議：如無搬入許可證、濛混入城之薪炭，應如何處置案。

決議：此項薪炭扣留充公，以儆效尤；并由警察廳、園林管理所會同執行變價，其價款按旬造冊，彙繳本委員會，作爲經費。

（《南京城牆檔案・城牆的保護與管理》，第 329—332 頁）

僞南京特別市園林管理所爲各城門值崗園警權限及責任給僞中山陵園辦事處的訓令

（1940 年 4 月 23 日）

字第 246 號

令中山陵園辦事處：

爲訓令事。案查中山、太平、玄武各城門設備值崗園警之權限，祇有檢查公家園林產物進出及薪炭搬入許可證責任；遇有與事實不符情形，發現亦應立時報告主管長官核奪，不准擅自處理。至屬於地方行政警察所負責任，因性質迥別，既不容插足干預，更不得因相處熟習，臨時接受請託，爲之庖代。前經一再傳令誥誡，誠恐日久玩生，除分飭外，合行令仰該處轉飭各長警遵照，并隨時派員查察，毋稍怠忽。切切，此令。

中華民國二十九年四月二十三日

（《南京城墻檔案·城墻的保護與管理》，第 317—320 頁）

五、查驗石炭

僞南京特別市政府爲請轉函僞警備司令部憲兵隊本部飭令各城門駐軍憑石炭搬入許可證查驗放行致日軍南京特務機關的公函

（1939 年 5 月 17 日）

南京特別市政府公函　社字第 123 号

　　徑啓者。案查前因，本市煤量缺乏，曾經函准貴機關長發給石炭搬入許可證，以便各煤商領往各地采辦，運京銷售，歷經辦理在案。上月間，本市煤炭計價委員會第十次常會時，據出席人煤業分會陳清文臨時提議以"商人所領石炭搬入許可證，每多未能按照原證數量一次運送入城，應請發給分運單據，通知各城門軍警查驗放行"等語。查該分會提議請發分運單一節，係爲便利煤商將運到石炭零運入城銷售，核尚可行。茲經製訂分運單，并《發給石炭搬入許可證暫行辦法》各一種，除分函并令南京市商會通知各煤號遵照外，相應檢同分運單式樣及《發給石炭搬入許可證暫行辦法》，函達貴機關長查照，仍請轉函警備司令部、憲兵隊本部，飭令各城門駐軍查驗放行。實深公感。此致

南京特務機關

　　計函送《發給石炭搬入許可證暫行辦法》一份，石炭搬入分運單式樣一紙

市長　高冠吾

中華民國廿八年五月十七日

南京特別市政府發給石炭搬入許可證暫行辦法

　　第一條　凡本市煤號商人自赴産煤區域或鄰近礦區采購煤觔運京銷售，請領石炭搬入許可證者，應依照本辦法辦理之。

　　第二條　請領許可證，以曾向本府申請登記之煤商領有營業執照者爲限。

　　第三條　請領前項許可證，須具申請書邀同鋪保蓋章，先期申請，并應注明後開各款。

　　一、品目石炭　數量

　　二、通行區域　由某處運至本市某城門内　街銷售

　　三、期間

四、運輸方法

第四條 領證時保人應聯帶具結蓋章，其保結式樣另定之。

第五條 所運之煤到埠時，須先報明，聽候派員查驗數量是否相符。如有假借許可證名義，將所辦煤觔任意繞道及中途銷售情事，查明從嚴處理。

第六條 凡憑許可證運輸到埠，煤觔如須分批入城，應另具申請書，呈請發給分運單（前項許可證、分運單，概不收取何項費用）。

第七條 所運煤觔，如有夾帶違禁物品情事，從嚴懲辦。

第八條 如有未盡事宜，得隨時呈請修正之。

石炭搬入分運單

茲有　　煤號，前經覓保，呈由本府核發南京特務機關　　字第　號，由　　地方采辦石炭　噸，運至南京搬入許可證在案。茲據該號填具申請書，以原辦數量未能一次入城，請求發給分運單前來，應予照准，合行發給分運單，希駐在城門軍警查驗放行。如有夾帶違禁物品情事，即呈報依法嚴辦。此單。

商號	地址	搬入數量	入何城門	方法	商店加章	店主簽名蓋章	日期	備考
南京特別市政府 中華民國二十八年　月　日								

煤字第　　號
石炭搬入分運單存根

茲有　　煤號，前經覓保，呈由本府轉發南京特務機關　　字第　號，由　　地方采辦石炭　噸，運至南京搬入許可證在案。茲據該號填具申請書，以原辦數量未能一次入城，請求發給分運單前來，除給單外運（？）外，特留存根備查。

商號	地址	搬入數量	入何城門	方法	商店加章	店主簽名蓋章	日期	備考
中華民國二十八年　月　日								

（《南京城牆檔案·城牆的保護與管理》，第 344—350 頁）

六、查驗棉麻、猪鬃

僞棉麻猪鬃營業專稅稽徵局爲請轉函警察廳及憲兵隊轉飭城門守衛凡遇私運出城之棉麻、猪鬃而無查驗憑照者請協助扣留致僞南京特別市政府、財政局呈

（1941 年 5 月 8 日）

　　查本局辦理棉麻、猪鬃等營業專稅，業經次第推行，實行徵收。凡對於已經納稅者，除填發稅票外，并發給納訖憑照，貼於貨物件數上，藉以識別。惟京市地面遼闊，本局人員無多，平時稽察或有不及，偷漏之事在所難免。竊查猪鬃一項都用木箱裝運，箱外均套麻袋，并貼有三星商會商標，但無納訖憑照者，均係漏稅。茲爲防止偷漏起見，謹呈送棉麻、猪鬃納訖憑照式樣各二十張，請轉函首都警察廳及中外憲兵隊，分飭所屬各城門守衛，凡遇裝運出城之棉麻、猪鬃，如無上項憑照者，請予協助扣留。事關稅收，理合備文，呈請鈞府鑒核辦理，實爲公便。謹呈

南京特別市市長蔡

財政局局長蹇

　　附呈棉麻、猪鬃納訖憑照式樣各二十紙

棉麻猪鬃營業專稅稽徵局局長　李熙曾

中華民國三十年五月八日

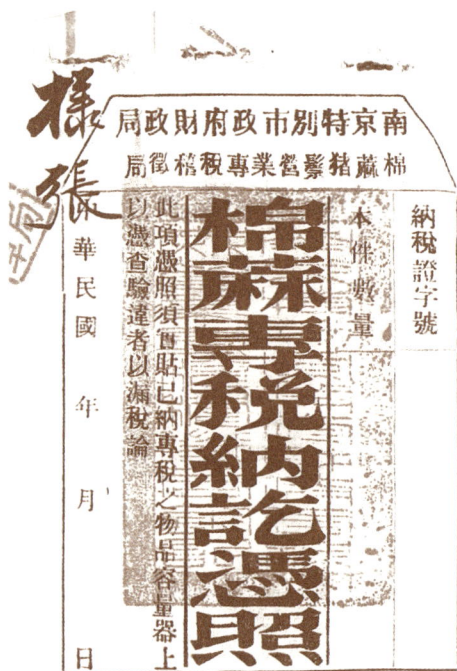

棉麻、猪鬃納訖憑照樣張已各取四紙，由局函內附送秘書處矣。所餘除函送警所各陸紙及特務機關各陸紙外，每種應留四紙，附卷存查。

捐稅股　戴劍秋（印）

五·十七

（《南京城墻檔案·城墻的保護與管理》，第 366—372 頁）

僞南京特別市政府爲查扣私運出城之棉麻、猪鬃給僞棉麻猪鬃營業專税稽徵局的指令

（1941 年 5 月 19 日）

府指令　財字第 1619 號

令棉麻猪鬃營業專税稽徵局局長李熙曾：

呈一件。爲呈請轉函警察廳及憲兵隊、轉飭各城門守衛，凡遇私運出城之棉麻、猪鬃而無查驗照者，請協助扣留，祈鑒核由。

呈件均悉。已據情轉函首都警察廳及特務機關查照矣。仰即知照。此令。件存轉。

中華民國三十年五月拾九日

（《南京城墻檔案·城墻的保護與管理》，第 373—374 頁）

僞南京特別市政府爲請協助查扣私運出城之棉麻、猪鬃致僞首都警察廳的公函

（1941 年 5 月 19 日）

府公函　財字第 1619 號

案據棉麻猪鬃營業專税稽徵局局長李熙曾呈稱"查本局辦理棉麻、猪鬃等營業專税（云云照敘至）鑒核辦理"等情，附呈棉麻、猪鬃納訖憑照樣張各式十紙。據此，查該局長所稱自屬實情，除指令外，相應檢附棉麻、猪鬃納訖憑照樣張各陸紙。函請貴廳查照，即煩通飭所屬各警局，轉飭各城門守衛，凡遇裝運出城之棉麻、猪鬃，如無上項憑照者，予以協助扣留。實紉公誼。此致

首都警察廳

計附棉麻、猪鬃納訖憑照樣張各陸紙

市長　蔡○

中華民國三十年五月拾九日

（《南京城墻檔案·城墻的保護與管理》，第 373—375 頁）

僞南京特別市政府爲請協助查扣私運出城之棉麻、豬鬃致日軍特務機關的公函

（1941 年 5 月 19 日）

府公函　財字第 1619 號

　　案據棉麻豬鬃營業專稅稽徵局局長李熙曾呈稱"查本局辦理棉麻、豬鬃等營業專稅（云云照叙至）鑒核辦理"等情，附呈棉麻、豬鬃納訖憑照樣張各式十紙。據此，查該局長所稱自屬實情，除指令外，相應檢附棉麻、豬鬃納訖憑照樣張各陸紙。函請貴機關查照，并煩轉各軍憲機關，分飭所屬各城門守衛，凡遇裝運出城之棉麻、豬鬃，如無上項憑照者，予以協助扣留。實紉公誼。此致

特務機關

　　計附棉麻、豬鬃納訖憑照樣張各陸紙

市長　蔡○

中華民國三十年五月拾九日

（《南京城墙檔案·城墙的保護與管理》，第 373—375 頁）

僞南京特別市政府財政局爲函送棉麻、豬鬃營業專稅納訖憑照樣張各四紙請飭外事室商請聯絡官予以聯絡致僞南京特別市政府秘書處的箋函

（1941 年 5 月 19 日）

局箋函　財字第 1607 號

　　案奉市長交下棉麻、豬鬃營業專稅稽徵局局長李熙曾呈一件。爲"本局辦理棉麻、豬鬃營業專稅，爲防止偷漏起見，謹呈送棉麻、豬鬃納訖憑照式樣各二十張，請轉函首都警察廳及中外憲兵隊，分飭所屬各城門守衛'凡遇裝運出城之棉麻、豬鬃，如無上項憑照者，予以協助扣留。呈請鑒核辦理'等情，奉批照轉，并請聯絡官聯絡"等因。除由府指令知照，并分函首都警察廳及特務機關隨時協助外，相應檢附棉麻、豬鬃納訖憑照樣張各肆紙，函請查照，轉飭外事室商請聯絡官，予以聯絡，是爲至荷。此致

秘書處

　　計附棉麻、豬鬃納訖憑照樣張各肆紙

局戳　啓

中華民國卅年五月十九日

　　棉麻、豬鬃納訖憑照樣張，每種肆紙，係由府稿內抽取。樣張已存府稿卷內。此件并無樣

張附查。

（《南京城墙檔案・城墙的保護與管理》，第 379—383 頁）

第二節　城墙周圍市政建設與管理

一、保護城門等處設立之測量三角架

南京特別市市政府工務局關於不得任意損壞通濟門、水西門等處設立之測量三角架的布告

（1928 年 2 月 6 日）

南京特別市市政府工務局布告　第四十一號

　　爲布告事。案查本局現正從事三角測量，故特在通濟門、四方城矮城南門、水西門、漢西門、豐潤門、臺城、洪武門、朝陽門各城城樓上，以及覆舟山、雨花臺等處，設立三角架，爲[以]便利於測量工作。近聞本市市民每屆舊曆正月十六日，必須結隊登城游玩，并有一般小販，是日亦相繼前往各城樓上營業，深恐游人衆多，不知此項三角架爲何物，任意將其損壞，致礙測量進行。除函請公安局通令各區署，是日派警在設有三角架地方妥爲保護外，爲此剴切布告，俾衆周知，不得任意將本局設立之三角架損壞。倘敢故違，一經察覺，定即拘罰不貸！其各凛遵。切切。此布。

局長　陳揚傑

中華民國十七年二月六日

（《市政公報・布告》，1928 年第 10 期，第 27 頁）

市政消息・工務局出示保護三角架

（1928 年 2 月 6 日）

　　市工務局以陰曆十六日，南京民衆有登城墙游覽習慣，深恐設置通濟門、水西門等處之測量架有所損壞，特函請公安局派警在三角架地點保護，一面復粘貼布告曉諭市民。兹錄布告原文如下：爲布告事。案查本局現正從事三角測量，故特在通濟門、四方城矮城南門、水西門、漢西

門、豐潤門、臺城、洪武門、朝陽門各城城〈樓〉上，以及覆舟山、雨花臺等處，設立三角架，爲［以］便利於測量工作。近聞本市市民每屆舊曆正月十六日，必須結隊登城游玩，并有一般小販，〈是日〉亦相繼前往各城樓上營業，深恐游人衆多，不知此項三角架爲何物，任意〈將其〉損壞，致礙測量進行。除函〈請〉公安局通令各區署，是日派警在設有三角架地方妥爲保護外，爲此劇切布告，俾衆周知，不得任意對［將］本局所立之三角架損壞。倘敢故遠，一經察覺，定即拘罰不貸！其各凜遵。切切。此布。

局長 陳揚傑

中華民國十七年二月六日

（《南京特別市市政公報·市政消息》，1928 年第 10 期，第 3—4 頁）

二、海陵門土山開切土方運至静海寺填塘工程

南京特別市市政府爲據簽呈奉諭將海陵門土山開切土方運至静海寺填塘
給南京特別市工務局的指令

（1929 年 5 月 23 日）

指令　第一六四七號

　　簽呈一件。爲復奉諭將海陵門土山開切土方運至静海寺填塘一案招投情形，請將款撥發，以便興工由。

　　呈及標帳單等均悉。查此案，得標人林德煎既據聲明不願承包，自應將投標保證金没收，即行解庫，以儆效尤。准候補人陳椿源以每方二元五角承包，候令財政局將此項標價總額三千八百零三元，剋日照撥，趕速興工，仰即遵照辦理。標價單三份一并發還，紀録一紙存。此令。

十八年五月二十三日

　　原呈見訓令第一六四七號

（《首都市政公報·公牘》，1929 年第 37 期，第 20 頁）

南京特別市市政府爲撥款招工將海陵門土山開切土方運至静海寺填塘
給南京特別市財政局的訓令

（1929 年 5 月 24 日）

訓令　第二〇〇三號

　　爲令飭事。案據代理工務局局長金肇組簽呈稱，"竊奉鈞長面諭，'着先將海陵門土山開切，

土方運至静海寺填塘，先行興工'等因。奉此，當經遵將此項開切土方填塘登報投標。旋經林德煎等三家投標到局，即定於本月十五日在職局會議廳當衆開標，并承鈞府派何小宋到局參加審查在案。兹查審查結果，以林德煎每方二元二角之標價爲最低，自應以該工人爲得標人。惟據林德煎來條，聲明不願承包，擬即以候補人陳椿源以每方二元五角承包。是否有當，理合檢同各家標賬，并抄錄審查會議紀錄，呈報鑒核示遵。再此項土方自山脚起，以一與一之比坡度打定木椿，并經詳細測算，計一共五二一．二英方（合四三〇九．四五方公尺）。依照以上陳椿源標價，應需洋三千八百零三元。現以工程緊急，可否懇請鈞長准將此項應需款項即予撥發，以便與該包工訂立合同，趕速工作，合并聲明，計附呈審查會議紀錄一紙，標帳單三份"等情。據此，除指令"呈及標帳單等均悉。查此案，得標人林德煎既據聲明不願承包，自應將投標保證金没收，即行解庫，以儆效尤。准候補人陳椿源以每方二元五角承包，准令飭財政局將此項標價總額三千八百零三元，剋日照撥，趕速興工，仰即遵照辦理。標價單三份一并發還，紀錄一紙存。此令"印發外，合行令仰該局長即便遵照，迅將該款撥發給領具報。此令。

市長　劉紀文

十八年五月二十四日

（《首都市政公報・公牘》，1929 年第 37 期，第 19 頁）

南京特別市財政局爲市工務局將海陵門土山開切土方運至静海寺填塘工程費已遵令撥付致南京特別市市政府呈

（1929 年 6 月 22 日）

呈爲呈復事。案奉鈞府第一六四七號訓令開，"爲令飭事。案據代理工務局長金肇組簽呈稱，'竊奉面諭，"着先將海陵門土山開切，土方運至静海寺填塘，先行興工"等因。奉此，當經遵將此項開切土方填塘工程登報招工投標。旋經林德煎等三家投標到局，即定於本月十五日在職局會議廳當衆開標，并承鈞府派何小宋到局參加審查在案。兹查結果，以林德煎每方二元二角之標價爲最低，自應以該工人爲得標人。惟據林德煎來條，聲明不願承包。擬即以候補人陳椿源以每方二元五角承包。是否有當，理合檢同各家標賬，并抄錄審查會議紀錄，呈報鑒核示遵。再此項土方自山脚起，以一與一之比坡度打定木椿，并經詳細測算計長一五二一．二英方（合四三〇九．四立方公尺）。依照以上陳椿源標價應需洋三千八百〇三元，現以工程緊急，可否懇請鈞長准將此項應需款項即予撥發，以便該包工訂立合同，趕速工作，合并聲明，計附呈審查會議紀錄一紙，標賬單三份'等情。據此，除指令'呈及標賬單等均悉。查此案得標人林德煎，既據聲明不願承包，自應將投標保證金没收，即行解庫，以儆效尤。准候補人陳椿源以每方二元五角承包，候令飭財政局將此項標價總額三千八百〇三元，剋日照撥，趕速興工，仰即遵照辦理。標價單三份一并發還，紀錄一紙存。此令'印發外，合行令仰該局長即便遵照，迅將該款撥發給領具報，此令”等因。奉此，查該項工程費洋三千八百〇三元，業經遵令如數撥交該局具領。惟該局沒收之投標保證金，應請鈞府令飭該局，迅速掃數解庫，以符法規而裕市庫。是否有當，理合具文呈復。仰祈鑒核施行，謹呈

市長劉

財政局長 金國寶

六月二十二日

（《南京特別市市政府財政月刊·呈文》，1929 年第 1 卷第 11 期，第 27 頁；

《首都市政公報·公牘》，1929 年第 39 期，第 32 頁）

南京特別市市政府爲已沒收海陵門土山土方保證金候令工務局解庫
給南京特別市財政局的指令

（1929 年 6 月 27 日）

指令　第 2462 号

呈一件。呈復工務局將海陵門土山開切土方運至靜海寺填塘工費已遵令撥付由。

呈悉。此項沒收之保證金，候令工務局迅即解庫可也，仰即知照。此令。

十八年六月二十七日

附原呈（如上，略）

（《首都市政公報·公牘》，1929 年第 39 期，第 31—32 頁）

南京特別市市政府爲迅將沒收海陵門土山土方保證金解繳金庫
給南京特別市工務局的訓令

（1929 年 6 月 27 日）

令訓［訓令］　第 2009 號

案查前據該局長呈爲“海陵門土山開切土方運至靜海寺填塘一案，請予撥款興工”等情。即經令飭財政局撥給在案，茲據復稱，“查該項工程費洋三千八百零三元，業經遵令如數撥交該局具領。惟該局沒收之投標保證金，應請鈞府令飭該局迅速掃數解庫，以符法規，而裕市庫。是否有當，理合具文呈復，仰祈鑒核施行”等情前來。除指令外，合行令仰該局長即便遵照，迅將此項沒收之保證金，剋日解繳金庫，毋稍延遲。切切。此令。

市長 劉紀文

十八年六月二十七日

（《首都市政公報·公牘》，1929 年第 39 期，第 32 頁）

南京特別市市政府爲没收海陵門土山土方保證金准予免置議案給南京特別市工務局的指令

（1929 年 8 月 9 日）

指令　第三〇四一號

呈一件。爲開切海陵門土山土方運至静海寺填塘工程包工係用比賬法，并非投標，兹再將經過情形呈祈鑒核由。

呈悉。查此案既非投標辦法，該局前呈簽呈，何以未經聲叙？及奉令飭没收投標保證金，始行自認錯誤，殊屬不合。應予申斥。姑念當時審查包賬尚係事實，據稱并無投標保證金，應准從寬免予置議。仰即知照。此令。

十八年八月九日

附原呈

呈爲呈復事。竊查職局前以招工開切挹江門内土山土方運至静海寺填塘，具文呈請撥款興工一案。奉鈞府指令第二零零三號内開，“呈及標賬單均悉。此案得標人林得〔德〕煎既據聲明不願承包，自應將投標保證金没收，即行解庫，以儆效尤。准候補人陳椿源以每方二元五角承包，候令飭財政局將此項標價總額三千八百零三元，剋日照撥，趕速興工，仰即遵照辦理，標價單三份一并發還，紀録一紙存”等因；又奉鈞府第二零零九號訓令内開，“案查前據該局長呈爲‘海陵門土山開切土方運至静海寺填塘一案，請予撥款興工’等情。即經令飭財政局撥給在案。兹據復稱，‘查該項工程費洋三千八百零三元，業經遵令如數撥交該局具領。惟該局没收之投標保證金，應請鈞府令飭該局迅速掃數解庫，以符法規，而裕市庫。是否有當，理合具文呈復，仰祈鑒核施行’等情前來。除指令外，合行令仰該局長即便遵照，迅將此項没收之保證金，剋日繳解金庫，毋稍延遲。切切。此令”等因先後。奉此，查此案職局前奉鈞諭趕辦，原擬登報招工承包，嗣因時期迫促，改用比賬法，以期迅速。當於五月十五日在職局當衆審查包賬，并承鈞長派何小宋到局參加審查，該包工林德煎等三家交來賬單各一份，并未呈繳保證金，事實俱在。至前次簽呈所稱“投標”二字，實係錯誤。迭奉前因，理合具文呈復，仰祈鈞長鑒核備查，實爲公便。謹呈

市長　劉

代理工務局局長　金肇組
七月二日

（《首都市政公報·公牘》，1929 年第 42 期，第 66—67 頁）

南京特別市市政府爲准予驗收開切挖江門土山土方運至静海寺填塘工程案給南京特別市工務局的指令

（1930 年 1 月 24 日）

指令第三一三號

呈報驗收開切挖江門土山土方運至静海寺填塘工程，請鑒核備案由。

呈悉。既據該局驗收無訛，應准備案。仰即遵照。此令。

十九年一月二十四日

附原呈

呈爲呈報事。竊查開切挖江門土山土方運至静海寺填塘一案，前經職局於上年五月間招得椿源錦記營造廠承包興工，包價總額爲三千八百零三元。業已呈報鈞府轉飭財局撥款具領辦理。各在案。旋據該承包人報告工竣，即經派員查勘該項工程迄未照職局原定圖樣坡度工作，復飭令照圖更正去後。嗣據報告更正工竣，并聲明“該山曾爲他人開挖，無力阻止，致坡度與圖樣不能符合”等情。又經飭派技正前往查驗具報，兹據該技正等簽呈稱“查驗該項工程照原案，自中山路路牙起，應開進十五公尺，斜度爲四十五度。現被司法行政部在此山同處開挖泥土，以致照路牙起，〔應〕開進約有二十五公尺之多，上面又無斜度，已成直綫。故椿源錦記所用之土方已無從測量，其坡度亦無從計算。但照現狀觀察，該廠應掘之土方，似超過定數，擬准予驗收，以資結束。呈候示遵”等情。據經查核此項工程，該承包人所掘土方既已超過定數，似可准予驗收。除飭科造具竣工報銷另文呈送外，所有本案竣工及驗收情形各緣由，理合呈報，仰祈鑒核，准予備案示遵。謹呈
市長劉

工務局局長　陳和甫

一月十日

（《首都市政公報・公牘》，1930 年第 53 期，第 30 頁）

三、裝置電燈

1. 裝置玄武門内外電燈

南京特別市政府爲轉請裝置玄武門内外電燈致首都電燈廠的公函

（1930 年 3 月 20 日）

公函　第三七八號

徑啓者。案准首都警察廳總字第四七號函開，“案據督察處長李進德轉據玄武門稽查所巡查

徐明哲報稱，'竊查玄武門爲玄武湖出入要道，行人雜沓，該城門電燈未裝，對於夜間施行檢查，倍感困難，擬懇呈請轉函裝設城門口內外電燈兩盞，以利行人而便檢查'等情轉報前來。據此，查此項電燈有關路政，應請查照轉函電燈廠派匠裝設，實爲公便"等由。准此，除函復外，相應函達，即希貴廳查照，迅予飭匠前往裝設，以資便利，至紉公感，并祈見復爲荷。此致

首都電燈廠

南京特別市政府
十九年三月廿日

（《首都市政公報·公牘》，1930 年第 57 期，第 37—38 頁）

南京特別市政府爲准函請裝置玄武門內外電燈致首都警察廳的公函

（1930 年 3 月 20 日）

公函　第三七九號

　　徑復者。頃准貴廳總字第四七號函，以"玄武門城門口內外應裝設電燈兩盞，以利行人而便檢查，囑爲轉函電燈廠派匠裝設"等由。准此，查該處路燈誠屬需要，業經派員前往首都電燈廠，商允即日派匠裝設矣。相應函復，即希查照爲荷。

　　此致

首都警察廳

南京特別市政府
十九年三月廿日

（《首都市政公報·公牘》，1930 年第 57 期，第 38 頁）

2. 裝設海軍部後至興中門內沿途路燈

南京市政府爲海軍部後至興中門內沿途裝路燈費給南京市財政局的訓令

（1930 年 7 月 22 日）

訓令　循字第五〇八號

　　爲令遵事。案據工務局長趙志游呈稱，"本年六月二十八日，奉鈞府交下准首都警察廳函一件，爲'海軍部後身至興中門內沿途尚無路燈，請派匠裝設'等由，奉批交職局"等因。奉此，遵即派員前往勘估。據復，該段應裝路燈計需二十五盞，估計共需洋二百二十三元二角五分，并繪具圖樣預算復送前來。據經復核屬實。除函復外，理合檢同圖樣預算，簽請鑒核，准予迅飭"財政局儘先撥款，以便興工，實爲公便"等情，計附呈圖樣一紙，預算一紙。據此，除指令：

"呈及附件均〈悉〉，所請應予照准，已飭財政局列入暫記賬內，如數撥發，將來即在該局十九年度預算經常門事業費項下動支。仰即具領興工可也。附件存。此令。"

市長 魏道明

十九年六［七］月二十二日

《首都市政公報·公牘》，1930 年第 65 期，第 14 頁）

南京市政府爲海軍部至興中門一帶裝設路燈工費造送預算圖樣給南京市工務局的指令

（1930 年 7 月 22 日）

指令　循字第五〇七號

呈一件。爲派員勘估海軍部後至興中門內沿途裝設路燈工費，造送預算圖樣，仰祈核示由。

呈暨附件均悉。所請應予照准，已令飭財政局列入暫記賬內，如數撥發，將來即在該局十九年度預算經常門事業費項下動支，仰即具領興工可也。附件存。此令。

十九年七月二十二日

原呈見訓令循字第五〇八號

《首都市政公報·公牘》，1930 年第 65 期，第 14 頁）

3. 僞政權裝設各城門及交通崗亭防空燈等

僞南京特別市政府工務局爲驗收華中水電公司承辦的各城門及交通崗亭防空燈致僞南京特別市政府的簽呈

（1943 年 4 月 22 日）

簽呈

爲派員驗收各城門及交通崗亭防空燈報請鑒核由。

竊奉交下華中水電公司代辦各城門及交通崗亭防空燈見積請求書各一件。飭即先行派員驗收等因。奉此，遵即派本局職員蔣邦宏、王衍文會同華中公司切實驗收具報。茲據該員呈稱，"奉派驗收防空用燈，遵於本月十四日前往該公司，由該公司派技手梶原氏率領逐一查驗，計各城門防空用燈共有中山門、光華門、共和門、中華門、水西門、漢西門、挹江門、玄武門、太平門等九處，各崗亭用燈計：瞭望臺式崗亭三處，大型崗亭十三處，小型崗亭二十三處，除共和門崗亭接火綫損斷，新街口南首電燈開關鬆落，飭該公司負責即速修復；漢中路崗亭電泡一隻因風吹落，中華路、淮清橋、新街口北首等處崗亭燈泡燈絲爆裂失明。據該公司勤務先高橋茂喜氏稱，該項黑色防空燈泡係由軍部供給、未能補裝外，其餘各處交通崗亭及各城〈門〉防空燈裝置尚無不合。茲奉前因，理合繕具詳細情形，報請鑒核”等情。據此，核尚實在，理合檢同原卷，一并報請鑒核。謹呈

市長周

　　附呈見積書及請求書各一份

工務局局長　陳萬恭

四月二十二日

　　該項費用既經工務局驗收無誤，似應撥付。是否在防空專款內支給，請核示。

　　計□共一萬五千四百四十九元八角。

陸善熾

　　由防空專款支給。

學昌

（《南京城牆檔案·城牆的保護與管理》，第 74—76 頁）

僞南京特別市政府工務局爲驗收華中水電公司承辦的各城門及交通崗亭防空燈致僞南京特別市政府秘書長的公函

（1943 年 4 月 28 日）

公函　字第 232 號

　　案奉市長交下華中水電公司代辦各城門及交通崗亭防空燈見積書、請求書各一件，飭即先行派員驗收等因，遵經派員會同該公司分別驗收，并將驗收情形簽報市長鑒核，奉批“由防空專款支給”等因。奉此，相應檢同原發見積書、請求書各一份，并抄附簽呈暨附案各一件，一并送請查照辦理。再本局代墊崗亭刷白一款，茲以該項工程正在重行辦理中，是否將來并案辦理，統祈見復爲荷。此致

秘書長陸

　　計附送原發見積書、請求書各二份，抄件二張

局長　陳〇〇

四月廿八日

（《南京城牆檔案·城牆的保護與管理》，第 77—78 頁）

偽南京市工務局關於交通崗亭重加刷白的簽呈

（1943 年 5 月 19 日）

簽呈

　　查本市交通崗亭燈業經裝修工竣，惟各崗亭之白色油漆均已剝蝕，似應適應防空設施重加刷白，查本市計崗亭四十一座，每座均需刷工一個，每個工資壹佰伍拾元，計需陸仟壹佰伍拾元，所有應用材料擬在本市材料庫內撥用，該項工資擬請簽請市座准在防空經費項下撥款招工辦理。是否有當之處，理合簽請鑒核示遵。謹呈

科長莊　轉呈

局長韓

職　李昌五（印）　謹簽

五·十九

（《南京城墻檔案·城墻的保護與管理》，第 79 頁）

四、建築挹江門車輛檢查所

南京市政府爲令撥建築挹江門車輛檢查所工款給南京市工務局的指令

（1930 年 8 月 5 日）

訓令　循急字第三九二號

　　呈一件。爲擬具挹江門車輛檢查所及增築中山路挹江門附近游息〔憩〕慢車行人各道計劃，檢同預算圖樣，并另文呈送合同，并飭遵照由。

　　兩呈及預算圖樣、合同等件均悉，應准如呈辦理。在十九年度預算案未成立以前，除令飭財政局列入暫記賬內照數撥發外，仰即具領興工可也。附件存。此令。

十九年八月五日

原呈見訓令循急字第三九三號

（《首都市政公報·公牘》，1930 年第 66 期，第 24—25 頁）

南京市政府爲令撥建築挹江門車輛檢查所工款給南京市財政局的訓令

（1930 年 8 月 5 日）

訓令　循急字第三九三號

　　爲令遵事。案據代理工務局長趙志游呈稱，"竊查挹江門爲車輛出入要道，該處原有之車輛檢

查所因工程簡陋地位逼窄之故，僅足供檢查衛警等休息之用，所有車輛雖在盛暑暴雨之際亦均羅列路中，以待檢查，行旅苦之。查中山路原定有慢車游息［憩］人行各道，茲擬將挹江門附近之一段，依照原計劃先予完成，俾入城車輛均駛入慢車道內以待檢查，不再停留於快車道上，致礙交通，同時即於慢車道內建築檢查所，以資蔭蔽。經飭分別估計，除同計劃內之陣亡將士紀念坊地位暫行保留另案辦理外，所有車輛檢查所建築費用，酌需洋一千二百四十九元四角五分，築路費用約需洋二千零七十四元六角二分，理合檢同預算二紙、圖樣四紙，一并具文，呈請鑒核示遵，實爲公便。計呈送預算二紙、圖樣四紙"前來。正核辦間，復據工務局呈稱，"該項工程至爲重要，且當茲炎夏，實有提前建築之必要。經招由中孚營造廠承包辦理，共計包價洋三千二百五十元，業於十九日興工建築，限期四十五日完工。理合檢同合同一份，呈請鑒核，俯賜轉飭財政局照數撥款，以資應付，實爲公便。附呈合同一份"各等情。據此，除指令"兩呈及預算圖樣合同等件均悉，應准如呈辦理。在十九年度預算案未成立以前，除令飭財政局列入暫記賬內照數撥發外，仰即具領興工可也。附件存。此令"印發外，合行令仰該局長遵照辦理具報查考。此令。

十九年八月五日

（《首都市政公報·公牘》，1930 年第 66 期，第 24 頁）

南京市政府爲驗收挹江門檢查所及馬路工程給南京市工務局的指令

（1930 年 12 月 24 日）

指令　府字第一七八二號

呈一件。爲呈送挹江門檢查所及馬路工程竣工報告暨決算書祈派員驗收由。

呈件均悉。業經飭據本府參事馬軼群前往會同驗收，復呈"是項已成部分工程，與原呈所稱尚無不合"等語，應准如呈備案。一俟挹江門城門案工竣，仰即繼續呈候核示辦理，以重建設。附件存查。此令。

十九年十二月二十四日

附原呈

爲呈報事。竊查建築挹江門車輛檢查所暨增築中山路挹江門附近一段游憩慢車人行各道工程一案，前經職局擬具計劃，呈奉鈞府循急字第三九二［三］號指令，核准招由中孚營造廠承包興築在案。茲查該項工程，業於本年九月五日工竣，嗣以挹江門城門奉准於九月一日開工建築，而該檢查所地位緊靠城牆，於築城工程因不能搭沒［設］鷹架之故，工作諸多妨礙，復經將靠城之面拆去一部分，擬俟城門工程竣工後再行修復；其煤屑路面因暫緩建築城磚，路牙亦未粉刷。所有工料費用計尚餘洋一百五十八元五角九分，擬暫存職局，俟城門工竣後，再行繼續辦理。理合將已完部分，先行造具竣工報告及決算書，呈請鑒核備案，并請派員先予驗收，實爲公便。謹呈

市長魏

    附呈竣工報告及決算書各一份

工務局局長　趙志游

十一月十七日

（《首都市政公報·公牘》，1931 年第 75 期，第 27—28 頁）

五、建築挹江門廣場

工務消息·建築挹江門廣場

（1931 年 8 月 15 日）

    工務局爲建築挹江門廣場，業於本月十日上午十時在本府當衆開標，結果裕源建築公司以三萬六千元得標。查該廣場位於挹江門外，長二百公尺，寬六十公尺，日内即將開始建築，限於雙十節前竣工云。

（《首都市政公報·紀事》，1931 年第 89 期，第 4 頁）

南京市政府爲准辦理建築挹江門廣場工事給南京市工務局的指令

（1931 年 8 月 28 日）

指令　府字第八〇八六號

    呈一件。呈送挹江門廣場工程計劃圖算，祈核示由。

    呈件均悉。應准明呈辦理，仰即知照，附件存查。此令。

二十年八月廿八日

    附原呈

    爲呈請事。竊查挹江門爲本市出入要道，往來車馬異常繁重。爲便利該處交通起見，擬在該門外加填土方、建築廣場。飭擬具工程預算約需費洋三萬一千九百元，除廣場電杆工事另文造送預算外，理合檢同廣場工事預算一份計五紙，又圖樣一份，一并具文，呈請鑒核示遵，實爲公便。謹呈

市長魏

    附呈預算圖樣各一份

暫代工務局局長　馬軼群

八月十一日

（《首都市政公報·公牘》，1931 年第 90 期，第 16—17 頁）

南京市政府爲撥發加填挹江門外廣場土方工款給南京市財政局的訓令

（1931 年 11 月 6 日）

訓令　府急字第九七七零號

　　爲令遵事。案據工務局長馬軼群呈稱，"案查填築挹江門外廣場土方工程，前經本局招由椿源錦記營造廠承包，呈奉鈞府府急字第五九五二號指令核准在案。嗣以原擬之四十二公尺寬度，尚不足以應需要，經飭寬展爲六十二公尺，并在兩旁人行道外，布置花草，以壯觀瞻。計需填土一四八八四立方公尺，另加填七四四二立方公尺，以防沉澱。除前已填土八二五零立方公尺外，尚須加填一四零七六立方公尺，每立方公尺以原包價洋四角計，共需費洋五千六百三十元零四角，經與該包工訂立加填挹江門外廣場土方工程合同，興工填築，理合檢同預算、圖樣、合同各一份，一并具文呈送，仰祈鑒核，轉飭財政局照數補撥，俾資應付，實爲公便"等情，附呈圖算合同等件各一份到府。據此，查填築挹江門外廣場土方工程一案，前據工務局呈請由椿源錦記承包填築，計共需包價洋三千二百元，即經核准照辦，并令據該局撥發具報各在案。茲據前情，除指令"呈件均悉。所請應予照准。已令財政局在該局二十年度臨時門概算房屋場所建築費項下照數籌撥，着即前往接洽具領，轉給施工，事竣呈請本府派員驗收，用昭核實，并將領用各款，照章列報，呈候核轉，仰即分別遵照。附件存查。此令"印發外，合行令仰該局長籌款撥發，具報備查。此令。

市長　魏道明

二十年十一月六日

（《南京市政府公報·公牘》，1931 年第 95 期，第 30 頁）

南京市政府爲撥發加填挹江門外廣場土方工程合同給南京市工務局的指令

（1931 年 11 月 6 日）

指令　府急字第九七六九號

　　呈一件。爲呈送加填挹江門外廣場土方工程合同，祈鑒核撥款由。

　　呈件均悉。所請應予照准。已令財政局在該局二十年度臨時門概算房屋場所建築費項下照數籌撥，着即前往接洽具領，轉給施工，事竣呈請本府派員驗收，用昭核實，并將領用各款，照章列報，呈候核轉，仰即分別遵照。附件存查。此令。

市長　魏道明

二十年十一月六日

原呈見訓令府急字第九七七零號

（《南京市政府公報·公牘》，1931 年第 95 期，第 30—31 頁）

南京市政府爲補送抳江門廣場標賬給南京市財政局的訓令

（1931 年 11 月 19 日）

訓令　府字第一〇六一號

　　爲令遵事。案據代理工務局長馬軼群呈稱"本年十一月六日，奉鈞府府急字第九七六一號指令，本局呈送抳江門廣場合同，祈鑒核撥款由。内開'呈件均悉。查所訂合同，大致尚無不合，惟利原〔源〕等三家標賬，未據該局呈送，手續殊欠完備，仰即將上項標賬，剋日照章補送來府，以憑核奪，附件暫存。此令'等因。奉此，兹遵檢同利源等標賬三份，具文補送，仰祈鑒核撥款，俾資應付，實爲公便"，計呈送標賬三份到府。據此，查抳江門外廣場工程一案，前據工務局擬具圖樣預算，呈經本府核准，招標承辦，并據呈送合同、請予撥款等情前來，當經指令補送標賬呈核在案。兹據前情，除指令"呈件均悉。查此案標賬，既據檢呈來府，准予按照原呈，交利源廠承包建築。所需工款洋二萬八千九百九十一元一角五分，已令財政局在該局臨時門預算第二款第三目房屋場所建築費内，各數籌撥，着即前往具領應用，事竣呈請驗收，用昭核實。一面將領用各款，照章造報。至前請并發安設電綫、電燈等費洋三千元一節，應於需要時，擬具工事預算，另呈核奪。仰即分別遵照。附件存查。此令"印發外，合行令仰該局長籌款撥發，具報備查。此令。

市長　魏道明

二十年十一月十九日

（《南京市政府公報·公牘》，1931 年第 96 期，第 53 頁）

南京市政府爲補送抳江門廣場標賬三份給南京市工務局的指令

（1931 年 11 月 19 日）

指令　府字第一〇六〇號

　　呈一件。爲遵令補送抳江門廣場標賬三份，祈核示撥款由。

　　呈件均悉。查此案標賬，既據檢呈來府，准予按照原呈，交利沅〔源〕廠承包建築。所需工款洋二萬八千九百九十元一角五分，已令財政局在該局臨時門預算第二款第三目房屋場所建築費内，如數籌撥，着即前往具領應用，事竣呈請驗收，用昭核實。一面將領用各款，照章造報。至前請并發安設電綫、電燈等費洋三千元一節，應於需要時，擬具工事預算，另呈核奪。仰即分別遵照。附件存查。此令。

市長　魏道明

二十年十一月十九日

原呈見訓令府字第一〇六一號

（《南京市政府公報·公牘》，1931 年第 96 期，第 53—54 頁）

六、規劃第一民衆體育場

南京市政府爲徵收挹江門内中山路北山下平地闢爲第一民衆體育場
給南京市工務局的訓令

（1936 年 1 月 30 日）

訓令　第九一二號

　　案准内政部土十五——廿五年一月廿七日發九六號咨開，"案准貴市政府廿五年一月廿四日土字第一八號咨，以擬在挹江門内中山路北山下平地，闢爲本市第一民衆體育場，備具徵收土地計劃書圖，囑依法核准公告見復等由。准此，核與土地徵收法第二條第一款及第十款之規定相符。除依法核准公告外，相應檢同公告一張，咨復查照，張貼徵收地點，俾衆咸知，仍希依法辦理"等由，并附公告一報。准此，除令知工務局外，合行檢發公告，令仰該局即便遵照，飭貼徵收地點，并依法辦理。此令。

　　計發公告一張

市長　馬超俊

廿五年一月卅日

（《南京市政府公報·公牘》，1936 年第 161 期，第 92 頁）

南京市政府爲徵收挹江門内中山路北山下平地闢爲第一民衆體育場
給南京市土地局的訓令

（1936 年 1 月 30 日）

訓令　第九一二號

　　案准内政部土十五—廿五年一月廿七日發九六號咨開，"案准貴市政府廿五年一月廿四日土字第一八號咨，以擬在挹江門内中山路北山下平地，闢爲本市第一民衆體育場，備具徵收土地計劃書圖，囑依法核准公告見復等由。准此，核與土地徵收法第二條第一款及第十款之規定相符。除依法核准公告外，相應檢同公告一張，咨復查照，張貼徵收地點，俾衆咸知，仍希依法辦理"等由，并附公告一報。准此，除將公告令發土地局飭貼徵收地點并依法辦理外，合行令仰該局即便知照。此令。

　　計發公告一張

市長　馬超俊

廿五年一月卅日

（《南京市政府公報·公牘》，1936 年第 161 期，第 92 頁）

七、建築武定門車站

南京市政府爲建築市鐵路武定門車站給南京市鐵路建築工程處的指令

（1936 年 8 月 8 日）

指令　第八二四五號

呈一件。爲報呈招商建築武定門車站開標情形，檢同標單預算等件，仰祈鑒核飭撥由。

呈件均悉。准如所擬辦理。惟合同内應加保固期定爲一年一條，以昭鄭重。此項建築費用六千四百廿四元四角四分，除飭財政局照案撥交本府會計股收轉外，仰即前來具領應用，從速施工，并將合同更正，呈府備案。附件分別存落［發］，此令。

計發還標單六份，合同一份

市長　馬超俊

二十五年八月八日

原呈見訓令第八二四五號

（《南京市政府公報·公牘》，1936 年第 168 期，第 76—77 頁）

南京市政府爲撥發鐵路建築工程處建築武定門車站費給南京市財政局的訓令

（1936 年 8 月 8 日）

訓令　第八二四五號

案據本市鐵路建築工程處本年七月廿七日呈稱，"案查招商建築武定門車站，已於七月十八日上午十時，當衆開標，奉派職思禮出席監視，計是日共到投標人裕康、黄棟記、中華、興業、魯創、聶德記、繆順興等營造廠六家，開標結果，詳見附呈標單，并標賬比較表。惟其中黄棟記、魯創、聶德記三家，對水泥、大料、填土等事項，分別附注，應另行加賬；後經屬處依照所製詳圖及該商等附注各點，分別另行計算，核正總價，并製就標賬比較表一紙。查得核正總價，以裕康六千四百十五元七角爲最低，魯創六千四百二十四元四角四分爲次低，皆在預算範圍以内。惟裕康完工天數較長：廿晴天，依照逾期罰款每天卅元而言，似不嗇再加六百元之差額，且工程緊迫，期限殊嫌過長，爰經職保核定交由魯創營造廠承包。經即與該商簽訂正式合同，分別存執，除日内通知并督促該商積極施工外，理合檢同標單合同、合同附件、標賬比較表，及支付預算書三份，一并呈送鈞長鑒核，并祈迅予飭撥，以資應用，而利要工，實爲公便"等情，并附前件到府。據此，除指令"呈件均悉。准如所擬辦理，惟合同内應加保固期定爲一年一條，以昭鄭重，此項建築費用六千四百廿四元四角四分，除飭財政局照案撥交本府會計股收轉外，仰即前來領應用，從速施工，并將合同更正，呈府備案。附件分別存發。此令"印發外，合行檢同預算，令仰該局即便遵照撥發，具報備查。此令。

計檢發原預算書二份

市長 馬超俊

二十五年八月八日

（《南京市政府公報‧公牘》，1936 年第 168 期，第 77—78 頁）

第三節　城墻周圍道路開闢與修建

一、架設輕便鐵道

挹江門架設輕便鐵道

（1928 年 10 月 31 日）

本市挹江門爲中山路路綫必經之點，現四十米突計畫［劃］，正在猛進；而湖北街至該門一帶土方，正在建築，市工務局亦已架設輕便鐵道，以期材料運輸便捷。此項輕便鐵道，填築過半，月內即可完工云。

（《首都市政公報‧紀事》，1928 年第 22 期，第 7 頁）

二、修理漢西門外道路橋梁

1. 修理漢西門外大街及石城橋

南京特別市市政府爲計議興修漢西門外道路橋梁給南京特別市工務局的訓令

（1929 年 1 月 9 日）

訓令　第八九號

爲令飭事。案准國民政府行政院秘書處函開，"奉院長發下京市漢西門外全體商民呈爲'該處馬路失修已有兩年，破壞不堪，橋梁傾圮，請領市政府從速修理呈一件，諭令交市政府核辦'等因。奉此，相應檢同原件函請查照"等由，并檢送原呈一件過府。准此，查案前據該商號彭復順等呈請到府，業經轉飭該局查核辦理在案。茲准前由，除函復外，合再檢發原呈，令仰并案核辦，具報察奪。此令。

計檢發原呈一件

市長　劉紀文

十八年一月九日

（《首都市政公報·公牘》，1929 年第 28 期，第 57—58 頁）

南京特別市市政府爲請興修漢西門外道路橋梁已令工務局核辦
致國民政府行政院函

（1929 年 1 月 9 日）

函　第八九號

　　徑復者。頃准大函，并檢送市漢西門外全體商民請飭從速修理該處馬路橋梁原呈一件，囑予查照等由。准此，案前據該商號彭復順等呈請到府，業經轉飭工務局勘估在案。茲准前由，除再行該局并案辦理外，相應函復，即希查照爲荷！此致

國民政府行政院秘書

南京特別市市長　劉紀文

十八年一月九日

（《首都市政公報·公牘》，1929 年第 28 期，第 58 頁）

南京特別市市政府爲工務局修理漢西門外馬路造送預算書查核具復
給南京特別市財政局的訓令

（1929 年 1 月 12 日）

訓令　第一六八號

　　爲令飭事。案據工務局長陳揚傑呈稱"呈爲呈請事。案准公安局第一三三號公函，以漢西門內外馬路及城外石城橋年久失修，損壞不堪，亟應修理，以維交通"等由。准此，正核辦間，又奉鈞府第二一七零號令，同前因。奉此，查修理石城橋一案，前准該局函請過局，業經派員勘估，造具工事施行書，呈請核示在案。茲准公安局函同前情，暨漢西門商民何順昌先後具呈前情到局，復經職局派員將該處城外馬路勘估完畢，預算工程費共需洋二百八十二元四角二分九厘，并以"該處爲城鄉出入孔道，路面壞度太大，車馬往來易生危險，現已提前動工興修，理合檢同修理漢西門外馬路工事施行書一份，一并備文呈請，仰祈鑒核，并祈轉飭財政局查照，連同修理石城橋工程費一并迅予照撥，以資應付，實爲公便"等情，并附工事施行書一件。據此，除指令外，合行檢同原件，令仰該局長迅速查核具復，以憑察奪。此令。

計發工事施行書一件

市長　劉紀文

十八年一月十二日

（《首都市政公報·公牘》，1929年第28期，第29頁）

南京特別市市政府爲修理漢西門外馬路造送預算書候令財政局核復
給南京特別市工務局的指令

（1929年1月12日）

指令　第一七〇號

呈一件。爲修理漢西門外馬路，造送預算書，請核轉撥發由。

呈悉。候令行財政局查核呈復到府，再行飭遵，此令。書轉發。

原呈見訓令第一六八號

十八年一月十二日

（《首都市政公報·公牘》，1929年第28期，第29—30頁）

南京特別市市政府爲興修漢西門外大街及石城木橋致國民政府內政部咨

（1929年7月3日）

咨　第一二九號

爲咨復事。案准貴部警字第四八一號咨開，以"據漢西門外各界民衆福記公司等呈以漢西門外大街及石城木橋損壞，請速修理、以利交通一案。囑爲飭屬并案辦理"等因，附抄原呈一件過府。准此，查此案前據工務局呈復，擬具工事施行書請予興修前來。當以查核材料預算尚有錯誤，原書發還，令飭切實校正，再行復核在案。准咨前因，除令催工務局迅予呈復，以憑核定，即行興修外，相應先行咨復，即希查照。此咨

內政部

市長　劉紀文

十八年七月三日

（《首都市政公報·公牘》，1929年第40期，第43頁）

南京特別市市政府爲修理漢西門外大街及石城木橋請迅速擬復
給南京特別市工務局的訓令

(1929 年 7 月 3 日)

訓令　第二〇七七號

　　案准内政部咨開，"據首都漢西門外各界民衆福記公司等，呈以'漢西門外大街及石城木橋損壞已達極點，請轉咨貴政府從速修理，以利交通而免危險'等情。據此，查漢西門外石城木橋朽壞，亟待修理，前據首都公安局呈請轉咨飭修到部，當經咨轉在案。兹據前情，除批示外，相應抄送原呈，咨請查照飭屬并案辦理"等因，并附抄呈一件過府。准此，查此案前據該局呈復，擬具工事施行書請予興修前來。當以查核材料預算尚有錯誤，原書發還，指令切實校正在案。迄今未據復到，准咨前因，除咨復外，合行抄呈令仰該局長即便遵照，迅速擬復，以憑核辦，勿延。切切。此令。

　　計抄發原呈一件

市長　劉紀文

十八年七月三日

（《首都市政公報·公牘》，1929 年第 40 期，第 43 頁）

工務消息·翻修漢西門外道路

(1930 年 9 月 30 日)

▲先行修理最損壞部分

　　本市漢西門外，自城門口至北瓦廠街一帶，道路路面損壞，有礙交通，業經工務局派員前往勘估，計劃修理，并已由該局造具翻修工事預算，呈准本府撥款，最近復有該處市民唐啟等，具呈本府，請予修補，當由本府批交工務局提前辦理。該局業已着手進行，并將城外損壞最甚之部分，先行修理云。

（《首都市政公報·紀事》，1930 年第 68 期，第 7 頁）

工務消息·興修漢西門外石城橋

(1931 年 1 月 15 日)

　　工務局以漢西門外石城橋，年久失修，遇有車馬通過，殊屬危險，特飭工興修，約一月期間，方可蔵事云。

（《首都市政公報·紀事》，1931 年第 75 期，第 5 頁）

南京市政府爲修築漢西門外石片路准予備案給南京市工務局的指令

(1931 年 4 月 15 日)

指令　府字第四五五五號

呈一件。呈送修築漢西門外石片路合同，請鑒核備查由。

呈及合同均悉。准予備案，合同存查。此令。

二十年四月十五日

附原呈

爲呈送事。竊查修理漢西門外大街道路一案，前奉鈞府交下警廳公函，當經職局連同修理石城橋預算并行呈奉鈞府環急字第三六二號指令照准。即經將款領到，并將石城橋派工修理一面。徇該處豐遠公司請求先修靠城五十公尺一段道路。各在案。兹查該處大街尚有一千九百五十一平公未經修復，兩旁路牙亦待整理，因經召由時利和冠記營造廠承包修築爲石片路，共計包價八百九十八元五角，按之原定預算九百零一元七角四分，計減少洋三元二角四分。除督飭即行興工、以利交通外，理合檢具合同一份，備文呈送，仰祈鑒核備查，實爲公便。謹呈
市長魏

計呈送合同一份

工務局局長　趙志游

二十年三月三十日

(《首都市政公報·公牘》，1931 年第 81 期，第 26 頁)

南京市政府爲驗收修築漢西門外馬路工程給南京市工務局的指令

(1931 年 6 月 20 日)

指令　府字第六三八八號

呈一件。呈報漢西門外鳳凰街、紅土山及漢西門外馬路修築工竣，造送竣工報告，仰乞派員驗收由。

呈件均悉。業經本府派員驗收無誤，應准備案，仰即知照。附件存查。此令。

二十年六月二十日

附原呈

爲呈報事。竊查修理漢西門外鳳凰街及改建紅土山石片路工程。前經本局擬具預算，需洋一千零七十一元七角一分。又該門外馬路修理工程，同經預算，需洋九百零一元七角四分，分別

呈奉鈞府指令核准，領款興工各在案。茲查該工程等，業經先後工竣，計鳳凰街、紅土山一段，共支銀一千零二十五元一角，兩比餘銀四十六元六角一分；漢西門外馬路一段共支銀八百九十八元五角，兩比餘銀三元二角四分。除兩項餘款另行咨解外，理合分別造具竣工報告、工程決算單各二份，備文呈報，仰祈鑒核派員驗收。指令祗遵，實爲公便。謹呈

市長魏

　　計呈送竣工報告二份、工程決算單二份

工務局局長　趙志游

五月十一日

（《首都市政公報・公牘》，1931 年第 86 期，第 20 頁）

2. 修築漢西門外鬼臉城道路

南京市政府爲修築漢西門外鬼臉城道路給南京市工務局的指令

（1934 年 7 月 16 日）

指令　府急字第六〇四〇號

　　呈一件。爲准江寧縣政府函復，關於修築漢西門外鬼臉城道路一案，仍由局全部修築等由，應如何之處，祈該〔核〕示由。

　　呈悉。准由該局按照前呈圖算全部修築，并招工辦理，仰即遵照。此令。

市長　石瑛

廿三年七月十六日

　　原呈略

（《南京市政府公報・公牘》，1934 年第 143 期，第 90 頁）

三、改造豐潤門一帶道路

南京特別市市政府爲加闊豐潤門至亞洲堤路及建橋一座候令工務局會同詳細計劃給南京特別市公園管理處的指令

（1929 年 2 月 1 日）

指令　第四九七號

　　呈一件。爲擬加闊豐潤門外至亞洲堤路寬度及建橋一座，繪具草圖，請核示案由。

　　呈暨草圖均悉。該處現有堤路，既屬窄狹，自應展寬以利交通。候令工務局會同該主任擬

定詳細計劃，造具預算及工事施行書，呈復以憑核辦，仰即知照。此令。圖存。

十八年一［二］月一日

附原呈

呈爲呈請事。竊查豐潤門外至亞洲之長堤爲玄武湖往來孔道。原有堤路寬僅二丈，未免狹窄。現擬加闊寬度，擴爲十丈，計〔將〕劃分中爲車道，兩旁爲草塀，邊際爲人行道，庶利交通而壯觀瞻；并擬於長堤之首端建橋一座，俾游船得從堤中穿過，環湖而行。惟堤身加闊，需土頗多，擬仍在豐潤門內兩旁土堰取土，以期功［事］半事［功］倍。所有一切進行計劃，是否可行，理合繪具草圖，備文呈請鑒核示遵，實爲公便。謹呈

市長劉

玄武湖管理局主任　常宗會
十一月一日

（《首都市政公報·公牘》，1929 年第 30 期，第 36—37 頁）

南京特別市市政府爲計劃加闊豐潤門至亞洲堤路及建橋仰即派員會同市公園管理處辦理給南京特別市工務局的訓令

（1929 年 2 月 1 日）

訓令　第四六一號

爲令飭事。案據公園管理處主任常宗會呈稱，"竊查豐潤門至亞洲之長堤爲玄武湖往來孔道，原有堤路寬僅二丈，未免狹窄。現擬加闊寬度，擴爲十丈，計〔將〕劃分中爲車道，兩旁爲草坪，邊際爲人行道，庶利交通而壯觀瞻；并擬長堤首端建橋一座，俾游船得從堤中穿過，環湖而行。惟堤身加闊，需土頗多，擬仍在豐潤門內兩旁土堰取土，以期功［事］半事［功］倍。所有一切進行計劃，是否可行，理合繪具草圖，備文呈請鑒核示遵"等情，附呈草圖一紙到府。據此，除指令"呈暨草圖均悉。該處現有堤路，既屬窄狹，自應展寬以利交通，候令工務局會同該主任擬定詳細計劃，造具預算及工事施行書呈復，以憑核辦"，仰即知照。此令。圖存。

市長　劉紀文
十八年二月一日

（《首都市政公報·公牘》，1929 年第 30 期，第 36 頁）

工務消息·計劃建築豐潤門至亞洲堤路及橋梁

（1929 年 2 月 15 日）

本府五洲公園，由豐潤門至五［亞］洲之長堤，寬僅二丈，但該堤爲玄武湖往來之孔道，堤身狹窄，殊不合用。近公園管理處常主任擬加寬爲十丈，計劃分中爲車道，兩旁爲草坪，邊際爲人行道，并於堤之兩端建橋一座，以通游船。現已擬具進行計劃及草圖，呈經市府轉令工務局會訂詳細計劃及預算工事施行書，呈候核辦矣。

（《首都市政公報·紀事》，1929 年第 30 期，第 3 頁）

南京特別市財政局爲遵撥工務局改造中央黨部附近暨豐潤門等處修路工程費致南京特別市市政府的呈文

（1929 年 2 月 28 日）

呈爲呈復事。案奉鈞府第一六八四訓令內開，"爲令飭事。案據工務局局長陳揚傑呈稱，'竊查本市自十廟口起豐潤門止一帶馬路，爲往來玄武湖必經要道。該湖爲首都名勝風景佳麗，現經玄武湖管理局積極整理，并設立公園將來設備就緒，勢必游人雲集，車馬絡繹。惟該一帶碎石馬路，現均損壞不堪。若僅加以修理，既不耐久，復多塵砂，職局一再規畫［劃］，擬即改造柏油路，以應需要。又查中央黨部附近地方，其南一段已經修理之馬路，路面已放寬爲二十三呎，其東一段未經修理之馬路，寬放［僅］十六呎，且石少土多，一遇風雨，泥濘載道，不獨交通不便，亦且有礙觀瞻，亦擬改築石片路并放寬路面，以歸一律。兹已一并勘估完畢，預算兩處馬路所需工料費，共計洋八千二百三十九元九角八分。理合造具工事施行書，一并具文，呈請鑒核示遵，并懇轉令財政局查照撥款，以便興工'等情，并附呈工事施行書一份到府。據此，查所送計劃，尚屬可行。除指令外，合行檢發工事施行書，令仰該局長即便遵照，迅將所需工洋，核實照撥，俾速興工辦理。毋延，此令"等因，計發工事施行書一份。奉此，查該項工事施行書內所開列之零整各款，尚無錯誤，共需工料洋八千二百三十九元九角八分，業經遵於二月二十三日在特別工程費項下如數撥交該局應用。奉令前因，理合具文呈復，仰祈鑒核備案。謹呈

二月二十八日

（《南京特別市市政府財政月刊·呈文》，1929 年第 1 卷第 7 期，第 25—26 頁）

四、改正中山門外馬路

南京市政府爲改正中山門外馬路及拆除套城開標情形給南京市工務局的指令

（1931 年 4 月 11 日）

指令　府急字第四三四九號

　　呈一件。爲呈報中山門外馬路及拆除套城工程開標情形，并擬以裕慶公司承包興築，檢同合同及標賬比較表，祈核示由。

　　呈件均悉。准如所請辦理，仰即遵照。附件存查。此令。

二十年四月十一日

　　　附原呈

　　爲呈報事。竊查改正中山門外馬路及拆除套城工程，前經職局登報招標，定於本月二日上午十時在職局會議室當衆開標，并奉派由馬參事莅局監視在案。茲查是日開標，計開有管萬興、繆宏記、裕慶公司標賬三份，經即發交職局全體技正會同審查去後。茲據復稱審核所開標賬計：管萬興標價爲一萬八千八百三十九元一角，裕慶公司標價爲一萬九千九百六十四元五角，繆宏記標價爲三萬九千四百四十五元八角。三者相較，自以管萬興標價爲最低，裕慶公司標價次之，繆宏記爲最鉅。惟查管萬興、裕慶公司兩家標賬均未超過職局預算，而裕慶公司復較管萬興爲殷實。兼之管萬興已另行承包玄武門外土方工程，能力有限，恐難兼顧。因經決由裕慶公司承包興築。經與該公司訂立合同，於本月二十日興工，限於本年五月三十一日全部工竣。理合檢同合同一份、標賬比較表一紙，一并具文呈報，仰祈鑒核示遵，實爲公便。謹呈
市長魏

　　附呈合同一份、標賬比較表一紙

工務局局長　趙志游

三月十九日

（《首都市政公報·公牘》，1931 年第 81 期，第 24—25 頁）

南京市政府爲驗收中山門内外一段馬路工程給南京市工務局的指令

（1932 年 3 月 19 日）

指令　府字第一九五八號

　　呈一件。呈送中山門内外馬路工程竣工報告及決算書，祈派員驗收由。

　　呈件均悉。查是項工程，業經本府派員驗收完畢，應准備案。惟所送決算書内，有錯誤之

處，仰即轉知馬前任查明更正，呈送察核。原件暫存。此令。

市長　馬超俊

兼代市長　谷正倫

二十一年三月十九日

附原呈

爲呈送事。竊查中山門內外馬路工程，前奉鈞諭飭辦，即經招工興築在案。茲查該項工程，業於十一月三十日完工，理合造具竣工報告及決算書各一紙，具文呈送，仰祈鑒核，派員會同驗收，以資結束。實爲公便。謹呈

市長魏

計呈送竣工報告及決算書各一份

暫代工務局局長　馬軼群

二十年十二月三十一日

（《南京市政府公報·公牘》，1932 年第 104 期，第 49—50 頁）

五、修築挹江門一帶馬路

工務消息·修築挹江門一帶馬路

（1931 年 7 月 31 日）

工務局鑒於下關京滬車站至挹江門丁字路，及交通路一帶之馬路，破壞不堪，高低不平，特令飭下關辦事處，即日督工趕修云。

（《首都市政公報·紀事》，1931 年第 88 期，第 5 頁）

六、修築光華門一帶馬路

1. 建築光華門至飛機場等處馬路工程

南京市政府爲建築光華門至飛機場及通濟門至通團營房等處馬路工程預算合同及路綫表請備案給南京市工務局的指令

（1931 年 7 月 7 日）

指令　府字第六八一二號

呈一件。呈送建築光華門至飛機場及通濟門至通團營房等處馬路工程預算合同及路綫表，

請備案由。

　　呈件均悉。准予備案。附件存查。此令。

二十年七月七日

　　附原呈

　　為呈送事。竊查建築光華門至飛機場及通濟門至通團營房等處馬路工程，前奉鈞府交下軍政部咨文，暨本局核准軍政部軍需署營造司函，同前由，即經指派技正厲寬，前往接洽決定建築費用，由軍需署工程處負責領撥過局；至召工承辦，則由局方代為負責訂立合同。當經擬送預算共需銀七萬三千八百九十四元八角，一面并為召定裕慶建築公司以六千四百六十八元六角，承包中和橋至太平庵一段土方石片路面工程；時利和營造廠以一萬零三十元三角承包太平庵至飛機場一段土方及石片路面工程；管萬興營造廠以八千八百零七元四角承包光華門至中和橋一段放寬土方及彈石路面工程。其餘工款，留備建築通濟門至通團光團道路。俟上列三路築成後，即行接辦。除將預算、合同，各檢一份函送軍政部軍需署工程處存轉，暨俟領到款項再行轉賬外，理合將本案遵辦情形，并檢同預算、路綫圖及合同，一并具文呈送，仰祈鑒核備查。實為公便。謹呈市長魏

　　計呈送預算一份、合同三份、路綫圖一份

工務局局長　趙志游
二十年六月十八日
（《首都市政公報·公牘》，1931 年第 87 期，第 12 頁）

南京市政府為驗收光華門至飛機場馬路工程給南京市工務局的指令

（1932 年 1 月 2 日）

指令　府字第一一一六九號

　　呈一件。為呈請派員於本月二十二日上午十時，會同驗收光華門至飛機馬路工程，以資結束由。呈件均悉。案經本府派員前往會同驗收，據稱，"遵經會同軍需署工程處、營造司、審核司、航空署及包工人，同往勘驗，經眾議定，准予驗收。至逾期完工一節，確係因天雨路面被淹、阻礙工作所致，自與有意遷延該工程者，情形不同，似可免予處罰，以示體恤"等情。據此，應予照准，仰即遵照。附件存查。此令。

市長　魏道明
二十一年一月二日

附原呈

　　爲呈請事。案查光華門至飛機場馬路工程，前經本局分爲三段，計第一段自光華門至中和橋，第二段自中和橋至太平庵，第三段自太平庵至飛機場，分別招由管萬興營造廠、裕慶建築公司及時利和營造廠，承包興造在案。兹查是項工程，業已先後竣工，計第一段竣工日期，超過合同規定一百一十六日；第二段竣工日期，超過合同規定一百三十四日；第三段竣工日期，超過合同規定一百二十七日。按照合同規定，本應處罰。惟查各該超過合同規定日數，均因今夏大雨爲災，路面被水淹没，不能工作所致，實非有意遷延可比，情有可原，自應免予處罰，以示體恤。兹定於本月二十二日上午十時，前往驗收。除分函外，理合造具竣工報告及工程決算各三份，備文呈送，仰祈鑒核，俯賜派員會同驗收，以資結束，實爲公便。謹呈

市長魏

　　計呈送竣工報告、工程決算各三份

暫代工務局局長　馬軼群

十二月十八日

（《南京市政府公報・公牘》，1932 年第 99 期，第 39—40 頁）

2. 修築光華門至午朝門馬路工程

**南京市政府爲修築光華門至午朝門及都統署至光華門馬路預算已轉函
軍政部航空署照數籌撥給南京市工務局的指令**

（1931 年 9 月 11 日）

指令　府急字第八四三九號

　　呈一件。呈送修築光華門至午朝門，及都統署至光華門馬路預算，請轉函查照由。

　　呈件均悉。已轉函軍政部航空署查照辦理。仰俟復到，再行飭遵。附件分別存轉。此令。

市長　魏道明

二十年九月十一日

附原呈

　　爲呈送事。案于本年八月十七日，奉鈞府交下軍政部航空署函一件，爲"'請建築光華門至午朝門馬路，以利交通；或將舊都統署至光華門馬路展寬，以供臨時之用，函請查照，迅予轉飭見復'等由。奉批交本局辦理，從速具復"等因。奉此，遵經飭科派員前往勘估，并分別擬具預算前來。計建造光華門至午朝門馬路，需洋一萬零九百四十四元；放寬舊都統署至光華門馬路工

程，需洋五千零七十六元五角。查核所擬預算，尚屬翔實，惟值茲市庫支絀之際，所有修築該兩段馬路，自應援照建築光華門至飛機場馬路之例，由該署照數籌撥，以便興工。是否有當，理合檢同原函一份，及修築光華門至午朝門，又修築都統署至光華門等處馬路預算各二份，一并具文呈送，仰祈鈞長鑒核示遵。謹呈

市長魏

    計呈御道街新建石片路面預算二份、都統署至光華門放寬馬路預算二份

暫代工務局局長　馬軼群

九月一日

（《南京市政府公報·公牘》，1931 年第 91 期，第 41 頁）

南京市政府爲擬送光華門至午朝門新築馬路等工事預算二份
請查照辦理并援案撥款給軍政部航空署的公函

（1931 年 9 月 11 日）

公函　府急字第八四三八號

    徑復者。案准貴署航空第四八八一號公函，内開"案查本署勘定之午上馬路，爲由明故宮飛機場之午朝門，與中山路聯接，至大校場飛機場之上坊橋，計長一萬三千餘呎，爲兩機場聯絡幹綫，與市政關係尤切，曾經總司令同宋部長親詣實地察勘，認爲重要亟應修築。本署即與軍需署會商修築該路事宜，業請貴府工務局招工辦理，光華門至大校場飛機場，刻已開工修築。各在案。惟光華門至午朝門之光午段，尚未開工；查此段馬路，爲聯絡城市中心，至大校場飛機場之要道，航空事業貴在迅速，倘失却聯絡，而無捷便之交通，則本署於大校場飛機場二三年之建設，等若虛設。現在大校場飛機場各種建築，均届竣工，故該路勢所必需，應請貴府迅予開工，將光午段於最短期間，建築完竣；或將由大中橋經舊都統衙門出光華門之路綫，趕先培修，以供臨時之用。惟舊都統衙門東里許之處，至光華門間之路，計長里餘，必須重新開築加寬，方可通行。相應函達查照，迅予轉飭見復，至爲公便"等由過府；准經發交工務局切實辦理去後。茲據呈稱"遵經前往勘估，分別擬具預算；計建築光華門至午朝門馬路，計需工程費洋一萬零九百四十四元；放寬舊都統署至光華門馬路，計需工程費洋五千零七十六元五角。所有該兩路工程，是否同時建築，抑應先築一路，以濟需要，擬請轉函軍政部航空署查照決定；并援照建築光華門至飛機場馬路前例，將工程費照案撥交本局具領，以便興工"等情，計呈送工事預算二份到府。據此，查所擬預算，尚屬妥適可行。除指令外，相應檢同原件，函請貴署查照辦理，并希將工程費用援案籌撥，剋日見復，以便轉令工務局派員接洽具領，以利進行。此致

軍政部航空署

計呈送工事預算二份

市長 魏道明

二十年九月十一日

（《南京市政府公報・公牘》，1931 年第 91 期，第 41—42 頁）

南京市政府爲派員驗收光華門至午朝門馬路工程給南京市工務局的指令

（1932 年 1 月 2 日）

指令　府字第一一一六八號

呈一件。爲呈請於本月廿六日上午十時，派員會同驗收光午路，以資結束由。

呈件均悉。業經本府派員驗收完畢，餘准如呈辦理，仰即知照。附件存查。此令。

市長 魏道明

二十一年一月二日

附原呈

爲呈請事。案查光華門至午朝門馬路工程，前經本局招由時和營造廠承造在案。茲查是項工程，業已竣工，計超過合同規定竣工日期四日。本應處罰，惟因是項超過規定日數，確係天雨不能工作所致，并非遷延，自應免罰。茲定於本月二十六日上午十時，前往驗收。除分函外，理合造具竣工報告及工程決算各一份，備文呈送，仰祈鑒核，俯賜派員會同驗收，以資結束，實爲公便。謹呈

市長魏

計呈工程決算及竣工報告各一份

暫代工務局局長 馬軼群

十二月廿三日

（《南京市政府公報・公牘》，1932 年第 99 期，第 39 頁）

南京市政府爲送光華門至午朝門馬路計劃書圖致内政部咨

（1932 年 10 月 19 日）

咨　府急字第五二九二號

爲咨請事。案准軍政部航空署航字第四八八一號公函，略開，"案查本署勘定之午上馬路，係由明故宮飛機場之〔至〕午朝門，與中山路聯接至大校場飛機場之上坊橋，計長一萬三千餘

尺，爲兩機場聯絡幹綫，與市政關係尤切。曾經總司令同宋部長親詣實地察勘，認爲重要，業經函請貴府工務局招工辦理，刻已將光華門至大校場飛機場一段開工修築在案。惟光華門至午朝門之光午段，尚未開工。查此段馬路，爲聯絡城市中心至大校場飛機場之要道，航空事業貴在迅速，倘失却聯絡，而無捷便之交通，則本署於大校場飛機場二三年之建設，等若虛設。現在大校場飛機場各種建設，均屆竣工，故該路勢所急需，應請貴府迅予開工，將光華門至午朝門一段馬路，於最短期間，建築完竣"等由。准此，當以該路關係航空軍運，至爲急要。經飭據本市工務局先將該路展寬爲四公尺路面，并補具計劃書圖，以便將該路展寬部分需用土地，依法徵收去後。旋據該局呈送徵地計劃書圖前來，又經轉函首都建設委員會審議在案，茲准第九一號復函，以"查光華門至午朝門一段馬路，既關軍運重要，且與本會前顧問舒巴德所擬中央行政區路綫計劃適相符合，該計劃雖尚未確定，惟該段綫，將來勢必興修，現爲應軍運急需，先將舊路拓寬修築，自應准予照辦"等由。准此，除令工務局遵照外，事關徵收土地，相應檢同計劃書圖，咨請貴部查照，迅賜核准公告，并希見復，以便依法徵收爲荷。此咨

内政部

計附送計劃書、圖各一份

市長 石瑛

二十一年十月十九日

（《南京市政府公報·公牘》，1932 年第 118 期，第 56—57 頁）

南京市政府爲修築光華門至午朝門馬路俟内政部復到再行飭知
給南京市工務局的指令

（1932 年 10 月 19 日）

指令 府急字第五二九三號

呈一件。爲准財政局移付光華門至午朝門馬路收用土地圖，經依據該圖，擬具徵地計劃書圖，請補行公告由。

呈及計劃書圖均悉。案經轉函首都建設委員會審議，茲准第九一號復函開，"案准貴府公函，以'修築光華門至午朝門一段馬路，請審議具復'等由，并附圖到會。准此，當經交付工程、經濟兩組審查去後，茲據該兩組復稱，'查光華門至午朝門一段馬路，既關軍運重要，且與本會前顧問舒巴德所擬中央行政區路綫計劃適相符合。該計劃雖尚未確定，惟該段路綫，將來勢必興修。京市府現爲應軍運急需，先將舊路拓寬修築，自應准予照辦。惟所擬拓寬辦法，係僅向東方面一方開拓，似嫌略偏。如無其他特殊情形，最好循照原路兩側平均放寬，庶對於城洞中綫，不致偏移，而於兩旁徵收土地，亦較平允'等語前來。經本會復核無異，准函前由，相應函

復，即希查照辦理"等由。准此，除依法咨請內政部核准公告，俟復到再行飭知外，仰即遵照辦理。此令。計劃書、圖分別存轉。

市長 石瑛

二十一年十月十九日

（《南京市政府公報·公牘》，1932 年第 118 期，第 57 頁）

內政部關於修築南京市光華門至午朝門一段馬路展寬部分需用土地事項的公告

（1932 年 10 月 25 日）

為公告事。案准南京市政府咨准軍政部航空署公函，以"本署勘定之午上馬路為明故宮至大校場兩機場連絡幹綫，與市政關係尤切。業經商請貴府工務局招工辦理，刻已將光華門至大校場飛機場一段開工修築在案。惟光華門至午朝門之光午段尚未開工。查此段馬路，為聯絡城市中心至大校場飛機場之要道，現在大校場飛機場各種建築，均屆竣工，故該路勢所必需，應即迅予開工，於最短期建築完竣"等由。准此，當以該路關係航空軍運，至為急要，經飭據本市工務局，先將該路展寬為四公尺路面，并補具計劃書圖，以便將該路展寬部分需用土地，依法徵收去後。旋據該局呈送徵地計劃書圖前來，又經函准首都建設委員會審議，准予照辦在案，相應檢同計劃書圖，咨請查照公告等由。准此，核與《土地徵收法》第二條第二款之規定相符，應予核准。除咨復查照，依法辦理外，合亟依同法第九條之規定，將應行公告事項列載於後，俾眾咸知，特此公告。

計開

一　興辦事業人　　　　南京市政府

一　事業之種類　　　　交通之事業

一　興辦事業之地域　　南京市光華門至午朝門一段馬路展寬為四公尺路面
　　　　　　　　　　　收用土地面積計約拾畝弱

內政部長 黃紹竑

中華民國二十一年十月二十五日

（《內政公報·土地》，1932 年第 5 卷第 44 期，第 24—25 頁）

南京市政府為徵收光華門至午朝門一帶土地展拓馬路給南京市財政局的訓令

（1932 年 11 月 5 日）

訓令　府急字第五七六四號

為令遵事。案准內政部土字第一零八五號咨開，"案准貴市政府府急字第五二九二號咨，以

'軍政部航空署函請迅予建築光華門至午朝門一段馬路一案，當經飭據本市工務局先將該路展寬爲四公尺路面，并函准首都建設委員會審議准予照辦，各在案，相應檢同計劃書圖，咨請查照公告'等由。准此，核與《土地徵收法》第二條第二款之規定相符，除依法核准公告外，相應檢同公告一張，咨復查照，飭貼徵收地點，俾衆咸知，仍希依法辦理"等由，并附公告一張。准此，查此案前據工務局呈送計劃書圖到府，當經轉函首都建設委員會核復照辦，并咨請內政部核准公告在案。茲准前由，除令工務局知照外，合行檢發公告，令仰該局即便遵照，飭貼徵收地點，并依法辦理。此令。

　　計發公告一張

市長　石瑛

二十一年十一月五日

（《南京市政府公報·公牘》，1932 年第 119 期，第 24—25 頁）

南京市政府爲徵收光華門至午朝門一帶土地展拓馬路給南京市工務局的訓令

（1932 年 11 月 5 日）

訓令　府急字第五七六四號

　　爲令行事。案准內政部土字第一零八五號咨開，"案准貴市政府府急字第五二九二號咨，以'軍政部航空署函請迅予建築光華門至午朝門一段馬路一案，當經飭據本市工務局先將該路展寬爲四公尺路面，并函准首都建設委員會審議准予照辦，各在案。相應檢同計劃書圖，咨請查照公告'等由。准此，核與《土地徵收法》第二條第二款之規定相符，除依法核准公告外，相應檢同公告一張，咨復查照，飭貼徵收地點，俾衆咸知，仍希依法辦理"等由，并附公告一張。准此，查此案前據該局呈送計劃書圖到府，當經轉函首都建設委員會核復照辦，并咨請內政部核准公告在案。茲准前由，除令將公告令發財政局，飭貼徵收地點，并依法辦理外，合行令仰該局即便知照。此令。

　　計發公告一張

市長　石瑛

二十一年十一月五日

（《南京市政府公報·公牘》，1932 年第 119 期，第 24—25 頁）

3. 開闢大中橋至光華門馬路工程

南京市政府爲徵收土地開闢大中橋至光華門一段馬路給南京市財政局的訓令

（1933 年 4 月 20 日）

訓令　府急字第三〇八二號

　　爲令遵事。案准内政部土字第二〇三號咨開，"案准貴府府急字第二四六九號咨，以'開闢大中橋至光華門一段馬路，業經函准首都建設委員會復函，准予建築在案。所有路綫内民有土地，自應先予徵收，特檢同計劃書圖，囑查照核准公告'等由。准此，核與《土地徵收法》第二條第二款之規定相符，除依法核准公告外，相應檢同公告一張，咨復查照，飭貼徵收地點，俾衆咸知，仍須依法辦理"等由，并附公告一張。准此，查此案前據工務局呈送計劃圖書到府，當經轉咨核辦，并指令知照在案。兹准前由，除令工務局知照外，合行檢發公告，令仰該局即便遵照，飭貼徵收地點，并依法辦理。此令。

　　計發公告一張

市長　石瑛
廿二年四月廿日

（《南京市政府公報·公牘》，1933 年第 129 期，第 65—66 頁）

南京市政府爲徵收土地開闢大中橋至光華門一段馬路給南京市工務局的訓令

（1933 年 4 月 20 日）

訓令　府急字第三〇八三號

　　爲令行事。案准内政部土字第二〇三號咨開"案准貴府府急字第二四六九號咨，以'開闢大中橋至光華門一段馬路，業經函准首都建設委員會復函，准予建築在案。所有路綫内民有土地，自應先予徵收，特檢同計劃書圖，囑查照核准公告'等由。准此，核與《土地徵收法》第二條第二款之規定相符，除依法核准公告外，相應檢同公告一張，咨復查照，飭貼徵收地點，俾衆咸知，仍須依法辦理"等由，并附公告一張。准此，查此案前據該局呈送計劃圖書到府，當經轉咨核辦，并指令知照在案。兹准前由，除將公告令發財政局飭貼徵收地點，并依法辦理外，合行令仰該局即便知照。此令。

　　計發公告一張

市長　石瑛
廿二年四月廿日

（《南京市政府公報·公牘》，1933 年第 129 期，第 65—66 頁）

南京市政府爲大中橋至光華門馬路工程准如呈辦理給南京市工務局的指令

（1933 年 5 月 15 日）

指令　第三八一一號

會呈一件。爲呈送大中橋至光華門馬路工程合同等件，仰祈核示由。

會呈暨附件均悉。察核所呈標賬合同等件，大致尚無不合，准予如呈辦理，仰即遵照。賬單十三份發還，餘件存。此令。

計發還賬單十三份

市長　石瑛

廿二年五月十五日

附原呈

爲會銜呈報事。查大中橋至光華門馬路工程，前經本工務局定于四月十日上午十時開標，奉派職子駿莅場監視等因。計是日共到管萬興、通華、朱寶記、大中華、美華、時利和、孫翔記、王榮記、張興記、新利源、裕成、恒記、汪德記等十三家，所開賬單，經職家源指交主任趙國華、鄭傳霖、李經畬審核去後，旋據報稱，"各家所開總價，以大中華所開一萬零四百五十元捌角一分爲最低，通華所開一萬一千五百七十六元一角六分爲次低，惟大中華當係新近登記之乙等營造商，通華則係新近由乙等改爲甲等之營造商"等情，并造具標賬比較表前來。經職家源先通知大中華建築公司，來本工務局商訂合同，嗣據該公司呈稱，"敝〔敝〕公司新近接得揚州辦事處函，以攬得建築工程，急需在京工人前往工作，一時忽感工人不敷分配，故願將所得鈞局投標優先權放棄，聽憑局令他廠承辦，敝公司毫不過問。所有保證金一層，可遵照鈞局章程辦理"等情。當以該公司得標之後，無故放棄，殊屬不合，除將該公司所繳投標保證金一百元沒收外，并按通華營造廠所開總價一萬一千五百七十六元一角六分，指交該廠承包，簽定正式合同，分別存執。是否有當，理合檢同賬單十三份、標賬比較表一份、正式合同一份，會銜呈報，仰祈鑒核示遵。謹呈

市長石

計呈賬單十三份，比較表一份，合同一份

監視委員　鄧子駿

工務局局長　侯家源

廿二年四月廿九日

（《南京市政府公報·公牘》，1933 年第 129 期，第 77—78 頁）

南京市政府爲大中橋至光華門一段馬路工程命名大光路給南京市工務局的指令

(1933 年 6 月 10 日)

指令　第四七四○號

　　呈一件。爲呈請核定公布自大中橋至光華門一段馬路路名由。

　　呈悉。應予命名大光路。仰即知照。此令。

市長　石瑛

二十二年六月十日

　　原呈略

(《南京市政府公報·公牘》，1933 年第 130 期，第 65—66 頁)

南京市政府爲取締大中橋至光華門馬路兩旁違章建築致中國國民黨南京特別市執行委員會的公函

(1933 年 7 月 14 日)

公函　第五七七○號

　　徑復者。案准貴會民字第四九四號公函，以"據二區執委會呈，爲最近修築大中橋至光華門一帶馬路，迄今將近完工，而市政府對於該路兩旁新築房屋，忽有勒令拆毀之舉，究竟有無此種情形？囑爲查核辦理見復"等由。准此，查此案本府前據工務局呈報，以"大中橋至光華門一段馬路路綫，係在中央政治區域內經過，而政治區以內早經布告禁止人民建築。此次本局奉令放寬路綫，該處人民違章不報，紛紛私擅修繕者達五十餘戶，移後翻建者約有十餘家，甚有不在拆綫之內，或在拆綫內僅拆一墻一角，乘機新造添建者，亦有二十餘戶之多。經本局一再申禁，并派員會同警察制止無效，查在政治區內修繕房屋，本不禁止，即就拆餘原址遷後翻改，亦尚情有可原。惟乘機新造添建房屋之戶，顯然違背禁令，明知故犯，似未便予以姑息。茲爲應付目前特殊情形，體恤人民起見，除違章修繕，或就拆餘［除］原址照原有間數退後翻建者，准分別補報核辦外，其乘機新建添造各屋，既在政治區內，擬一律嚴加取締，立予拆除，以儆效尤"等情。據此，當經飭派本府技術專員張劍鳴，與該工務局會同復查去後，旋據復稱"遵與工務局趙主任前往察勘，確有違章修築情事，當與侯局長一再會商，因違章情節之輕重，分別擬就處置辦法。其辦法原則，大低［抵］原有房屋曾因開路拆去者，擬准予修理或翻修；其與築路全無關係，純屬投機私蓋者，擬不准通融，一律責令拆除"等情，并附呈違章建築戶名及處置辦法到府。查核尚無不合，經於本月七日，提出本府第二六四次市政會議決議如呈辦理，并令行遵照，各在案。准函前由，相應查案函復，即希查照飭知爲荷。此致

中國國民黨南京特別市執行委員會

市長 石瑛

二十二年七月十四日

（《南京市政府公報·公牘》，1933 年第 131 期，第 60—61 頁）

4. 修理光華門至石門檻一段道路

南京市政府爲准予如呈興工修理光華門至石門檻一段道路
給南京市工務局的指令

（1934 年 1 月 30 日）

指令　第三五一號

呈一件。呈送修理光華門至石門檻一段道路預算，祈核示由。

呈件均悉。察核所呈預算尚屬核實，准予如呈興工，仰即遵照。件存。此令。

市長 石瑛

廿三年一月十二日

附原呈

前准陸軍工兵學校函請修築光華門外向東轉灣處起，至石門檻東端下坡完畢處止一段道路，當經派員勘估，計需工料費一千五百六十二元，編具預算，復請該校照軍政部請修郊外要塞路辦法，補助四分之三費用在案。茲准該校公函允予補助，囑即施工等由，除函請迅速繳款，以便招工外，其餘四分之一，計洋三百九十元五角，擬請鈞府籌撥。是否有當，理合檢同預算一份，呈祈鑒核示遵。謹呈

市長石

計呈預算一份

工務局局長 侯家源

（《南京市政府公報·公牘》，1934 年第 137 期，第 54 頁）

5. 興築光華門至大校場飛機場道路

南京市政府爲呈請飭撥興築光華門至大校場一段馬路工款已飭財政局分期籌撥給南京市工務局的指令

（1936 年 9 月 15 日）

指令　第九四一六號

　　呈一件。爲呈送改善光華門至大校場馬路工程預算書合同等件，仰祈鑒准備案，并飭撥工款由。呈件均悉。察核所呈合同，尚未經過財政局會同簽訂，手續未免欠缺，爲免除周折起見，姑已令飭財政局分期籌撥，仰將付款日期及每期付款數目，先行填具詳表，通知財政局預籌，再照所呈撥款通知單項目，編造支付預算，徑函辦理。嗣後凡須訂立合同工程，務必依照統一收支辦法第十條規定辦理，以符通案。至航空委員會方面，并仰代擬府稿，函催撥發工款，俾資把注爲要。賬單發還，餘件存。此令。

　　發還賬單五份

市長　馬超俊

廿五年九月十五日

　　原呈略

（《南京市政府公報·公牘》，1936 年第 169 期，第 53 頁）

南京市政府爲據市工務局呈請飭撥興築光華門至大校場一段馬路工款給南京市財政局的訓令

（1936 年 9 月 15 日）

訓令　第九四一六號

　　案據工務局呈以興築光華門至大校場直達馬路一案，經招由朱炳記營造廠承包，計包價二萬二千四百六十元。因奉委座諭，限雙十節前完成，業已訂立合同，先期開工，茲檢同合同等件，請鑒核備案，并飭撥工款等情，并附件到府。據此，除指令"呈件均悉。察核所呈合同，尚未經過財政局會同簽訂，手續未免欠缺，爲免除周折起見，姑已令飭財政局分期籌撥，仰將付款日期及每期付款數目，先行填具詳表，通知財政局預籌，再照所呈撥款通知單項目，編造支付預算，徑函辦理。嗣後凡須訂立合同工程，務必依照統一收支辦法第十條規定辦理，以符通案。至航空委員會方面，并仰代擬府稿，函催撥發工款，俾資把注爲要。賬單發還，餘件存。此令"印發外，合行令仰該局遵照，分期籌撥具報。

此令。

市長 馬超俊

廿五年九月十五日

（《南京市政府公報·公牘》，1936 年第 169 期，第 53—54 頁）

南京市政府爲擴修光華門至大校場飛機場道路徵收土地給南京市地政局的訓令

（1936 年 11 月 7 日）

訓令　第一一一三七號

　　案據行政院廿五年十一月三日第六五一一號訓令開，"案查前據該市政府廿五年十月廿四日府一文字第一〇六六〇號呈送擴修光華門至大校場飛機場道路徵地計劃書圖，請核示一案到院，經交內政部迅予審查在案。茲據該部廿五年十月卅日復稱，'經核與《土地法》第三百卅六條第四款之規定尚屬相符，所賷計劃書及地圖表册等件亦無不合，應請依法核准其被徵地價之補償事項，并請轉飭依據法定程式辦理'等情前來。應予核准，除飭知外，合行令仰該市政府遵照依法公告徵收。此令"等因。奉此，查此案前據工務局呈送徵地計劃書圖到府，當經轉呈并指令在案。茲奉前因，除令知工務局外，合行抄發原計劃書，令仰該局即便遵照依法公告徵收。此令。

　　計發原計劃書一份

市長 馬超俊

廿五年十一月七日

（《南京市政府公報·公牘》，1936 年第 171 期，第 54—55 頁）

南京市政府爲擴修光華門至大校場飛機場道路徵收土地給南京市工務局的訓令

（1936 年 11 月 7 日）

訓令　第一一一三七號

　　案據行政院廿五年十一月三日第六五一一號訓令開，"案查前據該市政府廿五年十月廿四日府一文字第一〇六六〇號呈送擴修光華門至大校場飛機場道路徵地計劃書圖，請核示一案到院，經交內政部迅予審查在案。茲據該部廿五年十月卅日復稱，'經核與《土地法》第三百卅六條第四款之規定尚屬相符，所賷計劃書及地圖表册等件亦無不合，應請依法核准其被徵地價之補償事項，并請轉飭依據法定程式辦理'等情前來。應予核准，除飭知外，合行令仰該市政府遵照依法公告徵收。此令"等因。奉此，查此案前據該局呈送徵地計劃書圖到府，當經轉呈并指令在案。茲奉前因，除令地政局依法公告徵收外，合行抄發原計劃書，令仰該局即便知照。此令。

計發原計劃書一份

市長　馬超俊

廿五年十一月七日

（《南京市政府公報·公牘》，1936 年第 171 期，第 54—55 頁）

南京市政府爲核定御道街及光華門至大校場飛機場兩路路名給南京市工務局的指令

（1936 年 12 月 31 日）

指令　第一三一〇三號

呈一件。爲御道街擬改名中興或大中路，又光華門外大校場飛機場道路擬改名爲中和路，呈請鑒核示遵由。

呈悉。御道街應准改名中興路。至光華門外通大校場飛機場道路，并准名爲中和路。仰即遵照。此令。

市長　馬超俊

廿五年十二月卅一日

附原呈

查本局奉令趕築從明故宮通光華門之御道街道路即將完成，所有該路路名，奉鈞座面諭改爲洪武路等因。經查中山東路土街口至白下路止，已有洪武路名稱，此處似應另行命名。兹擬中興路及大中路二名，請酌擇其一，或另賜命名。又光華門外至大校場飛機場道路，原有中和橋，擬即名爲中和路。是否有當，理合一并呈請鑒核示遵。謹呈

市長馬

工務局局長　宋希尚

廿五年十二月

（《南京市政府公報·公牘》，1936 年第 172 期，第 88 頁）

南京市政府爲撥發光華門至大校場道路徵收地價及拆費給南京市財政局的訓令

（1937 年 4 月 17 日）

訓令　第三四六三號

案據地政局本年四月一日呈稱，"案查擴修自光華門外至大校場飛機場道路徵收土地一案，前奉鈞府二十五年十一月七日第一一一三七號訓令，以'奉行政院令核准徵收，轉令依法辦理'等因。奉此，遵經提交土地估價委員會議定土地補償金額爲：分三段，第一段每畝一百三十元，第二段每畝一百二十元，第三段每畝一百一十元，并經本局於本年三月十八日，依

法公告各在案。理合造具地價拆費及遷墳費計算表，計第一段地價拆費洋四百二十六元七角八分，第二段計洋一百六十元一角八分，第三段計洋三百二十四元三角四分，又全路遷移墳墓費洋一千四百三十五元，合共計需地價青苗遷墳等費洋二千三百四十六元三角備交，呈請鑒〈核〉，轉飭財政局備款核發"等情。據此，除指令照准，并分函查照外，合行檢發原表一份，令仰該局備款核發。此令。

市長　馬超俊

廿六年四月十七日

（《南京市政府公報·公牘》，1937 年第 176 期，第 94—95 頁）

南京市政府爲撥發光華門至大校場道路徵收地價及拆費致審計部的公函

（1937 年 4 月 17 日）

公函　第三四六三號

　　案據地政局本年四月一日呈稱，"案查擴修自光華門外至大校場飛機場道路徵收土地一案，前奉鈞府二十五年十一月七日第一一一三七號訓令，以'奉行政院令核准徵收，轉令依法辦理'等因。奉此，遵經提交土地估價委員會議定土地補償金額爲：分三段，第一段每畝一百三十元，第二段每畝一百二十元，第三段每畝一百一十元，并經本局於本年三月十八日，依法公告各在案。理合造具地價拆費及遷墳費計算表，計第一段地價拆費洋四百二十六元七角八分，第二段計洋一百六十元一角八分，第三段計洋三百二十四元三角四分，又全路遷移墳墓費洋一千四百三十五元，合共計需地價青苗遷墳等費洋二千三百四十六元三角備交，呈請鑒〈核〉，轉飭財政局備款核發"等情。據此，除指令照准，并分令飭遵外，相應函請查照爲荷。此致
審計部

市長　馬超俊

廿六年四月十七日

（《南京市政府公報·公牘》，1937 年第 176 期，第 94—95 頁）

南京市政府爲造具擴修自光華門外至大校場道路地價拆費計算表册已令飭財政局備款核發給南京市地政局的指令

（1937 年 4 月 17 日）

指令　第三四六三號

　　呈一件。爲造具擴修自光華門外至大校場道路地價拆費計算表册，呈請轉飭財〈政〉局撥

款由。呈件均悉。已檢同原表，令飭財政局備款核發矣，仰即知照。餘件存。此令。

市長　馬超俊

廿六年四月十七日

原呈見訓令、公函第三四六三號

（《南京市政府公報·公牘》，1937 年第 176 期，第 95 頁）

七、開闢中華門城洞 [①] 及環門四周馬路

南京市政府爲請核准開闢中華門城洞及環門四周馬路計劃書圖致内政部咨

（1932 年 6 月 8 日）

咨　府急字第一五五三號

　　爲咨請事。案據本市工務局局長余籍傳呈稱，"竊查中華門開洞計劃，本局前擬保留原有甕城，於兩旁各開一洞，并擬將首都幹路系統規定之二十八公尺寬環中華門四周馬路，改爲十五公尺寬，業經呈奉鈞府核轉首都建設委員會審議通過在案。現在中華路既已興工，雨花路亦將開闢，該環門四周馬路，爲兩路銜接之處，亟應繼續闢建，以利交通。擬請鈞府迅賜咨請内政部核准公告，俾利進行。理合檢同計劃書、圖各二紙，具文呈請鑒核示遵"等情，附呈計劃書、圖。據此，查關於中華門開洞計劃，前據該局呈"擬在城洞兩旁各開一孔，共寬十五公尺，原有甕城仍予保留，并擬將環中華門四周馬路城外部分路綫，移至城壇方面岸上，較爲適當"等情，當經函准首都建設委員會第一一號復函照辦，并飭行該局遵辦在案。兹據前情，事關徵收土地，相應檢同計劃書、圖，咨請貴部查照，迅予核准公告，以利建設，并希見復爲荷。此咨
内政部

　　計附送南京市開闢中華門城洞及環城四周馬路計劃書、〈圖〉各一份

市長　石瑛

廿一年六月八日

（《南京市政府公報·公牘》，1932 年第 109 期，第 67 頁）

南京市政府爲徵收中華門環城四周馬路土地給南京市工務局的訓令

（1932 年 6 月 21 日）

訓令　府急字第一八九四號

　　爲令遵事。案准内政部土字第一九〇號咨開，"案准貴市政府府急字第一五五三號咨，以開闢中華門城洞及環城四周馬路，約需土地面積十二.五三市畝，業經首都建設委員會審查通過，

---

① 所開中華門城洞即今中華東門、中華西門。

擬即徵收，請核准公告，附計劃書、地圖各一件到部。核與《土地徵收法》第二條第二款之規定相符，除依法核准公告外，相應檢同公告一張，咨復查照，飭貼徵收地點，俾衆咸知，仍希依法辦理"等由，并附公告一張。准此，查此案前據該局呈送計劃書、圖到府，即經轉咨核辦在案。茲准前由，除將公告令發財政局，飭貼徵收地點，并依法辦理外，合行令仰該局即便知照。此令。

市長　石瑛

廿一年六月廿一日

（《南京市政府公報·公牘》，1932 年第 110 期，第 37—38 頁）

南京市政府爲徵收中華門環城四周馬路土地給南京市財政局的訓令

（1932 年 6 月 21 日）

訓令　府急字第一八九四號

　　爲令知事。案准内政部土字第一九〇號咨開，"案准貴市政府府急字第一五五三號咨，以開闢中華門城洞及環城四周馬路，約需土地面積十二.五三市畝，業經首都建設委員會審查通過，擬即徵收，請核准公告，附計劃書、地圖各一件到部。核與《土地徵收法》第二條第二款之規定相符，除依法核准公告外，相應檢同公告一張，咨復查照，飭貼徵收地點，俾衆咸知，仍希依法辦理"等由，并附公告一張。准此，查此案前據工務局呈送計劃書、圖到府，即經轉咨核辦在案。茲准前由，除令工務局知照外，合行檢發公告，令仰該局即便遵照，飭貼徵收地點，并依法辦理。此令。

市長　石瑛

廿一年六月廿一日

（《南京市政府公報·公牘》，1932 年第 110 期，第 37—38 頁）

南京市財政局、工務局關於開闢中華門四周環城馬路的布告

（1932 年 7 月 2 日）

南京市財政／工務局布告　第二十一號

　　爲會銜布告事。案照闢築中華門四周環城馬路（即自城内鎮淮橋南端起，至城外長干橋北端止），業經本工務局依據首都幹路系統圖從事計劃，將該路寬度規定爲十五公尺，呈奉市政府核轉首都建設委員會核議照准，并將兩旁應拆房屋，劃定紅色拆綫，以便依照拆除。其應徵土地，亦經呈奉市政府轉咨内政部核准公告，并將公告實貼徵收地點，各在案。除由本財政局定期召集各業户協議補償金額，暨通知呈驗契據，憑契給價外，合亟會銜布告該路綫内一帶公私房屋

各業主，務於本年七月十二日以前，查照劃定紅色拆綫，依限自行雇工拆除。逾期即由工務局派工代拆，將料抵工。事關路政，幸勿觀望自誤，特此布告。

財政局長　程遠帆

工務局長　余籍傳

中華民國二十一年七月二日

（《南京市政府公報·布告》，1932 年第 111 期，第 125—126 頁）

南京市政府爲協議中華門環城馬路拆讓土地補償金額給南京市財政局的指令

（1932 年 7 月 23 日）

指令　第二八〇三號

呈一件。爲中華門環城馬路拆讓土地補償金額協議成立，呈報備案，并請加給全拆各户二成補償金由。

呈及議定書均悉。該路拆讓土地補償金額，既經各業户代表同意成立協議，應准備案。至所請援例加給全拆各户二成補償金一節，事關一律，應予照准，仰即遵照。此令。

市長　石瑛

廿一年七月廿三日

附原呈

呈爲呈報事。查開闢中華門環城四周馬路，協議拆讓土地補償金額一案，業經本局三次召集各業户到局協議，均以人數衆多，意見不一，未有結果。旋由各户推舉代表楊雨田等三人，復於七月十一日在局切實協商，經各代表同意，幸告成立。除造具分户計算表，另案呈送外，理合抄具簽字議定書一紙，備文呈報，仰祈鑒核備案。再本路係屬環形，路綫經過，非就原路放寬，以致穿心截斷者有之，全部被衝者有之，其損失狀況，確有較中華、雨花兩路爲重者。對於全拆各户，可否援照中華、雨花兩路成例，加給二成補償金，以示體恤之處，并請核示祗遵。謹呈

市長石

計抄呈中華門環城馬路議定書一紙（附後）

財政局局長　程遠帆

廿一年七月十四日

議定中華門環城馬路徵收土地補償金額如左：

第一段　城内沿膺府沙灣迎街門面被拆各户，每方補償金廿八元。

第二段　城外迎街兩邊被拆各户，每方補償金廿二元。

第三段　城内城外不屬上兩段之被拆各户，每方補償金十八元。

（《南京市政府公報·公牘》，1932 年第 112 期，第 36—38 頁）

南京市政府爲保存在中華門掘出之各項古物給南京市社會局的訓令

（1932 年 10 月 4 日）

訓令　第四八八〇號

　　案據工務局呈稱，"竊查九月二十七日，中央日報載有新聞一則，據云建築中華門環門馬路平土時，發現古物甚多云云。當經飭據技術員王友衡呈復，'查環門馬路平路基時，於中華門城內，鎮淮橋南塊，發現東西有智井各一口，不深，以城磚圈砌，經［徑］不足二英尺，從前係埋於民房之下，土人於井邊拾得生銅二枚相聯之錢一對，由美華廠王繼美取去；於沙灣街一面掘得小沙缸一口，破碎缸片四五塊，并非古銅，大約爲民家儲藏之物，因其地本爲民屋也，并未見有石缸，想係傳聞失實；於貴人坊一面，掘得小陶瓶一隻，又方形瓦器一隻；城外西邊平土時，掘出石錘一枚，爲工人堆壓於石料之下，現已取出，并無龍紋雕刻，又未有人售去；今日於西邊城牆內，掘出八角形石柱一截，上下有接筍，有文曰圓寂感維那之塔，月日所鑴，似是雍正某年，紋已不大清晰。以上各物，均已搜集，令美華廠王繼美親送到局。又查此項出土各件，包工從未報告，一俟查詢，方一一指出，殊屬不合。擬懇指令該包工，嗣後各發現任何物件，均須隨時報告，以昭慎重，而保古物'等情。并據美華廠王繼美送來咸豐銅錢一枚、小沙缸一口、缸片三塊、小陶瓶一隻、方形瓦器一隻、大石錘一個、八角形石柱一截，惟對於生銅二枚相聯之錢一對，該包工人報稱，實係咸豐錢一枚之誤。茲據前情，除令飭技術員王友衡再行詳查，銅錢是否錯誤，并通知包工人，嗣後如發現古物，或類似古物，應據實呈報外，理合檢同各件，具文呈送，仰祈鑒核"等情，計呈送咸豐錢一枚、小陶器一隻、方形瓦器一隻、小沙缸一口、大石錘一個、八角形石柱一截（上下有接筍，文曰圓寂感維那之塔）、缸片三塊。據此，除指令外，合將呈送各物令發該局，仰即交歷史博物館保存爲要。此令。

　　計發咸豐錢一枚、小陶器一隻、方形瓦器一隻、小沙缸一口、大石錘一個、八角形石柱一截（上下有接筍，文曰圓寂感維那之塔）、缸片三塊

市長　石瑛

二十一年十月四日

（《南京市政府公報·公牘》，1932 年第 117 期，第 83—84 頁）

南京市政府爲保存在中華門掘出之各項古物給南京市工務局的指令

（1932 年 10 月 4 日）

指令　第四八八〇號

　　呈一件。爲賫送中華門築路挖出各古物，祈鑒核由。

呈悉。據送各件，已令發社會局，交歷史博物館保存矣。仰即知照。此令。

市長 石瑛

中華民國二十一年十月四日

（《南京市政府公報·公牘》，1932 年第 117 期，第 84 頁）

八、放寬小門口至草場門道路工程

南京市政府爲撥發放寬小門口至草場門一段道路工款給南京市財政局的訓令

（1932 年 10 月 18 日）

訓令　府急字第五二四一號

　　爲令遵事。案據工務局局長余籍傳、監視委員章祓會呈稱，"竊查放寬小門口至草場門道路工程，已於十月三日上午十時，在鈞府大禮堂當衆開標，奉派職被茝場監視等因。計是日共到張湧泰、汪炳記、周浴記、盧長記、繆順興等五家，所開賬單，經職籍傳指交科長陳邦傑，技正陳品善、劉仁爕，主任趙國華、唐靖華審查去後，旋據報稱審查結果，以周浴記所開總價一千四百九十五元二角爲最低，并商允該廠，將投標人說明二條取銷，擬即指交該廠承包等情，并造送標賬比較表前來。經職籍傳查核所呈各節，尚屬可行，當即指交周浴記營造廠承造，并與按照所開總價一千四百九十五元二角簽訂正式合同，分別存執。是否有當，理合檢同標賬五份、標賬比較表一份、正式合同一份，一并具文呈送，仰祈鑒核，俯賜令飭財政局，如數簽撥，以備支付"等情。據此，查此項道路，前准軍政部函請修築，經工務局計劃，共需工款洋三千五百六十四元。經提交本府第二一八次市政會議決議，函請軍政部擔任公款三分之二，當經函准軍政部函復，僅允擔任一千元。本府以相差太鉅，復經提交第二二二次市政會議議決，由工務局將原預算切實核減再奪，嗣據工務局呈復核減結果，尚須洋二千一百二十四元。復經函准軍政部第五三一二號復函同意，當經令飭工務局計劃興工去後。兹據會呈前情，除指令"會呈暨附件均悉。查所呈合同等件，大致尚無不合，應准照辦。所需工款洋一千四百九十五元二角。除一千元應由軍政部擔任，已飭財政局向該部具領轉發，暨本府擔任之四百九十五元二角，在該局本年度臨時費概算，第二項一目一節馬路建築費內，如數撥給外，着即前往具領轉給，督率施工，事竣呈請驗收，用昭核實。所有用款，并仰遵章列報。標賬五份發還，餘件存。此令"印發外，合行抄發軍政部第五三一二號原函一件，令仰該局長遵照辦理具報。此令。

　　抄發軍政部第五三一二號原函一件

市長 石瑛

二十一年十月十八日

（《南京市政府公報·公牘》，1932 年第 118 期，第 42—43 頁）

南京市政府爲撥發放寬小門口至草場門一段道路工款給南京市工務局的指令

（1932 年 10 月 18 日）

指令　府急字第五二四一號

　　會呈一件。爲呈送放寬小門口至草場門道路工程賬單合同，仰祈核示撥款由。

　　會呈暨附件均悉。查所呈合同等件，大致尚無不合，應准照辦。所需工款洋一千四百九十五元二角。除一千元應由軍政部擔任，已飭財政局向該部具領轉發，暨本府擔任之四百九十五元二角，在該局本年度臨時費概算，第二項一目一節馬路建築費內，如數撥給外，着即前往具領轉給，督率施工，事竣呈請驗收，用昭核實。所有用款，并仰遵章列報。標賬五份發還，餘件存。此令。

　　計發還標賬五份

市長　石瑛

二十一年十月十八日

原呈見訓令府急字第五二四一號

（《南京市政府公報·公牘》，1932 年第 118 期，第 43 頁）

第四節　城墙附近房屋建設與拆除

一、建築城墙附近平民住宅

1. 建築武定門平民住宅

市政消息·武定門之平民住宅

（1928 年 10 月 31 日）

▲瓦木工六百餘

▲工作異常緊張

　　城東武定門，開闢將近完工。此門靠近外河，附近居民，飲料可以無缺，柴米將由武定門入城，中華門出入不致擁擠。現聞工務局已在該處沿城墙建築平民住宅一百所，瓦木工人約有六百餘名，工作異常忙迫云。

（《首都市政公報·紀事》，1928 年第 22 期，第 7 頁）

2. 改良武定門丙種平民住宅

南京市政府爲呈復改良武定門丙種平民住宅仰祈鑒核示遵給南京市財政局的指令

（1931 年 3 月 17 日）

指令　府字第三七三五號

呈一件。爲遵令改良武定門丙種平民住宅仰祈鑒核示遵由。

呈悉。查本案前經分令社會、工務兩局，遵照原辦法將於該局業務有關之處，酌核辦理，并具復備查。除據社會局呈復，遵照原辦法甲條第四項、丁條第一項分函設法照辦外，該工務局尚未據復。據呈前情，候再令催工務局先行前往查勘應行修理情形，具報候核，仰即知照。此令。

原呈見訓令府字第三七三六號

二十年三月十七日

（《首都市政公報·公牘》，1931 年第 80 期，第 23—24 頁）

南京市政府爲據財政局呈復改良武定門丙種平民住宅擬酌減月租令催先行查勘
具報候核給南京市工務局的訓令

（1931 年 3 月 17 日）

訓令　府字第三七三六號

爲令飭事。案據財政局局長齊叙呈稱，"案奉鈞府訓令第二七七一號略開，'爲准市執委會函據第三區執委會呈請轉函改良平民住宅，并擬改良辦法四條轉請核辦，令仰遵照原辦法，將關於職局業務有關之處，酌核辦理，具復備查'等因。奉此，查職局經管武定門丙種平民住宅，因設備欠佳，以致房屋空閒，無人租住，確有改良之必要。三區黨部所擬改良辦法四條，其甲丙丁三條，全係工程及治安事項。職局爲改善民生便利經管起見，擬請鈞府迅飭工務、社會兩局分別辦理。關於乙條減租問題，係屬職局業務範圍之內，自應遵辦。惟案查該住宅房地價值共計七萬二千六百九十二元，平均每間計洋三百六十三元有奇，現在規定每間月租三元，似不爲多，但爲體念平民艱苦起見，可否酌減之處，職局未敢擅擬。奉令前因，理合具文呈請，仰祈鑒核示遵"等情。據此，除指令"呈悉。查本案前經分令社會、工務兩局，遵照原辦法將於該局業務有關之處，酌核辦理，并具復備查。除據社會局呈復，遵照原辦法甲條第四項、丁條第一項分函設法照辦外，該工務局尚未據復。據呈前情，候再令催工務局先行前往查勘應行修理情形，具報候核，仰即遵照，此令"印發外，合行令仰該局長即便遵照辦理，并具復候核。此令。

市長　魏道明

二十年三月十七日

（《首都市政公報·公牘》，1931 年第 80 期，第 23—24 頁）

3. 建築中山門外戊種平民住宅

南京市政府爲中山門外建築平民住宅所需工款仰即編造支付預算呈候飭撥給南京市工務局的指令

（1933 年 11 月 12 日）

指令　府急字第九五四五號

呈一件。爲呈送中山門外建築平民住宅合同等件，祈鑒核飭撥由。

呈件均悉。准予照辦。所需工款，仰即編造支付預算，呈候飭撥。賬單一份發還，餘件存。

此令。

計發還賬單一份

　　　　　　　　　　　　　　　　　　　　　　　市長　石瑛

　　　　　　　　　　　　　　　　　　　　　　廿二年十一月十二日

　　附原呈

　　查前奉國府林主席諭：在中山門外，建築戊種平民住宅八間，容納附近業農平民，并將門外餘土勻平一案，經本局擬具圖算，呈奉鈞府府急字第一三零一號指令核准，嗣奉鈞長交下總理陵園管理委員會函請轉飭移前放大，并飭招工開賬。即經招由通華等五家開具賬單，呈奉批示"工務局將放大及除去辦理土方後所需工款若干〔干〕，計算呈復再奪"，復經招原開賬單各家開賬前來，并擬具新預算，呈送鈞府核示，各在案。茲奉鈞長面飭"更改尺寸，另行招商開賬"等因，遵經招由三條巷小學木工廠開具賬單前來，計需工料總價八百六十六元六角九分，經本局商得該廠同意，核改爲八百元。所有應用城磚，概由就地挖取，挖土及運費一并在內。因該項工程急需興築，已以核改後總價八百元，指交三條巷小學木工廠承包，并與簽訂合同，定於本月十四日開工。是否有當，理合檢同賬單一紙、合同一份，具文呈送，仰祈鑒核，俯賜轉飭財政局簽撥工款，以便支付，并乞指令祗遵。謹呈

市長石

　　附呈合同一份，賬單一份

　　　　　　　　　　　　　　　　　　　　　　工務局局長　侯家源

　　　　　　　　　　　　　　　　　　　　　　　廿二年十一月

（《南京市政府公報·公牘》，1933 年第 135 期，第 64—65 頁）

4. 修築武定、和平、新民三門平民住宅路溝

南京市政府爲呈送修築武定、和平、新民三門平民住宅路溝工程合同准予照辦給南京市工務局的指令

（1934 年 4 月 18 日）

指令　府急字第三一〇九號

　　呈一件。爲呈送修築武定、和平、新民三門平民住宅路溝工程合同，祈鑒核飭撥由。

　　呈件均悉。據呈合同，察核尚屬可行，准予照辦。所需工款，仰即編造支付預算，呈候核撥。件存。此令。

市長　石瑛

廿三年四月十八日

附原呈

　　查修築武定、和平、新民三門平民住宅路溝工程，前經檢同賬單等件，呈祈鈞府核示在案。茲奉府急字第二一七六號指令內開 "呈件均悉。據呈張興記所開總價，經核減後尚超過預算二百六十餘元，未免過鉅，着與該商切實商減，至多不得超過一百五十元，否則另行招工辦理" 等因。遵經與該商切實商減，將煤渣路單價一項，改爲二角九分，其餘各項經與該商一再磋商，謂已經核減一次，不允再減。計此次核減後總價爲一千四百七十四元九角，照本局預算數尚未超過一百五十元，即經交由張興記承色［包］，并與簽訂正式合同。是否有當，理合檢同合同一份，具文呈送，仰祈鑒核，俯賜轉飭財政局簽撥工款，以備支付，拜乞指令祗遵。謹呈

市長石

　　計呈合同一份

工務局局長　侯家源

廿三年三月

（《南京市政府公報・公牘》，1931 年第 80 期，第 49—50 頁）

5. 查核崑崙路城墙邊房屋建築情形

首都警察廳北區警察局爲核查唐郅平等在崑崙路城墙邊建築房屋是否係違章建築致南京市工務局的公函

（1948 年 4 月 25 日）

公函　北（卅七）行字第 0229 號

　　案據玄武門警察所呈稱，"案准國防部測量局土地測量隊守材字第 366 號公函開，'查本局股長唐郅平及本隊副隊長周範以住宅需要，擬在玄武門右崑崙路城墙邊營産範圍内建築平瓦房一幢。經向營産司洽妥，准予租用。擬一面向工務局請領執照，一面先行動工。相應函請查照，惠予備查'等由。准此，理合具文，報請鑒核"等情前來。除函知江寧要塞司令部外，該隊所稱已向貴局申領建築執照，是否屬實？抑係違章建築，須加取締？相應函請查照核辦，見復爲荷。此致

南京市工務局

局長　張安慶

中華民國卅七年四月廿五日

（《南京城墙檔案·城墙的保護與管理》，第 262—263 頁）

江寧要塞司令部爲崑崙路城墙邊營産範圍經首都衛戍總部布告禁止建築致首都警察廳北區警察局的代電

（1948 年 4 月 26 日）

代電　純參智字第 5159 號

　　一、四月二十五日北（卅七）行字第二二九號公函，囑查玄武門右崑崙路城墙邊營産範圍内之建築是否有礙城防一案，敬悉。

　　二、經查卷，首都衛戍總部經以戍信字第 255 號布告，轉奉國防部申巧創勝畏字第 9166 號代電，爲維護首都城防，絶對禁止軍民人等在京市城墙内外之城根營地營建在案。

　　三、該地既在營産範圍，當在禁止之例，用特電復查照。

　　四、本件已抄副本，送南京市工務局及徑□玄武門警察所。

司令　胡雄

中華民國卅七年四月廿六日

查該違章建築不僅位於城防區内，且有侵及崑崙路計劃路幅可能。現基地已由營産司出租（警所曾見證明文件），而江寧要塞司令部亦函知禁建，警所禁止動工無效，當如何辦理？乞示。

職　陳鋒　簽

四·卅〔日〕

函測量局請轉唐員等：已接准江寧〈要塞〉部來文禁止，應取得營産司正式允租文件，暨江寧要塞部准予建築證，備圖按章申報。在未領得執照前，萬勿動工。復警局請盡力制止。

劉方燁（印）

五·一

（《南京城墻檔案·城墻的保護與管理》，第 265—266 頁）

國防部測量局爲唐郅平等在崑崙路城墻建築房屋復請查照致南京市工務局的代電

（1948 年 5 月 18 日）

代電　（卅七）興管第 2244 號

一、本年五月四日卅七京工審字第二九二七號公函及附件敬悉。

二、案經飭據唐郅平、周範二員簽稱“1. 職等所建房屋，事先向營産司及營産管理處面洽，經請准，一面辦理手續，一面先行動工。2. 建築地點係玄武門右崑崙路與城墻之間，離城根四十五呎；城外係玄武湖，絕與城防無礙。3. 該房屋於四月廿日動工建築，現已完工。如停建或拆除，在職等確爲一莫大損失；更以處此房荒之今日，實感無處棲身。敬乞體念軍人生活清苦、住宿困難，懇請函商市工務局予以通融辦理，免予停建”等情。

三、查該員等所稱情有可原，用特據情函復，至希查照辦理爲荷。

局長　杜心如

中華民國卅七年五月十八日

市工務局擬辦：函復轉飭繪具地盤圖，暨産權允建證明，及房屋建築圖等來局補報，否則仍應拆除。

劉方燁（印）

五·廿一

（《南京城墻檔案·城墻的保護與管理》，第 267—268 頁）

南京市工務局爲唐郅平等繪具地盤圖暨房屋建築圖樣連同産權允建證明來局補報致國防部測量局的公函

（1948 年 5 月 25 日）

公函 （審）字第 3429 號

　　案准貴局本年五月十八日（卅七）興管字第二二四四號公函，以"准函爲唐郅平等在崑崙路城墻旁建屋一案，復囑查照"等由。查該建築基地果經事先洽准營産司及營産管理處，并絶與城防無關，自可准予建築。惟仍請轉飭該員等，繪具地盤圖暨房屋建築圖樣，連同産權允建證明，來局補報，以憑給照而符規章，否則仍應拆除。准函前由，相應復請查照爲荷。此致
國防部測量局

代理局長　原○○

中華民國卅七年五月廿五日

（《南京城墻檔案·城墻的保護與管理》，第 269—270 頁）

二、取締城墻附近建築

1. 取締城墻附近搭蓋蘆棚木屋

南京特別市市政府爲禁止城垣附近搭蓋蘆棚木屋給南京特別市公安局、工務局的訓令

（1929 年 5 月 17 日）

訓令　第一五六九號

　　爲令遵事。查本京城垣以内附近市民就地搭蓋蘆蓬［棚］，建築木屋，積習相沿，妨礙殊多。嗣後再有前項情事，自應嚴行禁止。除分行工務局、公安局外，合行令仰該局長即便遵照辦理，并布告周知。此令。

市長　劉紀文

十八年五月十七日

（《首都市政公報·公牘》，1929 年第 37 期，第 47—48 頁）

南京特別市市政府爲取締城墻附近搭蓋蘆棚木屋與前取締章程并無違背給南京特別市工務局的指令

（1929 年 6 月 20 日）

指令　第 2349 號

呈一件。呈爲遵令取締蘆蓬［棚］木屋，有與前令及慣例牴觸之處請示由。

呈悉。查本府一五六九號原令，係指靠近城墻内之市民搭蓋戶［蘆］蓬［棚］木屋而言，并非泛指全城内任何地方。取締章程係爲普通的相對的限制，此爲一部分絶對的限制，核與章程第十、第十一兩條法義上尚［并］無何種牴觸，蓋其原則固不相悖。又本府第一二九九號令開：五處地點，准由貧民建築草蓬［棚］木屋。自取締章程頒布後，依照後法頒布、前法失效之原則，該令已屬失效，不必明令。取消其夫子廟臨時市場之木棚，業經專案核准，由該局規劃釘椿列號，并向財政局繳租金。此係特種性質，亦與取締章程并無違背。至下關區内，自應遵照取締章程辦理。仰即分别遵照。此令。

十八年六月廿日

附原呈

呈爲呈復事。案奉鈞府第一五六九號訓令内開，“查本京城垣以内附近市民就地搭蓋蘆蓬［棚］，建築木屋，積習相沿，妨屋［礙］殊多。嗣後再有前項情事，自應嚴行禁止。除分行公安局外，合行令仰該局長即便遵照辦理，并布告周知此令”等因。奉此，謹當遵照辦理。惟查十六年十二月五日，職局奉鈞府何前市長第五一五號令，核准《取締市内蘆蓬［棚］土屋條例》，嗣於本年一月間，經市政法規委員會修訂改稱《取締市内搭蓋棚房》。章程内載“凡在市内偏僻處，以無礙交通之公地，得由市民承租起建木屋。又凡承租市内私地搭建土屋草棚者，應照本章程第六條之規定辦理”等語。此項章程業經本年一月二十三日第三十三次市政會議議決，在最近出版之《市政法規彙編》公布。又查十七年五月十五日，奉鈞府何前市長第一二九九號令開：“下列地點准由貧民建築草棚木屋：（一）漢西門外；（二）大中橋以東旗民生計處一帶，及東關水閘城角一帶；（三）水西門外大街以南；（四）竺橋以東；（五）下關之三叉［汊］河。”内中除（一）（三）（五）三處與鈞府訓令無牴觸外，其除［餘］（二）（四）兩處，均在城内，前項章程及第一二九九號訓令，似應請鈞府明令取銷。又查夫子廟内臨時市場木棚櫛比，兹詢據取締科科長徐百揆稱：係職局前局長陳揚傑奉鈞府前市長諭准搭蓋，嗣後是否須一律禁止，或准許作爲例外之處，兹奉前因，統應請示辦理。再，鈞令取締蘆蓬［棚］木屋，係指城垣以内而言，但下關區商業殷盛，爲中外觀瞻所繫，是否應一律辦理之處，理合一并備文呈復，仰祈鑒核示遵。謹呈

市長劉

代理工務局局長　金肇組

六月十三日

（《首都市政公報・公牘》，1929 年第 39 期，第 54—55 頁）

工務消息・城垣內附近不准搭蓋草房

（1929 年 8 月 31 日）

　　本市工務局奉令布告，禁止市民在城垣內附近搭蓋草棚木屋，遵即布告如後：爲布告事。案奉市政府訓令第一五六九號內開，"查本京城垣以內附近市民就地搭蓋蘆棚，建築木屋，積習相沿，妨礙殊多。嗣後并有前項情事，自應嚴行禁止，除分行公安局外，合行令仰該局長即便遵照辦理，并布告周知。此令"等因。奉此，自應遵照辦理，除飭科取締，合行示仰全市民衆，一體知悉。自示以後，所有本京靠近城牆內各處，市民絕對不准搭蓋蘆棚、木屋，其餘城內任何地方及下關區內各地址，應仍遵照本局《取締市內搭蓋棚房章程》辦理；其夫子廟臨時市場之木棚，則係專案核准，應俟另行計劃，仰各遵照。特此布告。

（《首都市政公報・紀事》，1929 年第 42 期，第 7 頁）

2. 明故宮一帶停發建築執照

南京特別市市政府爲秦淮河以東明故宮一帶停發建築執照劃定界綫給南京特別市工務局的指令

（1929 年 7 月 3 日）

指令　第二五六七號

　　呈一件。爲秦淮河以東明故宮一帶停發建築執照，謹繪邊綫請鑒核由。

　　呈、圖均悉。查劃定界綫以內，除政府機關外，其市民建築自應停止給照。仰即知照。此令。圖存。

十八年七月三日

　　附原呈

　　呈爲呈請事。前奉鈞諭，以"秦淮河以東明故宮一帶地點，市府將有收用計劃，着即先行停止發給建築執照"等因。奉此，查該處地段遼闊，非有確定界綫，似覺難資遵守。茲謹於圖面擬就紅色界綫，此後如有在所定界綫以內呈報建築者，任何市民或機關，均一律不發執照。是否

有當，理合檢同該項界綫圖一紙，備文呈請鑒核示遵。謹呈

市長劉

　　計呈送地圖一紙

代理工務局局長　金肇組

六月二十七日

（《首都市政公報·公牘》，1929 年第 40 期，第 42 頁）

3. 禁止擅自靠城墙之營地建房

首都衛戍司令部爲取締軍民在靠城墙之營地建房致南京市工務局的代電

（1947 年 6 月 19 日）

首都衛戍司令部代電　副字第 1117 號

　　南京市工務局勛鑒：

　　案奉國防部（卅六）巳冬創勝防創畏字第四三四號代電開，"據江寧要塞司令部胡司令（卅六）辰陷參代電報稱，'查本京緊靠城墙之營地（内外各一丈八尺以上）原屬城防工事之公産，係軍用地，不准建築屋舍等，而近來竟有軍民人等侵占公産，擅自營建。爲維護公産起見，謹懇通電有關機關，恢復地權，禁止營建。是否有當，并乞示遵'等情，希即核辦"等因。奉此，除分電外，即希查明取締，見復爲荷。首都衛戍司令部副庶。巳（皓）。

卅六年六月十九日

（《南京城墙檔案·城墙的保護與管理》，第 229—230 頁）

南京市工務局爲准電取締軍民在靠城墙之營地建房致首都衛戍司令部的代電

（1947 年 7 月 8 日）

代電　（審）字第 4089 號

　　首都衛戍司令部勛鑒：

　　皓代電敬悉。查緊靠城墙之内外營地，原係禁建地區。本局對於市民在該地帶申報建築勻［均］可隨時取締。惟設有軍人違章建築，仍請協助，以利城防。特電奉復，即希查照爲荷。

南京市工務局

卅六年七月八日

（《南京城墙檔案·城墙的保護與管理》，第 231—232 頁）

4. 督請考試院銓叙部 [1] 申領靠近城墙宿舍建築執照

首都警察廳爲銓叙部興建宿舍未領執照勒令停工無效請核辦見復致南京市工務局的公函

(1947 年 8 月 15 日)

首都警察廳公函　興政營字第 2446 號

案據本廳東區警察局呈稱："案據本局太平門警察所八月六日呈稱：'准銓叙部總務司函稱："徑啓者。查本部部址北端（靠城墙脚下）興建職員眷屬宿舍，刻已動工興建，相應函達，即希查照爲荷"等情，查該部建築未取得工務局建築執照，經職數次勒令停工無效。理合具文報請鑒核'等情。據此，除徑函南京市工務局查照外，理合轉報鑒核"等情。據此，除函請該部總務司迅即辦理手續、領取建築執照、再行興工外，相應函請查照核辦，見復爲荷。此致
南京市工務局

廳長　韓文焕

中華民國卅六年八月十五日

（《南京城墙檔案·城墙的保護與管理》，第 252—253 頁）

南京市工務局爲銓叙部總務司未領執照建築靠近城墙宿舍應照章申報否則予以取締致首都警察廳的公函

(1947 年 8 月 26 日)

公函　（審）字第 5035 號

案准貴廳興政營字第二四四六號公函，以"據報銓叙部建築宿舍未領執照，囑核辦見復"等由。查是案前准東區警察局函，同前由。當以該項工程，既未向本局請照，且靠城墙建築。江寧要塞司令部曾經函知，應加以限制在案。除函銓叙部總務司照章申報，以便核辦，否則應予取締外，擬應復請查照爲荷。此致
首都警察廳

局長

中華民國卅六年八月廿六日

（《南京城墙檔案·城墙的保護與管理》，第 254—255 頁）

---

[1] 銓叙部：官署名。國民黨政府設置，屬考試院。掌理全國文官、法官、外交官及其他公務員及考取人員的銓叙事項。部內分置總務、登記、甄核、考功、獎恤五司及銓叙審查委員會等。

三、拆除城墙附近房屋建築

1. 拆除挹江門外未經許可之建築

南京市政府爲拆除挹江門外未經許可之建築給南京市工務局的指令

（1929 年 11 月 19 日）

指令　第四七〇〇號

呈一件。爲挹江門外中山路右邊百公尺內，發現未經許可之建築一案。奉令督拆。除令飭遵辦外，復請鑒核由。

呈悉。准予備案。仍仰將執行完竣情形具報備查。此令。

十八年十一月十九日

附原呈

呈爲呈報事。本年十一月九日奉鈞府第三四一七號訓令內開，"案查十一月一日本府第七十次市政會議，本市長交議該局呈據下關辦事處呈報：挹江門外中山路右邊一百公尺內，發現未經許可之建築，并江寧縣公安第十分局發給建築執照，祈核示案。當經議決，該處既在中山路旁一百公尺暫停建築範圍之內，此項違章建築應由工務局派員前往督令拆除在案。合行令仰該局長即便遵照辦理具報，此令"等因。奉此，除飭職局下關辦事處派員前往督令拆除外，理合備文呈報，仰祈鑒核示〈遵〉。謹呈

市長劉

工務局局長　陳和甫

十一月十四日

（《首都市政公報·公牘》，1929 年第 49 期，第 45 頁）

2. 環中華門馬路兩旁住屋被拆後修建辦法

南京市財政局、工務局關於規定環中華門馬路兩旁住屋被拆後修建辦法的布告

（1932 年 7 月 26 日）

南京市財政、工務局布告　第二十四號

爲會銜布告事。查環中華門馬路兩旁房屋，前經劃定拆綫，限期拆讓在案。所有被拆後修建房屋辦法，業經本兩局會同擬定，合將辦法開列於後，仰各業户遵照辦理，勿稍玩違自誤。特此布告。

一、沿馬路被拆房屋，内部不動，僅止修理門面者，仍作爲修繕呈報，當提前發給執照，以示便利。

一、拆餘房地，深度不足六公尺者，暫准建築平房，但須照章呈報，并繳驗土地勘丈圖單，倘因勘丈圖單一時趕辦不及，准其取具左右後三面地鄰切實證明，確係已產保結，隨同呈報圖則，一并呈送本工務局，以憑核發執照。

一、上項暫建築平房呈報圖則，除呈驗土地勘丈圖單，或三面地鄰保結外，該業主尤須出具遵照將來整理計劃，自動拆除甘結，一并同送備查。

一、拆餘房地建築樓房，仍照太平路成例，以進深達六公尺者爲限。

一、取具三面地鄰證明保結，暫代土地勘丈圖單辦法，自七月二十七日起，至八月二十七日止，以一個月爲限。

一、拆餘房屋，無論修繕或建築，以及雜項營造，均須先行照章呈報本工務局給照動工，在未經呈報核准以前，不得任意修建，違則立予拆除。

局長 程遠帆

余籍傳

中華民國二十一年七月二十六日

（《南京市政府公報·布告》，1932 年第 112 期，第 59 頁）

3. 拆除中山門外房屋

南京市工務局爲中山門外城牆脚下房屋准予自行拆遷
給原具呈人李步雲等的批

（1936 年 9 月 14 日）

報告首蒩園南村户主李步雲、盧文祥等，今因南京市工務局通知拆房屋事，專呈總理陵園管理委員會請示。

户主：李步雲、眭長庚、盧文祥、尤羅氏、謝作琴

南京市工務局批　第 11800 號

原具呈人李步雲等：

廿五年八月廿五日呈一件。爲中山門外城根瓦屋七間，奉令遷讓，請俯念民艱，准予自行拆卸屋料，以便轉運他處重蓋由。

呈悉。准予自行拆遷。惟應於拆遷完畢後，報請復驗，仰即知照。此批。

局長 宋

中華民國二十五年九月十四日

（《南京城牆檔案·城牆的保護與管理》，第 109—112 頁）

4. 整理中華門外拆遷房屋基地

南京市工務局爲奉令整理中華門外附近城墙口之拆遷房屋基地致南京市政府的呈文

（1936 年 11 月）[1]

案奉鈞長本年十月二十七日手令，飭整理中華門外附近城墙口之拆遷房屋基地，以壯市容等因。遵經派工前往整理藏事，所有堆存城磚，根據令發警備司令部、函送《南京市城磚保管及使用辦法》，悉數運貯復成倉保管，備爲修理城墙之用。再，該處面積較大，又爲南鄉各路入市之要衝，似應酌予布置花木，以資點綴而壯市容。除函請公園管理處酌量辦理外，奉令前因，理合將遵辦情形具文呈復，仰祈鑒核備查。謹呈

市長馬

工務局局長 宋希尚

（南京市檔案館藏，檔案編號：10010011193（00）0001）

5. 中華門、興中門警察分駐所房屋拆除招標出賣

首都警察廳爲奉令拆除中華門警察分駐所房屋餘剩木料磚瓦經招標出賣致內政部呈

（1936 年 12 月 14 日）

（總）字第二一一號

案奉南京警備司令部二十五年十一月十七日警參字第一六四四號密令內開，"案查南京各城門月城內居民房屋，奉令限本年十月底一律拆除净盡一案。前經分別函令，并布告周知在案。兹查中華門月城內居民房屋，業已拆遷。惟警察分駐所尚未遷移，合行令仰，希即轉飭於本月二十五日以前遷出月城，并將房屋拆除"等因。奉此，除已令該管第四警察局轉飭中華門分駐所於十一月二十五日遷移外，所有該所原址遺留房屋，計大小十二間，除公有城磚不動外，餘剩木料磚瓦經招標出賣，以李萬鑫水木作標價較高，計值國幣壹佰叁拾玖元；拆工運力等費，均由買方自理。擬即標賣與［於］該李萬鑫拆除，理合檢同原標價單一份，備文呈報，仰祈鈞部派員驗估，以昭鄭重。謹呈

內政部部長蔣

附呈原標〈價〉單一份

首都警察廳廳長 王固磐

中華民國二十五年十二月十四日

---

[1] 原檔無發文時間，此處 1936 年 11 月，係根據宋希尚任職時間及呈文內容所作推測。

謹將勘估中華門內分所房屋拆賣估實價目開呈　鑒核

計開：

前進五架一小間，木架瓦，計洋柒元

二進小七架三間，木架瓦格間枝窗子，每間拾弍元，計洋叁拾六元

三進小七架三間，木架瓦格間枝窗子，每間拾弍元，計洋叁拾六元

四進五架梁三間，木架瓦格間枝，每間九元，計洋弍拾七元

廚房一方水三號，架子瓦，每號六元，計洋拾八元

堦沿石舊半磚，計洋拾伍元

總共計大洋壹佰叁拾玖元正

首都警察廳　台核

慰記李萬鑫水木作　具

二十五年十一月二十五日

內政部視察湯文聰關於奉令勘估拆除中華門第四警察局分駐所房屋及興中門第七警察局派出所拆賣房屋標價的簽呈

（1936 年 12 月 26 日）

　　職奉派勘估中華門第四警察局分駐所及興中門第七警察局派出所拆賣房屋標價。經遵於十二月二十五日，赴首都警察廳會同毛科員前往查勘。查中華門分駐所舊房屋大小十二間，全部材料除城磚不動外，所有磚瓦、木料、裝修等均標賣拆除。由李萬鑫標價壹百叁拾玖元；又興中門派出所房屋七間，由楊源記標價壹百拾弍元。以上兩處房屋標價數目，經詳細驗估，尚屬切實。理合將驗估情形呈報鑒核。謹呈

司長　轉呈

部長　次長

視察　湯文聰

二十五，十二·二十六

6. 拆除中華門靠近城墻一帶房屋

南京市工務局曹如琛關於調查中華門外東西門之間靠近城墻房屋情況的簽呈

(1945 年 12 月 29 日)

簽呈 簽(一)315 號

奉派調查中華門外東西門之間房屋,遵經調查案。已查畢,謹抄具調查表一份,簽請鑒核。

謹呈

技正朱 科長戴 轉呈

局長張

職 曹如琛 謹簽

卅四年十二月廿九日

附房屋調查表一份

中華門外東西門之間靠近城墻房主調查表

房主	門牌	種類	間數	附注
胡義興	六	草房	四	
龔培仁	六	草房	二	
陳鳳雲	六	草房	一	
陳福興	七	草房	二	
王孫氏	七	草房	一	
王兆奎	八	草房	二	
刁松海	九	草房	四	
曾錫九	十	白鐵房	一	
曾錫九	十	草房	一	有欄樓
曾錫九	十一	草房	一	
曾錫九	十二	白鐵房	一	
曾錫九	十二	草房	二	
陳榮華	十三	瓦房	一	
陳亨鑫	十四	瓦房	一	有欄樓
胡建平	十五	瓦房	一	
陳思珍	十六 十七	瓦房	三	
陳思珍	十六 十七	瓦披 草披	一 一	

房主	門牌	種類	間數	附注
葉平安	十八 十九	瓦房	三	
葉平安	十八 十九	瓦披	三	
鍾紹松	二十	瓦房	一	
鍾紹松	二十	草披	一	
姜玉堂	二十一	瓦房	一	
余開福	二十二	瓦房	一	
余開福	二十二	白鐵披 草披	一 一	

共計十六戶四十二間

中華門外東西門之間靠城墻房屋調查表

門牌	房主	種類	間數	房屋尺寸及構造	等級	附注
中華門6	胡義興	草房	4	10′×12′ 木架席墻	乙	
6	龔培仁	草房	2	10′×16′ 木架席墻	乙	
6	陳鳳雲	草房	1	10′×16′ 木架席墻	乙	
7	陳福興	草房	2	10′×10′ 竹架席墻	丙	
7	王孫氏	草房	1	7′×12′ 竹架席墻	丙	
8	王兆奎	草房	2	8′×10′ 木架板墻	乙	
9	刁松海	草房	4	12′×14′ 木架1席墻 竹架3席墻	丙	
10	曾錫九	白鐵房	1	12′×14′ 木架板墻	甲	
10	曾錫九	草房	1	10′×12′ 竹架板墻	乙	有欄樓
11	曾錫九	草房	1	10′×24′ 竹架席墻	乙	
12	曾錫九	白鐵房	1	12′×14′ 木架板墻	甲	
12	曾錫九	草房	2	10′×14′ 木架板墻	乙	
13	陳榮華	瓦房	1	12′×20′ 木架板墻	乙	
14	陳亨鑫	瓦房	1	12′×20′ 木架板墻	乙	有欄樓
15	胡建平	瓦房	1	12′×20′ 木架板墻	乙	
16、17	陳思珍	瓦房	3	10′×16′ 木架磚墻	甲	
16、17	陳思珍	瓦披 草披	1 1	8′×10′	乙	擬照1間給費
18、19	葉平安	瓦房	3	10′×16′ 木架磚墻	甲	
18、19	葉平安	瓦披	3	8′×8′	乙	擬照2間給費

門牌	房主	種類	間數	房屋尺寸及構造	等級	附注
20	鍾紹松	瓦房	1	12′×17′ 木架磚墻	甲	
20	鍾紹松	草披	1	4′×12′	丙	擬照 1/2 間給費
21	姜玉堂	瓦房	1	12′×17′ 木架磚墻	甲	
22	余開福	瓦房	1	12′×17′ 木架磚墻	甲	
22	余開福	白鐵披 草披	1 1	6′×6′ 4′×12′	乙	擬照一間給費

共計 16 戶 42 間

中華門外城根房屋拆遷費

房屋等級	單位	拆遷費	數量	拆遷費總數	附注
甲	間	五．〇〇〇元	一一	五五〇〇〇元	白鐵／瓦頂木架板／磚墻
乙	間	三．〇〇〇元	二〇．五	六一五〇〇元	瓦／草頂木架席板墻
丙	間	二．〇〇〇元	七．五	一五〇〇〇元	草頂竹架席板墻

合計三九間
拆遷費一三一五〇〇元

　　查該處房屋係靠近城墻，有礙城防及市容，擬通飭限於一月十五日前拆除，并照附表分甲乙丙三等發給拆遷費。

林蕭（？）印

卅五，一·二

同時通知警廳派警督飭拆遷。

戴中潞（印）

元·二

允於棚戶區內給予位置，甲乙丙三種拆遷費暫改爲叄仟、弍仟、壹仟元正。

元·二

（《南京城墻檔案·城墻的保護與管理》，第 169—175 頁）

南京市工務局爲中華門外東西門之間房屋靠近城墻有礙城防及市容限期予以拆除給市民胡義興等的通知

（1946 年 1 月 9 日）

通知　京工字第 727 號

　　查該戶所有房屋靠近城墻，殊屬有礙城防及市容。奉諭該地帶原屬禁建區域，應即拆除，合亟通知，仰即遵照，於一月二十日以前拆除。毋延爲要。右通知：胡義興，龔培仁，陳鳳雲，陳福興，王孫氏，王兆奎，刁松海，曾錫九，陳榮華，陳亨鑫，胡建平，陳思珍，葉平安，鍾紹松，姜玉堂，余開福。

局長 ○○○

中華民國卅五年元月九日

（《南京城墙檔案·城墙的保護與管理》，第 176—177 頁）

南京市工務局爲中華門外東西門之間房屋限期予以拆除致首都警察廳的公函

（1946 年 1 月 9 日）

公函 　京工字第 728 號

　　查本市中華門外東西門之間所有房屋均係靠近城墙，殊有礙城防及市容。該地帶原屬禁建區域，奉諭應即拆除，以便整理。除分別通知該處各房主於一月二十日以前一律拆遷外，相應抄附房主調查表一份，送請查照，并派警督率辦理，至紉公誼。此致

首都警察廳

　　計附送中華門外東西門之間房主調查表一份

局長 　張○○

中華民國卅五年元月九日

（《南京城墙檔案·城墙的保護與管理》，第 176—178 頁）

刁松海、胡義興等爲請求延期拆除靠近中華門城墙房屋致南京市工務局呈

（1946 年 1 月 15 日）

　　爲本京中華門靠城居户商民奉令拆除房屋一案，用特聯名縷呈殘冬歲迫時期，無處覓屋遷讓事實，及損失困苦重大情形，請求准予展期拆除遷讓，以維民生而恤商艱。事緣民人等均係劫後餘生之難民，於首都淪陷後，既無法謀生，又無棲身之所，其困苦情形有非筆墨所可形容。始而靠近城根搭蓋蘆棚，暫避風雨，并業小販，以資糊口；繼而重建茅屋，設攤營業。八年來艱苦備嘗，始有今日之基業。兹幸抗戰勝利，日月重光，民人等歡欣鼓舞，莫可言宣，以爲從此可以安居樂業，共享太平。不意於本月十日接奉京工第七二七號鈞局通知，內開"查該户所有房屋靠近城墙，殊屬有礙城防及市容。奉諭該地帶原屬禁建區域，應即拆除，合亟通知，仰即遵照，於一月二十日以前拆除。毋延爲要"等因。奉此，民人等何敢有違，理應遵令拆除。無如已屆廢曆年終，所謂殘冬歲迫，於倉猝間僅有短短十日之限期，實難覓屋遷讓拆除，否則即有流離失所、失業之慘；加之風雪瞬已臨門，尤有飢寒凍餒之虞。當此終日翹盼勝利來臨之日，自爲我當局仁

者所不忍見、所不忍爲。況民人等多係經營商業，一年之季在於冬，全恃僅有之廢曆臘月一個月之時期，博得蠅頭之微利，以爲全年生活之資。復有平日鄉户所賒欠之帳款，亦於此時清償。設若此時將房屋拆除，不但居處無所，而賬款亦無法受償外，即一年之季［計］在於冬之生意，勢將停業，更不能補償春夏秋之虧耗。如此損失之重大，定有難於計算之實情。以上種種，確係真實情形，并非飾詞敷塞。伏思惻隱之心，人皆有之，迫不得已，用特聯名，仰乞我局長體鑒民隱，公私兩全，恩准展期至廢曆二三月間，俾民人等得以從容覓屋、遷讓、拆除，以維民生而恤商艱，實爲德便。謹呈

南京市工務局局長　張

具呈人：

刁松海，住本京中華門九號

陳鳳雲，住本京中華門六號

葉平安，住本京中華門十九號

曾錫九，住本京中華門十號

胡義興，住本京中華門六號

龔培仁，住本京中華門六號

陳享［亨］鑫，住本京中華門十四號

陳思珍，住本京中華門十七號

余開福，住本京中華門二十二號

胡建平，住本京中華門十五號

姜玉堂，住本京中華門二十一號

陳榮華，住本京中華門十三號

鍾紹松，住本京中華門二十號

王兆奎，住本京中華門八號

王孫氏，住本京中華門七號

陳福興，住本京中華門七號

中華民國三十五年元月十五日

可否准暫展期拆除，擬呈府請示。

林蕭（？）印

元·十七

原定月底拆除。

戴中潞（印）

元·十七

時屆廢曆年關，姑准展期兩星期，屆時如不自動拆遷，將派工代拆。

元·十八

（《南京城墙檔案·城墙的保護與管理》，第 179—184 頁）

南京市工務局爲中華門外靠城一帶房屋姑予展緩兩星期自動拆除
給具呈人刁松海等的批

（1946 年 1 月 21 日）

局批　京工字第 883 號

　　　具呈人刁松海等：

　　三十五年一月十五日呈一件。呈爲奉令拆除中華門靠城一帶房屋，以時屆廢曆年關，請求准予展期，容便覓屋，祈核示由。

　　呈悉。姑予展緩兩星期，如逾期不自動拆除，當由本局派工代拆，并將料抵工，務須遵限辦理。毋得違延，仰即遵照。

　　此批。

局長　張○○
中華民國卅五年元月廿一日

（《南京城墙檔案·城墙的保護與管理》，第 185—186 頁）

南京市工務局爲中華門外東西門之間所有房屋姑准展期兩星期拆除請轉飭知照
致首都警察廳的公函

（1946 年 1 月 21 日）

公函　京工字第 883 號

　　查中華門外東西門之間所有房屋均係靠近城墙，殊屬有礙城防及市容。前經分別通知該處各房主於一月二十日以前一律拆遷，并函請貴廳轉飭該管警局督率辦理在案。兹據該處各房主呈稱，以"時屆廢曆年關，難以覓屋，請予展緩拆除"等情。業經批飭，姑准展期兩星期。相應函達，即希查照，并轉飭知照爲荷。此致

首都警察廳

局長　張○○
卅五年元月廿一日

（《南京城墙檔案·城墙的保護與管理》，第 185—187 頁）

中華門城墻居民爲陳述困難請再緩予拆除一事致南京市工務局呈

（1946 年 2 月 1 日至 2 月 9 日）

爲中華門靠城居民等頃奉鈞局京工字第 883 號批示，内開 "呈悉。姑准展緩兩星期，如逾期不自動拆除，當由本局派工代拆，并將料抵工。務須遵限辦理，毋得違延。仰即遵照。此批" 等因。奉此，民人等何敢抗違？自應遵辦。惟查鈞局限期之日，適逢廢曆年關之際，工匠休業，拆屋乏人；且民人等全年營業賒欠賬款尚未全部清償，一旦他遷，更無從着手。既遭家破之慘，更蒙賬款損失，虧耗之重，無法計算！而最近本京覓屋之難，盡人皆知，固無庸多述。反觀日寇僑民，雖集中居住，我政府尚且爲之築屋；而民人等一旦拆除居屋，反不若日寇之優游也。爲此不得已仍懇寬限時日，自當全體拆除，以重觀瞻。仰乞鈞長恩准，實爲德便。謹呈

南京市工務局局長張

具呈人：刁松海　胡義興

陳鳳雲　龔培仁

叶平安　陳享［亨］鑫

曾錫九　陳恩珍

余開福　鍾紹松

胡建平　王兆奎

姜玉堂　王孫氏

陳榮華　陳福興

通信處：中華門外九號 刁松海

中華民國三十五年二月壹日

（《南京城墻檔案·城墻的保護與管理》，第 188—191 頁）

南京市工務局爲據請准予再緩拆除中華門靠城房屋給具呈人刁松海等的批

（1946 年 2 月 9 日）

批　京工字第 1060 號

具呈人刁松海等：

二月四日呈乙件，爲再請展緩拆除中華門靠城房屋由。

呈悉。查拆除該處房屋，業經展緩在案，兹已屆限期，且農曆年關又過，亟應尅日拆除，一再請展，實屬不合。如再延誤，則派工强制執行，以料抵工，并仰遵照爲要。此批。

中華民國卅五年弍月九日

（《南京城墻檔案·城墻的保護與管理》，第 192—193 頁）

首都警察廳、南京市工務局關於中華門內外靠近城墻一帶房屋限期自行拆除的布告

（1946 年 3 月 26 日）

首都警察廳

布告　京工字第 1639 號

南京市工務局

　　查中華門內外靠近城墻一帶，原屬禁建區域，乃查有民房叢集，殊屬有礙城防。前經拆除一部分在案，其餘應拆房屋亦已派員調查户主姓名及房屋間數，標明紅色"拆"字。所有上項房屋，統限於三月卅一日前自行拆除，各業主并得向本工務局領取拆遷費。合行布告，一體遵照。此布。

廳長

局長

中華民國卅五年三月廿六日

（《南京城墻檔案·城墻的保護與管理》，第 194—195 頁）

7. 拆除大樹根城墻附近蘆棚

南京市工務局爲大樹根城墻附近擅搭蘆棚限期拆除給白步榮的通知

（1946 年 7 月 16 日）

通知　京工（一）字第 3592 號

　　據查報稱，"該民在大樹根八十八號東面沿城墻之土坡上削平土地一塊，擅搭蘆席房兩間，業已完成；復於南面削平一方，有繼續搭蓋企圖"等情。查該處緊挨城墻，不論其爲公私土地，均屬不准建築，草房亦在取締之列，擅自搭蓋，尤屬違章。合亟飭仰該民，限於文到十日內自行拆除，毋得違延。切切。特此通知。

　　右通知白步榮

局長

中華民國卅五年七月十六日

（《南京城墻檔案·城墻的保護與管理》，第 198—200 頁）

南京市工務局爲市民白步榮在大樹根城墻附近擅搭蘆棚限期拆除轉飭管警所派警督令致首都警察廳北區警察局的公函

（1946 年 7 月 16 日）

公函　京工（一）字第 3592 號

　　據查報稱，"市民白步榮在大樹根八十八號東面沿城墻之土坡上削平土地一塊，擅搭蘆席房兩間，業已完成；復於南面削平一方，有繼續搭蓋企圖"等情。查該處緊挨城墻，不論其爲公私土地，均屬不准建築，草房亦在取締之列，該民擅自搭蓋，尤屬違章。除已通知限於文到十日內自行拆除外，相應函請貴局查照，轉飭該管警所派警督令依法拆除，以儆效尤，至紉公誼。此致
北區警察局

局長

中華民國卅五年七月十六日

（《南京城墻檔案·城墻的保護與管理》，第 198、200—201 頁）

南京市工務局爲已通知市民白步榮限期拆除蘆棚復請轉致羅志希致陳衡夫秘書長的箋函

（1946 年 7 月 16 日）

箋函　京工（一）字第 3592 號　復陳秘書長

　　　衡夫秘書長吾兄勛右：

　　昨奉手書附羅志希先生函一件，經已派員馳勘，以書面通知該白姓限期拆除，并函請該管警局查照辦理。知念，特復。即希轉致爲荷。敬請
勛安

弟　張〇〇　敬啓

中華民國卅五年七月十六日

（《南京城墻檔案·城墻的保護與管理》，第 198、201 頁）

8. 拆除興中門城墻附近臨時房屋

陸軍第五十九旅爲營長李紹湯、陸森林在興中門城墻邊臨時搭屋請准予補辦手續致南京市工務局的公函

（1946 年 11 月 23 日）

陸軍整編第四師第五九旅司令部公函　副字第五五五號

　　案准首都警察廳本（十一）月十四日復政字第四二六三號函略開"本市建築房屋，均須向

工務局請領執照，方准興工"等由。准此，查本旅輜重營營長李紹湯及陸森林因眷屬來京，租屋維艱，不得已在興中門城墻邊搭蓋臨時房舍，玆准前由，相應函請查照，敬希准予補辦手續，并希賜復爲荷。

　　此致
南京市工務局

陸軍整編第四師五九旅旅長　李子亮

中華民國三十五年十一月二十三日

　　移下關辦事處查。

林蕭（？）（印）

十二·四

（《南京城墙檔案·城墙的保護與管理》，第 202 頁）

南京市工務局金聲爲查勘興中門城墙邊臨時搭屋情形致南京市工務局的簽呈

（1946 年 12 月 21 日）

簽呈　關字第三五〇號

　　案奉鈞局交下首都警察廳復政營字第 4265 號公函一件，"爲興中門内附近軍人違章建屋，函請查照核辦由。奉批'交下關辦事處查報'等因。奉此，遵經派由技術員黃馨前往實地查勘，復稱：遵查該陸軍第五十九旅輜重兵第三營營長李紹湯確在興中門内南首沿城邊搭蓋竹笆墻、瓦平房兩小間，汽車排長陸森林即在興中門大街十五號後進，私自搭蓋草房三間，均已完工。至於江寧要塞司令部第二區臺炮兵炮長陳萬鵬搭蓋部分，因不知其搭蓋地點，無從查悉。經往詢該區臺副臺長方德榮面稱'業已飭令拆除'云云，奉派前因，理合將查勘經過情形，簽復鑒核"等情。正核辦間，復奉鈞局交下陸軍整編第四師第五九旅司令部副字第 555 號公函一件，略以："本旅輜重營營長李紹湯及陸森林因眷屬來京，租屋維艱，不得已在興中門城墙邊搭蓋臨時房舍，函請准予補辦手續，賜復由。"奉批"并交下關辦事處查報"各等因。奉此，查該李紹湯等所搭臨時房舍業已完工，既未能提出地産證件，而本處又未悉該基地屬於何人所有，准函請予補辦手續，似覺仍與定章未合。奉批前因，理合謹將派員查勘經過情形，備文簽復，究應如何辦理，仰祈鑒核示遵。謹呈

秘書顧　轉呈

局長張

　　附呈繳首都警察廳原公函一件

陸軍整編第四師五九旅司令部原公函一件

職　金聲

三十五年十二月廿一日

（《南京城墙檔案・城墙的保護與管理》，第 205—207 頁）

南京市工務局爲興中門城墻邊臨時搭屋未便給照轉飭拆除致陸軍第五十九旅的公函

（1947 年 1 月 25 日）

公函　（卅六）京工審字第 828 號

　　案准貴司令部三十五年十一月二十二日副字第五五五號公函，略以"本旅輜重營營長李紹湯及陸森林因眷屬來京，租屋維艱，不得已在興中門城墻邊搭蓋臨時房舍，函囑准予補辦手續見復"等由。准此，查興中門一帶均屬城防禁建區域，未便給照，希即轉飭拆除，相應復請查照爲荷。此致

陸軍整編第四師第五九旅司令部

代理局長　張丹如

中華民國卅六年元月廿五日

　　此件因地址不明，無法送達，擬并案存檔案室。

元・廿九

（《南京城墙檔案・城墙的保護與管理》，第 210—213 頁）

9. 拆除小桃園緊靠城墻一帶房舍

首都警察廳下關警察局爲派員會同前往小桃園一帶勘測拆除草房致南京市工務局下關區工務管理處的公函

（1947 年 7 月 12 日）

首都警察廳下關警察局公函　關政字第九八七號

　　案奉首都警察廳與政警字第一八七〇號訓令開，"案奉首都衛戍司令部副庶巳皓代電内開，'案奉國防部（卅六）巳冬創勝防創畏字第四三四三號開，"據江寧要塞司令部胡司令（卅六）辰陷參代電報稱'查本京緊靠城墻之營地（内外各一丈八尺以上），原屬城防工事之公産，係軍用地，不准建築房舍等，而近來竟有軍民人等侵占公産，擅自營建。爲維護公産起見，謹懇通電有

關機關，恢復地權，禁止營建。是否有當，并乞示遵'等情。希即核辦"等因。奉此，除分電外，即希查明取締，見復爲荷'等因。奉此，除分令外，合行令仰，於文到十日內，遵經具報，勿延爲要"等因。奉此，查本局轄區小桃園、興中營、四所村等一帶緊靠城墻一丈八尺處，建築草棚者頗多，雖經數次勸導拆除，均歸無效。相應函請查照，派員會同本局寶善街、四所村、鮮魚巷三警察所，前往勘測拆除，以重功令而符手續爲荷。此致

工務局下關工務管理處

局長　余翼群

副局長　杜家瑜

中華民國卅六年七月十二日

①呈局轉飭審勘室辦理。

②復已代轉本局派員矣。

麟

七·一四

（《南京城墻檔案·城墻的保護與管理》，第 233—235 頁）

南京市工務局下關區工務管理處爲取締緊靠城墻之營地擅自建築房舍致南京市工務局的簽呈

（1947 年 7 月 14 日）

工字第一八二號

　　案准首都警察廳下關警察局本年七月十二日關政字第九八七號公函略開，"層奉國防部代電飭知'本京緊靠城墻之營地（内外各一丈八尺以上），原屬城防工事之公產，係軍用地，不准建築房舍等，而近來竟有軍民人等侵占公產，擅自營建，應即查明取締'等因。查本局轄區小桃園、興中營、四所村一帶緊靠城墻一丈八尺處，建築草棚者頗多，雖經數次勸導拆除，均歸無效。相應函請貴處派員會同本局寶善街、四所村、鮮魚巷三警察所，前往勘測拆除，以重功令而符手續"等由。准此，查上開地段，雖係本區轄境，然事關取締建築，非主管事務範圍，未便擅加處置。理合備文，報請鑒核轉飭辦理。謹呈

局長張

全銜　翁〇〇

中華民國卅六年七月十四日

（《南京城墻檔案·城墻的保護與管理》，第 236—238 頁）

南京市工務局下關區工務管理處爲取締緊靠城墻之營地擅自建築房舍
致首都警察廳下關警察局的公函

（1947 年 7 月 14 日）

工字第一八三號

接准貴局關政字第九八七號大函，"層奉國防部代電，嚴禁軍民人等在緊靠城墻之營地（內外各一丈八尺處）擅自營建一案內，查有小桃園、興中營、四所村三地緊靠城墻處，建築草棚者頗多，雖經數次勸導拆除，均歸無効。轉囑本處派員會同寶善街、四所村、鮮魚巷三警所前往勘測拆除"等由。准查上開地段，雖係本處轄境，奈因事關取締建築，非本處主管事務，未便越權處理。除呈報工務局飭審勘室迅予辦理外，相應復請查照爲荷。此致
下關警察局

主任 翁○○

中華民國卅六年七月十四日

（《南京城墻檔案·城墻的保護與管理》，第 238—239 頁）

南京市工務局下關區工務管理處爲准下關警察局函請會同勘測拆除緊靠城墻營
地擅自建築房舍情形致南京市工務局的呈文

（1947 年 7 月 16 日）

關工字第一八二號

案准首都警察廳下關警察局本年七月十二日關政字第九八七號公函略開，"層奉國防部代電飭知'本京緊靠城墻之營地（內外各一丈八尺以上），原屬城防工事之公產，係軍用地，不准建築房舍等，而近來竟有軍民人等侵占公產，擅自營建，應即查明取締'等因。查本局轄區小桃園、興中營、四所村一帶緊靠城墻一丈八尺處，建築草棚者頗多。雖經數次勘導拆除，均歸無効。相應函請貴處派員會同本局寶善街、四所村、鮮魚巷三警所，前往勘測拆除，以重功令而符手續"等由。准此，查上開地段雖係本區轄境，然事關取締建築，非主管事務範圍，未便擅加處置。理合備文，報請鑒核轉飭辦理。謹呈
局長 張

下關區工務管理處主任 翁天麟（印）

中華民國卅六年七月十六日

（《南京城墻檔案·城墻的保護與管理》，第 240 頁）

南京市工務局下關區工務管理處王貴良關於擬請局方會同警廳先行告示小桃園一帶靠城垣棚戶不得擅自搭建的簽呈

（1947 年 7 月 22 日）

查治城墻小桃園、興中營、四所村一帶，有棚戶約三仟戶以上。靠城垣棚戶，多數係敵僞時期搭建。職查勘各地時，各棚戶多訴苦不已。倘强予執行拆除，固無不可，惟若無適當善後辦法，必生嚴重後果無疑。綜合各種情形，思前慮後，擬請由局方會同警廳先告示以上各地棚戶，嗣後不得再擅自搭建；已建者，分期遷往指定棚戶區。或可奏效一時。當否之處，謹呈裁奪。

職 王貴良 呈

七月廿二

據簽會辦。

張丹如（印）

七·廿六

（《南京城墻檔案·城墻的保護與管理》，第 241 頁）

第五節　城墻附近地產徵收與管理

一、收買中山門外營址

南京特別市市政府爲令飭按圖測丈收買中山門外營址給南京特別市土地局的訓令

（1929 年 7 月 4 日）

訓令　第二〇八九號

爲令遵事。案奉國民革命軍總司令部第四零一七號訓令內開，"案據營房設計處主任黄爲材等呈稱，'案查朝〈陽〉門外營基，經奉鈞部諭令"向東移動"等因。奉此，職處遵即派員勘查測量，經將移動情形呈報鈞座核准在案。惟該新營基內多屬民地，自應早爲收買，理合備文，連同圖案一件，呈請鈞部核示備案，幷令市政府轉知土地局派員按照圖址迅予測丈收買，以利工程，實爲公便'等情，幷附營房地址圖一件到部。合有檢發原圖，令仰該局長遵照轉知土地局派員測丈收買。勿延。切切。此令"等因，幷附圖下府。奉此，合亟檢發原圖，令仰該局長即便遵照辦理具報，以憑核轉。毋延。切切。此令。

計發中山門營址圖一份

市長　劉紀文

十八年七月四日

（《首都市政公報·公牘》，1929 年第 40 期，第 36—37 頁）

南京特别市市政府爲中山門外營基照現圖界址收買請轉咨内政部核准辦理致國軍編遣委員會中央及第一編遣區營房設計處的公函

（1929 年 9 月 16 日）

公函　第一一三五號

　　徑啓者。案據土地局局長楊宗炯呈稱，“案准國軍編遣委員會中央及第一編遣區營房設計處函開，‘案查中山門外新移營基土地，前經附圖，函請貴處派員丈量，照圖按址收買在案。惟該處新移營基，錯綜起伏，高低不平，經敝處將全部營基範圍縮小，俾可袪除前弊。兹將中山門外新移營基縮小界址，在原圖上繪成紅綫，較以前收買原址縮小：東方三百五十尺，南方二百尺。虚綫乃從前原址，實綫即現在應用營基界址。虚綫以内部分，即請免予收買；照現圖界址收買。相應連同圖案一份，函請迅予辦理’等由。准此，事關軍事建設，自應依照來函所請，迅予辦理。惟查《土地徵收法》第八條第一款載‘國民政府直轄中央各機關、省政府、特别市政府徵收土地法時，由國民政府内政部核准’等語。現在營房設計處既將中山門外營基改移，囑照現圖界址收買民地，依照《土地徵收法》第八條第一款之規定，似應由該處呈請主管官署，轉咨國民政府内政部核准，以符法令。准函前因，理合具文，呈請鑒核，俯賜轉函營房設計處，查照辦理”等情。據此，除指令外，相應據情轉達，即請查照辦理爲荷。此致
國軍編遣委員會中央及第一編遣區營房設計處

南京特别市政府　啓

十八年九月十六日

（《首都市政公報·公牘》，1929 年第 45 期，第 31 頁）

南京特别市市政府爲中山門外營基照現圖界址收買應由内政部核准已據情函轉營房設計處給南京特别市土地局的指令

（1929 年 9 月 16 日）

指令　第三五八〈號〉

　　呈一件。爲營房設計處函請中山門外營基照現圖界址收買一案，應由内政部核准，請函轉查照由。

呈悉。已據情轉函查照辦理矣。仰即知照。此令。

原呈見公函第一一三五號

十八年九月十六日

（《首都市政公報·公牘》，1929 年第 45 期，第 31 頁）

二、規劃小東門至金川門外空地

南京特別市市政府爲呈復令飭土地局調查小東門與金川門外鐵路與城墙間空地產權給南京特別市工務局的指令

（1930 年 1 月 11 日）

指令　第九一號

呈一件。爲呈復查明小東門與金川門城外鐵路與城墙間空地，建築平民住宅較爲適宜，擬請令飭土地局調查産權，繪具詳圖，以憑計劃，祈鑒核由。

呈悉。案經飭據土地局查核復稱，"遵經令行下關辦事處查明具復去後，兹據復稱，'遵查該地面積約四十餘畝，詢據附近居户稱，"該地産權係趙姓民産，現住下關寶塔橋"等語。又查該地四至，東至張姓地，南至城墙脚下，西至鐵路，北至朱姓地'等情前來。查該地四至雖據查明，而産權之判定自以契據爲憑。除通知趙姓呈驗契據，以憑辦理外，理合先將該處奉查情形備文呈復，仰祈鑒核"等情前來。除指令外，合行令行該局長即便知照。此令。

十九年一月十一日

附原呈

呈爲呈復事。案查本年十一月二十三日，奉鈞府第三五七九號訓令内開，"案據土地局局長楊宗炯呈稱，'前奉鈞府三三二四號令飭"在下關滬寧車站和記洋行附近，覓定空地以便建築平民房屋"等因。奉此，當經令行職局下關辦事處查復去後。兹據復稱，"查下關附近可以建築平民住宅之地有三：（一）滬寧鐵路旁煤炭港之南，有空地七八十畝，該地係滬寧鐵路所有。如交涉收用二三十畝，未始不可。（二）和記洋行東面有空地，一方面積約有七八畝，係唐姓民産。（三）寶塔橋之東，有空地二三十畝，亦係民産，不過此處高下不平，必須填土方可建築"等情前來。查該三處空地，究竟擇定何處？應由工務局查明核辦。奉令前因，理合具文呈復，仰祈鑒核示遵'等情。據此，除指令外，合行令仰該局長即便遵照，查核具復，以憑察奪，此令"等因。奉此，查土地局原呈所指三地，均距下關繁盛地方太遠，似不適用。兹查得小東門與金川門城外鐵路與城墙間之空地，雖兩越城墙，而距下關及中山路均屬較近。將來於薩家灣附近另闢城門，交通尤爲便利，以建平民住宅似較適宜。擬請令飭土地局調查該處產權，繪具詳圖，以憑計

劃。是否有當，理合具文呈復，仰祈鑒核示遵，實爲公便。謹呈

市長劉

工務局局長 陳和甫

十一月二十七日

（《首都市政公報·公牘》，1930 年第 52 期，第 13—14 頁）

南京特別市市政府爲呈復調查小東門與金川門外鐵路與城墙間空地産權 給南京特別市土地局的指令

（1930 年 1 月 11 日）

指令　第九二號

呈一件。爲呈復調查小東門與金川門外鐵路城墙間空地産權情形由。

呈及繳件均悉。已令行工務局知照矣。此令。

十九年一月十一日

原呈見指令第九一號

（《首都市政公報·公牘》，1930 年第 52 期，第 14 頁）

内政部爲核准公告徵收北門外金川門與市鐵路間之空地建築市民村 致南京特別市政府咨

（1930 年 6 月 3 日）

爲咨復事。案准貴市政府循急字第三零號咨，以 "勘定北門外金川門與市鐵路間之空地建築市民村計劃案，業經首都建設委員會審查通過。擬於原計劃圖中先徵收土地二十七畝半，建築戊種住宅，計附計劃書、地圖各一件。請即核准公告" 等因。准此，核與《土地徵收法》第二條第五款之規定相符，除依同法第八條及第九條之規定核准公告外，相應咨復查照，仍請依法辦理爲荷。此咨

南京特別市政府

代理内政部長 鈕永建

中華民國十九年六月三日

（《内政部内政公報·咨》，1930 年第 3 卷第 6 期，第 9 頁）

南京特別市政府爲請撥借小東門外營地暫作本市棚户遷移地點致軍政部咨

(1930 年 6 月 4 日)

咨　第一六七號

　　爲咨請事。案據敝府工務局局長趙志游、土地局局長唐伯文會銜呈稱，"竊查市内棚户散居近方［萬］，爲數至鉅，對於交通、觀瞻，均有妨礙。現擬分別飭令遷移，以資整理，并指定較遠公地爲該棚户等遷移或暫居之用。當經職局等會同商定，計有定淮門外曠地、小東門與金川門外鐵路城墻間之空地，及小東門外緊接城根與高子塘間之營地等三處，以之遷移棚户尚覺合宜。除金川門外鐵路城墻門［間］之空地，已由職工務局擬具建築市民村計劃，其預算圖案已呈由鈞府提請首都建設委員會審核外，其小東門外緊接城根與高子塘間之營地，查係軍政部營産科所轄，擬請函商借用。一俟市民村興建完工後，再行騰出歸還。是否有當，理合會銜呈請鑒核示遵"等情。據此，查市内散居棚户，亟應限令遷移，敝府市民村計劃現已籌備，并呈報行政院，一俟奉令，即當實行。所請商借小東門外緊接城根與高子塘間之營地暫作遷移地點，容俟市民村興建完工後，即行騰出歸還，似屬可行。除指令外，相應咨請查照，准予暫行撥借，并希見復爲荷。此咨

軍政部

市長　魏道明

十九年六月四日

(《首都市政公報·公牘》，1930 年第 62 期，第 23—24 頁)

南京特別市政府爲請撥借小東門外營地以便遷移本市棚户
給南京特別市土地局、工務局的指令

(1930 年 6 月 4 日)

指令　第一六八號

　　會呈爲遷移本市棚户一案，查有小東門外營地係軍政部營産科所轄，是否可以函商借用，呈請核示由。

　　呈悉。准予據情轉咨，應俟復到，再行飭知可也。此令。

十九年六月四日

原呈見咨第一六七號

(《首都市政公報·公牘》，1930 年第 62 期，第 24 頁)

南京特別市政府爲徵收金川門與市鐵路間之空地建築市民住宅
給南京特別市土地局的訓令

（1930 年 6 月 6 日）

訓令　第七〇號

　　爲令遵事。案准内政部土字第二一四號咨開，"案准貴府循急字第三〇號咨，以'勘定北門外金川門與鐵路間之空地建築市民村計劃案，業經首都建設委員會審查通過，擬於原計劃圖中先徵收土地二十七畝半，建築戊種住宅，附計劃書、地圖各一件，請即核准公告'等因。准此，核與《土地徵收法》第二條第五款之規定相符，除依同法第八條及第九條之規定核准公告外，相應咨復查照，仍請依法辦理"等由。准此，查此案前經提請首都建委會審議，旋准函復，以"市民村建築圖案對於居民衛生尚稱適宜，對於建築費用亦殊節省，所擇北門外金川門與市鐵路間之空地地點，於首都計劃并無妨礙。爲便利該村居民交通計，擬於小東門薩家灣角之間開闢一門，亦屬可行。至于所需經費，應由市府妥議籌措"等由過府。當以市民村整個計劃建築費預算需款二十五萬元，按之"本府目前經濟狀况，實難全部籌措，即擬先行完成戊種住宅五百間，以應需要，其餘再行絡續籌辦"等語，飭據工務局就原計劃中另行擬具圖案預算，分別呈咨行政院備案暨内政部核准公告，并指令知照各在案。准咨前由，除令工務局知照外，合行令仰該局長即便遵照辦理。此令。

市長　魏道明

十九年六月六日

（《首都市政公報·公牘》，1930 年第 62 期，第 25—26 頁）

南京特別市政府爲徵收金川門與市鐵路間之空地建築市民住宅
給南京特別市工務局的訓令

（1930 年 6 月 6 日）

訓令　第七〇號

　　爲令知事。案准内政部土字第二一四號咨開，"案准貴府循急字第三〇號咨，以'勘定北門外金川門與鐵路間之空地建築市民村計劃案，業經首都建設委員會審查通過，擬於原計劃圖中先徵收土地二十七畝半，建築戊種住宅，附計劃書、地圖各一件，請即核准公告'等因。准此，核與《土地徵收法》第二條第五款之規定相符，除依同法第八條及第九條之規定核准公告外，相應咨復查照，仍請依法辦理"等由。准此，查此案前經提請首都建委會審議，旋准函復，以"市民村建築圖案對於居民衛生尚稱適宜，對於建築費用亦殊節省，所擇北門外金川門與市鐵路間之空地地點，於首都計劃并無妨礙。爲便利該村居民交通計，擬於小東門薩家灣角之間開闢一門，亦屬可行。至于所需經費，應由市府妥議籌措"等由過府。當以市民村整個計劃建築費預算需款二十五萬元，按之"本府目前經濟狀況，實難全部籌措，即擬先行完成戊種住宅五百間，以應需要，其餘再行絡續籌辦"等語，飭據該局就原計劃中另行擬具圖案預算，分別呈咨行政院備案暨內政部核准公告，并指令知照各在案。准咨前由，除令土地局遵辦外，合行令仰該局長即便知照。此令。

市長　魏道明

十九年六月六日

（《首都市政公報·公牘》，1930 年第 62 期，第 25—26 頁）

南京特別市政府爲徵收金川門與市鐵路間之空地建築市民住宅仰祈鑒核備案致行政院呈

（1930 年 6 月 12 日）

呈　第九七號

　　爲呈請事。竊於六月五日奉鈞院第一七六五號指令，"職府呈爲准首都建委會函送北門外市民村計劃圖案，飭據工務局擬先完成戊種住宅，檢同計劃書及圖樣預算請鑒核備案由。內開：呈暨各附件均悉。查《土地徵收法》第八條第一款，內載'特別市政府徵收土地時，由國民政府內政部核准'等語。此案既據呈稱已分咨內政部，應俟該部核准咨復後，再行呈院備案，仰即知照。此令。附件存"等因。奉此，查此案職府於同月三日已准內政部土字第一二四號咨復，以"勘定北門外金川門與市鐵路間之空地，建築市民村計劃案業經首都建設委員會審查通過，'擬於原計劃中先徵收土地二十七畝半，建築戊種住宅，附送計劃書、地圖各一件，囑爲核准公告'等因。准此，核與《土地徵收法》第二條第五款之規定相符，除依同法第八條及第九條之規定核准公告外，相應咨復查照，仍請依法辦理"等由。准此，即經分令土地、工務兩局遵照辦理在案。奉令前因，除令知工務局外，理合具文呈請，仰祈鈞院鑒核備案，實爲公便。謹呈

行政院

南京特別市市長　魏道明

十九年六月十二日

（《首都市政公報·公牘》，1930 年第 62 期，第 26 頁）

南京特別市政府爲徵收金川門與市鐵路間之空地建築市民住宅俟內政部核准咨復再行呈院備案給南京特別市工務局的訓令

（1930 年 6 月 12 日）

訓令　第九八號

　　爲令知事。案奉行政院第一七六五號指令，"本府呈爲准首都建委會函送北門外市民村計劃

圖集，飭據工務局擬先完成戊種住宅，檢同計劃書及圖樣預算，請鑒核備案由。内開 '呈及各附件均悉。查《土地徵收法》第八條第一款，内載 "特別市政府徵收土地時，由國民政府内政部核准" 等語。此案既據呈稱已分咨内政部，應俟該部核准咨復後，再行呈院備案，仰即知照，附件存' 等因。奉此，查此案本府已准内政部土字第二一四號咨復，業經依法核准公告，囑仍依法辦理" 等由。准經分令該局知照，并土地局遵辦在案。兹奉前因，除照案呈復，并仍請備案外，合行令仰該局長即便知照。此令。

市長 魏道明

十九年六月十二日

（《首都市政公報·公牘》，1930 年第 62 期，第 26—27 頁）

行政院爲准予備案徵收金川門與市鐵路間之空地建築市民住宅給南京特別市政府的指令

（1930 年 6 月 16 日）

指令　第一八八三號

　　令南京特別市政府：

　　第九七號呈爲呈復 [請] 市民村計劃案内先建築戊種住宅，擬徵收金川門與市鐵路間之空地二十七畝半一案，已准内政部核准咨復，請鑒核備案由。

　　呈悉，准予備案。此令。

十九年六月十六日

（《行政院公報》，1930 年第一百六十一號，第 26 頁）

土地消息·勘查小東門外營地

（1930 年 7 月 15 日）

　　▲ 以便遷移市内棚户

　　本府前據工務、土地兩局呈請，咨請軍政部，借用小東門外緊接城根與高子塘間之營地，暫作棚户遷移地點，本府經即據情轉咨去後。兹准該部咨復，以暫借小東門外與高子塘間營地，作爲棚户遷居之所，似無不可，請即派員徑赴軍需署營造司營産科，會同勘定等由。現本府已令飭工務、土地兩局，遵照辦理，具報備核云。

（《首都市政公報·紀事》，1930 年第 63 期，第 6 頁）

南京市政府爲勘定借用小東門外城根營地候轉函軍政部查照給南京市土地局、工務局的訓令

（1930 年 7 月 31 日）

指令　循字第五七七號

呈一件。會呈勘定借用小東門外城根營地，并遷移交通路棚戶情形祈核示由。

呈悉。候轉函軍政部查照，仰即知照。此令。

十九年七月三十一日

原呈見咨循字第五七八號

（《首都市政公報·公牘》，1930 年第 65 期，第 30 頁）

南京市政府爲勘定借用小東門外城根營地致軍政部咨

（1930 年 7 月 31 日）

咨　循字第五七八號

爲咨復事。案據敝府工務局長趙志游、土地局長唐伯文會〈銜〉呈稱："案奉鈞府循急字一七三號訓令內開，'案准軍政部實丁字第四九七號咨開，"頃准貴府循字第一六七號咨'據工務、土地兩局，呈請借用小東門外緊接城根與高子塘間之營地，暫作棚戶遷移地點，咨請查照撥借見復'等由。准此，查暫借小東門外與高子城間營地作爲棚戶遷居之所，似無不可，惟所需面積爲若干畝，未准敘明，應請派員徑赴軍需署營造司營產科會同勘定，以期簡捷。准咨前由，相應咨復，查照辦理"等由。准此，查此案前據該局長等呈請，即經據情轉咨，并指令知照在案。茲准前由，合行令仰該局長等即便遵照辦理，具報備核。此令'等因。奉此，遵經職土地局派測量隊組長曹澎，職工務局派技士王漢忠，會同軍需署營造司營產科何調查員志道實地勘定，'自小東門以北八百公尺爲借用遷移棚戶地址，至寬度若干，係用定後再行核算'等由。查原函'以北'二字係'以南'二字之誤。除即由職工務局去函更正，并指定爲交通路一帶被拆棚戶遷移之所外，理合將會勘情形復請鑒核"等情。據此，查此案前准貴部咨復，即經令飭該局等會同遵辦在案。茲據前情，除指令外，相應咨復查照爲荷。此咨

軍政部

魏道明

十九年七月三十一日

（《首都市政公報·公牘》，1930 年第 65 期，第 29—30 頁）

南京市政府爲令發徵收金川門外民地地價議定書依法辦理
給南京市土地局的訓令

（1930 年 11 月 15 日）

訓令　府字第八九六號

　　爲令行事。案據本市土地徵收審查委員會呈稱，"案奉鈞府交下'土地局徵收金川門外民地地價補償不能協議一案，飭即依法議定'等因。奉此，遵即提交屬會第二十次常會議定在案。理合依照《土地徵收法》第二十二條之規定，擬就議定書，備文呈請鑒核，俯予轉發，實爲公便"等情，并附議定書。據此，查此案前據該局呈請，即經發交該會審議在案。兹據前情，合行檢發原件，令仰該局長即便遵照，依法辦理。此令。

　　計檢發土地局徵收金川門外民地地價議定書四十份

市長　魏道明

十九年十一月十五日

附：南京市土地徵收審查委員會議定書

　　興辦事業人：南京市土地局

　　土地所有人：金川門外被徵收土地各業户

　　右列當事人因所徵收及被徵收土地地價不能協議一案。於中華民國十九年十一月三日，由土地局根據《土地徵收法》第十五條第二項規定，呈經市政府令飭本會依法議定，兹經本會第二十次會談議定如左：

　　議定主文：每畝給價九十元

　　事實及理由：緣土地局徵收金川門致［至］市鐵路間民地，該局曾於六月十日召集該土地所有人到局協議地價，計到業主謝有華等十六户，聲稱，"該地臨近下關，要求照下關時值最低價格發給，并聲明現值農忙，不能全體到會，請寬限兩日，以便全體集議另推代表到局協議"等語。復經該局於同月三日再行協議，屆時各業并無一人到局，致無結果。兹經本會參照該處鄰地近年買賣成交價格，并依照《土地徵收法》第二十三條之規定，議定折衷補償如主文。

南京市土地徵收審查委員會委員長　魏道明

（《首都市政公報·公牘》，1930 年第 72 期，第 31—32 頁）

三、玄武門一帶徵地築路及設立畜牧場

1. 徵地興築玄武路暨玄武門各項工程

南京市政府爲令飭依法徵地興築玄武路暨玄武門各項工程給南京市土地局的訓令

（1931 年 3 月 21 日）

訓令　府字第三八三七號

　　爲令遵事。案准内政部土字第八四號咨開，"案准貴府第三二二二號咨以玄武路暨玄武門各項工程擬即興築，計應徵收土地三十七畝，計劃圖案與首都幹路系統圖相符，毋庸再送審查，附計劃書一份、地圖六張。囑查照核准公告到部。核與《土地徵收法》第二條第二款之規定相符，除依法核准公告外，相應檢同公告一張，咨復查照，飭貼徵收地點，俾衆咸知，仍請依法辦理"等由，并附公告一張過府。准此，查此案前據工務局先後擬送圖案及計劃書到府，即經咨請内政部核准公告見復在案。茲准前由，除令工務局知照外，合行檢發公告，令仰該局即便遵照，依法辦理。此令。

市長　魏道明

中華民國二十年三月二十一日

（《首都市政公報·公牘》，1931 年第 80 期，第 35 頁）

南京市政府爲令飭依法徵地興築玄武路暨玄武門各項工程給南京市工務局的訓令

（1931 年 3 月 21 日）

訓令　府字第三八三七號

　　爲令知事。案准内政部土字第八四號咨開，"案准貴府第三二二二號咨以玄武路暨玄武門各項工程擬即興築，計應徵收土地三十七畝，計劃圖案與首都幹路系統圖相符，毋庸再送審查，附計劃書一份、地圖六張。囑查照核准公告到部。核與《土地徵收法》第二條第二款之規定相符，除依法核准公告外，相應檢同公告一張，咨復查照，飭貼徵收地點，俾衆咸知，仍請依法辦理"等由，并附公告一張過府。准此，查此案前據該局先後擬送圖案及計劃書到府，即經咨請内政部核准公告見復在案。茲准前由，除令土地局遵辦外，合行令仰該局即便知照。此令。

市長　魏道明

中華民國二十年三月二十一日

（《首都市政公報·公牘》，1931 年第 80 期，第 35 頁）

2. 徵用玄武門內板井旗地設立中央畜牧場

南京市政府爲實業部收用玄武門內板井旗地設立中央畜牧場給南京市財政局的指令

（1932 年 7 月 2 日）

指令　第二二八〇號

　　簽呈一件。爲奉交實業部咨請收用玄武門內板井旗地，設立中央畜牧場，簽請咨復，先行辦理審查公告手續由。

　　簽呈及繳件均悉。已據情咨復矣，仰即知照。繳件存。此令。

市長　石瑛

廿一年七月二日

原呈見咨第二二八一號

（《南京市政府公報·公牘》，1932 年第 111 期，第 99—100 頁）

南京市政府爲財政局核復收用玄武門內板井旗地致實業部咨

（1932 年 7 月 2 日）

咨　第二二八一號

　　爲咨復事。案准貴部漁字第八一二號咨開"以勘定本京玄武門內板井旗地一處，擬闢爲乳牛場址，照章備償承領，囑爲查照，轉飭辦理見復"等由。准此，當經飭交本府財政局核辦去後，茲據復稱，"遵查實業部徵用玄武門內板井旗地，設立中央畜牧場，依照《土地徵收法》第八條之規定，應先擬具計劃書，并附地圖，咨請內政部核准公告，一面并須照章報由首都建設委員會審查，與首都建設計劃有無抵觸，迨內政部核准後，本局再行依法辦理徵收手續。奉交前因，理合檢同奉發原咨，具文簽復，仰祈鑒核咨轉"等情。據此，除指令外，相應據情咨復，即希查照辦理爲荷。此咨

實業部

市長　石瑛

二十一年七月二日

（《南京市政府公報·公牘》，1932 年第 111 期，第 100 頁）

四、開浚護城河與徵用民產之争議

軍政部及營造司等關於開浚護城河與民產有關争議的批令清册[①]

（1933 年 7 月 28 日—1935 年 4 月 9 日）

謹將軍政部及營造司批令繕具清册恭呈鑒核。計開：

民國二十二年七月二十八日奉到軍政部裕丁字第一一二二九號批令，内開："呈悉。查本部訂立界址係清理護城河營地。該民等對於所訂界綫内，如果有契照可憑，仰即於八月五日，携帶紅契前來本部營造司呈驗，以憑核辦。切切。此批。"

民國二十二年十月三十一日奉到軍政部軍需署營造司造字第一八九六號批令，内開："呈悉。查該項塘田現正在核辦間，所請發還一節，應從緩議。至游民任意網取魚苗，業已由部令飭警廳布告，并轉飭該管警局從嚴禁止矣。仰即知照。此批。"

民國二十二年十一月二日奉到首都警察廳布告安字第十號内載："案奉軍政部裕丁字第一八六六五號訓令内開，'查下關獅子山下護城河，前經本部派員清理，自小東門起經新民門至金川門鐵路以西一帶，河道本屬護城河範圍以内，因久未整理，輾轉落於附近人民管有。現本部正在偵查經過情形，以爲解決關鍵。乃聞該地附近游民竟有藉口官產、任意網割塘内魚蝦及田内青苗情事。查該項塘田在未經本部清理決定以前，所有花息，自應仍由各該管有人民收取，不准附近游民任意網取。應該廳布告禁止，違者拘辦'等因。奉此，除飭該管第七警察局隨時查禁外，合亟布告周知，如再有在該處護城河範圍内塘田中任意網打魚蝦、割取青苗情事，定即拘拿懲辦。仰各凛遵，毋違。此布。"

民國二十三年二月七日奉到軍政部充丁字第三七八號批令，内開："呈悉。仰候令飭將該護城河全部測丈時，各該呈據之户附帶清理核奪。此批。"

民國二十四年二月一日奉到軍政部盈丁字第二八五號批令，内開："呈悉。查下關護城河界

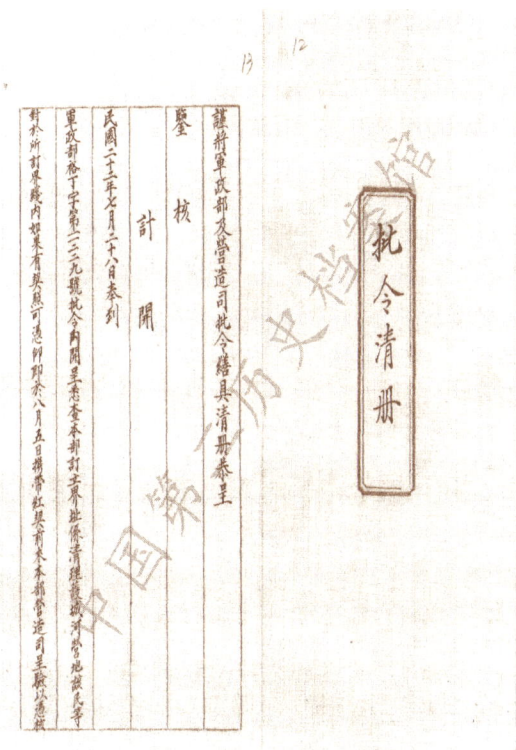

[①] 爲方便讀者理解，以各批令所發時間先後爲序，對此批令清册各條重新作了調整。

限內之營地、池塘本屬國有。該民等所執之契據，又大都係屬補契。僅經過民國三年及十七年之驗契，始終未曾由公家處分，本應全數收回。茲爲體恤該民起見，凡驗契手續完全者，作爲繼續有效。至丈出之地畝，該民等歷來尚未完納糧稅，自應照數向本部申請租用，否則即行收回。所請掃數發還一節，應毋庸議。此批。"

民國二十四年三月七日奉到軍政部盈丁字第六一七號批令，內開："呈悉。查各地城垣之建築四周均環以城濠。南京之護城河在上江兩縣縣志內所附圖案，除漢西門一帶因原有通長江之河道作爲濠河外，其餘均與各地城垣情形相同，且濠河本屬營產，距城亦寬狹不等，自不能以三丈六尺作爲範圍。該民等所稱之六塘，向未經過公家處分，其爲輾轉侵占管有，不言可知。本部前批：凡驗契手續完全者，作爲有效，係爲體恤該民起見，從寬辦理。又前清弓口與現用市尺，稍有常識者皆知：市尺大於弓口。該民等竟顛倒其大小，曉曉率瀆，殊屬不合。仰仍遵照前批，將丈出之地畝及池塘，限於一月內照章申請租用；否則，定行收回另租，決不寬貸。此批。"

民國二十四年四月五日奉到軍政部軍需署營造司設字第一二四五號批令，內開："呈悉。仰候派員將丈出地畝及池塘界址，分割清楚。該民等填送申保書後，再將界石移置可也。此批。"

民國二十四年四月九日奉到軍政部盈丁字第九七零號批令，內開："呈悉。已飭派員查明丈出之地及池塘界址，即由該民等填送申保書後，再行將界石移訂。仰即知照。此批。"

（中國第二歷史檔案館藏，檔案編號：767-1891）

和平門外沿城居民王文亮等爲開浚護城河請測量面積以定各户賠償費用致參謀本部呈

（1936 年 4 月 3 日）

呈爲開浚護城河挖壓民地及青苗，民無以生，請求明白批示，以安衆心事。竊自和平門外至金川門一帶，近忽來數千工人挑浚舊護城河，并且加倍放寬，河身甚闊。查舊河身兩岸多係民等地產，此次放寬甚大，皆係挖用民等之地；而挑挖之土，更多堆壓兩岸民等地產之上。是民等賴以生產、生活之地產，被挖則已化爲烏有，被壓則幾成山嶺，已爲無用。而兩年乾荒，渴望收獲，度是青苗，更被挖壓無遺。數十家望地興嘆，何以爲生？伏思民地，自應聽公家便用，而公家使用民地，亦決不能使民等無以爲生。惟已開工多日，未曾分戶測量，將來究知每戶用地之多少；而界限消滅，更將引起無從解決之糾紛。前於開工之初，民等即於三月十九日、三月廿三日聯名兩呈南京市政府在案。迄今多日，未奉批示，亦未見如何辦法。茲因民等數十家生活所關，刻不能安。伏思此項護城河工程，當爲鈞部辦理，爲此聯名呈請鈞長電鑒，俯賜將開浚和平門至金川門一帶護城河、挖壓民地及青苗如何辦法之處，迅予明白批示，以安衆心。并請迅予派員分戶測量，以定各戶面積之標準，而免將來之糾紛。不勝感恩，待示之至。謹呈

參謀本部

具呈和平門外沿城居民：

王文亮　連啓文　陳西清（陳寬蕙、閆蕙芳代理人）　伏寶炘

許允成　劉國鑫　陳長偉　施文恭　汪叔苐　許必洪　孫正清

薛寶善　孫廣富　徐子義　葉根深　施文泉　徐華鑒　施學成

詹保興　陸良洲　孫正林　王立朝　孫正有　劉金堂　孫廣炳

李學榮　王樹堂　王文良　孫清源

廿五年四月三日

　　查三月三十一日及三月廿八日，曾經收到謝有華等及張承儀等兩呈，均爲新民門至玄武湖挖河工程請求丈地給價。當經簽注意見（三月廿五日簽），奉批"如擬并呈報"在卷。本案擬一面函請京市政府辦理免糧及拆遷費，一面批示知照。當否，乞示。

熊斌（印）

吴和宣（印）高孔時（印）

劉仁燮（印）

四·四

（中國第二歷史檔案館藏，檔案編號：767-1891）

金川門外居民錢有林等爲放寬沿城一帶護城河挖用民地懇求發給地價及青苗補償金致參謀本部呈

（1936 年 4 月 22 日）

　　呈爲懇求救濟，發給地價及青苗補償金，以救民生事。竊民等有祖遺地產，坐落本京金川門外江沿圩地方，現因鈞部建設放寬沿城一帶護城河，將民等之菜地挖用，共約拾有餘畝，及墳墓七坵；所挖掘河中之土，均翻上堆置民等菜地之上，民等所栽植青苗、蔬菜等物，均完全壓没無存（按：被用之地係軍政部訂立官界之外）。伏思鈞部建設沿城護城河，係國家正［徵］用，民等受此微末之損失，理應當然，但民等有不得已之苦衷，冒瀆上陳鈞座之前：民等世居該處，承受祖遺此區區之產，務農爲生，賴此以養全家生活。今被挖用無餘，生活即告斷絕，雖欲經營小販，資本無處籌設，全家老幼終日嗷嗷，謀生無路。想我鈞座素抱救濟民生之旨，懇乞恩施，格外發給地價及青苗補償金，以使民等可另謀生活，全家得有生計，則民等戴德，刻骨難忘矣。再查，鈞部挖用興中門及挹江門城根一帶之民地，已蒙鈞部召集民衆，數次協議地價，辦理給價手續。想民等冒瀆之請求，伏維鈞座俯准，實爲德便。謹呈

參謀本部部長

具呈人：錢有林（住本京金川門外江沿村一一一號）

錢松雲（仝上）　朱永生（仝上）

錢有義（仝上）　錢有華（仝上）

錢根發（仝上）　黃寶友（仝上）

廿五年四月二十二日

　　查照新民門至玄武湖挖河工程數項，人民請求發給地價案。同樣，批示再挖用興中門至挹江門城根一帶之民地。想係去夏京市工務局挖掘自興中門至挹江門護城河之工程，并非本部所辦。擬一并批知。

高孔時（印）　劉仁燮（印）

四·廿四

行政院爲小東門與新民門外居民池塘田地等項被徵收請援成例發給地價及青苗費致參謀本部呈

（1936 年 4 月 25 日）

行政院公函　字第一八五六號

　　案據謝有華等呈。爲瀝陳下情，小東門與新民門外池塘、田地、房基等項，均被徵收挖護城河、築平堤之用。現近一月，尚未奉令依法徵收。請求函請參謀本部收回批令成命，准援小東門內與興中門外徵收民地、挖護炮臺河、築軍路成例，發給地價及青苗費，以安人心而維民生一案到院。相應抄同原件，函請貴部查核，見復爲荷。此致

參謀本部

廿五年四月廿五日

　　并案呈軍委會請示。

高孔時（印）　劉仁燮（印）　吳和宣（印）

四·廿七

國民政府軍事委員會爲令飭核辦小東門與新民門外謝有華等被徵地畝援例發給地價等給參謀本部的訓令

（1936 年 4 月 25 日）

國民政府軍事委員會訓令　　計監字第 24371 號

　　　　令參謀總長程潛：

　　案據小東門與新民門外農民代表謝有華、張金海、王啓華、錢庚發等呈以 "小東門與新民門外池塘、田地、房基等項，均被徵收挖護城河、築平堤之用，請求令飭參謀本部准予援小東門內與興中門外徵收民地、挖護炮臺河、築軍用路成例，發給地價及青苗、魚秧等費，以安人心而維民生" 等情，附被徵池塘、地畝、場基數目清冊前來。除批示外，合行檢同原呈、清冊，令仰核辦徑知。此令。

　　　　　　　　　　　　　　　　　　　　　　　　廿五年四月廿五日

　　　　并案呈軍委會請示。

　　　　　　　　　　　　　　　　　　　　　　高孔時（印）　吳和宣（印）

　　　　　　　　　　　　　　　　　　　　　　　　　　　四·廿七

（中國第二歷史檔案館藏，檔案編號：767-1891）

南京市政府爲和平門至金川門一帶挑浚護城河收用民地市土地局并未經辦無法辦理免糧手續等致參謀本部的公函

（1936 年 4 月 26 日）

南京市政府公函　　字第 04181 號

　　案准貴部二十五年四月十日城字第八九八六號函開，"案據居民王文亮等呈稱略以 '鈞組自和平門至金川門一帶挑竣［浚］舊護城河工程，民等土地多被徵收。除聯名呈請南京市政府批示辦法外，民等被徵土地并請鈞部派員丈量' 等情。據此，查各軍用路向不辦理土地徵收。本部城塞組此次辦理自新民門至玄武湖挖河工程，同屬軍用性質，應與軍用路同樣辦理。至該民等免糧手續及發給拆遷費，應請貴府迅予辦理以示體恤。除批示外，相應函達，即希查照" 等由。准此，當經轉飭本市土地局遵照辦理去後，茲據該局本月十八日呈稱，"遵查參謀本部收用自和平門至金川門一帶土地，并未委托本局辦理，案情如何，無從查悉。至請辦理免糧手續，及發給拆遷費，既未知其收用面積、業戶姓名及該地上建築物情形，自屬無從辦理。奉令前因，理合具文呈復，仰祈鑒賜核轉" 等情前來。除指令外，相應據情函復，即希貴部查照爲荷。此致

參謀本部

南京市市長 馬超俊

廿五年四月廿六日

　　本組奉令辦理新民門至玄武湖挖河工程，當因限期急迫，對于徵收手續，未能按照規定辦法辦理，茲擬定變通辦法如左：

　　（一）被拆遷房屋墳墓，事先雖未勘查，現時尚可查明事實。

　　（二）被用土地面積，亦可按照實地現挖界址測量，剩餘面積與調驗契據上面積相比較，即可證明確數。

　　上列兩項辦法，擬請仍函市府，派員會同本組監工員查明具報辦理。可否？乞示。

高孔時（印）

四·卅

（中國第二歷史檔案館藏，檔案編號：767-1893）

小東門外居民謝有華等爲挖護城河所用池塘田地均是民產懇請發給徵收土地、池塘地價以維民生致參謀本部呈

（1936 年 4 月 30 日）

　　呈爲再陳下情，聲明對於小東門外挖護城河，所用池塘、田地均是民產，懇恩准予援用徵收小東門內民地挖護炮臺河成例，按照《土地徵收法》發給城外徵收土地、池塘地價，以維民生，并求明白批示，俾資遵守事。竊民等務農爲業，有祖遺田地、池塘，計壹百柒拾餘畝，均坐落小東門外。現被完全徵收開挖護城河之用。可憐命產盡淨，若不要求發給徵收地價，何以生爲？惟此於民國二十五年三月十八、二十二日具文呈請軍政部、參謀本部按照《土地徵收法》第二條第九款之規定，依法徵收，發給徵收地價及青苗、魚秧等項補償金，以恤農艱一案。是月二十四日接奉軍政部豐（丁）字第九零三號批令，內開："呈及清册均悉。查此案係參謀本部辦理。關於開挖、測丈等項，如果用及確爲該民等私有池塘、田地，該部當按《土地徵收法》辦理。仰即知照。此批。"復於四月十日接奉參謀本部城字第八九九零號批令，內開："呈悉。查各軍用路，向不辦理土地徵收。此項平堤及挖河工程，同屬軍用性質，應與軍用路同樣辦理。至請發魚秧費四十九元五角，姑准照發，以示體恤。此批。"民等接讀兩部批令之下，未免事出兩奇：一謂當按《土地徵收法》辦理，一謂查各軍用路，向不辦理土地徵收。足見仁慈愛民，與不仁慈愛民之別耳。何以言之？如軍政部愛民如赤子，深知農村破產萬分不了之局，所以主張既收民產、開挖護城河，應當按照《土地徵收法》依法徵收，發給地價，使民另謀別業，以圖維新之道。是故仁慈愛民之軍政部，爲軍事用，處於萬分不得已之時，雖徵收民地，猶主發給地價，必

使民仰足以事父母、俯足以畜妻子，樂歲終身飽，凶年免於死亡，然後驅而之善，故民之從之也輕，此忠國愛民之政策也。如參謀本部深居洋房大廈之中，一呼百諾，焉知農村破產之痛苦，故主張沒收民產，開挖護城河，倘人民要求地價，批令"查軍事用，向不辦理土地徵收"一語，其目的必使"民飢者弗〔弗〕食，勞者弗〔弗〕息，睊睊胥讒，民乃作慝，方爲〔命〕虐民"之宗旨也。如果實行徵收民產，而不給地價，則民等土地既被沒收，因此既無恒產，而又失業，實必求食他方。如遇凶年饑歲，老弱轉於溝壑，壯者散而之四方者，窮民無所歸也，其父母不相見，兄弟妻子離散。此無他，皆因徵收民產而不給價之故也。今參謀本部不行仁慈愛民之政，徵收民產不給地價，使國民完全盡其義務。此舉若行，必使民仰不足以事父母、俯不足以畜妻子，樂歲終身苦，凶年不免於死亡。此惟救死而恐不瞻，奚暇治禮義哉！如孟子所云：狗彘食人食，而不知檢；塗有餓莩，而不知發。人死則曰：非我也，歲也。是何異於刺人而殺之曰："非我也，兵也。"焉有仁人在位，罔民而可爲也。現該部所行政策，實忠國虐民之政策也。以上所訴兩部所行政策不同，民等無所適從。是以於民國二十五年四月十七日，除再呈跪求參謀本部恩准收回批令成命，發給徵收田地、池塘地價外，理合具文，呈請鈞長賞准令飭參謀本部收回批令成命，准予援小東門內徵收民地、挖護炮臺河成例，發給民等地價，以安人心而維民生一案。

是月二十五日，接奉鈞長計（監）字第二四三七二號批令，內開："呈冊均悉，除已發交該部核辦徑知外，仰即知照。此批。"同日，又接奉參謀本部城字第九三五八號批令，內開"呈悉。前據具呈到部，業經明白批示，并呈報在案。茲奉軍委會指令，准予發給魚秧費等因，合再批，仰即知照。此批"等因。奉此，民等不勝驚駭欲死。案查先總理民生主義，衣食住三者，爲人生之要素，在使人民安享永樂。凡人民服務社會，則其最要者，亦不外能維持人生之要素。今田地、池塘一百柒拾餘畝，均被徵收、開挖護城河之用，現奉批令，僅僅祇發魚秧費四十九元五角，對於徵收地價分文不給，未卜是何忍心。誠所謂是可忍也，孰不可忍也！此言誠不誣矣。今民等命產既被沒收，不但失業成爲無業游民，而各家共計數百口，生計由此絕矣。衣食住三者，既不能維持，又安望安享永樂耶？但平民政體時代，而人民對於政府之稅契完糧，必經若干折磨而始獲確定。今一旦沒收而不給地價，民不聊生矣。言念及此，又不禁涕泗之何從也！

案再查鈞長爲要塞國防計，密令軍政部會同南京市政府及江寧區要塞司令部辦理小東門內獅子山南開挖護炮臺河，所用民地一百一十七畝，均按照《土地徵收法》第二條第九款之規定，依法徵收，發給地價及青苗、拆屋等費。足見鈞長體恤民艱，無微不至矣。今參謀本部辦理小東門外開挖護城河，所用民等田地、池塘計一百柒拾餘畝，而該部不肯辦理土地徵收，僅允許發給魚秧費四十九元五角，未免出人意料之外。若謂主辦機關不同，同是中華民國國民政府軍政機關；若謂城內、城外分別，中華民國一統，何分城內、城外？況民等與小東門內民眾，近在咫尺之間，同是中華民國國民，又同時同地均被徵收開挖護城河、開挖炮臺河，同屬軍用性質，何以小東門內有徵收地價及各項補償金，而小東門外竟無徵收地價及補償金？豈不是厚於彼而薄於此？殊屬不解。民等惟事關命產生活問題計，爲此迫不得已冒昧將以上所訴事實具文，泣求鈞長開一綫之恩，俯念農村破產生活維艱，姑准法外施恩，從速援手，迅予營救。懇恩准予援小東門內開挖護城炮臺河、徵收民地成例，發給小東門外徵收民產、開挖護城河地價及補償金，則訟德詠仁，直同再造矣。除提出此項要求外，別無良策。素仰鈞長愛護農民有如父母，對於此項要求，必能俯允。倘蒙准如所請，以固擁護之民心，則軍國前途，實有裨益。豈第民等之涸鮒得水，起死回生已哉？情迫詞直，伏乞宥鑒，實爲公德兩便。是否有當，并乞批令送達袛遵。臨呈不勝悚惶，迫切待命之至。謹呈

國民政府軍委員會委員長蔣

具呈人、農民代表：

謝有華　王啓華　張金海　錢庚發

農民：王學朋　王金元　王長庚　王仲雲　朱永生

諸葛戴氏　王有全　戴金生　戴少臣　鍾德鵬　鍾德炳

錢松雲　錢有榮　錢有林　錢有仁　姚然僧　錢有義

張金良　張金元　張炳泉　謝有貴　謝有林 謹呈

批令請郵寄本京小東門外柵欄門大街六十六號，交謝有華收

保呈人：商民鍾德明，年三十五歲，江寧縣人，住江沿村六十七號

職業：鍾盛興壽材鋪

中華民國二十五年四月三十日

（中國第二歷史檔案館藏，檔案編號：767-1891）

南京警備司令部爲錢有林等因修浚護城河致民田青苗被壓損應酌給補償致參謀本部城塞組的公函

（1936 年 5 月 22 日）

南京警備司令部公函　警（參）字第 580 號

案奉軍政部豐丁字第一三七七號訓令，以據市民錢有林等呈爲懇求發給地價及青苗補償金，以救民生一案，飭即查明核辦等因。當經派員實地勘察，據簽該民等所稱修浚護城河，除土堆置民田、致青苗被損各情由，實因該河除土量鉅，遠方輸送，事實上確屬困難，以致堆積外岸，田園青苗埋沒，事所難免等情。業經於五月三日據情呈復軍政部，似可准各業戶報明，轉飭營造司查實補償，以資體恤各在案。旋奉豐丁字第一六二七號指令開"呈悉。查此案既係城塞組主辦，該錢有林等青苗被土堆壓損，應即由該部商同城塞組酌給補償"等因。奉此，相應抄同軍政部豐丁字第一三七七號原令，即希查照辦理見復爲荷。此致

參謀本部城塞組

中華民國廿五年五月廿二日

查新民門至玄武湖挖河工程，因奉令限期急迫，徵收手續趕辦不及，應否補辦徵收手續，發給地價，曾于本月十六呈請軍委會核示後，奉批復再行辦理擬將此情形函復。當否，乞示。

高孔時（印）

五·廿三

如擬函復，并據情呈報軍委會。

吳和宣（印）

廿五日

（中國第二歷史檔案館藏，檔案編號：767-1891）

軍政部爲開挖護城河徵用民地案懸而未決俟奉中央政委會核定徵用民地補償辦法後再行函請查照辦理致參謀本部的公函

（1936 年 5 月 29 日）

軍政部公函　豐（丁）字第 1754 號

案准貴部二十五年五月二十日城字第九九九一號函"請將開挖小東門内獅子山南護炮臺河所用民地辦理徵收手續，查明見復"等由。准此，查本部前奉軍事委員會令飭辦理開挖護城河、徵用小東門一帶民地一案，當時《土地法》尚未公布施行日期，而《土地徵收法》未奉明令廢止。迨京市府召集協議地價，適在《土地法》明令公布施行日期及《土地徵收法》通令廢止之後，該業户代表均根據《土地法》，請求照市府估定地價發給。如照市府估計之數給價，需款太鉅，際此軍費萬分支絀之秋，又當軍事建設方殷之日，徵用民地，動需鉅款，此後軍事建設，勢必因款絀難免不有停頓之虞。曾經本部將辦理困難情形，并擬定《舉辦軍事設施徵用民地補償辦法》，呈奉行政院二十五年五月一日第二七零三號密令，以"經交内政部核議，復以案關變更法律，擬請由院特送中央政委會核定施行。除指令并函達中央政委會秘書處查照轉陳核定外，令仰知照"等因。因是，此案迄今懸而未決，准函前由，應俟奉中央政委會核定後，再行函請查照辦理，相應先行抄同行政院原令函復，即希查照爲荷。此致

參謀本部

計附抄原令一件

廿五年五月廿九日

新民門至玄武湖挖河工程，人民請求徵地給價。前奉軍委會令，向軍政部詢問該部開挖小東門内護炮臺河所用民地，是否徵收給價。茲據軍政部函復，謂此案懸而未決，擬抄來函將此情形呈復軍委會。當否，乞示。

高孔時（印）

五·廿九

如擬。

程潛（印）

（中國第二歷史檔案館藏，檔案編號：767-1892）

和平門外沿城一帶居民王文亮等爲開浚護城河挖壓民地請依法徵地給予補償致內政部呈

（1936 年 5 月）[①]

具呈人王文亮，年四十三歲，京市人，商業，和平門外街十五號

呈爲開浚護城河、挖壓民地，請求轉請依法徵收，給予補償，以符約法而維民生事。竊民等皆居於和平門外沿城一帶，近來參謀本部開浚護城河，放寬甚大，將兩岸民等地産挖壓甚多，甚有罄産無遺者。開工之初，曾經呈請測量，依法徵收。奉參謀本部城字第八九八七號批示，以"軍用路向不辦理徵收，護城河工程同屬軍用性質，應與軍用同樣辦理"等示。查軍用路，或係臨時性質，或係舊路新築，與此不同。若護城河用地甚多，被挖則已化烏有，被壓則堆如山嶺，成爲廢用，甚有數十畝之業戶，罄盡無遺，生産之源泉斷絕，人民之生活何依？竊查約法規定：人民之財産，非依法律不得没收，并無軍用之例外。煌煌根本之大法，所以昭示全國，一致擁護而奉爲臬者也。即現宣布之憲法草案，亦無軍用没收之規定。況將憲政開始，尤應尊崇法典，以發揚法治之精神。若因此而不顧約法，是不啻自亂國章。民生猶輕，國本何繫？竊爲法治前途危，而恐爲鈞部所不取也。且軍用性質，自係三民主義內之性質。徵用民地，給予補償，既合乎三民主義，而亦爲人民要求生活之常情，揆之法理、黨義、人情，當蒙鑒察而施行焉。再查所謂軍用者國防，軍用無不給償，而寶塔橋至香山一帶，同屬挖河、同屬軍用性質，尚蒙發給地價。同一黨國下之土地、人民，亦何厚於彼而薄於此？想鈞部掌理全國內政，合法手續，民生問題，均所注意，爲特具文呈請，仰祈鈞長鑒核俯賜，轉請將護城河挖壓之民地，依法徵收，給予補償，以符約法而維民生，實爲公恩兩便。謹呈

內政部部長蔣

具呈人　王文亮　孫春榮　許允成　孫廣炳　陳西清　連保賢
　　　　汪炳璋　連啓文　陳長偉　孫正根　孫廣富　孫正有
　　　　孫正林　孫貴材　孫正清　李學鎔　徐華鑒　孫玉堂

（中國第二歷史檔案館藏，檔案編號：767-1893）

[①] 此呈原檔未具日期，此處時間係根據上下文所作推測。

內政部爲和平門外商人王文亮等呈述開浚護城河挖壓民田請依法徵地給予補償致參謀本部咨

（1946 年 6 月 6 日）

內政部咨　000836 號

　　案據和平門外商人王文亮等呈述開濬護城河，放寬甚大，挖壓民田甚多，請依法徵收，給予補償，以維民生等情到部。查所呈是否屬實，本部無法懸揣，相應檢同副呈，咨請貴部查明，見復爲荷。此咨

參謀本部

　　附副呈一件

部長　蔣作賓

廿五年六月六日

　　新民門至玄武湖挖河工程，因奉令限期急迫，未及辦理徵收手續，先行動工。經人民一再請求，經呈奉軍委會指令　號，准予補辦徵收，發給地價。現已函請京市政府辦理徵收，擬照此咨復。

吳和宣（印）　高孔時（印）　劉仁燮（印）

六·九

（中國第二歷史檔案館藏，檔案編號：767-1893）

五、農民請租琵琶洲城墻根水塘

僞中山陵園辦事處爲農民陳兆德申請承租琵琶洲城墻根水塘致僞南京特別市園林管理處呈

（1941 年 7 月 30 日）

字第一○三號

　　竊據居住陵區琵琶洲二號農民陳兆德來處，申請承領琵琶洲城墻根水塘內野生荷藕，以維生計等情。據此，查琵琶洲水塘在事變前原爲水田，嗣因城墻根出水涵洞阻塞，山水不能流通，致低窪處聚積成塘，按其面積約計六畝。現塘內長有野生荷藕，惟爲數不多。茲據該民申請承領，可否援照本年一月伏金海等承領白蓮池成案，准照中則地承租之處。除飭覓保，填具申請書、保證書、租據，隨文附呈外，理合具文，送請鑒核，仰祈指令祇遵。謹呈

處長陳

副處長蔣

附呈申請書、保證書、租據各一份，手續費六角

中山陵園辦事處管理員　姚正雲

中華民國三十年七月三十日

（《南京城墻檔案·城墻的保護與管理》，第 113—116 頁）

僞南京特別市園林管理處爲陳兆德申請承租琵琶洲水塘給僞中山陵園辦事處的指令

（1941 年 8 月 17 日）

指令　處字第 392 號

令中山陵園辦事處管理員姚正雲：

呈一件。據農民陳兆德呈以承租琵琶洲水塘一案，請核示由。

呈件均悉。經派員查勘，據稱"該洲面積甚大，約六畝有餘。惟年繳租金十二元，未免太少"等情。據此，合行令仰該辦事處查勘清楚，再議租值，并將查明情形剋日具報，候核勿延。此令。件暫存。

全銜　陳○○

副處長　蔣○○

中華民國卅年八月十七日

（《南京城墻檔案·城墻的保護與管理》，第 117—119 頁）

僞中山陵園辦事處爲陳兆德申請承租琵琶洲水塘重議年租致僞南京特別市園林管理處的呈文

（1941 年 8 月 23 日）

字第一一五號

案奉鈞處處字第三九二號指令，職處呈一件，據農民陳兆德呈，以承租琵琶洲水塘一案，祈核示由。内開"呈件均悉。經派員查勘，據稱'該洲面積甚大，約六畝有餘。惟年繳租金十二元，未免太少'等情。據此，合行令仰該辦事處查勘清楚，再議租值，并將查明情形剋日具報，候核勿延。此令。件暫存"等因。奉此，遵查琵琶洲水塘，估計面積實衹六畝，塘内除野生荷藕外，并無其他生産，所有周圍荒地，早經張前管理員放租鄉民承領，領有耕作證。因地處低窪，迄今多未開墾，以致蘆葦叢生。奉令前因，當將陳兆德傳喚來處，重新議租。該民以塘内生産有限，至多按照上則地年繳租金十八元。可否准予承領之處，理合遵令呈復，仰祈鑒核令遵。謹呈處長陳

副處長蔣

中山陵園辦事處管理員姚正雲

中華民國三十年八月二十三日

（《南京城墙檔案·城墙的保護與管理》，第 120—123 頁）

僞南京特別市政府爲陳兆德申請承租琵琶洲水塘仍仰詳查繪圖具復給僞南京特別市園林管理處的指令

（1941 年 9 月 18 日）

南京特別市政府指令　財字第 8174 號

令園林管理處：

呈一件。爲呈送陳兆德請租琵琶洲水塘申請書等，并擬年租十八元，可否准予承領，祈核示由。

呈暨附件均悉。據報陳兆德請租琵琶洲水塘，該塘坐落究在何處，面積是否確實六畝，并塘內生產物是否如陳兆德所稱，仍仰該處詳切查勘，繪具圖説，一并剋日呈復，以憑核辦。此令。來件姑存。

市長　蔡培

中華民國三十年九月十八日

（《南京城墙檔案·城墙的保護與管理》，第 124—126 頁）

僞南京特別市園林管理處爲承租琵琶洲水塘仍仰詳查繪圖具復給僞中山陵園辦事處的訓令

（1941 年 9 月 24 日）

全銜訓令　處字第 437 號

令中山陵園辦事處：

案查該辦事處前呈"爲呈送陳兆德請領琵琶洲水塘申請書等，并擬年租十八元，可否准予承領"一案，當經轉奉市府財字第八一七四號指令內開"呈暨附件均悉。據報陳兆德請租琵琶洲水塘，坐落究在何處，面積是否確實六畝，并塘內生產物是否如陳兆德所稱，仍仰該處詳切查勘，繪具圖説，一并剋日呈復，以憑核辦。此令。來件姑存"等因。奉此，合即令仰該辦事處遵照府令，詳切查勘，繪具圖説，一并剋日呈復，以憑核轉。此令。

處長　陳○○

中華民國卅年九月廿四日

（《南京城墙檔案·城墙的保護與管理》，第 127—130 頁）

僞中山陵園辦事處爲查明琵琶洲水塘生產情形檢同略圖
致僞南京特別市園林管理處呈

（1941 年 10 月 23 日）

字第一三一號

　　案奉鈞處處字第四三七號訓令內開，"案查該辦事處前呈'爲送陳兆德請領琵琶洲水塘申請書等，并擬年租十八元，可否准予承領一案'，當經轉奉市府財字第八一七四號指令內開'呈暨附件均悉。據報陳兆德請租琵琶洲水塘，坐落究在何處，面積是否確實六畝，并塘內生產物是否如陳兆德所稱，仍仰該處詳切查勘，繪具圖説，一并剋日呈復，以憑核辦。此令。來件姑存'等因。奉此，合即令仰該處遵照府令，詳切查勘，繪具圖説，一并剋日呈復，以憑核轉。此令"等因。奉此，遵經派辦事員闞錦湖前往查明，該塘坐落龍脖子東南方，琵琶洲係該處地名；塘內確如陳兆德所稱，并無其他生產；至該塘面積，因四周積水數寸，致無法測勘，惟查該處在事變前係屬水田三十八畝，除已由徐成彬、陳兆水、陳兆德、王清山、陳起盛等五戶於二十八年十一月共領三十二畝五分外，該塘面積實衹六畝。奉令前因，理合遵令繪具略圖，具文呈復，仰祈鑒核賜轉。謹呈

處長陳

　　附呈略圖一份

中山陵園辦事處管理員姚正雲

中華民國三十年十月二十三日

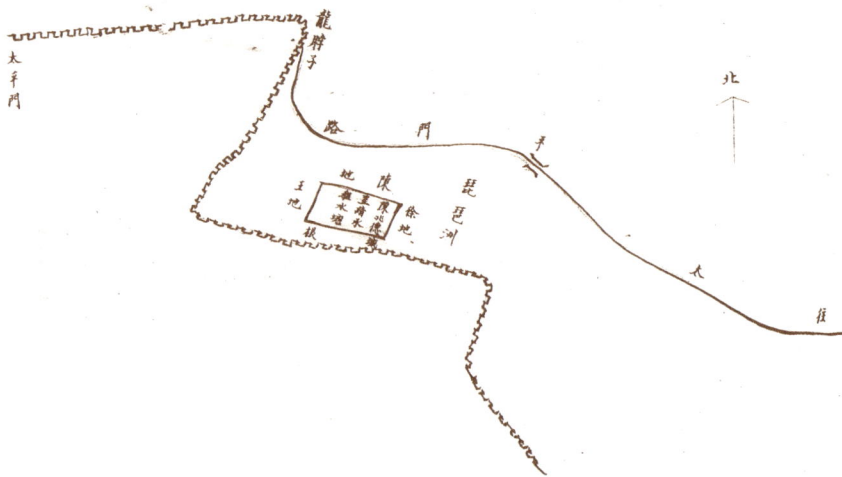

（《南京城墻檔案・城墻的保護與管理》，第 131—134 頁）

僞南京特別市園林管理處爲查明琵琶洲水塘生産情形檢同略圖
致僞南京特別市政府呈

（1941 年 10 月 31 日）

字第 477 號

　　案奉鈞府財字第八一七四號指令内開，"呈暨附件均悉。據報陳兆德請租琵琶洲水塘，坐落究在何處，面積是否確實六畝，并塘内生産物是否如陳兆德所稱，仍仰該處詳切查勘，繪具圖説，一并尅日呈復，以憑核辦。此令。來件姑存"等因。奉此，合亟令仰該辦事處遵照府令，詳切查勘，繪具圖説，一并尅日呈復，以憑核轉去後，兹據復稱，"竊職奉令當即經派辦事員闞錦湖前往查明，該塘坐落龍脖子東南方，琵琶洲係該處地名，塘内確如陳兆德所稱并無其他生産，（云至），仰祈鑒核賜轉"等情，附略圖一張前來。據此，理合檢同該略圖一張，具文呈復，仰祈鑒核祗遵。謹呈

市長蔡

　　附呈圖説一紙

全銜　陳〇〇

副處長　蔣〇〇

中華民國三十年十月卅一日

（略圖，稿内附存一份）

（《南京城墻檔案·城墻的保護與管理》，第 136—139 頁）

僞南京特別市政府爲陳兆德申請承租琵琶洲水塘議租酌增一倍限期辦妥
給僞南京特別市園林管理處的指令

（1941 年 11 月 11 日）

南京特別市政府指令　財字第 10042 號

　　令園林管理處：

　　呈一件。爲遵令查明陳兆德請領琵琶洲水塘生産情形，檢同略圖，送請核示由。

　　呈圖均悉。查近來農品生産價格增高，塘租亦應隨之酌加。該處從前議訂租金，以每畝三元計算，爲數太少，應增一培［倍］，方准承租。仰即轉飭，重行換立租約，連同應繳本年份租金，限本月二十日以前，一并妥速辦理具報。逾期另行招租。前送租約存候換還。此令。圖存。

市長　蔡培

中華民國三十年十一月十一日

（《南京城墻檔案·城墻的保護與管理》，第 140—142 頁）

僞南京特別市園林管理處爲遵照府令妥速辦理陳兆德申請承租琵琶洲水塘
給僞中山陵園辦事處的訓令

（1941 年 11 月 25 日）

（全銜）訓令　處字第 497 號

　　　　令中山陵園辦事處：

　　案奉市政府財字第一○○四二號指令，呈一件。爲遵令查照陳兆德請領琵琶洲水塘生產情形，檢同略圖，送請核示由。內開，“呈、圖均悉。查近來農品生產價格增高，塘租亦應隨之酌加。該處從前議訂租金，以每畝三元計算，爲數太少，應增一倍，方准承租。仰即轉飭，重行換立租約，連同應繳本年份租金，限本月二十日以前，一并妥速辦理具報。逾期另行招租。前送租約存候換還。此令。圖存”等因。奉此，合亟令仰該辦事處遵照，限於本月十八日以前，一并妥速辦理具報。核轉勿延。切切。此令。

　　　　　　　　　　　　　　　　　　　　　　　　處長　陳○○

　　　　　　　　　　　　　　　　　　　　　中華民國卅年十一月廿五日

（《南京城墻檔案·城墻的保護與管理》，第 143—146 頁）

僞中山陵園辦事處爲遵令送陳兆德承租琵琶洲水塘租約暨本年下期租金
致僞南京特別市園林管理處的呈文

（1941 年 12 月 17 日）

字第一四五號

　　案奉鈞處十一月二十五日處字第四九七號訓令內開，“案奉市政府財字第一○○四二號指令呈一件。爲遵令查明陳兆德請領琵琶洲水塘生產情形，檢同略圖，送請核示由。內開，‘呈、圖均悉。查近來農品生產價格增高，塘租亦應隨之酌加。該處從前議定租金，以每畝三元計算，爲數太少，應增一倍，方准承租。仰即轉飭，重行換立租約，連同應繳本年份租金，限本月二十日以前，一并妥速辦理具報。逾期另行招租。前送租約存候換還。此令。圖存’等因。奉此，合亟令仰該辦事處遵照，限於本月十八日以前，一并妥速辦理具報。核轉勿延。切切。此令”等因。奉此，遵經轉飭遵照去後，茲據該民來處遵照府令，重行訂立租據，并將應繳本年下期租金十八元如數完清。除填發收據、交由該民收執外，理合檢同租據、租款，一并具文呈報，仰祈鈞鑒核轉。謹呈

處長陳

計呈送租據一份、法幣拾捌元

中山陵園辦事處管理員　姚正雲

中華民國三十年十二月十七日

（《南京城牆檔案·城牆的保護與管理》，第 147—150 頁）

偽南京特別市園林管理處爲遵令送陳兆德承租琵琶洲水塘租約暨本年下期租金致偽南京特別市政府的呈文

（1941 年 12 月 19 日）

字第 529 號

案據中山陵園辦事處管理員姚正雲呈稱，"案奉鈞處十一月二十五日處字第四九七號訓令內開，'案奉市政府財字第一〇〇四二號指令，呈一件。爲遵令查照陳兆德請領琵琶洲水塘生產情形，檢同略圖，送請核示由。內開，"呈、圖均悉。查近來農品生產價格增高，塘租亦應隨之酌加。該處從前議定租金，以每畝三元計算，（云至）并將應繳本年下期租金十八元如數完清。除填發收據、交由該民收執外，理合檢同租據、租款，一并具文呈報。仰祈鈞鑒核轉"'"等情，計附租據一份暨租金十八元前來。據此，除將租金填具繳款書一紙，徑送財政局查收存轉外，理合檢同原據，一并具文呈報，仰祈鑒核備查。謹呈

市長蔡

計附呈租據一份

全銜　陳〇〇

中華民國三十年十二月十九日

租　據

立承租字據人陳兆德，今承租南京特別市政府經管，坐落琵琶洲水塘。東至陳地，南至城根，西至王地，北至本人地，計水塘六畝。當日遵繳上則每畝保證金〇元，每年年租言定每畝洋三元，分上、下兩期清繳。自承租之日起，按照規定期限清繳，不得有拖延及欠租情事。所有租佃農場、田地辦法及本約附訂條件，承租人自願遵守，不敢有違。茲特立此承租字據，以備存證。

一、承租之地，每畝繳租三元，全年共十捌元。第一期自九月十五日起至九月底止，繳九元。第二期自五月

十五日起至五月底止，繳九元。不得拖欠。

一、所用耕犁、籽種由承租人自理。

一、按所租田地應在該田地內面積耕種，不得侵占及他人承租之地。

一、承租之地遵照承租辦法，不得轉讓他人及賣佃、押佃情事，違則聽憑解約斥退。

一、租地如遇國家或地方公共使用及其有收回必要時，不問期間之短長，得定期收回，并豁免最後之一期租金。承租人不得阻礙并要求肥土情事。

一、除遵守上開各節外，并遵守公署租佃農場場地辦法，不得異議。

立承租字據人：陳兆德（印）

住址：琵琶洲二號

中華民國三十年七月二十四日

（《南京城墻檔案·城墙的保護與管理》，第 151—159 頁）

偽南京特別市政府爲據送陳兆德承租琵琶洲水塘租約及租金已飭局分別核收登記給偽南京特別市園林管理處的指令

（1941 年 12 月 30 日）

南京特別市政府指令　財字第 11507 號

　　　令園林管理處：

呈一件。爲遵令呈送陳兆德租琵琶洲水塘租據暨租金，祈核備由。

呈暨附件均悉。據送陳兆德承租琵琶洲水塘租約，并繳本年下期租金十八元，已經飭局分別核收登記矣。仰即知照。此令。件存。前送租據發還。

計發還前送租據一份

市長　蔡培

中華民國卅年十二月卅日

（《南京城墻檔案·城墙的保護與管理》，第 160—162 頁）

六、市民請租張公橋至城墙根河道養魚

偽南京特別市政府工務局職員楊孟仁關於金同麒承租張公橋至城墙根河道養魚的簽呈

（1943 年 8 月 10 日）

簽呈

爲奉諭查勘民人金同麒呈請承租張公橋至城墙根河道養魚一案，簽注意見，請祈核奪由。

竊職奉諭查勘民人金同麒呈請承租張公橋至水西門城根一段河道養魚一案，已於九日下午二時偕同具呈人，前往上述地點詳細勘查，謹將所得情形及意見簽請核奪：

　　一、查原呈所請承租地段乃秦淮支流，由張公橋向西，經鐵窗櫺水閘出城之所。現時，鐵窗櫺水閘毀壞，排水效用喪失。所有秦淮東來之水，至此幾乎完全停滯。今伏汛已過，水勢平穩。該段又爲河道盡頭，除供洗滌灌溉外，并無航運效用，以之養魚，確屬適宜之生產利用辦法。

　　二、租用養魚期間，以九月至六月無礙防汛工作爲宜。

　　三、鐵窗櫺水閘，本局方在計劃修築，無論在施工期間或在防水期間，如有礙及養魚之處，其設備由養魚人自行負責，其範圍可酌量予以便利。

　　四、租費以及租用手續，應查照本府其他公產出租辦法辦理。

　　謹呈

技正韓　轉呈

局長陳

　　附原呈

　　　　　　　　　　　　　　　　　　　　職　楊孟仁　謹呈

　　　　　　　　　　　　　　　　　　　　　　八·十

　　既不妨礙水利，照玄武湖例似可出租，以增市庫收入。至租費多寡，應會商財局辦理。究竟可否之處，請鈞裁。

　　　　　　　　　　　　　　　　　　　　　韓春第（印）

　　　　　　　　　　　　　　　　　　　　　　八·十

　　如擬。

　　　　　　　　　　　　　　　　　　　　　　　　恭

　　　　　　　　　　　　　　　　　　　　　　八·十一

　　　　　　　　（《南京城墻檔案·城墻的保護與管理》，第163—164頁）

僞南京特別市政府工務局爲金同麒承租張公橋至城墻根河道養魚致僞南京特別市政府財政局的公函

（1943 年 8 月 17 日）

本局公函　第910號

　　爲市民金同麒呈請租用河道養魚，函請酌定租金手續，賜復通知遵辦由。

　　徑啓者。茲有市民金同麒具呈請求承租張公橋至水西門城根二段河道養魚，以資生產一案。

經派員勘查，該段河道係屬盡頭，尚無礙水利，請准予依限租用。至於應納租金以及承租手續，本局尚無成例，用特抄附原呈函達，希煩查照市產出租辦法，酌定按年租金及承租手續，賜予函復，以便批示遵照辦理爲荷。此致

財政局

  附抄金同麒原呈一件

局長　陳〇〇

中華民國 32 年 8 月 17 日

（《南京城墻檔案·城墻的保護與管理》，第 165 頁）

僞南京特別市政府財政局爲准金同麒請租張公橋至水西門城根河道養魚案請將原呈轉移核辦致僞南京特別市政府工務局的公函

（1943 年 8 月 29 日）

南京特別市財政局公函　財第 2006 號

  案准貴局工字第七一〇號公函略開，以"市民金同麒呈請租用張公橋至水西門城根一段河道養魚，函囑：酌定承租手續以便通知遵辦"等由。准此，查本市市產及各項公產出租，係屬本局主管範圍，歷經辦理在案。兹據金同麒呈請承租前項河道養魚，自應仍歸本局辦理，以一事權。准函前由，相應函請查照，并希將原呈移轉，以便核辦爲荷。此致

工務局

局長　譚友仲

中華民國三十二年八月廿九日

  擬將原案移送財局，并批飭金同麒知照。

韓春第（印）

八·卅一

（《南京城墻檔案·城墻的保護與管理》，第 166—167 頁）

僞南京特別市政府工務局爲准函移送金同麒請租張公橋二段河道養魚原呈致僞南京特別市政府財政局的公函

（1943 年 9 月 2 日）

本局公函　第 1049 號

  案准貴局財字第二〇〇四 ［六］ 號公函，以"准函爲據金同麒呈請租用張公橋至水西門城

根一段河道養魚，（照敘至）以一事權，囑將原呈移轉，以便核辦"等由。准此，相應檢附原呈，隨函移送，即希查照爲荷〈此致〉

財政局

　　附金同麒原呈乙件

中華民國 32 年 9 月 6 日

（《南京城墻檔案·城墻的保護與管理》，第 168 頁）

僞南京特別市政府工務局爲請租張公橋二段河道養魚原呈移送財政局核辦
給具呈人金同麒的批

（1943 年 9 月 2 日）

本局批　第 1050 號

　　　具呈人金同麒：

　　呈一件。呈請租賃張公橋至水西門城根一段河道養魚由。

　　呈悉。查本市公産出租，係屬財政局主管範圍。除將原呈移送財政局核辦外，合行批仰知照。此批。

中華民國 32 年 9 月 6 日

（《南京城墻檔案·城墻的保護與管理》，第 168 頁）

七、市民請租接近城墻之鹽倉街地基建房

南京市工務局羅叔衡關於市民華少榮租賃鹽倉街地産接近城墻是否有礙城防的箋函

（1946 年 11 月 30 日）

　　　郗專員：

　　查該建築地基在中山北路北段鹽倉街與多倫路之間，向係限制建築區域，接近城墻，有無妨礙城防要塞之處，擬先函請江寧要塞司令部查復，再行核辦。

羅叔衡（印）

十一·卅

（《南京城墻檔案·城墻的保護與管理》，第 214 頁）

南京市工務局爲市民華少榮租賃鹽倉街地産接近城墙是否有礙城防致江寧要塞司令部的公函

(1946 年 12 月 10 日)

公函　京工（審）字第 176 號

　　案據市民華少榮呈報"租賃毛明新、毛明元地産，擬建瓦房三間，請予核發執照"等情。查該建築地基在中山北路北段鹽倉街與多倫路之間，接近城墙，有無妨礙城防要塞之處，相應檢送毛明新、毛明元坐落中山北路地産暨建築圖一份，函請貴部查照。迅賜查明見復，以憑核辦，仍將原圖擲還爲荷。此致

江寧要塞司令部

　　附毛明新、毛明元中山北路地産圖一份，建築圖一份

局長

中華民國卅五年十二月一〇日

(《南京城墙檔案·城墙的保護與管理》，第 214—216 頁）

八、市民請租漢中門外城墙空地

南京市地政局爲漢中門外城墙邊空地係在城防區範圍以内致南京市財政局的公函

(1947 年 4 月 15 日)

南京市地政局公函　地丙函字第 1060 號

　　案准貴局財産（36）字第 268 號函"以漢中門外城墙邊有空地一塊，是否市有，抑係民地，囑查明見復"等由。准查該項土地係在城防區範圍以内，未便加以處理。准函前由，相應復請查照爲荷。此致

財政局

局長　周一夔

中華民國卅六年四月十五日

(《南京城墙檔案·城墙的保護與管理》，第 219—220 頁）

南京市財政局爲漢中門外公地係在城防區範圍以内請租一節應毋庸議給原具呈人張鼎方的批

（1947 年 4 月 19 日）

批　財産（卅六）第 322 號

　　　　原具呈人張鼎方：

　　呈一件。爲呈請准予價領或租用漢中門外公地由。

　　呈暨附圖均悉。兹准地政局查復，以該項土地係在城防區範圍以内，未便加以處理等由。該民請租一節，應毋庸議。仰即知照。此批。附圖存。

局長　陳〇〇

中華民國卅六年四月十九日

（《南京城墻檔案·城墻的保護與管理》，第 221—222 頁）

市民張鼎方爲前呈請價領或租用漢中門外公地一段奉批應毋庸議謹再申述理由乞請鑒核致南京市財政局的呈文

（1947 年 4 月 30 日）

　　竊民於本年三月廿四日呈爲編遣失業，申請價領或租用漢中門外公地一段，以維生活由。嗣奉鈞局本年四月十九日財産（卅六）字第 322 號批，内開"呈暨附圖均悉。兹准地政局查復，以該項土地係在城防區範圍以内，未便加以處理。該民請租一節，應毋庸議。仰即知照"等因。奉此，自應遵照。惟查該地係一面臨江，一面與大路衔接，而南北二面亦屬公地，現業已爲福利柴行及沈鴻興柴行租用搭蓋房屋（請參考附圖）。似此段地基，如租予民搭蓋房屋，當不致有礙城防。且如市政方面因公務上之需要時，民願隨時遷讓。以此，謹再呈請鈞局體念下情，覆請地政局查明後，准予租用，藉維生計，感戴無涯。是否可行，理合具文呈請鑒核批示祇遵。謹呈
財政局

民　張鼎方　呈

通信處：瞻園路接福巷十一號

中華民國卅六年四月三十日

（《南京城墻檔案·城墻的保護與管理》，第 223—226 頁）

南京市財政局爲呈請價領或租用漢中門外公地礙難照准給市民張鼎方的批

（1947 年 5 月 9 日）

批　財産（卅六）年第 376 號

呈一件。爲前呈請價領或租用漢中門外公地一事，奉批"應毋庸議"，謹再申述理由，乞鑒核由。

呈悉。所請不准。查該民請租該地，前據地政局查復，以該地係在城防區範圍以内，未便加以處理，經批知在案。該地既在城防區範圍以内，自應未便出租。該民所請一節，礙難照准，仰即知照。此批。

局長　陳○○

中華民國卅六年五月九日

（《南京城墻檔案·城墻的保護與管理》，第 227—228 頁）

九、市立農校請撥借武定門原平民住宅基地爲實習農場

南京市立農業職業學校爲請將武定門内城墻下平民住宅基地撥借爲該校實習農場事致南京市教育局的呈文

（1947 年 8 月 9 日）

農文字第陸號

查本校實習農場前經前市立第一職業學校呈請前社會局，將接收僞第一職業中學，坐落武定門内城墻脚下、市鐵路東，附屬農場面積一○二二五.五一平方市尺（約合一七畝）。基地一方繕具地形圖，轉呈市府，飭知地政局，將該項基地所有權狀暨藍圖發交該校使用一案。奉前社會局卅五年五月廿七日社三字第四六二三號指令，暨同年七月十五日社三字第五六五六號訓令，略以"奉市府本年六月廿九日府總地（卅六）字第七二三一號指令，以據地政簽稱'經查明，該農場原係丙種平民住宅用地，由財政局保管。在未依法辦理轉移手續前，未便照辦，轉令知照'"等因。兹查該項基地迄未使用，而農業學校專業課程、農場實習尤重於課室講授。擬請俯准查案，轉咨財政局，將該項基地全部暫行撥借本校作爲實習農場。一俟將來新校址暨農場覓定遷往後，即行歸還。是否有當，伏祈核示祇遵。謹呈

教育局兼局長馬

南京市立農業職業學校校長　王文湛（印）　謹呈

中華民國卅六年八月九日

（《南京城墻檔案·城墻的保護與管理》，第 242—245 頁）

南京市教育局爲請撥借武定門内城墻下平民住宅基地爲市立農業職業學校實習農場致南京市財政局的公函

（1947 年 9 月 2 日）

公函　（卅六）教一字第 1805 號

　　案據市立農業職業學校本年八月九日呈稱“查本校實習農場……抄至伏祈核示祗遵”等情。據此，查該校所呈，確屬實情，相應函達，即希查照辦理，見復爲荷。此致
財政局

兼局長　馬元〇
中華民國卅六年九月二日

（《南京城墻檔案·城墻的保護與管理》，第 246—247 頁）

南京市地政局爲市立農業職業學校呈請將武定門原平民住宅基地暫撥爲實習農場歉難照辦致南京市教育局的公函

（1947 年 9 月 23 日）

南京市地政局公函　地丙函字第 2985 號

　　案准財政局移來貴局教一字一八〇五號函“據市立農業職業學校呈請轉函，將武定門原平民住宅區基地全部暫撥爲實習農場”等由過局。查該項土地前經簽奉市府批准爲棚户住宅區，業經工務局設計完成，開始准許棚户遷建有案。所囑歉難照辦，准函前由，相應復請查照轉知爲荷。此致
教育局

局長　周一夔
中華民國三十六年九月廿三日

擬特飭農職知照。

侯景華（印）　孫家駒（印）
九·廿四

（《南京城墻檔案·城墻的保護與管理》，第 248—249 頁）

南京市教育局爲地政局函復囑撥武定門内城墙下平民住宅基地歉難照辦給南京市立農業職業學校的訓令

（1947 年 9 月 30 日）

訓令 （卅六）教一字第 2048 號

　　令市立農業職業學校：

　　案准地政局本年九月二十三日地丙函字第二九八五號公函，内開“案准財政局移來貴局教一字一八〇五號函……（抄至）復請查照轉知爲荷”等由。准此，合行令仰知照。此令。

兼局長 馬元〇

中華民國卅六年九月三十日

（《南京城墙檔案·城墙的保護與管理》，第 250—251 頁）

後　記

　　南京城墻作爲古都南京城市形成、發展與變遷的重要參與者與見證者，蘊含着各個時期豐富的政治、經濟、軍事、文化、思想、建築、城市規劃與人居環境等歷史信息，成爲解讀南京乃至中國深厚歷史文化的重要依據。南京城墻相關史料的搜集、整理，不僅可以爲南京城墻研究保護工作提供詳實的基礎資料，深化南京城墻文化遺産價值，也可進一步豐富城墻學、南京學、文化遺産學的研究内容與視角。

　　2021 年底，南京城墻保護管理中心周源、趙夢薇牽頭組建編纂組，夏慧負責具體的對接協調工作。在南京城墻保護管理中心的指導下，金陵科技學院人文學院趙步陽、顔麗、惠聯芳、陳英、王婷、聶濤、劉晏寧等，對民國時期的檔案公文及各類市政公報、政府出版物進行了廣泛的搜尋，全面查找與南京城墻相關的民國檔案文獻史料，并負責其選輯、文字轉録及點校工作。從史料搜集、整理到出版，本書編纂工作前後歷時近三年，編纂組成員爲此付出了艱辛的勞動。編纂組多次召開會議，商議相關史料的取捨原則及分類標準等，最終確定了本書的基本内容與結構，并共同完成了全書的審核與校對工作。在本書編纂的各個階段，編纂組都遇到了不同的問題與挑戰，主要表現在以下三個方面：

　　第一，檔案文獻的搜集與整理。民國時期的檔案文獻可謂浩如烟海，爲了從中準確搜集到與南京城墻相關的史料，并儘量做到内容全、遺漏少，編纂組摸索出一套較爲科學的流程。首先通過對楊國慶、王志高《南京城墻志》(2008)的研讀，按照 "城門" "水關涵閘" "人物" "事件" 等梳理出了衆多民國時期南京城墻的主題詞，再以此爲基礎和依據，分組前往南京市檔案館、中國第二歷史檔案館，查閲、搜集到了相當數量的民國時期的南京城墻檔案；同時，還充分利用中國近代數字文獻資源全庫、瀚堂近代報刊數據庫等，廣泛搜集了民國時期各類政府公報、市政公報、市政周刊中與南京城墻有關的檔案文書。

　　第二，檔案文獻的文字轉録與校對。民國時期的檔案文獻多爲繁體書寫形態，且包含了大量的異體字，加上語句之間多無句讀，給當代讀者的閱讀帶來一定的困難。爲此，除個別圖表外，我們對本書收録的檔案文獻均進行了文字轉録與點校，并確保轉録文字與原文保持一致，以維護歷史文獻的原始性、真實性；此外，許多檔案文書中所鈐單位公章或名章印，印文多爲篆書，辨認也具有一定的挑戰性，編纂組成員對之努力進行了釋讀與考證，從而爲讀者開展研究提供便利。

第三，檔案文獻的梳理與分類。南京城墙相關檔案類書籍有珠玉在前，爲了保證本書在結構體系上的完善與合理，同時尋求研究視角的突破與創新，編纂組在厘清每一篇檔案文獻的核心内容後，經反復討論，最終確定了本書按照"城墙的保護與管理""城墙的修繕""城門的更新""城墙與市民生活"四類主題分章編纂的思路。同時，在梳理"城墙的修繕"相關史料時，創造性地從空間維度出發，按方位順序逐段展示南京城墙在民國時期發展、演變的歷史原貌。這種新穎的編排方式，能給讀者以最直觀的閱讀感受，也便於檢索利用，然而少數史料包含多個城墙段落，在劃分章節時，難免出現前後重複的情況，敬請各位讀者理解。

本書的編纂工作得到了各方面專家、學者的大力支持。南京市檔案館張軍、夏蓓，南京市社科聯鄧攀，中國第二歷史檔案館王曉華、楊斌等專家在本書編纂的不同階段提供了寶貴意見，幫助編纂組明確了工作重心，保持了正確的方向；中國第二歷史檔案館李寧、汪海濤爲編纂組解答了關於民國公文程式方面的諸多專業問題；篆刻家劉易先生爲本書中相關名章印的識讀提供了重要的參考意見；本書的責任編輯、鳳凰出版社吳瓊老師在審校、出版環節不辭辛勞的付出，進一步保證了全書的專業性與學術性。此外，中國第二歷史檔案館、南京市檔案館的工作人員爲檔案查閱提供了便利，金陵科技學院人文學院部分教師、古典文獻學專業的學生也參與了部分檔案的搜集和文字轉録工作，限於篇幅，不能一一説明，謹在此深表謝忱！

民國時期關於南京城墙的檔案文獻卷帙浩繁，來源廣泛，我們深感在選輯編校等方面的困難，編纂過程中難免會有遺漏、不當和錯誤之處，敬希各位專家、讀者提出寶貴意見，以資改正。

本書編委會

2024 年 10 月